Wolfgang Meiling/Ruprecht Fülle

Mikroprozessoren und Mikrorechner

Informatik · Kybernetik · Rechentechnik

Herausgegeben von der Akademie der Wissenschaften der DDR
Zentralinstitut für Kybernetik und Informationsprozesse

Band 25

Mikroprozessoren und Mikrorechner

von Wolfgang Meiling und Ruprecht Fülle

Mikroprozessoren und Mikrorechner

Hardware und Software

von Wolfgang Meiling und Ruprecht Fülle

Mit 162 Abbildungen und 60 Tabellen

Akademie-Verlag Berlin 1988

Verfasser: Prof. Dr. rer. nat. habil. Wolfgang Meiling
Technische Universität Dresden
(Kapitel 1 bis 4)
Doz. Dr. sc. nat. Ruprecht Fülle
Zentralinstitut für Kernforschung der
Akademie der Wissenschaften der DDR
(Kapitel 5 und 6)

Der Titel wurde vom Originalmanuskript der Autoren reproduziert.

ISBN 3-05-5000476-0

ISSN 0232-1351

Erschienen im Akademie-Verlag Berlin, DDR-1086 Berlin, Leipziger Straße 3—4

Lizenznummer: 202 · 100/408/88
Printed in the German Democratic Republic
Gesamtherstellung: VEB Druckerei „Thomas Müntzer", 5820 Bad Langensalza
Lektor: Dipl.-Phys. Gisela Lagowitz
LSV 3535
Bestellnummer: 763 814 0 (9111)

07500

Vorwort

Die Mikroelektronik hat durch ihre vielfältigen Anwendungen eine Schlüsselstellung bei der weiteren Beschleunigung des wissenschaftlich-technischen Fortschritts in der Volkswirtschaft erlangt. Das gilt besonders für die Mikrorechentechnik, die bereits für die Informatik und ihre Anwendung, bei Entwurfs-, Leitungs- und Kommunikationsprozessen, in der Steuerungs- und Automatisierungstechnik für Produktionsanlagen, Maschinen und Fahrzeuge sowie für Meßprozesse, um nur einige Gebiete zu nennen, eine überragende Bedeutung besitzt.

Das unverändert hohe Entwicklungstempo der Mikroelektronik und speziell der Mikrorechentechnik wird auch künftig neue Einsatzbereiche in allen Ebenen des gesellschaftlichen Lebens erschließen. Die Ausschöpfung und Realisierung dieser Möglichkeiten setzt jedoch Grundlagenwissen und Fertigkeiten in der Handhabung und Nutzung der Hard- und Software von Mikrorechnern voraus. Hieraus ergeben sich umfangreiche aktuelle Anforderungen an den Inhalt von Aus- und Weiterbildungsmaßnahmen, aber auch steigende Anforderungen an die Bereitschaft von Ingenieuren, Naturwissenschaftlern, Ökonomen, Pädagogen u.a., sich selbst aktiv mit dem gegenwärtigen Stand von Mikrorechentechnik und Informatik und deren Entwicklungstendenzen auseinanderzusetzen.

Das vorliegende Buch gibt in gedrängter Form einen Überblick über die Hard- und Software von Mikrorechnern. Ausgehend von der relativ unkomplizierten Wirkungsweise der 8-bit-Mikroprozessoren werden die wichtigsten Erweiterungen der Prozessorarchitektur und der Speicherverwaltung beschrieben und die am häufigsten eingesetzten 16-bit-Mikroprozessoren charakterisiert. Außerdem werden typische Eigenschaften einiger 32-bit-Mikroprozessoren erläutert. Die Ausführungen zur Struktur von Mikrorechnern und zur Funktion von Bussystemen und Interfaces dienen ebenfalls dem Ziel, die in den Produktbeschreibungen zu findenden Begriffe aus dem Zusammenhang heraus verständlich zu machen. In ähnlicher Weise soll die Darstellung der Struktur und Funktion von Betriebssystemen und der wichtigsten Eigenschaften von höheren Programmiersprachen dazu beitragen, dem Leser einen entsprechenden Überblick zur Betriebsweise der Mikrorechner, zur Wertung des aktuellen Entwicklungsstands und zum Verständnis sich abzeichnender Entwicklungsrichtungen zu vermitteln. Diesem letztgenannten Zweck dienen einige Ausführungen zu Rechnerarchitekturen, wie Parallelprozessoren und RISC, die sich mehr oder weniger stark von den verbreiteten Mikroprozessoren und Mikrorechnern unterscheiden, in Zukunft allerdings eine erheblich größere Bedeutung als bisher besitzen sollten.

Die Autoren mußten sich in Anbetracht der nicht mehr übersehbaren Breite der Mikrorechentechnik auf eine überblicksartige Beschreibung der wichtigsten Mikroprozessorfamilien und Mikrorechnerstrukturen sowie der Funktion und der Eigenschaften von Betriebssystemen und Programmiersprachen beschränken. Beim Leser werden lediglich einige Grundkenntnisse zur Digitalrechentechnik und zur Programmierung sowie einige Erfahrungen im Umgang mit Mikrorechnern, z.B. Büro- oder Personal-Computer, vorausgesetzt. Details der Schaltkreisfunktion, Befehlslisten der Mikroprozessoren, die Syntax von Programmiersprachen u.ä.m. müssen den Herstellerdruckschriften und den Programmierlehr- und -handbüchern entnommen werden. Viele zur Thematik Mikrorechentechnik gehörende Gebiete, wie die Testung von Hard- und Software, der Entwurf anwenderspezifischer Schaltkreise, Software für Graphik, Datenbanken und Textverarbeitung, Fragen der Einsatzvorbereitung von Rechnern und ihre Vernetzung, typische Anwendungsfälle und Entwicklungstrends, z.B. die künstliche Intelligenz, konnten nicht berücksichtigt werden.

Die Autoren haben sich um eine möglichst exakte und fehlerfreie Darstellung bemüht. Sie würden sich über sachdienliche Hinweise und kritische Bemerkungen der Leser freuen, um dem Anliegen des Buches besser gerecht werden zu können und noch vorhandene Fehler und Ungenauigkeiten zu beseitigen. Besonderer Dank gilt dem Akademie-Verlag für sein Entgegenkommen und die Berücksichtigung vieler Wünsche zur Gestaltung des Manuskripts. Die Autoren danken insbesondere der Lektorin Frau Dipl.-Phys. G. Lagowitz für zahlreiche wesentliche Hinweise und für ihr Engagement bei der Herausgabe des Buches.

Dresden, Dezember 1987 Wolfgang Meiling, Ruprecht Fülle

Inhaltsverzeichnis

1. Mikroelektronik und Informatik 11

2. Rechnerarchitektur 19
2.1. Von-Neumann-Rechner 19
2.2. Semantische Lücke 23
2.3. Multirechnersysteme 28

3. Mikroprozessoren 37
3.1. Aufbau und Funktionsweise 37
3.1.1. Struktur 37
3.1.2. Befehlsablauf 41
3.1.3. Adressierung 49
3.1.4. Befehlsliste 56
3.2. 8-bit-Mikroprozessoren 63
3.2.1. Übersicht 63
3.2.2. Mikroprozessoren 8080 und 8085 64
3.2.3. Mikroprozessoren Z 80 und U 880 67
3.2.4. Mikroprozessor M 6800 72
3.2.5. Vergleichende Einschätzung 74
3.3. 16-bit-Mikroprozessoren 77
3.3.1. Übersicht 77
3.3.1.1. Verbesserte Leistungsparameter 77
3.3.1.2. Speicherverwaltung 78
3.3.1.3. Zeitlich verschränkte Befehlsausführung 83
3.3.1.4. Schutzfunktionen für Betriebssystem 85
3.3.1.5. Koprozessoren 87
3.3.2. Mikroprozessoren der 8086-Familie 90
3.3.2.1. Übersicht 90
3.3.2.2. Mikroprozessor 8086 91
3.3.2.3. Mikroprozessor 8088 115
3.3.2.4. Mikroprozessor 80186 116
3.3.2.5. Mikroprozessor 80286 121
3.3.3. Mikroprozessoren der Z8000-Familie 138
3.3.3.1. Übersicht 138
3.3.3.2. Mikroprozessoren Z8001/Z8002 und U8001/U8002 139
3.3.3.3. Mikroprozessoren Z8003 und Z8004 150
3.3.3.4. Speicherverwaltungsschaltkreise Z8010 und U8010 sowie Z8015 151
3.3.4. Mikroprozessoren der MC 68000-Familie 157
3.3.4.1. Übersicht 157
3.3.4.2. Mikroprozessor MC 68000 157
3.3.4.3. Mikroprozessor MC 68010 165
3.3.4.4. Speicherverwaltungsschaltkreis MC 68451 166
3.3.5. Vergleichende Einschätzung 168

3.4. 32-bit-Mikroprozessoren 172
3.4.1. Ubersicht 172
3.4.2. Mikroprozessor 80386 176
3.4.3. Mikroprozessor MC 68020 180

4. Mikrorechner-Hardware 187
4.1. Ubersicht 187
4.2. Mikrorechnerkomponenten 190
4.2.1. Methoden der Kopplung mit dem Mikroprozessor 190
4.2.2. Treiber- und Steuerschaltkreise 197
4.2.3. Universelle Ein- und Ausgabe-Schaltkreise 205
4.2.4. Spezielle Steuerschaltkreise 219
4.2.5. Arithmetik- und Signalprozessoren 226
4.3. Mikrorechnerkonfigurationen 232
4.3.1. Ein-Chip-Mikrorechner und Mikrocontroller 232
4.3.2. Ein-Leiterkarten-Mikrorechner 238
4.3.3. Modular aufgebaute Mikrorechner 241
4.4. Mikrorechner-Bussysteme 249
4.4.1. Allgemeine Eigenschaften eines Mikrorechnerbus 249
4.4.2. Beispiele 255
4.4.3. Serielle Bussysteme 264
4.5. Interfaces 269
4.5.1. Rechnerperipherie 269
4.5.2. Instrumentierungsbus 273

5. Betriebssysteme 280
5.1. Aufgaben und Grundstrukturen 280
5.1.1. Einführung 280
5.1.2. Struktur und Dienste des Betriebssysytemkerns 283
5.1.2.1. Uberblick 283
5.1.2.2. Ablaufsteuerung 286
5.1.2.3. Ressourcenverwaltung 291
5.1.2.4. Ein-/Ausgabe-Steuerung 293
5.1.2.5. Dateiverwaltung 294
5.1.3. Verarbeitungsprogramme 299
5.1.3.1. Editoren 299
5.1.3.2. Ubersetzer 300
5.1.3.3. Binder und Lader 301
5.1.3.4. Testhilfen 302
5.1.3.5. Dateiprogramme 303
5.2. Einwicklung der Betriebssysteme von Mikrorechnern 305
5.3. Betriebssystem CP/M 310
5.3.1. Entwicklung und Besonderheiten 310
5.3.2. Struktur 311
5.3.3. Arbeitsweise 313
5.3.4. Verarbeitungsprogramme 321

5.3.4.1. Editor ED 321
5.3.4.2. Assembler ASM 322
5.3.4.3. Ladeprogramm LOAD 322
5.3.4.4. Debugger DDT 323
5.3.4.5. PIP-Funktionen 324
5.3.5. Weiterentwicklung von CP/M 324
5.3.5.1. CP/M-Plus 326
5.3.5.2. MP/M-80 326
5.3.5.3. CP NET 327
5.3.6. CP/M-Versionen für 16-bit-Mikrorechner 328
5.3.6.1. Das System SCP 1700 328
5.3.6.2. Concurrent CP/M-86 329
5.4. Betriebssystem MS-DOS 330
5.4.1. Besonderheiten 330
5.4.2. Struktur 330
5.4.3. Dateiverwaltung 332
5.4.4. DOS-Kommandosystem 334
5.4.5. Batch-Verarbeitung 336
5.4.6. Ein-/Ausgabe 337
5.4.7. Dienstprogramme 338
5.5. Betriebssystem MVS 339
5.6. Portable Betriebssysteme 340
5.6.1. Lösungen des Portabilitätsproblems 340
5.6.2. Betriebssystem UNIX 341
5.6.2.1. Übersicht 341
5.6.2.2. Grundstruktur 342
5.6.2.3. Dateisystem 343
5.6.2.4. Prozesse 349
5.6.2.5. Shell 354
5.6.2.6. Dienstprogramme 361
5.6.2.7. Wertung von UNIX 369
5.6.3. Portable Lösungen für CP/M-86 370
5.7. Echtzeitbetriebssysteme 372
5.7.1. Merkmale der Echtzeitverarbeitung 372
5.7.2. Aufgaben und Besonderheiten 374
5.7.3. Echtzeitbetriebssystem BOS 1810 377
5.7.4. Betriebssysteme für Multiprozessorsysteme 379
5.8. Betriebssysteme in Silizium 381
5.8.1. Sprachmaschinen 381
5.8.2. Betriebssystemfunktionen im Prozessor iAPX-432 381

6. Anwenderprogrammierung 383
6.1. Prinzipien 383
6.1.1. Anforderungen 383
6.1.2. Methodik der Software-Entwicklung 385
6.1.3. Phasenkonzept der Programmentwicklung 386

6.1.4.	Software-Werkzeuge	396
6.2.	Programmiersprachen	397
6.2.1.	Sprachniveaus	397
6.2.2.	Beschreibung von Programmiersprachen	400
6.2.3.	Besonderheiten höherer Programmiersprachen	402
6.2.4.	Übersicht über höhere Programmiersprachen	403
6.2.5.	Eigenschaften ausgewählter höherer Programmiersprachen	407
6.2.5.1.	FORTRAN-66	407
6.2.5.2.	FORTRAN-77	411
6.2.5.3.	FORTRAN-8X	413
6.2.5.4.	BASIC	416
6.2.5.5.	PASCAL	422
6.2.5.6.	Modula-2	432
6.2.5.7.	FORTH	435
6.2.5.8.	Die Sprache C	438
6.2.5.9.	Sprachfamilie PLZ/Z80	443
6.2.5.10.	PL/M	446
6.2.6.	Vergleich höherer Programmiersprachen	450
6.3.	Echtzeitprogrammiersprachen	453
6.3.1.	Anforderungen an Echtzeitprogrammiersprachen	453
6.3.2.	Möglichkeiten der Prozeßkoordinierung	453
6.3.3.	Möglichkeiten der sprachlichen Formulierung	454
6.3.3.1.	Assemblerkode	454
6.3.3.2.	Erweiterung algorithmischer Sprachen	455
6.3.4.	CAMAC-Sprache	456
6.3.5.	Echtzeitprogrammiersprache PEARL	457
6.3.6.	Prozeßsynchronisation mit Concurrent PASCAL	459
6.3.7.	Echtzeitverarbeitung mit Modula-2	460
6.3.8.	CHILL	461
6.3.9.	ADA	464
6.3.10.	Vergleich der Konzepte zur Behandlung von Echtzeitaufgaben	471
7.	Literaturverzeichnis	475
7.1.	Allgemeine Übersichten und zusammenfassende Darstellungen	475
7.2.	Zitierte Arbeiten	476
8.	Sachregister	484

1. Mikroelektronik und Informatik

Unter Mikroelektronik wird im allgemeinen die Entwicklung, Produktion und Anwendung mikroelektronischer Bauelemente und Schaltungsgruppen verstanden. Aber auch die Grundlagenforschung zur Gewinnung hochreiner Materialien und zur Realisierung vielfältiger technologischer Verfahren ist bei der Charakterisierung der Anforderungen an die Entwicklung der Mikroelektronik zu berücksichtigen. Die dominierenden Bauelemente sind mikroelektronische Schaltkreise, die auf einem Chip mit einer Fläche in der Größenordnung von 1 mm^2 bis 1 cm^2 eine große Anzahl von Transistorfunktionen enthalten. Die lateralen Abmessungen der Strukturelemente dieser "mikro"elektronischen Transistoren liegen gegenwärtig zwischen etwa 1 und 10 µm. Je nach Integrationsgrad und Aufgabenstellung kann ein integrierter Schaltkreis weit mehr als 100 000 aktive Elemente enthalten, die zu komplexen Funktionsgruppen "integriert" sind, d.h., nach der gemeinsamen Herstellung vieler Transistoren auf einer Siliziumscheibe werden diese Transistoren mit geeigneter "Verdrahtung" durch aufgedampfte Aluminiumbahnen oder durch polykristallines Silizium zu Schaltungen, wie Logikgatter, Register, Mikroprozessor, Speicher o.ä., verbunden.

Die Entwicklung des Mikroprozessors Anfang der siebziger Jahre hat die Mikroelektronik wegen der qualitativ neuen Möglichkeiten, programmierbare Elektronik bereitzustellen, in den Mittelpunkt eines breiten Interesses gerückt. Mikroprozessoren sind universell einsetzbare Schaltkreise, die folglich in großen Stückzahlen verwendet werden können. Die Anpassung an eine spezielle Aufgabe erfolgt über die programmierte Befehlsfolge. Großen Einfluß auf die Mikroelektronik-Technologie hatte Anfang der siebziger Jahre auch die Forderung der Rechnerhersteller nach billigen Gatterschaltkreisen und Halbleiterspeichern. Die Mikroprozessoren und die auf ihrer Grundlage gefertigten Mikrorechner und Steuerungseinheiten ermöglichen den Einsatz programmgesteuerter Geräte auch dort, wo zuvor aus Kostengründen o.ä. die Nutzung eines Kleinrechners oder eines aus Logikgattern aufgebauten Automatisierungs-, Steuerungs- oder Meßsystems nicht in Frage kam.

Neben den integrierten Schaltkreisen werden diskrete Transistoren ihre Bedeutung behalten. Dies gilt vor allem dann, wenn z.B. eine relativ hohe Signalausgangsleistung oder Schaltleistung, insbesondere bei Spannungen über etwa 50 V, erforderlich ist. Auch die Verstärkung bei Frequenzen im GHz-Bereich ist an spezielle Transistoren gebunden. Nicht zu vergessen sind passive Bauelemente, Steckverbindungen und Anzeigeelemente, die im Interesse einer technisch ausgewogenen Gerätekonstruktion der Miniaturisierung und der Erhöhung der Zuverlässigkeit durch Verwendung integrierter Schaltkreise angepaßt sein müssen.

Die Hersteller mikroelektronischer Bauelemente haben den Anwendern ein umfangreiches Sortiment von Standard- und Speicherschaltkreisen, von programmierbaren Schaltkreisen für die digitale Schaltungstechnik, wie Mikroprozessor, Ein-/Ausgabe-Steuerung u.ä.m., sowie Verstärker und Wandler für Analogsignale bereitgestellt. Damit hat sich beim Gerätehersteller das Schwergewicht von der detaillierten Schaltungsentwicklung auf der Basis einzelner Transistoren zur Nutzung vorgefertigter Schaltkreise verlagert. Dabei bestimmen im wesentlichen das Studium der Zusammenschaltungsbedingungen der ausgewählten Schaltkreise, die Analyse des Zeitablaufs der einzelnen Signale und die Programmerstellung bei programmierbaren Schaltkreisen das Profil der Anwendungsvorbereitung. Es zeigt sich aber, daß auf dieser Grundlage nicht immer Lösungen gefunden werden können, die hinsichtlich Kosten und Aufwand ein Optimum darstellen, insbesondere bei großen Stückzahlen der zu fertigenden Geräte. Da in solchen Fällen der Montage- und Prüfaufwand und die Kosten für Leiterplatten und Steckverbinder eine wesentliche Rolle spielen, wird ein möglichst hoher Integrationsgrad angestrebt - man denke nur an den Aufbau von Taschenrechnern mit einem einzigen Schaltkreis, der alle Aufgaben zur Auswertung der Tastatureingabe, zur Ausführung der geforderten arithmetischen Operation und zur Darstellung des Resultats erfüllt. Derartige anwenderspezifische Schaltkreise, auch als Kundenwunschschaltkreise bezeichnet, lassen sich nur durch enge Kooperation zwischen dem Geräteentwickler und dem Bauelementehersteller verwirklichen. So müssen wesentliche Teile des Schaltungsentwurfs wieder vom Geräteentwickler übernommen werden, der die konkreten Anforderungen an die zu erfüllende Schaltkreisfunktion am besten kennt; er muß aber auch auf eine umfangreiche Unterstützung durch den Bauelementehersteller zurückgreifen können. Diese Methode des Schaltkreisentwurfs für spezielle Aufgaben wird künftig ein wesentlicher Weg zur Verbesserung der technischen Parameter vor allem solcher Geräte und Einrichtungen sein, die in großer Stückzahl bei hoher Zuverlässigkeit und hohem Gebrauchswert gefertigt werden müssen. Allerdings setzt dies eine sichere Beherrschung der Entwurfshilfsmittel und der Anwendung der Mikroelektronik überhaupt voraus.

Die Anwendung der Mikroelektronik erfolgt in allen Ebenen des gesellschaftlichen Lebens, so zur Informationsgewinnung, -übertragung, -verarbeitung und -speicherung, zur Steuerung, Optimierung und Automatisierung von Transport- und Produktionsprozessen aller Art, in der Nachrichtentechnik, in der Heimelektronik und nicht zuletzt auch im Bildungswesen, in der Grundlagen- und angewandten Forschung sowie im Umweltschutz. In sehr vielen Fällen bildet hierbei der Mikroprozessor den Kern eines Steuerungs- oder Verarbeitungssystems, so daß oft nicht ganz exakt Mikroprozessortechnik und Mikrorechentechnik als Synonyme für Mikroelektronik gebraucht werden. Abb.1.1 soll die Mikroelektronik mit ihren verschiedenen Bestandteilen verdeutlichen, wobei die "tieferen Schichten" als Voraussetzung für die Realisierung der "höheren Schichten" zu verstehen

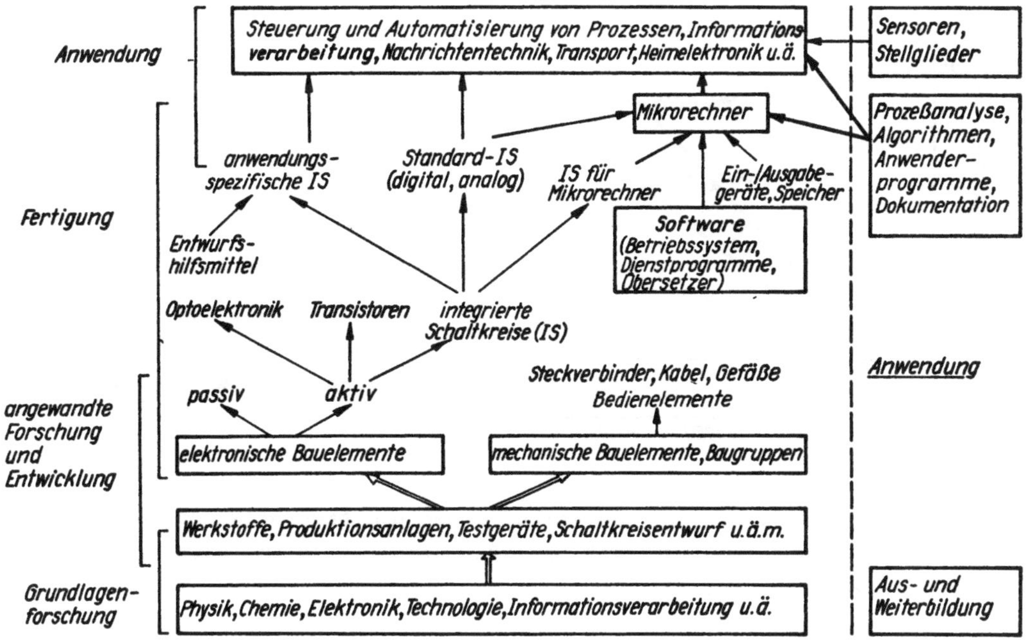

Abb. 1.1: Mikroelektronik mit den Wechselbeziehungen für ihre Produktion und Anwendung

sind. Die komplizierten Wechselbeziehungen zwischen den einzelnen Schichten lassen sich nicht widerspruchsfrei in einer derartigen Darstellung abbilden; das gilt auch für die Wechelbeziehungen zwischen der Mikroelektronik und den Anwendungsgebieten, z.B. sind Kenntnisse der Regelungstechnik und der Optimierungsstrategien für Automatisierungsaufgaben erforderlich wie auch Methoden der Meßwertverarbeitung für rechnergestützte Meßsysteme.

Das wohl umfangreichste Einsatzfeld der Mikroelektronik und speziell der Mikrorechentechnik ist die **Informatik**. Diese Wissenschaftsdisziplin besitzt einen ausgeprägten Querschnittscharakter und untersucht die Gesetzmäßigkeiten bei der Gewinnung, Bearbeitung, Speicherung, Übertragung und Anwendung von Informationen in der Produktionstätigkeit sowie in der wissenschaftlichen, gesellschaftspolitischen und kulturellen Tätigkeit der Menschen. Mit der Entwicklung der Rechentechnik wird der Begriff Informatik zusammenfassend für die speziellen Gebiete der elektronischen Informationsverarbeitung gebraucht. In diesem Sinn umfaßt die Informatik "Fragen des Entwurfs, der Konstruktion, der Entwicklung sowie der Anwendung und Instandhaltung von Informationsverarbeitungssystemen (Rechner, Datenverarbeitungsanlagen, PC u.a.), Speichersystemen und Kommunikationssystemen einschließlich der Hardware und Software wie auch organisatorischer Aspekte und Probleme der Mensch-Maschine-Kommunikation... Die Informatik schafft die Grundlagen für moderne Informations- und Kommunika-

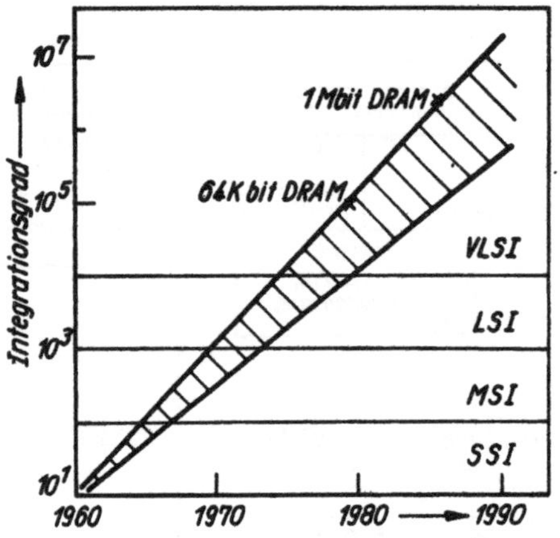

Abb. 1.2:
Entwicklung des Integrationsgrades als Anzahl der Transistorfunktionen/Chip

tionstechnologien sowie die methodischen und theoretischen Mittel zur Anwendung der Mikroelektronik in Informations- und in Informationsübertragungssystemen" (Ha 86).

Aus dem Gesagten ist klar, daß die Entwicklung und Anwendung der Informatik in enger Verbindung mit der Verfügbarkeit von Rechnern und Rechnerperipherie unterschiedlicher Leistungsklassen zu sehen ist. Die Anforderungen der Informatik stimulieren die Entwicklung immer komplexerer mikroelektronischer Schaltkreise und die Suche nach effektiven Rechnerarchitekturen. Andererseits wurden mit den Personalcomputern und der arbeitsplatzgebundenen Rechentechnik dem Ingenieur und Naturwissenschaftler, dem

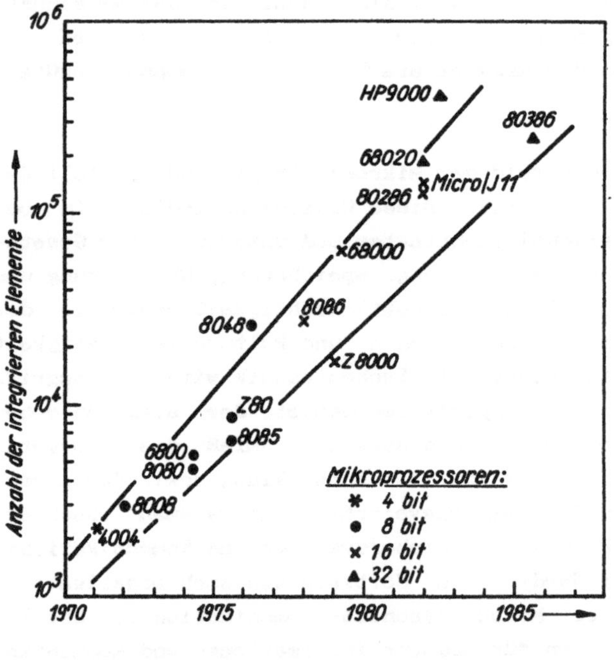

Abb. 1.3:
Anzahl der integrierten Elemente in verschiedenen Ein-Chip-Mikroprozessoren

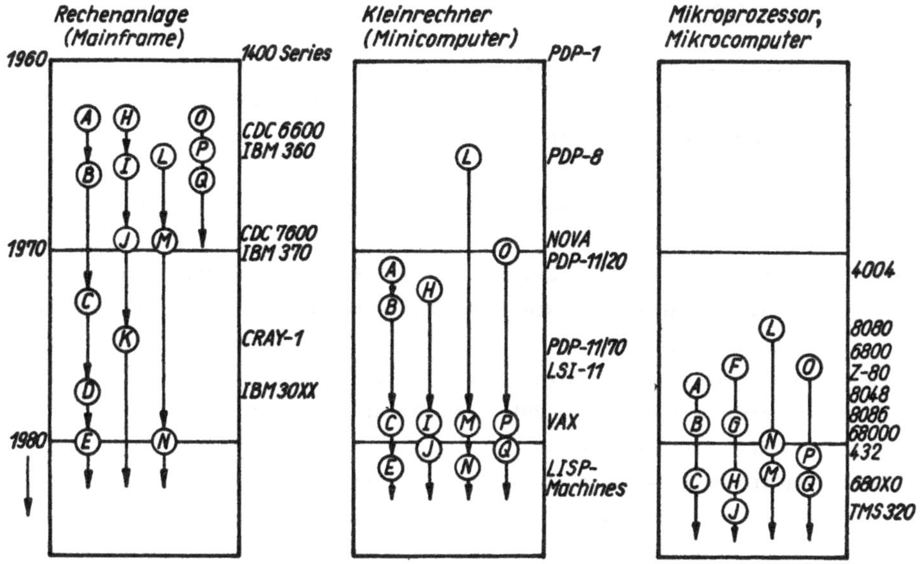

Abb. 1.4: Einführung von Neuerungen in der Architektur und Software von Rechenanlagen (nach Bu 84);

Software:
- A: höhere Programmiersprachen allgemein üblich,
- B: Segmentierung, Mehrnutzersysteme,
- C: virtuelle Speichertechnik,
- D: virtuelle Dateisysteme,
- E: Unterstützung von nichtprozeduralen Sprachen.

Arithmetik:
- F: 16-bit-Integerzahlen,
- G: 32-bit-Integerzahlen,
- H: Gleitkommaformat,
- I: interne Datenkonversion,
- J: Pipeline-Verarbeitung, Array-Prozessoren u.ä.,
- K: Vektor/Matrix-Arithmetik.

Anwendung:
- L: variable Konfiguration,
- M: modifizierbarer Mikrokode, an den Anwendungsfall angepaßte Maschinenbefehle,
- N: Verlagerung von Software in die Hardware.

Ein-/Ausgabe-Strukturen:
- O: direkter Speicherzugriff DMA, speicherbezogene Ein-/Ausgabe-Adressierung,
- P: Datenkanäle, "intelligente" Ein-/Ausgabe,
- Q: Multiprozessoren.

Ökonomen und Mediziner leistungsfähige Mittel in die Hand gegeben, um die Informatik und die Rechentechnik für seine eigenen Aufgaben intensiv nutzen zu können.

Tabelle 1.1: Zur Entwicklung der Rechentechnik und Mikroelektronik

1623	Wilhelm Schickard (1592-1635): funktionierende Rechenmaschine mit Zahnradgetriebe für die vier Grundrechenarten und mit automatischem Zehnerübertrag.
1642	Blaise Pascal (1623-1662): Rechenmaschine für achtstellige Additionen und Subtraktionen.
1673	Gottfried Wilhelm von Leibniz (1646-1716): mechanische Rechenmaschine mit Staffelwalze für die vier Grundrechenarten; erst 1894 funktionstüchtiges Exemplar. 1679: duales Zahlensystem und Gesetze der binären Arithmetik.
1727	Antonius Braun (1685-1728): funktionstüchtige Sprossenradmaschine für die vier Grundrechenarten.
1774	Philipp Matthäus Hahn (1739-1790): funktionstüchtige Rechenmaschine nach dem Prinzip der Staffelwalze für 4 Grundrechenarten, 11 Stellen.
1808	Joseph-Marie Jacquard (1752-1834): Webstuhlsteuerung mit Lochkarten.
1833	Charles Babbage (1792-1871): erstes Konzept eines programmgesteuerten Rechenautomaten mit den Baugruppen: - Rechenwerk für 4 Grundrechenarten (dekadisches Zählrad), - Zahlenspeicher, - Lochkartensteuereinheit, - Dateneingabegerät, - Datenausgabegerät mit Druckwerk. Mit den technischen Mitteln in der Mitte des 19. Jahrhunderts nicht realisierbar; späterer Nachbau bestätigte Funktionstüchtigkeit der Konstruktion von Babbage.
1855	George Boole (1815-1884): Begründung der zweiwertigen Algebra für Aussagen mit den Werten 0 und 1.
1874	Karl Ferdinand Braun (1850-1918): Entdeckung des Halbleitereffekts (Kristalldetektor).
1878	Arthur Burkhardt: Beginn der Serienfertigung mechanischer Rechenmaschinen in Glashütte/Erzgebirge.
1906	Lee de Forest (1873-1961), Robert von Lieben (1878-1913): Erfindung der Elektronenröhre (Triode).
1938	Claude Elwood Shannon (geb.1916): Formulierung der Schaltalgebra. 1948: wesentliche Beiträge zur Begründung der Informationstheorie.
1941	Konrad Zuse (geb.1910): Vorführung des ersten programmgesteuerten Rechenautomaten ZUSE Z3 (Dualzahlensystem, Relaistechnik). 1937: Versuchsanlage Z1 mit mechanischen Schaltgliedern.
1942	John von Atanasoff (geb.1903): Rechenanlage mit Elektronenröhren.
1944	Howard H.Aiken (1900-1973): in den USA Inbetriebnahme des elektromechanischen programmgesteuerten Rechenautomaten MARK I.

1945	John von Neumann (1903-1957): Konzeption eines speicherprogrammierten Rechenautomaten (EDVAC).
1945/47	John Presper Eckert (geb.1919), John William Mauchly (1907-1980): vollelektronische Rechenanlage ENIAC.
1947	John Bardeen, Walter H.Brattain, William Shockley: Erfindung des Spitzentransistors.
1950/56	N. Joachim Lehmann (geb.1921): Entwicklung des Rechenautomaten D 1 (Dresden 1), mit 700 Elektronenröhren und 100 arithmetischen Operationen in der Sekunde.
1954/55	VEB Carl Zeiss Jena: elektromechanischer Rechner OPREMA.
1955	Transistoren für Rechenschaltungen eingesetzt.
1957	Siemens AG: volltransistorisierter Rechner 2002.
1957	FORTRAN-Compiler.
1958	J.S.Kilby: Erfindung der integrierten Schaltung.
1961/63	N.Joachim Lehmann: Entwicklung des ersten transistorisierten Rechners in der DDR: D 4a (Dresden 4a), einer der erste Tischrechenautomaten, später als "Cellatron" produziert.
1961	Fairchild: erster monolithischer Schaltkreis.
1962	VEB Carl Zeiss Jena: Serienfertigung des Rechners ZRA1, mit Elektronenröhren und Magnettrommelspeichern ausgestattet.
1965	Digital Equipment Corp.: Minirechner PDP-8.
1965	Programmiersprache BASIC.
1967	Großrechner BESM-6.
1970	Erster Taschenrechner.
1971	Intel Corp.: Chip-Satz mit 4-bit-Mikroprozessor 4004.
1971/72	Intel Corp.: erster 8-bit-Mikroprozessor 8008.
1972	Betriebssystem UNIX.
1973	Intel Corp.: Mikrorechner Intellec.
1974	Betriebssystem CP/M für Mikrorechner.
1974/76	Entwicklung zahlreicher 8-bit-Mikroprozessortypen und erster 16-bit-Mikroprozessor (IMP-16).
1976	VEB Kombinat Robotron: Mikrorechner ZE 1.
1977	VEB Kombinat Robotron: Mikrorechner K 1510.
1977	Zentralinstitut für Kernforschung Rossendorf: Mikrorechner MPS 4944.
1978	Intel Corp.: 16-bit-Mikroprozessor 8086.
1978	VEB Kombinat Robotron: Mikrorechner K 1520.
1979	VEB Kombinat Funkwerk Erfurt: 8-bit-Mikroprozessor U 880 und Peripherieschaltkreise.
1981	Erste 32-bit-Mikroprozessoren vorgestellt.
1982	Personal-Computer erlangen große Verbreitung.
1982	Japan: Zielstellung der 5. Rechnergeneration ("künstliche Intelligenz").
1984	IBM: 1 Mbit-DRAM-Schaltkreis entwickelt.
1985	VEB Kombinat Robotron: 16-bit-Modulsystem MMS-16.

Grundlage für die schnelle Entwicklung der Informatik in den letzten Jahren ist das hohe Wachstumstempo der Mikroelektronik. Abb. 1.2 zeigt die Zunahme des Integrationsgrades seit Herstellungsbeginn der integrierten Schaltkreise. Die Verdopplung des Integrationsgrades etwa alle zwei Jahre resultiert im wesentlichen aus der Reduktion der Strukturabmessungen, aus der Nutzung neuer Wirk- und Schaltungsprinzipien und zum Teil aus der Vergrößerung der Chipfläche bis zu etwa 1 cm^2. Diese hohe Wachstumsrate über einen Zeitraum von etwa 25 Jahren ohne erkennbare starke Sättigungseffekte dürfte in der Technik ohne weiteres Beispiel sein. Die Fortschritte der Halbleitertechnologie sind auch an der Zunahme der Anzahl der in Mikroprozessoren verwendeten Transistoren erkennbar, Abb. 1.3. Das schnelle Anwachsen der Integrationsgrades ist Ausdruck der außerordentlich leistungsfähigen rechnergestützten Entwurfsverfahren für die gegenüber Halbleiterspeichern weniger regelmäßig aufgebauten Logikschaltkreise und der Realisierung von Architekturmerkmalen, wie sie zuvor nur bei leistungsfähigen Minirechnern zu finden waren. Die Zuordnung der Mikroprozessortypen zu den Jahreszahlen in Abb. 1.3 ist wegen der oftmals jahrelangen Zeitdifferenz zwischen Ankündigung und Serienfertigung nicht immer eindeutig.

Einige historische Angaben zur Entwicklung der Rechentechnik und Mikroelektronik insgesamt sowie zu wichtigen Abschnitten ihrer Entwicklung in der DDR sind in Tabelle 1.1 zusammengefaßt (unter Verwendung von Wi 51, Be 67, Ra 75, Vo 82); die Zeitangaben für Mikroprozessoren und Rechner gelten im allgemeinen für die ersten Publikationen zu diesen Produkten. In Abb. 1.4 sind in Ergänzung zur Tabelle 1.1 wichtige Entwicklungsetappen für Rechenanlagen ("Großrechner"), Klein- und Mikrorechner angegeben (nach Bu 84). Sie vermitteln den Eindruck, daß die wesentlichen Stufen in der Entwicklung von Hard- und Software für Rechenanlagen und Kleinrechner auch bei Mikrorechnern durchlaufen wurden, dank der schnellen Entwicklung der Mikroelektronik aber in erheblich kürzerer Zeit.

2. Rechnerarchitektur

2.1. Von-Neumann-Rechner

Die Architektur eines Rechners ist die Hardwarestruktur seiner wesentlichen Bestandteile und ihrer Verbindungen und das Organisationsprinzip mit der Informations- und Steuerungsstruktur. Die Architektur beschreibt also als physische Architektur den inneren Aufbau und die Wirkungsweise eines Rechners und als logische Architektur das äußere funktionelle Verhalten, wie es für den Anwender des Rechners von Bedeutung ist (Gi 81, Ba 84).

Mit der Idee, sowohl die Daten als auch die Programme im Speicher eines Rechners abzulegen, wurde die elektronische Rechentechnik begründet. Diese Idee entstand in den Jahren 1944/45 während der Arbeiten am Rechner ENIAC (electronic numerical integrator and computer), dessen Programmierung durch Verkabelung erfolgte und der einen auf Elektronenröhren basierenden Akkumulator für Daten besaß (Go 46, Ra 75). Die Arbeiten an der ENIAC wurden vor allem durch J.P.Eckert und J.W.Mauchly durchgeführt, in deren Gruppe J.von Neumann zeitweise einbezogen war. In einem Bericht J.von Neumanns aus dem Jahre 1945 werden für das Projekt EDVAC (electronic discrete variable arithmetic computer) unter Nutzung des Prinzips der gleichartigen Speicherung von Daten und Programmen fünf wesentliche Bestandteile eines Rechners definiert und ihr Zusammenwirken prägnant formuliert: Arithmetikeinheit, Steuerung, Speicher, Ein- und Ausgabekanal (Ne 45, Bu 46). Dieser Bericht gilt als Basis für die "Von-Neumann-Architektur", die aber erst in den fünfziger Jahren mit der Entwicklung von Magnettrommel- und Magnetkernspeichern zur weiten Verbreitung elektronischer Digitalrechner führen konnte.

Setzt man die verbale Darstellung J.von Neumanns in eine Blockschaltung um, läßt sich mit den heute üblichen Begriffen eine Struktur wie in Abb.2.1a angeben. Hierbei ist nicht berücksichtigt, daß von Neumann den Datentransfer zwischen Speicher und Ein- und Ausgabekanal empfiehlt, wie es bei modernen Rechnern als direkter Speicherzugriff DMA (direct memory access) realisiert ist. Bei Verwendung einer vieladrigen Sammelleitung (Bus) zur Verbindung der einzelnen Blöcke folgt die z.B. aus der Beschreibung von Mikrorechnern bekannte Konfiguration nach Abb.2.1b.

Die Von-Neumann-Rechner sind durch folgende wesentliche Eigenschaften charakterisiert:

- Programme und Daten sind im Arbeitsspeicher in gleicher Weise als binär verschlüsselte Informationen (Bitketten) gespeichert; die Bedeutung dieser Informationen als Instruktionen (Befehle), Daten (Zahlen, Zeichen) oder Adressen (für Speicher, Ein- und Ausgabe) ist nur aus dem

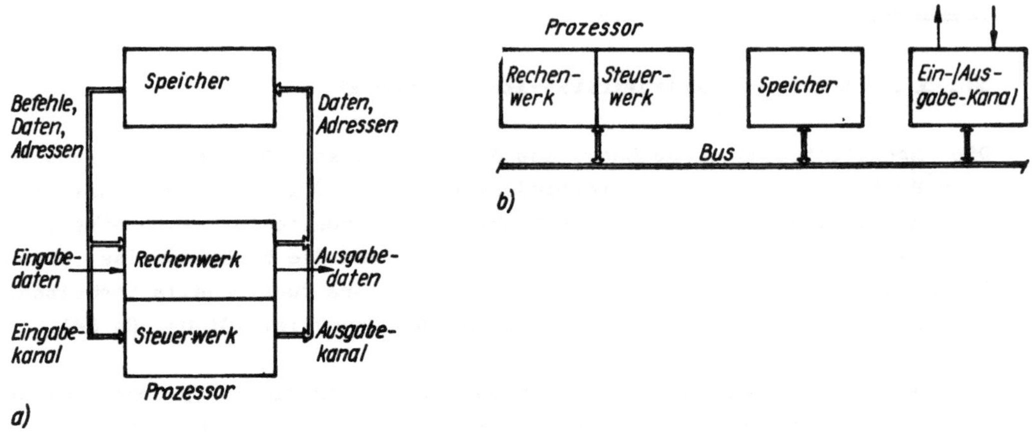

Abb. 2.1: Architektur eines Rechners des Von-Neumann-Typs;
a: separate Verbindungen zwischen den Blöcken;
b: typische Mikrorechnerstruktur mit Sammelleitung (Bus)

Kontext ersichtlich. Programm- und Datenstrukturen sind für die Hardware nicht erkennbar.

• Die Abarbeitung einer Instruktion erfolgt in zwei Phasen (Abb. 2.2). In der ersten Phase wird aus der Speicherstelle, deren Adresse im Befehls- oder Programmzähler steht, ein Speicherwort (bei Mikrorechnern beispielsweise 1 byte oder ein 16-bit-Wort) gelesen, als Befehl angesehen und im Befehlsdekoder entschlüsselt (Hole- oder Fetch-Phase). In der zweiten Phase wird je nach Art des gelesenen Befehls dieser Befehl ausgeführt, oder es werden zunächst weitere, unmittelbar folgende Speicherstellen als Operanden oder Adressen gelesen, ehe die geforderte Operation erfolgen kann. Die Ausführungszeit dieser Ausführungs- oder Execute-Phase hängt somit wesentlich von der Befehls- und Adressierungsart ab und hat zur Folge, daß sich die Ausführungszeiten der einzelnen Befehle, z.B. eines Mikroprozessors, um einen Faktor 4 oder mehr unterscheiden können. Trotz fehlender Identifikation des Speicherinhalts ist ein ordnungsgemäßer Programmablauf möglich, weil ein zweiphasiger Instruktionsablauf vorliegt und die Vorschrift existiert, daß im Speicher die Operanden oder Adressen dem Instruktionskode konsekutiv zugeordnet sein müssen, d.h., der Befehlszähler wird nach jedem Lesen eines Wortes inkrementiert (Abb. 2.2). Der Verzicht auf Identifikation ergibt minimalen Speicherplatzbedarf, eine vor allem in der Anfangszeit der Rechentechnik entscheidende Forderung.

In den Jahren ab 1950 wurde eine große Anzahl von Neuerungen eingeführt, die heute bei jedem Mikroprozessor selbstverständlich sind. Dazu gehören der Registersatz, Indexregister, Programmunterbrechungssystem, indirekte Adressierung u.ä. Hieraus resultierte eine beträchtliche Leistungssteigerung der Prozessoren sowie eine verbesserte Flexibilität der Programmierung und Anwendung. Dennoch wurden relativ frühzeitig wesentliche Schwächen der Von-Neumann-Architektur erkannt. Sie löste eine umfangreiche Entwicklung neuer Architekturen aus. Diese Entwicklung der Architektur, insbesondere mit Parallelverarbeitung auf Multiprozessorsystemen, die auch durch die Verfügbarkeit billiger Mikroprozessoren stimuliert wurde, ist zur Zeit längst nicht abgeschlossen. So verwundert es nicht, daß die Von-Neumann-Architektur noch dominiert, vor allem dank neuerer Modifikationen, wie noch zu erläutern sein wird.

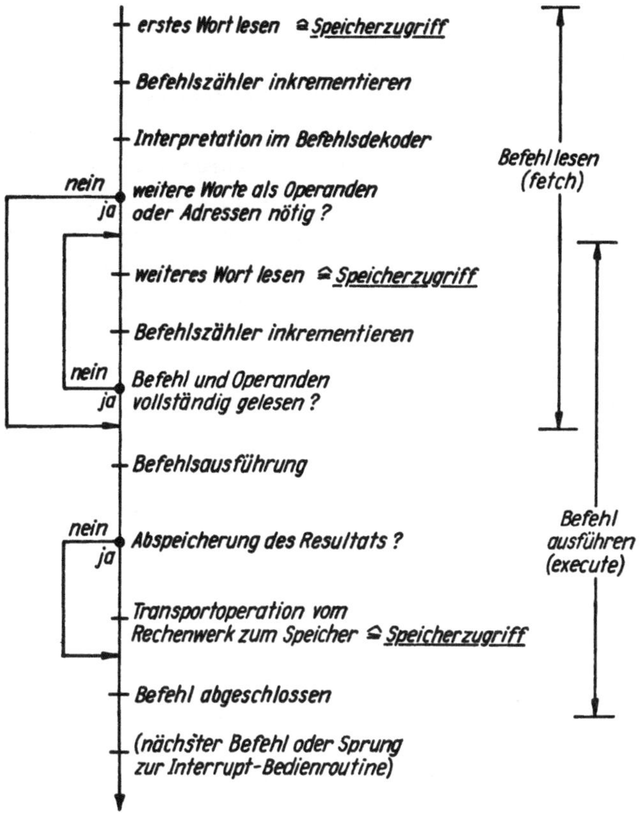

Abb.2.2: Befehlsablauf in einem Von-Neumann-Rechner für Mehrwortbefehle ohne Beachtung von Adreßrechnungen und Ein-/Ausgabe-Operationen

Bei den Diskussionen um die Mängel der Von-Neumann-Architektur steht immer wieder der von Backus formulierte Von-Neumann-Flaschenhals (Bottleneck) im Vordergrund (Ba 78). Wie aus Abb.2.2 ersichtlich ist, fordert die Ausführung einer einzigen datenverarbeitenden Instruktion mehrere Speicherzugriffe. Durch eine derartige Instruktion wird aber im Mittel nur der Zustand eines einzigen Bytes oder eines Speicherworts "transformiert", wenn man die Aufgabe eines Von-Neumann-Rechners als Transformation von Speicherinhalten charakterisiert. Besonders viele Speicherzugriffe sind bei indirekter Speicheradressierung erforderlich, die für die Programmierung allerdings sehr gern benutzt wird. Aus dem Gesagten wird deutlich, daß die mehrfachen Datentransferoperationen für eine einzige

"Nutzoperation" die erreichbare Gesamtleistung einschränken, da für jeden Speicherzugriff eine bestimmte Speicherzugriffszeit benötigt wird. Bei Systemen mit Bus (Abb.2.1b) wird der Bus mit den sehr häufigen Transportoperationen belastet, so daß auch hierdurch eine Leistungsbeschränkung auftreten kann. Das ist bei Multiprozessorsystemen von entscheidender Bedeutung.

Für die Überwindung bzw. Milderung der Wirkung des "Flaschenhalses" gibt es verschiedene, bereits realisierte Möglichkeiten:

1. Definition und Implementierung leistungsfähiger Befehle, die bei einer kleinen Anzahl von Speicherzugriffen eine Vielzahl von Operationen ausführen, z.B. Befehle für Multiplikation und Division. Derartige Rechner mit einem komplexen Instruktionssatz (CISC, complex instruction set computer) mildern das Problem des Flaschenhalses nur bis zu einem gewissen Grade, da die komplexen Instruktionen in den Assemblerprogrammen nur mit einem geringen Anteil, der weit unter 10 % liegen kann, vertreten sind. Alle international in breitem Umfang angewendeten 8- und 16-bit-Mikroprozessoren haben CISC-Charakter.

2. Getrennte Speicherung von Daten und Instruktionen (Harvard-Architektur), so daß gleichzeitiges Lesen und Schreiben möglich ist.

3. Erweiterung des Prozessors durch interne Register als Universalregister, Schnellzugriffsregister o.ä. Es wird angestrebt, die Anzahl der Speicherzugriffe zu reduzieren, indem Operanden und Zwischenresultate im Register des Prozessors gespeichert werden. Wird erreicht, daß die Registeradresse gleichzeitig mit dem Instruktionskode in den Prozessor eingelesen werden kann, sind keine weiteren Speicherzugriffe zur Instruktionsausführung nötig. Außerdem ist der Zugriff zu prozessorinternen Registern im allgemeinen schneller als zum Arbeitsspeicher. Durch Verwendung mehrerer kompletter Registersätze wird auch der Übergang z.B. zu einem Interruptbedienungsprogramm beschleunigt, da beim Umschalten auf einen anderen Registersatz das Retten der Registerinhalte des unterbrochenen Programms entfällt.

4. Pipelining oder Fließbandverarbeitung des Prozessors, so daß während der Abarbeitung einer Instruktion bereits der nächste Befehl, oder zumindest Teile von ihm, aus dem Speicher gelesen werden. Auf diese Weise wird eine hohe Verarbeitungsgeschwindigkeit des Prozessors erreicht. Zeitverzögerungen durch Warten auf Speicherdaten entfallen; das gilt allerdings nur dann, wenn sich die Befehlsabarbeitung auf konsekutive Speicherstellen bezieht, also nicht bei Sprungbefehlen.

5. Bei Parallelprozessoren, die über einen Bus mit gemeinsamen Ressourcen verbunden sind, wird der Daten- und Befehlsdurchsatz wesentlich vom Bus

bestimmt. Insbesondere bei modernen Mikroprozessoren mit Pipelining, die praktisch pausenlos den Bus belegen können, wird dann von einem Multiprozessorsystem keine wesentliche Leistungserhöhung gegenüber einem Einprozessorsystem zu erwarten sein. Abhilfe schaffen hier Bus-Verbundsysteme, bei denen jeder Prozessor mit seinen "eigenen" Ressourcen über einen lokalen Bus gekoppelt ist. Der globale Systembus dient dann nur dem relativ seltenen Zugriff zu zentralen Ressourcen und zur Kommunikation zwischen den Prozessoren.

Bei der Entwicklung moderner Mikroprozessoren mit 16-bit- und vor allem auch mit 32-bit-Verarbeitungsbreite haben die unter den Punkten 3, 4 und 5 genannten Aspekte große Bedeutung erlangt. Details hierzu werden im Zusammenhang mit der Beschreibung dieser Mikroprozessoren erläutert.

2.2. Semantische Lücke

Bei den ersten verfügbaren Digitalrechnern wurden Programme und Daten im Maschinenkode mit absoluter Adressierung formuliert, der vom Prozessor unmittelbar abarbeitbar ist. Diese Praxis, die auch in der Anfangsphase der Mikrorechentechnik mangels geeigneter Programmierhilfsmittel durchaus vertretbar war, wurde sehr bald durch die Programmierung in höheren Programmiersprachen abgelöst, zunächst mit FORTRAN, später auch mit COBOL, ALGOL, PASCAL usw. Der Übergang von der direkten Ausführung der Programme zur indirekten Ausführung ermöglichte erst die Erstellung umfangreicher Programme, eine effektive Fehlersuche und ausreichende Dokumentationsfähigkeit der Software.

Die in der Vergangenheit und in der Gegenwart dominierenden höheren Programmiersprachen sind im Prinzip auf die Verarbeitung mit Rechnern des Von-Neumann-Typs zugeschnitten, d.h. streng sequentielle Abarbeitung einzelner Befehle und Anweisungen auf einem einzigen Prozessor sowie Programmflußsteuerung mit Ausführung der Anweisungen in der gleichen Reihenfolge, wie sie im Speicher abgelegt sind. Die letztgenannte Aussage wird durch verschiedene Arten von Sprungbefehlen und Programmverzweigungen modifiziert.

Ein Quellprogramm, das in einer höheren Programmiersprache geschrieben ist, muß vor seiner Ausführung auf einem Rechner durch Übersetzung in den Maschinenkode (Objektkode) übertragen werden. Eine andere Methode besteht darin, während des Programmablaufs mit einem Interpreter die Anweisungen des Quellprogramms zu interpretieren und sofort abzuarbeiten. Dieses Verfahren ist sehr häufig bei Anwendung der Programmiersprache BASIC auf kleinen Mikrorechnerkonfigurationen, z.B. Home-Computern, anzutreffen. Hierbei ist es für den Anwender unerheblich, daß die Quellprogrammzeilen bei der Eingabe gewöhnlich in einen verdichteten Kode umgewandelt werden, der dann vom eigentlichen Interpreter auszuwerten ist.

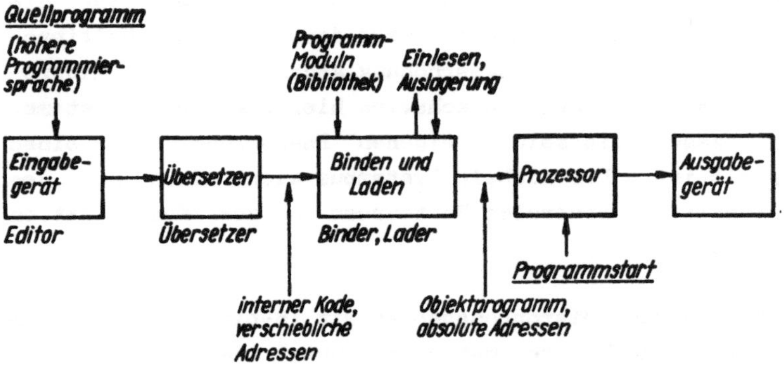

Abb.2.3: Programmierung in höherer Programmiersprache und Ausführschritte bei einem typischen Von-Neumann-Rechner

Unabhängig vom konkreten Beispiel besteht die Notwendigkeit, das Quellprogramm aus der höheren Programmiersprache letztendlich in den auf dem Prozessor lauffähigen Kode zu transformieren, also eine Compilierung oder eine Interpretation auszuführen. In Abb.2.3 sind die Arbeitsschritte für die Übersetzung eines Quellprogramms in stark vereinfachter Form skizziert. Vor allem bei Nutzung eines verschieblichen internen Kodes (relocatable code) ergeben sich praktische Vorteile, indem u.a. einzelne Programm-Moduln separat übersetzbar sind und Bibliotheksprogramme genutzt werden können. Die grundsätzliche Aussage von Abb.2.3 bleibt auch ungeändert, wenn man an Programme denkt, die in Assemblersprache geschrieben sind und vom Anwender befehlsweise in den Maschinenkode übersetzt werden müssen, oder wenn man berücksichtigt, daß bei vorhandenen externen Speichern, wie Floppy-Laufwerken, magnetischen Fest- und Wechselplattenspeichern, Programmteile unter Steuerung eines entsprechenden Betriebssystems ausgelagert und erst bei Bedarf in den Arbeitsspeicher eingelesen werden.

Die Portabilität einer Programmiersprache bezieht sich auf die Möglichkeit, in dieser Sprache geschriebene Programme auf unterschiedlichen Prozessoren laufen zu lassen. Wie Abb.2.4 andeutet, könnte dies auch für unterschiedliche Sprachen in einfacher Weise mit Compilern erreicht werden, die den gleichen Zwischenkode liefern; dieser Zwischenkode kann

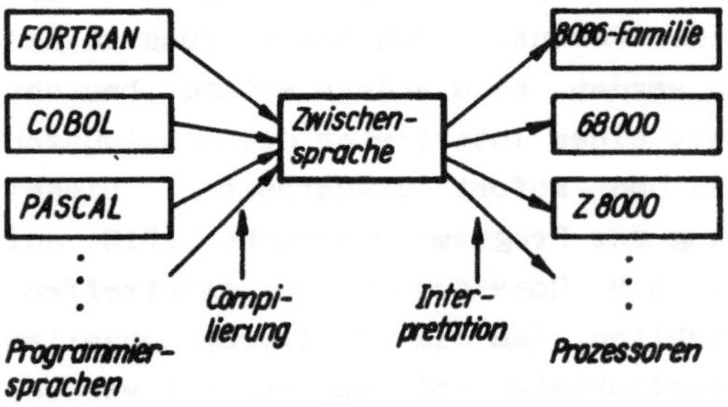

Abb.2.4: Transportabilität von Programmiersprachen über eine Zwischensprache

interpretativ abgearbeitet werden, wobei der Interpreter die Anpassung an den betreffenden Prozessortyp vornimmt. Wenn auch die Lösung mit einer einzigen Zwischensprache für alle gängigen Programmiersprachen und Prozessortypen wohl nicht realisierbar ist, hat z.B. die Anwendung eines leicht interpretierbaren P-Kodes bei der Compilierung von PASCAL-Programmen die Nutzung dieser Sprache auf verschiedenartigen Mikrorechnern sehr gefördert. Gleiches gilt für eine Compilierung mit der Zielsprache C. Ein weiteres Beispiel ist der PCP-Cross-Compiler, der in verschiedenen höheren Programmiersprachen formulierte Programme in einen effektiven Maschinenkode EM überführt. Dieser EM-Kode wird von Kodegeneratoren in die Assemblersprache des zu verwendenden Mikroprozessors umgesetzt (Br 85).

Die Semantik einer Programmiersprache umfaßt Regeln und Konventionen, nach denen die Konstruktionen einer Sprache interpretiert werden und ihnen eine Bedeutung zugeordnet wird. Da sich die Semantik einer höheren Programmiersprache ganz erheblich von der des Maschinenkodes unterscheidet, spricht man von der **semantischen Lücke** zwischen beiden Programmiersprachen; eine weitergehende Diskussion ist in (Va 85) zu finden. Diese semantische Lücke ist klein bei Assemblerprogrammen infolge des niedrigen Programmierniveaus und hoch bei der Anwendung von höheren Programmiersprachen in Von-Neumann-Rechnern. Beispielsweise sind in höheren Programmiersprachen neben skalaren Größen auch strukturierte Daten, wie Array, String oder Record, definiert, die im Von-Neumann-Rechner keine Entsprechung besitzen. Wegen der erforderlichen Übersetzung der höheren Programmiersprache in die Maschinensprache, wegen eingeschränkter Erkennbarkeit von Programmierfehlern u.ä.m. wurden zahlreiche Arbeiten zumindest zur teilweisen Überbrückung der semantischen Lücke in Angriff genommen. Grundsätzlich besteht hierbei die Möglichkeit, das Niveau der vom Compiler gelieferten Zwischensprache anzuheben und die Hardware durch geeignete Verbesserungen anzupassen (Abb.2.5).

Der am häufigsten beschrittene Weg besteht in der Realisierung leistungsfähiger Befehle in der bereits erwähnten CISC-Architektur, die zur Milde-

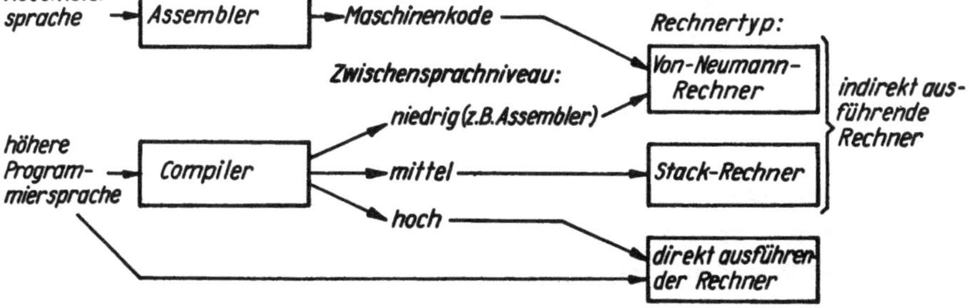

Abb.2.5: Übersicht über indirekt und direkt ausführende Rechnertypen

rung des Einflusses des Von-Neumann-Flaschenhalses genutzt wird. Eine spürbare Reduktion der semantischen Lücke wird allerdings nur dann erreicht, wenn der Compiler von den komplexen Befehlen umfassend Gebrauch macht, was allerdings in der Praxis eher die Ausnahme als die Regel sein dürfte.

Die in Abb.2.5 erwähnte Stack-Architektur und die direkt-ausführenden Rechner lassen sich als sprachorientierte Architekturen bezeichnen.

Rechner mit Stack-Architektur (Stack-Rechner, Keller-Maschinen) unterstützen als sprachorientierte Rechner die Ausführung gewisser Anweisungen höherer Programmiersprachen, wie die Abarbeitung arithmetischer Ausdrükke, die Kontrolle des Gültigkeitsbereichs von Namen in Verbindung mit einer Blockstruktur der Sprache sowie den Prozedurmechanismus und die Parameterübergabe. Stack-Rechner können einen speicherplatzsparenden Kode ergeben, da bei Stackoperationen keine Adressenangabe nötig ist (Nulladreßmaschine). Stack-Rechner werden in Bezug auf ihre Flexibilität und Eignung für die Datenverarbeitung kritisch beurteilt und stellen keine Alternative zu Rechnern mit Registerstruktur dar (Gi 81).

Unter einem direkt-ausführenden Rechner versteht man einen Rechnertyp, der Konstrukte eines höheren Sprachniveaus ausführt, entweder wie in Abb.2.5 eine höhere Zwischensprache, die mit einem möglicherweise sehr einfachen Compiler aus der höheren Programmiersprache erzeugt wird, oder mit direkter Ausführung des Quellprogramms ohne Compilierung. Als Beispiel für den ersten Fall wären Prozessoren für die Abarbeitung des P-Kodes zu nennen, der bei Übersetzung von PASCAL-Programmen mit dem UCSD-PASCAL-Compiler erhalten wird. Der 16-bit-Mikrorechner MICROENGINE WD 9000, der aus 5 Chips besteht und mikroprogrammiert ist, verwendet den P-Kode als Maschinensprache; von der Struktur her ist dieser Rechner ein Stack-Rechner (We 79).

Die Struktur eines direkt-ausführenden Computers zeigt Abb.2.6 (Ch 81). Der Computer enthält drei parallel arbeitende Prozessoren und getrennte Programm- und Datenspeicher. Der lexikalische Prozessor liest aus dem Programmspeicher die nächste Quellprogrammanweisung, bearbeitet sie und leitet sie zur Ausführung dem Steuerungsprozessor für den Steuerfluß und dem Datenprozessor für den Datenfluß zu. Die beiden assoziativ organisierten, mit den Prozessoren gekoppelten Speicher sind nicht für Quellprogramme oder Daten vorgesehen, sondern für die Ablage von Steueranweisungen (Steueranweisungen selbst, Programmspeicheradressen) und von Variablen (Name, Typ, Speicheradressen im Datenspeicher). Als Vorteile dieser direkt-ausführenden Architektur werden u.a. die interaktive Programmierung mit Möglichkeiten zur Fehlererkennung und Fehlerkorrektur sowie hohe Verarbeitungsgeschwindigkeit genannt. Die aus den Fortschritten der Halbleitertechnologie folgende Steigerung des Integrationsgrades

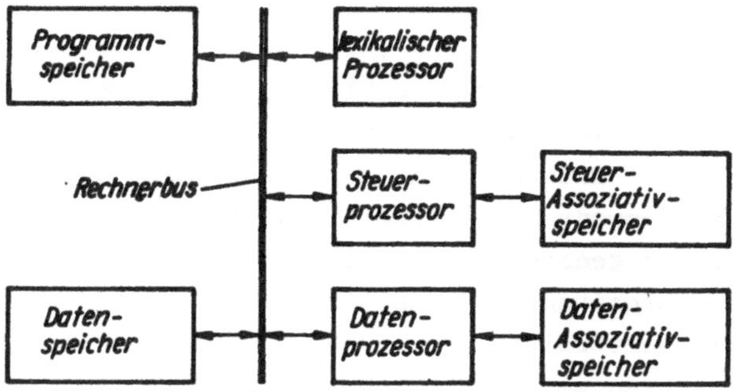

Abb. 2.6:
Struktur eines direkt-ausführenden Rechners

sollte künftig die Chancen verbessern, derartige Rechnerarchitekturen, die gegenüber dem Von-Neumann-Typ fraglos wesentlich komplizierter sind, auch ökonomisch vertretbar herstellen zu können.

Eine andere Architektur zur Erhöhung des Befehlsdurchsatzes stellt die RISC-Architektur dar, die im Vergleich zu CISC einen reduzierten Befehlssatz besitzt (RISC, reduced instruction set computer). Im Grunde genommen wird dadurch die semantische Lücke vergrößert. Der erste realisierte RISC-Prozessor umfaßte 31 Befehle mit 32 bit Länge für arithmetische und logische Operationen an Registerinhalten, für Speicherzugriff, Verzweigungen und Steueraktionen (Se 83, He 84, Pa 85). Alle Befehle werden in einem einzigen Maschinenzyklus ausgeführt, so daß kurze Verarbeitungszeiten erreicht werden. Der relativ kleine Befehlssatz, wenig Adressierungsarten und ein festes Befehlsformat waren die Voraussetzung für eine Implementierung des Mikroprozessors ohne mikroprogrammierte und zeitaufwendige interne Steuerung. Der Mikroprozessorchip RISC I enthält 44500 Transistoren und weist eine verhältnismäßig reguläre Struktur auf (Se 83). Im Vergleich zum Rechner VAX 11/780 und zum 16-bit-Mikroprozessor Z8002 wurde durch Simulation des RISC als Mittelwert für verschiedene Programme erhalten (Maschinenzyklus 400 ns):
Ausführungszeit: RISC/VAX = 0,6 ± 0,2; RISC/Z8002 = 0,3 ± 0,1.
Speicherplatz: RISC/VAX = 1,5 ± 0,2; RISC/Z8002 = 1,1 ± 0,3.
Der nur geringe Mehraufwand an Speicherplatz bei RISC I drückt die Tatsache aus, daß in Programmen für CISC-Architekturen leistungsfähige, komplexe Befehle nur einen kleinen Anteil besitzen. Wesentlich für die hohe Arbeitsgeschwindigkeit von ersten Realisierungen der RISC-Prozessoren ist u.a. auch die Implementierung von sich überlappenden "Registerfenstern". Beim Umschalten auf eine andere Prozedur oder Subroutine entfällt damit das Retten bzw. Wiederherstellen von Registerinhalten.

Die mit einer RISC-Architektur zweifellos vorhandenen Vorteile in der Ausführungsgeschwindigkeit und die propagierte leichtere Implementation des Prozessors sind im wesentlichen mit einem komplizierteren Compiler erkauft worden, der die geringe Ähnlichkeit von höherer Programmiersprache und implementierten Befehlen berücksichtigen muß. Als Nachteile von RISC werden u.a. die schwierige Realisierung von Interrupts und virtueller Speicherorganisation und noch nicht genügend geklärte Fragen angesehen, ob und wie unterschiedliche Anwendungsfälle Rückwirkungen auf Details der Instruktionsliste haben. Entsprechende Modifikationen dieser Liste würden wegen fehlender Mikroprogrammierbarkeit des Prozessors sehr aufwendig sein (Co 85). Trotz der genannten Nachteile wurden Mitte der achtziger Jahre zahlreiche RISC-Architekturen entwickelt, insbesondere für Mikroprozessoren mit 32-bit-Wortbreite; zu erwähnen sind auch Entwicklungen von GaAs-Mikroprozessoren mit RISC-Struktur und 5 ns Zykluszeit (Fo 86, Ra 86).

2.3. Multirechnersysteme

Die Entwicklung von Multirechner- und Multiprozessorsystemen hat ihren Ausgangspunkt in Anforderungen, die von einem Einzelrechner nicht mehr bewältigt werden. Das betrifft insbesondere einen hohen Datendurchsatz, schnelle Programmabarbeitung zur Erfüllung von Echtzeitforderungen, Ausfallsicherheit und Möglichkeiten einer modularen Erweiterungsfähigkeit. Durch leistungsfähige Mikroprozessoren und darauf abgestimmte Logik-, Steuer- und Speicherschaltkreise wurde die Ausarbeitung von Multimikrorechner- und Multimikroprozessorsystemen zusätzlich stimuliert, da auf diese Weise schon mit relativ geringem Aufwand Lösungen möglich sind, die sich gegenüber dem Einzelsystem durch eine beträchtliche Verbesserung der Leistungsparameter auszeichnen und die optimal auf anspruchsvolle Anwendungen zugeschnitten werden können.

Die Leistungserhöhung von Multirechner- und Multiprozessorsystemen ergibt sich durch die zeitlich parallele Abarbeitung von Operationen bei mehr oder weniger intensiver Nutzung gemeinsamer Ressourcen, wie Speicher und Ein-/Ausgabe-Einheiten. Um eine Übersicht über die vielfältigen Realisierungsmöglichkeiten zu erhalten, ist eine Klassifizierung nach verschiedenen Gesichtspunkten erforderlich.

Die Einteilung von Multirechner- und Multiprozessorsystemen nach Flynn (Fl 72) geht vom Befehls- und Datenstrom aus und wird trotz ihrer groben Gliederung noch sehr häufig benutzt:

- SISD (single instruction stream, single data stream):
Ein Einzelprozessor arbeitet mit einem einfachen Befehlsstrom einen einfachen Datenstrom ab. Diese Konfiguration enthält keine Parallelität und entspricht dem Von-Neumann-Rechner.
- SIMD (single instruction stream, multiple data stream):
Mehrere Prozessoren bearbeiten mit gleichem Befehlsstrom mehrere parallele Datenströme. Zu dieser Klasse gehören vor allem die Feldrechner

(Array-Prozessoren) und die Pipeline-Rechner, u.a. die bekannten "Supercomputer" CRAY-1, Cyber 205 und Illiac IV.

- MISD (multiple instruction stream, single data stream):

Diese Gruppe betrifft Rechner mit mehrfachem Befehlsstrom und einfachem Datenstrom. Hierzu werden mitunter die Pipeline-Rechner gezählt, ansonsten handelt es sich bei MISD um eine leere Klasse.

- MIMD (multiple instruction stream, multiple data stream):

Bei diesen am häufigsten realisierten Systemen werden mit mehrfachem Befehlsstrom mehrfache, d.h. parallel laufende Datenströme, verarbeitet. Der Klasse MIMD sind alle inhomogenen und homogenen Multiprozessorsysteme mit zentraler und dezentraler Steuerung zuzuordnen, wobei ein homogenes System aus identischen Prozessoren besteht.

Die Klassifikation nach Flynn wurde später mehrfach modifiziert und verfeinert, z.B mit dem Erlanger Klassifikationssystem ECS (Hä 75, Bo 83) und durch Giloi (Gi 80, Gi 81).

Ein weiteres wichtiges Unterscheidungsmerkmal ist die Verbindungsstruktur der Einzeleinheiten (Prozessoren oder Rechner) eines Systems, siehe Abb.2.7. Bei der vollständigen Vernetzung (Abb.2.7a) ist jede Einzeleinheit unmittelbar mit jeder anderen verknüpft. Bei N Einheiten sind N*(N-1)/2 Verbindungswege und je Einheit (N-1) Anschlußschnittstellen, jeweils mit Transfer in zwei Richtungen, erforderlich, so daß schon bei

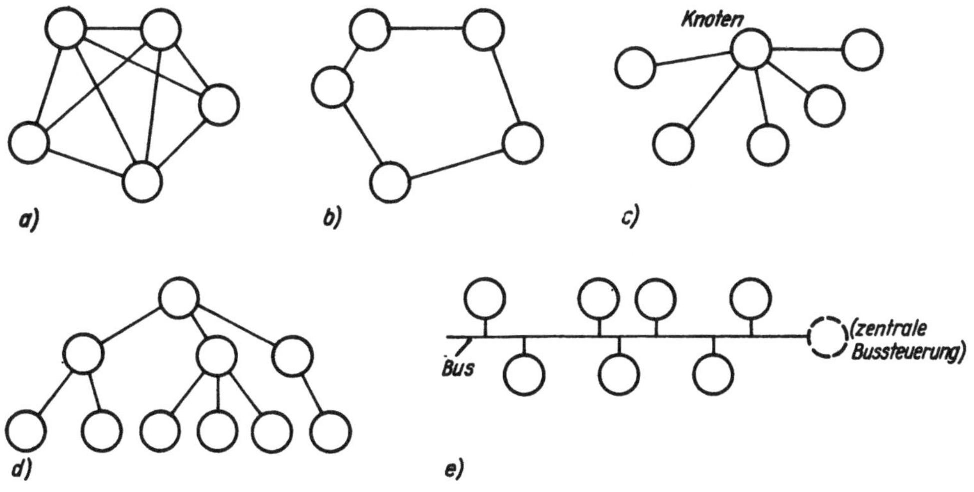

Abb.2.7: Grundstrukturen von Multirechner- und Multiprozessorsystemen, a: vollständige Vernetzung; b: Ringleitung; c: Sternstruktur; d: Baumstruktur; e: Busverbindung (mit angedeuteter zentraler Bussteuerung)

kleinen Werten von N der Aufwand die vertretbare obere Grenze überschreitet. Aus diesem Grund und wegen der geringen Erweiterungsmöglichkeit ist trotz einiger Vorteile dieser Struktur, wie hohe Ausfallsicherheit, keine Überlastung der Verbindungswege, die Anwendung auf wenige Spezialfälle beschränkt.

Die Ringleitung nach Abb.2.7b ist gut geeignet für eine Verkopplung mit serieller Übertragung, d.h. mit zirkulierender Übertragung in einer Richtung durch den gesamten Ring. Der guten Erweiterungsfähigkeit der Ringleitung steht die geringe Ausfalltoleranz gegenüber. Ringleitungen werden mitunter für lokale Rechnernetze verwendet.

Baum- und Sternstrukturen gemäß Abb.2.7c,d dominieren bei hierarchisch organisierten Systemen mit Master-slave-Zuordnung. Der zentrale Knoten der Sternanordnung und der jeweils übergeordnete Rechner in Baumstrukturen stellen in solchen Systemen Master dar.

Große praktische Bedeutung besitzen Bussysteme (Abb.2.7e). Sie müssen für Multimasterbetrieb geeignet sein, d.h., es muß Vorsorge getroffen werden, um dem busanfordernden Master die Bussteuerung übergeben zu können (Arbitration) und gleichzeitig Zugriffskonflikte auszuschließen. Bussysteme sind leicht erweiterungsfähig, solange der Bus hinsichtlich der zu übertragenden Datenrate nicht gesättigt ist und die zulässigen elektrischen Anschlußbedingungen eingehalten werden. Während das Bussystem eine relativ kleine Sicherheit gegen Fehler aufweist, haben Fehler der angeschlossenen Einheiten im allgemeinen keine wesentlichen Auswirkungen auf das Gesamtsystem.

In praktisch realisierten Systemen treten die einzelnen Grundstrukturen gewöhnlich in gemischter Form auf. Rechnerverbundnetze über geographisch lange Strecken (WAN, wide area network) stellen oft teilweise vernetzte Knoten mit jeweils sternförmig angeschlossenen Einheiten dar. Bei lokalen Netzen (LAN, local area network) dominieren Bussysteme unterschiedlicher Auslegung, wobei die angeschlossenen Rechner ihrerseits einen internen Mikrorechnerbus besitzen.

Wenn für umfangreiche Aufgaben der Informationsverarbeitung die Rechenkapazität eines Einprozessorsystems der klassischen Von-Neumann-Architektur nicht mehr ausreicht, wird auf Multiprozessor- und Multirechnersysteme als Alternative zurückgegriffen. Das erfordert die Aufteilung der Gesamtaufgabe in einzelne Teilaufgaben, Prozesse oder Tasks, die während der Abarbeitung in ausreichendem Maße untereinander kommunizieren müssen. Dies ist notwendig, um eine gegenseitige Synchronisation zu erreichen, Parameterwerte auszutauschen und um den Zugriff zu globalen Systemressourcen zu erhalten. Damit wird die Software in ihrer Struktur und Erarbeitung wesentlich komplizierter als bei der Programmierung eines auf einem Einprozessorsystem streng sequentiell abzuarbeitenden Problems. Bei den bekannten Multitask-, Multiprogramming- und Multinutzersystemen, die im Prinzip einen einzigen Prozessor (Zentrale Verarbeitungseinheit) verwenden, erfolgt eine quasi-parallele Bearbeitung, z.B. der einzelnen Tasks einer im Echtzeitbetrieb laufenden Gerätesteuerung oder der Nutzeranforderungen, die über Terminals dem Rechner gestellt werden. Quasiparallel heißt hierbei, daß das Betriebssystem des Rechners den einzelnen Tasks bzw. Nutzern für kurze Zeitintervalle, z.B. im Bereich 100 ms, den Prozessor zur Verfügung stellt, für die Übergabe der Parameter sorgt, vorgegebene Prioritäten berücksichtigt, gemeinsame Ressourcen verwaltet usw. Bei genügend schnellem Wechsel der Zuordnung und entsprechend kurzen Reaktionszeiten des Systems hat jeder der am System arbeitenden Nutzer den Eindruck, es für sich allein zu besitzen, bzw. die einzelnen Tasks der Prozeßsteuerung werden scheinbar ständig überwacht und bearbeitet.

Offensichtlich kann man von der quasi-parallelen zur echt-parallelen Bearbeitung der Teilaufgaben mit einem Multiprozessor- bzw. Multirechnersystem übergehen, wenn es gelingt, das Gesamtproblem in geeignete, parallel abarbeitbare Teile zu zerlegen und die Probleme der gegenseitigen Synchronisierung, der Aufgabenzuordnung, der Parameterübergabe u.ä. zu lösen. Im einfachsten Fall wird die Aufteilung des Problems und die Zuordnung zum einzelnen Prozessor oder Rechner dem Programmierer übertragen. Wünschenswert ist jedoch ein Betriebssystem, das eine dynamische Aufgabenverteilung aus dem Gesamtproblem ableitet und die interne Parallelarbeit des Systems für den Anwender transparent erscheinen läßt.

Betrachtet man die verschiedenen Arten der Parallelarbeit systematisch, so lassen sich folgende vier Ebenen der Parallelarbeit charakterisieren (Gi 81):

1. Ebene der Benutzerprogramme:
Multiprogramming, entspricht dem Betrieb mit gleichzeitig oder quasiparallel abzuarbeitenden, voneinander unabhängigen Programmen (Jobs), deren Ablauf im Rechner von dessen Betriebssystem koordiniert wird.

2. Ebene der Prozesse und Tasks:
Multiprocessing bei Betriebssystemen bzw. Multitasking bei Echtzeitverarbeitung von Prozeßdaten. Vom Programmierer wird die Aufteilung einer Echtzeitverarbeitungsaufgabe in parallel oder (bei Einprozessorrechnern) quasi-parallel abarbeitbare Tasks vorgenommen. Das erfordert die Zuordnung zu unterschiedlichen Prioritäten der Taskbearbeitung einschließlich möglicher dynamischer Prioritätsänderungen, das Auslagern nicht aktiver Tasks auf Externspeicher, die Unterbrechungssignalbehandlung u.a.m. Besondere Sorgfalt ist der Vermeidung von Verklemmungen infolge gleichzeitigen Zugriffs mehrerer Tasks zu bestimmten Ressourcen zu schenken.

Diese Aufgaben werden durch die Nutzung von leistungsfähigen Echtzeitbetriebssystemen und von Sprachelementen für die Parallelverarbeitung in höheren Programmiersprachen, wie MODULA-2 und ADA, wirkungsvoll unterstützt. Als Rechnerkonfigurationen kommen Einprozessoranordnungen sowie asymmetrische und symmetrische Multiprozessor- und Multirechnersysteme in Betracht.

3. Ebene der Anweisungen:
Die Parallelarbeit kann vom Programmierer durch geeignete Formulierung des Algorithmus angewiesen werden.

4. Ebene der Elementaroperationen:
Der hier mögliche Parallelismus wird vom Compiler erkannt und berücksichtigt. Das betrifft die Zuordnung einzelner Datenprozessoren für bestimmte Aufgaben, aber auch die Zuordnung von Elementaroperationen zu den Prozessoren eines Multiprozessorsystems, wie in Abb.2.8 an Hand des "Verarbeitungsbaums" für ein Beispiel dargestellt ist. Hierbei sind 4 Prozessoren für die Grundrechenoperationen und 3 Verarbeitungsschritte erforderlich; bei Ausführung der Operation C*E im zweiten Schritt sind nur 3 Prozessoren nötig. Offensichtlich kommt es also in der Ebene der Elementaroperationen darauf an, die unterschiedlichen Operationen den einzelnen Prozessoren zuzuordnen und im Interesse einer kurzen Abarbeitszeit einen möglichst "niedrigen" Verarbeitungsbaum zu erhalten. In modernen Mikrorechnern wird mitunter der Mikroprozessor durch einen "Numerikprozessor" für Gleitkommarechnungen u.ä. ergänzt. Die Zuordnung entsprechender Daten und Anweisungen erfolgt ohne Zutun des Programmierers durch den Compiler und den Mikroprozessor. In diesem Fall handelt es sich allerdings eher um ein zeitweises Umschalten des Programmablaufs auf einen anderen Prozessor als um eine echte Parallelarbeit.

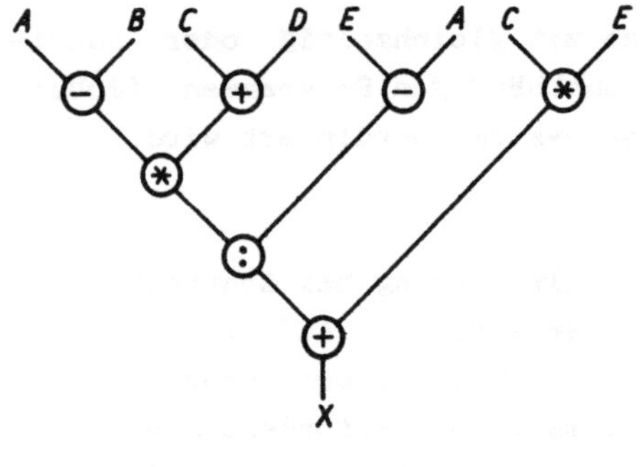

Abb.2.8:
Verarbeitungsbaum für die Gleichung
X = ((A-B)*(C+D)/(E-A)) + C*E

Die Überwindung der sich aus der Parallelverarbeitung ergebenden Schwierigkeiten wird seit geraumer Zeit u.a in der Anwendung einer Datenflußarchitektur gesucht, ohne bisher jedoch eine befriedigende Lösung gefunden zu haben.

Der Datenfluß wird bereits am Beispiel der Abb.2.8 sichtbar. Gegenüber den bekannten, auf die Von-Neumann-Architektur ausgerichteten höheren Programmiersprachen werden nicht "Speicherinhalte transformiert", sondern die Daten "fließen" von Verarbeitungsschritt zu Verarbeitungsschritt. Die Steuerung des Ablaufs eines Algorithmus wird also nicht explizit durch entsprechende Konstruktionen eines Programms bestimmt, vielmehr implizit durch den Datenfluß, der mit der Berechnung verbunden ist. Die einzelnen Aktoren, in denen die Rechenoperationen ausgeführt werden, besorgen auch die Synchronisation der Verarbeitungsschritte. Neben den Aktoren für Elementarrechenoperationen sind noch Flußaktoren für die Steuerung des Verarbeitungsflusses in Abhängigkeit von den aktuellen Datenwerten (z.B. Auswahl eines von mehreren Ausgangswegen), Strukturaktoren für Daten u.a.m. erforderlich (Bo 83, Ke 83).

Die Programmierung einer Datenflußarchitektur ist eine funktionale Programmierung, deren Grundprinzip hierbei in der Steuerung durch die Daten besteht. Das Vorhandensein der Eingangsdaten, z.B. am Aktor, bestimmt das Fortschreiten der Verarbeitung, so daß ein Schritt erst erfolgen kann, wenn alle für die erforderlichen Daten verantwortlichen Operationen beendet sind. Damit ist eine asynchrone Abarbeitung einzelner Programmteile möglich. Wesentlich für funktionale Programme ist nach Backus (Ba 78), daß im Programm keine Festlegungen über die Speicherbelegung durch Daten erfolgen müssen und daß sich der Programmierer damit von der Programmierung im "Von-Neumann-Stil" lösen kann. Die Zuordnung der Speicherplätze wird dem Compiler und der geeignet strukturierten Hardware überlassen.

Für eine breite Anwendung der Datenflußarchitektur (d.h. nicht nur für Einzweck- und Spezialrechner), die einen Fortschritt gegenüber der Von-Neumann-Architektur darstellen könnte, ist noch umfangreiche Entwicklungsarbeit zu leisten. Das gilt auch für den Fall, daß funktionale Quellprogramme durch Compiler so in sequentiell ablauffähige Programme übersetzt werden, daß Von-Neumann-Prozessoren genutzt werden können. Hiervon wird ein Beitrag zur Senkung der schnell steigenden Kosten für Erstellung, Wartung und Dokumentation der Software erwartet. Bei allen Vorteilen einer funktionalen Programmierung und einer Datenflußarchitektur sind aber auch einige Nachteile und die Aspekte zu beachten, daß sich diese Methoden gegenüber bewährten Programmiersprachen, den gesammelten Anwendungserfahrungen und der vorhandenen Hard- und Software erst durchsetzen können, wenn sie tatsächlich eindeutigen Gewinn ergeben. Es dürfte daher noch offen sein, ob und wie in Zukunft für breite Anwendungen ein Nebeneinander der Von-Neumann-Architektur und neuerer Prinzipien wie Datenflußarchitektur und andere, nicht vordergründig auf Parallelverarbeitung orientierte Architekturen, bestehen wird. Dies wird auch entscheidend davon abhängen, wie es gelingt, die komplizierte innere Struktur beispielsweise der Datenflußrechner mit Hilfe entsprechender Prozessorschaltkreise zu realisieren. Für die nächste Zukunft werden jedoch noch Multimikrorechner- und Multiprozessorsysteme auf der Basis der Von-Neumann-Architektur vorherrschen.

Die Charakterisierung von Multimikroprozessor- und Multimikrorechnersystemen, die für die folgenden Ausführungen zugrunde gelegt wird, lehnt sich an allgemeinere Definitionen von Giloi an (Gi 81). Ein Multimikroprozessorsystem mit zentraler Steuerung enthält stark miteinander gekoppelte Mikroprozessoren, die von einer zentralen Systemaufsicht (Supervisor) überwacht werden und miteinander kommunizieren und kooperieren. Starke Kopplung bedeutet Kopplung über den Zugriff auf einen gemeinsamen Speicher. Den einzelnen Mikroprozessoren können zur Abwicklung ihrer Programme auch lokale Speicher und weitere Komponenten zugeordnet sein, wie sie für Mikrorechner erforderlich sind, jedoch reichen diese Ressourcen nicht aus, um den Betrieb eines Prozessors als selbständigen Mikrorechner zu gewährleisten. Bei einem symmetrischen Multimikroprozessorsystem haben die einzelnen Prozessoren bzw. Verarbeitungseinheiten vergleichbare Aufgaben, bei asymmetrischen Systemen üben die Prozessoren verschiedene spezialisierte Funktionen aus.

Ein Multimikrorechnersystem besteht aus autonom funktionsfähigen Mikrorechnern, die räumlich konzentriert oder räumlich verteilt angeordnet sind. Im zweiten Fall sind sie lose oder schwach gekoppelt, wobei die Kopplung durch den Austausch von "Botschaften" (message switching) erfolgt. Bezüglich der Grenzfälle eines stark gekoppelten Multimikroprozessorsystems mit zentraler Steuerung und eines schwach gekoppelten, verteilten Multimikroprozessorsystems gibt es viele dazwischenliegende Konfigurationen, so daß mitunter die Zuordnung nicht ohne Willkür ist. In Anlehnung an Abb. 2.7 sollen einige wesentliche Grundkonfigurationen, die auf Mikroprozessoren basieren, zusammengefaßt werden.

Das Zweiprozessor-System realisiert eine Punkt-zu-Punkt-Verbindung auf zwei unterschiedliche Arten. Die beiden mit lokalem Speicher ausgestatteten Mikrorechner MR1 und MR2 sind über Ein- und Ausgangskanäle gekoppelt (Abb. 2.9a), wobei diese Kanalkopplung über programmierbare Peripherie-

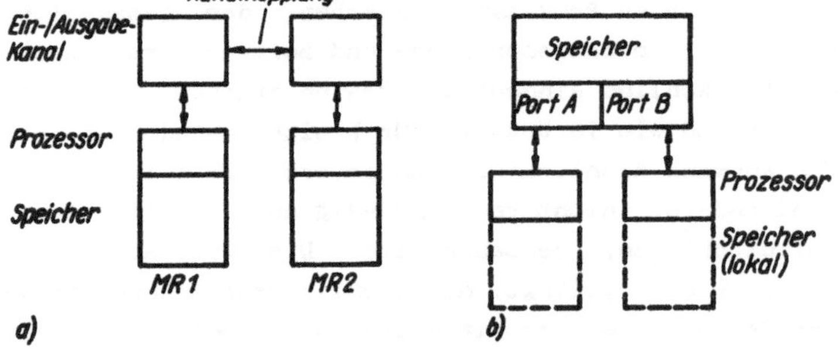

Abb. 2.9: Zweiprozessor-System; a: mit Kanalkopplung; b: mit Dualport-Memory

schaltkreise oder ein standardisiertes Interface erfolgen kann. Werden relativ wenig Daten ausgetauscht, ist die Kopplung zwischen beiden Rechnern lose. Bei einer Anordnung nach Abb.2.9b ist der Hauptspeicher für beide Prozessoren über den Zugang A (Port A) und B als Dual-port-Memory gleichermaßen erreichbar. Beide Prozessoren können auf diese Weise stark gekoppelt werden. In praktischen Fällen wird im Interesse einer höheren Effektivität des Gesamtsystems jeder Prozessor zusätzlich mit einem lokalen Speicher ausgestattet sein.

Bei einer Verallgemeinerung auf N Mikroprozessoren bzw. Mikrorechner erfolgt die physikalische Kopplung über einen **Systembus**. Gegenüber der Struktur in Abb.2.1b mit nur einem Prozessor sind Maßnahmen erforderlich, die einen Datentausch zwischen den Prozessoren ermöglichen. Dies ist beispielsweise dadurch möglich, daß ein Prozessor mit Kommunikationswunsch die Bussteuerung als Master anfordert und danach die Datenoperation ausführt. Die adressierte Einheit als Slave kann ihrerseits ein Prozessor sein, aber auch eine programmierbare Ein-/Ausgabe-Steuerung. Der Bus muß für eine derartige Struktur Multimasterfähigkeit besitzen; seine Durchlässigkeit bestimmt wesentlich die Gesamtleistung ("Flaschenhals"). Andererseits kann die Kopplung der einzelnen Prozessoren dadurch erfolgen, daß die Daten über "Briefkästen" vermittelt werden, d.h., der

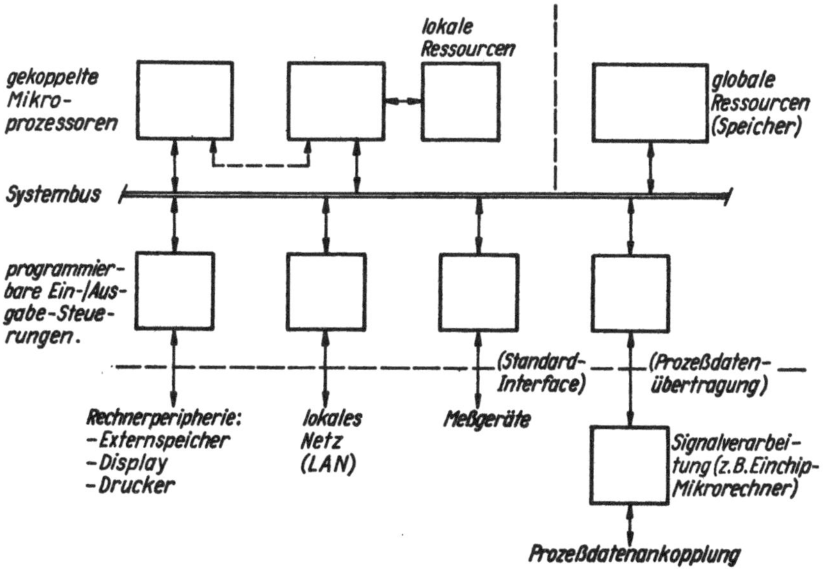

Abb.2.10: Allgemeine Struktur eines Mikrorechnersystems mit mehreren Mikroprozessoren und programmierbaren ("intelligenten") Ein-Ausgabe-Steuerungen für dezentrale Informationsverarbeitung

für einen anderen Prozessor vorgesehene Datenblock wird in dessen Briefkasten abgelegt. Diese Methode ist kostengünstig, jedoch ist die erreichbare Kommunikationsrate geringer als bei der unmittelbaren Datenübertragung zwischen den Prozessoren mit Hilfe des Systembus.

Für Systeme mit mehreren Verarbeitungseinheiten ist die verteilte oder dezentrale Informationsverarbeitung typisch. Die einzelnen Einheiten arbeiten sequentiell Programmteile ab, die geeignet synchronisiert sind, aber keine derart starke Verkopplung wie bei der Parallelverarbeitung mit Array-Anordnungen aufweisen. Bei der Zerlegung der Gesamtaufgabe ist man bestrebt, die Teilaufgaben relativ selbständig ausführen zu lassen. Das gilt für die Ausführung von Ein- und Ausgabeoperationen mit "intelligenten" Steuerungen für Datendarstellung auf Displays, für Anschluß an lokale Netze u.ä.m. Das gilt aber auch für Prozeßsteuerungen, die zunehmend dem Prinzip einer dezentralen Informationsverarbeitung (Abb.2.10) entsprechen. Hierbei werden am Ort der Datenentstehung programmierbare Verarbeitungseinheiten (Mikrorechner) installiert, die beispielsweise die Ausgangssignale der Sensoren aufbereiten, auswerten und in verdichteter Form zur mitunter weit entfernt befindlichen Zentrale, ebenfalls ein Mikrorechner, übertragen. Derartige verteilte Systeme besitzen bei hoher Leistung eine große Fehlertoleranz und erleichtern auch die Programmierung insofern, daß die Teilsysteme weitgehend selbständig Aufgaben erfüllen. Parallelverarbeitung bedeutet hier also, daß in einem für die heutige Mikrorechneranwendung typischen System mehrere Programme auf der Ebene der Prozesse und Tasks und zu einem kleinen Teil auf der Ebene der Anweisungen parallel laufen.

3. Mikroprozessoren

3.1. Aufbau und Funktionsweise

3.1.1. Struktur

Ein Mikroprozessor ist die mit hochintegrierten Schaltkreisen realisierte zentrale Verarbeitungseinheit eines Mikrorechners. In einer Von-Neumann-Architektur besteht der Mikroprozessor im wesentlichen aus dem Rechenwerk als Datenprozessor und dem Steuerwerk zur Befehlsverarbeitung und Koordinierung der einzelnen Funktionen und Zeitabläufe (vergleiche Abb.2.1). Bei der Mehrzahl der gegenwärtig verwendeten Mikroprozessoren sind alle entscheidenden Elemente auf einem Chip untergebracht: **Ein-Chip-Mikroprozessor**. Bei Mikroprozessoren mit 16- und 32-bit-Verarbeitungswortlänge sind auf dem Chip mitunter auch noch zusätzliche Blöcke wie Speicherverwaltung und Cache-Speicher implementiert.

Mikroprozessoren mit fester Verarbeitungswortlänge verarbeiten Bitketten bestimmter Länge (4, 8, 16 oder 32 bit) als zusammenhängende Einheiten. Hierbei ist es für den Anwender von untergeordneter Bedeutung, ob die interne Verarbeitung tatsächlich für alle Bits der betreffenden Bitkette gleichzeitig erfolgt oder beispielsweise bei einem 8 bit langen Wort durch serielle Abarbeitung zweier 4-bit-Einheiten (Halbbytes). Zur Zeit dominieren Mikroprozessoren mit einer Verarbeitungswortlänge von 8 und 16 bit. Mikroprozessoren mit einer Wortlänge von 4 bit gehen in der Anwendungsbreite zurück. 32-bit-Mikroprozessoren zeigen eine schnell ansteigende Bedeutung.

Die allgemeine Struktur eines Ein-Chip-Mikroprozessors ist in Abb.3.1 dargestellt. Sie entspricht in ihrer einfachen Form dem typischen Aufbau eines 8-bit-Mikroprozessors, ist aber prinzipiell auch für Mikroprozessoren größerer Wortlänge gültig. Für die Programmentwicklung ist die Kenntnis der Registerstruktur des Mikroprozessors und der Adressiermöglichkeiten von großer Bedeutung.

Die **arithmetisch-logische Einheit** (arithmetic-logical unit, ALU) führt die arithmetischen und logischen Operationen an den Operanden aus. Zur Verknüpfung zweier Operanden befindet sich der eine Operand im Akkumulatorregister (Akkumulator) und der andere in einem Register des Registerblocks oder in einer Speicherzelle des Arbeitsspeichers. 8-bit-Mikroprozessoren besitzen meist einen einzigen Akkumulator oder nur wenige Register, die diese Funktion ausführen können. Bei anderen Mikroprozessoren können oftmals alle Register des internen Registerblocks auch als Akkumulator wirken. Von großer praktischer Bedeutung für die Program-

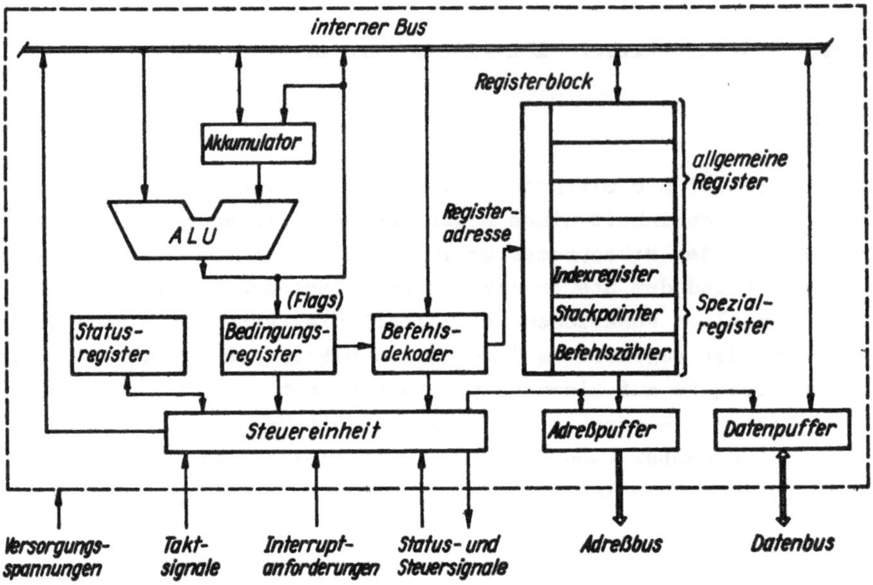

Abb. 3.1: Allgemeine Struktur eines Ein-Chip-Mikroprozessors

mierung von Verzweigungsoperationen und arithmetischen Rechnungen ist das Bedingungs- oder Flag-Register, dessen einzelne Bits in Abhängigkeit vom Ergebnis der ausgeführten Instruktion gesetzt werden.

Der Registerblock enthält Register, die als Zwischenspeicher für Operanden und Resultate verwendbar sind. Ihre Zugriffszeit ist im allgemeinen kleiner als bei Speicherzellen des Arbeitsspeichers des Mikrorechners, so daß ihre Verwendung zu schnellerem Programmablauf ("Schnellzugriffsspeicher") und wegen der kurzen Adresse auch zur Speicherplatzeinsparung führen kann. Neben den Registern für Daten sind dem Registerblock noch weitere, für spezielle Aufgaben vorgesehene Register zugeordnet. Hierzu gehören:

- Befehls- oder Programmzähler: Der Inhalt verweist auf die Adresse des Arbeitsspeichers, auf die der nächste Zugriff erfolgt,
- Stackpointer: Der Inhalt gibt die aktuelle Zugriffsadresse des im Arbeitsspeicher befindlichen Stack-Speichers (Kellerspeicher, Stapelspeicher) an,
- Indexregister: Der Inhalt wird für die indizierte Adressierung benutzt,
- Statusregister: Der Inhalt stellt den aktuellen Zustand des Mikroprozessors dar, beispielsweise Bedingungsbits (Flags), Systemzustand (System- oder Normalmodus) und Interruptmaskierung.

Anzahl, Programmiermöglichkeit und Flexibilität der internen Register sind für eine schnelle Programmausführung von erheblicher Bedeutung.

Die Steuereinheit des Mikroprozessors ist für das Lesen der Befehle aus dem Arbeitsspeicher und für deren Interpretation und Ausführung verantwortlich. Die Steuereinheit übernimmt ferner die Ansteuerung des Arbeitsspeichers und der Ein-/Ausgabe-Einheiten, wobei über die Anschlußkontakte des Mikroprozessors geeignete Steuersignale ausgetauscht werden. Dekodierung und Ablaufsteuerung des Befehls erfolgen in den meisten Fällen unter Mikroprogrammsteuerung.

Bei einer **Mikroprogrammsteuerung** werden die einzelnen Maschinenbefehle des Mikroprozessors, also die im Maschinenkode dargestellten Instruktionen des Programms, intern durch eine Folge von elementaren Mikrobefehlen realisiert. Der Maschinenbefehl entspricht daher einer Folge von Mikrobefehlen. Diese Mikroprogramme sind in einem internen Nur-Lese-Speicher (ROM) abgelegt und dem Anwender des Mikroprozessors nicht zugänglich. Durch die Veränderung der Mikrobefehlsfolge kann der Schaltkreishersteller gewisse Modifikationen der Instruktions- oder Befehlsliste des Mikroprozessors durchführen, ohne das Layout des Schaltkreises ändern zu müssen. Der schematische Aufbau einer Mikroprogrammsteuerung ist in Abb.3.2 wiedergegeben. Es sind auch mikroprogrammierbare Mikroprozessoren entwickelt worden, die einen externen Mikrobefehlsspeicher verwenden. Über das Mikroprogramm ist dann der Anwender prinzipiell in der Lage, sich seine eigene Maschinenbefehls- bzw. Instruktionsliste zu implementieren. Dieses in der Anfangszeit der Mikroprozessoren oft empfohlene Verfahren bleibt auf einzelne Anwendungsfälle beschränkt, z.B. Emulation des Befehlssatzes der PDP-11 auf dem Mikrorechner LSI-11. Die Definition und Realisierung einer Instruktionsliste entsprechend spezieller Einsatzforderungen erscheint auf dem ersten Blick attraktiv, kann aber wesentliche Probleme mitsichbringen, wenn die inzwischen gut ausgebauten Mikrorechner-Entwicklungssysteme wegen unterschiedlicher Maschinensprache und andere Software nicht mehr genutzt werden können.

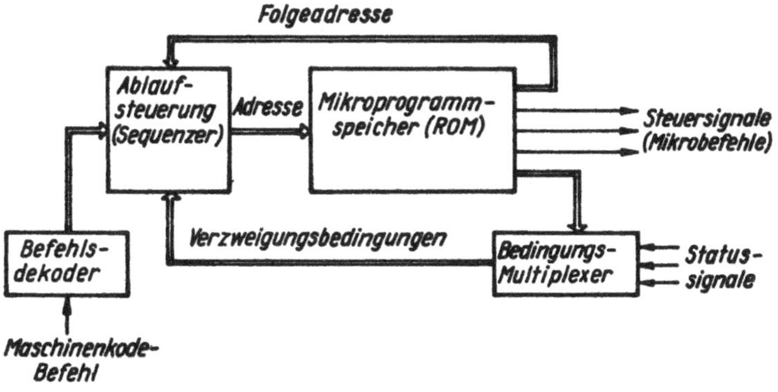

Abb.3.2: Mikroprogrammierte Steuerung

Daten und Adressen werden über Pufferstufen des Mikroprozessors übertragen. Da bei 16- und 32-bit-Wortlänge die Anzahl der benötigten Treiberstufen und somit die auf dem Chip entstehende Wärmeleistung sehr groß wird, werden in diesen Fällen Daten und Adressen meist im zeitlichen Nacheinander (Zeitmultiplex) über die gleichen Anschlußkontakte ausgegeben. Zur Organisation des Datentransports auf dem Bus des Mikrorechners und zur Kennzeichnung z.B. der sich momentan auf den gemeinsamen Daten- und Adreßleitungen befindlichen Informationen gibt der Mikroprozessor Steuersignale ab. Andere Signale beziehen sich auf die Interruptsteuerung, auf den Prozessorstatus und auf den Zugriff zum Mikrorechnerbus.

Tabelle 3.1: Anschlußschnittstelle eines Mikroprozessors

Typ	Funktionsrichtung	Verwendung
Adreßleitungen	Ausgabe	oftmals gemeinsame, im Zeitmultiplex genutzte Anschlüsse für Adressen und Daten
Datenleitungen	bidirektional	
Statusleitungen	Ausgabe	aktueller Zustand des Mikroprozessors für Steuerung der externen Logik, z.B. von Adreß- und Datenpuffern
Steuerleitungen	Ausgabe	Steuerung der externen Logik für Lese- und Schreiboperationen und für Ein-/Ausgabe-Operationen
Interruptanforderungen	Eingabe	maskierbare und nicht-maskierbare Interruptanforderung von externen Einheiten
Prozessorsteuerung	Eingabe	Rücksetzen (reset) in definierten Anfangszustand, Wartezyklen, Abschalten vom Bus (Halt-Zustand)
Buszugriffssteuerung	Eingabe, Ausgabe	Busanforderung bei Systemen mit mehreren Busmastern, Quittungssignal für Busübernahme
Taktsignal	Eingabe	meist extern erzeugtes Prozessortaktsignal
Versorgung	Eingabe	meist + 5 V und Null-Potential

Tabelle 3.1 gibt eine Übersicht über die Bedeutung der wichtigsten Anschlußkontakte von Mikroprozessoren in verallgemeinerter Form. Für die einzelnen Mikroprozessortypen kann die konkrete Zuordnung stark von der Übersicht in Tabelle 3.1 abweichen. Die Kenntnis des detaillierten Signalspiels des Mikroprozessors mit den angeschlossenen Einheiten ist für den Programmierer nicht erforderlich, ist aber für die Ausarbeitung von Hardware und für das Verständnis ihrer Funktion von entscheidender Bedeutung. Das gilt auch, wenn beispielsweise mit Hilfe eines Logikanalysators Wartungs- und Reparaturarbeiten durchzuführen sind.

Große Verarbeitungswortlängen kann man erhalten, wenn **kaskadierbare Mikroprozessoren** (Bit-Slices, Bitscheiben) mit geringer Verarbeitungsbreite, z.B. 2, 4 oder 8 bit, zu einem Mikroprozessor zusammengeschaltet werden. Diese Kaskadierung von Bit-slice-Prozessoren war in der Vergangenheit von Bedeutung, wenn aus Gründen begrenzten Integrationsgrades, z.B. wegen der hohen Wärmeleistung bei schneller bipolarer Logik, die erforderliche Verarbeitungsbreite mit einem Ein-Chip-Mikroprozessor nicht erreicht werden konnte. Die Flexibilität im Aufbau eines Mikroprozessors aus Bitscheiben wird noch durch die Mikroprogrammierbarkeit unterstützt, wie es für die Prozessorfamilie 2900 die Abb.3.3 zeigt (Am 80, Ba 82).

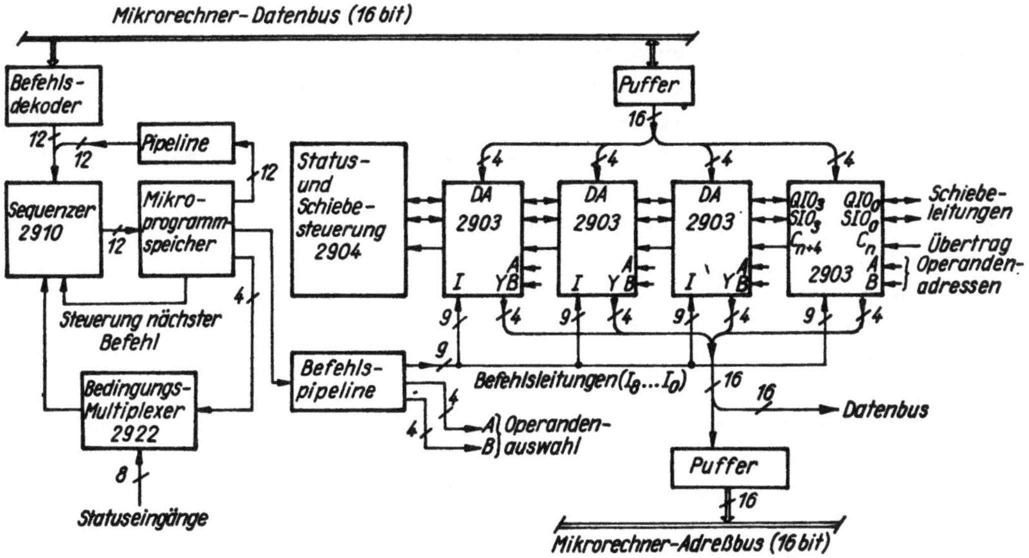

Abb.3.3: Mikroprogrammierter Mikrorechner mit Bit-Slices der Mikroprozessorfamilie Am2900, stark vereinfacht; 4-bit-Slice Am2903 ("Superslice", sowjet. Äquivalenztype K 1804 WS 2), Mikroprogrammsteuerung Am2910 (Sequenzer, K 1804 WU 4), Status- und Schiebe-Steuerung Am2904 (K 1804 WR 2)

Durch die Weiterentwicklung der Mikroelektroniktechnologie in Richtung höheren Integrationsgrades und verlustleistungsarmer, schneller CMOS-Logik wurden große Verarbeitungswortbreiten von 32 bit für Ein-Chip-Mikroprozessoren realisierbar, so daß dadurch die praktische Bedeutung der kaskadierbaren Bit-slice-Verarbeitungseinheiten stark zurückgegangen ist. In den folgenden Abschnitten wird kein Bezug auf derartige Schaltkreise genommen.

3.1.2. Befehlsablauf

Wie im Abschnitt 2.1. beschrieben wurde, werden in einem Von-Neumann-Rechner Programme und Daten in gleichartiger Weise im Speicher abgelegt. Die zu Beginn einer Instruktion eingelesene Bitkette wird als Befehlskode interpretiert. Der hieraus folgende allgemeine Befehlsablauf nach Abb.2.2 ist auch für Mikroprozessoren typisch, bedarf jedoch einiger spezifischer Ergänzungen. Tritt während der Befehlsabarbeitung eine Interruptanforderung auf, so wird erst nach vollständiger Abarbeitung des laufenden Befehls zur Bedienung dieser Anforderung übergegangen. Bei 16- und 32-bit-Mikroprozessoren können umfangreiche Adreßrechnungen und gegebenenfalls Leseoperationen von Speichersegmenten oder -seiten aus dem externen Speicher erforderlich werden, bevor man die nächste Instruktion des Anwenderprogramms abarbeiten kann.

Speicherschreib- und -leseoperationen

An Hand einiger Zeitablaufdiagramme läßt sich der Befehlsablauf im Zusammenhang mit den Signalen an den Anschlußkontakten des Mikroprozessors leicht verdeutlichen. Die nachfolgenden Diagramme beziehen sich unmittelbar auf die 8-bit-Mikroprozessoren Z 80 bzw. U 880 (Zi 77, Ki 82, Zi 83), sind aber durchaus charakteristisch auch für andere Mikroprozessortypen. Gemäß Abb.3.4 lassen sich für den Speicherzugriff drei verschiedene Maschinenzyklen des Mikroprozessors Z 80 unterscheiden:

- M1 für Befehl holen (Fetch-Zyklus),
- M2 für Speicher lesen,
- M3 für Speicher schreiben.

Der Zyklus M1 ist für alle Befehle erforderlich, während die Zyklen M2 und M3, jeweils für 8 bit, entsprechend dem bei M1 gelesenen Operationskode hinzugefügt werden. Die Zyklen M bestehen ihrerseits aus Taktzyklen T_1, T_2 usw., die unmittelbar vom Taktgeber des Mikrorechners abgeleitet werden.

Der Zeitablauf für M1 ist in Abb.3.5 wiedergegeben. Zu Beginn des Takts T_1 gibt der Mikroprozessor das Signal $\overline{M1}$ = 0 aus, das in der durch Überstreichung gekennzeichneten negierten Darstellung dem aktiven Zustand entspricht, d.h. dem tiefen Potential bei der üblicherweise verwendeten positiven Logik (0 für tiefes Potential, 1 für hohes Potential). Das Signal $\overline{M1}$ = 0 zeigt den Eintritt des Prozessors in den Zyklus "Befehl holen" an. Mit der Rückflanke des Takts T_1 wird der Inhalt des Befehls- oder Programmzählers als aktuelle Speicheradresse bereitgestellt. Beim Z 80 umfaßt die vom Prozessor ausgegebene Adresse 16 bit. Das Signal $\overline{MREQ}$ (memory request) meldet den an den Mikroprozessor angeschlossenen

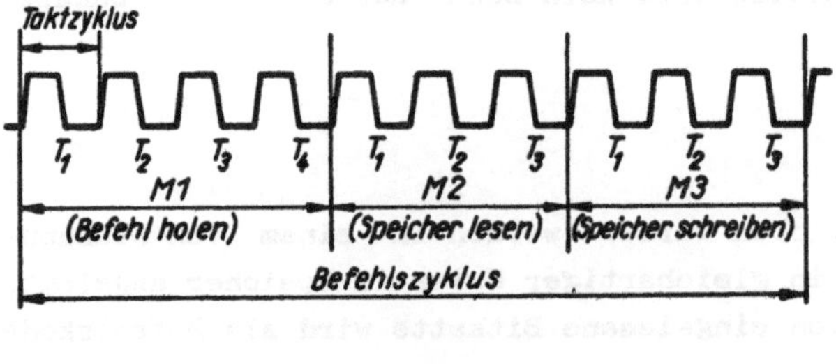

Abb.3.4: Befehlszyklus der Mikroprozessoren Z 80 bzw. U 880

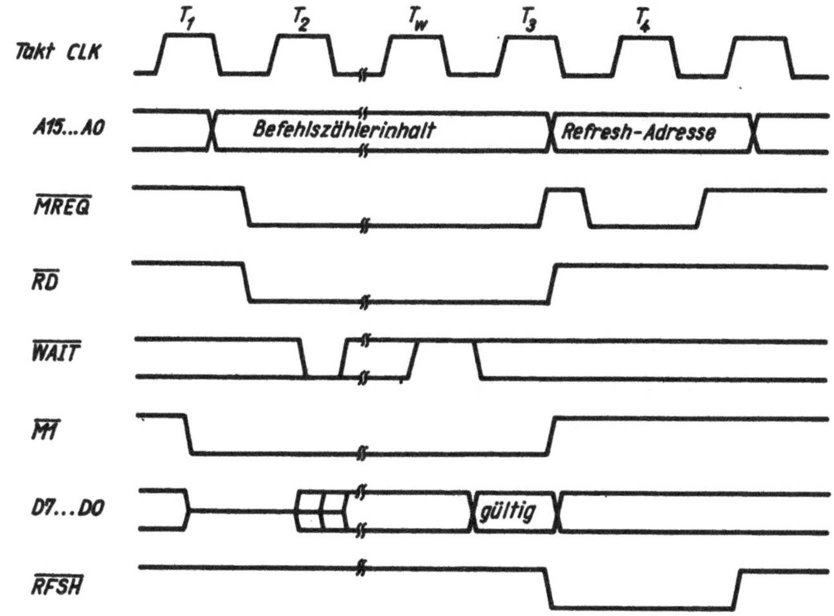

Abb. 3.5: Zeitablauf des Zyklus M1 (Z 80)

Puffer-, Treiber- und Dekoderschaltkreisen eine Speicherzugriffsanforderung, und zwar als Lesewunsch $\overline{RD}$ (read). Ab Takt T_2 wird auf die Antwort des Speichers gewartet. Ist seine Zugriffszeit (access time) kürzer als bis zum Ende von Takt T_2, so werden die Lesedaten D0 bis D7 zum Zeitpunkt Takt T_3 übernommen. Braucht der Speicherschaltkreis eine längere Zeit, müssen Wartetakte T_w eingeschoben werden. Durch eine externe Schaltung wird nach Vorliegen der Adresse und $\overline{MREQ}$ ein $\overline{WAIT}$-Signal erzeugt, das bei T_2 vom Mikroprozessor bewertet wird und im Fall $\overline{WAIT} = 0$ zu einem oder mehreren Wartetakten T_w führt. Erst nach Rücknahme von $\overline{WAIT}$ kann der Mikroprozessor zum folgenden Takt T_3 übergehen. Mit diesem WAIT-Mechanismus findet die Anpassung des Mikroprozessors an Speicherschaltkreise mit langer Zugriffszeit statt. Diese Art der Synchronisierung zwischen Mikroprozessor und Speicher wird gewöhnlich als semi-synchron bezeichnet. Im Gegensatz zum synchronen, vom Takt vorgegebenen Zeitablauf besteht die Möglichkeit, bei Bedarf ausreichend viele Wartetakte einzufügen.

Mit T_3 ist das "Befehl-Holen" beendet. Beim Z 80 folgt nun mit den Takten T_3 und T_4 ein Refresh-Zyklus für dynamische Speicherschaltkreise des Arbeitsspeichers. Mit der 8 bit langen Refresh-Adresse aus dem Speicherrefreshregister des Mikroprozessors können auf diese Weise 256 Speicherstellen (obere 8 bit der Adressenleitungen) gleichzeitig aufgefrischt werden. Dieser automatische Refresh des Arbeitsspeichers ist bei anderen Mikroprozessortypen nicht implementiert und stellt eine für die Nutzung von dynamischen Speichern bequeme Besonderheit des Z 80 und U 880 dar.

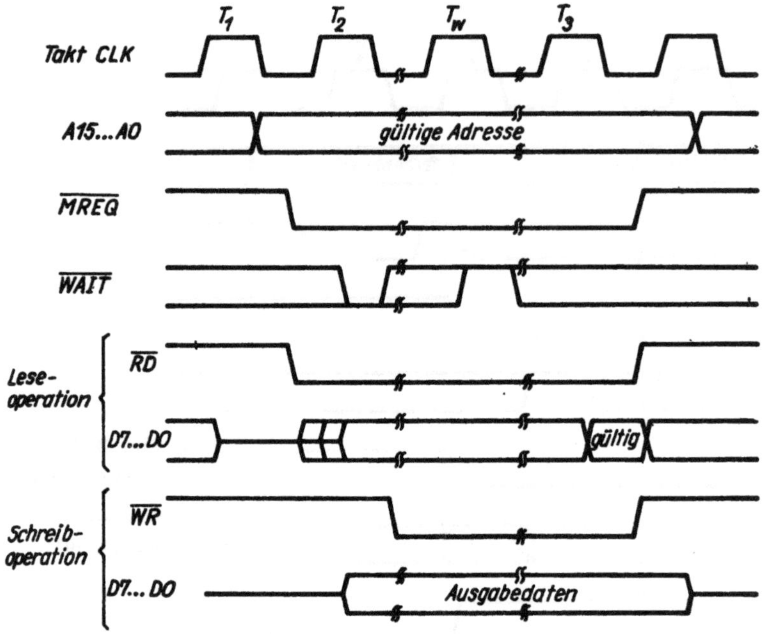

Abb. 3.6: Zeitablauf für Speicherschreib- und -leseoperationen des Z 80

Die Zeitabläufe für Speicherschreib- und -leseoperationen nach Abb. 3.6 sind ebenfalls leicht zu verstehen. Sie umfassen nur drei Takte T_1 bis T_3 und besitzen logischerweise den gleichen WAIT-Mechanismus wie der Befehlshol-Zyklus M1. Das Signal $\overline{M1}$ = 1 (hohes Potential) ist in Abb. 3.6 nicht dargestellt. Die Datenübertragungsrichtung Lesen und Schreiben wird mit den Signalen $\overline{RD}$ (read) und $\overline{WR}$ (write) festgelegt.

Bei den Mikroprozessoren Z 80 und U 880 sind je nach Ausführungsvariante Taktfrequenzen im Bereich von 1 bis 8 MHz zulässig. Die für die Befehlsverarbeitung charakteristischen Zeiten lassen sich qualitativ aus den Zeitablaufdiagrammen abschätzen. So erfordert ein 1 byte langer Befehl wie ADD A,r, der den Inhalt des Registers r zum Akkumulatorinhalt A addiert, nur 1 Zyklus (M1) mit insgesamt 4 Takten, allerdings ohne Berücksichtigung von Wartetakten. Der 3 byte lange Befehl LD dd,nn lädt das 2-byte-Wort nn aus dem Arbeitsspeicher in das Registerpaar dd und benötigt neben dem obligatorischen Zyklus M1 noch 2 Lesezyklen M2 für nn und demzufolge ohne Wartetakte insgesamt 10 Takte. Auf diese Weise wird die Streuung der Ausführungszeit der verschiedenen Instruktionen verständlich, die beim Z 80 zwischen 4 und 23 Takten (bei indirekter und indizierter Adressierung) liegt und durch Wartetakte noch verlängert wird.

Der Ablauf von Speicherschreib- und -leseoperationen bei einem Zeitmultiplex von Adressen und Daten unterscheidet sich nur insofern vom geschilderten Verhalten, daß mit den Signalen $\overline{AS}$ (address strobe) und $\overline{DS}$ (data strobe) die momentane Belegung spezifiziert wird.

Ein- und Ausgabe-Operationen
Sind in der Instruktionsliste des Mikroprozessors explizit Ein- und Ausgabe-Befehle vorhanden, dann steht ein Steuersignal $\overline{IORQ}$ (input/output request) zur Verfügung, das in Verbindung mit der Übertragungsrichtung $\overline{RD}$ bzw. $\overline{WR}$ die Adressierung von Ein- und Ausgabekanälen (Ports) ermöglicht. Der Speicheradreßraum ist damit vom Adreßraum der Ein- und Ausgabe-Adressen getrennt (isolierte Adressierung).

Von den Kleinrechnern, beispielsweise der PDP-11-Familie, ist die speicherbezogene Adressierung (memory mapping) bekannt, die auch bei einigen Mikroprozessoren verwendet wird. Hierbei werden Ein- und Ausgabe-Adressen wie normale Speicheradressen betrachtet, können folglich auch von allen Befehlen mit Speicherzugriff genutzt werden. Diesem Vorteil steht allerdings gegenüber, daß Speicherbereiche durch feststehende Ein- und Ausgabe-Adressen blockiert werden können.

Interruptsystem
Eine Interruptanforderung ist eine Anforderung nach einer Unterbrechung des laufenden Rechnerprogramms, um eine zeitlich nicht mit diesem Programm korrelierte Interrupt-Serviceroutine (ISR) starten zu können.
Interruptanforderungen können beispielsweise folgende Quellen haben:
- Rechnerinterne Fehler- und Alarmzustände, z.B. bei Zeitüberschreitung (time-out) bestimmter Busoperationen, bei Spannungsausfall und bei Fehlern in den Ein- und Ausgabe-Steuerungen,
- Datenein- und -ausgabe angeschlossener peripherer Geräte, wie Dateneingabe nach Tastaturbedienung, Datenanforderung oder Bereitschaftsmeldung eines Druckers oder Anforderung eines direkten Speicherzugriffs (DMA),
- Melde- und Alarmsignale angeschlossener Funktionseinheiten, z.B. Zeitgebersignale eines Zeitgeberbausteins (Echtzeituhr), Meldung unzulässiger Anlagenzustände über die Prozeßperipherie oder Fertigmeldung eines Analog-Digital-Wandlers.

Neben diesen typischen Interruptanforderungen gibt es bei Mikroprozessoren noch prozessorintern ausgelöste sogenannte Traps, die einer Programmunterbrechung nach einem Softwarefehler entsprechen, beispielsweise bei Erkennen eines nichtdefinierten Operationskodes oder bei Division durch Null. Diese intern ausgelösten Traps treten synchron mit der Befehlsabarbeitung auf.

Bei der Bearbeitung einer Interruptanforderung müssen folgende Aufgaben gelöst werden:
- Definierte Unterbrechung des laufenden Programms, das selbst eine Interrupt-Serviceroutine niedriger Priorität sein kann, mit Rettung des aktuellen Prozessorzustands, um nach Beendigung der ISR das unterbrochene Programm korrekt fortsetzen zu können.
- Identifizierung der Interruptquelle, Verzweigung zur angeforderten ISR.
- Berücksichtigung von Prioritäten bei der Bearbeitung mehrerer gleich-

zeitig vorliegender Interruptanforderungen und gegebenenfalls zeitweise Unterdrückung ausgewählter Interruptanforderungen durch Maskierung.

Bei Mikroprozessoren lassen sich zwei unterschiedliche Eingänge für Interruptanforderungssignale unterscheiden. Der nichtmaskierbare Interrupteingang ($\overline{NMI}$, non-maskable interrupt) führt bei Aktivierung unter allen Umständen zu einer Interruptbearbeitung, d.h., Interruptanforderungen am $\overline{NMI}$-Eingang haben den höchsten Vorrang bei der Bearbeitung (höchste Priorität) und werden daher ernsten Fehlern, wie Spannungsausfall oder Zeitüberschreitung, und der Initialisierung des Mikroprozessors (reset) zugeordnet. Der maskierbare Interrupteingang ($\overline{INT}$) kann durch ein prozessorinternes Interrupt-Maskenflipflop programmgesteuert gesperrt werden, um zeitweise die Wirkung von Interruptanforderungen zu blockieren.

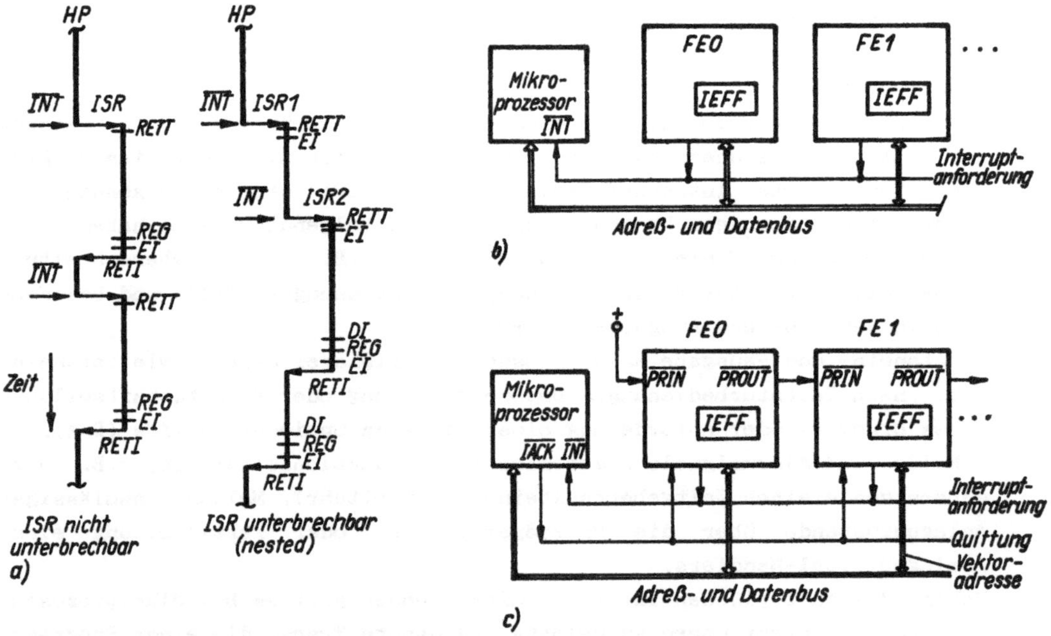

Abb. 3.7: Interruptverarbeitung eines Mikrorechners;
a: Unterbrechung des Hauptprogramms HP durch Interruptanforderungen an $\overline{INT}$;
b: Interruptidentifizierung durch Polling;
c: Verkettung (Daisy-chain)

In Abb. 3.7 sind in stark vereinfachter Form einige für das Verständnis des Interruptsystems eines Mikrorechners wichtige Zusammenhänge dargestellt. Zunächst ist in Abb. 3.7a angedeutet, wie ein Hauptprogramm (HP) durch eine Interruptanforderung mit Sprung zur Interrupt-Serviceroutine ISR unterbrochen wird. Der Übergang zur Interruptbearbeitung beginnt mit der Abspeicherung des Befehlszählerinhalts (PC) im Stack-Speicher des Rechners, um nach Beendigung der Interrupt-Serviceroutine das unterbrochene Hauptprogramm fortsetzen zu können. Üblicherweise wird gleichzeitig der Interrupteingang automatisch gesperrt. Bei Bedarf wird mit der Befehlsfolge RETT der Prozessorzustand vor Eintritt in die ISR "gerettet" (Akkumulatorinhalt, Flagregister, allgemeine Register) und vor Rückkehr zum unterbrochenen Programm mit REG wieder regeneriert. In Abb. 3.7a ist ferner die Möglichkeit verschachtelter Interrupt-Serviceprogramme (nested interrupts) skizziert. Hierbei läßt sich eine Serviceroutine durch einen weiteren Interrupt unterbrechen, allerdings muß dann mit EI (enable interrupt) der maskierbare Interrupteingang explizit eingeschaltet werden. Während des Regenerierens der Register mit REG wird durch DI (disable interrupt) der Interrupteingang des Prozessors gesperrt und danach mit EI wieder geöffnet. Der Rücksprung zum unterbrochenen Programm erfolgt mit RETI und Laden des Befehlszählers mit der Fortsetzungsadresse.

Für die Identifizierung der Interruptanforderungsquelle und damit für die Verzweigung zur benötigten Interrupt-Serviceroutine bestehen verschiedene Möglichkeiten.

Polling: Nach Abb. 3.7b werden die Anforderungssignale aller interruptfähigen Funktionseinheiten FEn (Interrupt-enable-Flipflop IEFF = 1) über ODER logisch verknüpft und dem maskierbaren Interrupteingang $\overline{INT}$ des Mikroprozessors zugeführt. Ist $\overline{INT}$ nicht durch das Interrupt-Maskenflipflop gesperrt, verzweigt der Prozessor zum Polling-Programm. Hier fragt er der Reihe nach alle interruptfähigen Funktionseinheiten ab, bis er die Anforderungsquelle gefunden hat. Durch die Wahl der Abfragereihenfolge läßt sich bereits eine Priorität bei der Interruptbearbeitung berücksichtigen. Dem Vorteil der großen Übersichtlichkeit und des minimalen Hardware-Aufwands beim Polling-Verfahren steht als entscheidender Nachteil der hohe Zeitaufwand zur Identifizierung der Anforderungsquelle gegenüber.

Interruptkette (Daisy-chain): Alle interruptfähigen Funktionseinheiten sind nach Abb. 3.7c durch Steuersignale für die Prioritätsvergabe $\overline{PRIN}$ und $\overline{PROUT}$ gekoppelt. Eine Interruptanforderung kann nur abgegeben werden, wenn das Signal $\overline{PRIN}$ dieser Funktionseinheit inaktiv ist; in diesem Fall wird $\overline{PROUT}$ aktiv. Dieses Signal wird von den sich anschließenden Einheiten "durchgereicht" und verhindert in diesen Funktionseinheiten die Abgabe einer Interruptanforderung. Damit ergibt sich für die Priorität, daß die Funktionseinheit am Anfang der Kette, wo $\overline{PRIN}$ = 1 gesetzt ist, die höchste Priorität besitzt (geographische Priorität). Nach Reaktion des Mikroprozessors auf das $\overline{INT}$-Signal wird die Vektoradresse derjenigen anfordernden Einheit, die die höchste Priorität aufweist, übertragen und zur Adresse der angeforderten Interrupt-Serviceroutine verarbeitet, gegebenenfalls mit Berücksichtigung des Inhalts des Interrupt-Vektorregisters des Mikroprozessors und eines Offsets. Beim Daisy-chain nach Abb. 3.7c kann die laufende Interrupt-Serciveroutine von einer Interruptanforderung höherer Priorität unterbrochen werden. Es ist lediglich sicherzustellen, daß mit Hilfe des Quittungssignals $\overline{IACK}$ des Prozessors die Anforderung höherer Priorität so lange verzögert wird, bis das Einlesen der Vektoradresse beendet wurde und die Startadresse der ISR für die zuvor akzeptierte Anforderung ermittelt ist.

Die Bearbeitung der Interruptanforderungen, d.h. die Priorisierung und Ausgabe einer Vektoradresse, kann im Gegensatz zu Abb.3.7c auch zentral mit einem Interrupt-Controller erfolgen. Vorteilhaft ist hierbei, daß die Interruptsteuerung in den einzelnen Funktionseinheiten entfällt. Jeder Anforderungseingang des Controllers entspricht einer Prioritätsebene. Reichen die üblicherweise 8 Eingänge des Controllers nicht aus, kann die Zahl der verfügbaren Anforderungseingänge durch Kaskadierung der Controller-Schaltkreise oder durch Zusammenfassung mehrerer Quellen auf einer Prioritätsebene vergrößert werden. Im letztgenannten Fall muß sich allerdings ein Pollingverfahren anschließen, oder es ist für die Funktionseinheiten gleicher Prioritätsebene eine Daisy-chain-Verarbeitung zu organisieren.

Die Interruptsysteme der verschiedenen Mikroprozessoren für 8-, 16- und 32-bit-Verarbeitungswortlänge unterscheiden sich recht erheblich voneinander, so daß bei der Beschreibung der Eigenschaften der Mikroprozessoren auch Details der Interruptbearbeitung aufgenommen wurden.

Bussteuerung

In einem Mikrorechner wird der Mikrorechnerbus von der zentralen Verarbeitungseinheit gesteuert. Sie übernimmt bei Datenübertragungen die Rolle des Bus-Masters, während der aufgerufene Speicher oder die adressierte Ein-/Ausgabe-Steuerung als Slave wirkt. In manchen Fällen kann es im Interesse eines größeren Datendurchsatzes auf dem Bus zweckmäßig sein, den Bus nicht von der zentralen Verarbeitungseinheit steuern zu lassen, z.B. beim direkten Speicherzugriff (direct memory access, DMA) für die Übertragung großer Datenmengen zwischen einer Ein-/Ausgabe-Einheit und dem Arbeitsspeicher. Die Möglichkeit, die Bussteuerung anderen Einheiten übergeben zu können, ist besonders bei Multiprozessorsystemen von entscheidender Bedeutung.

Für die "Abschaltung" des Mikroprozessors vom Mikrorechnerbus werden unterschiedliche Methoden genutzt. In der Anordnung nach Abb.3.8a wird vom DMA-Controller, der die Steuerung des Busses übernehmen möchte, der Mikroprozessor mit dem Signal HOLD vom Bus getrennt; der Mikroprozessor meldet diesen Zustand, der durch den hochohmigen Zustand seiner Ausgangssignale (Drei-Zustandslogik, Tri-state-Ausgänge) charakterisiert ist, mit dem Quittungssignal HOLDACK. Nach Rücksetzen von HOLD wird der Prozessor wieder zum Bus-Master.

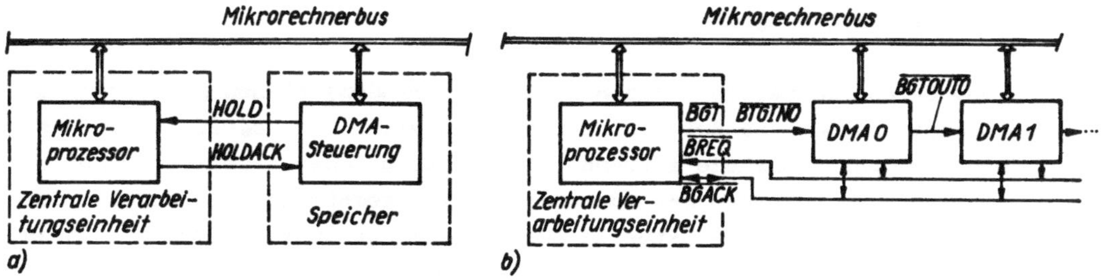

Abb. 3.8: Anforderung der Bussteuerung;
a: Übertragung der Bussteuerung an einen DMA-Controller und
b: an einen DMA-Controller mit Berücksichtigung von Prioritäten nach dem Daisy-chain-Prinzip

Vielseitiger und für den Einsatz in Multiprozessorsystemen geeignet sind Prozessoren mit Signalen nach Abb. 3.8b. Die Signale Busanforderung $\overline{\text{BREQ}}$ (bus request) und Busbewilligung $\overline{\text{BGT}}$ (bus grant) entsprechen den Signalen HOLD und HOLDACK aus Abb. 3.8a. Das Signal für die Bestätigung der Busbewilligung $\overline{\text{BGACK}}$ (bus grant acknowledge) zeigt an, daß der Bus weiterhin von einer anderen Einheit als Master belegt ist. In dieser Zeit kann der Prozessor durchaus Operationen ausführen, sofern sie sich auf den lokalen Bus beziehen, für den er allein als Master fungiert.

Bewerben sich mehrere Prozessoren gleichzeitig um die Bussteuerung, muß eine Arbitration als Entscheidung darüber erfolgen, welche Einheit unter Berücksichtigung von Prioritäten die Bussteuerung ausüben darf. Diese Busarbitration kann dezentral (mit Daisy-chain-Verfahren) oder zentral (mit Hilfe eines Busarbiters) erfolgen. Die detaillierten Zeitabläufe der einzelnen Signale hängen stark von der Spezifikation der eingesetzten Mikroprozessoren und des Bussystems ab. An dieser Stelle soll noch ein Befehl LOCK erwähnt werden, der bei einigen Mikroprozessoren implementiert ist. Nach Programmierung von LOCK bleibt die Bussteuerung dem betreffenden Prozessor auch dann zugeordnet, wenn Anforderungen höherer Priorität eintreffen. Auf diese Weise wird die ungestörte Ausführung ausgewählter Befehle durch die Programmierung unterstützt.

3.1.3. Adressierung

Die Ausführung der Befehle eines Programms erfolgt bei einer Von-Neumann-Architektur in der Reihenfolge, wie die einzelnen Befehle nacheinander im Speicher abgelegt sind, so daß bei einem solchen linearen Programm eine explizite Adressenangabe nicht erforderlich ist. Der Befehlszähler des Prozessors enthält nach Ausführung eines Befehls die Adresse des nachfolgend zu lesenden Befehls. Lediglich bei Sprungoperationen sowie beim Aufruf von Unterprogrammen und Interrupt-Serviceroutinen ist eine

Adressenangabe notwendig, um das Sprungziel bzw. die Adresse des ersten Befehls des Unterprogramms zu kennzeichnen.

Die vom Befehl zu verarbeitenden Daten (Operanden) können gemeinsam mit dem Operationskode des Befehls gespeichert sein, im Regelfall sind sie jedoch vom Operationskode getrennt im Arbeitsspeicher abgelegt. Daher muß der Befehl die Adressen der Operanden sowie gegebenenfalls Angaben darüber enthalten, wie die aktuelle Adresse der Operanden (effektive Adresse) bei der Befehlsausführung berechnet werden kann. Bei den einzelnen Mikroprozessortypen sind zahlreiche Adressierungsarten implementiert, die sich primär auf die Lokalisierung von Daten beziehen, aber auch für die Ermittlung von Adressen für Sprungoperationen und Unterprogrammaufrufe nutzbar sind.

Die allgemeinen Befehlsformate sind in Abb. 3.9 dargestellt. Bei Befehlen mit einem einzigen Operanden (Abb. 3.9a) muß dessen Adresse als Quelladresse und die Adresse des nach der Befehlsausführung vorliegenden Resultats als Resultatsadresse (Zieladresse) angegeben sein. Eine der beiden Adressen kann "verdeckt" sein, wenn das Resultat in der Speicherzelle des Operanden abgelegt wird und ihn damit überschreibt. Die Adressierung ist "implizit", wenn bereits aus dem Operationskode die Quell- und Zieladresse bestimmt sind, z.B. bei Operationen mit dem Inhalt des Akkumulators. Mitunter wird diese Adressierung auch als inhärente Adressierung bezeichnet. In der gleichen Weise sind für zwei Operanden (Abb. 3.9b) 3-Adreß-Befehle erforderlich, die durch verdeckte oder implizite Adressierung verkürzt werden können. "Adreßlose" Befehle beziehen sich auf Steueroperationen des Prozessors und benötigen keine Operanden.

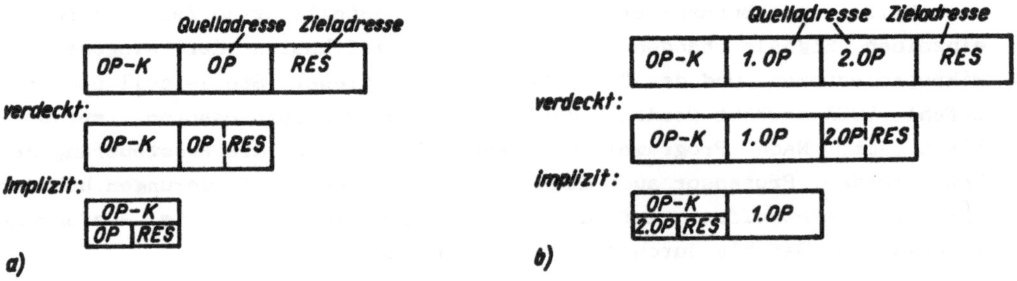

Abb. 3.9: Allgemeine Befehlsformate;
a: für 1 Operand; b: für 2 Operanden;
OP-K Operationskode, OP Operand, RES Resultat

Die Verkürzung der Befehlslänge beispielsweise bei einer impliziten Adressierung eines Befehls mit zwei Operanden führt zwar zur Einsparung von Speicherplatz für einen solchen Befehl, jedoch sind dann für die Verknüpfung zweier Operanden drei Befehle erforderlich: ersten Operanden in Akkumulator laden, Akkumulatorinhalt mit zweitem Operanden, der in einem Register oder in einer Speicherzelle steht, verknüpfen und schließlich Resultat aus dem Akkumulator unter der Resultatsadresse ablegen.

Die **Datenformate** des Mikroprozessors unterscheiden sich in der jeweils festgelegten Länge der Bitkette, während eine Kennzeichnung des Datentyps nicht erfolgt. Aus Operationskode und Adressierungsart wird das Datenformat eindeutig bestimmt. In Tabelle 3.2 sind die bei Mikroprozessoren üblichen Datenformate zusammengestellt. Die für 8-, 16- und 32-bit-Mikroprozessoren übliche Aufteilung des Rechnerworts ist in Abb. 3.10 wiedergegeben.

Tabelle 3.2: Datenformate

Länge, in bit	Bezeichnung	Abkürzung
1	Einzelbit	
4	Halbbyte, Nibble	
8	Byte	B
16	Wort	W
32	Doppelwort, Langwort Gleitkomma einfach	L FS
64	Gleitkomma doppelt	FD
80	Gleitkomma erweitert	FX
n * 8	Bytekette, Bytestring	
n * 16	Wortkette, Wortstring	

Bei 8-bit-Mikroprozessoren ist der Arbeitsspeicher so aufgebaut, daß sich die Speicheradresse auf jeweils 1 byte bezieht. Diese Speicherorganisation wird gewöhnlich auch bei 16- und 32-bit-Mikroprozessoren beibehalten. Ein 16 bit langes Wort, das aus zwei mit aufeinanderfolgenden Adressen gespeicherten Bytes besteht, kann dann beispielsweise so ausgelesen werden, daß man das niederwertigste Adreßbit A0 = 0 setzt. Damit bezieht sich die Wortadresse auf eine geradzahlige und die nachfolgende ungeradzahlige Byteadresse (Abb. 3.11).

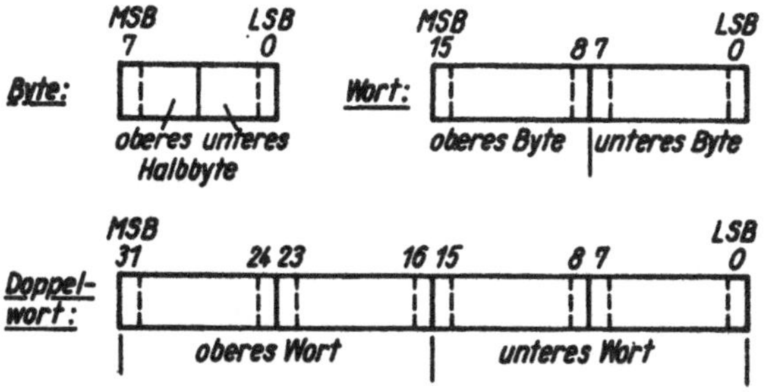

Abb. 3.10: Aufteilung des Rechnerworts von 8-, 16- und 32-bit-Mikroprozessoren; LSB (MSB) Bit niedrigster (höchster) Wertigkeit, least (most) significant bit

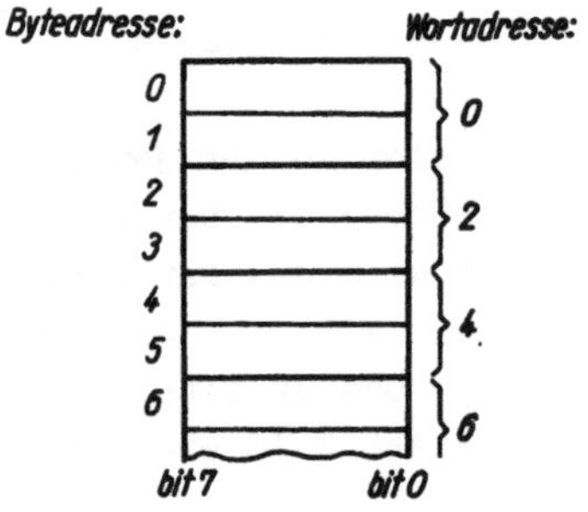

Abb.3.11: Byte- und Wortadressierung; das Byte mit der niedrigen Wertigkeit ist der geradzahligen (z.B. 8086) oder der ungeradzahligen Byteadresse zugeordnet (z.B. MC 68000)

Der Operationskode eines Befehls hat eine Länge von ein oder zwei Verarbeitungswortlängen und kann implizit Adressen enthalten (siehe Abb.3.9). Dem Operationskode können sich Operanden oder Adressen von Operanden (Registeradressen) anschließen, so daß die komplette Befehlslänge einen Bereich von einer bis zu etwa vier Verarbeitungswortlängen überstreicht und stark vom Format der Daten und von der Adressierungsart abhängt. Die getrennt vom Rechnerprogramm gespeicherten Daten werden meist als Einheiten mit einfacher oder doppelter Verarbeitungswortlänge abgelegt.

Die Adressen, wie sie vom Programmierer zur Lokalisierung von Operanden u.ä. verwendet werden können, bezeichnet man als **logische Adressen**. Die tatsächlich bei der Befehlsausführung wirksame Adresse, die das Resultat einer Adreßberechnung sein kann, stellt die **effektive Adresse** dar und ist an den Anschlußkontakten des Mikroprozessors verfügbar. Der logische Adreßraum umfaßt bei einer 16-bit-Adresse 64 K = 65 536 Speicherplätze, läßt sich aber vergrößern, wenn beispielsweise ein getrennter Stack-Speicher vorhanden ist, der separat über den Stack-Pointer adressiert werden kann. Den Adreßraum, der vom Arbeitsspeicher genutzt wird, nennt man den Bereich der **physikalischen oder physischen Adressen**. In älteren Mikrorechnern mit kleinem Arbeitsspeicher überstieg der logische Adreßraum von beispielsweise 16 bit oftmals den physikalischen Adreßraum ganz beträchtlich. In neueren Mikrorechnern ist durch billige Speicherschaltkreise zwar der physikalische Adreßbereich erheblich angewachsen, andererseits hat die Einführung der virtuellen Speichertechnik und der Speicherverwaltungsschaltkreise dazu geführt, daß der logische Adreßbereich dem Programmierer praktisch keine Grenzen mehr setzt. Bevor auf die virtuelle Speichertechnik näher eingegangen wird, sollen die verschiedenen Adressierungsarten, wie sie für 8-, 16- und 32-bit-Mikroprozessoren typisch sind, in kurzer Form dargestellt werden.

Bei der Ermittlung der effektiven Adresse sind grundsätzlich zwei Stufen zu unterscheiden:

- Adreßberechnung während der Programmübersetzung, d.h. Umrechnung von symbolischen Adressen und arithmetischen Ausdrücken in Befehlen eines Assemblerprogramms, Adressenberechnung beim Binden von speicherverschieblichen Assemblerprogrammen u.ä.

- Adreßberechnung während der Programmausführung, z.B. indirekter und indizierter Zugriff zu Elementen von Datenblöcken, Berücksichtigung von Basisadressen bei Adreßbereichserweiterung und Ermittlung von Zieladressen bei bedingten Sprungoperationen.

Für die Kodierung der Adressen im Befehl und für die Bestimmung der effektiven Adresse gibt es eine Reihe von **Adressierungsarten**, die sich im Detail bei den einzelnen Mikroprozessortypen unterscheiden können, insbesondere bezüglich ihrer Anwendbarkeit für die einzelnen Gruppen der im Mikroprozessor implementierten Befehle. Eine Übersicht über die wichtigsten Adressierungsarten, die von den Mikroprozessor-Herstellern nicht in einheitlicher Weise bezeichnet werden, gibt Tabelle 3.3.

Bei der **unmittelbaren Adressierung** ist im Befehl der betreffende Operand unmittelbar (immediate) angegeben und zwar in den nach dem Operationskode folgenden Befehlsteilen. Dieser Operand stellt im Sinne von Abb.3.9 einen Quelloperanden dar und kann z.B. eine Zahlenkonstante zum Laden eines Registers (einfache unmittelbare Adressierung) oder eine Adresse repräsentieren (erweiterte unmittelbare Adressierung), die für eine spätere indirekte Adressierung in ein Register oder ein Registerpaar eingetragen werden soll. Bei der unmittelbaren Adressierung wird die Operandenadresse durch Inkrementieren des Befehlszählers gebildet, so daß während der Befehlsausführung keine zusätzliche Adreßberechnung nötig ist.

Bei der **direkten Adressierung** wird im Befehl die Adresse des Operanden direkt angegeben, der sich im Register (direkte Registeradressierung) oder im Speicher (direkte Speicheradressierung) befinden kann. Da die Angabe der vollen Speicheradresse viel Speicherplatz erfordert, wird statt einer solchen vollständigen oder "erweiterten" (extended) Adressierung meist eine "verkürzte" oder modifizierte (modified) Adressierung gewählt. Beispielsweise ist für die 8-bit-Mikroprozessoren Z 80 eine Adressierung für die Speicherseite Null (zero page addressing) möglich, die bei Restart-Befehlen (RST) genutzt wird und mit einer 8-bit-Adresse den Speicherbereich mit den Adressen 0 bis 255 überdeckt. Die kürzeste Befehlslänge ergibt sich bei impliziter direkter Adressierung, wenn Quell- und Zieladresse Bestandteil des Operationskodes sind, z.B. bei Register-Register-Transferbefehlen.

Die **indirekte Adressierung** ist für die Programmierungstechnik von sehr großer Bedeutung. Bei der indirekten Adressierung bezieht sich der Adreßteil des Befehls auf ein Register (indirekte Registeradressierung) bzw. eine Speicherzelle (indirekte Speicheradressierung), die ihrerseits die Adresse des interessierenden Operanden enthalten. Während der Befehlsausführung wird die im Befehl enthaltene Adresse zunächst durch die Operandenadresse substituiert. Bei Mikroprozessoren wird praktisch nur die

Tabelle 3.3: Adressierungsarten für Mikroprozessoren

Bezeichnung	Bestandteile des Befehls [1]	Inhalt der Register	Inhalt der Speicherzelle
1. Unmittelbare Adressierung (immediate addressing, IM)	OPK | R1 Operand		
2. Direkte Registeradressierung (direct register addr., R)	OPK | R1 | R2 →	Operand	
3. Direkte Speicheradressierung (direct adressing, DA)	OPK | R1 eff.Adresse →		Operand
4. Indirekte Registeradressierg. (indirect reg. addr., IR)	OPK | R1 | R2 →	effektive Adr. →	Operand
5. Indirekte Speicheradressierg. (indirect addressing, IA)	OPK | R1 Adresse →		eff.Adresse → Operand
6. Relative Adressierung (relative addressing, RA)	OPK | R1 Distanz → Befehlszähler:	Folgeadr. → (+) →	Operand
7. Basisadressierung (base addressing, BA)	OPK | R1 | R2 → Distanz →	Basisadr. → (+) →	Operand
8. Indizierte Adressierung (indexed addressing, X)	OPK | R1 Adresse → Indexregister:	Distanz → (+) →	Operand
9. Basisindizierte Adressierung (based indexed addr., BX)	OPK | R1 | R2 → Distanz → Indexregister:	Basisadr. Indexadr. → (+) →	Operand
10. Relative indizierte Adressierung (relative indexed addressing, RX)	OPK | R1 Distanz → Befehlszähler: Indexregister:	Folgeadr. Indexadr. → (+) →	Operand

[1]) OPK Operationskode; R1 Zieladresse, hier bei allen Adressierungsarten als Registeradresse gewählt; R2 Quelladresse mit verschiedenen Adressierungsarten.

indirekte Registeradressierung realisiert, die gegenüber der indirekten Speicheradressierung den Vorteil einer kleineren Befehlslänge und einer kürzeren Ausführungszeit besitzt (nur 1 Speicherzugriff für den Operandentransfer). Für 8-bit-Mikroprozessoren mit 16 bit langer logischer Adresse benötigt die indirekte Registeradressierung ein 16 bit umfassendes Registerpaar.

Die weiteren in Tabelle 3.3 genannten Verfahren beziehen sich auf eine Verkürzung der Adressenangaben im Befehl und auf die Nutzung von Index- und Basisregistern, die insbesondere für die Bearbeitung von Datenblöcken und für speicherverschiebliche (relocatable) Programme bedeutungsvoll sind. Man spricht von absoluter Adressierung, wenn der Adreßteil des Befehls oder das adressierte Register die gesamte effektive Operandenadresse aufnimmt, wie es in Tabelle 3.3 beispielsweise bei der direkten und indirekten Adressierung der Fall ist.

Bei der **relativen Adressierung** gibt der Adreßteil des Befehls eine positive oder negative Distanz an (offset, displacement), die zum aktuellen Inhalt des Befehlszählers PC addiert wird. Beispielsweise ist bei einem 8-bit-Mikroprozessor mit einer 1 byte langen Relativadresse eine Adressierung innerhalb des Bereichs von (PC - 126) bis (PC + 129) möglich, sofern das Bit höchster Wertigkeit als Vorzeichenbit interpretiert wird. Diese Art der relativen Adressierung wird insbesondere bei Sprungoperationen genutzt, wenn die Sprungweite kleiner als die maximal mögliche Distanz bleibt.

Statt auf den Befehlszähler kann sich die relative Adressierung auch auf ein anderes Register beziehen, dessen Inhalt dann die Rolle einer Basisadresse übernimmt. Bei dieser **Basisadressierung** wird der Inhalt eines im Befehl adressierten Registers als Basisadresse der im Befehl angegebenen Distanzadresse hinzugefügt. Zeigt die Basisadresse z.B. auf das Anfangselement eines Datenblocks, dann können durch Inkrementierung der Distanzadresse nacheinander die einzelnen Elemente des Blocks aufgerufen werden. Die gleichartige Bearbeitung eines anderen Datenblocks erfordert dann nur die Änderung der Basisadresse.

Die **indizierte Adressierung** macht von der Möglichkeit Gebrauch, die Distanzadresse im Indexregister abzulegen, entspricht aber in der Wirkung der zuvor beschriebenen Basisadressierung. In diesem Zusammenhang soll noch die Autoinkrement- und Autodekrement-Adressierung des 16-bit-Mikroprozessors M 68000 erwähnt werden, bei der nach jedem Aufruf die in einem Register abgelegte Operandenadresse automatisch um 1, 2 oder 4 inkrementiert oder dekrementiert wird, und zwar gemäß Byte-, Wort- oder Doppelwortadressierung des Operanden. Auf diese Weise werden Blocktransferoperationen unterstützt.

Relative, indizierte und Basisadressierung lassen sich auch gleichzeitig anwenden, beispielsweise für eine **basisindizierte Adressierung**. Hier ergibt sich die effektive Adresse aus der Summe des Inhalts von Basisregister und Indexregister und der im Befehl spezifizierten Distanzadresse, also eine sehr flexibel während der Befehlsausführung stattfindende Adreßrechnung. Die **relative indizierte Adressierung** bildet die effektive Adresse aus dem aktuellen Inhalt des Befehlszählers, aus dem Inhalt eines Indexregisters und aus der im Befehl angegebenen Distanz.

Für eine steigende Zahl von Anwendungen reicht der mit 16 bit adressierbare Speicherbereich von 64 Kbyte bei weitem nicht mehr aus. Ein größerer Adreßraum, wie er für 16- und 32-bit-Mikroprozessoren typisch ist, kann auf verschiedene Weise bereitgestellt werden, beispielsweise:

- Vergrößerung der Adresse auf z.B. 24 bit entsprechend einem Adreßraum von 16 Mbyte des Mikroprozessors M 68000,
- Basisadressierung mit einer auf 20 bit erweiterten Basisadresse und

einer 16-bit-Adreßdistanz für eine insgesamt 20 bit lange effektive Speicheradresse eines 1-Mbyte-Adreßraums (Mikroprozessor 8086).

- Segmentierung des Speicherraums, z.B. 128 Segmente zu je 64 Kbyte für 8 Mbyte Adreßraum (Mikroprozessor Z8001).

Auf diese Methoden und auf die virtuelle Speichertechnik wird in den nachfolgenden Abschnitten ausführlicher eingegangen.

Bei einigen Mikroprozessoren, z.B. Z8000, sind Statussignale zur Anzeige des momentan ablaufenden Zugriffs zum Programm-, zum Daten- oder zum Stack-Speicher verfügbar. Bei Einbindung dieser Signale in die Speichersteuerung sind getrennte Speicher für Programm, Daten und Stackoperanden mit jeweils dem gesamten Adreßvorrat realisierbar, allerdings wird von diesen Möglichkeiten nur wenig Gebrauch gemacht.

Eine wenig aufwendige Lösung zur Erweiterung des Adreßraums stellt die Speicherbank-Umschaltung nach Abb.3.12 dar, die nicht an spezifische Voraussetzungen der Mikroprozessoren gebunden ist. Über Ausgabebefehle kann bei Bedarf zwischen den einzelnen Speicherbänken, die jeder für sich den gesamten Adressenvorrat des Mikroprozessors ausschöpfen, umgeschaltet werden. Dieses Verfahren entspricht einer Vergrößerung der logischen Adresse, allerdings ist der Zugriff eines Programms zu den Speicherzellen einer anderen Bank nur nach Bankumschaltung möglich.

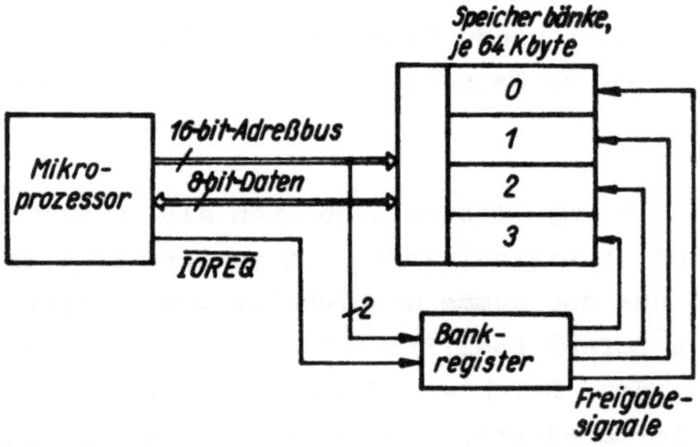

Abb.3.12: Prinzip einer Bankumschaltung zur Vergrößerung des Speicherraums für einen 8-bit-Mikroprozessor; Bank-Freigabe mit Signal IOREQ

3.1.4. Befehlsliste

Die Gesamtheit der von einem Mikroprozessor ausführbaren Befehle wird als Befehlsliste, Befehlssatz oder Instruktionssatz (instruction set) bezeichnet. Die gegenwärtig dominierenden 8-, 16- und 32-bit-Mikroprozessortypen entsprechen mit ihrer sehr umfangreichen Befehlsliste der CISC-Architektur. Die Befehle bestehen grundsätzlich aus dem Operationskode und aus einem Operandenteil, der je nach Adressierungsart den Operanden unmittelbar oder eine Adresse aufweist, bei Steuerbefehlen aber auch implizit im Operationskode enthalten ist. Die einzelnen Befehle eines Mikroprozessors sind vor allem wegen der unterschiedlichen Adressierungsarten ungleich lang, z.B. bei 8-bit-Mikroprozessoren 1...4 byte. Auch die Ausführungszeit ist nicht für alle Befehle gleich; Speicherzugriffe für Operanden und komplexe Befehle ergeben längere Ausführungszeiten als bei einer Registeradressierung.

Die Befehlsliste eines Mikroprozessortyps wird üblicherweise nicht in dem vom Mikroprozessor allein abarbeitbaren binären Maschinenkode, sondern in einer für den Anwender einprägsameren Form angegeben. Statt des Binärkodes nutzt man meist den Sedezimalkode; er hat als Zahlensystem die Basis 16 und die Ziffern 0,1,...,9,A,...,F. Dieser Kode wird allgemein, wenn auch nicht exakt, als Hexadezimalkode bezeichnet, der einer Basis 60 entsprechen würde. Für den Programmierer werden die Befehle in einer mnemonisch günstigen Darstellung geschrieben, die sich an der Art des Befehls orientiert, z.B. ADD für einen Additionsbefehl oder JMP für einen Sprungbefehl (jump). Man nennt diese Darstellung Assemblerkode.

Die Befehlsliste des Mikroprozessors im Assemblerkode ist die Arbeitsgrundlage für die Erstellung von Programmen in der Assemblersprache. Die Spezifikation der Befehle muß neben der Funktion jedes Befehls die zulässigen Daten- und Adreßformate, die jeweils möglichen Adressierungsarten und die Wirkung des Befehls auf die Bedingungsbits (Flags) und möglichst auch Angaben zum Maschinenkode und zur Ausführungszeit enthalten. Die Befehlsliste eines Mikroprozessors ist in den Druckschriften des Schaltkreisherstellers angegeben, aber auch in zahlreichen Büchern der letzten Jahre sind umfangreiche Tabellen zu den Befehlslisten und Anwendungsbeispiele zu finden. In diesem Zusammenhang ist auch zu bemerken, daß die Programmierung in Assemblersprache ohnehin stark an Bedeutung verliert, wenn man an den breiten Kreis der Mikrorechneranwender denkt. Die Anwender werden ihre Algorithmen in einer höheren Programmiersprache formulieren und brauchen dann nicht mehr die Einzelheiten des Befehlssatzes des verwendeten Mikroprozessors zu kennen. Die Assemblersprache behält ihre Bedeutung für den Systemprogrammierer, wenn er bestimmte Systemprogramme, Testroutinen, Gerätetreiber u.ä. in maschinennaher Kodierung erstellen muß; derartige Assemblerprogramme können auch als Prozeduren in höhere Programmiersprachen einbezogen werden.

Die **Befehlsliste eines Mikroprozessors** der CISC-Klasse umfaßt größenordnungsmäßig 50...100 Grundbefehle, die in der Funktion und auch im Assemblerkode für verschiedene Mikroprozessortypen ähnlich sind. Die Befehlsliste ist mit der Befehlsliste von Klein- und Minirechnern vergleichbar, insbesondere bei den 16- und 32-bit-Mikroprozessoren. Sie läßt sich in 10 Gruppen einteilen. In einigen Gruppen gibt es bei einzelnen Mikroprozessortypen nur sehr wenige oder keine Befehle (für Blocktransfer- und Suchoperationen, Bitmanipulation, Ein- und Ausgabe sowie Systemsteuerung). Mit steigender Verarbeitungswortlänge findet man eine umfangreichere Befehlsliste. Hierbei ist eine Aufwärtskompatibilität durchaus typisch, d.h., ein 16-bit-Mikroprozessor enthält den Befehlssatz eines 8-bit-Mikroprozessors der gleichen "Mikroprozessorfamilie" als Untermenge; gleiches gilt für 32-bit-Mikroprozessoren.

1. Datentransportbefehle

Sie bewirken die Übertragung von Daten und Adressen zwischen Registern und Speicherzellen und erfordern die Angabe von Quell- und Zieladresse. Als Lade- und Transportbefehle werden sie meist mit MOVE oder LD (load) geschrieben; sie sind in Assemblerprogrammen von allen Befehlsarten am häufigsten vertreten. Zu dieser Gruppe gehören auch Austauschbefehle EX (exchange) für den Austausch des Inhalts zweier Speicherzellen oder Register und für den Übergang auf den Zweitregisterblock (beim Z 80). Ein Befehl SWAP vertauscht die beiden Bytes eines 16-bit-Registers miteinander. Mit CLR (clear) kann ein Register gelöscht, d.h. mit Null geladen, werden. Von großer Bedeutung für das Sichern von Registerinhalten beim Sprung zu Subroutinen sind Befehle zum Ablegen von Daten im Stack-Speicher (PUSH) und zum Wiederauslesen aus dem Stack (POP) in adressierte Register.

2. Blocktransfer- und Suchbefehle

Mit einem Blocktransferbefehl kann der gleichartige Transport von Bytes oder Worten eines Datenblocks oder einer Zeichenkette effektiv programmiert werden. Die prinzipielle Funktion läßt sich in einfacher Weise mit den Blocktransferbefehlen des Z 80 erläutern. Vor Beginn des Transfers sind folgende Register zu laden:
- Registerpaar HL: Anfangsadresse des Quelladreßblocks,
- Registerpaar DE: Anfangsadresse des aufzubauenden Zieldatenblocks,
- Registerpaar BC: Anzahl der zu übertragenden Bytes.

Bei der Ausführung des Befehls LDI (load increment) wird ein Byte von der im "Zeiger" HL stehenden Adresse zu der im "Zeiger" DE angegebenen Adresse übertragen; durch Inkrementieren dieser Zeiger wird die nächste Übertragung vorbereitet; der "Zähler" BC wird dekrementiert. Die Übertragung eines Blocks erfordert demnach eine Programmschleife, bestehend aus LDI und einem bedingten Sprung zur Wiederholung von LDI, bis alle Bytes übertragen sind, d.h. der Zähler BC auf Null steht. Bei LDIR (load increment repeat) wird LDI automatisch so oft wiederholt, bis der Inhalt von BC Null ist. Anstelle derartiger Blocktransferbefehle verwendet der Mikroprozessor MC 68000 die im Abschnitt 3.1.3. erwähnte Autoinkrement-Adressierung für die aktuelle Adresse der nächsten Übertragung.

Der Befehl CPIR (compare increment repeat) aus der Befehlsliste des Z 80 soll stellvertretend für Blocksuchbefehle erwähnt werden. Er vergleicht die Elemente eines Datenblocks, dessen Anfangsadresse im Registerpaar HL gespeichert ist, nacheinander (Inkrementierung des Inhalts von HL) mit dem Akkumulatorinhalt. Diese wiederholte Ausführung wird bei der ersten Übereinstimmung zwischen Akkumulatorinhalt und Datenelement abgebrochen (erfolgreiche Suche), spätestens aber am Blockende, wenn keine Übereinstimmung gefunden werden konnte; zu diesem Zweck arbeitet das Registerpaar BC wie bei LDIR als Zähler.

Bei den Blocktransfer- und Suchbefehlen der 16-bit-Mikroprozessoren Z8000 und 8086 ist die Wahl der Register z.B. für die Speicherung von Blockanfangsadressen programmierbar. Im 80186 und 80286 können Blocktransferbefehle auch bei Ein- und Ausgabe-Operationen angewendet werden.

3. Arithmetikbefehle

Die grundlegenden Arithmetikbefehle sind Addition ADD und Subtraktion SUB von binär kodierten Zahlen, und zwar in der Darstellung als vorzeichenlose Zahlen (unsigned) mit einfacher oder doppelter Länge gegenüber der Verarbeitungswortlänge des Mikroprozessors oder in der Zweier-Komplement-Darstellung (signed) mit dem höchstwertigen Bit für das Vorzeichen (0 entspricht einer positiven und 1 einer negativen Zahl). Bei doppelter Länge übernimmt ein Registerpaar die Rolle des Akkumulators. Rechenoperationen mit mehrfacher Wortlänge sind mit Nutzung des Übertragsbits (carry) als Unterprogramme zu realisieren.

Zu den Arithmetikbefehlen gehören auch die Befehle für Inkrementieren und Dekrementieren von Register- und Speicherzelleninhalten, gewöhnlich um +1 oder -1, in Einzelfällen auch um programmierbare Werte im Bereich von 1 bis 16. Der Vergleichsbefehl CMP (compare) entspricht einer Subtraktion, die bei Übereinstimmung den Wert Null ergibt und das Z-Flag setzt (Z = 1). Weitere Befehle beziehen sich auf die Addition und Subtraktion von binär kodierten Dezimalzahlen BCD, die als Halbbytes gehandhabt werden.

Bei 16-bit-Mikroprozessoren sind Befehle für Multiplikation und Division implementiert. Mit zwei Operanden von je 16 bit Länge ist das Produkt 32 bit lang. Bei einer Division hat der Dividend die doppelte Wortlänge, um als Resultat einen Quotienten mit einer Genauigkeit von 16 bit zu liefern. Die Operanden werden als ganze Zahlen mit oder ohne Vorzeichen behandelt. Eine höhere Rechengenauigkeit ist mit Berücksichtigung des Übertragbits durch ein entsprechendes Unterprogramm möglich. Dies gilt auch für Gleitkommarechnungen, sofern hierfür nicht ein Numerikprozessor, der mit dem Mikroprozessor gekoppelt ist, zur Verfügung steht.

4. Logikbefehle

Zum Standardbefehlssatz von Mikroprozessoren gehören Befehle für die bitweise logische Verknüpfung zweier Operanden (Bytes oder Worte) über UND (AND), ODER (OR) oder Exklusiv-ODER (XOR). Die UND-Verknüpfung wird vor allem für das Ausblenden einzelner Bits über eine "Maske" verwendet:

Solche Bitpositionen des Operanden, die auf Null gesetzt werden sollen, müssen in der UND-Maske den Zustand Null besitzen. Weiterhin ist die Negation eines Registerinhalts als logischer Befehl implementiert.

5. Schiebe- und Rotationsbefehle

Sie entsprechen einem Schieberegister oder einem Ringzähler und werden insbesondere für binäre Multiplikation und Division verwendet. Die Verschiebung eines Registerinhalts um eine Position nach links, d.h. in Richtung höherer Wertigkeit nach Abb.3.10, ist gleichbedeutend mit der Multiplikation um den Faktor 2, die Verschiebung nach rechts stellt folglich eine Division durch 2 dar. Dies gilt für vorzeichenlose Zahlen und erfordert, daß die frei werdende niederste bzw. höchstwertige Bitposition mit einer Null gefüllt wird. Bei vorzeichenbehafteten Operanden muß man das Vorzeichenbit entsprechend berücksichtigen (arithmetische Verschiebung). Das Übertragsbit C (carry) nimmt das jeweils zuletzt aus dem Register herausgeschobene Bit auf.

Bei der Rotation werden diejenigen Bits nachgezogen, die "am anderen Ende" herausgeschoben wurden, so daß keine Daten verloren gehen. Bei dieser Rotation, die links- oder rechtsherum stattfindet, kann das Übertragsbit einbezogen werden. Die Anzahl der zu verschiebenden oder zu rotierenden Stellen wird im Operandenteil des Befehls angegeben.

6. Bitverarbeitende Befehle

Diese Befehle erlauben das Setzen (SET), Rücksetzen (RES) oder Testen (BIT) einzelner Bitpositionen, ohne sie zuvor z.B. mit einer UND-Maskierung aus dem betreffenden Byte oder Wort herauslösen zu müssen, z.B. wird mit SET 3,B im Z 80 die Bitposition D3 von Register B auf 1 gesetzt. Es sind bei anderen Mikroprozessoren auch bitverarbeitende Befehle verfügbar, die im Operandenteil die Maske als Direktoperand bzw. als Registeradresse enthalten oder die nach erfolgtem Test (mit entsprechendem Belegen des Null-Flags Z) das betreffende Bit definiert setzen (1) oder löschen (0). Die für viele Aufgaben der Prozeßüberwachung vorteilhaft nutzbaren bitverarbeitenden Befehle sind in den Mikroprozessoren der 8086-Familie nicht realisiert.

7. Ein- und Ausgabe-Befehle

Befehle dieser Gruppe beziehen sich auf den Datentransfer mit peripheren Einheiten über Ein- und Ausgabe-Kanäle (Ports), wobei der Adreßraum vom Arbeitsspeicher getrennt ist. Die Port-Adresse kann in den IN- und OUT-Befehlen direkt oder indirekt angegeben sein. Das zu transferierende Byte oder Wort wird einem Register des Mikroprozessors entnommen bzw. bei Eingabe dort abgelegt. Bei Mikroprozessoren M 6800 und MC 68000 wird eine speicherbezogene Adressierung durchgeführt, so daß keine expliziten IN- und OUT-Befehle vorhanden sind.

8. Programmsteuerung

Diese wichtige Befehlsgruppe erlaubt die Programmverzweigung in Abhängigkeit von Bedingungen und ist für die Nutzung von Subroutinen und für die Steuerung von Programmschleifen erforderlich.

- Sprungoperationen JMP: Im Operandenteil ist das Sprungziel angegeben, wobei der Sprung unbedingt oder bedingt ausgeführt wird. Im letztgenannten Fall wird wie auch bei Ruf- und Rückkehrbefehlen die Ausführung vom Zustand ausgewählter Bedingungsbits abhängig gemacht; am häufigsten wird der Zustand des Null-Flags Z, des Übertrag-Flags C und des Vorzeichen-Flags S getestet. Bei negativem Ausgang des Tests (false) wird der bedingte Sprung ignoriert.
- Aufruf von Subroutinen CALL: Hier wird unbedingt oder bedingt zu der im Operandenteil enthaltenen Anfangsadresse einer Subroutine gesprungen. Wesentlich ist, daß die Adresse des im Programm nach CALL genannten Befehls automatisch im Stack-Speicher abgelegt wird.
- Rückkehr aus Subroutinen RET: Nach Abarbeitung der Subroutine wird zum ursprünglichen Programm zurückgekehrt, indem die Fortsetzungsadresse aus dem Stack-Speicher ausgelesen und im Befehlszähler eingeschrieben wird.

Eine Besonderheit stellen die bei 8-bit-Mikroprozessoren realisierten Restart-Befehle dar, die mit einer verkürzten Null-Seite-Adressierung arbeiten und den Sprung zu fest vereinbarten Speicherzellen auslösen. Als 1 byte lange Befehle sind sie vorteilhaft als Vektoradresse verwendbar, wenn nach Vorliegen einer Interruptanforderung zur Interrupt-Serviceroutine verzweigt werden muß.

9. Prozessorsteuerung

Die bereits bei 8-bit-Mikroprozessoren zu findenden Befehle zur Steuerung des Befehlsablaufs sind:

- Leer-, Pausenbebefehl NOP (no operation): Der Prozessor führt einen Befehlshol-Zyklus ohne Beeinflussung von Registern aus, anwendbar zur Erzeugung von Zeitverzögerungen oder zur Reservierung später zu nutzender Stellen im Assemblerprogramm.
- Haltbefehl HALT: Der Mikroprozessor stoppt die weitere Programmausführung und wartet auf ein Interruptsignal, um das Programm fortzusetzen; auf diese Weise kann der Programmablauf mit externen Ereignissen synchronisiert werden.
- Interrupterlaubnis: Im einfachsten Fall wird der maskierbare Interrupteingang (Interrupt-Maskenflipflop) des Mikroprozessors mit dem Befehl EI (enable interrupt) geöffnet und mit DI (disable interrupt) blockiert.

Weitere Steuerbefehle, die wesentlich von der Struktur des Mikroprozessors abhängen, beeinflussen den Interruptmodus, erlauben die Veränderung von Statusregistern, realisieren den Aufruf des Systemmodus usw.

10. **Systemsteuerung**
Hierunter werden Befehle verstanden, die für das Zusammenwirken des Mikroprozessors mit Erweiterungseinheiten, z.B. Numerikprozessoren, und für die Bussteuerung bei Multiprozessorsystemen von Bedeutung sind. Sie sind bei 16- und 32-bit-Mikroprozessoren implementiert. Befehle zur Prozessor- und Systemsteuerung sind im Zusammenhang mit der Prozessor- und Rechnersturktur zu sehen. Einige Details hierzu werden in den folgenden Abschnitten diskutiert.

3.2. 8-bit-Mikroprozessoren

3.2.1. Übersicht

Mikroprozessoren mit einer Verarbeitungswortlänge von 8 bit hatten in den Jahren bis 1980 entscheidenden Anteil an der raschen Entwicklung des Einsatzes programmierbarer Schaltkreise für verschiedenartigste Anwendungen, die von der numerischen Bearbeitung von Daten bis zur Steuerung von Maschinen und Anlagen reichen. Die Verarbeitungswortlänge von 8 bit stellte zu jener Zeit einen Kompromiß zwischen 4-bit-Mikroprozessoren mit kleinem Befehlsvorrat, eingeschränkten Adressierungsmöglichkeiten und relativ geringer Arbeitsgeschwindigkeit auf der einen Seite und dem noch nicht ausreichenden Technologieniveau auf der anderen Seite dar.

Ab 1975 wurde von verschiedenen Herstellern eine große Zahl unterschiedlicher 8-bit-Mikroprozessoren entwickelt und angeboten, von denen allerdings nur wenige Typen eine große Verbreitung erlangten. Hierfür waren neben dem Vorhandensein von Zweitherstellern vor allem folgende technische Gesichtspunkte entscheidend:

- Schaltkreisfamilien, die an die Anschlußbedingungen des Mikroprozessors angepaßt sind und damit den Aufbau von Mikrorechnern mit einem Minimum an Schaltkreisen ermöglichen.
- Programmierhilfsmittel, wie Mikrorechner-Entwicklungssysteme, Interpreter und Compiler für höhere Programmiersprachen, sowie Möglichkeiten zum Austausch von Programmen zwischen verschiedenen Anwendern.

Nicht zu unterschätzen waren auch attraktive Anwendungsbeispiele, die eine gewisse Vorbildwirkung auf neue Anwender ausübten und deren Entscheidung zwischen verschiedenen Mikroprozessortypen beeinflußten. International haben sich nur nur wenige Mikroprozessortypen behauptet, die oftmals als Industriestandard deklariert wurden. Viele Hersteller entschlossen sich, diese Typen mit Wahrung der Anschluß- und Befehlskompatibilität, aber mit möglicherweise geändertem Layout ebenfalls zu produzieren. Dieser Weg wurde nicht zuletzt auch zur Wahrung von Exportmöglichkeiten beschritten.

In Tabelle 3.4 sind einige Angaben zu den wohl am verbreitetsten 8-bit-Mikroprozessortypen zusammengefaßt, die in den folgenden Abschnitten noch näher dargestellt werden. Für sie gilt ferner:

- Ähnliche interne Struktur entsprechend dem Schema Abb. 3.1 mit arithmetisch-logischer Einheit, Registerblock, Stackregisterpointer, getrennten Daten und Adreßleitungen u.ä.m.,
- 16 Adreßleitungen für einen Adreßraum von 64 K = 65 536,
- Befehlsausführung mit Ausnahme komplexer Befehle zwischen 1 und 4 μs,
- n-Kanal-MOS-Technologie und Dual-Inline-Gehäuse mit 40 Anschlüssen,
- Verfügbarkeit von Schaltkreisfamilien zum Aufbau von Mikrorechnern.

Tabelle 3.4: 8-bit-Mikroprozessoren (Auswahl)

Typ	8080	Z 80	M 6800
Entwickler	Intel	Zilog	Motorola
erste Produktion	1973/74	1976	1974
Anzahl der Transistoren	4800	8200	
Chipfläche, mm²	22,3	27,1; 22,4 (Z80A)	
Äquivalenztypen (Auswahl)	BRD: SAB 8080A CSSR: MHB 8080A UdSSR: K 580 IK 80	DDR: U 880	VR Bulgarien: CM 601

Ergänzend sei erwähnt, daß der erste 8-bit-Mikroprozessortyp 8008 (Intel) 3500 Transistoren auf 20 mm² Chipfläche enthielt und auf der p-Kanal-MOS-Technologie basierte. Dieser auch von anderen Herstellern zum "Einstieg" in die Mikroprozessorproduktion genutzte Typ wurde in der DDR unter der Bezeichnung U 808 produziert.

3.2.2. Mikroprozessoren 8080 und 8085

Die Belegung der 40 Anschlußkontakte des Mikroprozessors 8080 und die Registerstruktur sind in Abb.3.13 dargestellt. Die Befehlsausführung erfolgt im Prinzip gemäß Abb.3.4 mit 1 bis 5 Maschinenzyklen M, die jeweils aus 3 bis 5 Maschinenzuständen T sowie gegebenenfalls zusätzlichen Warte-

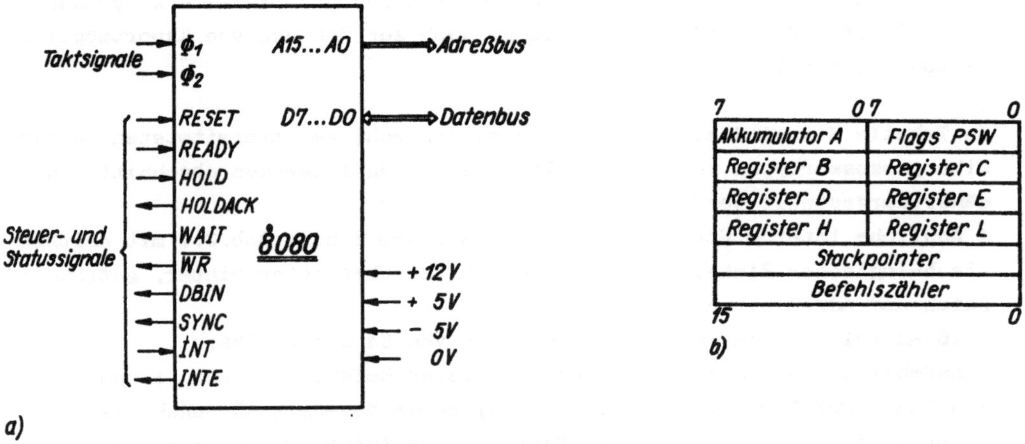

Abb.3.13: Mikroprozessor 8080; a: Anschlüsse; b: Registerstruktur

zuständen T_w bestehen. Die Dauer eines Zustands T entspricht einer Taktperiode. Sie beträgt minimal 0,48 µs beim 8080A, 0,32 µs beim 8080A-1 und 0,38 µs beim 8080A-2 sowie maximal einheitlich 2,0 µs. Daraus folgt eine minimale Befehlsausführungszeit (nur Maschinenzyklus M1 mit 4 Taktzuständen bei einigen Arithmetik-, Logik-, Rotations- und Steuerbefehlen) von etwa 1,3 µs...2,0 µs (Cu 74, Sh 74, In 80).

Der Datentransfer auf dem bidirektionalen Datenbus D7...D0 wird von Steuersignalen begleitet. Während des Synchronisiersignals SYNC, das zu Beginn jedes Maschinenzyklus aktiviert wird (SYNC = 1), führt der Datenbus eine Statusinformation über den momentan laufenden Maschinenzyklus, die von den angeschlossenen Logikschaltkreisen zur Steuerung der Speicher- und Ein-/Ausgabe-Register genutzt werden kann. Die Signale DBIN (data bus in) und $\overline{WR}$ (write) zeigen bei DBIN = 1 Dateneingabebereitschaft und bei $\overline{WR}$ = 0 stabile Ausgabedaten auf dem Datenbus an. Im Maschinenzyklus T_2 wird das Eingangssignal READY getestet. Bei READY = 0 werden Wartezustände T_w bis zum Vorliegen gültiger Daten aus dem Speicher oder von einem externen Register eingefügt (vergleiche auch Abb.3.5 und 3.6). Den Wartezustand zeigt der Prozessor mit WAIT = 1 an.

Eine Interruptanforderung am maskierbaren Eingang INT wird nach Ablauf der Befehlsausführung mit dem Statussignal INTA zeitsynchron zu SYNC quittiert. Hiermit kann die Eingabe eines RestartBefehls (RST) gesteuert werden, der den Beginn der Interruptbedienung je nach Kodierung bei einer von 8 Adressen 0, 8, 16,..., 56 (38H) veranlaßt. Voraussetzung für die Annahme einer Interruptforderung ist allerdings, daß sich das Interrupt-enable-Flipflop als Maske im Zustand "Enable" befindet. Dieser Zustand, der am Prozessoranschluß INTE getestet werden kann, wird mit dem Befehl EI (enable interrupt) erreicht.

Ein Eingangssignal HOLD fordert einen Betriebszustand des Mikroprozessors an, bei dem er die Daten- und Adreßbusanschlüsse in den hochohmigen Zustand schaltet. Damit ist der Mikroprozessor vom Bus elektrisch abgetrennt, um z.B. einer Steuerung den Bus für einen direkten Speicherzugriff überlassen zu können. Der HOLD-Zustand wird mit HLDA angezeigt.

Der RESET-Eingang, der nach Einschalten der Betriebsspannungen oder zur Wiederherstellung eines definierten Programmzustands aktiviert wird, schaltet den Befehlszähler auf Null (Programmstart nach RESET ab Speicherzelle 0) und blockiert den Interrupteingang, beeinflußt aber nicht die Registerinhalte des Mikroprozessors. Der Mikroprozessor 8080 benötigt einen externen 2-Phasen-Takt und die Betriebsspannungen + 5 V, - 5 V und + 12 V. Diese Anforderungen stellen einen Mangel dar, der im Interesse eines einfacheren Mikrorechneraufbaus bei anderen Mikroprozessortypen überwunden wurde.

Der für den Programmierer in Assemblersprache wichtige Registerblock (Abb. 3.13b) enthält sechs 8-bit-Register für freiprogrammierbare Nutzung (Register B, C, D, E, H, L), den Akkumulator (A) sowie den Befehlszähler (PC) und den Stack-Pointer (SP), beide mit 16 bit Länge. Die Register lassen sich für einige Operationen mit 16 bit Wortlänge als Registerpaare BC, DE und HL programmieren. Die indirekte Registeradressierung nutzt das Registerpaar HL zum Ablegen der 16 bit umfassenden Speicheradresse. Das Flag- oder Zustandsregister gibt den Prozessorzustand oder das Ergebnis nach Ausführung von Befehlen an:

- Null (Z, zero): gesetzt (Z = 1), wenn das Resultat des ausgeführten Befehls Null ergeben hat,
- Vorzeichen (S, sign): gesetzt bei Vorzeichenbit = 1 (minus),
- Parität (P, parity): gesetzt, wenn die Summe der mit 1 belegten Bitpositionen eine gerade Zahl ergibt (parity even),
- Übertrag (C oder CY, carry): gesetzt, wenn nach einer arithmetischen Operation ein Übertrag entstanden ist.

Ein weiteres Zustandsbit ist der Hilfsübertrag (AC, auxiliary carry), der einem Übertrag vom Bit 3 zum Bit 4 entspricht und vor allem bei BCD-Operationen angewendet wird, aber im Gegensatz zu den anderen Zustandsbits nicht für bedingte Sprung- und Rufoperationen nutzbar ist.

Der Mikroprozessor 8085 als Version 8085A und 8085A-2 mit 1,3 bzw. 0,8 μs minimaler Befehlsausführungszeit ist in vielen Einzelheiten gegenüber dem 8080 verbessert worden. Mit 6 MHz Taktfrequenz beträgt beim Typ 8085AH-1 die kürzeste Ausführungszeit 0,67 μs. Bezüglich der Software ist er auf Maschinenkodeniveau voll mit dem 8080 kompatibel, so daß 8080-Programme auch auf dem 8085 unmittelbar lauffähig sind (In 77, In 80).

Die wesentlichen Unterschiede zum 8080 betreffen die zeitmultiplexe Ausgabe von Daten und Adressen über die Anschlüsse AD7...AD0, die separaten Statusausgänge zur Vereinfachung der Steuerung angeschlossener Schaltkreise und die umfangreiche Interruptbehandlung:

- Nichtmaskierbarer Interrupt TRAP, auch als Restart verwendbar,
- über das Interrupt-enable-Flipflop maskierbarer Sammelinterrupt INTR mit gleicher Funktion wie INT beim 8080 und
- drei in der Priorität gestaffelte Restart-Interrupteingänge mit Verzweigung zu festen Adressen; diese Eingänge sind mit dem Befehl SIM (set interrupt mask) maskierbar, wobei die Maske mit RIM gelesen werden kann.

Diese beiden Befehle sind die einzigen im Vergleich zum 8080 zusätzlich vorhandenen Befehle. Die Interruptanforderungen sind ihrer Priorität nach geordnet: TRAP (höchste Priorität), RST 7.5, RST 6.5, RST 5.5, INTR.

Die serielle Datenein- und -ausgabe über separate Anschlußkontakte SID (serial input data line) und SOD (serial output data line) bezieht sich auf Bit 7 des Akkumulators. Der 8085 enthält einen Taktgenerator und benötigt als Betriebsspannung + 5 V.

Die Softwarekompatibilität zum 8080, das leistungsfähige Interruptsystem, die Verfügbarkeit optimal angepaßter Peripherie- und Speicherschaltkreise und die daraus resultierende günstige Realisierungsmöglichkeit, z.B. von Einleiterkarten-Mikrorechnern, hat den Mikroprozessor 8085 für viele Anwendungsbereiche zum Nachfolger des 8080 werden lassen.

3.2.3. Mikroprozessoren Z 80 und U 880

Die Anschlußbelegung und die Registerstruktur der anschluß- und befehlskompatiblen Mikroprozessoren Z 80 und U 880 zeigt Abb.3.14. Der Befehlsablauf mit den Maschinenzyklen M und den Taktzuständen T entspricht prinzipiell dem Ablauf im Mikroprozessor 8080, siehe Abschnitt 3.1.2. mit Abb.3.4, 3.5 und 3.6 (Sh 76, Zi 77, Ki 82). Die Daten- und Adreßleitungen sind getrennt herausgeführt und stellen Drei-Zustandsanschlüsse dar (D7...D0, A15...A0). Vom Mikroprozessor werden 6 voll dekodierte Steuersignale abgegeben, die von den Peripherieschaltkreisen der "Z80-Familie" unmittelbar genutzt werden können:

- Das Signal $\overline{M1}$ kennzeichnet den laufenden Maschinenzyklus M1 zum Lesen des Befehls aus dem Speicher, falls gleichzeitig das Speicheranforderungssignal $\overline{MREQ}$ aktiv ist. $\overline{M1}$, von $\overline{IORQ}$ begleitet, weist einen laufenden Interrupt-Quittungszyklus aus.
- Das Speicheranforderungssignal $\overline{MREQ}$ (memory request) zeigt eine gültige Adresse zum Lesen oder Schreiben einer Speicherzelle an.
- Die Übertragungsrichtung wird durch $\overline{RD}$ (read) oder $\overline{WR}$ (write) sowohl bei Speichertransferbefehlen als auch für Ein- und Ausgabeoperationen festgelegt. Aktives $\overline{RD}$ ($\overline{RD}$ = 0, tiefes Potential) bedeutet, daß der Mikroprozessor auf dem Datenbus Daten erwartet, während aktives $\overline{WR}$ gültige Daten auf dem Datenbus signalisiert.
- Das Signal $\overline{IORQ}$ (input/output request) ist aktiv, wenn eine Ein-/Ausgabe-Operation läuft. In diesem Fall enthält die untere Hälfte des Adreßbus (A7...A0) die Ein-/Ausgabe-Adresse (Port-Adresse).
- Das Refresh-Signal $\overline{RFSH}$ tritt nur am Ende des Befehlsholzyklus M1 auf und zeigt bei gleichzeitig aktivem $\overline{MREQ}$ an, daß ein Teil des Adreßbus (A6...A0) die Refresh-Adresse zur Auslösung eines Refresh-Zyklus in den dynamischen Speicherschaltkreisen DRAM des Arbeitsspeichers führt.

Die Mikroprozessorsteuerung erfolgt mit 4 Eingangssignalen und 1 Ausgangssignal:

- Wartezustände T_w werden über den Eingang $\overline{WAIT}$ angefordert, wenn die adressierte Speicherzelle oder das adressierte Port noch nicht zum Datentransfer bereit sind.
- $\overline{INT}$ (interrupt request) ist der maskierbare und $\overline{NMI}$ (non-maskable interrupt) der nicht-maskierbare Eingang für Interruptanforderungen.
- Der Eingang $\overline{RESET}$ setzt als Initialisierungssignal den Mikroprozessor in einen definierten Anfangszustand, sofern dieses Signal mindestens drei Taktperioden aktiv ist. $\overline{RESET}$ löscht den Befehlszähler (Programmneustart

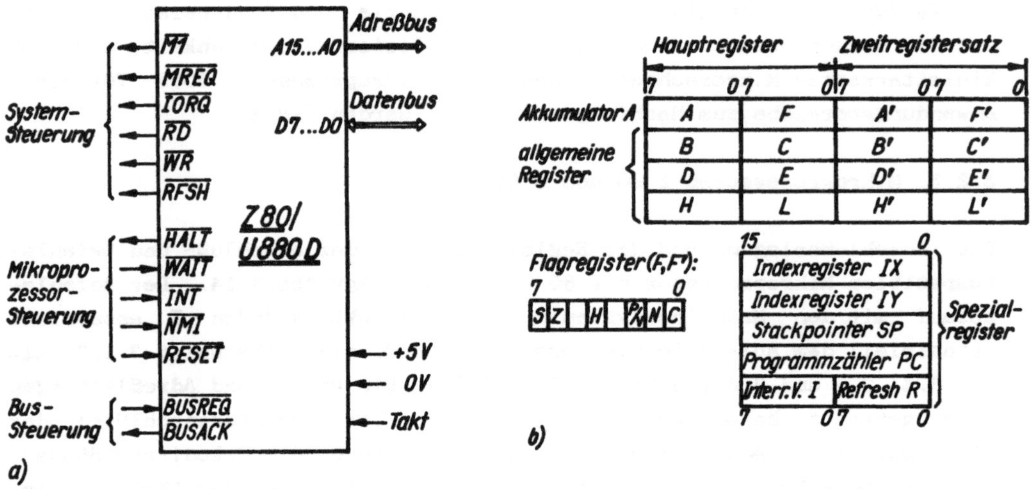

Abb. 3.14: Mikroprozessor Z 80 bzw. U 880; a: Anschlüsse; b: Register

bei Adresse 0), das Interrupt-enable-Flipflop, die Register I und R und setzt den Interruptstatus Mode 0. Während des $\overline{\text{RESET}}$-Signals bleiben die Daten- und Adreßbusanschlüsse im hochohmigen Zustand und die Ausgangssteuersignale inaktiv. Wie beim 8080 werden jedoch die internen Datenregister nicht beeinflußt.

- Das Ausgangssignal $\overline{\text{HALT}}$ teilt den peripheren Einheiten mit, daß der Mikroprozessor nach Ausführung des Befehls HALT auf einen Interrupt wartet, um die Programmabarbeitung fortzusetzen; auf diese Weise ist eine Synchronisation des Programmablaufs mit einem äußeren Ereignis möglich.

Beim Z 80 sind ferner zwei Signale definiert, die sich auf die Bussteuerung beziehen. Mit $\overline{\text{BUSREQ}}$ (bus request) wird am Ende eines Maschinenzyklus der Mikroprozessor mit noch höherer Priorität als der nicht-maskierbare Interrupt $\overline{\text{NMI}}$ in den inaktiven Zustand geschaltet: Daten- und Adreßbusanschlüsse sowie $\overline{\text{IORQ}}$, $\overline{\text{MREQ}}$, $\overline{\text{RD}}$ und $\overline{\text{WR}}$ nehmen den hochohmigen Zustand ein und geben damit den Bus z.B. für eine DMA-Steuerung frei. Dieser hochohmige Zustand wird vom Quittungssignal $\overline{\text{BUSACK}}$ (bus acknowledge) angezeigt.

Der Registerblock (Abb. 3.14b) ist erheblich größer als beim Mikroprozessor 8080, läßt aber dennoch Ähnlichkeiten mit ihm erkennen, die auf gemeinsame Wurzeln beider Entwicklungen zurückgehen.

1. Zwei gleichartige Registersätze als Haupt- und Zweitregistersatz, jeweils mit Akkumulator, Flagregister und sechs allgemeinen 8-bit-Registern, die wie beim 8080 verwendbar sind. Anliegen der Ausstattung mit zwei gleichartigen Registersätzen ist es u.a., die Interruptreaktionszeiten zu verkürzen: beim Übergang zur Interrupt-Serviceroutine wird der Inhalt der Register zwischen den beiden Registersätzen ausgetauscht (Be-

fehl EXX), so daß ein zeitaufwendiges Retten der Prozessorregister in den Stackspeicher entfällt. Das Flag-Register F enthält die bereits im Abschnitt 3.2.2. beschriebenen Zustandsbits Übertrag C, Null Z und Vorzeichen S. Das Paritäts- und Überlauf-Flag P/V (parity/overflow) dient zwei Aufgaben: Angabe der Parität des Ergebnisses von logischen und Verschiebebefehlen (gerade Parität mit P/V = 1) und Vorzeichenüberlauf bei arithmetischen Operationen. So ist P/V = 1, wenn die Addition zweier Zahlen in Zweier-Komplement-Darstellung einen Wert größer als + 127 bzw. bei Addition zweier negativer Zahlen einen kleineren Wert als - 128 ergibt. Der Halbübertrag H (half carry) bezieht sich auf den Übertrag von Bit 3 zu Bit 4 des Akkumulators. War der zuletzt ausgeführte Befehl eine Subtraktion, wird das Addition/Subtraktions-Bit N gesetzt. Die Zustandsbits H und N sind für Rechnungen mit BCD-Operanden erforderlich und können vom Programmierer nicht getestet werden.

2. Sechs Register für spezielle Aufgaben:

- Indexregister IX und IY für die Durchführung der indizierten Adressierung.
- Stack-Pointer SP für den im RAM-Bereich befindlichen Stack-Speicher.
- Befehlszähler PC.
- Refresh-Register R als 7-bit-Zähler, der während jedes M1-Zyklus die unteren 7 bit des Adreßbus mit der Refresh-Adresse für die DRAM-Speicherschaltkreise belegt (zeitsynchron mit dem Signal $\overline{RFSH}$) und in jedem Zyklus automatisch inkrementiert wird. Dieses Register kann mit einem Ladebefehl geladen werden, ist aber ansonsten für den Programmierer bedeutungslos.
- Interrupt-Vektorregister I für die oberen 8 Adreßbits der Tabelle TISR mit den Anfangsadressen der Interrupt-Serviceroutinen, adressiert somit eine 256-byte-Speicherseite (interrupt page address register).

3. Vier Flipflopstufen zur Interruptbearbeitung:

IMFa, IMFb: Betriebsart (mode) des maskierbaren Interrupteingangs $\overline{INT}$,
IFF1: maskiert den Interrupteingang $\overline{INT}$,
IFF2: Zwischenspeicherung des Zustands von IFF1.

Bei der Interruptverarbeitung hat der nicht-maskierbare Interrupteingang $\overline{NMI}$ die höchste Priorität. Er löst einen Restart zur Adresse 0066H aus, sofern nicht $\overline{BUSREQ}$ aktiv ist. Der maskierbare Interrupteingang $\overline{INT}$ unterscheidet drei Betriebsarten, die mit den Befehlen IM0, IM1 oder IM2 durch Laden der Interruptflipflops IMFa und IMFb programmiert werden können. Der Modus 0 entspricht dem Verfahren beim Mikroprozessor 8080 mit Eingabe eines Restart-Befehls und mit dem Übergang zu einer von 8 festen Adressen. Im Modus 1 bewirkt die Interruptanforderung einen Sprung zur Adresse 0038H. Modus 2 stellt eine Interruptbearbeitung mit Nutzung des I-Registers dar. Hierbei sind die Anfangsadressen der Interrupt-Serviceroutinen in einer Tabelle erfaßt, die in Abb. 3.15 mit TISR bezeichnet ist. Der höhere Adreßteil dieser Tabelle ist im I-Register als Seitenadresse gespeichert. Das I-Register ist nach $\overline{RESET}$ gelöscht und muß

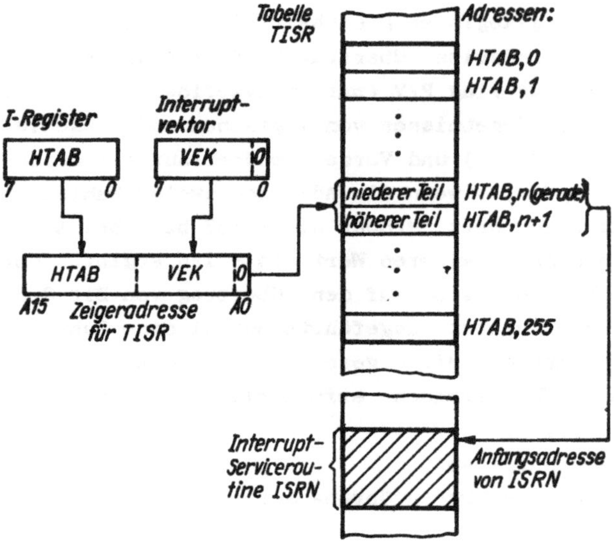

Abb. 3.15: Interruptbearbeitung Mode 2 des Z 80/U 880; TISR Tabelle der Anfangsadressen der Interrupt-Serviceroutinen; HTAB höherer Teil der Anfangsadresse von TISR; VEK Vektoradresse

während der Initialisierungsphase geladen werden. Der Inhalt des Registers I und der 8 bit lange Interruptvektor der Interruptquelle bilden eine 16-bit-Zeigeradresse, die in der Tabelle TISR auf die Anfangsadresse der angeforderten Interrupt-Serviceroutine ISR zeigt. Die Verzweigung zu dieser Routine wird vom Prozessor automatisch, und zwar als CALL mit indirekter Adressierung durchgeführt. Die übliche Byte-Adressierung des Speichers und die Konvention, den niederen Adreßteil in der niedrigeren Speicheradresse abzulegen, haben zur Folge, daß für den Interruptvektor A0 = 0 gilt. Mit A7...A1 sind dann in einer Tabelle TISR insgesamt 128 Anfangsadressen von Interrupt-Serviceroutinen möglich. Bei quasi-parallelem Mehrnutzerbetrieb des Rechners läßt sich so durch Änderung des Inhalts von Register I ein Umschalten auf eine andere Speicherseite, d.h. auf eine andere Tabelle TISR, durchführen.

Für das Maskieren von Interruptanforderungen am Eingang $\overline{INT}$ sind die Flipflops IFF1 und IFF2 zuständig. Ohne Auftreten eines nicht-maskierbaren Interrupts $\overline{NMI}$ verhalten sie sich wie ein einziges Flipflop: Freigabe des $\overline{INT}$-Eingangs nach dem Befehl EI und Sperren nach Quittierung einer Interruptanforderung durch den Prozessor, nach dem Befehl DI oder nach erfolgtem $\overline{RESET}$. Beim Auftreten eines $\overline{NMI}$ wird nur IFF1 zurückgesetzt und damit $\overline{INT}$ blockiert, während IFF2 im vorherigen Zustand ("enable" oder "disable") verbleibt, um die Wiederherstellung des Prozessorzustands wie vor $\overline{NMI}$ realisieren zu können. Hierzu kann der Rücksprung aus der mit $\overline{NMI}$ gestarteten Interrupt-Serviceroutine mit dem Befehl RETN erfolgen, der automatisch den Zustand von IFF2 in das Flipflop IFF1 kopiert und damit den ursprünglichen Zustand wiederherstellt. Mit Ladebefehlen LD A,I oder LD A,R, d.h. Lesen des I- oder R-Registers in den Akkumulator, wird das Zustandsbit P/V auf den Zustand von IFF2 gesetzt. Hierbei auftretende

Interrupts können Fehler verursachen (Ha 87). Prioritäten bei der Bearbeitung von Interruptanforderungen werden vom Mikroprozessor nicht unterstützt. Hierfür sind externe Schaltungen zu verwenden oder eine Interruptverkettung der Peripherieschaltkreise der "Z 80-Familie".

Die Befehlsliste des Z 80 ist erheblich umfangreicher als die der Mikroprozessoren 8080, 8085 und M 6800. Sie enthält mit Ausnahme der Befehle für Systemsteuerung die Befehle aus den anderen neun im Abschnitt 3.1.4. genannten Gruppen. Hervorzuheben sind die Blocktransfer- und -suchbefehle, die für die Verarbeitung von Datenblöcken besonders geeignet sind, sowie die Setz-, Rücksetz- und Testbefehle für adressierbare Bitpositionen. Der Einzelbefehl umfaßt 1 oder 2 byte für den Operationskode und 1 oder 2 byte für den Adreßteil, so daß der Befehl 1...4 byte Speicherplatz benötigt. Die kürzeste Ausführungszeit weisen Befehle, wie ADD A,r (r = Registeradresse), INC r (Inkrementieren des Registerinhalts), Steuerbefehle EI, DI, HALT und andere Befehle mit 4 Taktzyklen auf. Sie umfassen nur 1 byte und können im Befehlshol-Zyklus M1 gleichzeitig auch die Befehlsausführung realisieren. Viele Ladebefehle erfordern etwa 10 Taktzyklen. 16-bit-Arithmetikbefehle brauchen rund 15 und Ladebefehle mit indizierter Adressierung bis zu etwa 20 Taktzyklen. Bei 4 MHz Taktfrequenz resultiert daraus eine Ausführungszeit von minimal 1,0 µs, die bis auf mehr als 5 µs bei komplexen Befehlen und aufwendiger Adreßrechnung ansteigt. Nicht berücksichtigt sind hierbei eventuelle Wartetakte bei Speicherschaltkreisen mit zu langer Zugriffszeit.

In Tabelle 3.5 sind einige Z 80- und U 880-Varianten aufgeführt mit Angabe der maximalen Taktfrequenz, die wegen ihres unmittelbaren Einflusses auf die Befehlsausführungszeit eine erhebliche Rolle bei der Auswahl der einzusetzenden Version spielt (Zi 83, Mi 87). Das gilt auch für den zulässigen Temperaturbereich und die Stromaufnahme. Abschließend sei erwähnt, daß die Befehlsliste des Mikroprozessors 8080 in der Befehlsliste des Z 80 bzw. U 880 als Untermenge enthalten ist, und zwar auf der Ebene des Maschinenkodes.

Tabelle 3.5: Ausführungsvarianten des Mikroprozessors Z 80 und U 880

Type	Stromaufnahme, mA	max.Taktfrequenz, MHz	Temperaturbereich
Z80 CPU	max. 150	2,5	wählbar 0...+70 °C bis -55...+125 °C
Z80A CPU	max. 200, typ. 90	4,0	
Z80B CPU	max. 200	6,0	
Z80H CPU		8,0	
UB 880 D	max. 200	2,5	0...+70 °C
VB 880 D	max. 200	2,5	-25...+85 °C
UA 880 D	max. 200	4,0	0...+70 °C
Z80L CPU:	(low power)		
Z8300-1	typisch 15	1,0	0...+70 °C
Z8300-3	typisch 25	2,5	0...+70 °C

3.2.4. Mikroprozessor M 6800

Die Anschlußbelegung und die Registerstruktur des etwa gleichzeitig mit dem Mikroprozessor 8080 eingeführten M 6800 sind in Abb. 3.16 wiedergegeben (Yo 74, Mo 75). Die Befehlsabarbeitung unterscheidet einen Lesezyklus von der Dauer einer Taktperiode zum Lesen des Befehls und weitere Zyklen entsprechend dem Operationskode. Nach dem Lesen des Befehls ist mindestens noch ein weiterer Zyklus zur Befehlsausführung erforderlich. Der Transfer über die bidirektionalen Datenbusanschlüsse D7...D0 und über den Adreßbus A15...A0 (Abb. 3.16a) wird von voll dekodierten Steuer- und Statussignalen organisiert. Das Signal VMA (valid memory address) zeigt eine gültige Adresse auf dem Adreßbus an. Das Ausgangssignal R/W kennzeichnet die Übertragungsrichtung auf dem Datenbus (Lese- oder Schreibrichtung). Für Interruptanforderungen stehen die Eingänge nicht-maskierbarer Interrupt $\overline{\text{NMI}}$ und maskierbarer Interrupt $\overline{\text{IRQ}}$ (interrupt request) zur Verfügung. Als Eingang für Rücksetzen und Systeminitialisierung dient $\overline{\text{RESET}}$. Das Signal DBE (data bus enable) aktiviert die Datenbustreiber aus dem hochohmigen Zustand heraus für Schreiboperationen. Mit TSC (three-state control) werden alle Adreßanschlüsse und R/W in den hochohmigen Zustand geschaltet. Beim direkten Speicherzugriff DMA wird von der Steuerung mit DBE und TSC Gebrauch gemacht. Das Eingangssignal $\overline{\text{HALT}}$ stoppt den Mikroprozessor nach Beendigung der laufenden Befehlsabarbeitung. Das Signal BA (bus available) signalisiert diesen Zustand; VMA wird inaktiv, und alle anderen Drei-Zustandspuffer nehmen den hochohmigen Ausgangszustand ein. Der Ausgang BA ist auch aktiv, wenn der Mikroprozessor nach dem Befehl WAIT in den Wartezustand übergegangen ist und auf einen Interrupt $\overline{\text{IRQ}}$ oder $\overline{\text{NMI}}$ wartet. Der Mikroprozessor M 6800 benötigt ein zweiphasiges, nicht überlappendes Taktsignal und kommt mit einer einzigen Versorgungsspannung von + 5 V aus.

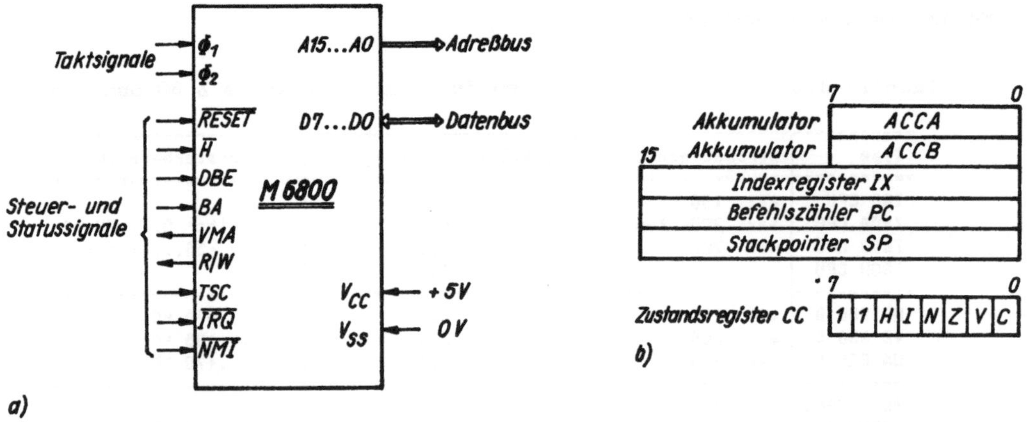

Abb. 3.16: Mikroprozessor M 6800; a: Anschlüsse; b: Registerblock

Der Registerblock (Abb.3.16b) ist vergleichsweise sehr klein. Zwei 8 bit lange Register wirken als Akkumulatoren ACCA und ACCB. Hinzu kommen noch das Indexregister IX, der Befehlszähler PC und der Stack-Pointer SP mit jeweils 16 bit Länge. Die Anwendung dieser Register erfolgt in gleicher Weise wie bei den zuvor besprochenen Mikroprozessoren. Das Zustandsregister CC (condition code) weist 6 Zustands- oder Bedingungsbits auf. Übertrag C, Null Z und Negativ N haben die gleiche Bedeutung wie C, Z und S beim 8080. Der Überlauf V (overflow) bezieht sich auf einen Übertrag bei arithmetischen Operationen in Zweier-Komplement-Darstellung. Das Halbübertragsbit H (half carry) für den Übertrag zwischen Bit 3 und Bit 4 bei arithmetischen Operationen ist dem Programmierer für Programmverzweigungen nicht zugänglich. Über das Zustandsbit I kann die Interruptmaske getestet werden.

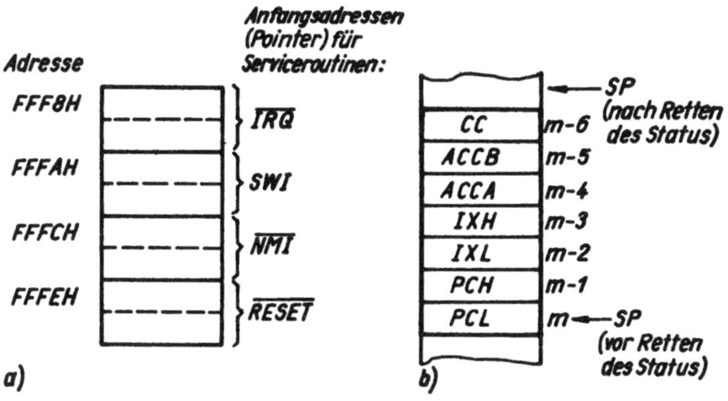

Abb.3.17: M 6800; a : Speicherbelegung für Reset und Interruptpointer; b: Speicherung des Prozessorstatus im Stack-Speicher beim Eintritt in eine Interruptbearbeitung (PCH, IXH höheres Byte des Befehlszählers bzw. Indexregisters)

Im Mikroprozessor wurde bereits eine relativ umfangreiche Bearbeitung von Interruptanforderungen realisiert. Die höchsten logischen Adressen FFF8H bis FFFFH müssen in der Initialisierungsphase des Rechners mit den Anfangsadressen von Serviceroutinen gemäß Abb.3.17a geladen werden. Nach $\overline{\text{RESET}}$ erfolgt ein indirekter Sprung zur Initialisierungsroutine. Ein nicht-maskierbarer Interrupt $\overline{\text{NMI}}$ löst einen indirekten Sprung zur Bedienroutine mit vorherigem Retten des Prozessorzustands im Stack-Speicher aus. Bei Ausführung des Befehls SWI, der einen Software-Interrupt darstellt, wird die entsprechende Routine durch, indirekte Adressierung erreicht, wobei gleichzeitig der Prozessorstatus gerettet und der Interrupteingang $\overline{\text{IRQ}}$ blockiert werden. Nach einer Interruptanforderung $\overline{\text{IRQ}}$ bei geöffnetem Eingang (rückgesetzte Maske I = 0) rettet der Mikroprozessor den Status, sperrt den Interrupteingang (Maske I = 1) und springt mit indirekter Adressierung zur Interrupt-Serviceroutine. Sie muß zunächst die Interruptquelle identifizieren, z.B. mit einem Polling-Verfahren. Beim Retten des Prozessorstatus nach Interruptanforderungen werden bemerkenswerterweise automatisch alle Register des Registerblocks (mit Ausnahme des Stack-Pointers) in den Stack-Speicher in definierter Reihenfolge eingeschrieben (Abb.3.17b). Bei Rückkehr aus der Bedienroutine werden sie automatisch wieder zurückgeladen. Durch diese Maßnahme läßt sich die Interruptreaktionszeit verkürzen. Beim Aufruf einer Subroutine wird in üblicher Weise lediglich der Inhalt des Befehlsregisters selbsttätig im Stack-Speicher abgelegt.

Alle Befehle der Befehlsliste bestehen aus 1 byte Operationskode und 1 oder 2 zusätzlichen Bytes für Operanden und Adressen. Die Befehlsgruppen und die prinzipiell möglichen Adressierungsarten sind in den Tabellen 3.6 und 3.7 (Abschnitt 3.2.5.) zusammengefaßt. Nur bei Befehlen für arithmetische, logische und Transportoperationen sind die Adressierungsarten in größerer Breite anwendbar. Für die Adressierung von Speicherzellen und Ein-/Ausgabe-Registern wird der gleiche Adreßraum verwendet (speicherbezogene Adressierung), so daß explizite E/A-Befehle in der Befehlsliste nicht enthalten sind.

Die Befehlsausführung erfordert mindestens 2, meist jedoch 4...6 Zyklen. Daher beträgt bei 1 MHz Taktfrequenz die kürzeste Ausführungszeit 2 μs. Das automatische Ablegen des Prozessorstatus im Stack-Speicher nach Interruptanforderungen nimmt 12 Zyklen bzw. 12 μs in Anspruch.

3.2.5. Vergleichende Einschätzung

Die Mikroprozessortypen 8080, M 6800 und Z 80 unterscheiden sich in ihren Eigenschaften nicht wesentlich voneinander. Dennoch zeigt der Z 80 gegenüber den anderen beiden Typen eine deutlich höhere Leistungsfähigkeit. Bei seiner Entwicklung konnten offensichtlich Erfahrungen aus dem praktischen Einsatz des 8080 und M 6800 berücksichtigt werden, so der Registerblock und die Befehlsliste des 8080 in erweiterter Form und die Interruptverarbeitung des 8080 und M 6800.

Die Mikroprozessoren 8080 und Z 80 sind im Vergleich zum M 6800 registerorientiert, d.h., Operanden und Zwischenresultate werden in den Registern des Mikroprozessors zwischengespeichert. Daraus ergibt sich eine im allgemeinen kürzere Ausführungszeit (kleinere Zugriffszeit zu internen Registern im Vergleich zu externen Speicherzellen und kürzere Befehlslänge bei Registeradressierung). Beim M 6800 kann man dagegen von einer speicherorientierten Verarbeitung sprechen. In neueren Mikroprozessortypen, insbesondere bei 16- und 32-bit-Wortlänge, wird eine Struktur mit möglichst großen internen Registerblöcken bevorzugt.

Oftmals wird die Befehlsliste zum Vergleich verschiedener Mikroprozessortypen herangezogen. Allerdings dürfen derartige Einschätzungen nicht überbewertet werden. Der Vorteil dieser oder jener Befehlsliste wird erst sichtbar, wenn ein gegebenes Problem für verschiedene Mikroprozessortypen programmiert wird und die Programme hinsichtlich Laufzeit und erforderlichen Speicherplatz miteinander verglichen werden (Benchmark-Untersuchungen). Aber auch dann ist es möglich, daß andere Aufgabenstellungen zu anderen Aussagen der Benchmark-Untersuchungen führen können. So ist der Z 80 sicherlich von Vorteil, wenn Blocktransfer-Operationen oder Suchbefehle nötig sind. Im allgemeinen wird die Entscheidung zugunsten dieser oder jenen Type nicht nur auf Benchmark-Untersuchungen der Programmlaufzeit und -länge beruhen. Fragen der Verfügbarkeit, insbesondere auch der Peripherieschaltkreise, der Umfang der vorliegenden Programmierhilfsmittel und nicht zuletzt die Fachkenntnisse und Tradition haben, wie zuvor schon betont wurde, gewöhnlich den entscheidenden Einfluß.

Tabelle 3.6: Vergleich der Befehlslisten von 8-bit-Mikroprozessoren

Mikroprozessor	8080/8085	M 6800	Z 80/U 880
Befehlsanzahl (Herstellerangabe)	78/80	72	158
Operationskode	1 byte	1 byte	1 und 2 byte
Befehlsvarianten	244/246	197	696
1. Datentransport	19	15	30
2. Blocktransfer- und Suchbefehle	-	-	8
3. Arithmetik	19	17	17
4. Logik	12	5	5
5. Rotations- und Schiebebefehle	4	5	16
6. Bitverarbeitung	2	6	7
7. Ein- und Ausgabe	2	-	12
8. Programmsteuerung	8	7	14
9. Prozessorsteuerung	4/6	4	7
10. Systemsteuerung	-	-	-

In Tabelle 3.6 ist die Anzahl der Befehle in den verschiedenen Gruppen für die genannten Prozessortypen aufgeführt. Um vergleichbare Aussagen zu erhalten, wurde nach Möglichkeit die Mehrfachzählung von Befehlen mit unterschiedlicher Adressierungsart vermieden, allerdings ist dies nicht immer eindeutig möglich. Aus diesem Grunde sollten weniger die absoluten Zahlen in Tabelle 3.6 als vielmehr die Relationen zwischen den Gruppen betrachtet werden. Bedingte Sprung- und Rufbefehle wurden jeweils als nur 1 Befehl eingetragen. Die große Anzahl der Befehlsvariationen bei Z 80 und 8080 beruht zum erheblichen Teil auf der im Operationskode der Mikroprozessoren enthaltenen Registeradresse. Unabhängig von Details zeigt Tabelle 3.6 eine gewisse Überlegenheit des Z 80. Das kommt auch in den

Adressierungsmöglichkeiten zum Ausdruck, wie aus Tabelle 3.7 ersichtlich ist. In dieser Tabelle sind die Bitadressierung des Z 80 und die implizite Adressierung nicht berücksichtigt, die von den genannten Mikroprozessoren bei einigen Befehlen verwendet wird.

Das vom M 6800 realisierte automatische Retten des Prozessorstatus zu Beginn der Interruptverarbeitung wurde bei den anderen 8-bit-Prozessoren nicht realisiert. Das Konzept umschaltbarer Registersätze wie beim Z 80 ist beispielsweise bei den Einchip-Mikrorechnern der Z 8- und U 88-Familie noch ausgebaut worden, die mehrere jeweils 16 byte umfassende RAM-Speicherblöcke besitzen (siehe Abschnitt 4.3.).

Tabelle 3.7: Adressierungsarten bei 8-bit-Mikroprozessoren

Bezeichnung [1]	8080/8085	M 6800	Z 80/U 880
1. Unmittelbare Adressierung (immediate addressing)	Befehl mit 1 byte Operandenteil		
erweiterte unmittelbare Adr. (immediate extended addr.)	Befehl mit 2 byte Operandenteil		
2. Direkte Registeradressierung	Registerangabe	Akkumulator-angabe	Registerangabe
3. Direkte Speicheradressierung	direkt Befehl mit 2 byte Adreßteil	erweitert	erweitert
verkürzte Adressierung (Nullseite, zero page addr.)	-	1 byte Adreßteil	
4. Indirekte Registeradressierung	Adresse im Registerpaar	-	Adresse im Registerpaar
6. Relative Adressierung	-	1 byte Distanzadresse im Befehl für -128...+127	
8. Indizierte Adressierung	-	1 byte Distanzadresse im Befehl für 0...+255	für -128...+127
Wertigkeit der Bytes bei 2 byte Operanden bzw. Adreßteil	Oper.kode tief hoch	Oper.kode hoch tief	Oper.kode tief hoch

[1]) Nummern vor der Bezeichnung der Adressierungsart gemäß Tabelle 3.3

3.3. 16-bit-Mikroprozessoren

3.3.1. Übersicht

3.3.1.1. Verbesserte Leistungsparameter

Die 16-bit-Mikroprozessoren weisen im Vergleich zu den 8-bit-Mikroprozessoren erheblich verbesserte Leistungsparameter auf. Nach den ersten Mikroprozessortypen und den 8-bit-Mikroprozessorfamilien Ende der siebziger Jahre kann man sie als Mikroprozessoren der 3. Generation bezeichnen. Die mit ihnen aufgebauten Mikrorechner entsprechen in vielen Merkmalen herkömmlichen Minirechnern und haben wesentlichen Anteil an der breiten Nutzung arbeitsplatzgebundener Rechentechnik, z.B. Personal-Computer und CAD/CAM-Arbeitsplätze.

Die Leistungssteigerung der Mikroprozessoren ist vor allem auf die beträchtliche Erhöhung des Integrationsgrades zurückzuführen. Die De-facto-Standardisierung von Betriebssystemen und die aus der Entwicklung von Externspeichern großer Kapazität folgenden Anforderungen an die Speicherorganisation haben ebenfalls einen starken Einfluß auf die Struktur der 16-bit-Mikroprozessoren ausgeübt. Eine Übersicht über die derzeit wohl verbreitetsten 16-bit-Mikroprozessorfamilien, deren Eigenschaften in den nachfolgenden Abschnitten diskutiert werden, gibt Tabelle 3.8. Die ersten Typen der aufgeführten Familien wurden in den Jahren 1978 bis 1980 verfügbar. Sie stellen eine Weiterentwicklung der bewährten Mikroprozessoren 8080, 8085, Z 80 und M 6800 dar. Obwohl die aus verschiedenen Publikationen entnommenen Angaben über die Anzahl der implementierten Transistoren

Tabelle 3.8: 16-bit-Mikroprozessoren (Auswahl)

Type	8086-Familie [1]			Z8000-Familie				MC 68000-Familie [2]		
	8086	80186	80286	Z8001	Z8002	Z8003	Z8004	68000	68008	68010
Entwickler	Intel			Zilog				Motorola		
Anzahl der Transistoren	29000		130 000	17200				68000 (13000 Gatter)		
Chipfläche, mm²	33		64	39				45		
Anschlußkontakte	40	68	68	48	40	48	40	64/68	48/52	64/68
Speicherverwaltung	-	-	intern	Z8010	-	Z8010 Z8015	-	M68451		
Koprozessoren	Numerikprozessor 8087 und 80287; Ein-/Ausgabeprozessor 8089			Arithmetikprozessor Z8070						
Äquivalenztypen (Auswahl)	UdSSR: K 1810 WM 86 (8086)			DDR: U8001, U8002, U8010						

[1]) mit 8-bit-Datenbus: 8088, 80188; [2]) mit 8-bit-Datenbus: MC 68008

mangels näherer Präzisierung nur als Orientierungswerte zu betrachten sind, fällt die Steigerung gegenüber den 8-bit-Mikroprozessoren um eine Größenordnung und mehr auf. Daraus lassen sich qualitativ neue Eigenschaften der 16-bit-Mikroprozessoren schlußfolgern, die weit über eine bloße Verdopplung der Verarbeitungswortlänge hinausgehen.

Die mit 16-bit-Mikroprozessoren realisierten wesentlichen Verbesserungen betreffen folgende Merkmale:

- Verarbeitungswortlänge von 16 bit, teilsweise auch 32 bit,
- größerer Adreßraum von mindestens 1 Mbyte (1 M = 1024 K = 2^{20} = 1 048 576) teilweise mit virtueller Speichertechnik und externer oder interner Speicherverwaltung,
- umfangreicher Registersatz für Operanden und Adreßberechnung,
- erweiterte Befehlsliste mit weitgehender Aufwärtskompatibilität zu den 8-bit-Mikroprozessoren u.a. mit Befehlen für Multiplikation/Division und für Systemfunktionen (privilegierte Befehle),
- Datenformate vom Einzelbit bis zur Byte- und Wortkette zulässig,
- hohe Verarbeitungsgeschwindigkeit mit größenordnungsmäßig 10^6 Befehlen je Sekunde (1 MIPS = 10 Befehle/s, million instructions per second
- Maßnahmen zur Datensicherung und zum Schutz von Systemfunktionen Fehlbedienung, z.B. durch Unterscheidung zwischen System- und Normal Betriebsart des Mikroprozessors,
- vielseitiges Interrupt- und Trap-System zur Behandlung externer Interruptanforderungen und bestimmter Zustände des Programmablaufs,
- Unterstützung des Anschlusses von Koprozessoren und des Multiprozessorbetriebs.

Eine Verarbeitungswortlänge von 16 bit gegenüber 8 bit bringt zunächst den Vorteil eines höheren Datendurchsatzes und für arithmetische Operationen bei gleicher Ausführungszeit eine höhere Genauigkeit. Das setzt voraus, daß der Arbeitsspeicher bei Adressierung 2 Bytes aus aufeinanderfolgenden Speicherzellen als 1 Wort übertragen kann. Bemerkenswert sind in diesem Zusammenhang die Mikroprozessoren 8088 und 80188, die praktisch die gleiche innere Struktur wie die Typen 8086 und 80186 besitzen, allerdings nur 8 Datenanschlußleitungen aufweisen. Der Transport von 16-bit-Daten erfordert folglich zwei Maschinenzyklen und verlängert die Befehlsausführungszeit, ermöglicht aber 8-bit-Mikrorechnern den Einsatz von Mikroprozessoren mit interner 16-bit-Struktur. Gleiches gilt für den Mikroprozessor M 68008.

3.3.1.2. Speicherverwaltung

Der Adreßraum von 16-bit-Mikroprozessoren ist im Vergleich zum typischen Wert von 64 K (16-bit-Adresse) bei 8-bit-Mikroprozessoren erheblich erweitert worden. Dadurch lassen sich größere Arbeitsspeicher für umfangreiche System- und Anwenderprogramme adressieren und externe Datenspei-

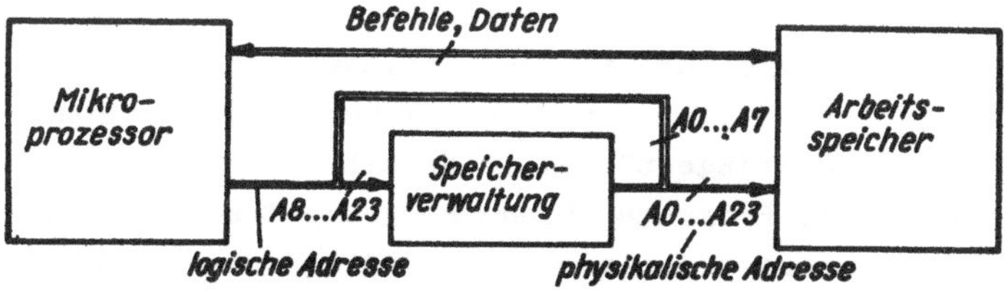

Abb. 3.18: Prinzipielle Einordnung der Speicherverwaltung, hier mit gleicher Länge der logischen und physikalischen Adresse

cher besser nutzen. Diese und weitergehende Forderungen nach "verschieblichen" (relocatable) Programmen und nach Schutzfunktionen für Betriebssystem und Anwenderprogramme führten zur Realisierung einer Speicherverwaltung (memory management), die im wesentlichen dem Vorbild bei Klein- und Minirechnern nachempfunden worden ist. Sie wird anschließend überblicksartig dargestellt.

Ein größerer Adreßraum für Programme erfordert zunächst eine längere Adresse, z.B. 20 bit für 1 Mbyte Adreßraum oder 24 bit für 16 Mbyte. Im einfachsten Fall entspricht jeder logischen Adresse eine gleichlautende physische Adresse des Arbeitsspeichers. Diese bei 8-bit-Mikroprozessoren mit 16-bit-Adresse übliche Konfiguration ist bei beträchtlich größeren Adreßräumen aus Kostengründen nicht mehr realisierbar und auch nicht unbedingt die zweckmäßigste Lösung. In derartigen Rechnern ist dann eine Speicherverwaltungseinheit notwendig.

Die prinzipielle Einordnung einer Speicherverwaltungseinheit MMU (memory management unit) zwischen Mikroprozessor und Speicher ist in Abb. 3.18 dargestellt. Der höherwertige Adreßteil der logischen Adresse wird transformiert, und das Programm wird damit im physikalischen oder physischen Adreßraum verschoben. Der physische Adreßraum kann hierbei kleiner oder größer als der logische Adreßraum sein. Es muß lediglich sichergestellt sein, daß die Speicherverwaltungseinheit die auf logische Adressen bezogenen Programme nur auf solche Stellen des physischen Adreßraums schiebt, die tatsächlich implementiert sind. Mit der Speicherverwaltung können also logische und physische Adreßräume unterschiedlicher Größe aufeinander abgebildet werden.

Die Abbildung eines kleineren logischen Adreßraums auf einen größeren physischen Adreßraum ist im einfachsten Fall durch eine Speicherbank-Umschaltung möglich (vergleiche Abb. 3.12), bei der beispielsweise mit einem logischen Adreßbereich von 64 Kbyte mehrere 64 Kbyte umfassende Speicherblöcke verfügbar sind. Diese Methode wird in einigen 8-bit-Mikrorechnern verwendet.

Mit der Überlagerungstechnik (overlay) wird der Arbeitsspeicher des Rechners durch einen Externspeicher größerer Kapazität ergänzt, wie Abb.3.19a andeutet. Vor seiner Ausführung wird das betreffende Anwenderprogramm AP (AP1 in Abb.3.19a) aus dem Externspeicher in den Arbeitsspeicher übertragen und nach erfolgter Ausführung wieder zurückgespeichert. Ein nachfolgend erforderliches Programm "überlagert" das im Arbeitsspeicher befindliche, aber nicht mehr benötigte Programm. Diese Programm-Transfers werden vom Betriebssystem des Rechners organisiert, dem die Adressen der im Externspeicher befindlichen Programme bekannt sein müssen. Dem Rechneranwender bleiben diese Übertragungen verborgen, d.h., er braucht die Transformationstabelle zwischen logischer und physischer Adresse nicht im einzelnen zu kennen.

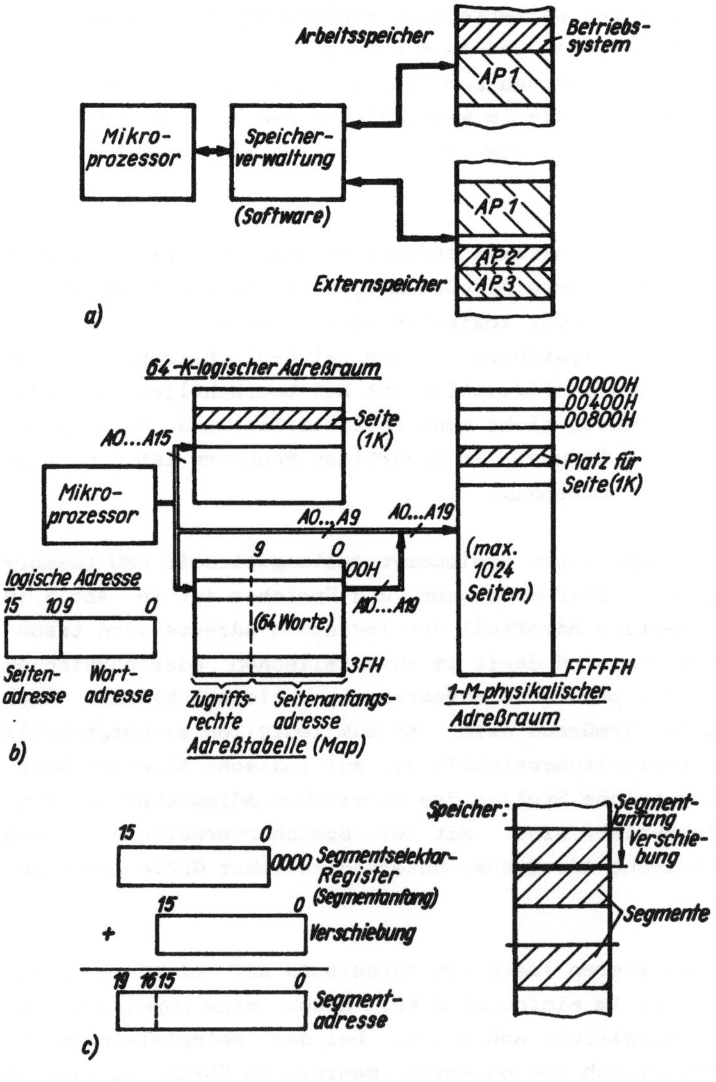

Abb.3.19: Abbildung eines logischen Adreßraums auf einen größeren physikalischen Adreßraum;
a: Überlagerungstechnik mit größerem Adreßraum des Externspeichers;
b: Seitenadressierung mit 16 bit logischer und 20 bit physikalischer Adresse;
c: Segmentierung, mit 20 bit Adreßraum des Arbeitsspeichers

Als externe Speicher dienen vor allem Magnetfolien- und Magnetplattenspeicher, die gegenüber Magnetbandeinheiten den Vorzug kurzer Zugriffszeiten (in der Größenordnung von Zehntelsekunden) besitzen. Die Speicherung von Programmen und Daten erfolgt in konzentrisch angeordneten Spuren, die in Sektoren definierter Länge unterteilt sind. Daher ist eine Aufteilung der physischen Adresse in Spurnummer, Sektornummer und Wortadresse innerhalb des Sektors typisch. Auch aus diesem Grund ist es naheliegend, daß sich die Speicherverwaltung auf zusammenhängende Programmteile und Datenblöcke bezieht und jedem Block neben der Wortadresse innerhalb des Blocks eine geeignete Blockanfangsadresse zuordnet. Diese Aufteilung der logischen Adressen in mehrere Bereiche wird zur Seitenadressierung und Segmentierung genutzt.

Die **Seitenadressierung** unterscheidet zwei Teile der logischen Adresse. Nach Abb.3.19b wird z.B. bei einer 16 bit langen Adresse aus dem oberen Adreßteil eine 6 bit lange Seitenadresse und aus den unteren Adreßbits eine 10 bit lange Wortadresse gebildet. Die Seitenadresse entspricht der Seitennummer in einem Buch, während die Wortadresse eine Adressierung relativ zum Seitenanfang darstellt. Folglich hat der logische Adreßraum in Abb.3.19b insgesamt 6 bit = 64 Seiten zu je 10 bit = 1024 Adressen. Die Seitenanfangsadressen lauten 0000H, 0400H,..., FC00H.

Die Seitenadressierung wurde beispielsweise bei Minirechnern PDP-8 und KRS 4200 verwendet, um die Adreßlänge im Befehl zu verkürzen. Man unterscheidet dann zwischen der Adressierung innerhalb der laufenden oder aktuellen Seite und der Adressierung einer Speicherzelle der Seite Null. Dies ist auch bei einigen Mikroprozessoren als Nullseiten-Adressierung mit 8 bit für die Adressen 00H...FFH realisiert (Tabelle 3.7).

Die Aufteilung der Adresse vergrößert den insgesamt verfügbaren Adreßraum noch nicht. Die Erweiterung und damit die Nutzung einer längeren physischen Adresse sind jedoch möglich, wenn eine Adreßtabelle (map) zwischengeschaltet wird, deren Inhalt als hoher Adreßteil der physischen Adresse des Externspeichers gewertet wird. Im Beispiel Abb.3.19b wird mit der 10-bit-Wortlänge der Tabelle schließlich eine 20 bit lange physische Adresse entsprechend 1 Mbyte Adreßraum gebildet. Die 1 Kbyte langen Seiten können an beliebige Stellen des 1 Mbyte umfassenden Speicherraums abgelegt bzw. im Speicher verschoben werden, allerdings kommen als Anfangsadressen nur 00000H,00400H,...,FFC00H in Frage.

Charakteristisch für die Seitenadressierung ist die konstante Länge der Seiten. Sie lassen sich im Speicher lückenlos ablegen; es ist auch gesichert, daß in eine Lücke stets eine ganzzahlige Menge von Seiten Platz findet. Die Seitenadreßtabelle läßt sich bei Ausdehnung der Wortlänge nutzen, um Daten über Zugriffsrechte und Systemstatus für die einzelnen Seiten unterzubringen (protection bits). Da für die Programmabarbeitung die einzelnen Seiten in den Arbeitsspeicher transferiert werden müssen, ist bei einem Speicherzugriff zu prüfen, ob die Seite bereits geladen ist oder noch vom Externspeicher eingelesen werden muß (page swap). Dieser Austausch läßt sich bei gleicher Segment- und Sektorlänge günstig realisieren. Durch die Nutzung von mikroprozessorinternen Cache-Speichern mit sehr kleiner Zugriffszeit kann sowohl der Test auf das Vorhandensein angeforderter Daten als auch die Adreßtransformation ohne wesentliche Einbuße an Verarbeitungsgeschwindigkeit durchgeführt werden.

Die Segmentierung des Adreßraums macht ebenfalls von einer Aufteilung der logischen Adresse Gebrauch: Segmentselektor als Anfangsadresse des Segments und Verschiebung bzw. Displacement oder Offset relativ zum Segmentanfang. Die Segmentgröße wird so groß gewählt, daß das logisch zusammengehörende Programmsegment auch zusammenhängend im Extern- und im Arbeitsspeicher gehandhabt werden kann. So ist es nach Abb.3.19c möglich, mit einer logischen Adresse von 16 bit eine maximale Segmentlänge von 64 Kbyte Adressen zu wählen. Die Segmentanfänge können im skizzierten Fall im 1 Mbyte physischen Adreßraum verschoben werden, wegen der 16 bit Länge des Segmentregisters aber nur mit Vielfachen von 16 = 10H. Die Segmentlänge kann daher relativ gut der Länge der jeweiligen Programme oder Dateien angepaßt werden. Dies hat als Nachteil eine Fragmentation des Speicherraums zur Folge, d.h., im Speicher können Lücken zwischen den Segmenten vorhanden sein, die für benötigte größere Segmente nicht ausreichen. Es kann sehr leicht der Fall eintreten, daß die Summe der im Arbeitsspeicher noch freien Speicherbereiche viel größer als die Länge eines einzutragenden Segments ist, daß aber diese freien Bereiche zu zersplittert sind, um einem weiteren Segment zusammenhängenden Platz zu bieten. In solchen Fällen wird das "Zusammenschieben" der gespeicherten Segmente erforderlich.

Die Segmentierung erfordert eine Kontrolle, ob der Speicherzugriff auch tatsächlich noch innerhalb des Segments erfolgt. Dies ist beispielsweise durch Vergleich mit der in einer Adreßtabelle gespeicherten Anfangs- und Endadresse des Segments möglich. Im Beispiel Abb.3.19c mit 1 Mbyte Arbeitsspeicher dient die Segmentierung vordergründig der Verkürzung der im Befehl enthaltenen Adreßoperanden auf 16 bit.

Sowohl bei Seitenadressierung als auch bei Segmentierung kann durch Austausch der Adreßtabellen ein anderer Satz von Seiten oder Segmenten dem Programm zugänglich gemacht werden. Diese Verfahren unterstützen damit den Multiprogramming- und Multitask-Betrieb des Rechners. Jeder Nutzer bzw. jede Task kann den vollen logischen Adreßraum ausschöpfen. Die betreffenden Programmeinheiten müssen lediglich im Externspeicher vorhanden sein und zum Arbeitsspeicher übertragen werden. Es versteht sich von selbst, daß hierbei gewisse Schutzfunktionen, z.B. durch Zuordnung von Zugriffsrechten, wirksam werden müssen, um unerwünschte Beeinflussungen zwischen unterschiedlichen Nutzern oder Tasks auszuschließen.

Große Bedeutung hat die virtuelle Speichertechnik auch bei Mikrorechnern erlangt. Sie ermöglicht dem Anwender, bei der Programmierung einen sehr groß wählbaren virtuellen Speicherraum zu nutzen, ohne sich um die physisch realisierten Adressen kümmern zu müssen. Der Speicherraum kann in Seiten konstanter Länge oder in Segmente eingeteilt sein. Stellt sich bei einem Speicherzugriff heraus, daß die angeforderte Seite oder das Segment nicht im Arbeitsspeicher vorhanden ist, wird von der virtuellen Speicherverwaltung ein Fehlersignal erzeugt. Dieses Fehlersignal bricht die Befehlsabarbeitung ab und löst Aktionen aus, die von der Hardware des Mikroprozessors und vom Betriebssystem ausgeführt werden. Hierzu gehören das Retten des aktuellen Prozessorzustands, das Einlesen der Seite oder des Segments in den Arbeitsspeicher, gegebenenfalls nach Auslagern nicht mehr benötigter Programme und Daten auf den Externspeicher (swapping), und das Fortsetzen des Programms. Voraussetzung für diese Speichertechnik ist, daß der Mikroprozessor die Befehlsausführung definiert abbrechen kann (abort), um nach Bereitstellung der Seite oder des Segments diesen Befehl wiederholen oder beenden zu können. Auf diese Weise wird eine für den Nutzer transparente Speicherplatzverwaltung geschaffen, die ihm virtuell einen praktisch unbegrenzten Speicherraum bereitstellt.

3.3.1.3. Zeitlich verschränkte Befehlsausführung

Die Befehlsausführung in einem Mikroprozessor umfaßt prinzipiell die Phasen Befehl-Lesen, Adreßrechnung, Operanden-Lesen und Ausführung. Für den Einzelbefehl werden diese Phasen zwar nacheinander durchlaufen, doch können gleichzeitig mehrere aufeinanderfolgende Befehle in unterschiedlichen Phasen "in Arbeit" sein. Diese in der Klein- und Großrechentechnik bewährte Methode der Pipeline- oder Fließbandverarbeitung hat auch Eingang in die Mikroprozessorarchitektur gefunden. In Abb.3.20 ist die zeitlich verschränkte Befehlsabarbeitung bei dieser Methode dargestellt (In 79). In dem gewählten Beispiel ist die Ausführungszeit für die Befehle B1, B2 und B3 insgesamt verkürzt, wobei zusätzlich noch zwei weitere Befehle B4 und B5 bereitgestellt werden.

Bei einigen 16-bit-Mikroprozessoren wird die Fließbandverarbeitung zur Erhöhung des Befehlsdurchsatzes angewendet, während sie bei 32-bit-Mikroprozessoren allgemein üblich ist. Abb.3.21 zeigt in stark vereinfachter Form die Struktur des Mikroprozessors 8086 (Ka 78, In 79) mit dem Bus-Interface BIU (bus interface unit) und der Ausführungseinheit EU (execution unit). Das Bus-Interface enthält für die vom Arbeitsspeicher eingelesenen Bytes ein 6 byte umfassendes Warteschlangenregister. Dieses Register arbeitet als FIFO-Speicher (first-in-first-out) und gibt 1 Wort (2 byte) an die Ausführungseinheit ab, sobald diese zur Übernahme bereit ist. Während der Abarbeitung in EU liest das Bus-Interface ein weiteres

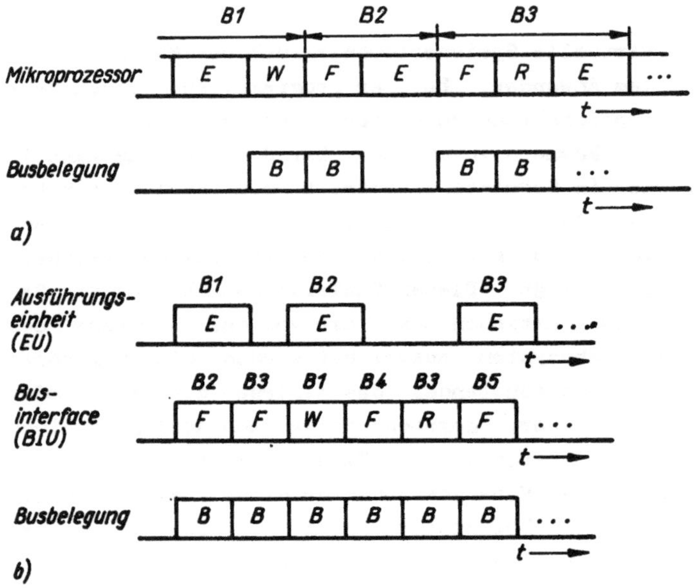

Abb.3.20: Zeitlich verschränkte Befehlsabarbeitung (nach In 79);
a: Mikroprozessoroperation und Busbelegung ohne Fließbandverarbeitung (z.B. 8-bit-Mikroprozessor);
b: getrennte Interface- und Ausführungsfunktionen (8086).
Dargestellte Befehle mit E Ausführen, F Holen, W Schreiben, R Lesen und B belegt:
B1 (Operationskode bereits gelesen): Operation ausführen und Ergebnis in Speicher einschreiben;
B2: nur Operationsausführung ohne Speicherbezug;
B3: Operand lesen und Operation ausführen;
B4, B5: nur gelesene Operationskodes, Ausführung nicht mehr dargestellt.

Wort in das Warteschlangenregister ein, so daß stets mehrere Worte zur Ausführung bereit stehen. Diese Fließbandverarbeitung führt zur Steigerung der Busauslastung und reduziert den Einfluß der Speicherzugriffszeit auf den Datendurchsatz, da die Ausführungseinheit nicht mehr auf die Speicherdaten warten muß.

Für den Mikroprozessor 8086 wird als optimale Länge der Warteschlange ein Wert von 6 byte angegeben. In diesem Fall ist die Warteschlange stets nahezu gefüllt. Da bei den häufigen Sprung- und Verzweigungsbefehlen die Warteschlange gelöscht und neu gefüllt werden muß, würde eine längere Warteschlange zu einer erheblichen Anzahl nutzloser Busoperationen führen. Der Mikroprozessor 8088 mit 8 bit breitem Datenbus besitzt nur eine 4 byte umfassende Warteschlange.

Die Fließbandverarbeitung ist für den Programmierer transparent. Sie erschwert allerdings die Ermittlung der voraussichtlichen Laufzeit eines Programms aus der Addition der Befehlsausführungszeiten und die Interpretation der Signalabläufe auf dem Mikrorechnerbus. Von beträchtlicher Bedeutung ist unter Umständen, daß die höhere Busauslastung infolge der geschilderten Fließbandverarbeitung die Busverfügbakeit für einen direkten Speicherzugriff durch DMA-Steuerungen oder für andere Prozessoren in Multiprozessorsystemen reduziert. Der letztgenannte Aspekt war entscheidend für die Entwicklung von Systemen mit mehreren, voneinander unabhängigen Bussen (Busverbund, siehe Abschnitt 4.4.).

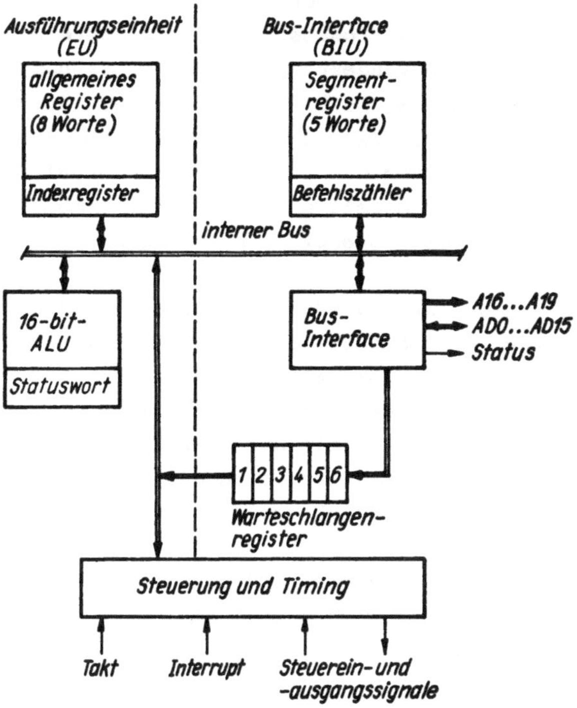

Abb. 3.21: Struktur des Mikroprozessors 8086 mit getrennter Businterface- und Ausführungseinheit

3.3.1.4. Schutzfunktionen für Betriebssystem

Die Leistungsfähigkeit von 16-bit-Mikroprozessoren und der im Vergleich zu den 8-bit-Mikrorechnern bedeutend vergrößerte Arbeitsspeicher lassen die Nutzung von Betriebssystemen zu, die wie bei Minirechnern die Verwaltung der Hardware- und Softwarekomponenten des Mikrorechners ausführen. Weitere Aufgabengebiete des Betriebssystems betreffen beispielsweise das Übersetzen und den Datentausch mit peripheren Geräten. Im Interesse einer hohen Zuverlässigkeit des Mikrorechners muß ein derartiges Betriebssystem vor unbeabsichtigten und beabsichtigten Aktivitäten der Nutzer- oder Anwenderprogramme geschützt werden, anderenfalls besteht die Gefahr eines unkontrollierten "Absturzes" des Systems, der Zerstörung wichtiger Softwarekomponenten oder auch des Verlusts von Dateien.

Der Schutz des Betriebssystems vor Eingriffen des Benutzers des Rechners ist prinzipiell durch eine Unterscheidung zwischen einem System- und einem Normalmodus möglich. Der Systemmodus ist für die Arbeit des Betriebssystems vorgesehen, während die Anwenderprogramme im Normalmodus ablaufen. Im Normalmodus sind sogenannte privilegierte Befehle, die bestimmte, für das Betriebssystem und den Rechnerzustand wichtige Operationen betreffen, nicht zugelassen. Sie führen zu einer Programmunterbrechung oder Trap (Software-Interrupt), die im Systemmodus bearbeitet wird. Privilegiert sind beispielsweise beim Mikroprozessor Z8001/8002 alle Ein- und Ausgabebefehle, das Lesen und Ändern des Prozessorstatusregisters und RESET. Generell erfolgt der Übergang vom Anwenderprogramm zum Betriebssystem im Systemmodus in kontrollierter Weise, z.B. durch Traps, durch externe Hardware-Interrupts und durch Rufe, die von bestimmten Programmpunkten ausgehen. Der höhere Rang des Systemmodus gegenüber dem Normalmodus wird häufig durch ein Ring- und Schalenmodell nach Abb.3.22a symbolisiert. Dem Anwender ist unmittelbar nur die äußerste Schale zugänglich.

Das Vorhandensein einer Schutzfunktion für das Betriebssystem verbessert die Eignung des Mikroprozessors für Multinutzer- und Multitasksysteme, weil hiermit unerwünschte Zugriffe zwischen einzelnen Nutzern oder Tasks unterbunden werden können. Bei Untersuchungen über ausfallsichere Betriebssysteme wurde ermittelt, daß eine Lösung mit nur zwei Stufen gemäß Abb.3.22a nicht ausreicht. So können durch Erweiterungen des Betriebssystems Fehler in den zentralen Teil des Betriebssystems, der für die Prozeß- und Arbeitsspeicherverwaltung verantwortlich ist, hineingetragen werden, die unter Umständen zum Absturz des Systems führen. Daher ist es besser, einen gut ausgetesteten Kern mit den wichtigsten zentralen Routinen streng vor Modifikationen zu schützen und Änderungen des Betriebssystems einer niedrigeren zweiten oder dritten Ebene zuzuordnen.

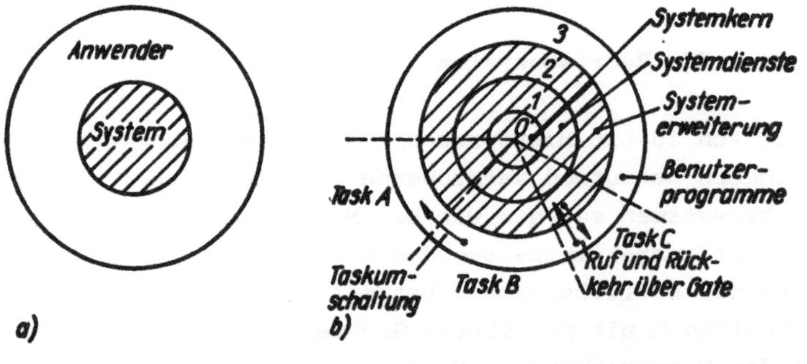

Abb.3.22: Schutzfunktionen für das Betriebssystem;
a: "klassische" Lösung mit zwei Ebenen;
b: vier Ebenen beim Mikroprozessor 80286

Eine derartige Lösung mit mehreren Schutzstufen ist bei leistungsfähigen Kleinrechnern, z.B. VAX11/780, zu finden, aber auch im Mikroprozessor 80286 mit 4 Stufen (Abb.3.22b):

- Betriebssystemkern (Stufe 0) mit voll getesteten zentralen Routinen,
- Betriebssystemdienste (Stufe 1),
- Betriebssystemerweiterungen (Stufe 2) für Anwendungszwecke,
- Benutzerprogramme (Stufe 3).

Der Übergang zwischen den einzelnen Stufen erfolgt kontrolliert über Gates, wobei Tabellen auf die von weiter außen aufrufbaren Routinen einer "Schale" verweisen.

In Tabelle 3.9 ist eine Übersicht über die bei ausgewählten 16-bit-Mikroprozessoren von der Hardware unterstützten Betriebsarten mit Schutzfunktionen gegeben.

Tabelle 3.9: Betriebsarten mit Schutzfunktionen für Betriebssysteme (in der Tabelle von oben nach unten abnehmender Schutzumfang)

Mikroprozessor	8086/8088 80186/80188	80286	Z8001/8002 Z8003/8004	MC 68000/68010
Betriebssystemebene (mit privilegierten Befehlen)		Systemkern (kernel)	Systemmodus (system mode)	Supervisorzustand (supervisor state)
		Systemdienste (system service)		
		Systemerweiterung (custom extension)		
Anwenderprogrammebene	-	Benutzerprogramme (application)	Normalmodus (normal mode)	Benutzerzustand (user state)

3.3.1.5. Koprozessoren

Für den Aufbau von Mikrorechnern wurden zahlreiche hochintegrierte Schaltkreise entwickelt, die durch Ausführung komplexer Aufgaben den Mikroprozessor entlasten, z.B. die Ansteuerung von Magnetfolienspeichern oder die Graphikverarbeitung. Diese Schaltkreise sind nicht in den Befehlsstrom zwischen Mikroprozessor und Programmspeicher einbezogen, sondern erhalten ihre Anweisungen und Daten vom Mikroprozessor. Von diesem Prinzip unterscheidet sich das Konzept des Koprozessors dadurch, daß der Koprozessor den gleichen Befehlsstrom wie der Mikroprozessor wahrnimmt und die für ihn bestimmten Befehle herausfiltert und selbständig ausführt.

Koprozessoren sind für arithmetische Operationen im Gleitkommaformat und für Berechnungen transzendenter Funktionen realisiert worden, die gegen-

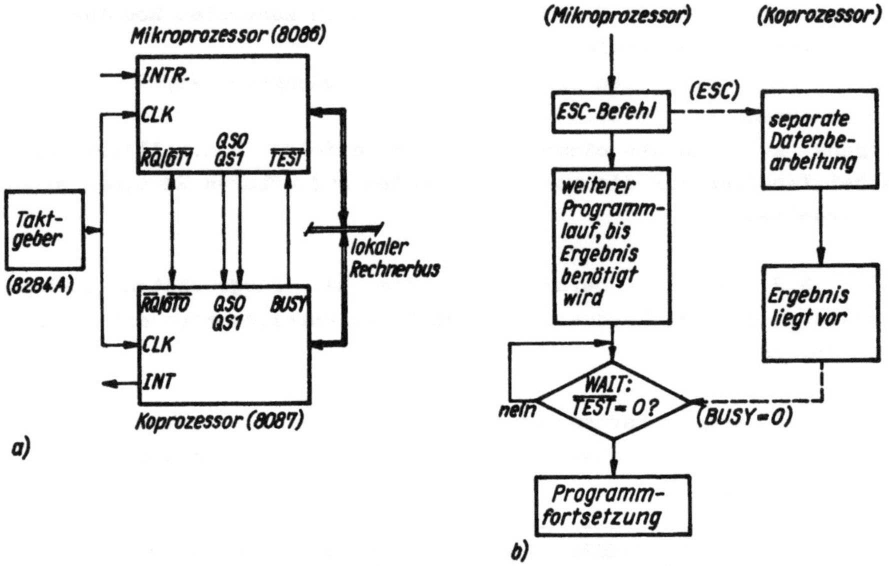

Abb. 3.23: Koprozessor 8087 für Mikroprozessor 8086 bzw. 8088;
a: prinzipielle Anordnung mit Status- und Steuersignalen;
b: parallele Programmausführung und Synchronisation mit BUSY und TEST

über einer Berechnung mit Hilfe von Subroutinen Zeiteinsparungen von zwei bis drei Größenordnungen ergeben. Als Beispiel ist in Abb. 3.23 die Kopplung des Mikroprozessors 8086 mit dem Numerikprozessor NDP 8087 skizziert (Pa 80, In 83). Im Anwenderprogramm sind die Befehle, die vom Koprozessor NDP ausgeführt werden sollen, mit einem Vorsatz ESC (escape) gekennzeichnet. Wird ein solcher Befehl vom Mikroprozessor aus dem Speicher gelesen, unterbleibt hier die Befehlsausführung. Es erfolgt bei speicherbezogenen Befehlen lediglich noch die Adreßberechnung für den Operanden. Der "mitlesende" Koprozessor erkennt über ESC einen von ihm auszuführenden Befehl, wobei über die Signale QS0 = 1 und QS1 = 0 die Synchronisation auf das erste Byte des Operationskodes in den Warteschlangenregistern, die im 8086 und 8087 identisch sind, ermöglicht wird. Der Koprozessor speichert die vom Mikroprozessor ermittelte Operandenadresse, um in eigener Regie noch eventuell weitere Operandenteile des aktuellen Befehls lesen oder schreiben zu können. Während dieser Operation wird der Mikroprozessor mit dem Signal Request/Grant ($\overline{RQ}/\overline{GT}$) vom lokalen Bus abgetrennt. Der Ausgang BUSY des Koprozessors zeigt eine noch laufende Ausführungsphase an. Mit dem Befehl WAIT wird der Eingang $\overline{TEST}$ des Mikroprozesors getestet. Auf diese Weise ist es möglich, daß der Mikroprozessor parallel zum Koprozessor die Programmabarbeitung fortsetzt, bis das Ergebnis des Koprozessors benötigt wird. An dieser Stelle wird mit WAIT der $\overline{\text{TEST}}$-Eingang abgefragt: ist der Koprozessor noch nicht fertig, werden im Mikroprozessor Wartezustände ausgeführt. Ferner ist zu erwähnen, daß der Numerikprozessor auch ein Interruptsignal INT abgibt, wenn bestimmte Ausnahmezustände vorliegen, z.B. ungültige Operation oder Division durch Null.

Eine ähnliche Konzeption zur Eingliederung eines Koprozessors wird mit der erweiterten Verarbeitungsarchitektur EPA (extended processing architecture) bei Prozessoren der Z8000-Familie verfolgt. Hierbei können mehrere Koprozessoren über den Z-Bus mit dem gleichen Befehlsstrom wie der Mikroprozessor versorgt werden. Als Koprozessor dient der Arithmetikprozessor Z8070 Z-APU für Gleitkomma-Rechenoperationen (Zi 83).

3.3.2. Mikroprozessoren der 8086-Familie

3.3.2.1. Ubersicht

Einen Überblick über die wichtigsten Parameter der Mikroprozessoren der 8086-Familie gibt Tabelle 3.10 (In 85). Diese Mikroprozessoren enthalten einen in der Struktur einheitlichen Registerblock. Die Befehlsliste ist aufwärtskompatibel und bei den Typen 80186 und 80286 gegenüber dem 8086 um einige Befehle, z.B. für die Programmierung von Schutzmechanismen beim 80286, erweitert. Programme, die für den 8086 entwickelt wurden, sind auch mit den anderen Mikroprozessoren ablauffähig. Die Typen 8088 und 80188 besitzen im Vergleich zum 8086 und 80186 nur 8 Datenbusanschlüsse, so daß diese Prozessoren mit weniger aufwendigen Bussystemen betrieben werden können, wie sie von 8-bit-Mikrorechnern bekannt sind. Darüber hinaus lassen sich periphere Schaltkreise der 8-bit-Mikroprozessorfamilien problemlos nutzen. Der Adreßvorrat für Ein-/Ausgabeports beträgt einheitlich 64K. Der Schaltkreis 80286 ist für die virtuelle Speichertechnik ausgerüstet und hat eine auf dem Chip implementierte Speicherverwaltungseinheit. Für alle Typen werden 24 Adressierungsarten genannt, die sich durch Kombination mehrerer Grundvarianten ergeben. Der Mikroprozessor K 1810 WM 86 ist mit dem 8086 befehls- und anschlußkompatibel (Ko 86, Ko 86a).

Tabelle 3.10: Mikroprozessoren der 8086-Familie (In 85a)

Mikroprozessor	8086	8088	80186	80188	80286
Datenbusanschlüsse	16	8	16	8	16
Adreßvorrat, Mbyte	1	1	1	1	16
max. Taktfrequenz, MHz	5; 8; 10	5; 8	6; 8	6; 8	6; 8; 10
max. Busdurchsatz, Mbyte/s	5	2	4	2	10
min. Zeit für Register-Register-Transfer, µs	0,3	0,38	0,3	0,3	0,2
min. Interruptansprechzeit, µs	6,1	8,6	5,25	8,3	3,5
Taktgenerator	8284A		intern		82284
Systemsteuerung	8288		intern		82288
Interruptsteuerung	8259A		intern		8259A
DMA-Steuerung	8089/82258	8237/8089/82258	intern/82258		8089/82258
Zähler/Zeitgeber	8253/8254		intern		8253/8254
Arithmetik-Koprozessor	8087		8087		80287
Anzahl der Anschlußkontakte	40		68		68

3.3.2.2. Mikroprozessor 8086

Der Mikroprozessor 8086 (Ka 78, Mo 78, Al 79, In 79) begründete die 8086-Familie und besteht, wie Abb.3.21 zeigt, aus einem Businterface BIU und einer Ausführungseinheit EU, die beide selbständig arbeiten. Das Businterface liest die Befehle aus dem Programmspeicher ein, organisiert die Befehlswarteschlange und ist für das Lesen und Speichern von Operanden sowie für die Ermittlung der aktuellen Speicheradresse zuständig. Die Ausführungseinheit erhält aus der Warteschlange des Businterfaces die Befehle, führt den Befehl aus und liefert Adreßinformationen zum Businterface. Im Speicher abgelegte Operanden werden über das Businterface zur Ausführungseinheit übertragen, während Resultate ebenfalls über das Businterface zum Speicher gelangen.

Registerstruktur

Die 8 allgemeinen Register des 8086 sind (Abb.3.24):

- 16-bit-Register AX, BX, CX und DX, die auch als 8-bit-Register AH, AL usw. (H höherwertiges, L niederwertiges Byte des 16-bit-Registers) adressierbar sind. Bei impliziter Adressierung werden sie wie folgt genutzt:
AX, DX: Daten, Multiplikation, Division, Ein-/Ausgabe-Befehle,
CX: Zählzelle für Schleifen und Wortkettenverarbeitung,
BX: Basisadresse, Translate-Befehle.
- Stackpointer SP und Indexregister BP, SI und DI für Basisadressen und zur Wortkettenverarbeitung.

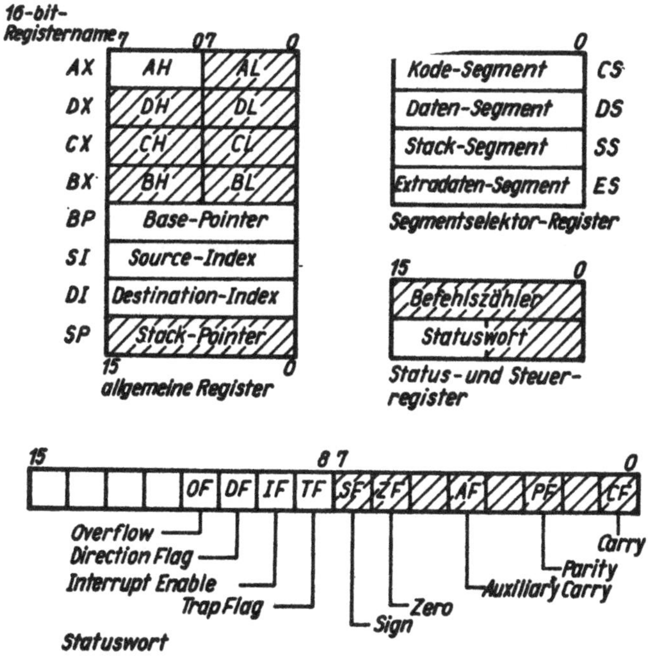

Abb.3.24: Registersatz und Statuswort des 8086; schraffiert: entsprechende Register des 8080 (Registerpaar BC für CH und CL, DE für DH und DL sowie HL für BH und BL)

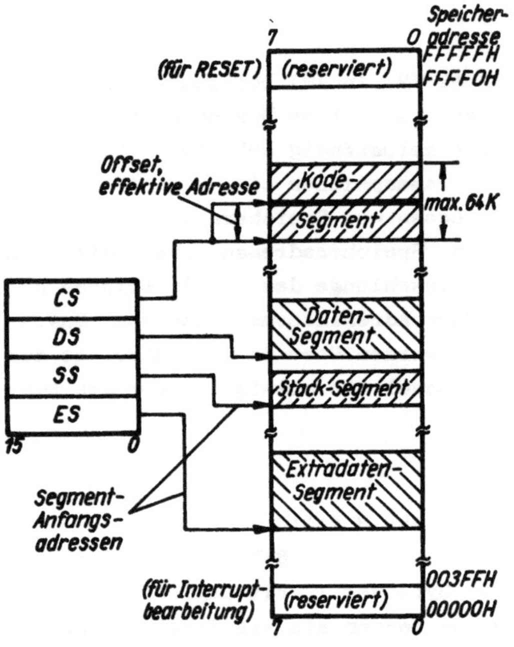

Abb. 3.25:
Speicherorganisation und Lage der reservierten Bereiche für die Sprungadresse nach RESET und für den Aufruf von Interrupt-Serviceroutinen

Das Statuswort enthält 6 Status- und 3 Steuerbits. Vom Mikroprozessor 8080 wurden übernommen CF für Übertrag, PF für gerade Parität des niederwertigen Bytes, AF für Hilfsübertrag von Bit 3 zu Bit 4, ZF für Null und SF für Vorzeichen. Das Statusbit OF (overflow) zeigt einen Überlauf bei arithmetischen Operationen an. Die Steuerbits sind:

- DF (direction flag): gibt bei der Wortkettenverarbeitung an, ob diese Operation von der höheren zur niederen Adresse (Autodekrement) bzw. "von rechts nach links" (DF = 1) oder umgekehrt erfolgt (Autoinkrement).
- IF (interrupt enable flag): ist als IF = 1 gesetzt, wenn der maskierbare Interrupteingang des 8086 Interruptanforderungen akzeptieren kann.
- TF (trap flag): bewirkt bei TF = 1 nach jeder Befehlsausführung einen Interrupt, so daß der Prozessor im Schrittbetrieb arbeitet und damit die Programmtestung unterstützt.

Die 4 Segmentselektorregister werden zur Speicheradressierung verwendet.

Speicheradressierung

Die 20 bit lange Adresse ergibt sich durch Addition des mit 16 multiplizierten Inhalts eines Segmentselektorregisters und einer 16 bit umfassenden Verschiebeadresse (displacement, offset), wie es bereits in Abb. 3.19c dargestellt ist. Vom Standpunkt der Programme ist der Speicher in Kode-, Daten-, Extradaten- und Stack-Segmente unterteilt, die jeweils bis zu 64 Kbyte umfassen können (Abb. 3.25). Alle Segmentanfangsadressen sind Vielfache von 16. Die Segmente können unterschiedlich lang sein, brauchen nicht lückenlos aneinander anzuschließen und können sich auch ganz oder teilweise überlappen.

Die Segmente haben unterschiedliche Bedeutung, die bei der Programmierung in der Assemblersprache oder einer anderen maschinennahen Programmiersprache zu beachten ist. Das Kode-Segment mit der Anfangsadresse im Kode-Segmentregister CS enthält die einzelnen Befehle des Programms und unmittelbare (immediate) Daten. Als Offset dient der Inhalt des Befehlszählers. Um die Programme verschieblich zu gestalten, sind absolute Adressen zu vermeiden. Ebenso muß beim Kode-Segment wie auch bei den anderen Segmenten berücksichtigt werden, daß bei einer dynamischen Verschiebung die reservierten Speicherbereiche nicht überdeckt werden (Abb.3.25). Das Stack-Segmentregister SS gibt den Anfang des aktuellen Stack-Speichers an; der Inhalt des Stackpointers SP wirkt wie üblich als Offset. Mit dem Basisregister BP kann auf einen Bereich im aktuellen Stack-Segment verwiesen werden, beispielsweise um zu bestimmten Daten zugreifen zu können. Das Daten-Segmentregister DS legt das aktuelle Segment für lokale Daten und Programmvariable fest. Als Offset erscheint die effektive Adresse (EA), die aus der Adressierungsart für den im Befehl angegebenen Operanden folgt. Bei Wortkettenverarbeitung liegen die Quelldaten im Daten-Segment; das Register SI liefert den Indexwert. Das Extradaten-Segmentregister ES enthält den Anfang des Segments für externe oder globale Daten und für die Zieldaten bei Wortkettenverarbeitung; in diesem Fall wird der Index dem Register DI entnommen.

Bei der Programmierung sollte darauf geachtet werden, daß die Programme vom aktuellen Inhalt der Segmentselektorregister und von der Segmentlänge unabhängig sind, jedoch dürfen die Grenzen der maximal 64 Kbyte langen Segmente nicht überschritten werden. Im 8086 sind keine Maßnahmen zur Überwachung auf Einhaltung der Segmentgrenzen vorhanden. Die Segmentselektorregister sind nur für Adressen zu verwenden, die zur dynamischen Verschiebung und für das Binden von Programmen geändert werden können; die Register sollten keinesfalls als Zwischenspeicher für Daten dienen.

Im einfachsten Fall, wenn 64 Kbyte für Programm und Daten ausreichen, kann man alle Segmentselektorregister mit der gleichen Adresse laden, so daß sich die vier Segmente vollständig überlappen. Mit getrennten Segmenten, die in der Initialisierungsphase über die Segmentselektorregister dem Speicher zugeordnet werden, stehen je 64 Kbyte für Programm- und Stack-Speicher sowie insgesamt 128 Kbyte für Daten zur Verfügung. Im Multiuser-Betrieb ist die Umschaltung zwischen den jeweiligen Segmenten über die Belegung der Segmentselektorregister möglich. Ein beliebiger Speicherplatz kann durch einen Intersegmentsprung erreicht werden, wobei im Operandenteil 16 bit für den Segmentselektor und 16 bit als Offset anzugeben sind.

Anschlußbelegung

Der Mikroprozessor 8086 hat im Zeitmultiplex genutzte Adreß- und Datenbusanschlüsse AD15...AD0 (Abb.3.26) und kann in einer Minimal- oder in

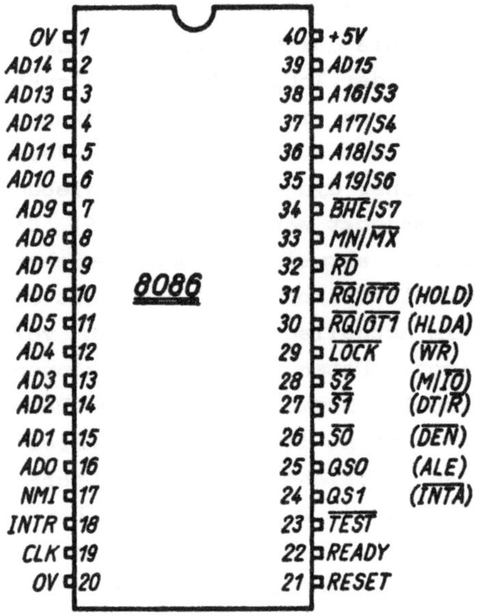

Abb. 3.26: Anschlußbelegung des 8086; eingeklammerte Bezeichnungen gelten für die Minimal-Betriebsart

einer Maximal-Betriebsart arbeiten, eingestellt durch den Anschluß MN/$\overline{MX}$. Dies bezieht sich lediglich auf die Schaltungstechnik mit Nutzung voll dekodierter Steuersignale bzw. verschlüsselter Statussignale und ist nicht als unterschiedliche Betriebsart für die Betriebssystemebene und für die Anwenderebene zu verstehen. Die Trennung von Betriebssystem- und Anwenderebene ist beim 8086 nicht realisiert.

Die Tabellen 3.11, 3.12 und 3.13 geben eine Übersicht über Namen und Bedeutung der Mikroprozessoranschlüsse, wobei in den Tabellen 3.12 und 3.13 die für Minimal- und Maximal-Betriebsart unterschiedlich genutzten Anschlüsse erläutert sind. Der aktive Signalzustand entspricht 1 und bei überstrichenen, d.h. negierten, Namen 0, wobei 1 hohes Potential bedeutet. Obwohl die Kenntnis der einzelnen Anschlußkontakte für den Programmierer und Rechneranwender nur von sehr untergeordneter Bedeutung ist, läßt sich hieraus zusammen mit den folgenden Erläuterungen zu einzelnen Zeitabläufen, zur Interruptverarbeitung u.ä. ein tieferes Verständnis für die Vorgänge im Mikrorechner erzielen.

Buszyklus

Der Transfer eines 16-bit-Worts von oder zum Mikroprozessor erfordert einen Buszyklus, der aus mindestens vier Takten oder Taktzuständen T_1 bis T_4 besteht und zusätzlich noch weitere Zyklen T_w zwischen T_3 und T_4 besitzen kann:

T_1: Ausgabe der Adresse auf A19...A16 und AD15...AD0,

T_2: mögliche Änderung der Übertragungsrichtung auf dem Adreß- und Datenbus zur Einleitung einer Leseoperation.

Tabelle 3.11: Bezeichnung und Funktion der Anschlußkontakte des Mikroprozessors 8086 (außer Anschlüsse 24 bis 31)

Bezeichnung	Funktion
Bidirektionale Anschlüsse:	
AD15...AD0	Adreß- und Datenbus: im Zeitmultiplex genutzte Anschlüsse für Adressen (Taktzyklus T_1) und Daten (während T_2, T_3, T_W und T_4). Hochohmig im Zustand HLDA = 1 und während der Interruptquittung.
Ausgaberichtung:	
A19/S6, A18/S5, A17/S4, A16/S3	Adresse und Status: im Taktzyklus T_1 vier höchstwertige Adreßbits A19...A16 für Speicheroperationen bzw. Zustand 0 bei Ein-/Ausgabe-Operationen. Bei Speicherzugriffs- und Ein-/Ausgabe-Operationen während T_2, T_3, T_W und T_4 Statusangabe: S6 = 0, S5 = IF: Angabe des Interrupt-enable-Flag des Statusregisters; wegen der Fließbandverarbeitung des Prozessors Aktualisierung von S5 zu Beginn eines jeden Taktzyklus. Momentan zur Speicheradressierung genutztes Segmentselektorregister: S4 = 0, S3 = 0: Extradaten-Segment ES, S4 = 0, S3 = 1: Stack-Segment SS, S4 = 1, S3 = 0: Kode-Segment CS oder kein Segment, S4 = 1, S3 = 1: Daten-Segment DS.
$\overline{BHE}$/S7	Bus high enable/status; mit $\overline{BHE}$ = 0 während T_1 Übertragung der höherwertigen Worthälfte D15...D8 für Lese-, Schreib- und Interruptquittungs-Zyklen angewiesen. Während der übrigen Taktzyklen $\overline{BHE}$ und S7 logisch äquivalent. Hochohmig im Zustand HOLD = 1.
$\overline{RD}$	Read; mit $\overline{RD}$ = 0 während T_2, T_3 und T_W Datenbus in Eingaberichtung geschaltet; gemäß $\overline{S2}$ Speicher oder Eingabeeinheit als Datenquelle.
Eingaberichtung:	
READY	Ready; Fertigmeldung vom adressierten Speicher oder Ein-/Ausgabe-Port; wird mit Hilfe des Taktgenerators 8284A synchronisiert. Bei READY = 0 während T_3 schließt sich ein Wartezyklus T_W an.
INTR	Interrupt request; maskierbare Interruptanforderung, wird zu Beginn des letzten Taktes des Buszyklus getestet, um bei INTR = 1 Interruptquittungssignal und Sprung zur Interrupt-Serviceroutine auszulösen.
$\overline{TEST}$	Test; wird mit dem Befehl WAIT abgefragt. $\overline{TEST}$ = 1 bewirkt nach Buszyklusende Leerlaufzyklen T_1, bis der Prozessor nach $\overline{TEST}$ = 0 die Programmausführung fortsetzt.
NMI	Non-maskable interrupt; flankengetriggerte nichtmaskierbare Interruptanforderung (0/1-Übergang bzw. Tief/Hoch-Übergang) für Interrupt vom Typ 2.
RESET	Reset; Rücksetzaufforderung; mit RESET = 1 für mindestens 4 Taktzyklen stoppt der Prozessor die laufende Aktivität. Nach RESET = 0 Restart.
MN/$\overline{MX}$	Minimum/maximum; Einstellung der Minimal- oder Maximal-Betriebsart.
CLK	Clock; asymmetrisches Taktsignal mit Tastverhältnis von 33 %.
V_{CC}	Betriebsspannung + 5 V; max. etwa 350 mA Stromaufnahme (8086).

Tabelle 3.12: Anschlußkontakte 24 bis 31 des 8086 in der Minimal-Betriebsart (MN/$\overline{MX}$ auf hohem Potential)

Bezeichnung	Funktion
Ausgaberichtung [1]):	
M/$\overline{IO}$	Status memory/input-output; für Unterscheidung zwischen Speicherzugriff (M/$\overline{IO}$ = 1) und Ein-/Ausgabe-Operationen. M/$\overline{IO}$ gültig von T_4 des vorherigen Buszyklus bis zum abschließenden T_4 des Zyklus. Logisch dem Status $\overline{S2}$ der Maximal-Betriebsart äquivalent.
$\overline{WR}$	Write; im Schreibzyklus für Speicher oder Ausgabeeinheit (gemäß M/$\overline{IO}$) während T_2, T_3 und T_w aktiv.
$\overline{INTA}$	Interrupt-acknowledge; signalisiert mit $\overline{INTA}$ = 0 während T_2, T_3 und T_w Leseabtastung während eines Interruptquittungszyklus.
ALE	Address latch enable; während T_1 jedes Buszyklus verfügbar, um Adressen in das Auffangregister einzuschreiben.
DT/$\overline{R}$	Data transmit/receive; steuert Datenbustreiber 8286/8287 in Senderichtung (DT/$\overline{R}$ = 1) oder Empfangsrichtung. Zeitverhalten wie M/$\overline{IO}$. Logische Bedeutung wie $\overline{S1}$ der Maximal-Betriebsart.
$\overline{DEN}$	Data enable; aktiviert Datenbustreiber 8286/8287. $\overline{DEN}$ = 0 für Speicher- und Ein-/Ausgabe-Zugriff und für $\overline{INTA}$-Buszyklen. Zeitverhalten: Lesen oder $\overline{INTA}$: $\overline{DEN}$ aktiv von Mitte T_2 bis Mitte T_4; Schreiben: $\overline{DEN}$ aktiv von Anfang T_2 bis Mitte T_4.
HLDA	Hold acknowledge; nach akzeptierter HOLD-Anforderung Antwort HLDA = 1. Überführung der lokalen Busleitungen und Steuersignalanschlüsse in den hochohmigen Zustand. HLDA = 0 nach Erkennung von HOLD = 0.
Eingaberichtung:	
HOLD	Hold, signalisiert, daß eine andere Einheit den lokalen Bus als Master anfordert. HOLD-Signal soll mit Taktsignal synchronisiert werden.

[1]) hochohmiger Zustand von M/$\overline{IO}$, $\overline{WR}$, DT/$\overline{R}$ und $\overline{DEN}$ bei HLDA = 1.

T_3, T_4: Datenübertragung auf dem Bus; während T_3 erfolgt eine Bereitschaftsabfrage (Signal READY), um vor Beginn von T_4 bei Bedarf noch Wartezyklen T_w einfügen zu können.
Nach jedem Buszyklus sind Freilaufzyklen T_I (idle states) möglich, um die Zeit bis zum Freiwerden zweier Byteplätze im Warteschlangenregister des Businterface BIU zu überbrücken (siehe Abb. 3.34).

Der grundsätzliche Zeitverlauf für Buszyklen mit Lese- oder Schreiboperation ist in Abb. 3.27 wiedergegeben. Im Vergleich mit den Zeitverläufen bei 8-bit-Mikroprozessoren (Abb. 3.5 und 3.6) fällt auf, daß keine Taktzyklen zur Befehlsausführung ausgewiesen sind. Dies ist durch die gleichzeitige Arbeit des Businterface und der Ausführungseinheit im 8086 bedingt. Ansonsten erfolgt die Steuerung der Busoperation in ähnlicher Weise wie bei 8-bit-Mikroprozessoren 8080, Z 80 u.a.

Tabelle 3.13: Anschlußkontakte 24 bis 31 des 8086 in der Maximal-Betriebsart (MN/$\overline{MX}$ auf Masse-Potential)

Bezeichnung	Funktion
Bidirektionale Anschlüsse:	
$\overline{RQ}/\overline{GT0}$, $\overline{RQ}/\overline{GT1}$	Request/grant; als Anschlüsse für Anforderung/Gewährung verwendet, um einem anderen Prozessor den lokalen Bus als Master zu überlassen. Wird am Ende des laufenden Buszyklus wirksam. $\overline{RQ}/\overline{GT0}$ hat die höhere Priorität.
Ausgaberichtung:	
$\overline{S0}$, $\overline{S1}$, $\overline{S2}$	Status; Statusleitungen zur Erzeugung aller Speicherzugriffs- und Ein-/Ausgabe-Steuersignale mit dem Bussteuerschaltkreis 8288. Kodierung: $\overline{S2}$ $\overline{S1}$ $\overline{S0}$ = 0 0 0: Interruptquittung, 0 0 1: Lesen Ein-/Ausgabe-Port, 0 1 0: Schreiben Ein-/Ausgabe-Port, 0 1 1: HALT, 1 0 0: Kode-Zugriff, 1 0 1: Speicher lesen, 1 1 0: Speicher schreiben, 1 1 1: passiv. Die Statussignale $\overline{S2}$, $\overline{S1}$, $\overline{S0}$ nehmen während T_3 oder T_w den passiven Zustand ein. Eine Änderung während T_4 zeigt den Beginn eines Buszyklus an, die Rückkehr in den passiven Zustand während T_3 oder T_4 dessen Ende. In der aktiven Phase T_4, T_1 und T_2 Generierung der Steuersignale (8288).
$\overline{LOCK}$	Lock; mit $\overline{LOCK}$ = 0 verhindert der Mikroprozessor die Übernahme des lokalen Bus bzw. des Systembus durch einen anderen Prozessor, der die Masterfunktion übernehmen möchte. Aktivierung durch Befehl LOCK. Bleibt bestehen, bis Ende des nächsten Befehls erreicht ist.
QS0, QS1	Queue status; Status der Befehlswarteschlange im Bus-Interface BIU (siehe Abb.3.21), gültig während des Taktzyklus nach Ausführung der Warteschlangenoperation: QS1 QS0 = 0 0: während des letzten Zyklus keine Byte-Entnahme aus der Warteschlange, = 0 1: erstes Byte eines Befehls entnommen, = 1 0: Warteschlange leer (nach Verzweigungsoperationen), = 1 1: entnommenes Byte war Folgebyte des Befehls. Nutzung der Statussignale für Anzeige der internen Warteschlange möglich (siehe Abb.3.34).

Der Zeitmultiplexbetrieb der Adreß- und Datenleitungen erfordert die Zwischenspeicherung der Adresse in einem externen Auffangregister. Das Einschreiben der Adresse in dieses Register wird mit dem Signal ALE getaktet, das in der Minimal-Betriebsart des 8086 vom Mikroprozessor unmittelbar bereitgestellt wird oder in der Maximal-Betriebsart vom Bus-Controller 8288 aus den Statussignalen $\overline{S0}$, $\overline{S1}$ und $\overline{S2}$ abzuleiten ist. Die Datenübertragungsrichtung legt der 8086 mit $\overline{RD}$ für Lese- und $\overline{WR}$ für Schreibdaten fest. $\overline{INTA}$ ist das Interruptquittungssignal zum Einlesen einer Vektoradresse. Die Signale DT/$\overline{R}$ und $\overline{DEN}$ steuern externe Register und Datenpuffer.

Der Adreßraum des Speichers, der wegen der 20 bit langen Adresse 1 Mbyte beträgt, kann als zwei je 512 Kbyte umfassende Speicherblöcke für die ungeraden Byteadressen (A0 = 1) und geraden Byteadressen (A0 = 0) aufge-

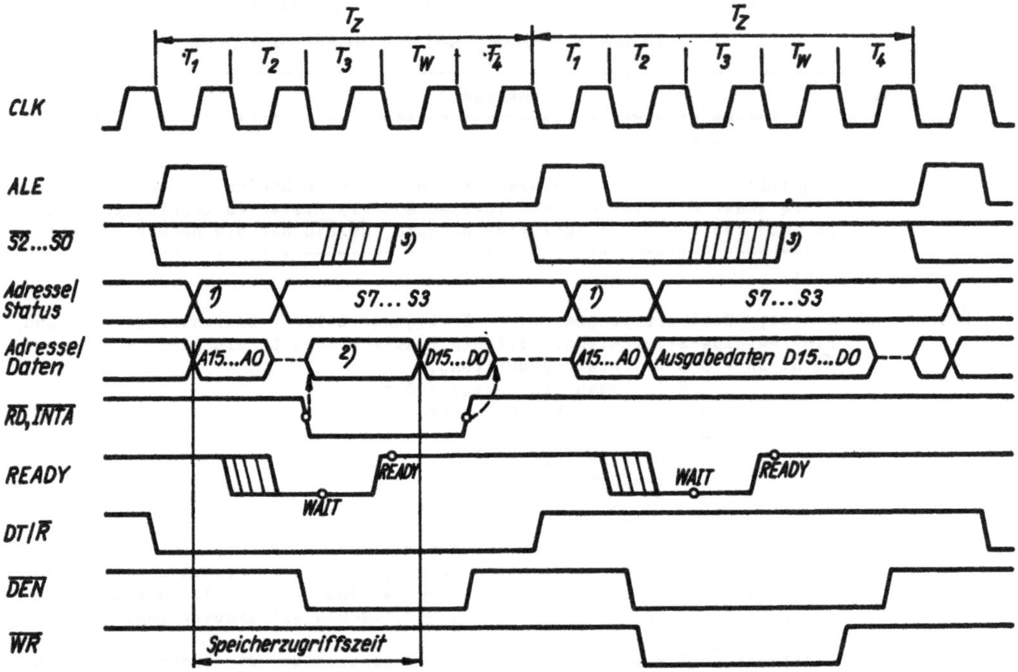

Abb. 3.27: Zeitablauf der Buszyklen für Lesen und Schreiben; 1) $\overline{BHE}$, A19...A16; 2) Bus für Dateneingabe reserviert; 3) Status wird im Taktzustand vor T_4 inaktiv

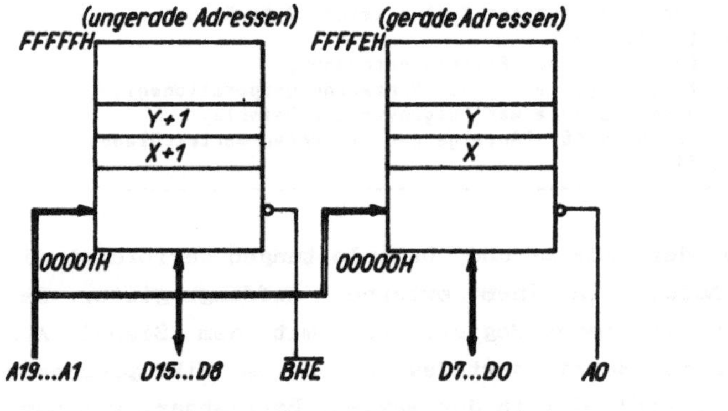

$\overline{BHE}$	A0	Bedeutung
1	0	Byte-Transfer (X) mit gerader Adresse
0	1	Byte-Transfer (X+1) mit ungerader Adresse
0	0	Wort-Transfer (X, X+1) mit gerader Wortadresse
		Wort-Transfer (X+1, Y) mit ungerader Wortadresse:
0	1	1. Buszyklus für (X+1)
1	0	2. Buszyklus für (Y)

Abb. 3.28: Byte- und Wortzugriff mit Nutzung des Adreßbits A0 und des Signals $\overline{BHE}$ zur Aktivierung der betreffenden Speicherblöcke

faßt werden. Bytes aus geraden Adressen werden der niederwertigen Worthälfte D7...D0 und Bytes aus ungeraden Adressen der höherwertigen Worthälfte D15...D8 zugeordnet. Mit dem Signal $\overline{BHE}$ (bus high enable) ist es möglich, die höherwertige Hälfte des Datenworts von einer Bustransferoperation auszuschließen. In Abb.3.28 sind die Adressiermöglichkeiten mit A0 und $\overline{BHE}$ zusammengestellt. Zu beachten ist, daß bei einem Operandenworttransfer zwei Buszyklen benötigt werden, wenn das Wort an einer ungeraden Wortadresse beginnt. Dies ist für den logischen Programmablauf ohne Bedeutung, kann aber die Programmlaufzeit verlängern.

Minimal- und Maximal-Betriebsart

Diese beiden Betriebsarten, die mit der Belegung des Anschlusses MN/$\overline{MX}$ des 8086 ausgewählt werden, unterscheiden sich im Aufwand, in den Erweiterungsmöglichkeiten sowie in der Gestaltung und Nutzung der Busleitungen, die den Mikroprozessor mit den anderen Komponenten verbinden.

In der Minimal-Betriebsart wird ein lokaler Bus verwendet, der von den voll dekodierten Steuer- und Statussignalen des 8086 Gebrauch macht und den Aufbau von Rechnern mit relativ kleinem Aufwand erlaubt. Abb.3.29 zeigt ein Beispiel für eine derartige Rechnerkonfiguration. Hierbei sind

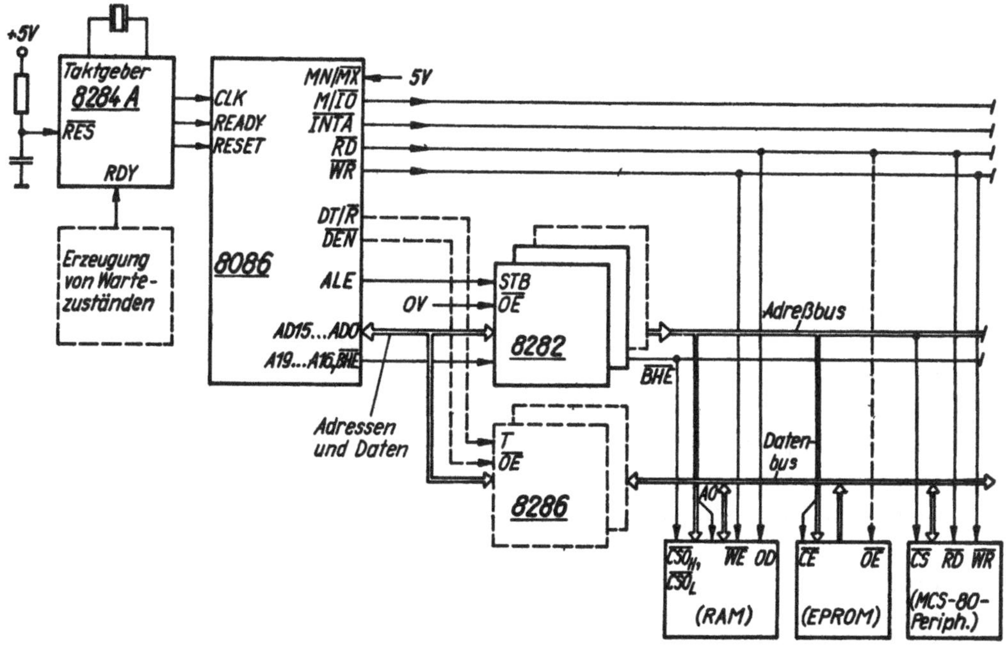

Abb.3.29: Minimal-Betriebsart des 8086, vereinfacht; für den 16-bit-Adreßbus genügen zwei Adreßpuffer 8282; die Datenbustreiber 8286 werden bei hoher Busbelastung benötigt

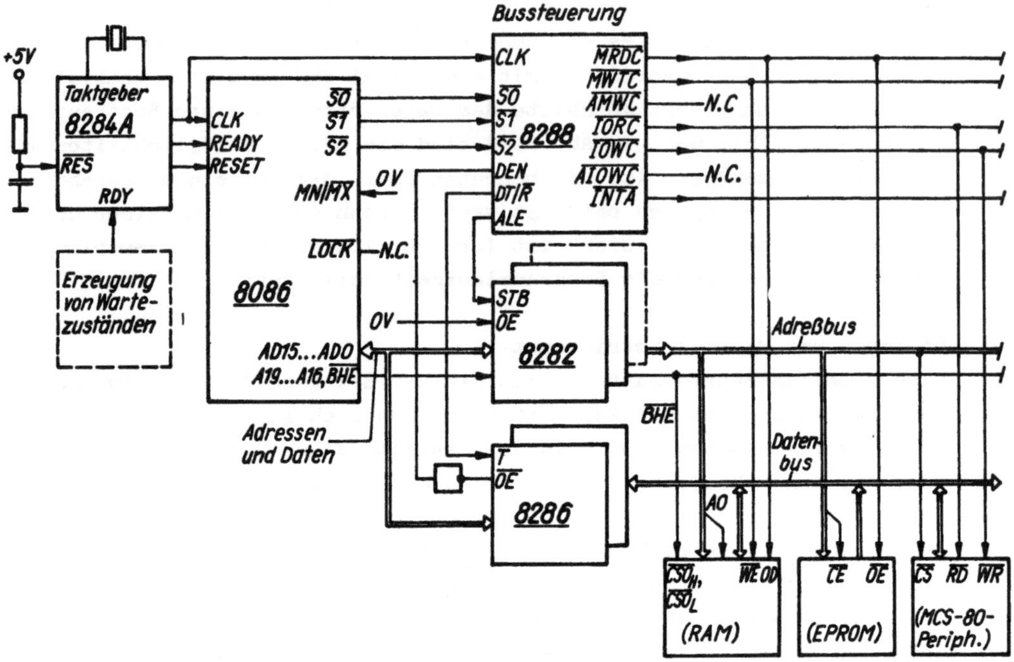

Abb.3.30: Maximal-Betriebsart des 8086, vereinfachtes Beispiel

Schaltkreise einbezogen, die für die 8086-Familie entwickelt wurden, aber teilweise auch mit einigen anderen Typen von 8- und 16-bit-Mikroprozessoren zusammenarbeiten können:

- Taktgenerator 8284A für Takterzeugung und Synchronisation der Eingänge RESET und READY des 8086,
- Bidirektionale 8-bit-Datenbustreiber 8286 oder 8287 mit Ausgängen in Drei-Zustands-Logik (three-state output),
- 8-bit-Adreßregister und -puffer 8282 oder 8283 mit Drei-Zustands-Ausgängen.

Die mit ALE getaktete Zwischenspeicherung der Adreßsignale erfolgt in den Auffangregistern 8282, während die Datenbustreiber 8286 nur zur Sicherung einer ausreichenden Datenbusbelastbarkeit erforderlich sind. Mit der Beschreibung der Anschlußkontakte des 8086 in den Tabellen 3.11 und 3.12 sowie mit dem Zeitablauf auf dem Bus gemäß Abb.3.27 ist die in Abb.3.29 wiedergegebene "Minimalschaltung" unmittelbar verständlich.

Die Maximal-Betriebsart ist an Hand eines Beispiels in Abb.3.30 dargestellt. Wesentlich ist, daß der lokale Bus mit dem Bussteuerschaltkreis 8288 in einen Systembus umgesetzt wird, der zur Kopplung mehrerer Rechnerplatinen geeignet ist. Im vorliegenden Fall handelt es sich um den sogenannten Multibus (siehe Abschnitt 4.4.). Der Bussteuerschaltkreis erzeugt auch die Steuersignale für die Adreßauffangregister 8282 und für die Datenbustreiber 8286.

Interruptanforderungen

Die Hardware-Interrupts (externe Interrupts) verwenden den maskierbaren und den nicht-maskierbaren Interrupteingang INTR bzw. NMI. Software-Interrupts (interne Interrupts, Traps) dienen der Behandlung von Fehlerzuständen bei Programmausführung und dem programmgesteuertem Übergang zu bestimmten Routinen, z.B. zur Realisierung des Schrittbetriebs des Prozessors (single-step). Die Interruptverarbeitung nutzt eine Tabelle von 256 möglichen Interruptvektoren im reservierten Speicherbereich OH...3FFH, Abb.3.31. Jeder Vektor besteht aus zwei 16 bit langen Adressen für den Befehlszähler IP und das Kode-Segment CS, aus denen die Anfangsadresse der betreffenden Interrupt-Serviceroutine gebildet wird (vergleiche Abb.3.19c).

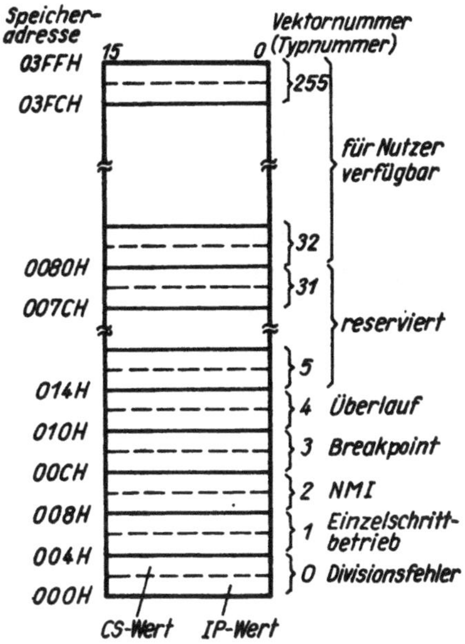

Abb.3.31: Interruptvektortabelle, Anfangsadresse der Interrupt-Serviceroutine über Vektornummer mit CS-Wert als Basisadresse im Kode-Segment und IP-Wert als Offset im Befehlszähler

Die externen Interrupts entsprechen in Aufgabe und Funktionsweise im wesentlichen den bei 8-bit-Mikroprozessoren bekannten Typen:

- Nicht-maskierbarer Interrupt NMI für schwerwiegende Fehlerzustände, wie Betriebsspannungsstörungen oder Zeitüberschreitung bei Busoperationen o.ä. Nach Abarbeitung des laufenden Befehls und Annahme von NMI wird zunächst der Inhalt des Statusregisters im Stackspeicher abgelegt; die Löschung der Zustandsflags IF und TF blockiert den Interrupteingang INTR und den Schrittbetrieb des Prozessors. Nach Retten der aktuellen Inhalte des Kode-Segmentregisters CS und des Befehlszählers IP in den Stack-Speicher sowie nach dem Laden von CS und IP mit Interruptvektor 2 der Vektortabelle (Abb.3.31) kann die Interrupt-Serviceroutine beginnen.
- Maskierbarer Interrupt INTR mit Angabe einer 1 byte umfassenden Vektor-

adresse als Vektor- oder Typnummer. Bei gesetztem Interrupt-Flag IF wird mit aktivem INTR ein zweifacher Buszyklus als Interruptquittung eingeleitet (Abb.3.32). Zunächst werden Adreß- und Datenbusleitungen hochohmig. Mit dem Ausgangssignal $\overline{LOCK}$ in der Maximal-Betriebsart kann erreicht werden, daß die Interruptquittung nicht durch eine Busanforderung eines anderen Prozessors unterbrochen wird. Die im zweiten Quittungszyklus eingegebene Vektoradresse wird mit 4 multipliziert und zur Adressierung in der Interruptvektortabelle genutzt. Selbstverständlich werden Statuswort, aktueller Kode-Segment- und Befehlszählerinhalt gerettet sowie IF und TF rückgesetzt, bevor mit dem betreffenden Interruptvektor zur Interrupt-Serviceroutine übergegangen wird. Alle über INTR wirksamen Interruptanforderungen haben die gleiche Priorität; eine Berücksichtigung von Prioritäten ist mit Hilfe einer externen programmierbaren Interruptsteuerung 8259A möglich.

Die internen Interrupts werden unmittelbar nach Ausführung des betreffenden Befehls wirksam und erfordern keine Interruptquittungszyklen:

- Divisionsfehler (Typ 0): kann nach den Befehlen DIV oder IDIV auftreten, wenn der Quotient einen Maximalwert überschreitet, z.B. bei Division durch Null.
- Einzelschrittbetrieb (Typ 1): bei gesetztem Trap-Flag TF = 1 erscheint nach jeder Befehlsausführung ein Interrupt; zunächst werden IF und TF in den Stack-Speicher gerettet und sodann im Statusregister gelöscht, um

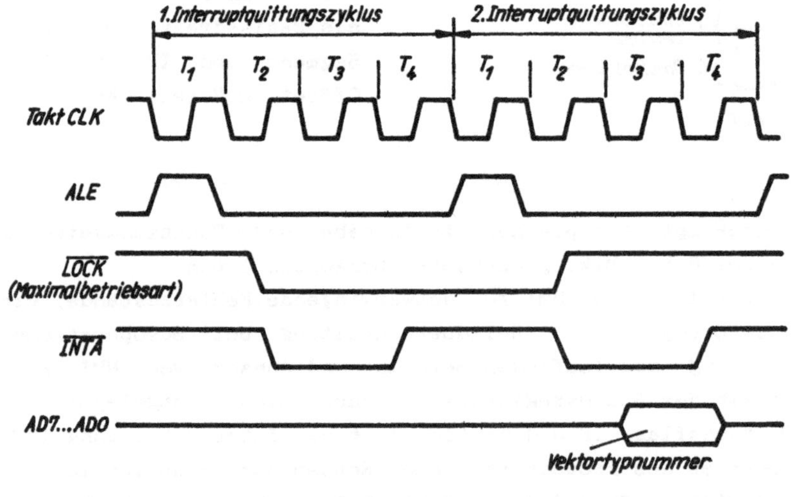

Abb.3.32: Ablauf der Interruptquittung für externe maskierbare Interruptanforderung an INTR; beim 8086 sind zwischen beiden Buszyklen meist 3 Freilaufzyklen T_I eingefügt

weitere maskierbare Interrupts zu sperren und die Interrupt-Serviceroutine nicht im Einzelschrittbetrieb ablaufen zu lassen.

- Breakpoint (Typ 3): 1 byte umfassender Befehl zum Setzen von Haltepunkten bei der Programmerprobung.
- Überlaufinterrupt (Typ 4): bei gesetztem Überlauf-Flag OF und Ausführung des Befehls INTO.
- Vom Anwender mit dem Befehl INT n definierbare Software-Interrupts, wobei n das Vektorbyte für die Adressierung in der Interruptvektortabelle darstellt.

Interne Interrupts sind nicht mit IF maskierbar; lediglich der Einzelschrittbetrieb kann mit TF = 0 ausgeschaltet werden.

Aus der Verarbeitung unterschiedlicher Interruptanforderungen im Prozessor ergibt sich eine Rangfolge, geordnet nach abnehmender Priorität:

- Divisionsfehler, interne Interrupts INT n und INTO,
- nicht-maskierbarer Interrupt NMI,
- maskierbarer Interrupt INTR,
- Einzelschrittbetrieb.

Für die Interruptannahme und Verzweigung zur Interrupt-Serviceroutine sind 50... 53 Takte und beim maskierbaren Interrupt 61 Takte erforderlich. Hinzu kommt noch die Zeit, die für das asynchrone Auftreten eines externen Interrupts bis zum Ende des laufenden Befehls vergeht. Hierbei ist zu beachten, daß eine Reihe von Befehlen, z.B. für arithmetische Operationen, eine beträchtliche Anzahl von Takten beansprucht.

Bei der Interruptverarbeitung ist eine Reihe von Besonderheiten zu berücksichtigen. So sei erwähnt, daß beim Warten auf $\overline{\text{TEST}}$ = 0, programmiert mit dem Befehl WAIT, Interruptanforderungen akzeptiert werden; nach Rückkehr aus der Bedienroutine wird allerdings nicht bei dem auf WAIT folgenden Befehl, sondern mit WAIT fortgesetzt.

Das Signal RESET löscht die Register DS, SS, ES, IP und den Inhalt des Warteschlangenregisters sowie des Statusworts und setzt CS auf FFFFH. Folglich beginnt der Prozessor mit der Programmausführung an der Adresse FFFF0H, wo gewöhnlich ein direkter Intersegmentsprung zum Beginn des Systemprogramms gespeichert ist.

Der Befehl HALT stoppt den Mikroprozessor, bis ein externer Interrupt oder RESET diesen Zustand aufhebt. Im HALT-Zustand sind die Anschlußkontakte des 8086 nicht hochohmig geschaltet. Der HALT-Befehl kann beim Warten auf eine externe Interruptanforderung als Alternative zur endlosen Programmwarteschleife genutzt werden.

Unterstützung von Multiprozessorfunktionen

Die im 8086 implementierten Steuersignale unterstützen das Protokoll, das zur Übertragung der Steuerung des lokalen Rechnerbus zu einem anderen, ebenfalls masterfähigen Prozessor abgewickelt werden muß.

In der Minimal-Betriebsart werden das Anforderungssignal HOLD für Busfreigabe und die Quittung HLDA nach erfolgtem Umschalten der Anschlüsse in den hochohmigen Zustand genutzt. Die Zeit zwischen HOLD und HLDA hängt vom aktuellen Befehlszustand in der Ausführungseinheit und im Businterface des Prozessors ab und wird außerdem vom Befehlsvorsatz LOCK beeinflußt (Al 79).

In der Maximal-Betriebsart wird über die bidirektionalen Anschlüsse $\overline{RQ}/\overline{GT0}$ und $\overline{RQ}/\overline{GT1}$ die Möglichkeit der Buszuordnung zwischen einem 8086 (oder 8088) und einem oder zwei weiteren Mikroprozessoren geschaffen. Im Prinzip stellt die $\overline{RQ}/\overline{GT}$-Folge (Anforderung/Gewährung) einen dreiphasigen Zyklus dar:

- Busanfordernder Prozessor aktiviert $\overline{RQ}/\overline{GT}$-Leitung,
- zur Zeit bussteuernder Prozessor tritt in HLDA-Zustand ein und gibt Bus frei, wobei intern die Ausführungseinheit noch so lange arbeitet, bis ein Buszugriff erforderlich wird oder die Warteschlange leer ist,
- nach Zugriffsschluß gibt der Prozessor den Bus wieder zurück.

Adressierungsarten

Die Ausführungseinheit EU des 8086 hat direkten Zugriff zu den Registern und den unmittelbar im Befehl enthaltenen Operanden, während Speicherzugriffe nur über das Businterface BIU erfolgen können. Zu diesem Zweck stellt die EU als im Ergebnis einer Adreßrechnung eine 16 bit lange effektive Adresse EA zur Verfügung, die von der BIU zusammen mit dem Inhalt der Segmentselektorregister zur 20-bit-Adresse verarbeitet wird. Die effektive Adresse besteht aus mehreren Komponenten:

- 8 oder 16 bit Verschiebung oder Displacement, im Befehl angegeben,
- Inhalt der Basisregister BX und BP,
- Inhalt der Indexregister SI und DI.

Durch Kombination dieser Komponenten ergeben sich zahlreiche Adressierungsarten. Die Mehrzahl der in Tabelle 3.14 aufgeführten Möglichkeiten stimmt mit denen aus Tabelle 3.3 überein. Die unmittelbare Adressierung wurde traditionell ebenfalls wieder als Adressierungsart aufgenommen. Zusätzlich wurde noch die direkte und die indirekte Adressierung von Ein-/Ausgabeports und die Adressierung bei Wortkettenverarbeitung berücksichtigt.

Befehlsliste

Die Befehlsliste des 8086 enthält neben Befehlen, die auch bei den 8-bit-Mikroprozessoren 8080 und 8085 realisiert sind, Befehle für Multiplikation und Division, Wortkettenverarbeitung, Erzeugung interner Interrupts und Koordinierung in Multiprozessorsystemen (In 79). In der mnemonischen Darstellung (Assemblerkode) sind die äquivalenten Befehle von 8086 und

Tabelle 3.14: Adressierungsarten des 8086

Nummer nach Tabelle 3.3	Adressierungsart [1]
1	Unmittelbare Adressierung 8- oder 16-bit-Direktoperand
2	Direkte Registeradressierung Adressierung von 8- oder 16-bit-Registern
3	Direkte Speicheradressierung EA = 8- oder 16-bit-Distanz
4	Indirekte Registeradressierung EA = Basisregister BX oder BP (5) oder Indexregister SI oder DI (5); JMP, CALL: jedes allgemeine 16-bit-Register nutzbar
6	Relative Adressierung vorzeichenbehaftete 8- oder 16-bit-Distanz (Sprung, Ruf)
7	Basisadressierung EA = Distanz + (Basisregister BX oder BP) (9)
8	Indizierte Adressierung EA = Distanz + (Indexregister SI oder DI) (9)
9	Basisindizierte Adressierung EA = (BX oder SP) + (SI oder DI) (7 oder 8) oder EA = Distanz + (BX oder BP) + (SI oder DI) (11 oder 12)
-	Ein- und Ausgabe-Adressierung unmittelbar (direkt): 8-bit-Adresse im Befehl; indirekt: 16-bit-Adresse im Register DX
-	Wortkettenadressierung (String) implizit SI für Quell- und DI für Zieldaten, automatische Aktualisierung von SI und DI bei Wiederholungen

[1] eingeklammerte Zahlenwerte als erforderliche Taktzyklen für die Berechnung der effektiven Adresse EA.

8080 meist identisch, jedoch besteht keine Kompatibilität auf der Ebene des Maschinenkodes. Die Operandenlänge ist 8 bit (Byte) oder 16 bit (Wort), die Befehlslänge in Abhängigkeit von der Operandenlänge und Adressierungsart 1...6 byte. Das Befehlsformat entspricht bei den meisten Befehlen mit expliziter Adressierung der Darstellung in Abb.3.33.

1. Datentransportbefehle

MOV destination, source: move; Übertragung eines Byte- oder Wortoperanden von der Quelladresse (source) zur Zieladresse (destination).

PUSH source: push word onto stack; Ablegen eines Quellworts im Stack.

POP destination: pop word off stack; Operand aus Stack zur Zieladresse.

XCHG destination, source: exchange; Austausch eines Byte oder Worts zwischen Registern oder zwischen Register und Speicher. Bei Multiprozessorsystemen ist dieser Befehl mit dem Befehlsvorsatz LOCK empfehlenswert, wenn die beiden Buszyklen zum Lesen und Setzen einer Semaphorvariablen nicht durch Abgabe der Bussteuerung an einen anderen Prozessor unterbrochen werden dürfen.

XLAT: translate byte to AL; Inhalt AL dient als Offset für eine maximal 256 byte lange Ubersetzungstabelle, deren Anfangsadresse im Register BX gespeichert ist (erstes Tabellenelement mit Offset 0). Nach Befehlsausführung ist das adressierte Tabellenelement im Akkumulator AL enthalten.

Transport der Adressen von Variablen, z.B. bei Listen- und Wortkettenverarbeitung oder basisadressierten Variablen:

LEA destination, source: load effective address; Speichern der 16 bit langen effektiven Adresse eines im Speichersegment befindlichen Operanden in einem allgemeinen 16-bit-Register.

LDS destination, source: load pointer using DS; Speichern des 32 bit langen Speicherpointers (16-bit-Segmentselektor, 16-bit-Offset) des Quelloperanden in DS (Datensegmentselektor) und in ein beliebiges 16-bit-Register; wird hierfür SI gewählt, kann eine Quellwortkette aus einem anderen Datensegment zur Verarbeitung mit Wortkettenbefehlen (Indexregister SI für Quelldaten) vorbereitet werden.

LES destination, source: load pointer using ES; wie LDS, nur bezogen auf Extradaten-Segmentselektor; mit Indexregister DI Vorbereitung der Wortkettenverarbeitung mit Zieladresse im Extradatensegment.

Transport des Statusworts:

LAHF: load register AH from flags; überträgt Zustandsbits SF, ZF, AF, PF und CF in höherwertigen Teil AH des Akkumulators AX.

SAHF: store register AH into flags; gegenüber LAHF umgekehrte Ubertragungsrichtung.

PUSHF, POPF: Abspeichern des gesamten Statusworts im Stack bzw. Auslesen.

Abb. 3.33: Befehlsformat des 8086 bei expliziter Adressierung; KODE: Befehlskode; D: Ubertragung von oder zum Register (D = 1: REG bezeichnet Zieloperanden; D = 0: REG entspricht Quelloperanden); W: Wort- oder Byte-Operation; MOD: Operand im Register oder Speicher, mit Angabe der Distanz (8 oder 16 bit); REG: Registeroperand oder Erweiterung des Befehlskodes; R/M: Registeroperand oder Register zur Berechnung der effektiven Adresse; Byte 3 und 4: Distanzangabe oder Datenwort; Byte 5 und 6: Datenwort.

2. Blocktransfer- und Suchbefehle

Für die Verarbeitung von Byte- und Wortketten bis 64 Kbyte Länge stehen

5 Grundbefehle (primitives) zur Verfügung:

MOVS destination-string, source-string: move string; transportiert 1 byte oder 1 Wort aus der Quellwortkette (mit Indexregister SI) zur Zielwortkette (mit Indexregister DI). Die Unterscheidung zwischen Byte und Wort läßt sich für den Assembler mit MOVSB oder MOVSW angeben.

CMPS destination-string, source-string: compare string; subtrahiert Byte oder Wort aus der Zielwortkette (DI) vom entsprechenden Element der Quellwortkette (SI), ohne die Werte der Operanden zu ändern. Das nicht gespeicherte Ergebnis setzt lediglich die Zustandsbits und kann als Vergleichsoperation genutzt werden, d.h., bei Übereinstimmung ist das Resultat der Subtraktion Null und damit das Zustandsbit ZF = 1.

SCAS destination-string: scan string; wie CMPS, jedoch steht das implizit adressierte Byte oder Wort der Quellwortkette im Register AL oder AX.

LODS source-string: load string; transportiert Byte- oder Wortelement einer Quellwortkette (SI) zum Register AL oder AX.

STOS destination-string: store string; überträgt Byte oder Wort aus AL oder AX in die mit DI adressierte Zielwortkette.

REP: repeat; Befehlsvorsatz zur wiederholten Ausführung der zuvor genannten Befehle, ohne daß explizit eine Programmschleife programmiert werden muß.

Der Befehlsvorsatz REP vor MOVS und STOS macht davon Gebrauch, daß nach Ausführung eines Byte- oder Wortkettenbefehls die Indexregister SI und DI automatisch auf das nächste Element der Wortkette eingestellt sind. Das 16-bit-Register CX wird als Zähler genutzt und nach jeder Befehlsausführung dekrementiert, so daß nach Initialisierung von CX mit der Zahl der Wortkettenelemente das Ende der Kette bei CX = 0 erkannt wird. REP entspricht damit einer Schleifenanweisung "repeat while not end-of-string". Mit REP MOVS ist eine Speicher-zu-Speicher-Blockübertragung möglich.

Wiederholungen bei ZF = 1 sind über die Vorsätze REPE oder REPZ möglich, die bei gleichem Maschinenkode wie REP lediglich unterschiedliche Assemblerdarstellungen besitzen, um die Lesbarkeit der Assemblerprogramme zu verbessern. REPE und REPZ sind als Vorsatz für die Befehle CMPS und SCAS möglich, die so oft wiederholt werden, bis eine Nichtübereinstimmung der verglichenen Elemente gefunden wird.

Wiederholungen bei ZF = 0 erfolgen mit den Vorsatzbefehlen REPNE und REPNZ, die untereinander ebenfalls gleichen Maschinenkode besitzen. In Verbindung mit CMPS wird der Vergleich der Wortkettenelemente abgebrochen, wenn eine Übereinstimmung gefunden wird ("compare while not end-of-string and strings are not equal"). Mit SCAS kann in dieser Weise ein bestimmter Wert (Inhalt von AL oder AX) in der Wortkette gesucht werden. Die Grundbefehle LODS und STOS sind ebenfalls mit REP-Vorsätzen nutzbar, z.B. ist REP STOS eine einfache Möglichkeit, alle Elemente einer Wortkette auf den gleichen Wert (Inhalt von AL oder AX) zu setzen.

Bei allen REP-Befehlsvorsätzen kann die Verarbeitung in Richtung höherer oder niedrigerer Adresse mit dem Bit DF (Richtungsbit) gewählt werden.

Interrupts werden während Wortkettenoperationen in üblicher Weise bearbeitet, allerdings ist die korrekte Fortsetzung des unterbrochenen Programms generell nur dann gewährleistet, wenn dem Befehl höchstens ein einziger Vorsatz hinzugefügt war.

3. Arithmetikbefehle

Folgende Datenformate sind zu unterscheiden:

- 8- und 16-bit-Binärzahlen, vorzeichenlos (unsigned),
- 8- und 16-bit-Binärzahlen mit Vorzeichen (signed) in üblicher Zweierkomplement-Darstellung,
- Dezimalzahlen BCD gepackt mit 1 BCD je Halbbyte und ungepackt mit 1 BCD im niederwertigen Halbbyte. Dezimalziffern im ASCII-Kode können nach Rücksetzen des oberen Halbbyte von 3H auf Null wie ungepackte BCD verwendet werden.

Der Mikroprozessor besitzt keinerlei Möglichkeiten, um die richtige Zuordnung des Datenformats zu den Befehlen zu kontrollieren.

Addition:

ADD destination, source: add; Addition von 8- oder 16-bit-Operanden mit und ohne Vorzeichen; Ergebnis überschreibt Zieloperanden.

ADC destination, source: add with carry; wie ADD mit zusätzlicher Addition des Übertragbits C für Mehrwort-Operationen.

INC destination: increment; Addition von 1 für vorzeichenlose Operanden.

AAA: ASCII adjust for addition; ändert eine Dezimalziffer im ASCII-Kode, die im Register AL gespeichert ist, in eine ungepackte BCD (niederwertiges Halbbyte) mit gelöschtem höherwertigem Halbbyte des Registers AL.

DAA: decimal adjust for addition; Korrektur einer zuvor erfolgten Addition von zwei ungepackten Dezimaloperanden BCD auf gültige BCD-Ziffern, wobei sich der zu korrigierende Operand im Register AL befinden muß.

Subtraktion:

SUB destination, source: subtract; Subtraktion des Quelloperanden vom Zieloperanden; Ergebnis der mit 8- oder 16-bit-Zahlen durchgeführten Operation ersetzt den Zieloperanden.

SBB destination, source: subtract with borrow; wie SUB mit Berücksichtigung des Übertragsbits C bei Rechnungen mit längeren Operanden.

DEC destination: decrement; Subtraktion einer 1 von Byte oder Wort.

NEG destination: negate; Bildung des Zweierkomplements (Subtraktion von Null).

CMP destination, source: compare; Subtraktion des Quell- vom Zieloperanden ohne Änderung dieser Operanden, aber mit Setzen der Zustandsbits, d.h. Z = 1 bei Übereinstimmung.

AAS: ASCII adjust for subtraction; ändert das Ergebnis der Subtraktion zweier ungepackter Dezimaloperanden mit dem Zieloperanden im Register AL in eine gültige ungepackte BCD; höherwertiges Halbbyte im Register AL gelöscht.

DAS: decimal adjust for subtraction; mit Zieloperanden im Register AL Korrektur der Subtraktion zweier gepackter BCD-Operanden.

Multiplikation:

MUL source: multiply; vorzeichenlose Multiplikation des Quelloperanden mit dem Akkumulatorinhalt (AL bei Byte- und AX bei Wort-Multiplikation); Resultat bei Byte-Multiplikation in Registern AH (höherwertiger Teil) und AL, bei Wortmultiplikation im Register DX (höherwertiges Wort) und im Akkumulator AX.

IMUL source: integer multiply; Multiplikation vorzeichenbehafteter Operanden, sonst wie MUL.

AAM: ASCII adjust for multiply; nach Multiplikation zweier ungepackter Dezimalzahlen Korrektur des Resultats in AH und AL in zwei gültige ungepackte Dezimalzahlen.

Division:

DIV source: divide; Division des Akkumulatorinhalts (und seiner eventuellen Erweiterung mit DX zu einem 32-bit-Dividenden) durch den Divisor als Quelloperanden; bei 8-bit-Divisor Ergebnis im Register AL mit Divisionsrest im Register AH bzw. bei 16-bit-Divisor in den Registern AX und DX für den Rest. Überlauf des 8- bzw. 16-bit-Resultats oder Versuch einer Division durch Null lösen internen Interrupt Typ 0 aus.

IDIV source: integer divide; vorzeichenbehaftete Division, Quotienten im Bereich -127...+127 bei 8-bit-Quelloperand bzw. -32767...+32767 bei 16-bit-Quelloperand, sonst wie MUL.

AAD: ASCII adjust for division; vor Ausführung eines Divisionsbefehls für zwei gültige ungepackte Dezimaloperanden notwendige Korrektur des Dividenden in AL (AH muß für nachfolgende Division gelöscht sein).

CBW: convert byte to word; zieht Vorzeichenbit eines Bytes im Register AL in das Register AH, um die Division des Akkumulatorinhalts AX durch einen 8-bit-Divisor vorzubereiten.

CWD: convert word to doubleword; erweitert analog zu CBW ein Wort zu einem Doppelwort im Register DX und AX für eine nachfolgende Division durch ein 16-bit-Wort.

4. Logikbefehle

NOT destination: negate; invertiert alle Bitwerte des Byte- oder Wortoperanden (Einer-Komplement).

AND destination, source: and; logische UND-Verknüpfung, Resultat überschreibt Zieloperanden.

OR destination, source: inclusive or; logische ODER-Verknüpfung, Resultat überschreibt Zieloperanden.

XOR destination, source: exclusive or; logische Exklusiv-ODER-Verknüpfung, Resultat überschreibt Zieloperanden, d.h. bit = 0, wenn betreffende Bitwerte beider Operanden übereinstimmen.

TEST destination, source: test; führt logische UND-Verknüpfung aus, ohne die Operanden zu beeinflussen; setzt Zustandsbits SF, ZF und PF.

5. Schiebe- und Rotationsbefehle

Anzahl der Schiebe- und Rotationsschritte von 1 bis 255 wählbar (Anzahl im Register CL).

SHL destination, count: shift logical left; Byte- oder Wortverschiebung nach links mit Nachfüllen von Nullen auf der rechten Seite. Behält das Vorzeichenbit seinen Wert, wird Zustandsbit OF gelöscht (OF = 0).

SHR destination, source: shift logical right; Rechtsverschiebung mit Nachfüllen von Nullen auf der linken Seite.

SAL destination, count: shift arithmetic left; identisch mit SHL.

SAR destination, count: shift arithmetic right; Rechtsverschiebung mit Nachfüllen von Bitwerten entsprechend dem Vorzeichenbit, um das Vorzeichen zu bewahren.

ROL destination, count: rotate left; Links-Rotation.

ROR destination, count: rotate right: Rechts-Rotation.

RCL destination, count: rotate through carry left; Links-Rotation mit Einbeziehen des Übertragsbits C.

RCR destination, count: rotate through carry right; Rechts-Rotation, sonst wie RCL.

6. Bitverarbeitende Befehle

Es sind keine Befehle vorhanden, die das explizite Adressieren einzelner Bitpositionen im Datenwort für Setzen oder Löschen ermöglichen; für diese Aufgaben sind logische Befehle (Maskenoperationen) geeignet, aber auch Rotationsbefehle zum "Isolieren" eines Einzelbits im Übertrag C mit anschließender Beeinflussung durch folgende Befehle:

CLC: clear carry flag; löscht Übertragsbit C bzw. CF.

STC: set carry flag; setzt CF = 1.

CMC: complement carry flag; invertiert CF.

7. Ein- und Ausgabebefehle

IN accumulator, port: input; Byte- oder Worttransfer vom adressierten Register (port) nach AL bzw. AX; 8-bit-Portadresse als unmittelbarer Operand im Befehl oder als 16-bit-Portadresse im Register DX.

OUT port, accumulator: output; Byte- oder Worttransfer von AL oder AX zum Ausgaberegister, Adressierung wie bei IN.

8. Programmsteuerung

Unbedingte Verzweigungen:

CALL procedure-name: Aufruf einer Routine im gleichen oder in einem anderen Segment, und zwar jeweils mit direkter oder indirekter Adressierung.

Aufruf im gleichen Segment (intrasegment CALL): die direkte Adressierung entspricht einer Relativadresse von ±32 K und unterstützt eine verschiebliche Programmierung; bei der indirekten Adressierung wird der Befehlszähler vom Inhalt eines 16-bit-Registers oder einer Speicherzelle geladen.

Aufruf in einem anderen Segment (intersegment CALL): hierbei werden das Kodesegment-Selektorregister CS und der Befehlszähler mit den im Befehl angegebenen Werten direkt bzw. über einen 32-bit-Zeiger aus zwei Speicherzellen indirekt geladen (erstes Wort für Befehlszähler und zweites Wort für Selektorregister CS).

Bei allen CALL-Befehlen wird der Befehlszählerstand automatisch im Stackspeicher abgelegt, bei Intersegment-Aufrufen zusätzlich auch noch der Inhalt des CS-Registers.

RET optional-pop-value: return from CALL; nach Beendigung der Routine Weiterführung des Programms mit dem nach CALL folgenden Befehl. Je nach Rufadresse muß RET vom Assembler entsprechend modifiziert werden. Zusätzlich kann dem Befehl RET ein Wert beigefügt werden, der zum Stackpointer addiert wird und auf diese Weise z.B. das Auslesen nicht mehr benötigter Werte aus dem Stack-Speicher vermeidet.

JMP target: jump; im Prinzip wie CALL, nur ohne automatische Abspeicherung von Befehlszähler- und Kodesegmentselektor im Stack-Speicher. Bei Sprungbefehlen innerhalb des gleichen Segments zusätzlich noch Unterscheidung zwischen einer 16- und 8-bit-Relativadresse.

Bedingte Verzweigungen:

Es sind 16 verschiedene Sprungoperationen definiert, deren Ausführung vom Zustand ausgewählter Zustandsbits abhängt (CF, PF, ZF, SF, DF): Ausführung bei erfüllter Bedingung (true), z.B. JNE (jump on not equal) und JNZ (jump on not zero) ergibt Sprung bei Nullzustandsflag ZF = 0 oder JS (jump on sign) mit Sprung bei SF = 1. Die bedingten Sprungoperationen haben eine 8-bit-Relativadresse für Sprungdistanzen im Bereich -128... +127 byte, bezogen auf das erste Byte des nach dem Sprungbefehl folgenden Befehls.

Schleifensteuerung:

Die Zahl der auszuführenden Schleifen ist im Register CX zu speichern, wobei jeder Durchlauf diesen Zähler um 1 dekrementiert. Die Sprungweite stellt wie bei den bedingten Sprungoperationen eine 8-bit-Relativadresse (short-label) dar.

LOOP short-label: Schleife wird durchlaufen, wenn CX-Inhalt nach Dekrementierung ungleich Null ist, anderenfalls wird der Befehl nicht ausgeführt und zum Befehl, der nach LOOP folgt, übergegangen.

LOOPE/LOOPZ short-label: loop while equal/loop while zero; identische Befehle mit unterschiedlicher Assemblerkodierung; Schleifenwiederholung bei Nullzustandsflag ZF = 1 und CX-Inhalt ungleich Null.

LOOPNE/LOOPNZ short-label: loop while not equal/loop while not zero; wie LOOPE/LOOPZ, jedoch mit Schleifenwiederholung bei ZF = 0.

JCXZ short-label: jump if CX zero; Sprung bei gelöschtem CX-Register.

9. Prozessorsteuerung

Interruptbefehle:

STI: set interrupt-enable flag; IF = 1, läßt nach Ausführung des auf STI folgenden Befehls externe Interruptanforderungen am maskierbaren

Interrupteingang INTR zu.

CLI: clear interrupt-enable flag; IF = 0, blockiert Eingang INTR.

INT interrupt type: Software-Interrupt mit Angabe einer 8-bit-Typnummer; bei Ausführung automatisches Retten der Zustandsbits, des CS-Segmentselektorregisters und des Befehlszählers in den Stack-Speicher. INT 3 stellt einen Haltepunkt dar (Breakpoint-Interrupt).

INTO: interrupt on overflow; Software-Interrupt bei gesetztem arithmetischem Überlauf-Flag OF = 1, entspricht INT 4.

IRET: interrupt return; Rückkehr aus Interrupt-Serviceroutine mit Wiederherstellung des Inhalts von Statusregister, CS und IP.

Sonstige Befehle:

STD: set direction flag; DF = 1 für Autodekrementierung von SI und DI bei Wortkettenbefehlen.

CLD: clear direction flag; DF = 0, für Autoinkrementierung von SI und DI.

HLT: halt; Haltzustand des 8086 bis zur Aktivierung des RESET-Eingangs oder eines externen Interrupts.

NOP: no operation; Leerbefehl, realisiert als Austauschbefehl XCHG AX,AX (Maschinenkode 90H).

10. Systemsteuerung

WAIT: nach WAIT wartet der Prozessor, bis der Testeingang TEST aktiv wird (Koprozessor-Synchronisation).

ESC external-opcode, source: escape; mit diesem Befehlsvorsatz wird die Befehlsausführung einem Koprozessor übertragen, dessen Funktion in einem 6 bit langen Operationskode angegeben ist.

LOCK: Vorsatz vor einem Befehl, um bei dessen Ausführung keine Busfreigabe durch ein äußeres LOCK-Signal zuzulassen.

Der Vollständigkeit wegen ist noch der Befehlsvorsatz SEGMENT zu erwähnen, der die implizite Zuordnung zu einem aktuellen Segment aufhebt (segment override prefix). Er kann vom Assembler automatisch über die Spezifikation der Operanden berücksichtigt werden, verbessert aber bei Einfügung in das Assemblerprogramm dessen Lesbarkeit.

Die Ausführung der Befehle des 8086 erfordert im allgemeinen 2...4 Taktzyklen für Operationen mit Registerinhalten und 10...15 Taktzyklen bei einmaligem Speicherzugriff. Für komplexe Operationen, wie Multiplikation und Division, werden je nach Operandenlänge zwischen 70 und 200 Taktzyklen benötigt.

Zusammenfassendes Beispiel für Befehlsablauf

Die Wechselbeziehungen der einzelnen Einheiten des 8086, das Zeitverhalten und die Busbelegung sind in Abb.3.34 demonstriert (In 79). Als Programm wurde eine endlose Schleife ohne tiefere Bedeutung ausgewählt. Die Programmschleife umfaßt 7 Befehle und 16 byte Kodelänge. Einige Befehle mit kurzer Ausführungszeit zeigen deutlich den Einfluß der Warteschlange auf die Ausführungseinheit EU und die Busbelegung.

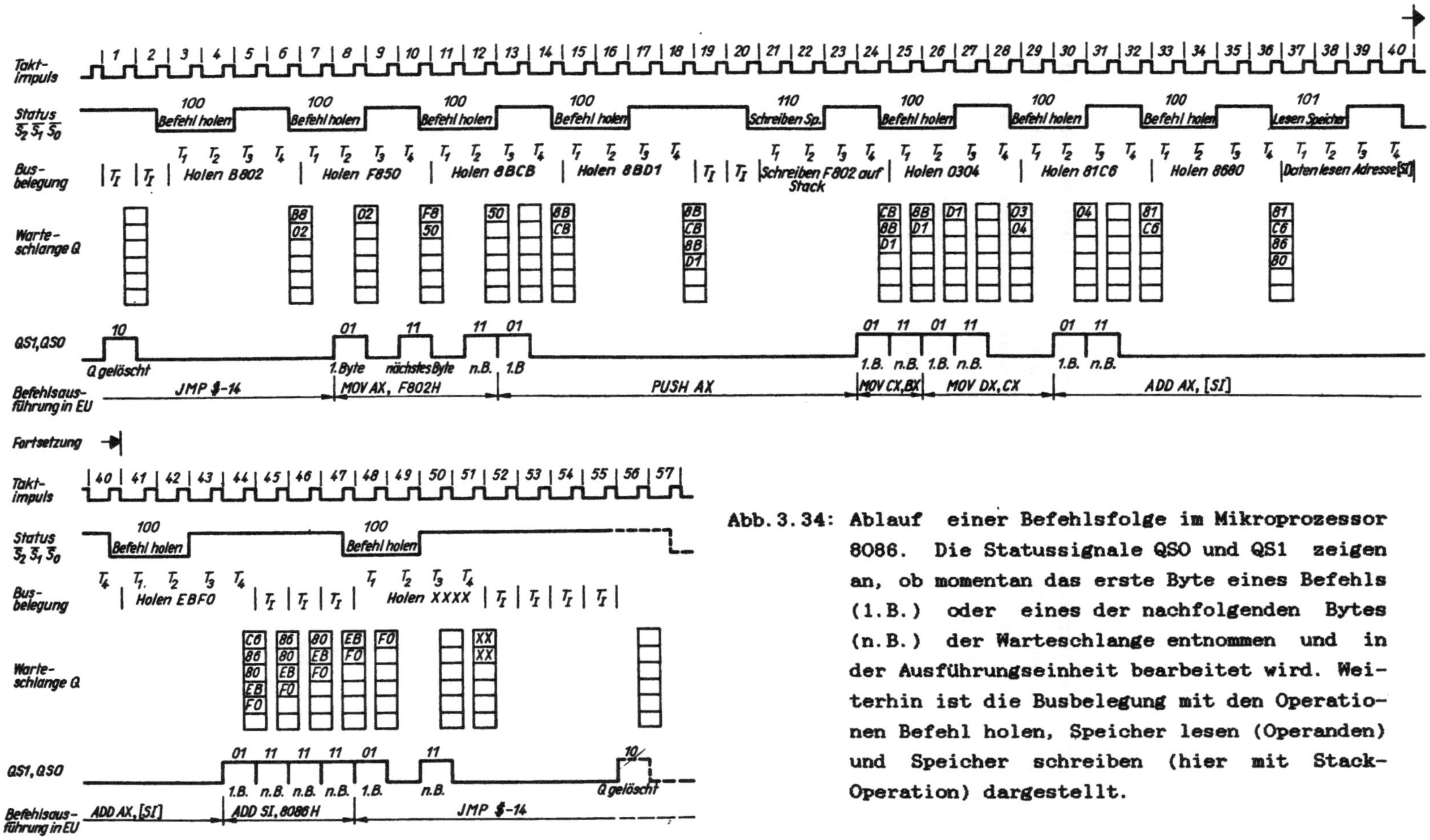

Abb. 3.34: Ablauf einer Befehlsfolge im Mikroprozessor 8086. Die Statussignale QS0 und QS1 zeigen an, ob momentan das erste Byte eines Befehls (1.B.) oder eines der nachfolgenden Bytes (n.B.) der Warteschlange entnommen und in der Ausführungseinheit bearbeitet wird. Weiterhin ist die Busbelegung mit den Operationen Befehl holen, Speicher lesen (Operanden) und Speicher schreiben (hier mit Stack-Operation) dargestellt.

Beispielprogramm für Abb.3.34:

```
MOV AX,0F802H        Kode: B802F8
PUSH AX                    50
MOV CX,BX                  8BCB
MOV DX,CX                  8BD1
ADD AX,[SI]                0304
ADD SI,8086H               81C68680
JMP $ - 14                 EBF0
XXXX
```

Der in Abb.3.34 dargestellte Ablauf beginnt willkürlich während der Ausführung des Sprungbefehls, der u.a. die Warteschlange löscht. Während der Taktzyklen 3...6 werden der Operationskode und ein Datenbyte des ersten Befehls (B802) in die Warteschlange eingeschrieben, so daß mit Takt 7 das erste Byte (B8) der Ausführungseinheit übergeben werden kann. Gleichzeitig beginnt ein neuer Buszyklus zum Lesen des restlichen Befehlsteils (F8) und des zweiten Befehls (50). Die Ausführungseinheit kann den Befehl während des Taktes 12 beenden, nachdem sie zuvor aus der Warteschlange den Befehl B802F8 komplettieren konnte. Während dieser Zeit findet ein erneuter Buszyklus (Takte 11...14) für das Einlesen des dritten Befehls statt (8BCB), gefolgt vom Buszyklus für das Einlesen des vierten Befehls (8BD1). Obwohl in der Warteschlange noch Platz für einen weiteren Befehl wäre, wird ihr weiteres Auffüllen verschoben. Der Grund hierfür liegt darin, daß die Ausführung von PUSH AX (Beginn Takt 13) einen Schreibzyklus für den Stack-Speicher beansprucht (Takte 21...24). Der Befehl MOV CX,BX läuft schnell ab, da alle Befehlsteile aus der Warteschlange verfügbar sind. Dagegen dauert der Befehl MOV DX,CX länger, weil die Warteschlange leer geworden ist und erst der Buszyklus zum Einlesen des ADD-Befehls (0304) abgeschlossen werden muß (Takte 25...28). Während der Ausführung von ADD AX,[SI] mit erforderlichem Speicherzugriff wird die Warteschlange mit dem Kode der nächsten Befehle gefüllt (Takte 29...32, 33...36 und 41...44), so daß sie ablaufen können (Takte 44...47 und ab 48). Parallel dazu wird ein weiterer Buszyklus durchgeführt (Takte 48...51), der den Befehl XXXX einliest, der im Programm nach dem Befehl JMP geschrieben ist, wegen des unbedingten Sprungs zum Anfang der Programmschleife aber nicht ausgeführt werden kann. Dieses vorausschauende Lesen von XXXX ist hier wegen des Sprungbefehls, der die Warteschlange löscht, nicht erforderlich, veranlaßt aber einen oder mehrere im Endeffekt nur den Bus belastende Übertragungsoperationen.

In der ausführlichen Darstellung des Befehlsablaufs des 8086 (In 79) wird darauf verwiesen, daß in den meisten Fällen der Anteil komplexer Befehle (längere Ausführungszeit, Adreßrechnung) überwiegt. In solchen Fällen wird die Laufzeit des Programms im wesentlichen von der Befehlsausführungszeit bestimmt. Die Warteschlange ist häufiger gefüllt, Freilauftakte T_I treten zahlreicher auf.

Wird je Speicherzugriff ein Wartetakt T_W benötigt, verlängert sich die gesamte Ausführungszeit. Durch die Warteschlange können zu Lasten der T_I-Zyklen einige Wartetakte kompensiert werden. Im Beispiel Abb.3.34 wären auf diese Weise statt 10 T_W-Zyklen für die 10 "nützlichen" Speicherzugriffe (alle Speicherzugriffe außer Lesen von XXXX) zum Lesen der Befehle nur 9 T_W-Zyklen zu berücksichtigen. Bei komplexeren Befehlen mit längerer Ausführungszeit und geringerer Wechselwirkung zwischen BIU und EU ist die Warteschlange häufiger als im Beispiel Abb.3.34 gefüllt; die Anzahl der T_I-Zyklen erhöht sich.

3.3.2.3. Mikroprozessor 8088

Der Mikroprozessor 8088 ist im Aufbau und in den Eigenschaften mit dem Mikroprozessor 8086 weitgehend identisch (In 79). Der bedeutendste Unterschied besteht darin, daß der 8088 nur 8 Datenein- und -ausgabeanschlüsse besitzt, so daß 16-bit-Operanden zwei aufeinanderfolgende Speicherzugriffe erfordern. Die Warteschlange im Businterface kann nur 4 byte aufnehmen und wird bereits "nachgefüllt", wenn erst 1 byte frei ist (gegenüber 1 byte beim 8086). Für den Programmierer gibt es keine Unterschiede in der Befehlsliste und im Ergebnis der Befehlsausführung. Lediglich die Ausführungszeiten einzelner Befehle können wegen des 8-bit-Datenbus etwas verlängert sein.

Die Anschlußbelegung des 8088 ist in Abb.3.35 wiedergegeben. Sie zeigt die nahezu vollständige Anschlußkompatibilität zum 8086, so daß die Tabellen 3.10, 3.11 und 3.12 zur Erläuterung herangezogen werden können. Die Anschlüsse AD7...AD0 führen im Zeitmultiplex Adreß- und Datensignale, während das höherwertige Adreßbyte auf A15...A8 im gesamten Buszyklus $T_1 \ldots T_4$ stabil verfügbar ist und ein entsprechendes Auffangregister erspart werden kann. Mit $MN/\overline{MX}$ sind die Minimal- und die Maximal-Betriebsart einstellbar.

In der Minimal-Betriebsart ($MN/\overline{MX} = 1$) ist die Statusleitung $IO/\overline{M}$ in invertierter Form gegenüber $\overline{S2}$ der Maximal-Betriebsart definiert, um Kompatibilität mit dem Bus des Mikroprozessors 8085 zu sichern. Auf diese Weise ist es möglich, die für den 8085 entwickelten Speicherschaltkreise, die teilweise mit zusätzlichen E/A-Ports und Zähler-Zeitgebereinheiten ausgestattet sind, z.B. 8155, unmittelbar mit dem 8088 zusammenzuschalten. Bei Verwendung von Auffangregistern für die Adreßsignale und von Datenbustreibern ergibt sich eine Konfiguration, die völlig der Prinzipschaltung in Abb.3.29 entspricht.

Die Maximal-Betriebsart ($MN/\overline{MX} = 0$) basiert auf dem Bussteuerschaltkreis 8288 und nutzt die Statussignale $\overline{S2}$, $\overline{S1}$ und $\overline{S0}$ zur Dekodierung des aktuellen Prozessorzustands, siehe die äquivalente Schaltung Abb.3.30.

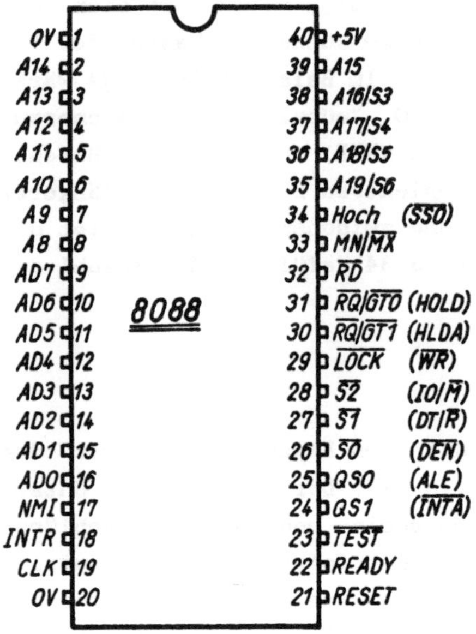

Abb. 3.35: Anschlußbelegung des Mikroprozessors 8088, eingeklammerte Bezeichnungen für die Minimal-Betriebsart

In Tabelle 3.15 sind wegen der besseren Übersicht die Statussignale für die beiden Betriebsarten zusammengefaßt. Der Zeitablauf auf dem Mikrorechnerbus gleicht prinzipiell dem Zeitablauf beim 8086 (Abb. 3.27) mit dem einzigen Unterschied, daß der höherwertige Teil des Adreßbus A15...A8 keine Daten führt. Als Taktfrequenzen werden 5 MHz (8088) bzw. 8 MHz (8088-2) verwendet.

Tabelle 3.15: Statussignale des Mikroprozessors 8088

Minimal-Betriebsart	IO/$\overline{M}$	-	DT/$\overline{R}$	$\overline{SS0}$
Maximal-Betriebsart	-	$\overline{S2}$	$\overline{S1}$	$\overline{S0}$
Interruptquittung	1	0	0	0
Lesen Ein-/Ausgabe-Port	1	0	0	1
Schreiben Ein-/Ausgabe-Port	1	0	1	0
HALT	1	0	1	1
Kode-Zugriff	0	1	0	0
Speicher lesen	0	1	0	1
Speicher schreiben	0	1	1	0
passiv	0	1	1	1

3.3.2.4. Mikroprozessor 80186

Der Mikroprozessor 80186 besitzt die gleiche Registerstruktur wie der 8086 und verwendet die gleichen Adressierungsarten (He 82, In 83). Die Weiterentwicklung gegenüber dem 8086 bezieht sich auf eine rund doppelt so hohe Verarbeitungsleistung und auf 10 zusätzliche Befehle zu einer Befehlsliste, die ansonsten mit der Befehlsliste des 8086 identisch ist. Auf dem Chip des 80186 ist eine Reihe von Schaltungsgruppen integriert, die bei anderen 8- und 16-bit-Mikroprozessoren von externen Peripherieschaltkreisen realisiert werden:

- programmierbare Interruptsteuerung,
- zwei unabhängige Kanäle für direkten Speicherzugriff DMA,
- programmierbare Auswahllogik für Speicher- und Peripherieschaltkreise,
- drei programmierbare 16-bit-Zeitgeber (Timer).

Die Grundstruktur des 80186 ist in Abb.3.36 wiedergegeben (In 83). Im Taktgenerator wird mit einem externen Quarz (16 MHz) ein um den Faktor 2 untersetztes symmetrisches Taktsignal erzeugt, das für die interne Taktung maßgebend ist und über den Ausgang CLKOUT zur Steuerung z.B. eines Koprozessors zur Verfügung steht. Businterface BIU und Ausführungseinheit EU ähneln in ihrer Funktion und in den Eigenschaften der Steuer- und Statussignale weitgehend dem 8086. Die programmierbaren Einheiten Interruptsteuerung, direkter Speicherzugriff und Zeitgeber entsprechen den im Abschnitt 4.2. beschriebenen Peripherieschaltkreisen. Die Auswahllogik ermöglicht die Überwachung auf Einhaltung vorgewählter Adreßbereiche und unterstützt die Speicherankopplung, indem Wartezyklen für Speicherzugriffe automatisch erzeugt werden können. Der 80186 ist auf einem quadratischen Chipträger mit 68 Anschlußkontakten und 24,4 mm Kantenlänge untergebracht; die Leistungsaufnahme beträgt maximal 3 W.

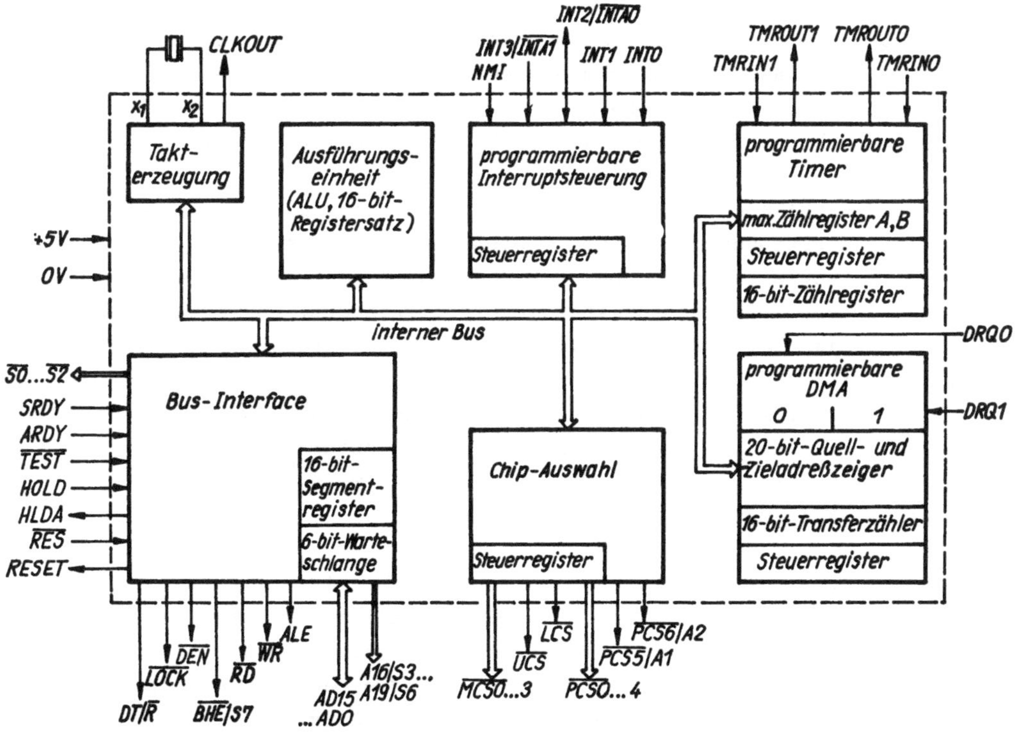

Abb.3.36: Struktur des Mikroprozessors 80186

Businterface BIU

Die bidirektionalen Adreß- und Datenbusanschlüsse AD15...AD0 führen wie beim 8086 während des Taktzyklus T_1 die Adressen und in den Taktzyklen T_2, T_3, T_W und T_4 die Daten. A16/S3...A19/S6 geben während T_1 die vier höchstwertigen Adreßbits aus und anschließend den Status "Prozessorzyklus" (S6 = 0) oder "DMA-Zyklus" (S6 = 1). Die Signale ALE/QS0, $\overline{WR}$/QS1 und $\overline{RD}/\overline{QSMD}$ steuern die Adreßauffangregister und die Datenübertragungsrichtung und können als QS0 und QS1 Aussagen über die Ausgabe aus der Warteschlange liefern (vergleiche Abb.3.34). Zwei READY-Eingänge sind für nichtsynchronisierte Fertigmeldungen (ARDY) und für Meldesignale vorgesehen, die extern mit dem Takt des 80186 synchronisiert sind (SRDY). Die Signale HOLD und HLDA dienen wie in der Minimal-Betriebsart des 8086 zum Abschalten des 80186 vom lokalen Bus, wenn ein anderer Busmaster den Bus anfordert. Orientierende Angaben zu den übrigen Ein- und Ausgabeanschlüssen der BIU sind in den Tabellen 3.11, 3.12 und 3.13 zu finden. Auch der Zeitablauf während eines Buszyklus entspricht im wesentlichen dem des Mikroprozessors 8086 (Abb.3.27).

Interner Steuerregisterblock

Die im 80186 implementierten Peripheriesteuerungen werden in ähnlicher Weise wie bei separaten Peripherieschaltkreisen von Steuerregistern gesteuert, die in einem 256 byte langen Registerblock zusammengefaßt sind (Abb.3.37). Mit dem Relocation-Register kann durch Bit 12 festgelegt werden, ob diese Tabelle dem Speicherraum (M/$\overline{IO}$ = 1) oder dem Raum der Ein-/Ausgabeadressen zugeordnet wird. Dieses Register enthält die höherwertigen 12 bit der Basisadresse (R19...R8) des Steuerregisterblocks.

Die beiden DMA-Kanäle sind voneinander unabhängig. Sie ermöglichen den Byte- und Worttransfer zwischen Speicherbereichen, zwischen Ein-/Ausgabeeinheiten sowie zwischen Speicher und Ein-/Ausgabeeinheit und werden von je 6 Registern im Steuerregisterblock programmiert: Steuerwort, Transferzähler, Zeiger für die jeweilige 20-bit-Quelladresse und 20-bit-Zieladresse. Mit 2 Buszyklen je Transfer sind bei minimal 8 Taktzyklen bis zu 2 Mbyte/s übertragbar (8 MHz Taktfrequenz des 80186). Die Anschlüsse DRQ0 und DRQ1 beziehen sich auf DMA-Anforderungen externer Einheiten. DMA kann nicht durch Interrupt außer NMI unterbrochen werden; eine Interruptauslösung bei Ende der DMA-Übertragung ist möglich.

Die drei Timer besitzen etwas unterschiedliche Eigenschaften. Die Timer 0 und 1 haben externe Eingänge TMRIN0 und TMRIN1 für Zählereignisse und Ausgänge TMROUT0 und TMROUT1 für Spannungspegel T und H, um periodische oder nichtperiodische Rechtecksignale erzeugen oder Zeitsteuerimpulse für externe Einheiten abgeben zu können. Sie sind extern mit 2 MHz triggerbar. Jeder der beiden Zähler hat zwei Register für maximale Zählerwerte, die je nach Programmierung des Timer-Steuerregisters abwechselnd wirksam werden können, z.B. für die Erzeugung unsymmetrischer Rechteckspannungen.

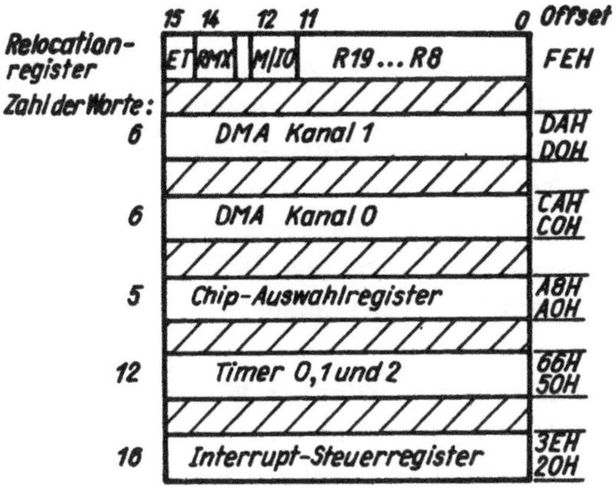

Abb. 3.37: Steuerregisterblock des Mikroprozessors 80186

Bei Erreichen des maximalen Zählerwerts lassen sich Interruptanforderungen auslösen. Der Timer 2 ist extern nicht zugänglich und für Echtzeitanwendungen und Zeitverzögerungen vorgesehen (mit Interruptanforderung).

Die Chip-Select- oder Chip-Auswahl-Logik stellt eine interessante Erweiterung gegenüber dem 8086 dar. Liegt die aktuelle Adresse A19...A0 in einem programmierbaren, zugelassenen Speicherbereich, wird ein Chip-Auswahlsignal abgegeben, mit dem der Arbeitsspeicher selektiert wird; gleiches gilt für Ein-/Ausgabeadressen. Es werden drei Speicherbereiche unterschieden:

- Oberer Speicherbereich für Initialisierung und Systemgenerierung mit fester oberer Adresse FFFFFH und einer wählbaren Anfangsadresse entsprechend 1, 2, 4,... oder 256 Kbyte Bereichslänge,
- unterer Speicherbereich für Interruptvektoren und Tabellen mit fester Anfangsadresse 00000H und einer oberen Adresse gemäß 1, 2, 4,... oder 256 Kbyte Bereichslänge,
- mittlerer Speicherbereich, bestehend aus 4 zusammenhängenden gleichgroßen Bereichen von 2, 4,... oder 128 Kbyte Länge und mit insgesamt maximal 512 Kbyte Speicherumfang.

In Steuerregistern sind die wählbaren Adressen, die Blocklängen und die Anzahl der automatisch einzufügenden Wartetakte T_w je Speicherzugriff programmierbar (0...3). Die betreffenden Chip-Auswahlsignale sind mit $\overline{UCS}$, $\overline{LCS}$ sowie $\overline{MCS0}$...$\overline{MCS3}$ bezeichnet. Ein weiterer Block bezieht sich auf Ein-/Ausgabeadressen für 7 zusammenhängende Blöcke mit je 128 Adressen. Die Anfangsadresse dieses Bereichs ist ein Vielfaches von 1 K. Die Chip-Auswahlleitungen sind $\overline{PCS0}$...$\overline{PCS6}$, wobei die Leitungen $\overline{PCS5}$ und $\overline{PCS6}$ auch für die Zwischenspeicherung der Adreßbits A1 und A2 nutzbar sind.

Interruptanforderungen

Mit dem Bit 14 (RMX) des Relocation-Registers wird zwischen zwei Arten der Interruptbearbeitung gewählt, die durch unterschiedliche Interruptsteuerregister im Steuerregisterblock und verschiedenartige Einbeziehung externer Interruptsteuerungen 8259A charakterisiert sind.

- Master-Modus (Standardbetriebsart nach Reset):

Nicht-maskierbarer Interrupteingang NMI und vier maskierbare Anschlüsse, die entweder als 4 Interrupteingänge INTO...INT3 mit intern erzeugten Interruptvektoren oder als zwei Eingänge Interruptanforderung und zwei Ausgänge Interruptquittung ($\overline{\text{INTA0}}$, $\overline{\text{INTA1}}$) arbeiten. Die Funktion der Interruptsteuerung ist mit dem programmierbaren Interruptsteuerschaltkreis 8259A vergleichbar. In der Kombination INTO und $\overline{\text{INTA0}}$ läßt sich beispielsweise ein externer Schaltkreis 8259A anschließen.

- RMX86-Modus:

Die Interruptstruktur im Betriebssystem iRMX86 fordert 1 Mastersteuerung und weitere Slaves (Schaltkreise 8259A). In dieser Betriebsart hat die interne Interruptsteuerung des 80186 den Status eines Slaves, die über ihre 4 Ein- und Ausgänge INTO...INT3 mit dem Master 8259A gekoppelt ist.

Die Interrupttypen bzw. fest vorgegebenen Vektoren sind für die Nummern 0...4 mit denen des 8086 identisch (Abb.3.31). Der dort reservierte Bereich mit den Typnummern 5...31 ist im 80186 zu einem großen Teil bestimmten Aufgaben definiert zugeordnet:

Typ 5: Verletzung von programmierten Bereichsgrenzen, Interrupt nach Befehl BOUND möglich,

Typ 6: Verwendung eines nichtdefinierten Operationskodes,

Typ 7: Versuchte Ausführung einer ESC-Operation; Interruptauslösung, wenn Bit 15 (ESC-trap) im Relocation-Register gesetzt ist,

Typ 8, 18 und 19: Interruptanforderungen durch Timer 0, 1 und 2,

Typ 10 und 11: Interruptanforderung durch DMA0 und DMA1,

Typ 12 bis 15: maskierbare Interrupts INTO...INT3,

Mit INT n (n = 8-bit-Vektornummer) kann wie beim 8086 ein Softwareinterrupt programmiert werden.

Befehlsliste

Gegenüber der Befehlsliste des 8086 sind 10 neue Befehle implementiert worden, die allerdings den Charakter der Befehlsliste kaum beeinflussen.

1. Datentransportbefehle

PUSH immediate: Speichern einer 8- oder 16-bit-Konstanten im Stack.

PUSHA: push all; Abspeichern der Register in der Reihenfolge AX, CX, DX, BX, SP (Initialwert), BP, SI und DI im Stackspeicher.

POPA: pop all; reverser Befehl zu PUSHA, keine Berücksichtigung von SP.

2. Blocktransferbefehle bzw. Ein- und Ausgabebefehle

INS: input; Eingabe von Byte oder Wort über indirekte Adressierung mit Hilfe des Registers DX.

OUTS: output; Ausgabe indirekt über Register DX.

Mit dem REP-Vorsatz wird die Wiederholung von INS oder OUTS programmiert.

3. Arithmetikbefehle

IMUL: integer immediate multiply; vorzeichenbehaftete Multiplikation mit 8- oder 16-bit-Konstante, die im Befehl unmittelbar angegeben ist.

5. Schiebe- und Rotationsbefehle
Bei allen 7 Schiebe- und Rotationsbefehlen unmittelbare Angabe der auszuführenden Zahl von Schiebe- bzw. Rotationsoperationen im Befehl.
8. Programmsteuerung
BOUND: detect value out of range; Software-Interrupt Typ 5 bei Verletzung von Bereichsgrenzen auslösen.
ENTER/LEAVE: enter/leave procedure; Steuerung der Verschachtelungstiefe von Stacksegmenten über BP sowie Erzeugung bzw. Auflösung von Stackrahmen (Frames) für die dynamische Speicherzuordnung.
Der 80186 ist bei MUL- und DIV-Befehlen etwa 3-4mal schneller als der Mikroprozessor 8086, im Mittel rund 35 Taktzyklen mit etwa 4 µs.

Mikroprozessor 80188

Die Mikroprozessoren 80186 und 80188 ähneln sich untereinander ebenso wie 8086 und 8088. Der Datenbusanschluß des 80188 ist für 1 byte ausgelegt (AD7...AD0), so daß ein Wortzugriff zwei Buszyklen erfordert und gegenüber einem Bytetransfer vier zusätzliche Taktzyklen benötigt. Analog dem 8088 ist die Warteschlange im Businterface auf 4 byte verkürzt.

3.3.2.5. Mikroprozessor 80286

Der Mikroprozessor 80286 ist im Vergleich zum 8086 bei Wahrung der Softwarekompatibilität wesentlich weiterentwickelt worden, wobei einige bei modernen Minirechnern übliche Methoden sowie Erfahrungen aus der Anwendung anderer Typen von 16-bit-Mikroprozessoren berücksichtigt wurden (Ge82, He 82a, In 83, Ch 84, In 85). Die Architektur des 80286 unterstützt die Ausführung von Anweisungen höherer Programmiersprachen und die Realisierung von Multinutzer- und Multitask-Betriebssystemen; sie leistet damit einen Beitrag zur Verringerung der "semantischen Lücke". Auf dem Prozessorchip ist die virtuelle Speicherplatzverwaltung mit verschiedenen Zugriffsschutzmechanismen und mit einem virtuellen Adreßraum von 1 Gbyte je Nutzer (1 G = 2^{30}) implementiert. Durch eine ausgefeilte Fließbandverarbeitung wird eine bis zu fünfmal höhere Verarbeitungsleistung gegenüber dem 8086 (8-MHz-Takt) erreicht (Ch 84), so daß bei Multiprozessorsystemen der Bus zum leistungsbegrenzenden "Flaschenhals" werden kann.

Aufbau
Der Mikroprozessor 80286 geht vom bewährten Prinzip eines separaten Businterfaces und einer Ausführungseinheit aus (vergleiche Abb.3.21) und enthält außerdem eine Instruktions- und eine Adreßeinheit. Infolge der simultanen Arbeit dieser vier Komplexe wurde es u.a. möglich, im Gegensatz zu externen Speicherverwaltungseinheiten die virtuelle Adressierung ohne zusätzlichen Zeitbedarf und ohne zusätzliche Busbelastung durchzuführen.

Das Blockdiagramm des 80286 ist in Abb.3.38 dargestellt. Die Buseinheit BU besorgt die Speicherzugriffe und die Ein-/Ausgabeoperationen sowie die Bussteuerung und das Auffüllen der 6 byte langen Kode-Warteschlange. In der Instruktionseinheit IU werden aus den zusammengehörenden Bytes der Kode-Warteschlange die Befehle gebildet, vorverarbeitet und in eine Warteschlange übernommen, in der drei Befehle Platz finden können. Die Vorverarbeitung in der IU bezieht sich u.a. auf die Berücksichtigung von Befehlsvorsätzen (prefix) und auf die Angabe von Einsprungadressen in das Mikroprogramm für die Befehlsausführung. In der Ausführungseinheit EU erfolgt die Befehlsabarbeitung mit Rechenwerk und schneller Multiplizier-Dividier-Anordnung. Die Operationen werden mit Hilfe von Mikroprogrammen (Steuer-ROM mit 1536 Worten zu je 35 bit) gesteuert. Die Adreßeinheit AU

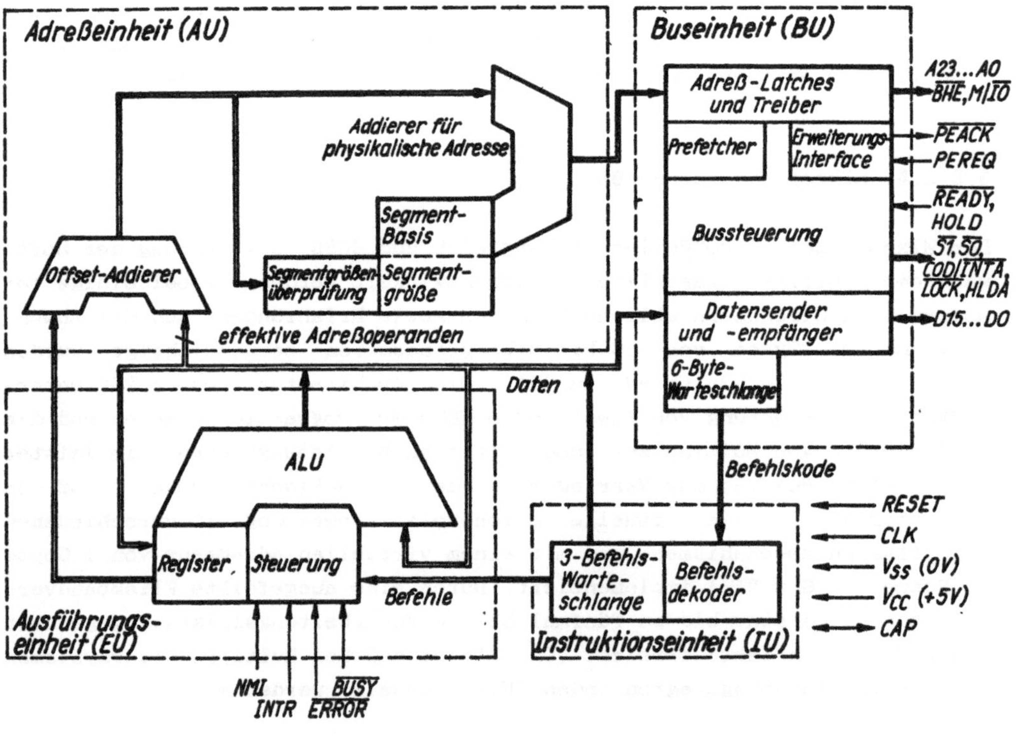

Abb.3.38: Aufbau des Mikroprozessors 80286

übernimmt für jeden Buszyklus die erforderlichen Adreßrechnungen mit gleichzeitiger Überprüfung der Zugriffsrechte und der Einhaltung der Segmentgrenzen. Die Adreßrechnung erfolgt parallel zur Befehlsausführung und erfordert nur dann einen zusätzlichen Prozessortakt, wenn Basis, Index und Displacement für die effektive Adresse zu berücksichtigen sind.

Anschlußbelegung

Der 80286 ist auf einem 68-poligen quadratischen Keramikträger montiert, dessen Kantenlänge 24,4 mm beträgt. Die Bedeutung der Anschlußkontakte, die in Abb.3.38 eingetragen sind, weist eine große Ähnlichkeit zum 8086 auf, allerdings sind die Adreß- und Datenleitungen separat herausgeführt.

Bidirektionale Leitungen:

D15...D0: data bus; Datenbusleitungen in Eingaberichtung für Daten vom Speicher, von einem Eingabe-Port und von einer Interruptquelle (Interruptvektor während des Interruptquittungszyklus) und in Ausgaberichtung für Schreibdaten zu einer Speicherzelle oder zu einem Ausgabe-Port.

Ausgabe-Leitungen:

A23...A0: address bus; Ausgabe einer 24-bit-Adresse für den 16 Mbyte umfassenden Speicherraum oder für 64 K E/A-Ports (A15...A0).

$\overline{BHE}$: bus high enable; Adressierung von Byte- und Worttransfer (Abb.3.28).

M/$\overline{IO}$: memory/IO select; Unterscheidung zwischen Speicher- und E/A-Adresse.

COD/$\overline{INTA}$: code/interrupt acknowledge; Unterscheidung zwischen Befehls- und Speicherdaten-Lesezyklen sowie zwischen Interruptquittungs- und Ein-/Ausgabe-Zyklen.

$\overline{S1}$,$\overline{S0}$: bus cycle status; gibt den Beginn eines Buszyklus an und enthält gemeinsam mit M/$\overline{IO}$ und COD/$\overline{INTA}$ den Typ des laufenden Buszyklus, der in externen Schaltkreisen, wie Taktgenerator 82284, Bussteuerung 82288 und Busarbiter 82289, für Steuerfunktionen entschlüsselt wird.

$\overline{LOCK}$: bus lock; unterbindet die Abschaltung des Mikroprozessors vom lokalen Bus durch einen externen Master, und zwar während der Ausführung des mit einem Vorsatz LOCK gekennzeichneten Befehls und automatisch bei Befehlen XCHG, bei Interruptquittungszyklen und bei Zugriffen zu Deskriptortabellen.

Eingabe-Leitungen:

$\overline{READY}$: bus ready; beendet Buszyklus mit $\overline{READY}$ auf tiefem Potential.

NMI: non-maskable interrupt; nichtmaskierbare Interruptanforderung Typ 2.

INTR: interrupt request; mit dem Interrupt-enable-Flag IF maskierbare Interruptanforderung; während des zweiten Interruptquittungszyklus Eingabe des 8 bit langen Interruptvektors.

RESET: system reset; Rücksetzen des Prozessors in einen definierten Anfangszustand, erfordert etwa 50 Systemtaktzyklen.

Bus- und Koprozessorsteuerung:

HOLD, HLDA: bus hold request bzw. bus hold acknowledge; Aufforderung zum Abschalten des Mikroprozessors vom lokalen Bus und Quittung.

PEREQ, $\overline{PEACK}$: processor extension operand request bzw. acknowledge; durch PEREQ fordert die Prozessorerweiterung (Koprozessor) einen Datenoperandentransfer an; mit $\overline{PEACK}$ wird der Transfer durch den 80286 nach Prüfung der Zugriffsrechte und nach Umwandlung der virtuellen Adresse angezeigt.

$\overline{BUSY}$, $\overline{ERROR}$: processor extension busy bzw. error; während der Arbeitsphase der Prozessorerweiterung ist das Signal $\overline{BUSY}$ aktiv, das nach einem Befehl WAIT den 80286 stoppt, bis die Prozessorerweiterung nach Abschluß ihrer Operation das Signal $\overline{BUSY}$ zurücksetzt. $\overline{ERROR}$ fordert bei Fehlerzuständen der Prozessorerweiterung (nach Befehlen mit ESC bzw. WAIT) eine Programmunterbrechung an (Typ 16).

CLK: system clock; Taktfrequenz 16 MHz, intern auf 8 MHz geteilt.

CAP: Anschluß eines externen Kondensators (47 nF) nach Masse für Siebung einer internen Versorgungsspannung.

Buszyklus

Es lassen sich vier Arten von Buszyklen unterscheiden, die jeweils zwei Taktperioden dauern und beträchtlich vom Zeitverlauf der Signale auf dem Bus des 8086 abweichen:

T_s: send status; Ausgabe von Status und Adresse sowie Schreibdaten.

T_c: perform command; Befehlsrealisierung adressierter Speicherzellen oder Ein-/Ausgabe-Ports für Schreib- und Lesedaten; wird in Abhängigkeit von READY wiederholt, um auch bei langsameren Einheiten den Transfer zu ermöglichen.

T_i: idle state; Leerlaufzyklus, wenn Buseinheit keinen Datentransfer durchführt oder anfordert.

T_h: Halt-Zustand mit hochohmigem Zustand der Adreß- und Datenbusanschlüsse sowie der Status-Ausgangssignale.

Die Datenübertragungszyklen sind teilweise zeitlich überlappt. Während der Datenbus gültige Daten führt, wird bereits die Adresse des nachfolgenden Buszyklus auf den Adreßbus geschaltet (Abb. 3.39). Ein Schreib- oder Lesezyklus erfordert 1 Taktzustand T_s und mindestens 1 Taktzustand T_c, so daß sich bei maximaler Busbelastung T_s und T_c abwechseln und 8 Mbyte/s übertragen werden (bei 8 MHz Prozessortakt). Hervorzuheben ist, daß hierbei eine Speicherzugriffszeit von 240 ns ausreicht, d.h., an die Zugriffszeit der Speicherschaltkreise werden trotz hoher Verarbeitungsgeschwindigkeit des Prozessors keine extrem hohen Anforderungen gestellt. Die Zeitbedingungen für die Bussteuerung werden von den Schaltkreisen Taktgenerator 82284 und Bussteuerung 82288 erfüllt. Sie ermöglichen zusammen mit den bereits für 8086 und 80186 eingesetzten Auffangregistern 8282/8283, mit den bidirektionalen Bustreibern 8286/8287 und mit der Interruptsteuerung 8259A den Aufbau leistungsfähiger Mikrorechner.

Registerstruktur und Interruptmöglichkeiten

Der 80286 enthält alle bereits vom 8086 bekannten Register und Segmentselektoren. Zusätzlich kommt eine Reihe von Registern hinzu, die für die Realisierung der virtuellen Adressierung einschließlich der Schutzmecha-

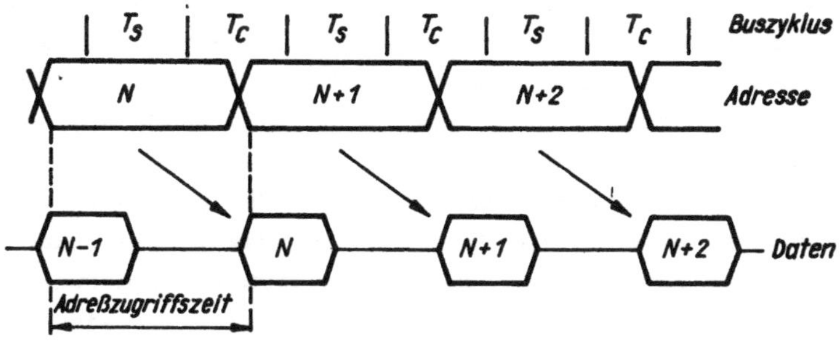

Abb. 3.39: Buszyklen des Mikroprozessors 80286, vereinfacht

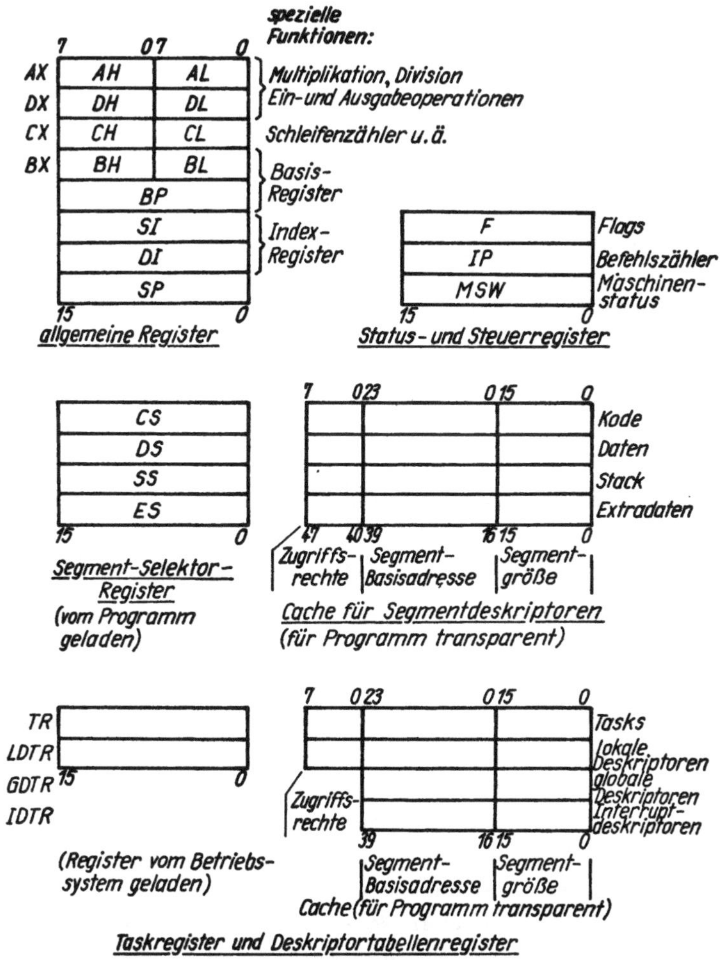

Abb. 3.40: Registersatz des Mikroprozessors 80286

nismen für Betriebssystem und Anwendertasks und für die Taskumschaltung benötigt werden. Abb.3.40 gibt eine Übersicht, wobei auch solche Register eingezeichnet sind, die für das Anwenderprogramm und damit für den Nutzer transparent sind. Die Funktion dieser Register ist im Zusammenhang mit den relativ komplizierten Adreßmanipulationen zu sehen. In Abb.3.41 ist die Bedeutung der einzelnen Bitpositionen des Statusregisters F und des Maschinenzustandsregisters MSW angegeben.

Die Menge der zugeordneten Interruptvektoren ist beim 80286 gegenüber dem 8086 beträchtlich vergrößert worden, wie Tabelle 3.16 zeigt. Bei beiden Typen stehen je 224 Interruptvektoren für externe Interruptanforderungen zur Verfügung, die vom Anwender bzw. vom Rechnerhersteller vereinbart werden und die bei der Ausführung (nach Aktivierung des maskierbaren Interrupteingangs INTR) auf gleicher Prioritätsebene liegen.

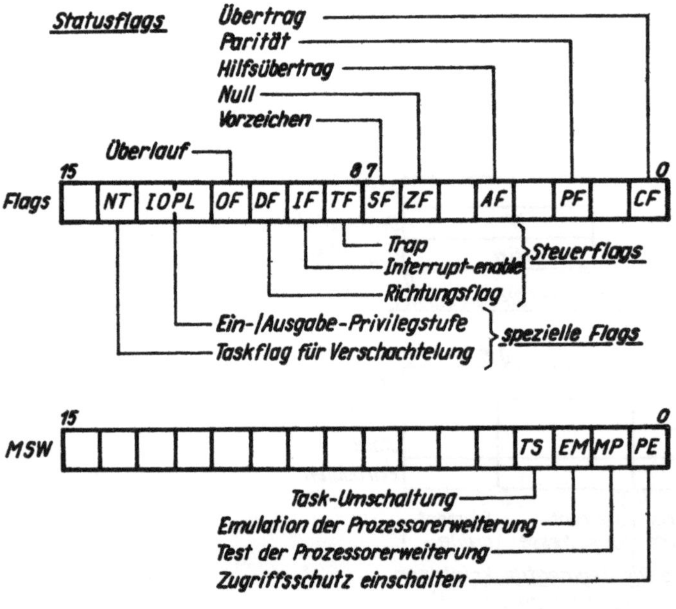

Abb.3.41: Statusregister F und Maschinenzustandsregister MSW

Adressierung

Vom Standpunkt der Programme ist beim 80286 der Arbeitsspeicher des Rechners in gleicher Weise wie beim 8086 in Segmente mit maximal 64 Kbyte Länge eingeteilt. Es werden Segmente für Programme (Kode), Daten und Stack verwendet, deren Anfangsadressen über den Inhalt der Segmentselektorregister festgelegt werden. Die Adressierung erfolgt über die Segmentselektoren, die im Befehl implizit enthalten sind, und über eine 16 bit lange effektive Adresse, die in gleicher Weise wie beim 8086 aus dem Displacement im Befehl und aus dem Inhalt der Basis- und Indexregister gebildet wird (Abb.3.25 und Tabelle 3.14).

Tabelle 3.16: Interruptvektoren des Mikroprozessors 80286

Vektor-nummer	Ursache
0	Divisionsfehler (nach DIV, IDIV)
1	Einzelschrittbetrieb
2	nicht-maskierbarer Interrupt NMI
3	Breakpoint (nach INT3)
4	Überlauf (nach INTO)
5	Bereichsgrenzen verletzt (nach BOUND)
6	ungültiger Operationskode
7	Prozessorerweiterung nicht verfügbar (nach ESC und WAIT)
16	Fehlerzustand der Prozessorerweiterung (nach ESC und WAIT)
Interrupts in der reellen Adressierungsart des 80286:	
8	INT-Vektor außerhalb der Tabellengrenze
9	Segmentüberlauf bei Prozessorerweiterung
13	Segmentüberlauf (Offset bei Wortzugriffen = FFFFH oder versuchter Überlauf)
Adressierung mit Speicherschutz:	
8	Doppelfehler
9	Segmentüberlauf bei Prozessorerweiterung
10	ungültiges Taskzustandssegment
11	Segment im Arbeitsspeicher nicht vorhanden
12	Stack-Segment mit Überlauf
13	Verletzung von Zugriffsrechten u.ä.

Beim 80286 sind zwei grundsätzliche Adressierungsmoden realisiert, die sich bei gleicher Handhabung der effektiven Adressen in der Nutzung der Segmentselektoren unterscheiden. Im reellen Adressierungsmodus enthält das Segmentselektorregister (nach Multiplikation mit 16) die Anfangsadresse des betreffenden Segments. Im virtuellen Adressierungsmodus verweist das Segmentselektorregister lediglich auf eine Segmentdeskriptortabelle, die erst die entsprechenden Anfangsadressen sowie zusätzliche Angaben über Zugriffsrechte, Schutzmöglichkeiten und Segmentlänge aufweist.

Reeller Adressierungsmodus (real address mode, iAPX 86 mode)
In dieser Adressierungsart wird die gleiche Adreßbildung wie beim 8086 verwendet, d.h. mit maximal 1 Mbyte Adreßspeicherraum. Jedoch ist die Laufzeit von 8086-Programmen auf rund ein Drittel verkürzt. Die Interrupttabelle enthält zusätzliche Interruptvektoren für Adressierungsfehler (Tabelle 3.16). Beispielsweise würde bei Überlauf der 16 bit langen effektiven Adresse (modulo FFFFH) die Segmentgrenze überschritten, woraus im allgemeinen schwerwiegende Fehler im Programmablauf entstehen.
Nach Initialisierung des 80286 mit RESET wird automatisch der reelle Adressierungsmodus eingestellt. Der Übergang zum virtuellen Adressierungsmodus ist möglich, wenn zunächst die Basisregister für die globale Deskriptortabelle (GDTR) und für die Interruptdeskriptortabelle (IDTR) geladen werden und mit einem Befehl LMSW das Bit 0 des Maschinenzustandsworts MSW auf PE = 1 gesetzt wird. Eine Rückkehr zum reellen Adressie-

rungsmodus ist nur durch das Signal RESET möglich, da bei einem programmierbaren Rücksetzen auf PE = 0 die Möglichkeit besteht, die Schutzfunktionen des virtuellen Adressierungsmodus durch zeitweilige Rückkehr in den reellen Adressierungsmodus zu unterlaufen.

Virtueller Adressierungsmodus (protected virtual address mode)
Dem Programmierer steht ein virtueller Speicherraum von 1 Gbyte zur Verfügung. Die prozessorinterne Speicherverwaltung setzt die virtuelle Adresse in die physische Adresse für 16 Mbyte (Adreßbit A23...A0) um und unterstützt den Transfer angeforderter bzw. nicht mehr benötigter Segmente zwischen Arbeitsspeicher und externem Speichermedium. Die Adreßumsetzung verwendet Tabellen für Segmentdeskriptoren und erlaubt hiermit eine dynamische Zuweisung der logischen Adressen (virtueller Adreßbereich) zu den physisch realisierten Adressen; die Zuweisung ist vom Betriebssystem des Rechners durchzuführen.

Das Grundprinzip der beim 80286 realisierten Adreßumsetzung ist aus Abb.3.42 ersichtlich. Das höherwertige Wort des 32 bit langen Adreßzeigers eines Befehls wird nicht wie beim reellen Adressierungsmodus des 8086 in einem Segmentselektorregister, z.B. CS oder DS, abgelegt und unmittelbar zur Berechnung der physischen Speicheradresse benutzt, sondern dieses Wort dient als Index in einer Deskriptortabelle, um einen 8 byte langen Segmentdeskriptor in ein prozessorinternes Cache-Register zu übertragen. Die physische Adresse ergibt sich dann unmittelbar aus der Addition von Segmentanfangsadresse (A23...A0), die im Cache-Register gespeichert ist, und effektiver Adresse des Befehls. Bei dieser Adreßbildung wird gleichzeitig geprüft, ob die Segmentgrenze, die ebenfalls im Cache-Register gespeichert ist, eingehalten wird und ob der gewünschte Speicherzugriff mit den Zugriffsrechten des betreffenden Segments vereinbar ist. Der für ein Programmstück oder einen Datenblock zutreffende Selektor ist in Bit 0 und Bit 1 mit der Angabe der geforderten Privilegstufe RPL (requested privilege level) und in Bit 2 mit der Unterscheidung zweier Tabellentypen TI (table indicator) belegt: TI = 0 bedeutet Zugriff zu einer globalen Deskriptortabelle GDT (global descriptor table) und TI = 1 Zugriff zu einer lokalen Deskriptortabelle LDT, die nur für das jeweilige Programm des Nutzers bzw. die Task zugänglich ist ("privat"). Auf diese Weise sind mit Bit 15...Bit 3 des Selektors je 8 K globale und lokale Segmente mit wahlweise 1 byte...64 Kbyte Länge adressierbar, so daß jedem Nutzer ein virtueller Adreßraum von 1 Gbyte zur Verfügung steht.

Die in den Cache-Registern abgelegten Segmentdeskriptoren für Kode- und Daten-Segmente enthalten die zur Charakterisierung der Segmente erforderlichen Daten (Abb.3.42b), d.h. 24 bit Segmentanfangsadresse (Basis), 16 bit Segmentgrenze (Länge des Segments) und 1 byte für die Zugriffsrechte des Segments.

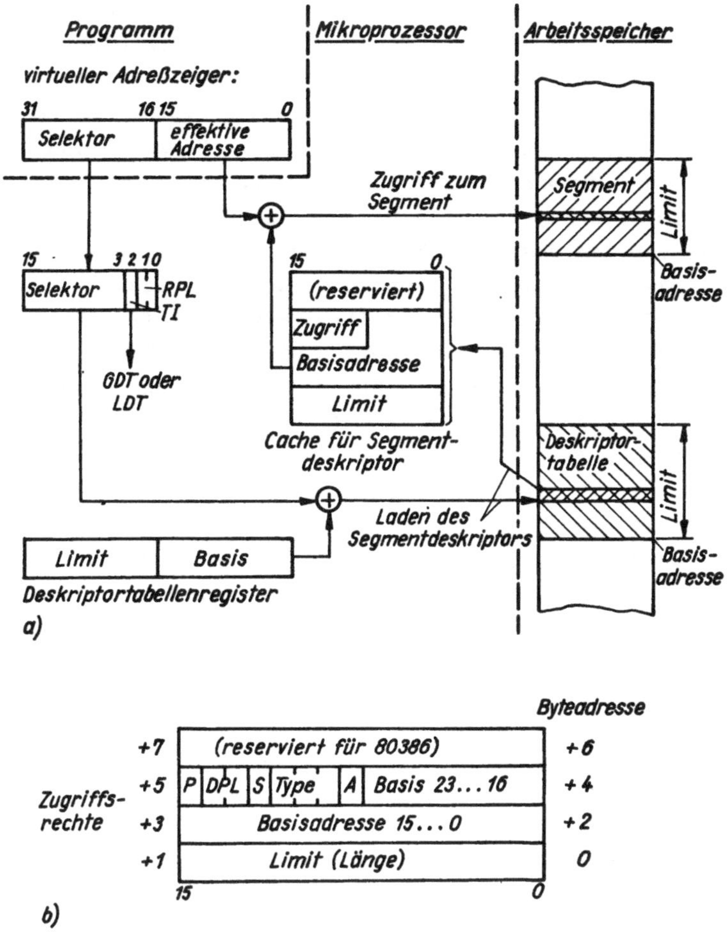

Abb. 3.42: Adreßumsetzung im virtuellen Adressierungsmodus des 80286;
a: Laden des Segmentdeskriptors in das Cache-Register und Speicherzugriff mit Nutzung des Segmentdeskriptors;
b: Format des Segmentdeskriptors

Die unter Zugriffsrechte verschlüsselten Angaben sind für die Realisierung der Schutzmechanismen und der Segmentauslagerung auf externe Speichermedien von großer Bedeutung. Im Bit 7 = P (present) wird angegeben, ob das Segment überhaupt vorhanden ist (P = 1) oder nicht. Beim Zugriff zur Deskriptortabelle mit dem Ziel, das Cache-Register mit dem Segmentdeskriptor zu laden, prüft der Prozessor dieses Bit und bricht bei P = 0 die Befehlsabarbeitung sofort ab. Der hieraus resultierende Interrupt vom Typ 11 (Segment nicht vorhanden) dient zur Auslösung einer Übertragungsroutine des Betriebssystems für das Segment vom externen Speicher in den Arbeitsspeicher, wobei nach beendeter Übertragung in der Deskriptortabelle P = 1 gesetzt wird. Dann kann der zuvor abgebrochene Deskriptortransfer erneut gestartet werden, so daß anschließend die Programmausführung erfolgen kann. Bit 4 als Segmentdeskriptor S bezeichnet einen Kode- oder Datensegmentdeskriptor (S = 1) oder einen Deskriptor, der sich nicht auf ein Segment bezieht (S = 0), siehe Abb. 3.45. Bit 0 ist das Zugriffsbit A (accessed), das vom Prozessor bei einem Zugriff zum Deskriptor automatisch gesetzt wird (A = 1). Mit diesem Bit wird der Segmenttransfer zwischen Arbeitsspeicher und Externspeicher unterstützt, da zuvor eingelesene Segmente ohne erfolgten Zugriff (A = 0) auch nicht verändert sein können und demzufolge vor dem Überschreiben des betreffenden Speicherplatzes auch nicht wieder zum Externspeicher zurückübertragen werden müssen. Bit 5 und Bit 6 beziehen sich auf die Privilegstufe DPL des Segmentdeskriptors (descriptor privilege level). Bit 1, Bit 2 und Bit 3 des Segmentdeskriptors geben den Typ an. Bit 3 als Ausführungsbit E (executable) bezeichnet ein Kode-Segment (E = 1) bzw. ein Daten-Segment (E = 0). Bit 1 und Bit 2 betreffen Schutzstufen "nur ausführen"/"ausführen und lesen"/ "nur lesen"/"lesen und überschreiben". So sind Kode-Segmente lesbar (Bit 1 = 1) bzw. nicht lesbar (Bit 1 = 0). Daten-Segmente dürfen überschrieben werden (Bit 1 = 1) oder sind gegen Überschreiben gesichert (Bit 1 = 0). Die Daten-Segmente setzen sich entweder in Richtung steigender Adressen (Bit 2 = 0) oder bei Stack-Segmenten in Richtung fallender Adressen fort (Bit 2 = 1); diese Unterscheidung hat Einfluß auf die Gültigkeit der im Segmentdeskriptor angegebenen Segmentgrenze.

Der Prozessor prüft bei jedem Speicherzugriff in einer für den Programmierer transparenten Weise, ob der Zugriff mit dem Segmenttyp verträglich ist. Dadurch wird verhindert, daß beispielsweise ein Kode-Segment überschrieben oder aus einem Kode-Segment mit dem Attribut "nur ausführen" gelesen wird.

Außer den Kode- und Daten-Segmentdeskriptoren nach Abb. 3.42b gibt es noch eine Reihe spezieller Deskriptoren für System- und Steueroperationen. Sie besitzen ähnliches Format und sind am Bit 4 der Zugriffsrechte mit S = 0 erkennbar. Die Art des Deskriptors ist im Feld "Type" mit folgenden Werten spezifiziert:

Systemsegmentdeskriptoren:
1: verfügbares Taskzustandssegment TSS,
2: Deskriptor für lokale Deskriptortabelle LDT,
3: belegtes Taskzustandssegment TSS.

Gatedeskriptoren mit 16-bit-Selektor und 16-bit-Offset:
4: Call-Gate für Rufbefehle CALL,
5: Task-Gate für Taskumschaltung,
6: Interrupt-Gate für Interruptbehandlung,
7: Trap-Gate.

Wie bereits erwähnt, wird zwischen einer globalen Deskriptortabelle GDT und einer lokalen Deskriptortabelle LDT unterschieden (Abb. 3.43). Die GDT für Betriebssystemprogramme und globale Datensätze kann alle Typen von Deskriptoren mit Ausnahme der Interrupt- und Trap-Gatedeskriptoren speichern und ist allen Tasks zugänglich. Deshalb ist auch nur 1 GDT vorgesehen, deren Basisadresse und Grenze im globalen Deskriptortabellenregister abgelegt sind (vergleiche Abb. 3.40). Im Gegensatz dazu ist jeder Task eine eigene lokale Deskriptortabelle LDT zugeordnet, um die einzelnen Tasks gegeneinander zu isolieren. Die LDT-Deskriptoren sind in der globalen Deskriptortabelle GDT gespeichert. Die LDT können nur Segmentdeskriptoren sowie Task- und Call-Gatedeskriptoren enthalten. Eine weitere Tabelle ist die Interruptdeskriptortabelle IDT, die wie die GDT ebenfalls nur einmal vorhanden ist und mit Basisadresse und Grenze aus dem Register für die Interruptdeskriptortabelle IDTR positioniert wird. Wegen der generell 8 byte langen Deskriptoren muß die IDT mindestens 256 byte lang sein, um alle reservierten Interrupts zu berücksichtigen. Die IDT nimmt nur Task-, Interrupt- und Trap-Gatedeskriptoren auf. Die Position der Tabellen GDT und IDT bleibt während der Arbeit in der virtuellen Betriebsart normalerweise unverändert. Die Register für die globale De-

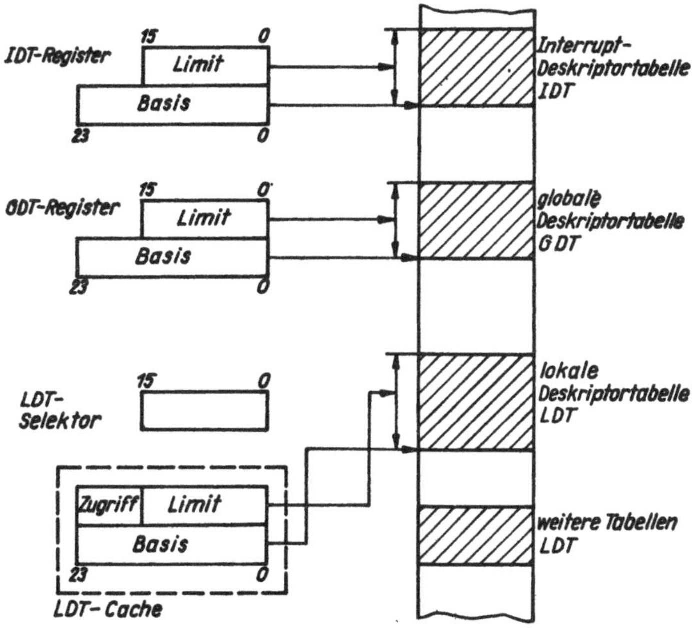

Abb. 3.43: Deskriptortabellen im Arbeitsspeicher und ihre Adressierung

skriptortabelle und für die Interruptdeskriptortabelle werden mit jeweils 6 byte durch die privilegierten Befehle LGDT und LIDT geladen. Mit dem Befehl LLDT wird ein 16-bit-Selektor für das LDT-Register bereitgestellt, um in der globalen Deskriptortabelle den betreffenden LDT-Deskriptor zu adressieren.

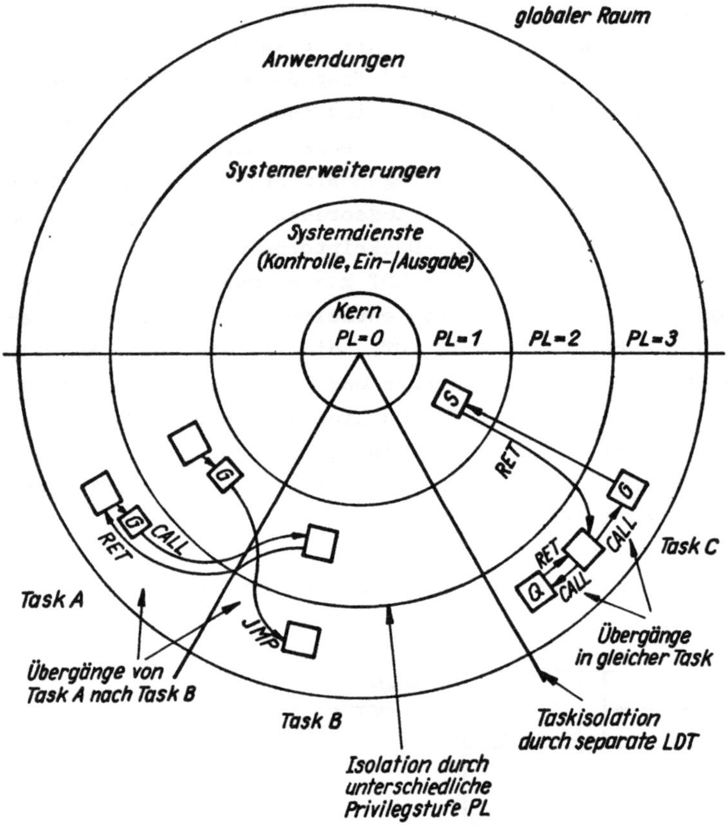

Abb. 3.44: Vierstufige Privileghierarchie mit Betriebssystemkern in Privilegstufe PL = 0; Übergang zur Routine S auf höherer Privilegstufe für Task C bzw. zur Routine Q in der gleichen Stufe und mit Übergängen zwischen zwei Tasks A und B (G Gate)

Schutzfunktionen

Auf die Notwendigkeit von Schutzfunktionen für Daten und Programme in Multiprogrammsystemen, vor allem aber auch für Betriebssysteme, wurde bereits im Abschnitt 3.3.1.4. hingewiesen. Im Mikroprozessor 80286 ist ein Schutzsystem mit 4 Ebenen (Privilegstufen) realisiert, das hierarchisch gegliedert ist (Abb. 3.44). Privilegstufe PL = 0 als Kern des Betriebssystems ist am stärksten geschützt, während die weiter außen liegenden Privilegstufen beispielsweise den Systemdiensten (Zugriffskontrollen, Ein- und Ausgabe), den Systemerweiterungen und schließlich in der äußersten, geringsten Privilegstufe 3 den Anwenderprogrammen zugeordnet werden können. Die Ausführung einer Task kann sich über alle Stufen erstrecken. Die Task kann nur zu Daten auf gleicher oder weniger privilegierter Stufe direkt zugreifen sowie zu Kode-Segmenten innerhalb der gleichen Stufe oder bei gesetztem Anpaßbit in der Typangabe innerhalb des Kodesegmentdeskriptors (vergleiche Abb.3.42b) auch zu stärker privilegierten Stufen (über Call-Gates).

Eine Task ist zu jedem Zeitpunkt durch die aktuelle oder laufende Privilegstufe CPL (current privilege level) charakterisiert, die aus Bit 1 und Bit 0 des Kodesegmentselektors CS erkennbar ist und die sich während der Ausführung eines Kode-Segments nicht ändert. Die Taskbearbeitung beginnt nach Initialisierung der Task folglich mit dem CPL-Wert, wie er im CS-Register als RPL gegeben ist. Eine Task mit CPL = 0 kann zu allen Daten-Segmenten zugreifen, die in der GDT und in der zur Task gehörenden LDT definiert sind, während bei CPL = 3 die Zugriffe am stärksten eingeschränkt sind.

Der Ubergang der Task zu einer weiter innen liegenden, höher privilegierten Stufe und damit die Veränderung von CPL sind nur über definierte Ubergangsstellen (Gates) realisierbar. Auf diese Weise werden im Prozessor Kontrollmechanismen wirksam, die den Einsprung in höher privilegierte Segmente auf zulässige Einsprungstellen reduzieren.

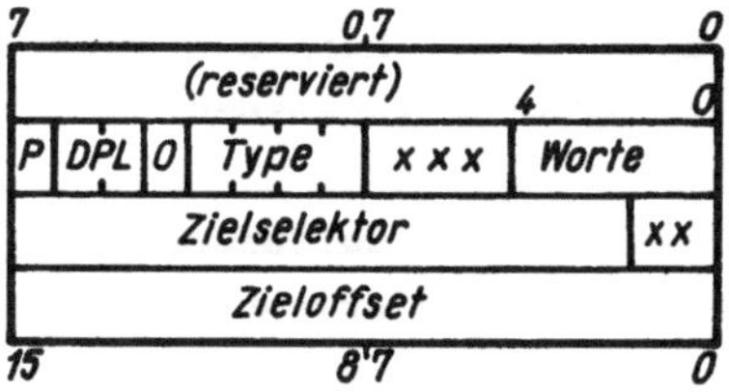

Abb.3.45:
Format des Gatedeskriptors mit Type 4 als Call-Gate, 5 als Task-Gate, 6 als Interrupt-Gate und 7 als Trap-Gate

Durch einen Rufbefehl CALL sind unter Zwischenschaltung eines Call-Gates Kode-Segmente in höher privilegierten Stufen erreichbar. Der Call-Gatedeskriptor (Abb.3.45) besitzt, sofern er gültig ist (P = 1), eine Deskriptorprivilegstufe DPL, die über die Zugriffsmöglichkeit durch eine Task mit dem aktuellen Wert CPL entscheidet. Dieser Zugriff ist mindestens bei CPL = DPL gegeben, d.h., das Call-Gate ist dann der gleichen Stufe wie das anfordernde Segment zugeordnet (vergleiche Abb.3.44). Auf weitere Möglichkeiten und die Darstellung der Regeln für CPL und DPL wird hier verzichtet. Die Call-Gatedeskriptoren in der GDT oder LDT werden mit dem Befehl CALL(Selektor,Offset) adressiert, wobei der Offset beim Deskriptoraufruf ignoriert wird. Der Call-Gatedeskriptor enthält eine 14-bit-Zieladresse für einen Kodesegmentdeskriptor in der GDT oder LDT sowie eine 16 bit lange Offsetadresse, die den Einsprungpunkt im Kode-Segment relativ zur Segmentbasis angibt. Die Parameterübergabe erfolgt mit Hilfe des Stack-Speichers. Da für die Schutzfunktionen auf jeder Privilegstufe ein separater Stack-Speicher erforderlich ist, wird im Call-Gatedeskriptor zusätzlich noch die Anzahl der Worte angegeben, die dem Stack der gerufenen Subroutine übermittelt werden (0...31 Worte); dieses Feld für die Zahl der Worte wird nur von Call-Gatedeskriptoren genutzt.

Vom Standpunkt des Anwenders ist das Call-Gate transparent; es hat lediglich Schutz- und Kontrollfunktionen zu erfüllen, die bei Verletzung der betreffenden Regeln zur Auslösung eines internen Interrupts führen. So hat der Anwender den Eindruck, daß die beispielsweise auf der Privilegstufe PL = 1 angesiedelte Subroutine für eine Betriebssystemfunktion sich so verhält, als würde sie die gleiche Privilegstufe PL = 3 wie das Anwenderprogramm besitzen (vergleiche Abb. 3.44). Bemerkenswert ist, daß der Aufruf einer Betriebssystemroutine über den beschriebenen Call-Gate-Mechanismus bei einer Ubergabe von beispielsweise 5 Worten im Stack nur rund 12 µs erfordert und damit in wesentlich kürzerer Zeit als beim Umschalten zu geschützten Adreßbereichen erfolgt. Nach Beendigung der Subroutine findet der Rücksprung RET (return) zum ursprünglichen Kode-Segment statt.

In der gleichen Privilegstufe ist der Ubergang zwischen Kode-Segmenten sowohl mit einem Call-Gate als auch mit den Befehlen CALL oder JMP möglich. Die Selektorangabe verweist auf den entsprechenden Kodesegmentdeskriptor in den Tabellen GDT oder LDT. Für den Aufruf von Interrupt- und Trap-Serviceroutinen sind in ähnlicher Weise wie bei den Call-Gatedeskriptoren sogenannte Interrupt- und Trap-Gatedeskriptoren definiert, die in der Interruptdeskriptortabelle IDT eingetragen sind. Auch die Interrupt- und Trap-Gatedeskriptoren müssen auf Kode-Segmente verweisen.

Die zahlreichen Uberprüfungen vor und während der Befehlsausführung lösen interne Interruptanforderungen aus, wenn Fehlerzustände erkannt werden (siehe Tabelle 3.14). Die Behandlung derartiger Fehlerzustände ist dann ausschließlich Angelegenheit des Betriebssystems. Ohne auf die Einzelheiten der Fehlerzustände eingehen zu können, sei noch auf privilegierte Befehle hingewiesen. So ist die Anwendung der für den Systemzustand wichtigen Registerladebefehle LIDT, LLDT, LGDT, LTR und LMSW sowie der Befehle CTS und HLT mit der Auslösung eines internen Interrupts mit der Vektornummer 13 verbunden, falls CPL > 0 gilt, d.h., falls der aktuelle Taskzustand nicht der am höchsten privilegierten Stufe entspricht. Das Statuswort F des Prozessors enthält eine Privilegstufe IOPL (siehe Abb. 3.41), mit der Ein- und Ausgabebefehle in ihrer Privilegstufe beeinflußbar sind: ist CPL > IOPL (also CPL weniger privilegiert), lösen die Ein- und Ausgabebefehle INS, IN, OUTS und OUT sowie die Befehle STI, CLI und LOCK ebenfalls die Interruptvektornummer 13 aus.

Taskumschaltung

Eine weitere wichtige Eigenschaft des 80286 ist die Unterstützung der Umschaltung von Tasks mit dem Ergebnis, daß für diese komplexe Operation der Zeitbedarf von üblicherweise größenordnungsmäßig 1 ms auf etwa 21 µs reduziert wird. Dies ist für Echtzeitanwendungen (Multitask-Systeme) und für Multiuser-Systeme von großer Bedeutung.

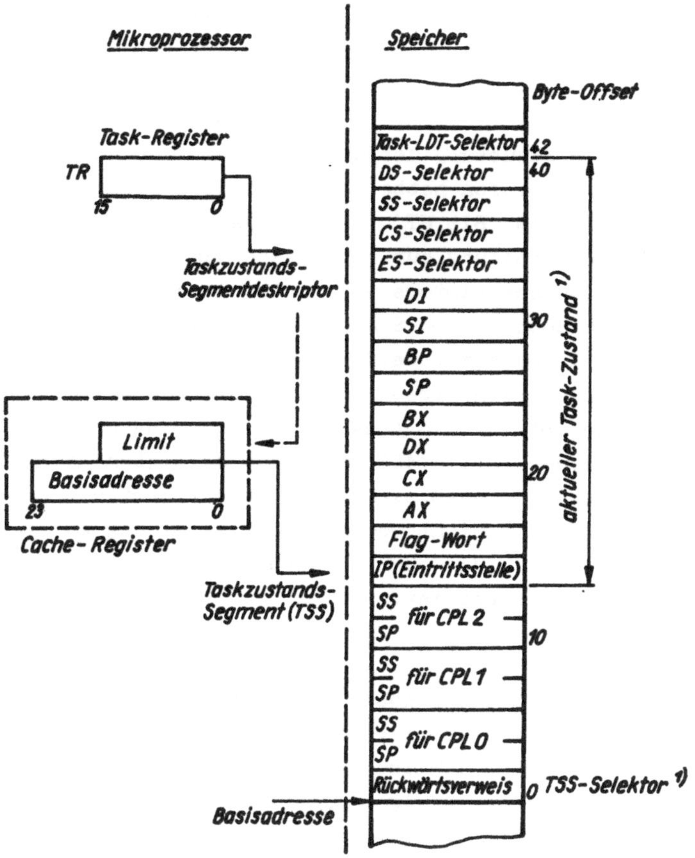

Abb. 3.46: Taskzustandssegment und TSS-Register;
[1]) bei Taskumschaltung aktualisiert, restliche Worte ohne Änderungen.

Beim Umschalten von einer Task auf eine andere muß der gesamte Prozessorzustand (Registerinhalte, Adreßzuordnungen, Rückverweis auf vorhergehende Task) gerettet und der Prozessorzustand für die einzuschaltende Task eingestellt werden. Im 80286 sind hierfür jeweils 44 byte erforderlich, die in einem Taskzustandssegment TSS zusammengefaßt sind (Abb. 3.46). Die Aufgaben bei einer Taskumschaltung bestehen darin, den Zustand der alten Task in einem TSS zu retten, das Taskregister TR mit dem Selektor zum Aufruf des Tasksegmentdeskriptors in der GDT zu laden und über das Cache-Register (vergleiche Abb. 3.40 und 3.46) das jetzt aktuelle Taskzustandsregister zu adressieren. Für die Task wird somit ihr LDT-Selektor zugänglich, und die allgemeinen Register und Segmentregister können eingestellt werden. Für jede der Privilegstufen PL = 0, 1 und 2 ist ein eigener Stackbereich definiert. Der Rückverweis auf die vorhergehende Task ist für die Fortsetzung nach Bedienung von Interruptanforderungen notwendig. Die Taskumschaltung kann auf verschiedene Arten ausgelöst werden:

- CALL oder JMP zwischen verschiedenen Segmenten mit Aufruf eines Task-

segmentdeskriptors in der GDT (Abb.3.46),
- CALL oder JMP über ein Taskgate in der GDT oder LDT, das den Selektor zum Taskzustandssegment TSS enthält,
- Auslösung eines externen oder internen Interrupts oder Abarbeitung eines Befehls INT n mit Referenz zu einem Taskgatedeskriptor in der Tabelle IDT.

Mit dem Befehl IRET kann die Steuerung derjenigen Task zurückgegeben werden, die die aktuelle Task gerufen hatte oder von ihr unterbrochen wurde. Beispielsweise wird mit dem Bit NT = 1 des Flagregisters (siehe Abb.3.41) und mit IRET eine Umschaltung zur vorhergehenden Task bewirkt. Mit der Typangabe des Tasksegmentdeskriptors wird zwischen einem belegten Taskzustandssegment und einem noch freien Segment spezifiziert, das bei der Umschaltung als Zielsegment verwendet werden kann. Die Verletzung von Zugriffsregeln führt auch hier zur Fehlerreaktion mit Interruptvektornummer 13. Abschließend soll noch Bit 3 = TS (task switch) des Maschinenzustandsregisters MSW erwähnt werden (Abb.3.41), das nach erfolgtem Taskumschalten gesetzt wird und anzeigt, daß sich die Prozessorerweiterung (Koprozessor) auf eine andere Task bezieht und eine Fehlermeldung auftreten wird (Interruptvektornummer 7), die zum Auslösen einer Routine zur Rettung des Koprozessorzustands nutzbar ist.

Befehlsliste

Die Befehlsliste des 80286 enthält gegenüber dem 8086 und dem 80186 einige zusätzliche Befehle, die sich aus der virtuellen Adressierung und den Schutzmechanismen ergeben. Wesentlich ist jedoch beim 80286, daß alle Befehle bei ihrer Ausführung mehr oder weniger umfassend auf die Einhaltung von Adreßbedingungen, auf die Berücksichtigung der Zugriffsregeln, auf die Richtigkeit des Operationskode u.ä. geprüft werden. Bei erkannten Fehlern wird eine interne Interruptanforderung ausgelöst und damit einem unkontrollierten "Absturz" des Rechenprogramms wirksam vorgebeugt. Die Funktion der einzelnen Befehle ist überblicksmäßig im Zusammenhang mit dem 8086 und 80186 beschrieben, so daß nur wenige Ergänzungen nötig sind. Ein- und Ausgabebefehle gehören zu den privilegierten Befehlen, die unter Aufsicht des Betriebssystems ausgeführt werden. Beim 80286 ist die Privilegstufe der Ein- und Ausgabebefehle mit dem Wert des IOPL-Flag im Flagregister F einstellbar. Die Ein- und Ausgabebefehle werden abgearbeitet, wenn für den numerischen Wert der aktuellen Privilegstufe der Task gilt: CPL ≤ IOPL, anderenfalls wird der Interruptvektor 13 ausgelöst.
Bei den Sprung- und Rufbefehlen kommen in der virtuellen Adressierungsart verschiedene Varianten hinzu, die sich bei unveränderter Kodierung lediglich auf die Nutzung von Gates und Taskzustandssegmenten beziehen. Beispielsweise stellt im reellen Adressierungsmodus der Befehl CALL(Segmentselektor,Segmentoffset) einen Rufbefehl zu einem anderen Segment dar (direkter Intersegmentruf); je nach Segmentselektor kann dieser Rufbefehl zu einem anderen Segment in der virtuellen Betriebsart auch z.B.

- über ein Call-Gate bei gleichbleibender Privilegstufe oder
- über ein Taskzustandssegment

ausgeführt werden. Bei Sprungbefehlen bleibt die Privilegstufe ungeändert. Infolge der Zwischenschaltung von Gates bzw. des Taskzustandssegments verlängert sich die Ausführungszeit der Sprung- und Rufbefehle. Bei Interruptbefehlen ist die Zwischenschaltung eines Interrupt-, Trap- oder Task-Gates in der virtuellen Betriebsart möglich, wenn die Interrupt-Serviceroutine aufzurufen ist.

Zu den zusätzlichen Befehlen des 80286 gehört CTS (clear task switched flag) zum Rücksetzen des Taskumschaltungsbit TS im Maschinenzustandswort MSW. Mit CTS kann in der reellen Adressierungsart der Übergang zur virtuellen Adressierungsart vorbereitet werden. In der virtuellen Adressierungsart ist der Befehl wegen seiner Bedeutung für den Zustand des Betriebssystems nur zulässig, wenn für die aktuelle Taskprivilegstufe CPL = 0 gilt.

Die übrigen zusätzlichen Befehle des 80286 dienen der Programm- und Prozessorsteuerung in der virtuellen Adressierungsart. Ladebefehle für die Deskriptortabellenregister GDTR und IDTR sind LGDT und LIDT. Mit SGDT und SIDT werden die Inhalte der adressierten Register GDTR und IDTR im Speicher abgelegt (je 6 aufeinanderfolge Bytes). Die genannten Befehle sind auch in der reellen Adressierungsart zugelassen und werden zur Vorbereitung bzw. Initialisierung der virtuellen Adressierungsart genutzt.

Auf die lokalen Deskriptortabellen beziehen sich die Befehle LLDT und SLDT, die das 16 bit umfassende Register LDTR laden bzw. im Speicher ablegen. Das Taskregister TR läßt sich mit LTR und STR laden und abspeichern; hierbei wird ebenfalls ein 16-bit-Wort übertragen. Diese vier Befehle gelten ausschließlich in der virtuellen Adressierungsart und werden in der reellen Adressierungsart als ungültiger Operationskode interpretiert.

Das Maschinenzustandswort MSW wird mit LMSW geladen bzw. mit SMSW in ein Register oder in den Speicher eingetragen. Mit LSMW ist der Übergang in die virtuelle Adressierungsart möglich, z.B. nach Einschalten der Betriebsspannung oder nach einem Reset des Systems.

Mit LSL (load segment limit) und LAR (load access rights) werden die Segmentgrenzen bzw. das Zugriffsbyte eines Deskriptors in ein Register übertragen. Hierbei besagt ein gesetztes Null-Flag ZF, daß der angeforderte Deskriptorteil transferiert werden konnte. Ein Test, ob ein Segment "lesbar" oder "überschreibbar" ist, erfolgt mit den Befehlen VERR (verify read access) und VERW (verify write access). Bei Bestätigung der Frage ist das Null-Flag gesetzt. Diese Gruppe der Testbefehle wird in der reellen Adressierungsart als ungültiger Operationskode gewertet. In der virtuellen Adressierungsart sind diese Befehle als Test verwendbar, ob der Aufruf eines Segments zu einem Interrupt wegen Verletzung von Zugriffsrechten führen würde.

3.3.3. Mikroprozessoren der Z8000-Familie

3.3.3.1. Übersicht

Die Schaltkreise der Typenreihe Z8000 stellen leistungsfähige 16-bit-Mikroprozessoren dar, die Operanden von unterschiedlicher Länge bis zu 32 bit verarbeiten können (Sh 78, Pe 79, Zi 83, Me 85, Cl 86). Die Versionen Z8001 und Z8002 bzw. die anschluß- und softwarekompatiblen Mikroprozessoren U8001 und U8002 sind bis auf den unterschiedlichen Adreßraum (Segmentierung bei Z8001 und U8001) identisch. Bei den Typen Z8003 und Z8004 wurde zusätzlich noch die Möglichkeit einer virtuellen Speicheradressierung geschaffen. Wesentliche Aufgaben der Speicherplatzverwaltung werden bei den Mikroprozessoren der Z8000-Familie durch separate Speicherverwaltungsschaltkreise Z8010 bzw. U8010 und Z8015 ausgeführt.

Tabelle 3.17: Übersicht über die Mikroprozessoren der Z8000-Familie

Mikroprozessor	Z8001	Z8002	Z8003	Z8004
Adreßvorrat	8 Mbyte, segmentiert	64 Kbyte	8 Mbyte, segmentiert	64 Kbyte
maximale Taktfrequenz, MHz	Z8001: 4 Z8001A: 6 UB 8001: 4	Z8002: 4 Z8002A: 6 Z8002B: 10 UB 8002: 4	Z8003: 4 Z8003A: 6 Z8003B: 10	Z8004: 4 Z8004A: 6 Z8004B: 10
minimale Zeit für Laden eines Registers (16 bit), in Taktperioden	vom Register: 3 unmittelbare Adressierung: 7 indizierte Adressierung: 10 Basisadressierung: 14			
Programmsegmentierung mit	Z8010 UB 8010	-	Z8010	-
virtuelle Speicheradressierung mit	-	-	Z8015	Z8015
Anzahl der Anschlußkontakte	48	40	48	40

Eine Übersicht über die einzelnen Z8000-Typen gibt Tabelle 3.17. Bei allen Prozessoren werden die 16 Adreß- und Datenleitungen im Zeitmultiplex betrieben. Wie beim 8-bit-Mikroprozessor Z 80 ist auch ein Refresh-Register für dynamische RAM-Speicher implementiert. Die Z8000-Mikroprozessoren können die Befehle in der Normal- oder in der System-Betriebsart ablaufen lassen. Mit diesen beiden Betriebsarten lassen sich Schutzmaßnahmen für das Betriebssystem realisieren. Die Prozessoren unterscheiden ferner zwischen Kode (Befehle), Daten und Stackbereich, so daß zusammen mit den beiden Betriebsarten der in Tabelle 3.17 angegebene Adreßvorrat theoretisch um den Faktor 6 vergrößert werden könnte, d.h. auf 384 Kbyte bei den nichtsegmentierten und auf 48 Mbyte bei den segmentierten Typen der Z8000-Familie.

Der Registersatz der Z8000-Mikroprozessoren ist gegenüber dem 8086 beträchtlich erweitert. Können die Programme weitgehend auf Operanden zurückgreifen, die im Registersatz gespeichert sind, werden kurze Ausführungszeiten erzielt. Die Adreßrechnung beansprucht zahlreiche Taktzyklen (siehe Tabelle 3.17). Ihr Anteil an der Ausführungszeit komplexer Befehle ist jedoch relativ gering, verglichen mit einfachen Befehlen, wie das Lesen eines Registers.

3.3.3.2. Mikroprozessoren Z8001/Z8002 und U8001/U8002

Die Mikroprozessoren Z8001 und U8001 unterscheiden sich von den Typen Z8002 und U8002 in der Größe des Adreßbereichs und geringfügig auch im Registersatz. Mit dem Z8001 sind 8 Mbyte und mit dem Z8002 64 Kbyte Speicherraum direkt adressierbar.

Registersatz

In den Mikroprozessoren Z8000 ist ein Registerblock aus 16 allgemeinen, unterschiedlich adressierbaren 16-bit-Registern implementiert (Abb.3.47):

- 16-bit-Register R0...R15 für Wortoperanden,
- Register R0...R7 als 16 je 8 bit umfassende Register RL0, RH0,..., RL7, RH7 für Byteoperanden,
- Registerpaare RR0...RR14 für Doppel- oder Langwortoperanden (32 bit),
- Vierfachregister RQ0...RQ12 für jeweils 64 bit.

Alle allgemeinen Register sind als Akkumulator verwendbar. Mit Ausnahme von R0 und RR0 können alle diese Register auch für indirekte Registeradressierung (Registerinhalt als Speicheradresse) und Indexoperationen verwendet werden.

Für den Z8002 reichen R15 als Stackpointer für die Normal-Betriebsart und das Zusatzregister R15' als Stackpointer für die System-Betriebsart aus. Demgegenüber beansprucht die segmentierte Version Z8001 auf Grund der größeren Adreßlänge die Register R14/R15 bzw. R14'/R15' für Segmentnummer (7 bit) und Offset (16 bit) der beiden Stackpointer der Normal- und System-Betriebsart.

Das Flag- und Steuerwort enthält in seinem niederwertigen Byte als Bedingungsflags Übertrag C, Null Z, Vorzeichen S und Halbübertrag H in der gleichen Bedeutung wie bei den zuvor beschriebenen Mikroprozessortypen. Das Bedingungsflag Parität/Überlauf P/V bezieht sich auf die gerade Parität und auf den Überlauf bei vorzeichenbehafteten arithmetischen Operationen und das Flag Dezimalabgleich DA auf die Ausführung einer Addition oder Subtraktion mit BCD-Operanden. Das höherwertige Byte des Flag- und Steuerworts gibt Auskunft über den Prozessorzustand und kann vom Programm gesetzt werden:

$S/\overline{N}$: system/normal; bei $S/\overline{N} = 0$ arbeitet der Prozessor in der Normal-Betriebsart und bei $S/\overline{N} = 1$ in der System-Betriebsart,

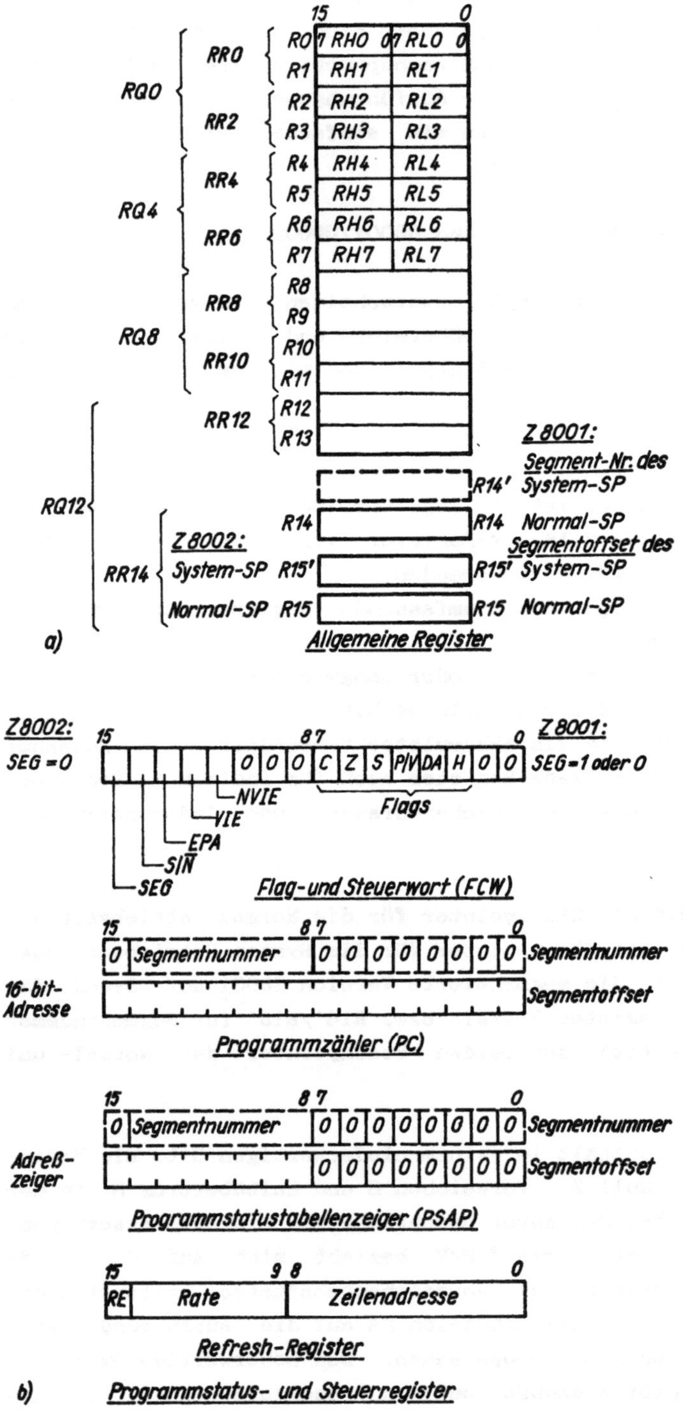

Abb. 3.47: Registersatz des Z8001 und Z8002; gestrichelt gezeichnete Register sind nur im Z8001 vorhanden (SP Stackpointer)

EPA: extended processor architecture mode; bei EPA = 1 werden entsprechende Befehle von der angeschlossenen Erweiterungseinheit (Koprozessor) ausgeführt, während solche Befehle bei EPA = 0 einen internen Interrupt auslösen,

SEG: segmentation mode; nur bei Z8001 genutzt mit SEG = 1 für den Modus mit Adreßsegmentierung und mit SEG = 0 ohne Segmentierung; beim Z8002 gilt stets SEG = 0.

Maskierbare Interrupteingänge:

VIE: vectored interrupt enable; mit VIE = 1 werden vektorisierte Interrupts am Sammeleingang VI akzeptiert,

NVIE: non-vectored interrupt enable; wie VIE für den nicht-vektorisierten Interrupteingang.

Der Programmzähler PC mit 16 bit Länge ist für den Z8002 ausreichend; er wird für die segmentierte Adressierungsart des Z8001 durch ein zweites Register zur Ausgabe der 7-bit-Segmentnummer ergänzt. Die Register PSAP zeigen auf die Anfangsadresse der Programmstatustabelle, die das Flag- und Steuerwort FCW und die Adresse der Serviceroutine nach Auftreten eines externen oder internen Interrupts enthält. Schließlich sei noch das Refresh-Register genannt, das aus einem 9-bit-Zähler für die sukzessive Ausgabe von 256 Adressen, aus einem 6-bit-Zähler für die Programmierung der Refresh-Wiederholungsperiode und aus dem Einschaltbit RE (refresh

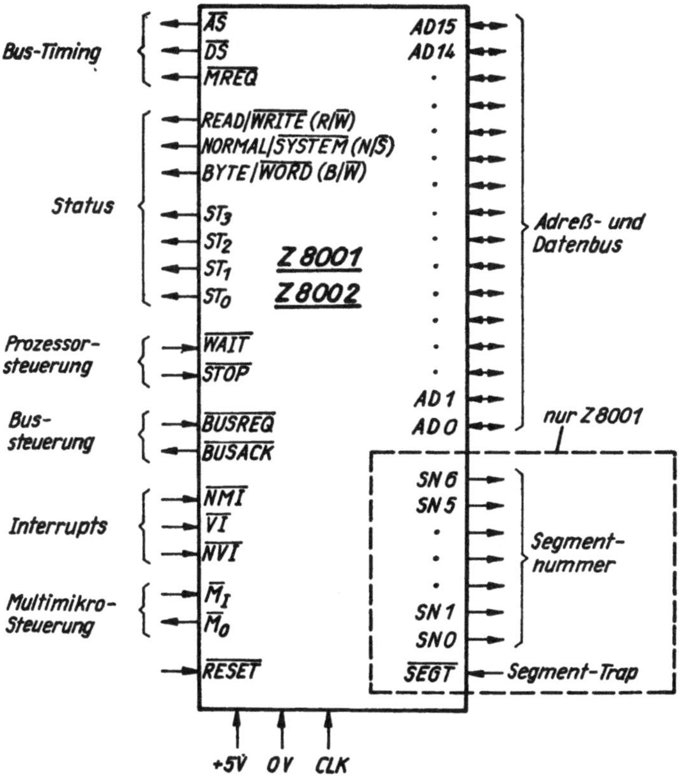

Abb. 3.48: Anschlußkontakte der Mikroprozessoren Z8001 und Z8002

Tabelle 3.18: Bezeichnung und Funktion der Anschlußkontakte der Mikroprozessoren Z8001 und Z8002 bzw. U8001 und U 8002

Bezeichnung	Funktion
Adreß- und Datenbusanschlüsse:	
AD15...AD0	bidirektionale Adreß- und Datenbusanschlüsse für Speicherzugriff und Ein-/Ausgabe-Kanäle
nur für Z8001/U8001 (Anschluß an Speicherverwaltungsschaltkreis Z8010/U8001):	
SN6...SN0	Angabe der Segmentnummer
$\overline{SEGT}$	Segment trap; Trapauslösung bei Verletzung von Zugriffsrechten
Statussignale:	
$ST_3...ST_0$	Status; kodierte Angabe des Prozessorzustands, z.B. interne Operation, Refresh-Zyklus, Befehl lesen, E/A-Operation, Interruptquittung
$R/\overline{W}$	Read/write; Prozessor liest ($R/\overline{W}$ = 1) oder schreibt Daten
$B/\overline{W}$	Byte/word; bei tiefem Potential 16-bit-Wort adressiert
$N/\overline{S}$	Normal/system mode; kennzeichnet die Normal- oder System-Betriebsart
Synchronisationssignale:	
$\overline{AS}$	Address strobe; steigende Flanke erklärt Adressen als gültig
$\overline{DS}$	Data strobe; Datensignale werden bewertet
$\overline{MREQ}$	Memory request; im aktiven Zustand führt der Adreß- und Datenbus Speicheradressen
Interrupts:	
$\overline{NMI}$	Non-maskable interrupt; nicht-maskierbarer Interrupteingang mit höchster Priorität gegenüber den anderen Interrupteingängen
$\overline{VI}$	Vectored interrupt; Eingang für vektorisierte Interrupts
$\overline{NVI}$	Non-vectored interrupt; Eingang für nicht-vektorisierte Interrupts
Prozessor- und Bussteuerung:	
$\overline{WAIT}$	Wait; Speicher oder E/A-Einheit noch nicht zum Datentransfer bereit; Synchronisation mit Taktsignal des Prozessors erforderlich
$\overline{STOP}$	Stop; Prozessorhalt, auch für Einzelschrittbetrieb nutzbar
$\overline{BUSREQ}$	Bus request; Bussteuerung wird von anderem Prozessor angefordert
$\overline{BUSACK}$	Bus acknowledge; Prozessor hat den Bus freigegeben und alle Ausgänge zum Bus in den hochohmigen Zustand geschaltet
$\overline{M_I}$	Multi-micro in
$\overline{M_O}$	Multi-micro out; kann zusammen mit $\overline{M_I}$ in eine Prioritätskette (Daisychain) eingeschaltet werden, wenn in einem Multimikroprozessorsystem eine globale Ressource angefordert wird
$\overline{RESET}$	Reset; Rücksetzeingang, Initialisierung des Prozessors
CLK	Clock; einphasiges Taktsignal

enable) besteht. Bei 4 MHz Taktfrequenz des Prozessors läßt sich die Refresh-Periode im Bereich von 1...64 µs einstellen. Das Refresh-Register kann auch als interner Zeitgeber benutzt werden.

Anschlußbelegung

Eine Übersicht über die Funktion der Anschlußkontakte des Z8001 und Z8002 zeigen Abb.3.48 und Tabelle 3.18. Mit den zahlreichen Statussignalen können die vielfältigen Busoperationen in übersichtlicher Form gesteuert werden, ohne auf einen besonderen Bussteuerschaltkreis wie bei anderen Mikroprozessoren zurückzugreifen. Über die Statussignale $ST_3...ST_0$ sind u.a. die Zustände Lesen des ersten Befehlsworts (Buszyklus IF_1, first instruction fetch), Befehllesen, Datenspeicheranforderung und Stackanforderung verschlüsselt, mit deren Hilfe und mit Nutzung des Statusausgangs $N/\overline{S}$ unterschiedliche Speicherblöcke selektiert werden können. Auf diese Weise ist die bereits erwähnte Erweiterung des Adreßvorrats um den Faktor 6 realisierbar.

Buszyklus

Für die grundlegenden Abläufe Speicherlesen und -schreiben, Ein-/Ausgabeport-Lesen oder -Schreiben, Interruptquittung und interne Operationen des Prozessors sind 3...10 Taktperioden erforderlich. Bei Befehlen, die mehr Taktperioden benötigen, werden die einzelnen Takte zu Maschinenzyklen zusammengefaßt, die nicht länger als 10 Taktperioden sind; daraus ergibt sich eine schnelle Reaktion auf externe Interruptanforderungen.

Die verschiedenen Arten von Buszyklen weisen viele Ähnlichkeiten zu den Buszyklen des Z 80 auf (vergleiche Abb.3.5 und 3.6). Bei den Speicherlese- und -schreiboperationen ist zu beachten, daß die Segmentadresse vom Z8001 bereits eine Taktperiode vor dem Segmentoffset bereitgestellt wird, um Verzögerungen im Speicherverwaltungsschaltkreis Z8010 bei Prüfung von Zugriffsrechten u.ä. kompensieren zu können. Wegen der wortorganisierten Adressierung werden in den Befehlen nur gerade Byteadressen des Speichers verwendet. Das höherwertige Byte D15...D8 ist der niederen, geraden Adresse (A0 = 0) und das niederwertige Byte D7...D0 der höheren Adresse mit A0 = 1 zugeordnet. Für Ein- und Ausgabe-Buszyklen ist bemerkenswert, daß zwischen dem zweiten und dritten Takt automatisch ein Wartetakt eingeschoben wird; dies entspricht dem Ein- und Ausgabezyklus des Z 80.

Interruptanforderungen

Die Mikroprozessoren Z8001 und Z8002 können auf externe, asynchrone Interruptanforderungen über die Eingänge $\overline{NMI}$, $\overline{VI}$ und $\overline{NVI}$ und auf interne Interruptanforderungen als Folge bestimmter Zustände während des Programmablaufs ansprechen (Abb.3.49):

- Systemruf zum definierten Übergang von Normal- zur System-Betriebsart,
- Auftreten eines privilegierten Befehls in der Normal-Betriebsart,
- Befehl für einen nicht vorhandenen Koprozessor, so daß der betreffende

Befehl über eine Subroutine ausgeführt werden kann,

- Segmenttrap, z.B. bei Speicherzugriffsverletzung, wird von der Speicherverwaltung Z8010 erzeugt und über $\overline{SEGT}$ zum Z8001 übertragen, stellt daher streng genommen kein internes Interruptsignal dar.

Als Prioritätsreihenfolge gilt, beginnend mit der höchsten Priorität: drei interne Trapzustände, $\overline{NMI}$, Segmenttrap des Z8010, $\overline{VI}$, $\overline{NVI}$. Durch eine Prioritätskette der anfordernden Peripherieeinheiten läßt sich schaltungstechnisch eine Prioritätsstaffelung innerhalb der maskierbaren Anforderungen $\overline{VI}$ und $\overline{NVI}$ erreichen.

Nach Auslösung externer Interruptanforderungen und Traps werden folgende Schritte nacheinander ausgeführt:

- Interruptquittungszyklus des Prozessors mit automatischer Einfügung von 5 Wartetakten und anschließend synchron mit $\overline{DS}$ Einlesen der Interrupterkennung (identifier, Vektornummer). Als Interrupterkennung dient bei internen Anforderungen das erste Wort des Befehls, der zur Auslösung führte, und bei externen Anforderungen der auf dem Datenbus übertragene Vektor (8 bit). Bei nicht-vektorisiertem und nicht-maskierbarem Interrupt ist auch ein Statuswort der Interruptquelle verwendbar,
- Abspeichern der Interrupterkennung und des aktuellen Programmstatus im Stack-Speicher in der Reihenfolge: PC-Offset, PC-Segmentnummer (beim Z8001), FCW und Interrupterkennung,
- Laden von FCW und PC aus der Programmstatustabelle, deren Anfangsadresse im Zeiger PSAP gespeichert ist,
- Abarbeitung der Serviceroutine und Rückkehr zum unterbrochenen Programm mit IRET.

Die Unterschiede der Programmstatustabelle für Z8001 und Z8002 resultieren aus den Adreßlängen mit und ohne Segmentierung (Abb.3.49). Für alle vektorisierten Interrupts existiert nur ein einheitliches Flag- und Steuerwort FCW. Der Z8001 behandelt unabhängig von seiner eingestellten Betriebsart (SEG = 0 oder 1) die Interruptanforderungen vom Standpunkt der segmentierten Adressierung; der Rücksprung aus der Serviceroutine muß daher stets in der segmentierten Betriebsart erfolgen.

Nach Rücksetzen oder Initialisierung mit $\overline{RESET}$ beginnt der Mikroprozessor Z8001 unter der Speicheradresse Byte 2: Lesen des Flag- und Steuerworts FCW, der 7-bit-Segmentnummer und der 16-bit-Offsetadresse des Startprogramms sowie anschließend Lesen des ersten Befehls des Startprogramms. Beim Z8002 entfällt das Lesen der Segmentnummer, so daß hier nur die Byteadressen 2...5 belegt sind. Die Byteadressen 0 und 1 bleiben jeweils frei.

Koprozessoren

Durch die Kopplung eines oder mehrerer Koprozessoren mit einem Mikroprozessor läßt sich die Verarbeitungsleistung insgesamt beträchtlich erhöhen. Für die Mikroprozessoren der Z8000-Familie ist das Konzept der

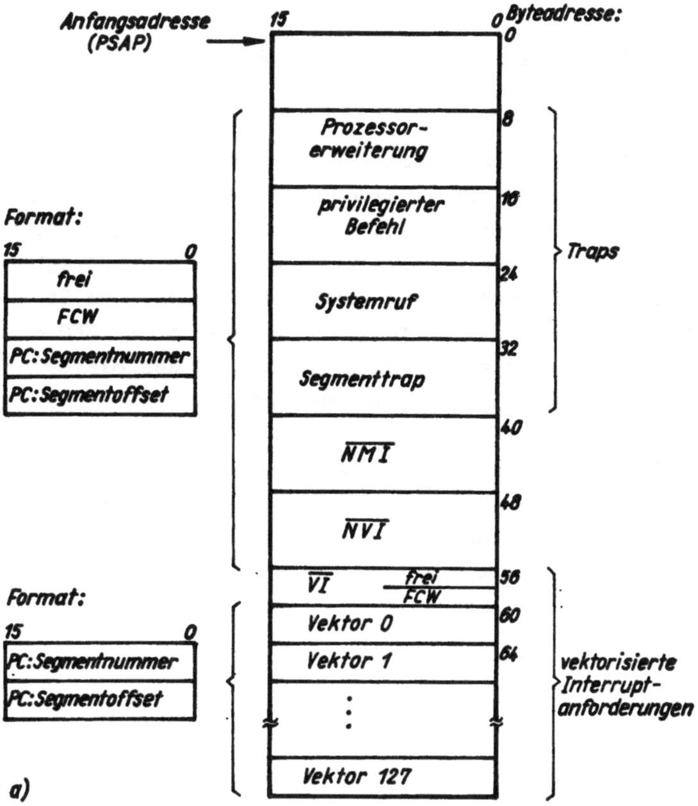

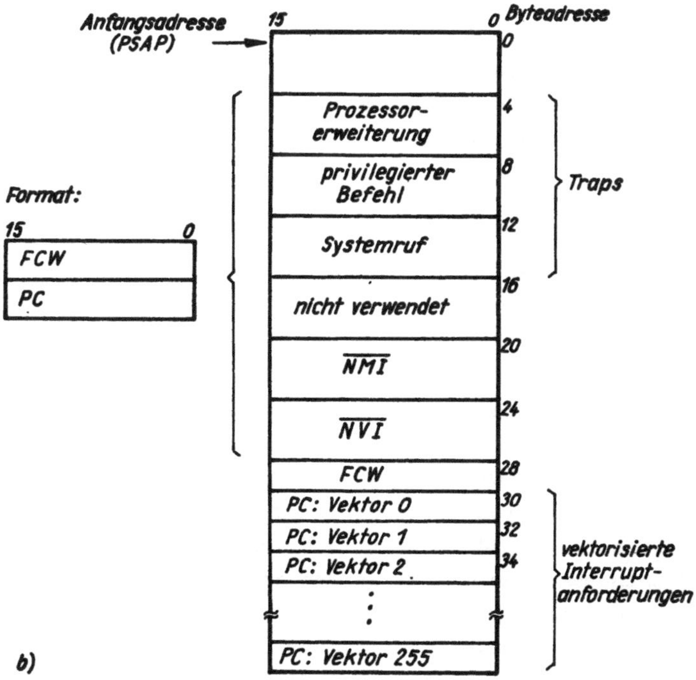

Abb. 3.49: Programmstatustabelle; a: Z8001; b: Z8002

erweiterten Verarbeitung EPA (extended processing architecture) in ähnlicher Weise wie bei der 8086-Familie verwirklicht.

Der Befehlsstrom auf dem Mikrorechnerbus wird vom Mikroprozessor gesteuert und von den Koprozessoren oder Erweiterungseinheiten EPU (extended unit) beobachtet. Wird ein EPU-Befehl erkannt, spricht der betreffende Koprozessor an und nimmt während der Befehlsabarbeitung die benötigten Operanden auf, die ihm der Mikroprozessor bei EPA = 1 im Flag- und Steuerwort bereitstellt. Tritt vor beendeter Befehlsausführung in der EPU ein zweiter EPU-Befehl auf, aktiviert die EPU den $\overline{STOP}$-Eingang des Mikroprozessors, bis der laufende Befehl vollständig bearbeitet ist.

Es können maximal vier Erweiterungseinheiten mit dem Mikroprozessor gekoppelt werden. Bei nicht gesetztem EPA, d.h. EPA = 0, löst der Mikroprozessor einen internen Interrupt (Prozessorerweiterung) aus, um eine dem EPU-Befehl äquivalente Subroutine zu aktivieren. Als Koprozessor ist beispielsweise der Arithmetikschaltkreis Z8070 Z-APU für Gleitkomma-Arithmetik geeignet.

Die Anschlußbelegung des Z8000 (vergleiche Tabelle 3.18) unterstützt auch die Zusammenschaltung mehrerer Prozessoren zu einem Multimikroprozessor-System. Mit dem vom Programm beeinflußbaren Ausgang $\overline{M}_O$ (multi-micro out) liefert der Prozessor ein Anforderungssignal für den Zugriff zu einer globalen Ressource, deren Zustand über den Eingang $\overline{M}_I$ (multi-micro in) getestet werden kann.

Adressierung und Speicherverwaltung

Die Berechnung der effektiven Adresse bezieht sich auf einen Adreßraum von 64 Kbyte. Es stehen folgende Adressierungsarten zur Verfügung (vergleiche Tabelle 3.3 und Abschnitt 3.1.3.):

- unmittelbare Adressierung IM,
- direkte Registeradressierung R,
- direkte Speicheradressierung DA,
- indirekte Registeradressierung IR,
- relative Adressierung RA,
- Basisadressierung BA,
- indizierte Adressierung X,
- basisindizierte Adressierung BX, jedoch ohne Angabe einer Distanz.

Der segmentierte Adreßraum des Z8001 besteht aus 128 Segmenten mit jeweils maximal 64 Kbyte und wird durch die 7 bit lange Segmentnummer und den 16 bit umfassenden Offset gebildet, der im Prinzip die effektive Adresse darstellt. Segmentnummer und Offset werden in einem Registerpaar oder in zwei Speicherworten abgelegt und lassen sich separat oder als Langwort mit Wort- oder Langwortbefehlen modifizieren. Bei direkter Angabe einer segmentierten Adresse im Befehl bestehen die beiden Möglichkeiten eines langen Offsets LS (long offset) mit zwei Speicherworten für die Adresse und eines kurzen Offsets SS (short offset) mit einem Speicherwort für die Segmentnummer (7 bit) und die Offsetadresse (8 bit). Die Adressierung mit kurzem Offset ergibt eine Speicherplatzverringerung und wegen eines eingesparten Speicherzugriffs auch eine kürzere Befehlsausführungszeit. Allerdings ist die Adressierung mit kurzem Offset nur bei direkter Speicheradressierung und bei indizierter Adressierung möglich.

Die Aufgabe der Speicherverwaltung besteht darin, die mit Segmentnummer und Offset gegebenen logischen Adressen in physische Adressen zum Speicheraufruf umzuwandeln. Diese Umwandlung oder Speicherplatzzuordnung (relocation) erfolgt über eine Tabelle, die im Speicherverwaltungsschaltkreis Z8010 abgelegt ist. Auf diese Weise kann die Programmierung unabhängig von den Adressen erfolgen, unter denen später das Programm gespeichert ist (verschiebliche Programme).

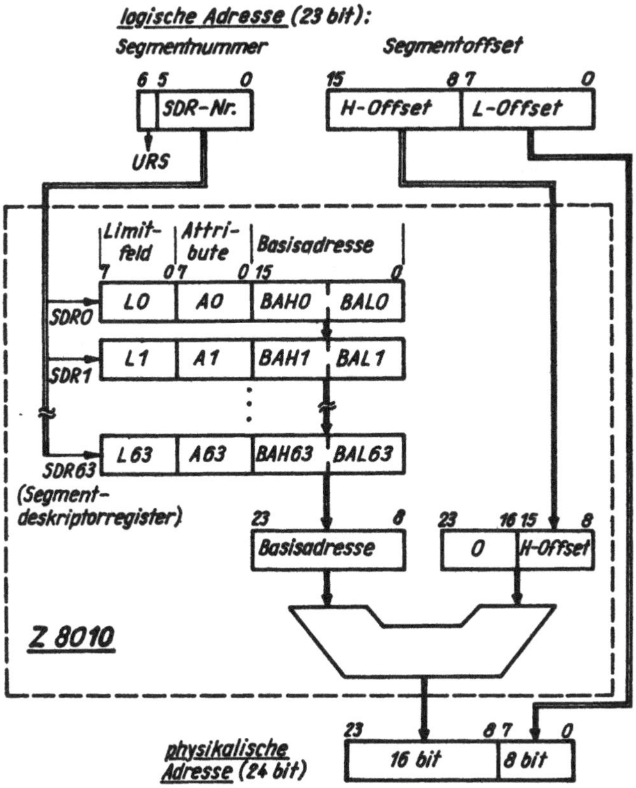

Abb. 3.50: Transformation der logischen in die physikalische Adresse mit dem Speicherverwaltungsschaltkreis Z8010 bzw. U8010

Das Prinzip der vom Z8010 durchgeführten Adreßtransformation ist in Abb.3.50 dargestellt (St 79, Ro 80, Zi 83). Ein Schaltkreis 8010 enthält 64 Segmentdeskriptorregister SDR0...SDR63, die von Bit 5...Bit 0 der Segmentnummer ausgewählt werden. Das höchstwertige Bit 6 der Segmentnummer dient der Auswahl eines von zwei Schaltkreisen Z8010. In einem Segmentdeskriptorregister ist eine 16 bit lange Basisadresse BAH und BAL gespeichert, ferner ein 8 bit langes Feld L für die Segmentgrenze und ein Byte für Attribute A, die sich auf Zugriffsrechte u.ä. beziehen. Aus der Basisadresse und dem Offset der logischen Adresse wird in der aus Abb. 3.50 ersichtlichen Weise die 24 bit umfassende physikalische Adresse gebildet, die einem Speicher mit 16 Mbyte Kapazität entspricht. Die Segmentgröße kann 256 byte...64 Kbyte in der Abstufung von 256 byte betragen.

In der segmentierten Adressierungsart des Z8001 sind für die volle Transformationstabelle von 128 Segmenten 2 Schaltkreise Z8010 erforderlich. Es lassen sich auch mehrere Paare von Z8010 einsetzen, z.B. ein Paar für die Normal- und ein zweites Paar für die System-Betriebsart (St 79).

Befehlsliste

Die Befehle des Z8001 und Z8002 (siehe z.B. Zi 83, Cl 86) verarbeiten verschiedene Datentypen:

- Einzelbit für Setzen, Rücksetzen und Testen,
- BCD für arithmetische Operationen,
- Byte für Zeichen und Integerwerte,
- Wort für Integerwerte, Befehle und nichtsegmentierte Adressen,
- Langworte (32 bit) für Integerwerte und segmentierte Adressen,
- Byte- und Wortketten, jeweils maximal 64 Kbyte lang.

Alle Daten können im Speicher oder in Registern des Prozessors abgelegt werden, Byte- und Wortketten allerdings nur im Speicher.

Die Befehlsliste umfaßt nach Gliederung des Schaltkreisherstellers 110 Befehlstypen, die nach Kombination mit den verschiedenen Datentypen und Adressierungsarten eine Liste von 414 Befehlen ergeben. Die meisten Befehle können jede der fünf wichtigsten Adressierungsarten nutzen und verarbeiten Byte-, Wort- und Langwortdaten. In der Assemblerkodierung haben Befehle für Byteoperanden ein nachgesetztes B und für Langwortoperanden den Buchstaben L, z.B. Laden eines Registers LD, LDB und LDL.

1. Datentransportbefehle

Ladebefehle für Byte-, Wort- und Langwortdaten in fast allen Adressierungsarten; Registeraustauschbefehle sind vorhanden.

2. Blocktransfer- und Suchbefehle

Befehle für byte- und wortweisen Transfer und Vergleich mit steigender oder fallender Adresse; als Einzelbefehle oder Kettenbefehle mit oder ohne automatische Wiederholung implementiert. Translate-Befehle ähnlich dem 8086 sind ebenfalls vorhanden.

3. Arithmetik
Befehle für die Grundrechenarten im Festkommaformat (Zweier-Komplement) mit Operanden im Register und Speicher; Multiplikation und Division auch für 32-bit-Langwortoperanden sowie mit definierter Flagbelegung, falls Bereichsüberschreitungen auftreten, z.B. bei Divisor Null.
4. Logikbefehle
Neben den Logikfunktionen UND, ODER und Exklusiv-ODER ist auch die Negation von Operanden im Speicher oder Register möglich. Der Testbefehl TEST bzw. TESTB und TESTL prüft, ob alle Bitpositionen des Operanden Null sind; mit TCC bzw. TCCB kann der Bedingungskode, wie er bei bedingten Sprung- und Rufbefehlen auftritt, getestet werden.
5. Schiebe- und Rotationsbefehle
Die Anzahl der Rotations- und Schiebeoperationen ist im Befehl angegeben oder dynamisch bei der Programmausführung einem Register entnehmbar.
6. Bitverarbeitende Befehle
Setzen, Rücksetzen und Testen einzelner Bitpositionen eines Registers oder eines Speicherworts, wobei die Bitnummer statisch im Befehl oder dynamisch während der Laufzeit in einem Register verfügbar ist. Der Befehl TSET bzw. TSETB überträgt das höchstwertige Bit des Operanden in das Flag S und setzt anschließend alle Bitpositionen des Operanden auf 1; dieser für Multiprogramm-Systeme wichtige Testbefehl kann bei seiner Ausführung nicht durch eine Busanforderung $\overline{BUSREQ}$ unterbrochen werden.
7. Ein- und Ausgabebefehle
Alle Ein- und Ausgabebefehle gelten als privilegierte Befehle, die nur in der System-Betriebsart ausgeführt werden. Mit den Statusinformationen $ST_3...ST_0$ lassen sich separate 64 Kbyte große Adreßräume für normale und für spezielle Ein- und Ausgabebefehle realisieren, letztere zur Programmierung und Kontrolle von Speicherverwaltungsschaltkreisen. Die Ein- und Ausgabebefehle sind für Byte-, Wort- und Blockübertragung verfügbar.
8. Programmsteuerung
Die Befehle sind denen des Z 80 in der Funktion und in den Bedingungskodes sehr ähnlich. Bei den Sprung- und Rufbefehlen ist auch die relative Adressierungsart möglich. Mit dem Befehl SC wird ein Systemruf (system call) als Trap ausgelöst, um einen Übergang zur System-Betriebsart durchzuführen. Die Rückkehr nach Interrupt IRET ist ein privilegierter Befehl.
9. Prozessorsteuerung
Die Befehle zum Lesen und Schreiben des Flagregisters sowie zum Setzen, Rücksetzen und zur Komplementbildung der anzugebenden Flags sind in der Normal-Betriebsart ausführbar, während die anderen Befehle mit "stärkerem" Einfluß privilegiert sind: Ein- und Ausschalten der maskierbaren Interrupteingänge, HALT, Lesen und Schreiben des Steuerregisters und Laden des Programmstatus (FCW und PC).
10. Systemsteuerung
Zum Setzen und Rücksetzen des Ausgangs $\overline{M_O}$ sowie zum Testen von $\overline{M_I}$ und zur wiederholten Anforderung (multi-micro request) sind vier privilegierte Befehle definiert, die für Multiprozessorsysteme von Bedeutung sind. Die

EPU-Befehle enthalten Angaben über die von der Erweiterungseinheit auszuführende Operation und über die Datenübergabe zwischen Speicher, Mikroprozessor und Erweiterungseinheit.

3.3.3.3. Mikroprozessoren Z8003 und Z8004

Die Mikroprozessoren Z8003 und Z8004 sind für die virtuelle Adressierung vorgesehen (Z-VMPU, virtual memory processing unit), die über einen externen Speicherverwaltungsschaltkreis Z8015 unterstützt wird (Zi 83). Die sonstigen Eigenschaften, wie Befehlsliste, Zeitablauf u.ä., sind identisch mit denen der Mikroprozessoren Z8001 und Z8002. Die beiden Versionen unterscheiden sich ebenfalls nur in der Speicheradressierung:

* Z8003 mit segmentiertem oder nicht-segmentiertem Adreßraum,
* Z8004 ohne Segmentierung.

Bei der virtuellen Speicheradressierung prüft die Speicherverwaltung, ob sich die vom Mikroprozessor ausgegebene Adresse auf ein Segment oder eine Seite im Arbeitsspeicher bezieht oder nicht. Ist das benötigte Segment bzw. die angeforderte Seite nicht vorhanden, wird die Befehlsabarbeitung abgebrochen (abort). Es wird eine Serviceroutine ausgelöst, die unter Steuerung durch das Betriebssystem den betreffenden Block vom Externspeicher in den Arbeitsspeicher überträgt (demand-segment, demand-page swapping). Danach kann die Programmausführung fortgesetzt werden. Wie bereits erwähnt wurde, ist für den geschilderten Ablauf eine wesentliche Voraussetzung, daß der laufende Befehl, der den momentan nicht erfüllbaren Speicherzugriff anforderte, definiert abgebrochen und später nach dem Swapping beendet werden kann (bei der normalen Interruptanforderung erfolgt die Prozessorreaktion erst nach Beendigung des laufenden Befehls).

Bei den Mikroprozessoren Z8003 und Z8004 wurde mit Unterstützung durch den Speicherverwaltungsschaltkreis Z8015 die Möglichkeit des Befehlsabbruchs realisiert. Mit dem Prozessorsteuersignal $\overline{\text{ABORT}}$, das vom Z8015 geliefert wird, erfolgt der Befehlsabbruch. Bei gleichzeitiger Aktivierung des Eingangssignals $\overline{\text{SAT}}$ (segment-page or translation trap) wird im Z8003 eine Trap-Serviceroutine aufgerufen, um das benötigte Segment oder die erforderliche Seite zu holen; das Signal $\overline{\text{SAT}}$ entspricht dem Signal $\overline{\text{SEGT}}$ beim Z8001. Da im Schaltkreis Z8004 das Signal $\overline{\text{SAT}}$ fehlt, wird die Traproutine über $\overline{\text{ABORT}}$ und einen der Interrupteingänge $\overline{\text{NMI}}$, $\overline{\text{VI}}$ oder $\overline{\text{NVI}}$ ausgelöst.

In einem seitenadressierten virtuellen Speicher ist jedes Segment in Seiten konstanter Größe, z.B. 2 Kbyte, unterteilt. Wie im Abschnitt 3.3.1.2. diskutiert wurde, hat die Seitenaufteilung gewisse Vorteile bei der Zuordnung von Arbeitsspeicherplatz. Der Z8004 ist für die seitenadressierte virtuelle Speicherung geeignet.

Bei den Mikroprozessoren Z8001 und Z8002 ist die Möglichkeit des Befehlsabbruchs nicht vorhanden; die Adressierung einer im Arbeitsspeicher nicht vorhandenen Seite bzw. eines nicht vorhandenen Segments würde daher im allgemeinen zum "Absturz" des Programms führen, mit anderen Worten, im Z8001 muß bei virtueller Adressierung und Nutzung des Speicherverwaltungsschaltkreises Z8015 vor Aufruf eines Segments gesichert sein, daß es sich im Speicher befindet. Als zweite bemerkenswerte Änderung der Mikroprozessoren Z8003/Z8004 gegenüber Z8001/Z8002 erzeugt der für die Nutzung von Semaphoren wichtige Befehl TSET an den Statusausgängen $ST_3 \ldots ST_0$ den Zustand FH, mit dem Speicherzugriffe durch andere Mikroprozessoren ausgeschlossen werden können. Beim Z8001/Z8002 ist der Befehl TSET, der zwei Speicherzugriffe erfordert, bereits insoweit vor Unterbrechungen geschützt, daß $\overline{BUSREQ}$ als externe Busanforderung unwirksam bleibt.

3.3.3.4. Speicherverwaltungsschaltkreise Z8010 und U8010 sowie Z8015

Die Speicherverwaltungseinheit Z-MMU Z8010 und U8010 (memory management unit) führt für die mit Segmentierung arbeitenden Mikroprozessoren Z8001 und Z8003 die Umwandlung der logischen Adresse in die physische Adresse durch (St 79, He 82b, Zi 83, Cl 86). Die Speicherverwaltungseinheit bildet aus der vom Mikroprozessor gelieferten Speicheradresse, die aus der 7-bit-Segmentnummer und der 16-bit-Offsetadresse besteht, eine 24 bit lange Speicheradresse, wie es in Abb. 3.50 erläutert ist. Ein- und Ausga-

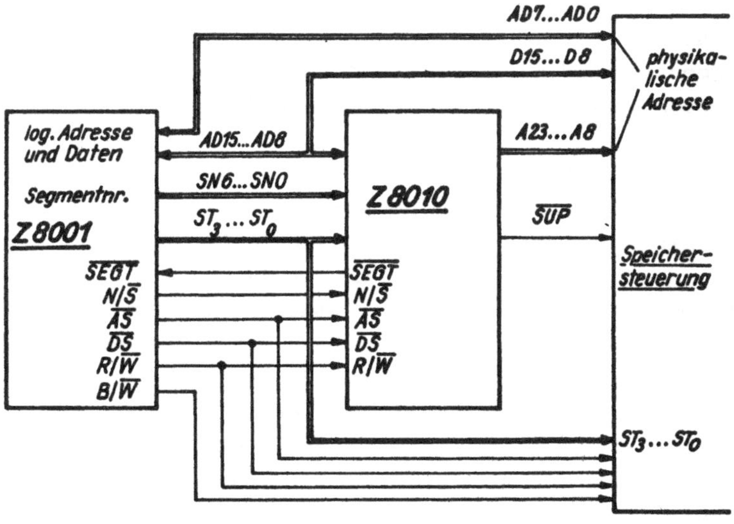

Abb. 3.51: Mikroprozessor Z8001 mit Speicherverwaltungsschaltkreis Z8010 und Speichersteuerung

beadressen werden von der Speicherverwaltungseinheit nicht behandelt. Die Speicherverwaltungseinheit Z8010 bzw. U8010 ist entsprechend dem in Abb. 3.18 skizzierten Prinzip zwischen Mikroprozessor und Speichersteuerung eingeschaltet. Die speziell für Z8001 und Z8010 erforderlichen Adreß-, Steuer- und Statussignale sind in Abb. 3.51 dargestellt. Die Mehrzahl der Signale ist bereits im Abschnitt 3.3.3.2 besprochen worden. Das Signal $\overline{\text{SUP}}$ (suppress) wird während der laufenden Buszyklen und bei Verletzung von Zugriffsrechten zur zeitweiligen Sperrung der Speichersteuerung ausgegeben. Der Z8010 hat weiterhin Eingänge für ein Chip-Auswahlsignal $\overline{\text{CS}}$ (chip select) und ein Synchronsignal DMASYNC (DMA/segment number synchronisation strobe), die bei Anordnungen mit mehreren Speicherverwaltungsschaltkreisen und DMA-Steuerung des Speichers genutzt werden. Der $\overline{\text{RESET}}$-Eingang dient der Initialisierung des Z8010.

Der Speicherverwaltungsschaltkreis Z8010 kann aus dem 8-Mbyte-Adreßraum des Z8001 bzw. Z8003 insgesamt 64 Segmente mit einer maximalen Länge von je 64 Kbyte, gestuft zu 256 byte, verwalten und bei Zugriffen auf die Einhaltung vereinbarter Zugriffsrechte prüfen. Zur Lösung dieser Aufgaben enthält der Z8010 neben den bereits erwähnten 64 Segmentdeskriptorregistern noch insgesamt 3 programmierbare Steuerregister und 6 Statusregister (Abb. 3.52).

Segmentdeskriptorregister (Abb. 3.52a):

- 2 byte Segmentbasisadresse BAH, BAL,
- 1 byte Limitfeld L zur Angabe der Segmentlänge in Blöcken von 256 byte,
- 1 byte Attributefeld A für Zugriffsrechte des betreffenden Segments:

5 bit für Zugriffsrechte mit folgender Bedeutung bei Wert = 1:

RD: read-only; Segment kann nur gelesen werden,

SYS: system-only; Segmentzugriff nur in der Systembetriebsart,

CPUI: CPU-inhibit; Segmentzugriff über DMA, nicht vom Mikroprozessor,

EXC: execute-only; Zugriff nur zum Lesen des Befehls oder bei relativer Adressierung (Sprung- und Rufbefehle);

DMAI: DMA-inhibit; Segmentzugriff für DMA verboten.

Die restlichen 3 Bitpositionen haben unterschiedliche Aufgaben:

DIRW: direction and warning; Segment kann nur in Richtung kleinerer Adressen beschrieben werden, wie es für Stackoperationen typisch ist; die Segmentgröße ist folglich 64 K - 256 N mit N als Inhalt des Limitfeldes. Bei einem Zugriff zum letzten Block des Segments wird eine Warnung vor möglichem Stacküberlauf ausgegeben (Segmenttrap),

CHG: changed; zeigt an, daß zum betreffenden Segment bereits mindestens ein zulässiger Schreibzugriff erfolgte; das Betriebssystem muß daher das Segment wieder zum Externspeicher zurückübertragen, wenn sein Speicherplatz von einem anderen Segment belegt werden soll,

REF: referenced; wird bei einem zulässigen Schreib- oder Lesezugriff gesetzt als Aussage darüber, daß das betreffende Segment nach dem Laden in den Arbeitsspeicher aufgerufen wurde.

Steuerregister (Abb. 3.52b):

Im Modus-Register stellt das ID-Feld (identification) eine Kodierung zur Unterscheidung zwischen maximal 8 Speicherverwaltungseinheiten dar; es wird bei Auswertung eines Segmenttrap als Identifier genutzt. Das Modus-Register bestimmt Zugriff und Arbeitsweise der Speicherverwaltungseinheit, insbesondere auch in Anordnungen mit mehreren Schaltkreisen 8010:

MST: multiple segment table, bei MST = 1 wird angezeigt, daß mehrere Segmenttabellen in den Speicherverwaltungseinheiten vorhanden sind,

NMS: normal mode select; bei MST = 1 erfolgt die Adreßübersetzung mit dem betreffenden Speicherverwaltungsschaltkreis nur, wenn NMS mit dem Zustand des Eingangssignals $N/\overline{S}$ übereinstimmt,

URS: upper range select; mit diesem Flag wird unterschieden, ob der Speicherverwaltungseinheit die Segmentnummern 0...63 (URS = 0) oder 64...127 (URS = 1) zugeordnet sind, d.h., nur bei Übereinstimmung

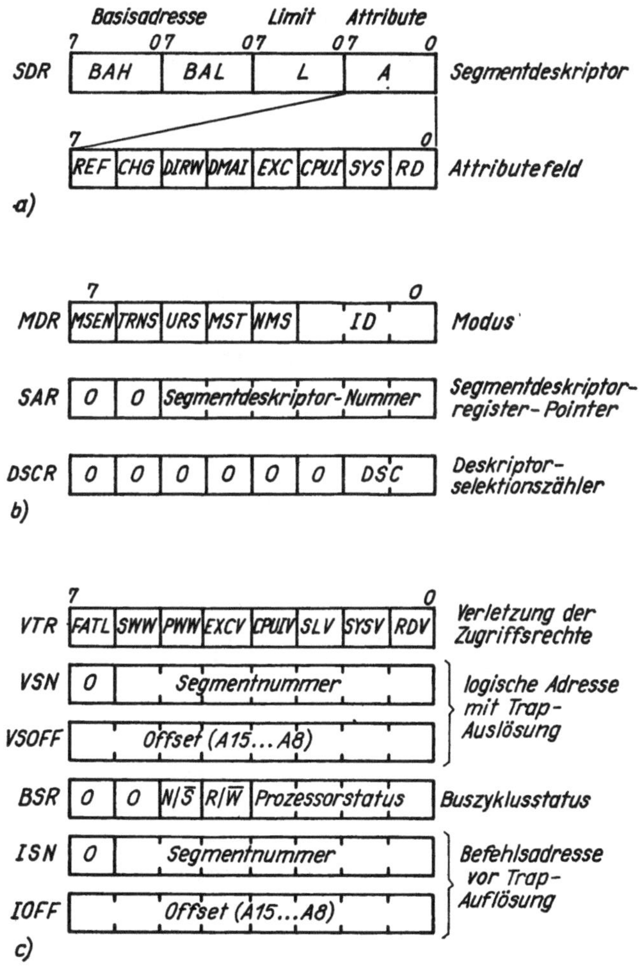

Abb. 3.52: Register im Z8010/U8010; a: Segmentdeskriptorregister; b: Steuerregister; c: Statusregister

zwischen URS und Bit 6 der Segmentnummer kann die Adreßwandlung stattfinden,

TRNS: translate; bei TRNS = 1 wird die Adreßwandlung mit Prüfung des Attributefeldes durchgeführt, anderenfalls werden die Adressen lediglich durchgeschaltet,

MSEN: master enable; mit MSEN = 1 wird der Z8010 zur Adreßwandlung und -prüfung befähigt.

Der Segmentdeskriptorregister-Pointer SAR enthält die Nummer desjenigen Segmentdeskriptorregisters SDR, das zur Programmierung aufzurufen ist. Der Deskriptorselektionszähler DSC gibt an, welches Byte des Segmentdeskriptorregisters beschrieben oder gelesen werden soll, z.B. wird mit DSC = 3 das Attributefeld adressiert.

Statusregister (Abb.3.52c):
Die Statusregister enthalten Daten, die bei Erkennung von Zugriffsverletzungen und Auslösung des Segmenttrap im Z8001 vom Betriebssystem für entsprechende Reaktionen genutzt werden können. So werden die Segmentnummer und das höherwertige Byte des Offsets der logischen Adresse, bei der ein Segmenttrap ausgelöst wurde, sowie Segmentnummer und Offset der Adresse des zuvor ausgeführten Befehls gespeichert. Der Buszyklusstatus zur Zeit des Auftretens eines Adressierungsfehlers wird ebenfalls gespeichert (Statuskode $ST_3 \ldots ST_0$, Lese/Schreib-Modus $R/\overline{W}$ und Normal-/System-Betriebsart $N/\overline{S}$). Schließlich enthält ein Register Angaben über die Verletzung von Zugriffsrechten:

RDV: read-only violation; RDV = 1 bei versuchtem Schreibzugriff zu einem Segment, das nur gelesen werden darf,

SYSV: system violation; SYSV = 1 bei versuchtem Zugriff in der Normal-Betriebsart zu einem Segment, das der System-Betriebsart zugeordnet ist,

SLV: segment length violation; Offset liegt außerhalb des Segments,

CPUIV: CPU-inhibit violation; bei CPUIV = 1 versuchter Zugriff zu einem für den Mikroprozessor gesperrten Segment (CPUI = 1),

EXCV: execute-only violation; bei EXCV = 1 versuchter Zugriff zu einem Segment, das mit EXC = 1 für Befehllesen reserviert ist,

PWW: primary write warning, SWW: secondary write warning; Auslösung von Warnungen bei Stacksegmenten (DIRW = 1), z.B. bei Schreibzugriff zum Block mit der niedrigsten Adresse, um auf möglichen Stacküberlauf hinzuweisen,

FATL: fatal condition; Wert 1, wenn eines der Flags dieses Statusregisters gesetzt ist und eine weitere Adreßverletzung oder Warnung vor Stacküberlauf der Normal-Betriebsart auftritt. Dies weist auf einen Speicherzugriffsfehler in der Serviceroutine des Segmenttrap hin und blockiert über das Signal $\overline{SUP}$ die Speichersteuerung.

Segmentdeskiptor- und Steuerregister lassen sich lesen und überschreiben, die Statusregister jedoch nur lesen mit Ausnahme von VTR, das auch rückgesetzt werden kann. Hierfür stehen 22 Befehle zur Verfügung, die als spezielle Ein- und Ausgabebefehle des Z8001/Z8003 auf dem höherwertigen Adreß- und Datenbyte den Operationskode und die entsprechenden Registerdaten übertragen.

Die zahlreichen Steuer- und Statussignale des Z8010 unterstützen wirkungsvoll die segmentierte Adressierung und die Prüfung von Zugriffsrechten, die bei Realisierung über Routinen des Betriebssystems erhebliche Verlängerungen der Programmlaufzeit zur Folge hätten. Die Segmentdeskriptor-, Steuer- und Statusregister des Z8010 bzw. U8010 zeigen als Beispiele, wie durch Hardware Aufgaben und Forderungen des Betriebssystems unterstützt werden. Es ist einzusehen, daß ein Betriebssystem besonders effektiv hinsichtlich Speicherbedarf und Laufzeit arbeiten wird, wenn der Systemprogrammierer die Hardwareunterstützung durch den Mikroprozessor und die Speicherverwaltung voll ausnutzt. Der Schaltkreis Z8010 ist nicht speziell für die virtuelle Speichertechnik entworfen. Das CPUI-Flag kann aber genutzt werden, um anzuzeigen, ob das Segment im Arbeitsspeicher oder nur im Externspeicher vorhanden ist (Zi 83).

Die Speicherverwaltungseinheit für Seitenadressierung PMMU Z8015 (paged memory management unit) unterstützt Multiprogramming und virtuelle Speichertechnik und wurde für den Mikroprozessor Z8003 entwickelt (Zi 83). Die Transformation der logischen in die physische Adresse unterscheidet sich vom Z8010 (Abb. 3.50) vor allem dadurch, daß die Segmente in Seiten von jeweils 2048 byte Länge (11-bit-Adresse) eingeteilt sind. Wie Abb. 3.53 zeigt, wird eine Seite durch die Segmentnummer und eine 5 bit lange

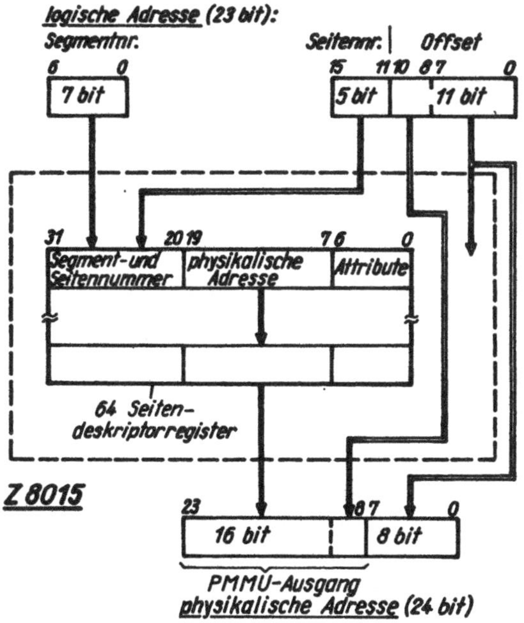

Abb. 3.53: Transformation der logischen in die physikalische Adresse mit dem Speicherverwaltungsschaltkreis Z8015 für Seitenadressierung

Seitennummer beschrieben. Der Seitendeskriptorblock des Z8015 kann für 64 beliebige Seiten die Segment- und Seitennummer sowie die oberen 13 bit der physikalischen Seitenanfangsadresse und ein Attributefeld zur Charakterisierung des Seitenzustands und ihrer Zugriffsrechte speichern. Dieser Seitendeskriptorblock ist assoziativ organisiert, d.h., es wird dasjenige Register aufgerufen, dessen Felder für Segment- und Seitennummer in ihrem Inhalt mit der anliegenden und zu transformierenden Adresse übereinstimmen. Der assoziative Aufruf benötigt im Prinzip nur einen Taktzyklus, läuft also wesentlich schneller ab als ein sukzessives Durchmustern aller Register. Der Schaltungsaufwand im Z8015 für die Realisierung des Assoziativspeichers ist beträchtlich, aber viel kleiner im Vergleich zu einem Register mit dem vollen 12-bit-Adreßumfang für Segment- und Seitennummer. Die Adreßtransformation findet statt, wenn der Inhalt eines der Seitendeskriptorregister der anliegenden Adresse entspricht und das VALID-Bit des zugehörigen Attributefeldes gesetzt ist. Wird kein gültiger Eintrag für die adressierte Seite gefunden (Seitenfehler), löst der Z8015 für den Mikroprozessor einen Abbruchbefehl $\overline{\text{ABORT}}$ und eine Trap-Anforderung sowie für die Speichersteuerung Sperrsignale $\overline{\text{SUP}}$ aus. Über die Trap-Anforderung kann das Betriebssystem die Anforderung der benötigten Seite (demand-paging) realisieren, d.h. ihren Transfer aus dem Externspeicher in den Arbeitsspeicher.

Im Speicherverwaltungsschaltkreis Z8015 ist eine Reihe von Steuer- und Statusregistern implementiert, die im Aufbau und Funktion den Registern des Z8010 weitgehend ähnlich sind. Das URS-Bit zur Unterscheidung zwischen zwei Z8010 ist beim Z8015 nicht definiert. Über externe Schaltungen ist jedoch auch der Betrieb mit mehreren Z8015 möglich; im einfachsten Fall läßt sich mit der Leitung $N/\overline{S}$ über die Flags MPT und NMS der Steuerregister je ein PMMU-Schaltkreis der Normal- und der System-Betriebsart zuordnen. Die Statusregister enthalten die volle 23 bit lange logische Adresse mit erkannter Zugriffsverletzung oder erkanntem Seitenfehler und die logische Adresse des letzten gelesenen Befehls vor dem Auftreten dieses Fehlers.

Die Seitenadressierung hat den Vorteil, daß die Seiten lückenlos im Arbeitsspeicher untergebracht werden können und auch stets in vorhandene Lücken hineinpassen, wie zuvor bereits diskutiert wurde. Statt der vorgegebenen Seitenlänge von 2048 byte können auch andere Seitenlängen in binärer Stufung gewählt werden, allerdings nur durch zusätzliche externe Schaltungen zur Verknüpfung von Adreß- und Statussignalen. Das Lesen und Überschreiben der Deskriptor-, Steuer- und Statusregister erfolgt über 20 Befehle in gleichartiger Weise wie beim Z8010. Abschließend sei erwähnt, daß die Speicherverwaltung Z8015 auch in Verbindung mit dem Mikroprozessor Z8004 genutzt werden kann; in diesem Fall ist die Segmentnummer Null und der physische Adreßbereich ebenfalls auf 24 bit erweitert bei gleichzeitiger Prüfung der Zugriffsrechte für die einzelnen Seiten.

3.3.4. Mikroprozessoren der MC 68000-Familie

3.3.4.1. Übersicht

Der Mikroprozessor MC 68000 gehört zu den 16-bit-Mikroprozessoren, für die viele Anwendungsgebiete erschlossen werden konnten. Gegenüber dem Mikroprozessor M 6800 fällt bei weitgehender Ähnlichkeit der Befehlslisten die bedeutende Vergrößerung des Registerblocks auf, der 17 allgemeine Register mit einer Länge von 32 bit enthält. Mit dieser Registerlänge wurde auch der Übergang zu "echten" 32-bit-Mikroprozessoren geebnet (MC 68020). Wie bei den Z8000-Mikroprozessoren sind zwei Betriebsarten möglich: die Nutzer-Betriebsart (user mode) für Anwenderprogramme und die System-Betriebsart (supervisor mode) für Betriebssystemaufgaben. Tabelle 3.19 gibt einen Überblick über die MC 68000-Familie (Ha 79, St 79a, Mo 82, Ma 83, Ma 84, Na 85).

Tabelle 3.19: Übersicht über die Mikroprozessoren der MC 68000-Familie

Type	MC 68000	MC 68008	MC 68010	MC 68012	MC 68020
Datenbusanschlüsse	16	8	16	16	32
linearer Adreßbereich	16 Mbyte	1 Mbyte (4 Mbyte)	16 Mbyte	2 Gbyte	4 Gbyte
virtuelle Adressierung	-	-	ja	ja	ja
Taktfrequenz, MHz	4; 6; 8; 12,5	8; 10	8; 10; 12,5	8; 10; 12,5	12,5; 16,67
Anzahl der Anschlußkontakte	64, DIL 68,pin-grid	48, DIL 52	64, DIL 68, pin-grid	84,pin-grid	114, pin-grid
Speicherverwaltung	MC 68451 (Segmente)	-	MC 68451		MC 68451 MC 68851
Besonderheiten		Programme mit MC 68000 austauschbar	anschlußkompatibel zum MC 68000		"echter" 32-bit-Mikroprozessor

3.3.4.2. Mikroprozessor MC 68000

Der Registerblock des MC 68000 (Mo 82) ist in Abb.3.54 dargestellt:

- 8 Datenregister D7...D0 für Byte-, Wort- und Langwortoperationen,
- 7 Register A6...A0 als Basisadreßregister für Wort- und Langwortoperationen,
- Stackpointer A7 für Nutzer- und System-Betriebsart USP bzw. SSP, wobei der Zugriff zu einem der Pointer vom Bit S des Statusregisters abhängt.

Alle Register sind als Indexregister nutzbar. Das Statusregister enthält im niederwertigen Byte die bereits vom M 6800 bekannten Bedingungsflags

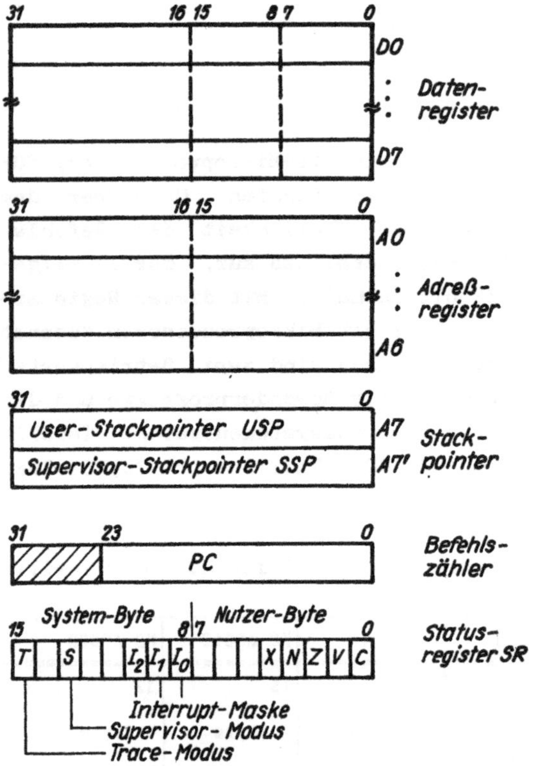

Abb. 3.54: Registersatz des Mikroprozessors MC 68000

Übertrag C, Überlauf V, Null Z und Negativ N. Das Bedingungsflag X (extend) wird für Rechnungen mit höherer Genauigkeit genutzt. Das Systembyte des Statusregisters besitzt 3 bit für die Interruptmaskierung sowie 2 Steuerbits S für Supervisor-Modus (supervisor/user bit) und T für Schrittbetrieb (trace enable bit).

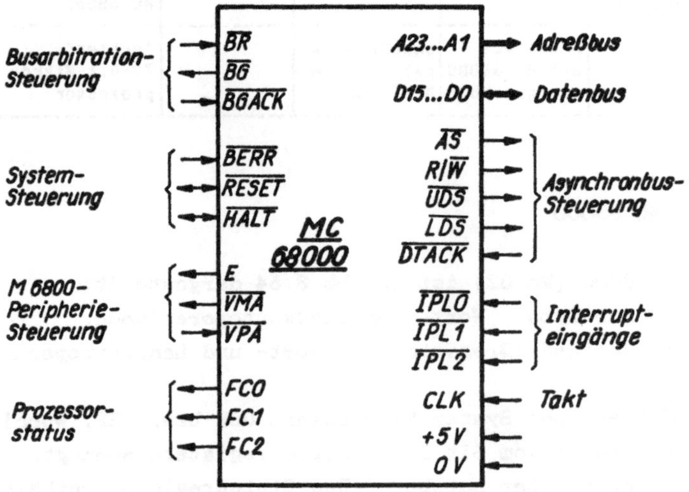

Abb. 3.55: Anschlußkontakte des MC 68000

Anschlußbelegung und Buszyklus

Die Ein- und Ausgabesignale des MC 68000 sind in Abb. 3.55 angegeben. Mit dem 23-bit-Adreßbus A23...A1 können 8 MWorte adressiert werden. Die Daten werden separat über die bidirektionalen Anschlußkontakte D15...D0 übertragen. Der Funktionskode FC2, FC1 und FC0 bezieht sich auf den momentan laufenden Buszyklus und kennzeichnet ihn als Zyklus Daten oder Programmkode in der Nutzer- oder Supervisor-Betriebsart sowie als Interruptquittungszyklus. Abweichend von den Mikroprozessoren der Z8000- und 8086-Familien ist der externe Bus des MC 68000 asynchron gesteuert:

- $\overline{AS}$: address strobe; erklärt Adresse gültig,
- $R/\overline{W}$: read/write; Datenübertragungsrichtung Lesen oder Schreiben,
- $\overline{UDS}$ und $\overline{LDS}$: upper bzw. lower data strobe; gültige Daten auf höher- und niederwertigem Byte des Datenbus,
- $\overline{DTACK}$: data transfer acknowledge; Datentransfer ist beendet.

Ein Beispiel für einen Schreibzyklus und zwei unterschiedlich lange Lesezyklen zeigt Abb. 3.56. Bei einem Lesezyklus gibt der Mikroprozessor als Master die Adresse aus, setzt $R/\overline{W}$ für Lesen, Prozessorstatus FC2...FC0 sowie $\overline{UDS}$ und $\overline{LDS}$ für Wortübertragung; mit aktivem $\overline{AS}$ beginnt der Transfer. Die adressierte Einheit dekodiert als Slave die Adresse, belegt den Datenbus mit den angeforderten Lesedaten und quittiert mit

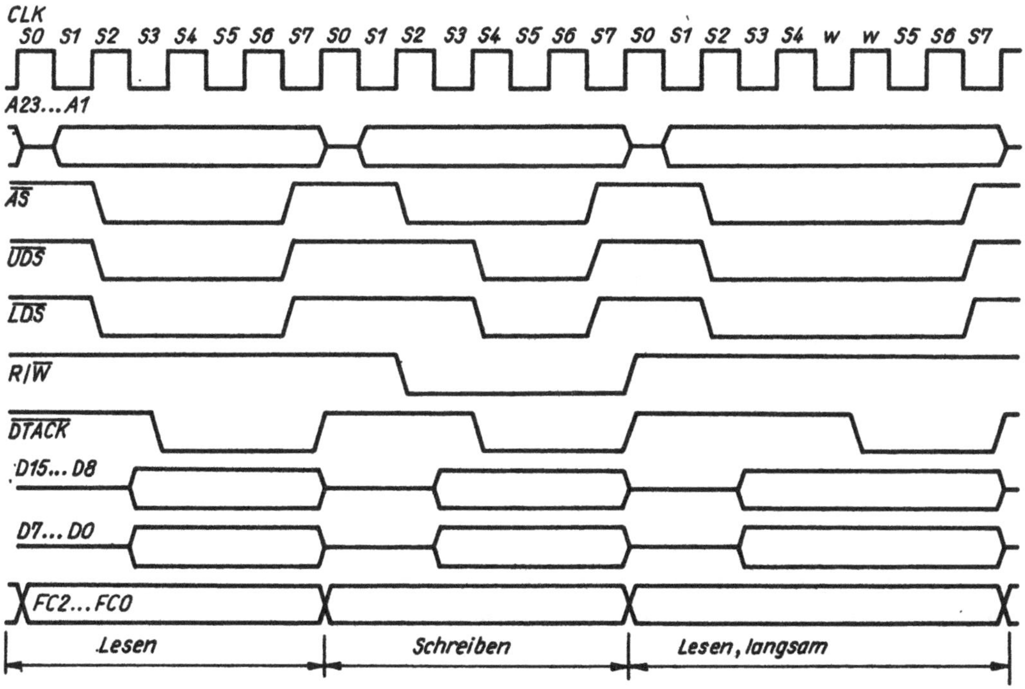

Abb. 3.56: Lese- und Schreib-Buszyklen des Mikroprozessors MC 68000

Setzen des Signals $\overline{\text{DTACK}}$. Der Master liest die Daten ein und setzt die Steuerleitungen $\overline{\text{AS}}$, $\overline{\text{UDS}}$ und $\overline{\text{LDS}}$ zurück. Anschließend schaltet der Slave $\overline{\text{DTACK}}$ und die Daten ab. Der Master kann nunmehr einen neuen Buszyklus starten.

Durch die asynchrone Betriebsweise wird die höchste Übertragungsrate auf dem Bus erreicht, da sich die Buszyklusdauer automatisch der Reaktionszeit des adressierten Slaves anpaßt. Bei den zuvor besprochenen Mikroprozessoren mit Synchronsteuerung des Busses wird die Zeit bis zur Reaktion des Slaves mit Wartezyklen überbrückt, die z.B. in Auswertung eines Bereitschaftssignals READY eingefügt werden.

Für die Systemsteuerung stehen die Anschlüsse $\overline{\text{BERR}}$ (bus error) zur Anzeige von Fehlerzuständen auf dem Bus und die bidirektionalen Anschlüsse $\overline{\text{RESET}}$ und $\overline{\text{HALT}}$ zum Rücksetzen und Prozessorhalt zur Verfügung. Diese Signale sind vielseitig nutzbar. Beispielsweise läßt sich mit externen Schaltungen die Zeit zwischen Adreßausgabe $\overline{\text{AS}}$ und Quittung $\overline{\text{DTACK}}$ überwachen ("Watch-dog"-Zeitüberwachung) und bei Überschreitung der zulässigen Zeit oder nach Ausbleiben der Quittung der Eingang $\overline{\text{BERR}}$ aktivieren. Der Mikroprozessor kann daraufhin in eine Busfehlerbehandlung eintreten (Interruptvektornummer 2) oder den Buszyklus wiederholen, wenn gleichzeitig mit $\overline{\text{BERR}}$ auch der Eingang $\overline{\text{HALT}}$ aktiv ist. Tritt während der Busfehlerbehandlung nach $\overline{\text{BERR}}$ wiederum ein Busfehler auf, führt diese Situation eines Busdoppelfehlers zum Prozessorhalt. Mit kurzzeitigen $\overline{\text{HALT}}$-Signalen ist die schrittweise Programmausführung möglich.

Die Signale $\overline{\text{BR}}$, $\overline{\text{BG}}$ und $\overline{\text{BGACK}}$ dienen der Zuordnung der Bussteuerung, z.B. für DMA. Mit der Busanforderung $\overline{\text{BR}}$ (bus request) wird dem Mikroprozessor übermittelt, daß eine der an der Sammelleitung für Busanforderungen angeschlossenen masterfähigen Einheiten die Übernahme der Bussteuerung wünscht. Über das Ausgangssignal $\overline{\text{BG}}$ (bus grant) teilt der Mikroprozessor mit, daß er am Ende des momentan laufenden Buszyklus die Bussteuerung abgeben wird. Die Quittung $\overline{\text{BGACK}}$ (bus grant acknowledge) besagt, daß eine andere Einheit die Bussteuerung übernommen hat; mit Rücknahme von $\overline{\text{BGACK}}$ gibt sie den Bus wieder frei. Eine Prioritätssteuerung bei mehreren gleichzeitig anfordernden Einheiten muß extern realisiert werden.

Der MC 68000 hat ferner drei Anschlußkontakte für die Ansteuerung peripherer Schaltkreise des 8-bit-Mikroprozessors M 6800, der einen synchron gesteuerten Bus besitzt. Am Ausgang E (enable) ist ein periodisches Signal verfügbar, das den Takt des M 6800 nachbildet. Ist eine periphere Einheit des M 6800-Systems adressiert, antwortet sie mit $\overline{\text{VPA}}$ (valid peripheral address). Dieses Signal veranlaßt den Mikroprozessor, mit $\overline{\text{VMA}}$ (valid memory address) die Adressen auf dem Adreßbus für gültig zu erklären und den Datentransfer durchzuführen. Mit diesem Signalspiel ist es möglich, die für den 8-bit-Mikroprozessor M 6800 entwickelten Peripherieschaltkreise, wie Interface-Adapter, serieller synchroner und asynchroner Übertragungsschaltkreis, Bildschirmsteuerung, Floppy-Disk-Steuerung u.a., unmittelbar auch für 16-bit-Mikrorechner mit MC 68000 zu nutzen.

Betriebsarten und Ausnahmeverarbeitung

Der Prozessor befindet sich in einem der folgenden Zustände:

- Normale Befehlsausführung in der Nutzer- oder Supervisor-Betriebsart,
- Ausnahmeverarbeitung (exception processing) für Interrupts und Traps, wird stets in der Supervisor-Betriebsart durchgeführt.
- Haltzustand nach $\overline{\text{HALT}}$-Signal oder nach Busdoppelfehler.

In der Supervisor-Betriebsart können alle Befehle der Befehlsliste ausgeführt werden. Die für Anwenderprogramme in Frage kommende Nutzer-Betriebsart läßt nur solche Befehle nicht zu, die einen großen, vom Anwender in der Tragweite im allgemeinen nicht abzusehenden Einfluß auf das System haben können: STOP, RESET, RTE (return from exception), logische Operationen mit dem Statusregister sowie Laden des Statusregisters und des User-Stackpointers.

Vektornummer	Byteadresse	
0	0	RESET: System-Stackpointer SSP RESET: Befehlszähler PC
2	8	Busfehler ($\overline{\text{BERR}}$)
3	12	Adreßfehler
4	16	Illegaler Befehl
5	20	Division durch Null
6	24	Befehl CHK
7	28	Befehl TRAPV
8	32	Privileg-Verletzung
9	36	Trace
10	40	Emulation mit 1010
11	44	Emulation mit 1111
⋮		(reserviert)
15	60	Nichtinitialisierter Interruptvektor
⋮		(reserviert)
24	96	Unechter Interrupt
25 ⋮ 31	100 ⋮ 127	Interrupt-Autovektor Ebene 1 bis Interrupt-Autovektor Ebene 7
32 ⋮ 47	128 ⋮ 191	Trap-Vektoren
⋮		(reserviert)
64 ⋮ 255	256 ⋮ 1023	Interrupt-Vektoren

Abb. 3.57: Vektortabelle für Interrupts und Traps des MC 68000; nicht belegte Vektoren gelten als reserviert

Die Ausnahmeverarbeitung unterscheidet sich nicht prinzipiell von der Behandlung der Interrupts und Traps bei den Mikroprozessorfamilien Z8000 und 8086, läßt aber allein schon durch den Umfang der Vektortabelle die Leistungsfähigkeit der Ausnahmeverarbeitung beim MC 68000 erkennen (Abb.3.57). Jedem Vektor entsprechen 2 Speicherworte für den Befehlszähler, um zur Bedienroutine für Interrupts und Traps zu gelangen. Lediglich nach Reset werden 4 Worte zur Initialisierung des System-Stackpointers und des Befehlszählers benötigt. Ein Adreßfehler tritt auf, wenn der Prozessor einen Wort- oder Langwortzugriff zu einer ungeraden Adresse versucht. Nichtimplementierte Befehle stellen einen Trap mit Vektornummer 4 dar bzw. mit den vier höchstwertigen Bits als 1010 oder 1111 einen Trap zur Vektornummer 10 oder 11. Auf diese Weise lassen sich auch anwendungsspezifische Befehle definieren, die über eine Routine emuliert werden. Der Befehl CHK prüft, ob ein Registerinhalt einen gegebenen Wert übersteigt, und löst bei Uberschreitung einen Trap aus TRAPV bezieht sich auf das Uberlaufflag V. Trace gilt für den Schrittbetrieb bei gesetztem Trace-Bit T im Statusregister. Bleibt bei einem Interruptquittungszyklus das Signal $\overline{DTACK}$ oder $\overline{VPA}$ aus, so wird dies nicht wie ein allgemeiner Busfehler mit Interruptnummer 2, sondern separat behandelt (spurious interrupt). Der Befehl TRAP mit Angabe einer 4-bit-Vektoradresse gestattet die Programmierung von 16 verschiedenen Traps. Die Interruptvektoren 64...255 stellen externe Interrupts dar, die eine 8-bit-Vektoradresse enthalten. Die Interrupt-Autovektoren der Ebenen 1...7 treten in Verbindung mit Peripherieschaltkreisen des Systems M 6800 auf.

Hinsichtlich ihrer Priorität werden drei Gruppen von Interrupts und Traps unterschieden, geordnet mit abnehmender Priorität:
Gruppe 0: höchste Priorität für Reset, Busfehler und Adreßfehler,
Gruppe 1: Trace, Interrupt, illegaler Befehl und Privileg-Verletzung,
Gruppe 2: TRAP, TRAPV, CHK und Divison durch Null; Start der Ausnahmeverarbeitung wie bei normaler Befehlsausführung.
Für die über $\overline{IPL2}$, $\overline{IPL1}$ und $\overline{IPL0}$ wirksamen Interruptanforderungen gelten die Prioritätsstufen 7...1 mit 7 als höchste Priorität. Alle Interrupts, deren Stufe kleiner oder gleich dem aktuellen Prioritätsniveau ist ($I_2 \ldots I_0$ im Statusregister) werden unterdrückt (maskiert). Prioritätsstufe 7 entspricht einem nicht-maskierbaren Interrupt.

Adressierungsarten

Die Adressierungsarten des MC 68000 schließen im wesentlichen die in Tabelle 3.3 aufgeführten Möglichkeiten ein:

1. Unmittelbare Adressierung mit Angabe von Daten als Byte, Wort oder Langwort in einem oder zwei Erweiterungsworten des Befehls bzw. als Byte im Befehlswort ("schnelle" Adressierung, quick immediate addressing).
2. Direkte Registeradressierung (register direct mode) mit Angabe eines Daten- oder Adreßregisters für den Operanden.
3. Direkte Speicheradressierung mit Angabe einer 16-bit-Adresse (absolute

short address) oder einer Langwortadresse in zwei Befehlserweiterungsworten (absolute long address) für Daten; nicht für Sprung- und Rufbefehle.
4. Indirekte Registeradressierung mit der Operandenadresse in einem Adreßregister für Daten; auch mit Postinkrement des Adreßregisters nach Befehlsabarbeitung sowie Predekrement vor Abarbeitung möglich, wobei die Operandenadresse im Adreßregister in Abhängigkeit vom Datentyp um 1, 2 oder 4 verändert wird.
6. Relative Adressierung (program counter with displacement) mit Angabe einer vorzeichenbehafteten 16-bit-Distanz für Programme.
7. Basisadressierung (address register indirect with displacement) für Daten mit effektiver Adresse aus dem Inhalt eines Adreßregisters und einer vorzeichenbehafteten 16-bit-Distanz.
9. Basisindizierte Adressierung (address register indirect with index) für Daten mit effektiver Adresse aus der Summe des Inhalts eines Adreßregisters, eines Indexregisters und einer 8-bit-Distanz.
10. Relative indizierte Adressierung (program counter with index) für Programme mit der Summe aus Inhalt des Befehlszählers, eines Indexregisters und einer 8-bit-Distanz als effektive Speicheradresse.
Zusammen mit der impliziten Adressierung des Befehlszählers, des Stackpointers und des Statusregisters sind damit 14 Adressierungsarten unterscheidbar, die aber nicht auf alle Befehlstypen angewendet werden können.

Befehlsliste

Im MC 68000 können 5 Datentypen unmittelbar verarbeitet werden: Einzelbit, BCD-Zahl, Byte, Wort und Langwort (32 bit). Das höherwertige Byte eines Worts (D15...D8) wird an einer geraden Byteadresse n, das niederwertige Byte (D7...D0) an der höheren ungeraden Byteadresse n+1 abgelegt. Speicherzugriffe zu Befehlen und Datenworten erfolgen nur an geraden Byteadressen (Wortgrenzen).

Ein Befehl des MC 68000 besteht aus einem Wort, das im allgemeinen den Operationskode, die Adressierungsart und eine Registerangabe enthält. Diesem Befehlswort können sich 1...4 Erweiterungsworte zur Spezifizierung von Operanden (Daten und Adressen) anschließen. Die Befehlsliste umfaßt nach Definition des Schaltkreisentwicklers 56 Befehlstypen, die sich mit den einzelnen Datenlängen und Adressierungsarten zu mehr als 1000 Befehlen kombinieren lassen. Bei Speicherzugriffen wird zwischen Befehllesen (Programmreferenz) und Datentransfer unterschieden. Mit Hilfe der Funktionssignale FC2, FC1 und FC0 läßt sich der Buszyklus identifizieren und der Adreßraum für Programm und Daten separat ansprechen. Operanden werden aus dem Daten-Adreßraum gelesen und können nur im Daten-Adreßraum geschrieben werden.

Im folgenden wird eine Reihe von Befehlen aus den einzelnen Gruppen erwähnt, um auch auf einige bei den Mikroprozessoren der 8086- und Z8000-Familien nicht in dieser Form vorhandene Befehle aufmerksam zu machen.

1. Datentransportbefehle

Der MOVE-Befehl ist für den Transport eines Bytes, eines Worts oder eines Langworts zwischen Registern, zwischen Register und Speicher und zwischen Speicherzellen vorgesehen. MOVEP steht für Wort- und Langworttransfer zu peripheren Einheiten, MOVEQ für unmittelbares Laden eines Bytes in ein Register und MOVEM für den Transfer zwischen aufeinanderfolgenden Speicherzellen und auswählbaren Daten- und Adreßregistern. Der Austausch von Registerinhalten erfolgt mit EXG (exchange), der Austausch der Worte innerhalb eines 32-bit-Registers mit SWAP. Der Befehl LEA (load effective address) lädt eine effektive Adresse in ein Adreßregister. Weitere Befehle beziehen sich auf den Stack-Speicher: PEA berechnet eine effektive Adresse und speichert sie im Stack (push effective address). Mit LINK und UNLINK werden Daten zwischen dem Stackpointer und einem Adreßregister ausgetauscht, um einen Stack für lokale Daten zu definieren bzw. freizugeben.

2. Blocktransfer- und Suchbefehle

Nicht explizit vorhanden, mit Schleifensteuerbefehl DBcc realisierbar.

3. Arithmetikbefehle

Addition und Subtraktion verarbeiten BCD-Zahlen, 8-, 16- und 32-bit-Daten ohne und mit Berücksichtigung des Flagbit X. Die 16*16-bit-Multiplikation und die 32/16-bit-Division gelten für Operanden ohne und mit Vorzeichen. Weitere Befehle in verschiedenen Versionen ermöglichen den Vergleich CMP (compare), Löschen CLR (clear) und Negation NEG. Der Testbefehl TAS (test and set an operand) ist ein nichtunterbrechbarer Lese-Schreib-Zyklus, der einen Byteoperanden liest, ihn mit Beeinflussung der Flags Z und N testet und Bit 7 des Operanden auf 1 setzt: dieser Befehl ist für die Synchronisation paralleler Prozesse in Multi-Tasksystemen nutzbar. TST (test an operand) vergleicht einen Operanden mit Null und wirkt auf die Flags Z und N.

4. Logikbefehle

Für 8-, 16- und 32-bit-Operanden sind UND, ODER und Exklusiv-ODER, auch mit unmittelbarer Adressierung eines der beiden Operanden, sowie das logische Komplement NOT möglich.

5. Schiebe- und Rotationsbefehle

Alle Schiebe- und Rotationsoperationen in einem Register werden mit 8-, 16- oder 32-bit-Operandenlänge ausgeführt, wobei die Zahl der Operationen im Befehl angegeben ist (statisch) oder einem Datenregister entnommen werden kann, also erst während der Programmlaufzeit berechnet wird (dynamische Angabe). Schiebe- und Rotationsoperationen lassen sich in eingeschränkter Weise auch an Speicherworten durchführen.

6. Bitverarbeitende Befehle

Beim Testen eines Bits wird das Flag Z beeinflußt und sein Inhalt invertiert (BTST), gesetzt (BSET) oder gelöscht (BCLR), wobei die Bitnummer statisch oder dynamisch angegeben wird.

7. Ein- und Ausgabebefehle

Nicht explizit vorhanden.

8. Programmsteuerung
Hierzu gehören die unbedingten Sprungbefehle JMP (jump) und BRA (branch always) sowie die Subroutinenrufe JSR und BSR. BRA und BSR weisen eine relative Adressierung mit 8- oder 16-bit-Distanz auf. Bedingte Operationen sind Bcc (branch conditionally) in Abhängigkeit von den Flags C, Z, N und V. Der Befehl DBcc ist insofern bemerkenswert, daß mit ihm eine Befehlsfolge, d.h. Test der Bedingung, Dekrement und Verzweigung, realisiert ist, die vorteilhaft für die Programmierung von Schleifen genutzt werden kann.
9. Prozessorsteuerung
Zu dieser Gruppe lassen sich Trap-Befehle TRAP (mit Angabe einer 4-bit-Nummer) und TRAPV beim arithmetischen Überlauf sowie CHK (check) als Prüfung auf Einhaltung der oberen Bereichsgrenzen zählen. Die Befehle STOP und RESET sind privilegiert. Weitere privilegierte Befehle wurden bereits genannt. Das Laden des Statusregisters gilt als privilegiert, das Lesen des Statusregisters ohne dessen Änderung dagegen nicht.

Die kürzesten Befehlsausführungszeiten entsprechen 4 Taktzyklen, z.B. bei der Addition zweier Registerinhalte. Eine indirekte Registeradressierung dauert 4 weitere Taktzyklen, so daß viele Befehle zwischen 10 und 20 Taktzyklen benötigen. Die Maximalwerte ohne Zeitbedarf für die Berechnung der effektiven Adresse betragen für 16*16-bit-Multiplikation 70 und für die vorzeichenbehaftete 32/16-bit-Division 158 Zyklen. Die Verzweigung zu einer Interrupt- und Trap-Serviceroutine einschließlich der Stackoperation erfordert 34...50 Zyklen.

3.3.4.3. Mikroprozessor MC 68010

Der Mikroprozessor MC 68010 ist in der Befehlsdekodierung und in der Anschlußbelegung mit dem MC 68000 kompatibel, weist jedoch einige wesentliche Erweiterungen auf (Ma 83). Zusätzlich zum Registersatz des MC 68000 (Abb.3.54) ist ein Vektorbasisregister VBR implementiert, das die Anfangsadresse der Interrupt- und Trap-Vektortabelle enthält. Auf diese Weise kann für den Multiprogramming-Betrieb zwischen verschiedenen Vektortabellen umgeschaltet werden.

Die entscheidende Erweiterung betrifft die Unterstützung der virtuellen Speichertechnik. Wird von der externen Speicherverwaltung ein Zugriff zu einer Seite erkannt, die im Arbeitsspeicher nicht vorhanden ist, wird ein Busfehler $\overline{BERR}$ ausgelöst. Daraufhin bricht der Mikroprozessor den laufenden Befehl ab, um das Einlesen der benötigten Seite in den Arbeitsspeicher ausführen zu lassen. Der Mikroprozessor speichert seinen momentanen Zustand in 26 Worte des Stack-Speichers, übergibt mit dem $\overline{BERR}$-Vektor zur Bedienroutine im Betriebssystem und setzt nach erfolgtem Übertragen der Seite den abgebrochenen Befehl fort. Diese Lösung der Befehlsfortsetzung wurde einer Wiederholung des abgebrochenen Befehls vorgezogen (Ma 83). Im

Prinzip entspricht der Befehlsabbruch einem Interrupt in der Mikrobefehlsfolge, d.h., der Abbruch wird nach Ende eines Mikrobefehls wirksam. Die besondere Schwierigkeit der Implementierung des Abbruch- und Befehlsfortsetzungszyklus liegt vor allem darin, daß der Abbruch bei allen Befehlen möglich sein muß. Dies steht im Gegensatz zu Lösungen wie beim 80286, der nur bei wenigen Befehlen die Abbruchmöglichkeit braucht, aber dafür auch keine Reaktionsmöglichkeit auf Busfehler besitzt. Eine weitere Schwierigkeit ergibt sich daraus, daß der MC 68000 eine zwei Worte umfassende Eingabe-Warteschlange besitzt (prefetch), so daß der Befehlszählerinhalt nicht unbedingt auf den Befehl zeigen muß, wo der Adreßfehler auftritt. Der hohe Aufwand zur Realisierung des möglichen Abbruchs jedes Befehls, zur Rettung und zur Wiederherstellung des Prozessorzustands für eine korrekte Beendigung des abgebrochenen Befehls kommt auch in einer um 22 % vergrößerten Chipfläche gegen über dem MC 68000 zum Ausdruck.

Von den Befehlen des MC 68010 ist die Modifikation von RTE (return from exception) zu erwähnen: statt der Ubertragung von 3 Worten aus dem Stack (Statusregister und Befehlszähler) beim MC 68000 wird hier ein viertes Wort ergänzt, um zwischen einem kurzen und langen Format des Stackdatenblocks zu unterscheiden. Kurz bedeutet, daß für die normale Rückkehr von Interrupt- oder Trap-Serviceroutinen Statusregister und Befehlszähler genügen, während lang sich auf den 29 byte umfassenden Block mit dem Prozessorzustand bei Befehlsabbruch bezieht.

3.3.4.4. Speicherverwaltungsschaltkreis MC 68451

Der Speicherverwaltungsschaltkreis MMU MC 68451 transformiert die von den Mikroprozessoren MC 68000 und 68010 abgegebenen 24 bit langen logischen Adressen in physische Adressen gleichen Umfangs (Co 81, Mo 82). Er realisiert den Speicherschutz gegenüber nichtautorisiertem Zugriff und unterstützt die Umschaltung zwischen verschiedenen Tasks oder Nutzern sowie die virtuelle Speichertechnik. Die prinzipielle Einschaltung der MMU zwischen Mikroprozessor und Speichersteuerung entspricht Abb.3.18. Die physische Adresse wird in gleicher Weise aus den niederwertigen 7 Adreßbits A7...A1 (Wortadressierung) des Mikroprozessors und der von der Speicherverwaltungseinheit bereitgestellten Segment- oder Seitenanfangsadresse (bei konstanter Segmentlänge) gebildet.

Die MMU 68451 unterscheidet sich in vielen Einzelheiten von den Speicherverwaltungsschaltkreisen Z8010 und Z8015 (Abschnitt 3.3.3.4.), vor allem bezüglich eines globalen Zugriffs zu allen Speicherverwaltungseinheiten, wenn zur Verwaltung einer größeren Anzahl von Tasks mehrere derartige Einheiten parallelgeschaltet werden müssen. Der Schaltkreis 68451 besitzt 32 Segmentdeskriptoren, die sich jeweils aus 9 byte zusammensetzen: die höherwertigen 16 bit der logischen und der physischen Segmentanfangsadressen, eine Maske für die Vorgabe der Segmentgrenze, ein Statusregi-

ster und eine Adreßraumnummer mit zugehöriger Maske. Das Statusregister enthält in jedem Segmentdeskriptor u.a. folgende Zustands- und Steuerbits, die vom Betriebssystem genutzt werden können:
E = 1: enable; gültiges Segment,
U = 1: used; Segment wurde nach seiner Definition benutzt,
M = 1: modified; Segment wurde durch Überschreiben modifiziert,
WP = 1: write protect; Segment ist gegen Schreibzugriff geschützt.

Die Mikroprozessoren MC 68000 und 68010 definieren mit dem Funktionskode FC2, FC1 und FC0 unterschiedliche Adreßräume für Nutzer- und Supervisor-Betriebsart mit Daten- und Programmbereich. Mit diesem Kode wird aus einer Adreßraumtabelle die aktuelle Adreßraumnummer (8 bit) gelesen, die sich auf die laufende Task bezieht und mit den Adreßraumnummern der Segmentdeskriptoren verglichen wird. Dieser Vergleich erfolgt mit assoziativem Zugriff. Die Speicherverwaltungseinheit gibt bei Übereinstimmung zwischen den Adreßraumnummern und zwischen der anliegenden logischen Adresse und dem im Segmentdeskriptor definierten Adreßbereich die Adreßtransformation frei, sofern nicht eine Verletzung des Schreibzugriffs durch einen Speicherschreibbefehl vorliegt.

In der Speicherverwaltungseinheit sind noch weitere Status- und Steuerregister sowie ein Akkumulator vorhanden, mit denen Segmentdeskriptoren geladen werden können und mit deren Nutzung die aktuellen logischen und physischen Adressen verfügbar sind u.a.m. Der Übergang zu einer anderen Task oder zu einem anderen Nutzer ist in einfacher Weise durch das Umladen der Adreßraumtabelle möglich. Bei einer Zusammenschaltung des MC 68451 mit dem MC 68000 ist zu beachten, daß alle benötigten Segmente im Arbeitsspeicher des Rechners vorhanden sind und gültige Segmentdeskriptoren besitzen. Anderenfalls würde der MC 68000 bei einem eventuellen Segmentfehler den Befehl abbrechen ($\overline{BERR}$), aber später nicht korrekt fortsetzen.

Abschließend sei erwähnt, daß bei Parallelschaltung mehrerer Speicherverwaltungsschaltkreise gleichzeitig in allen Einheiten nach dem geforderten Segment gesucht wird. Globale Befehle, z.B. zum gleichzeitigen Laden aller Adreßraumtabellen, unterstützen die Initialisierung und das Setzen der Register in den einzelnen Einheiten.

3.3.5. Vergleichende Einschätzung

Ein Vergleich der Mikroprozessorfamilien 8086, Z8000 und MC 68000 mit dem Ziel, eine objektive Antwort auf die Frage nach dem "besten" Mikroprozessor zu finden, ist wie bereits schon bei den 8-bit-Mikroprozessoren nicht möglich. In der Literatur sind wichtige Parameter, wie Anzahl der Befehle, Ausführungszeiten, Adressierungsarten, Anzahl und Typ der Interruptmöglichkeiten u.ä.m., für 16-bit-Mikroprozessoren zusammengestellt (z.B. Gö 80, Mä 81), aus denen eine gewisse Überlegenheit des MC 68000 und Z8000 gegenüber dem 8086 zu erkennen ist. Aus Vergleichen der Adressierungsmechanismen für die Unterstützung blockorientierter Hochsprachen und aus dem Einfluß der Speicherzugriffszeit wird dem Z8000 die höchste, dem MC 68000 eine mittlere und dem 8086 die geringste Leistungsfähigkeit zugeordnet (Pr 83). Dem 8086 wird vor allem der kleine Registerblock mit nur wenig universellen Registern angelastet, was häufiges Umladen erfordert und die Programmlaufzeit verlängert. Dieses Festhalten an Architekturmerkmalen des 8-bit-Vorgängertyps 8080 bzw. 8085 im Interesse einer weitgehenden Befehlskompatibilität ist in dieser Form bei den Mikroprozessoren der Familien Z8000 und MC 68000 nicht vorhanden.

Aus der Beschreibung neuerer Versionen von Mikroprozessoren der Familien 8086, Z8000 und MC 68000 ist ersichtlich, daß viele Unzulänglichkeiten der Ausgangstypen beseitigt wurden, z.B. die unkontrollierte Reaktion auf nichtdefinierte Befehle oder Überschreitung der Segmentgrenzen beim 8086 und Z8001/Z8002. Außerdem wurden mit zunehmender Integrationsdichte Prinzipien der Architektur von modernen Minirechnern übernommen, so daß deren Leistungsparameter von Mikroprozessoren bzw. Mikrorechnern vielfach erreicht und teilweise übertroffen werden. Als wesentliche Verbesserungen und Erweiterungen gegenüber den 8-bit-Mikroprozessoren kann man für die genannten 16-bit-Mikroprozessorfamilien und andere Typen anführen:

- virtuelle Speichertechnik realisierbar,
- Steuersignale für die Unterstützung von Multiprozessorsystemen,
- unterschiedliche Betriebsarten zum Schutz des Betriebssystems vor nicht-autorisiertem Zugriff durch Nutzerprogramme,
- Anschlußmöglichkeiten von Erweiterungseinheiten oder Koprozessoren, z.B. für Gleitkomma-Arithmetik und Ein-/Ausgabe-Steuerung.

Als herausragende Charakteristika der zuvor ausführlich beschriebenen Mikroprozessoren lassen sich nennen:

8086 und Nachfolger:

- parallel arbeitende Einheiten für Buszugriff, Adreßrechnung und Befehlsausführung mit Warteschlangen zur Optimierung der Busoperationen und des Befehlsdurchsatzes,
- interne Speicherverwaltung (80286),
- Unterstützung für schnelle Taskumschaltung (80286).

Z8001/8002 und Z8003/8004:
- umfangreicher interner Registerblock,
- nicht-mikroprogrammierte Befehlsausführungseinheit,
- Multiplikation und Division mit Resultat bzw. Operand bis 64 bit Länge,
- Unterstützung des Refresh dynamischer Schreib-Lese-Speicher.

MC 68000 und MC 68010:
- 32-bit-Registerblock,
- asynchroner Bus mit getrennten Daten- und Adreßbusanschlüssen,
- umfangreiche Möglichkeiten für Erkennung und Behandlung von Busfehlern und anderen Fehlerzuständen.

Die Implementierung von Peripheriefunktionen, wie DMA, Zähler/Zeitgeber und programmierbare Interruptsteuerung im Mikroprozessor 80186 und 80188, hat sich nicht allgemein durchgesetzt und wurde bei den anderen 16-bit-Familien nicht nachvollzogen.

Berücksichtigt man die Kennwerte, die von den verbesserten Mikroprozessortypen realisiert werden, so lassen sich bei allen Vorbehalten gegen eine derartige globale Einschätzung die Mikroprozessoren 80286 und MC 68010 als leistungsstärkste Vertreter der betrachteten 16-bit-Mikroprozessorfamilien bezeichnen. Ihnen folgen die Typen MC 68000 und Z8003/Z8004 sowie Z8001/Z8002 und am unteren Ende der Leistungsskala die Mikroprozessoren 8086 und 8088. Wie bereits im Abschnitt 3.2.5. betont wurde, spielen bei der Beurteilung der Eignung eines Mikroprozessors nicht allein seine Eigenschaften eine Rolle, sondern in den meisten Fällen hat das "Umfeld" den entscheidenden Einfluß, d.h. die Verfügbarkeit von Peripherie- und Systemsteuerschaltkreisen, die Aufwärtskompatibilität der Befehlsliste zur Nutzung vorhandener Programme, Programmentwicklungsplätze, Anwendungserfahrungen u.ä.m. Unter diesem Gesichtspunkt dürften die Familien 8086 und MC 68000 einige Vorzüge aufweisen.

Die Leistungsfähigkeit von Mikroprozessoren wird häufig mit Benchmark-Programmen abgeschätzt, die für unterschiedliche Prozessoren hinsichtlich Laufzeit, Speicherbedarf, Anzahl der Befehle und Buszugriffe untersucht werden. Die Programme sind hierbei in der Assemblersprache geschrieben oder in einer höheren Programmiersprache formuliert, wobei gleichzeitig auch die Effektivität des Compilers u.ä. erfaßt wird. Die Aussagen der Benchmarks werden von der Taktfrequenz des Mikroprozessors, von der Speicherzugriffszeit (Wartezyklen nötig oder nicht) und von der Eignung der Befehlsliste für das untersuchte Programm bestimmt und sind daher bis zu einem gewissen Grad von Zufälligkeiten abhängig. Die Benchmarks berücksichtigen gewöhnlich nur einfache Programme; sie erfassen nicht den Multiprogrammbetrieb und können auch nicht die Leistungsfähigkeit und Verfügbarkeit der Peripherie- und Systemsteuerschaltkreise berücksichtigen, ergeben insgesamt aber doch einen Hinweis auf die Leistung der verschiedenen Mikroprozessortypen. Unter diesem Gesichtspunkt werden im folgenden einige publizierte Benchmarks zusammengefaßt.

Tabelle 3.20: Vergleich von Programmen für Z 80A (4 MHz Taktfrequenz) und 8088 (5 MHz Taktfrequenz)

Programm	Ausführungszeit, µs		Programmlänge, Assemblerbef.		Speicherbedarf, byte	
	8088	Z80A/8088 [1][2]	8088	Z80A/8088 [2]	8088	Z80A/8088 [2]
16-bit-Multiplikation mit Holen der Operanden und Abspeicherung des Resultats	40,8	8,68; 11,08	4	5,0	14	2,9
16 K 16-bit-Paare verschieben u. multipliz. (Graphik)	$2{,}32 \cdot 10^4$	14,6; 18,45	15	4,7	40	3,8
Vektoraddition (20 Elemente)	295	1,63; 2,03	8	2,5	18	1,7
Blockübersetzung (EBCDIC nach ASCII)	1507	1,31; 1,67	10	1,3	24	1,1
Zeichensuche in Tabelle	136	1,62; 2,0	8	0,75	18	0,83
Sortierprogr. (10 Elemente)	2406	1,91; 2,40	17	1,76	38	1,63

[1]) zweiter Wert auf vergleichbaren Speicherzugriff bezogen,
[2]) Verhältnis der betreffenden Werte zwischen Z80A und 8088.

Tabelle 3.20 (Ve 84) zeigt einen Vergleich zwischen dem 8-bit-Mikroprozessor Z 80A bzw. U 880 und dem 8088, der einen 8-bit-Datenbusanschluß besitzt. Wegen der implementierten Multiplikations- und Divisionsbefehle ist der 8088 in der Ausführungszeit etwa um den Faktor 10 schneller, wenn das Programm sehr viele derartige Befehle enthält. Auf der anderen Seite ist infolge der leistungsfähigen Blockverarbeitungsbefehle des Z 80A der Unterschied bei der Wortkettenverarbeitung nur noch klein; der Geschwindigkeitsgewinn mit dem 8088 ist geringer als der Faktor 2. In Tabelle 3.20 ist weiterhin aufgeführt, wieviel Befehle und wieviel Speicherplatz das Programm beansprucht. Auch hier ist ein Vorzug des 8088 erkennbar.

Tabelle 3.21: Vergleich von Assemblerprogrammen; erforderliche Anzahl von Taktzyklen (ohne Wartezyklen)

Programm	8086	80186	80286	68000	Z8002
Interruptreaktion mit 4 Prioritätsebenen	456	392	226	320	260
Zeichensuche in Zeichenkette	2053	2024	1050	2255	1140
Bitmanipulation (setzen,rücksetzen,testen)	1401	1128	727	696	740
Sortieren (100 16-byte-Blöcke)	246147	203552	118117	173482	133000
Transponierung einer 7*7-bit-Matrix	3945	2888	1879	3660	3380

Für 16-bit-Mikroprozessoren ist die Programmlaufzeit für typische Anwendungsgebiete verschiedentlich analysiert worden, wobei die Programme im Assemblerkode und in Programmiersprachen wie PASCAL und C geschrieben sind und unterschiedliche Compiler zugrunde liegen; Übersichten sind beispielsweise in (Gr 81, Na 81, Pa 81, In 83a, Ch 84, Ve 84) zu finden.

In Tabelle 3.21 ist für eine Reihe von 16-bit-Mikroprozessoren ein Vergleich zwischen verschiedenen Assemblerprogrammen wiedergegeben (Gr 81). In den Programmen sind keine Multiplikationen und Divisionen enthalten; zu beachten ist, daß 80286 und Z8002 mit der geringsten Anzahl von Taktzyklen auskommen.

Ein Vergleich der Ausführungszeit verschiedener in PASCAL geschriebener Programme ist in Tabelle 3.22 enthalten (Pa 81). In diesen Vergleich geht auch die Effektivität der benutzten Compiler ein. Übereinstimmend mit anderen Benchmarks ist die Ausführungszeit bei solchen Mikroprozessoren, wie 80286 und MC 68000, mit der von modernen Minirechnern des Typs VAX 11/780 vergleichbar, teilweise sogar etwas kürzer. Insgesamt wird aus der Analyse von Benchmarks in (In83a) der Schluß gezogen, daß der 80286 eine etwa um den Faktor 2...2,8 höhere Prozessorleistung als der MC 68000 besitzt.

Tabelle 3.22: Vergleich von PASCAL-Programmen

Prozessor	Sprachversion	Prozessorzeit, ms			
		Suche [1]	Sieb [2]	Puzzle	Ackermann-Fkt. [3]
VAX 11/780	PASCAL 4.1 BSD UNIX	1,6	220	11900	7800
68000:					
8 MHz, 4 Wartetakte	PASCAL	5,3	810	32470	11480
8 MHz, ohne Wartetakte	V.2.0	2,6	392	18360	5500
16 MHz, ohne Wartetakte	(Motorola)	1,3	196	9180	2750
8086: 5MHz, 2 Wartetakte	PASCAL X 125	7,3	764	44000	11100
80186: 8 MHz, ohne Wartetakte	PASCAL V.2.0	2,7	314	16012	4114
80286: 8 MHz, ohne Wartetakte, reeller Adressierungsmodus	PASCAL V.2.0	1,29	175	9157	2175

[1]) Suche einer Kette aus 15 Zeichen in einer 120 Zeichen umfassenden Kette;
[2]) Sieb des Eratosthenes zur Bestimmung von Primzahlen;
[3]) stark rekursive Funktion

3.4. 32-bit-Mikroprozessoren

3.4.1. Übersicht

Die Entwicklung der 32-bit-Mikroprozessoren wurde stimuliert durch die Forderung nach höherer Leistungsfähigkeit arbeitsplatzgebundener Rechentechnik, insbesondere in den Bereichen der Entwicklung und Konstruktion (CAD) und der Produktionssteuerung in der Industrie (CAM, CIM), wo oftmals auch hohe Ansprüche an die Bildverarbeitung gestellt werden. Hinzu kommen noch Anforderungen solcher perspektivisch wichtigen Einsatzgebiete, wie Expertensysteme und "künstliche" Intelligenz, die auch die Suche nach neuen, diesen Aufgaben besser als konventionelle Prozessorstrukturen genügenden Architekturen motivieren. Entscheidend sind jedoch die Fortschritte im Entwurf und in der Herstellung von höchstintegrierten Schaltkreisen mit mehr als 200 000 Transistoren auf dem Chip. Mit dem Übergang zur CMOS-Technologie ist durch die verringerte Verlustleistung eine weitere Erhöhung des Integrationsgrades zu erwarten.

Mitte der achtziger Jahre zeichnen sich bei den 32-bit-Mikroprozessoren zwei verschiedene Entwicklungsrichtungen ab:

- Weiterführung bewährter 16-bit-Mikroprozessorfamilien mit CISC-Architektur zur Verarbeitung von 32-bit-Operanden,
- Entwicklung von RISC-Prozessoren mit hoher Verarbeitungsleistung.

Die gegenwärtige Vielfalt an mehr oder weniger erfolgreich in die Anwendung überführten 32-bit-Mikroprozessortypen ähnelt in gewisser Weise der Situation bei den 8- und 16-bit-Mikroprozessoren Mitte und Ende der siebziger Jahre, bevor sich aus den einzelnen Typen einige wenige "Familien" mit großem Einsatzbereich herauskristallisierten. Zur Zeit ist bei den 32-bit-Mikroprozessoren die Frage nicht zu beantworten, welche der Entwicklungsrichtungen CISC und RISC in Zukunft dominieren wird oder ob beide Richtungen nebeneinander bestehen werden mit spezialisierten Einsatzgebieten, z.B. RISC für Multimikroprozessorsysteme und Signalprozessoren. Sicherlich wird für die konventionellen 32-bit-Mikroprozessoren mit CISC-Architektur sprechen, daß sie auf die optimale Nutzung bewährter Betriebssysteme und verfügbarer Anwendungsprogramme orientiert sind. Andererseits gibt es für RISC bereits umfangreiche Bemühungen zur Entwicklung geeigneter Software, u.a. von optimierenden Compilern für Verarbeitungsleistungen weit über 1 MIPS (MIPS = million instructions per second, Million Befehle je Sekunde).

In Tabelle 3.23 ist eine Übersicht über einige 32-bit-Mikroprozessoren in CISC-Architektur wiedergegeben (Ma 84, Ay 85, Ma 85, Ph 85, Du 86). Die Typen 80386 und MC 68020 werden in den folgenden Abschnitten näher vorgestellt, während über Verfügbarkeit und Anwendung des Z80000 zu wenig bekannt ist. Als Nachfolgetype des MC 68020 gilt der Mikroprozessor

Tabelle 3.23: 32-bit-Mikroprozessoren mit CISC-Architektur (Auswahl)

Mikroprozessor	80386	Z80000	MC 68020	NS 32332
Entwickler Chipfläche minimale Strukturbreite Anzahl der Transistoren Anschlußkontakte	Intel 98 mm² 1,5 µm 275 000 132	Zilog 64	Motorola 85 mm² 2,25 µm 190 000 114	National Semic. 2,8 µm 100 000 84
Taktfrequenz, MHz	12; 16	intern 12	12,5; 16,67	15
Adreß- und Datenbus-anschlüsse	32 A, 32 D	32 AD zeitmultiplex	32 A, 32 D	32 AD zeitmultiplex
wählbare Datenbusbreite	16, 32 bit	16, 32 bit	8, 16, 32 bit	8, 16, 32 bit
Busoperationen	synchron	synchron	asynchron	synchron
allgemeine Register (32 bit lang)	8 Daten- und Adreßregister	16 Daten- und Adreßregister	8 Daten- und 8 Adreßregister	8 Daten- und Adreßregister
virtuelle Adressierung	Segmente; Seitenwechsel abschaltbar	Segmente und Seitenwechsel	Segmente und Seitenwechsel	Seitenwechsel
logischer Adreßraum	64 Tbyte (4 Gbyte Segmentlänge)	4 Gbyte	4 Gbyte	4 Gbyte
Speicherverwaltung MMU	intern	intern	MC 68451; für Seitenwechsel MC 68851	32082; 32382
Befehlsabschluß bei Seitenwechsel	Wiederholung	Wiederholung	Fortsetzung	Wiederholung
Privilegstufen	4	2	256	2
Cache-Register, prozessorintern	für Adreß-übersetzung	für Adreßübersetzung (16 Seitendeskriptoren); Kode und Daten (16*16 byte)	für Befehlskode (256 byte)	(schneller Zugriff ohne Wartezyklen zu externem Cache-Register)
Verarbeitungsleistung	3...4 MIPS	3,5 MIPS	2...3 MIPS	3 MIPS
Koprozessor-Anschlußmöglichkeiten	Arithmetik-prozessor	bis zu 4	bis zu 8	ja
Gleitkomma-Arithmetikprozessor	80287, 80387	Z8070 Z-APU	MC 68881	32081, 32381
Besonderheiten	Hardware-Selbsttest; Debug-Register (4 Adreßtraps); 8086-Programme lauffähig		mit speicherindirekter Adressierung; Wiederholung bei fehlerhaftem Speicherzugriff	speicherindirekte und Speicher-zu-Speicher-Adressierung; Wiederholung bei fehlerhaftem Speicherzugriff

MC 68030, der mit zwei 256-byte-Cacheregistern, mit interner Speicherverwaltung und mit Taktfrequenzen bis 25 MHz die doppelte Leistung des MC 68020 erreicht. Mit dem NS 32C532, der intern die Speicherverwaltung und eine Gleitkomma-Arithmetik enthält und in CMOS realisiert wird, strebt man eine Verarbeitungsleistung von 7...8 MIPS an (Du 86). Orientierende Übersichten über weitere 32-bit-Mikroprozessoren, wie NS 16032, HP 32-bit-CPU, Intel iAPX 432 sowie über RISC-Prozessoren, u.a. über den Transputer, sind in (Gu 83, Bo 84, En 86) zu finden. Über RISC-Prozessoren in GaAs-Technologie mit 5 ns Ausführungszeit und rund 90 MIPS Verarbeitungsleistung wird in (Fo 86, Ra 86) berichtet.

Als wesentliche Anforderungen an die Entwicklung solcher CISC-Mikroprozessoren, wie sie in Tabelle 3.23 aufgeführt sind, können genannt werden:

- Hohe Verarbeitungsleistung in der Größenordnung 2...4 MIPS,
- Nutzungsmöglichkeit der für 16-bit-Mikroprozessoren entwickelten umfangreichen Betriebssysteme und Anwendungsprogramme durch aufwärtskompatible Registerstruktur und Befehlsliste,
- verbesserte Unterstützung von Betriebssystemfunktionen und Anweisungen höherer Programmiersprachen sowie der strukturierten Programmierung.

Diese Ziele werden mit folgenden Mitteln realisiert:

- Erweiterung der allgemein verwendbaren Register auf 32 bit und Erhöhung der Taktfrequenz auf mehr als 10 MHz,
- intern zeitlich gestaffelte Verarbeitung und Nutzung von Warteschlangen zur Verringerung von Wartezeiten, z.B. bei Speicherzugriffen,
- Reduktion von Speicherzugriffen bei der Adreßtransformation und beim Lesen von Befehlen und Operanden durch interne Cache-Register,
- Erweiterung der Befehlsliste für die Unterstützung von Betriebssystem-, Speicherverwaltungs- und Steuerfunktionen.

Die in Tabelle 3.23 enthaltenen Mikroprozessoren unterscheiden sich nicht grundsätzlich voneinander. Das gilt für die Art der Befehle, für die verarbeitbaren Datentypen und für die Adressierungsmöglichkeiten ebenso wie für die erreichbare Verarbeitungsleistung. Die zeitliche Überlappung der Befehlsabarbeitung ist gegenüber den 16-bit-Mikroprozessortypen erweitert worden. Im Z80000 ist die Befehlsabarbeitung auf 6 Stufen unterteilt, die nacheinander durchlaufen werden, so daß im Idealfall 6 Instruktionen gleichzeitig in Bearbeitung sein könnten. Die Prinzipien der virtuellen Adressierung mit Segmentierung und Seitenwechsel (page-demand, paging) entsprechen denen bei den 16-bit-Mikroprozessoren, wurden jedoch um weitere Zwischenstufen bei der Adreßtransformation und durch Cache-Register zur Verkürzung der Ausführungszeit ergänzt.

Bei den 16-bit-Mikroprozessoren werden bereits Cache-Register zur Adreßübersetzung verwendet. Im Mikroprozessor 80286 ist für jedes der verschiedenartigen Segmente ein einzelnes Cache-Register zur Aufnahme des aktuellen Segmentdeskriptors implementiert, um bei der Adreßbildung die

Anfangsadresse des Segments einschließlich der vereinbarten Zugriffsrechte sofort und nicht erst nach zeitaufwendigem Speicherzugriff zur Verfügung zu haben (vergleiche Abb.3.40 und 3.42). Bei jedem Segmentwechsel, und entsprechend nach jedem Seitenwechsel bei Seitenadressierung, muß dieses Cache-Register aus den im Arbeitsspeicher abgelegten Deskriptortabellen neu geladen werden. Bei häufigem Segment- oder Seitenwechsel bringt daher ein Adreßübersetzungspuffer für Deskriptoren (TLB, translation look-aside buffer) Vorteile, wenn er mehrere Deskriptoren aufnehmen kann und durch assoziative Organisation vernachlässigbare Zugriffszeiten besitzt. Bei den 32-bit-Mikroprozessoren sind derartige Adreßübersetzungspuffer implementiert. Wie in Abb.3.58 gezeigt ist, wird bei einer Adreßübersetzung zunächst der Puffer TLB geladen; bei abgespeichertem Deskriptor liegt ein "Treffer" (hit) vor, d.h., die physische Adresse kann unmittelbar gebildet werden. Anderenfalls muß der Deskriptor in den Adreßübersetzungspuffer geladen werden, wobei gewöhnlich der am längsten nicht benutzte Eintrag überschrieben wird.

In Abb.3.58 ist ein weiteres Cache-Register angedeutet. Es beruht auf der Überlegung, daß die nachfolgende Befehls- oder Datenadresse meist in der Nähe der momentan aktuellen Speicheradresse liegt. Außerdem ist zu berücksichtigen, daß die Zugriffszeit der dynamischen RAM-Zellen des Arbeitsspeichers in der Größenordnung von einigen Zehntelmikrosekunden liegt und damit die Verarbeitungsgeschwindigkeit des Mikroprozessors ungünstig beeinflußt. Deshalb ordnet man zwischen Prozessor und Arbeitsspeicher ein Cache-Register aus statischen RAM-Zellen an (Zugriffszeit bei 30...50 ns), das mit einer speziellen Busoperation "Burst-mode" ohne

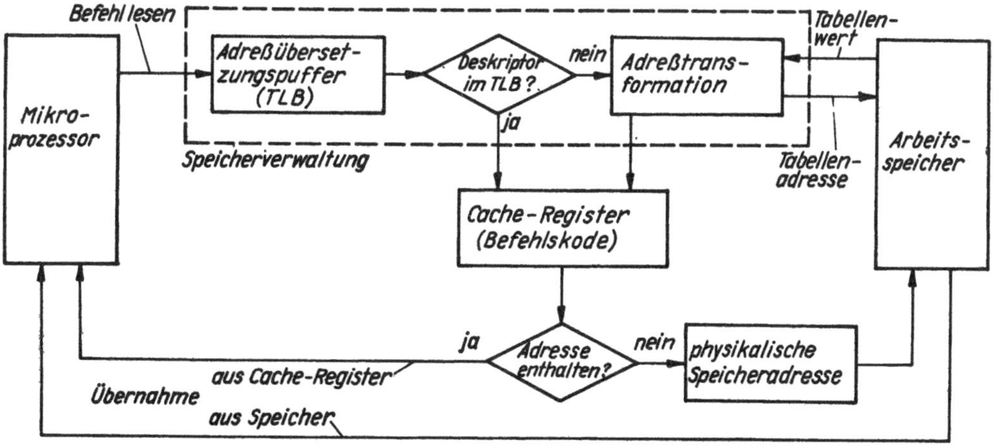

Abb.3.58: Prinzip des Befehls- und Datenzugriffs mit Adreßübersetzungspuffer und Cache-Register

Wartetakte, z.B. mit 16 sukzessiv aufeinderfolgenden Bytes aus dem Arbeitsspeicher geladen wird. Auf diese Weise besteht eine gewisse Chance, daß der oder die nachfolgenden Befehle dann unmittelbar aus dem Cache-Register in den Prozessor übertragen werden können. Im Z80000 und MC 68020 ist die Kapazität der internen Cache-Register 16*16 byte. Wird beim assoziativen Aufruf des Cache-Registers festgestellt, daß die betreffende Adresse nicht enthalten ist, wird ein Speicheraufruf mit Füllung einer Cache-Registerzeile erforderlich. Analysen der Verarbeitungsleistung des Z80000 und MC 68020 haben gezeigt, daß mit diesen Cache-Registern eine Steigerung der Verarbeitungsleistung um 10...30 % möglich ist (Ph 85, Ma 85a). Die prozessorinterne Kombination des Adreßübersetzungspuffers TLB mit einem Cache-Register für Befehle und Daten gemäß Abb.3.58 gilt für den Z80000. Der Mikroprozessor 80386 besitzt den Puffer TLB, während der Anschluß eines Cache-Registers extern erfolgen muß.

3.4.2. Mikroprozessor 80386

Bei der Entwicklung des Mikroprozessors 80386 stand die Leistungserhöhung bei Wahrung der Objektkodekompatibilität zu den 16-bit-Mikroprozessoren der 8086-Familie im Vordergrund (Ch 84, Ay 85, Ra 85). Wie Abb.3.59 zeigt, wurden die allgemeinen Register auf 32 bit erweitert. Zusätzlich zu den 4 Segmentselektoren der 8086-Familie wurden noch zwei Datenselektoren FS und GS eingefügt. Weitere Register, die als Puffer für die Adreßübersetzung, als Adreßtraps zur Programmtestung und als Taskzustandsregister dienen, sind in Abb.3.59 nicht dargestellt.

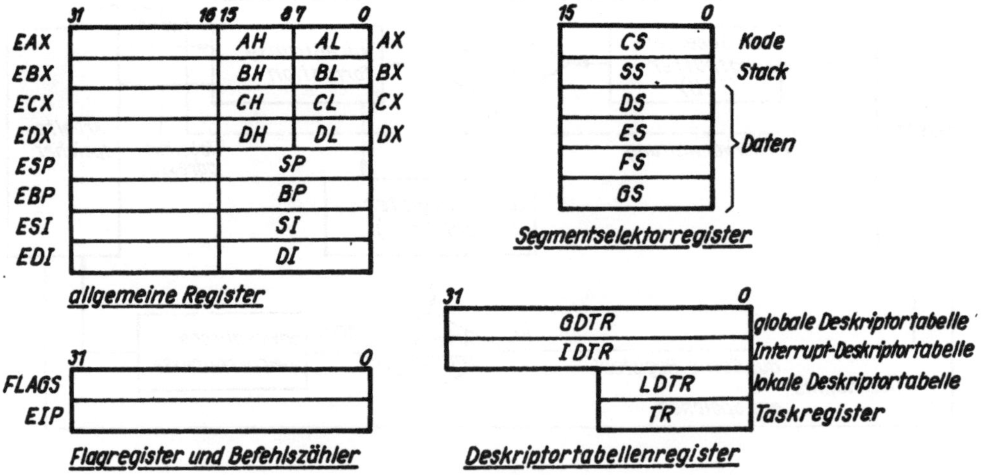

Abb.3.59: Registersatz des Mikroprozessors 80386

Adressierung und Speicherverwaltung

Bei der Berechnung der effektiven Adresse stehen die gleichen Adressierungsarten wie beim 80286 zur Verfügung. Neu ist (wie auch bei den anderen in Tabelle 3.23 genannten Mikroprozessoren MC 68020 und NS 32332) ein Skalierungsfaktor s bei der Nutzung des Indexregisters. So wird bei der basisindizierten Adressierung (register-based effective address scheme) die effektive Adresse aus der Summe von Basisregisterinhalt, Distanz und Indexregisterinhalt, letzterer multipliziert mit s = 1, 2, 4 oder 8, gebildet. Die Skalierung s erleichtert die Indexrechnung bei Feldern aus Worten, Langworten oder Doppellangworten (8 byte).

Die Adresse eines Operanden ergibt sich analog zu den anderen Prozessoren der 8086-Familie aus dem Segmentselektor, der eine 14 bit lange Adresse enthält, und aus einem 32 bit umfassenden Offset. Folglich steht ein logischer Adreßraum von 46 bit, d.h. 64 Tbyte = $7 \cdot 10^{13}$ byte, zur Verfügung, der sich aus 16 K - 1 = 16383 Segmenten mit jeweils maximal 4 Gbyte Länge zusammensetzt.

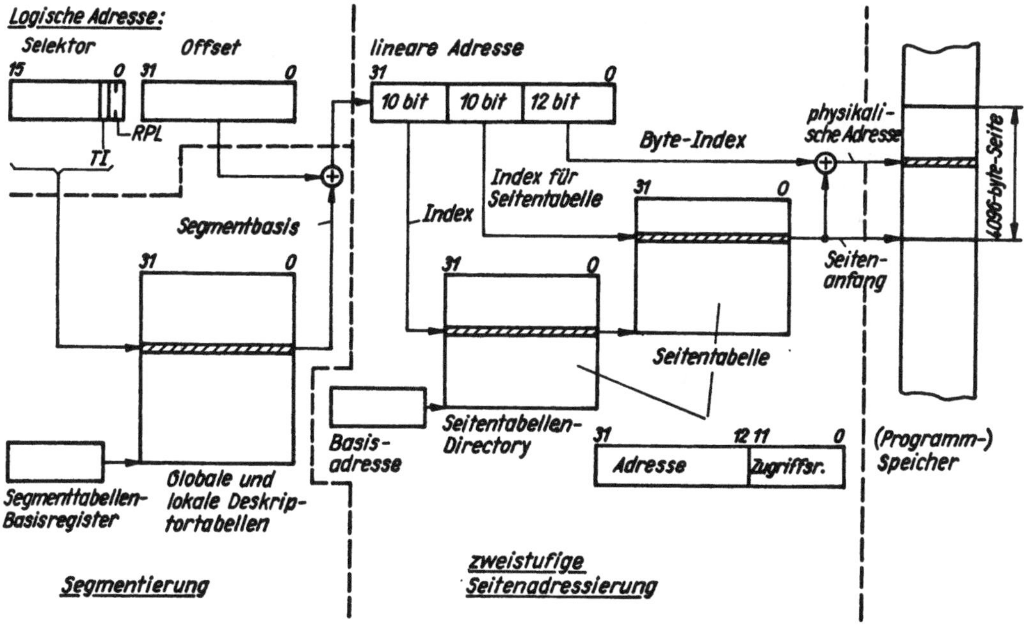

Abb. 3.60: Transformation der Speicheradressen im 80386

Die Adreßtransformation kombiniert die von den Mikroprozessoren der 8086-Familie bekannte Segmentierung mit einer zweistufigen Seitenadressierung (Abb. 3.60). Segmentierung und Seitenadressierung können jede für sich oder auch insgesamt umgangen werden, wenn dies für das verwendete Betriebssystem vorteilhaft ist. Die Segmentdeskriptoren, die der globalen oder lokalen Deskriptortabelle entsprechend dem Wert von TI im Segmentselektor entnommen werden, bestehen aus 8 byte und enthalten die 32 bit lange Segmentanfangsadresse, Segmentgrenze, Zugriffsrechte und Segmentstatusdaten (vergleiche Abb.3.42b). Die 32 bit umfassende Adresse nach der Segmentierung wird gemäß Abb.3.60 in drei Felder aufgeteilt:

- 10 bit für den Aufruf einer von 1024 Anfangsadressen von Seitentabellen, die in der Seitentabellen-Directory abgelegt sind,
- 10 bit für die Auswahl einer Seite aus der für 1024 Seitenanfangsadressen bemessenen Seitentabelle,
- 12 bit Byte-Index für die Adressierung eines Bytes in der auf 4096 byte festgelegten Seite, wobei entsprechend der üblichen Konvention der 8086-Familie das niederwertigste Byte des 32-bit-Worts als Adresse des Worts gilt.

In den Seitentabellen sind auf den unteren 12 bit die Zugriffsrechte für die betreffende Seite gespeichert. Die aktuellen Segment- und Seitendeskriptoren, die für die Bildung der physikalischen Speicheradresse erforderlich sind, werden in prozessorinternen Cache-Registern abgelegt. Sie müssen bei Segment- und Seitenwechsel durch Zugriff auf die im Arbeitsspeicher vorhandenen Deskriptor- und Seitentabellen aktualisiert werden. Um dieses zeitaufwendige Laden bei häufigem Seitenwechsel zu umgehen, verwendet man, wie im Abschnitt 3.4.1 beschrieben, einen Adreßübersetzungspuffer TLB. Im 80386 kann dieser Puffer für insgesamt 32 Seiten die erforderlichen Seitenanfangsadressen und Zugriffsrechte speichern und die Adreßtransformation zeitsparend unterstützen. In Abb.3.60 ist der Adreßübersetzungspuffer nicht eingezeichnet. Der 80386 enthält keine Cache-Register für Befehle oder Daten.

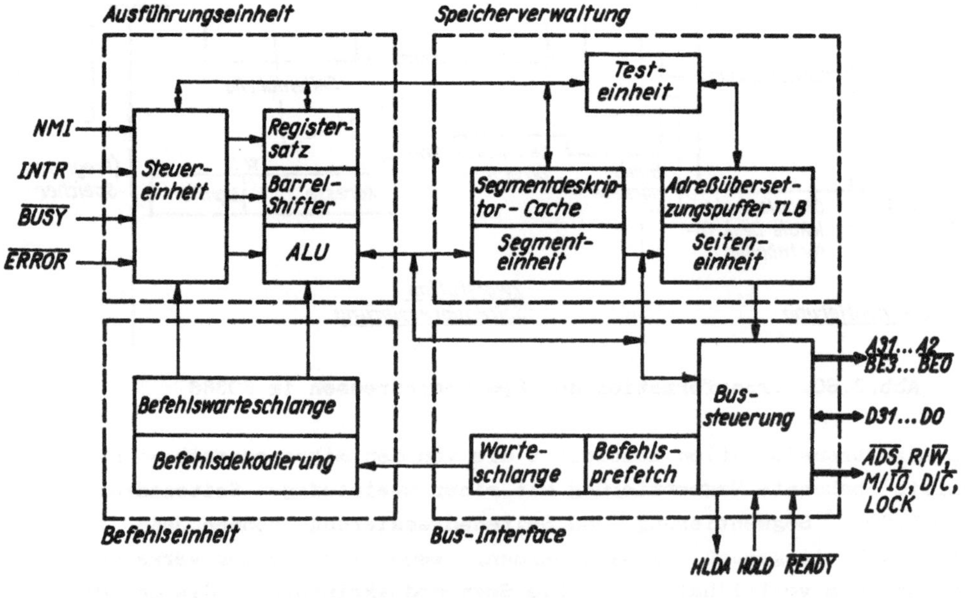

Abb.3.61: Blockschaltung des Mikroprozessors 80386

Aufbau

Der 80386 besteht aus 6 logischen Funktionsblöcken, die in ähnlicher Weise wie beim 80286 zeitlich parallel arbeiten (Abb.3.61). Einzelne Einheiten sind mit denen des 80286 identisch (Ch 84). Das Businterface stellt die Verbindung des 80386 mit den äußeren Schaltelementen her, insbesondere mit dem Arbeitsspeicher. Je Buszyklus sind nur zwei Prozessortakte erforderlich, so daß bei 16 MHz Taktfrequenz eine Übertragungsrate von 32 Mbyte/s erreicht wird. Die Bedeutung der Anschlußkontakte des 80386 ist der Bedeutung beim 80286 sehr ähnlich. Praktisch bedeutungsvoll für die Kopplung mit peripheren Schaltkreisen der 8086-Familie ist die Umschaltbarkeit des 32-bit-Datenbus auf 2 oder 4 byte Übertragungsbreite, angezeigt mit den Signalen Byte-enable $\overline{BE3}...\overline{BE0}$. Die Einheit Befehlsprefetch zum vorausschauenden Lesen des Befehlskode wirkt mit einer siebenstufigen Warteschlange zusammen. Nach der Befehlsdekodierung werden die aufbereiteten Befehle in einer weiteren Warteschlange der Steuerung und der Ausführungseinheit übergeben. Zur Beschleunigung der Befehlsabarbeitung erfolgt die Ausführung eines speicherbezogenen Befehls zeitlich überlappend mit der Ausführung des vorhergehenden Befehls.
Die Einheiten für Segmentierung und Seitenadressierung enthalten die bereits diskutierten Cache-Register für die Segmentdeskriptoren und den Adreßübersetzungspuffer für die Seitenadressierung. Der in der Ausführungseinheit explizit angegebene Barrel-Shifter beschleunigt die Ausführung von Verschiebebefehlen, indem eine beliebige Verschiebung in einem einzigen Prozessortakt möglich ist. Dies verkürzt die Ausführung von Multiplikations- und Divisionsbefehlen. So benötigen Multiplikation oder Division mit 32-bit-Operanden nur maximal 40 Prozessortakte; im Mittel bei nicht voller Ausnutzung des 32-bit-Formats reichen etwa 20 Takte.
Einige bemerkenswerte Erweiterungen gegenüber dem 80286 betreffen:

- 6 Debug-Register für die Definition von 4 verschiedenen Adressen zum Auslösen von Haltepunkten (Adreß-Traps), um zusätzlich zu den Befehlen für Breakpoints und zum Schrittbetrieb eine weitere Testmöglichkeit für Programme zu geben,
- nach dem Einschalten (Reset) Selbsttestmöglichkeit des Mikroprozessors für interne Logikarrays und den Steuerprogrammspeicher mit Hilfe der Signaturanalyse; getrennter Test des Adreßübersetzungspuffers ausführbar.

Datentypen und Softwarekompatibilität

Im 80386 werden wie im 80286 die Datentypen Bit, Byte, Wort und Doppel- oder Langwort (32 bit) sowie BCD in gepackter und ungepackter Darstellung bearbeitet. Als Datentypen sind ferner Byteketten sowie Bitketten von maximal 4 Gbit Länge möglich. Innerhalb einer Bitkette können Bitfelder von 1...32 bit Länge adressiert werden. Vorzeichenlose Zahlen werden als Ordinalzahlen und vorzeichenbehaftete Zahlen als Integerzahlen bezeichnet; sie können bei 32 bit Länge Werte im Bereich zwischen 0 und 4 294 967 295 bwz. - 2 147 483 648 bis + 2 147 483 647 annehmen. Multiplikation und Division sind mit 32-bit-Operanden möglich, wobei das

Produkt bzw. der Dividend 64 bit lang sein können. Die Befehlsabarbeitung erfordert im Mittel 4,4 Prozessortakte je Befehl, so daß sich eine Verarbeitungsleistung von 3...4 MIPS ergibt. Eine Register-zu-Register-Operation wird in 2 Prozessortakten durchgeführt.

Von großer praktischer Bedeutung ist die Kompatibilität das 80386 zu den anderen Mikroprozessoren der 8086-Familie. Die Kompatibilität zum 80286 wurde durch die objektkodekompatible Befehlsliste erreicht. Die Unterscheidung zwischen den 16-bit-Befehlen des 80286 und den 32-bit-Befehlen des 80386 erfolgt über den Kodesegmentselektor: ist ein spezielles Bit des Kodesegmentselektors im 80286 auf Null gesetzt, läuft das 80286-Programm unmittelbar auch auf dem 80386, jedoch mit einer zwei- bis dreimal höheren Geschwindigkeit. In einem erprobten 80286-Programm braucht man dann nur solche Routinen auf die 32-bit-Befehle und Daten des 80386 zu übertragen, die einen weiteren spürbaren Geschwindigkeitsgewinn durch diese Maßnahme versprechen. Da die Befehle des 8086 und des 80286 8- und 16-bit-Datenoperanden verwenden und der 80386 zusätzlich 32-bit-Daten nutzt, muß die Datenbreite gekennzeichnet werden. Hierzu wird mit einem Bit im Operationskode zwischen 8- und 32-bit-Daten unterschieden. Für die Kennzeichnung der 16-bit-Datenoperanden wird statt eines weiteren Bits im Operationskode ein Vorsatzbyte (byte prefix) gewählt.

Bei der Beschreibung der Eigenschaften des 80386 wird stets auch auf seine Fähigkeit verwiesen, daß im "virtuellen 8086-Modus" (VM86) Programme des 8086 bzw. 8088 in einer geschützten Multitask-Umgebung ablaufen können. Für die Adressierung wird die Seitenadressierung verwendet, so daß sich verschiedene VM86-Tasks in unterschiedlichen physischen Adreßbereichen speichern lassen. Für die Behandlung von Ein- und Ausgabebefehlen sowie interruptbezogenen Befehlen ist jedoch ein sogenannter virtueller Maschinenmonitor nötig, der diese Befehle herausfiltert und entscheidet, ob und wie der angeforderte Dienst auf die Dienste des 32-bit-Betriebssystems abgebildet werden kann. Da verschiedene Monitore als Tasks benutzt werden können, lassen sich 8086-Programme ausführen, die mit unterschiedlichen 16-bit-Betriebssystemen laufen, z.B. MS-DOS und CP/M (Ra 85).

3.4.3. Mikroprozessor MC 68020

Der 32-bit-Mikroprozessor MC 68020 zeichnet sich gegenüber den anderen Prozessoren der 68000-Familie (Tabelle 3.19) bei Softwarekompatibilität durch eine höhere Verarbeitungsleistung aus (Hi 84, Ma 84). Während bei den Typen 68000 und 68010 die Breite der internen Daten- und Adreßregister bereits 32 bit beträgt, besitzt der 68020 getrennte 32 Adreß- und 32 Datenbusanschlüsse, Befehle mit 32-bit-Distanzangabe und mit 32-bit-Operanden sowie eine Reihe weiterer Verbesserungen. Daher ist der MC 68020 innerhalb der 68000-Familie als "echter" 32-bit-Mikroprozessor zu bezeichnen. Zu seinen Verbesserungen gehören ein interner Cache-Befehlsspeicher, eine Koprozessor-Schnittstelle, umfangreiche interne Parallelverarbeitung und eine höhere Taktfrequenz (16,67 MHz).

Der Satz von Daten- und Adreßregistern ist mit dem des MC 68000 identisch (Abb.3.54). Statt des Supervisor-Stackpointers SSP (A7') sind im 68020 zwei Stackpointer vorhanden: Interrupt-Stackpointer (A7') und Master-Stackpointer (A7"). Der Befehlszähler PC ist auf 32 bit für 4 Gbyte Adreßraum verlängert. Das Statusregister SR enthält im Nutzerbyte die gleichen Flags wie der 68000, während das Systembyte zusätzlich belegt wurde. Das Trace-Bit T ist durch ein zweites Trace-Bit ergänzt, das die Trace-Funktion nur bei Programmverzweigungen auslöst. Das Masterzustandsbit M bezieht sich auf den Master-Stackpointer; bei M = 0 verhält sich der MC 68020 wie die anderen 68000-Mikroprozessoren. Über den Funktionskode FC2...FC0, der als Prozessorstatus die Adreßräume definiert, ist neben den vier Bereichen für Nutzer- und Supervisorprogramm und Nutzer- und Supervisordaten ein weiterer Bereich definiert, der für den Prozessorzugriff gilt. Im letztgenannten Fall geben die Adreßleitungen A19...A16 Aufschluß darüber, ob der Prozessor einen Breakpoint oder eine Interruptanforderung quittiert oder ob eine Kommunikation mit der externen Speicherverwaltungseinheit oder mit einem Koprozessor erfolgt.

Aufbau und Funktion

Der Aufbau des MC 68020 ist in Abb.3.62 schematisch dargestellt. Der Mikroprozessor besteht aus drei wesentlichen Funktionsgruppen. Die Bussteuerung organisiert den Zugriff zum externen Speicher und zum internen Cache-Befehlsregister. Die Ausführungseinheit enthält drei eigenständige Arithmetikstufen für die Berechnung der Befehlsadresse, für die Berechnung der Operandenadresse und für den Zugriff zum Registersatz sowie für die Ausführung von Datenoperationen.

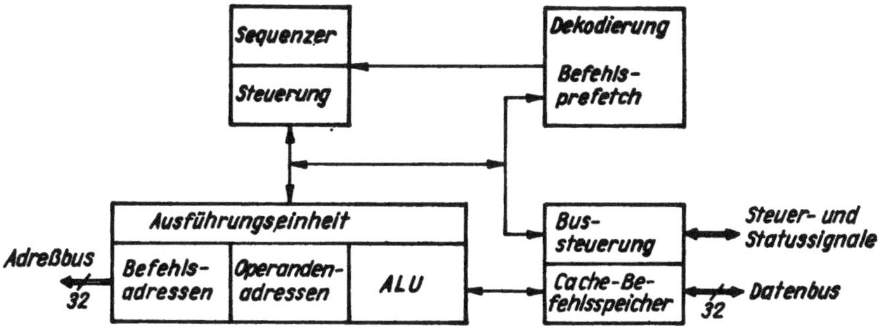

Abb.3.62: Aufbau des Mikroprozessors MC 68020

Die Steuerung basiert auf einer zweistufigen Mikroprogrammierung mit einem Mikro-ROM und einem sogenannten Nano-ROM. Der Sequenzer ist für die Anweisungen an die Bussteuerung, für die Befehlsabarbeitung und für die Koordinierung interner Abläufe verantwortlich. Der Sequenzer fordert von der Bussteuerung die erforderlichen Buszyklen an, ohne auf deren Beendigung warten zu müssen. Dieser Parallelbetrieb von Bussteuerung und Sequenzer bewirkt eine überlappende Arbeitsweise für die Befehlsausführung. So kann der Sequenzer einen nachfolgenden Befehl, der keinen Speicherzugriff erfordert, bereits abarbeiten, während die Bussteuerung noch mit der Busoperation eines vorhergehenden Befehls mit Speicherzugriff beschäftigt ist. Beispielsweise wird ein MOVE-Befehl zum Einschreiben in eine Speicherzelle noch von der Bussteuerung behandelt und gleichzeitig ein nachfolgender Additionsbefehl für Registerinhalte vom Sequenzer ausgeführt. Für diese Parallelarbeit sind die Befehlsprefetch-Einheit, die drei Worte Befehlskode aufnehmen kann, und das Cache-Befehlsregister von großer Bedeutung, da sie de facto den gleichzeitigen Zugriff zu Daten und Befehlen ermöglichen. Durch die geschilderte Parallelarbeit tritt nach außen die Ausführungszeit mancher Befehle, im Beispiel der Additionsbefehl, nicht in Erscheinung.

Der Cache-Befehlsspeicher (Abb. 3.63) weist eine Kapazität von 64 Zeilen mit je 2 Worten (4 byte) auf. Mit Bit A7...Bit A2 der Befehlsadresse wird die betreffende Zeile des Cache aufgerufen; anschließend wird geprüft, ob der Inhalt des Markenfeldes dieser Zeile (Tag-Feld) mit den Adreßbits A31...A8 und mit FC2 des Funktionskodes übereinstimmt (FC2 unterscheidet zwischen Nutzer- und Supervisor-Modus). Bei Übereinstimmung und Gültigkeit des Eintrags (Gültigkeitsbit V = 1) wird der Inhalt der Zeile vom

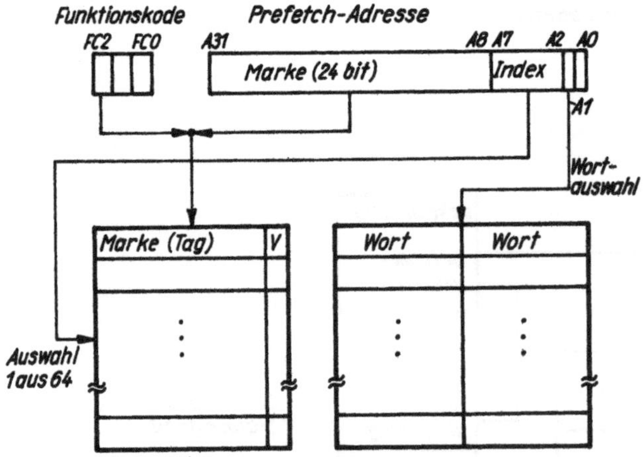

Abb. 3.63: Cache-Befehlsspeicher des MC 68020

Prozessor als Befehlskode übernommen; anderenfalls ist ein Zugriff zum Arbeitsspeicher erforderlich.

Die Verwendung des Cache-Befehlsspeichers wird vom Cache-Steuerregister CACR festgelegt. Bei gesetztem Bit E (enable) ist der Cache-Speicher eingeschaltet, während bei E = 0 alle Befehle vom externen Speicher zu lesen sind. Mit Bit C = 1 (clear) werden alle Gültigkeitsbits V des Cache-Speichers gelöscht, so daß ein erneutes Füllen des Cache-Speichers möglich wird. Setzen des Bits F (freeze) blockiert Änderungen der Gültigkeitsbits und entspricht einem "Einfrieren" des Cache-Speichers. Mit Bit CE (clear entry) wird das Gültigkeitsbit V derjenigen Cache-Zeile gelöscht, deren Adresse im Cache-Adreßregister CAAR enthalten ist.

Der Cache-Befehlsspeicher trägt in zweifacher Hinsicht zur höheren Verarbeitungsleistung des MC 68020 bei. Der Zugriff zum externen Speicher erfordert drei Prozessortakte, der Zugriff zum Cache jedoch nur zwei Takte, so daß sich Geschwindigkeitsvorteile ergeben, wenn der Cache-Befehlsspeicher sehr häufig verwendete Programmstücke enthält. Wesentlicher ist jedoch, daß durch die parallele Bereitstellung von Befehls- und Datenadressen gleichzeitig mit dem Cache-Befehlszugriff ein externer Speicherzugriff für Daten möglich ist.

Hervorzuheben ist die dynamische Einstellbarkeit der Datenbusbreite, die entsprechend den peripheren Einheiten 8, 16 oder 32 bit beträgt und für das ablaufende Programm transparent bleibt. Nachdem der Prozessor mit dem Steuersignal $\overline{AS}$ die Adreßleitungen gültig erklärt hat, antwortet die externe Bussteuerung mit Datenformat-Quittungssignalen $\overline{DSACK0}$ und $\overline{DSACK1}$. Der Prozessor wertet dies aus und zeigt mit den Ausgangssignalen SIZ1 und SIZ0 an, wieviele Buszyklen bis zum Abschluß des Datentransfers noch erforderlich sind (SIZ1-SIZ0 = 00 für noch ausstehenden Langworttransfer, 01 für Byte-, 10 für Wort- und 11 für 3-Byte-Transfer). Abb.3.64 zeigt als Beispiel eine Langwortübertragung über einen 8-bit-Datenbus.

Befehlsliste und Kompatibilität

Als Datentypen sind gegenüber den anderen Mikroprozessoren der 68000-Familie zusätzlich verfügbar: Bitfelder für 1...32 bit, gepackte BCD, Doppellangworte für 64-bit-Produkte oder -Dividenden sowie Byte-Operanden variabler Länge in Verbindung mit angeschlossenen Koprozessoren.

Die Adressierungsarten für Befehle und Daten sind in ihrer Vielfalt beträchtlich erweitert worden und übertreffen in den Möglichkeiten deutlich die anderen in Tabelle 3.23 genannten Mikroprozessoren. Mit dieser Mannigfaltigkeit sollen die Datenstrukturen höherer Programmiersprachen besser unterstützt werden. Neu bei Mikroprozessoren ist die speicherindirekte Adressierung (vergleiche Typ 5 in Tabelle 3.3), wobei zu unterscheiden ist, ob der Inhalt des Indexregisters bei der Adreßermittlung

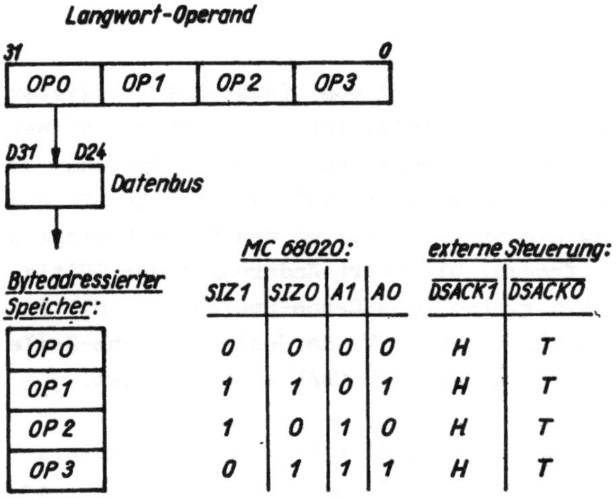

MC 68020:				externe Steuerung:	
SIZ1	SIZ0	A1	A0	$\overline{DSACK1}$	$\overline{DSACK0}$
0	0	0	0	H	T
1	1	0	1	H	T
1	0	1	0	H	T
0	1	1	1	H	T

Abb. 3.64: Langwortübertragung über Bus mit 8-bit-Datenbreite; Angabe der Signale des MC 68020 und der Speichersteuerung

vor oder nach dem indirekten Speicherzugriff berücksichtigt wird. Der Indexregisterinhalt (Daten- oder Adreßregister) läßt sich mit einem Skalierungsfaktor 1, 2, 4 oder 8 multiplizieren, um die Feldadressierung bei einer Elementlänge von 1, 2, 4 oder 8 byte zu vereinfachen.

Die virtuelle Speicheradressierung ist mit Hilfe der Speicherverwaltungseinheit MC 68851 möglich, die eine Seitenadressierung mit einer wählbaren Seitengröße von 256 byte...32 Kbyte (in Binärstufen) erlaubt (Co 86). Die Speicherverwaltungseinheit enthält eine Cache-Übersetzungstabelle für 64 Einträge mit assoziativem Zugriff und fungiert als Koprozessor des MC 68020. Der Adreßbereich beträgt 4 Gbyte.

Wesentlich für die Anwendung des MC 68020 ist die Objektkodekompatibilität innerhalb der 68000-Familie, die auf dem gleichartigen Satz allgemein verwendbarer 32-bit-Register und auf der aufwärtskompatiblen Befehlsliste basiert. Die beim Übergang zum MC 68020 erforderlichen Änderungen in Programmen für den MC 68000 bzw. MC 68010 erstrecken sich im wesentlichen auf die Behandlung von Ausnahmezuständen und sind in kurzer Zeit realisierbar. Die Möglichkeiten des MC 68020 werden jedoch nur dann voll ausgeschöpft, wenn die neuen und erweiterten Befehle, Datentypen und Adressierungsarten genutzt werden.

Die Befehlsliste des MC 68020 enthält mehr als 20 neue Befehle, die sich vor allem auf die Bitfeldverarbeitung, auf die Koprozessor-Kopplung und auf Programm- und Systemsteuerfunktionen beziehen. Für die Befehle zur Multiplikation und Division wurde die Operandenlänge auf 32 bit erweitert und für Verzweigungsbefehle die Distanz auf 32 bit verlängert. Mit 8 verschiedenen Befehlen kann ein 1...32 bit umfassendes Bitfeld, das sich in einem Datenregister oder im Arbeitsspeicher befindet, gelöscht, gesetzt, maskiert, negiert, herausgelöst oder getestet werden. Derartige

Befehle sind u.a. für die Manipulation gepackter Daten sowie für Kommunikations- und Graphikaufgaben nützlich.

Der MC 68020 kann durch maximal 8 Koprozessoren für spezielle Aufgaben unterstützt werden, z.B. für die Speicherverwaltung (MC 68851) oder für Gleitkomma-Rechnungen (MC 68881). Die für die Koprozessoren bestimmten Anweisungen beginnen mit dem Kode 1111, ergeben den Funktionskode FC2...FC0 = 111 (Prozessor-Adreßraum) und die Adreßbusbelegung A19...A16 = 0010 als Koprozessorzugriff. Die Register des Koprozessors sind im Prozessor-Adreßraum eingeordnet. Die einzelnen Felder der insgesamt 7 Typen von Koprozessorbefehlen enthalten die für die Arbeit des Koprozessors wichtigen Angaben, wie Nummer des angeforderten Koprozessors, Art des Befehls, Bedingungen, Verzweigungen und Abspeichern des internen Zustands. Dem Koprozessor steht ein Satz von 18 Grundbefehlen für Anforderungen an den Hauptprozessor zur Verfügung, so zur Synchronisation zwischen Haupt- und Koprozessor, zur Ausnahmebehandlung, zum Operandentransfer usw. Wie aus der Vektortabelle für Interrupts und Traps in Abb.3.57 hervorgeht, führt ein Koprozessorbefehl 1111... zu einer Ausnahmebehandlung, wenn die Funktion eines nicht vorhandenen Koprozessors durch ein Programm zu emulieren ist.

Mit den Befehlen CALLM (call module) und RTM (return from module) kann die Nutzer-Betriebsart in 256 Privilegstufen unterteilt werden. Mit den Testbefehlen CHK2 und CMP2, die die Befehle CHK und CMP ergänzen, lassen sich Registerinhalte auf die Einhaltung unterer und oberer Grenzen prüfen. Die Befehle PACK (pack BCD) und UNPK (unpack BCD) sind für die Umwandlung zwischen gepackten und ungepackten BCD-Werten vorgesehen.

Leistungseinschätzung

Der Mikroprozessor MC 68020 weist im Vergleich zum MC 68000 eine mindestens vierfach höhere Leistung auf, die zur Hälfte in der höheren Taktfrequenz (16 MHz statt 8 MHz beim MC 68000) begründet ist und zum anderen auf den 32-bit-Datenbus, auf den Cache-Befehlsspeicher und auf eine Reihe von Verbesserungen in der Befehlsliste zurückgeführt wird. Tabelle 3.24 zeigt einige orientierende Angaben, die aus der Analyse einer großen Zahl von Benchmark-Programmen, Anwendungsprogrammen und Betriebssystemdiensten abgeleitet wurden (Ma 84, Ma 85a). Die Zahlenangaben beziehen sich auf Speicherzugriffe ohne Wartezyklen, d.h. basieren auf Zugriffszeiten zum Arbeitsspeicher in der Größe von 100...130 ns. Man erkennt aus Tabelle 3.24 die Abnahme der je Befehl erforderlichen Anzahl der Taktzyklen beim Übergang vom MC 68000 zum MC 68020, bedingt vor allem dadurch, daß ein Buszyklus des MC68020 nur noch 3 Takte erfordert. Weiterhin ist aus Tabelle 3.24 die Wirkung des Cache-Befehlsspeichers auf die Erhöhung der Prozessorleistung bei gleichzeitiger Abnahme der Busbelastung erkennbar.

Abschließend werden in Tabelle 3.25 die Ergebnisse von Benchmark-Vergleichen zwischen verschiedenen 32-bit-Mikroprozesoren zusammengefaßt (Co 86a). Als Benchmark-Programme wurden fünf bereits beim Vergleich von 16-bit-Mikroprozessoren verwendete Programme zugrunde gelegt (Gr 81, Pa 81), u.a. Sortierprogramm, Bildung einer transponierten Matrix und Suche einer Zeichenkette, und der Mittelwert ihrer Ausführungszeit nach mehrfachem Durchlauf angegeben. Ohne diese Mittelwerte überzubewerten, läßt sich aus Tabelle 3.25 eine ungefähr gleiche Leistungsfähigkeit der 32-bit-Mikroprozessoren 80386 und MC 68020 schlußfolgern mit Vorteilen des letztgenannten Prozessors durch den internen Cache-Befehlsspeicher. Dies wird auch aus einem kritischen Vergleich in (Mo 86) ersichtlich.

Tabelle 3.24: Leistungsvergleich innerhalb der MC 68000-Familie

Mikroprozessor	MC 68000	MC 68010	MC 68020		
Taktfrequenz, in MHz	8	8	16	16	16
Trefferrate des Cache-Befehlsregisters, in %	-	-	0 (ausgeschaltet)	64	100
mittlere Zahl der Speicherzugriffe je Befehl	2,7	2,7	1,6	1,2	0,6
mittlere Zahl der Takte je Befehl	12,6	12,1	7,7	7,2	6,4
Busbelastung, in %		87	82		65
Prozessorleistung, in MIPS	0,64	0,66	2,17	2,33	2,62

Tabelle 3.25: Benchmark-Vergleiche von 32-bit-Mikroprozessoren

Mikroprozessor	Taktfrequenz	DRAM		SRAM	
		Laufzeit	relativ	Laufzeit	relativ
80286 (16-bit-Proz.)	10 MHz	11,14	3,92	5,94	2,98
80386	16 MHz	5,08	1,79	2,57	1,29
MC 68000	8 MHz	13,16	4,63	8,62	4,33
MC 68020, ohne Cache	16 MHz	5,57	1,96	2,74	1,38
MC 68020, mit Cache	16 MHz	2,84	1,00	1,99	1,00
NS 32032	10 MHz	10,69	3,76	8,83	4,44

4. Mikrorechner-Hardware

4.1. Übersicht

Der Aufbau eines typischen Mikrorechners ist in Abb.4.1 schematisch dargestellt. Die zentrale Verarbeitungseinheit ZVE enthält neben dem Mikroprozessor gewöhnlich auch Speicher, vor allem für residente Betriebssystemkomponenten und Initialisierungsroutinen. Bei entsprechender Auslegung der ZVE kann sie auch als Ein-Leiterkarten-Mikrorechner eingesetzt werden; derartige Lösungen empfehlen sich besonders bei Produkten, die in hoher Stückzahl hergestellt werden, wie Heim- und Personal-Computer. Mikrorechner größerer Leistung oder Mikrorechner, die für unterschiedliche Steuerungsaufgaben vorgesehen sind und viele Ein- und Ausgabe-Kanäle besitzen (Prozeßsteuerungen), werden aus Moduln konfiguriert und als Steckeinheiten über den Systembus miteinander verbunden. In Anwendungsfällen mit geringen Anforderungen an Leistung, Programmumfang und Flexibilität kann der Ein-Chip-Mikrorechner oder Mikrocontroller eine günstige Lösung darstellen. In diesem Fall sind Mikroprozessor, Ein- und Ausgabesteuerungen, RAM und ROM bzw. EPROM auf einem Chip implementiert. Derartige Ein-Chip-Mikrorechner bieten sich beispielsweise auch als programmierbare Ein-/Ausgabe-Prozessoren an, die den Mikroprozessor der ZVE wesentlich von zeitaufwendigen Datentransferoperationen oder Programmen zur Realisierung von Übertragungsprotokollen entlasten können.

Für die wichtigsten Mikroprozessortypenreihen sind umfangreiche Schaltkreisfamilien verfügbar, deren logische und elektrische Anschlußbedingungen an das Signalspiel des betreffenden Mikroprozessors angepaßt sind. Diese Schaltkreise ermöglichen die Realisierung von Mikrorechnern mit einem Minimum an Komponenten:

- Ergänzungsschaltkreise für den Mikroprozessor wie Taktgenerator, Daten- und Adreßpuffer sowie Interruptsteuerung,

- Systemsteuerung mit Bus-Steuerschaltkreis, Zähler/Zeitgeber, DMA-Steuerung, Speicherverwaltung und -steuerung sowie Bus-Arbitration,

- universelle Ein-/Ausgabe-Schaltkreise zum programmierbaren parallelen und seriellen Datentransfer oder als Ein-/Ausgabe-Prozessor,

- spezielle Ein-/Ausgabe-Schaltkreise mit Anpassung an Standard-Interfaces und an lokale Rechnernetze (LAN),

- Treiber- und Steuerschaltkreise für periphere Geräte des Rechners, z.B. Tastatur, Bildschirm, Magnetfolien- und -plattenspeicher,

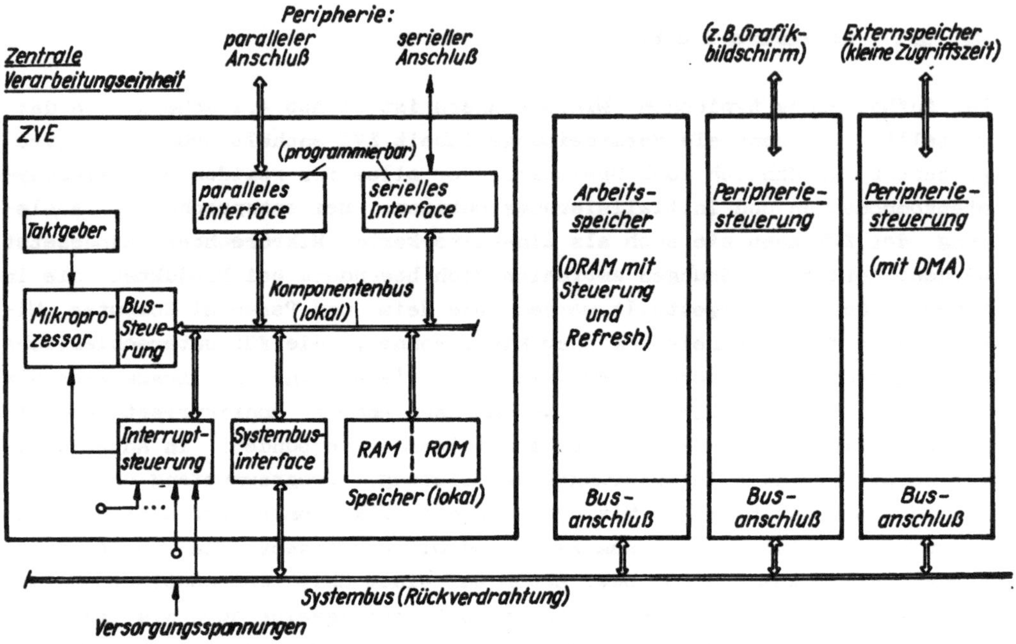

Abb. 4.1: Aufbau eines Mikrorechners, schematisch

- **Erweiterungs- und Koprozessoren**, wie Gleitkomma- und Signal-Prozessor, für rechenintensive Aufgaben.

Das **Bussystem** hat entscheidenden Einfluß auf die Gestaltung der Verbindung der einzelnen Komponenten zu einem Mikrorechner, aber auch auf die Verbindung mehrerer Mikroprozessoren oder Mikrorechner zu einem Multiprozessor- bzw. Multimikrorechnersystem. Ein Bus ist ein Leitungsbündel oder eine Sammelleitung, die Adreß-, Daten-, Status- und Steuersignale sowie je nach Einsatzgebiet auch Versorgungsspannungen führt und die unter Regie einer Steuereinheit (Bus-Master) den Datentransfer zwischen den angeschlossenen Einheiten abwickelt. Die Übertragung kann auf zahlreichen parallelen Leitungen separat für die einzelnen Bits von Adresse und Daten und für die Status- und Steuersignale erfolgen (paralleler Bus) oder auch auf 2...4 Leitungen mit einem definierten Protokoll für die zeitlich gestaffelte Übertragung der Adreß- und Datenbits (serieller Bus). Der mit höherem Organisationsaufwand verbundene serielle Bus gewinnt zunehmend an Bedeutung, weil er sich insbesondere bei der Übertragung über längere Entfernungen durch geringere Kosten des Übertragungsmediums auszeichnet und weil das Übertragungsprotokoll von speziellen hochintegrierten Schaltkreisen ausgeführt werden kann. Im Mikrorechner selbst und in der Verbindung des Rechners mit peripheren Geräten sowie mit anderen Rechnern lassen sich verschiedene Klassen von Bussen unterscheiden:

- Integrierter Bus zur Verbindung der Funktionsgruppen im Innern hochintegrierter Schaltkreise; herstellerspezifisch und in seinen Details für den Schaltkreisanwender nicht von Interesse,

- Komponentenbus, auch Leiterkartenbus oder lokaler Bus genannt, zur Verbindung der Schaltkreise auf der Platine; bei einem Ein-Leiter-Karten-Mikrorechner hängt die Spezifikation dieses Komponentenbusses entscheidend von den Anschlußbedingungen des verwendeten Mikroprozessors ab (vergleiche Abb.3.29 und 3.30),

- Systembus für die Verbindung der einzelnen Baugruppen eines leistungsfähigen Mikrorechners: Rückverdrahtungsbus, Backplane-Bus; für den Betrieb mit mehreren Bus-Mastern (Multimikroprozessorsystem) muß der Systembus multimasterfähig sein,

- parallele und serielle Interfaces für die Datenübertragung zwischen Rechner und Bedien-, Anzeige- und Speichereinheiten (Peripheriebus), zwischen Rechner und Meßgeräten (Instrumentierungsbus) sowie zwischen Rechner und Prozeßperipherie (Prozeßbus). Sehr häufig wird eine standardisierte Punkt-zu-Punkt-Verbindung verwendet, z.B. IFSS und V.24,

- lokale Rechnernetze mit seriellem Bus zur Kopplung mehrerer Rechner in einem räumlich begrenzten Komplex, z.B. zur Büroautomatisierung.

4.2. Mikrorechnerkomponenten

4.2.1. Methoden der Kopplung mit dem Mikroprozessor

Der Mikroprozessor ist mit den Speicher- und Ein-/Ausgabe-Schaltkreisen über den Komponentenbus (bei Ein-Leiterkarten-Mikrorechnern) und zusätzlich über den Systembus bei modular aus einzelnen Baugruppen (Steckeinheiten) aufgebauten Mikrorechnern verbunden (Abb.4.1).

Der Speicher eines Mikrorechners besteht aus Halbleiterschaltkreisen, die sich in der Funktionsweise den zwei wesentlichen Gruppen Nur-Lese-Speicher (EPROM, ROM) und Schreib-Lese-Speicher (statische und dynamische RAM) zuordnen lassen. Eine Übersicht gibt Tabelle 4.1, siehe auch (Bo 86, Mo 86a, Th 86).

Die typische Anschlußbelegung eines Speicherschaltkreises mit matrixförmiger Anordnung der Speicherzellen zeigt Abb.4.2a. Die Adresse wird entweder intern in einen Adreßteil für die Auswahl einer Matrixzeile (row) und in einen Adreßteil für eine Matrixspalte (column) aufgeteilt (bei Adreßlängen bis zu 12 bit), oder diese Adreßteile werden im Zeitmultiplex getrennt zum Speicherschaltkreis übertragen, um bei Speichern mit großer Kapazität, z.B. 64 Kbit-DRAM, mit weniger Anschlußkontakten auszukommen. Mit den Chip-Freigabe-Eingängen $\overline{CS}$ (chip select) bzw. $\overline{CE}$ (chip enable) läßt sich eine Auswahl zwischen verschiedenen, am gleichen Adreßbus An...A0 angeschlossenen Speicherschaltkreisen im Sinne einer Adreßerweiterung treffen. Hierzu wird der höhere Adreßteil extern dekodiert und der Dekoder-Ausgang mit $\overline{CS}$ oder $\overline{CE}$ verbunden. Bei Schreib-Lese-Speichern ist ferner eine Schreibfreigabe $\overline{WE}$ vorhanden, die zwischen einer Lese- und einer Schreib-Operation unterscheidet. Bei programmierbaren Schaltkreisen PROM bzw. EPROM ist ein geeigneter Anschluß zur Steuerung der Programmierung erforderlich.

Der prinzipielle Zeitablauf von Lese- und Schreib-Operationen bei einem statischen RAM-Schaltkreis ist in Abb.4.2b wiedergegeben. Bei einer Lese-Operation liegen nach Ablauf der Adreßzugriffszeit t_A am Ausgang gültige Daten vor, vorausgesetzt, der Freigabeeingang $\overline{CS}$ war entweder ständig im aktiven Zustand oder wurde höchstens mit geringer Verzögerung gegenüber den Adreßsignalen aktiv. Bei einer Schreib-Operation werden die einzuschreibenden Daten während der Schreibfreigabe bewertet, gewöhnlich mit der Rückflanke des WE-Signals. Als Zykluszeit wird die Mindestzeit für die Ausführung einer Lese- oder Schreib-Operation bezeichnet. Der Zeitablauf beim Lesen von EPROM-Schaltkreisen ähnelt dem Lesen statischer RAM.

Bei dynamischen RAM-Schaltkreisen ergeben sich unterschiedliche Zeitabläufe in Abhängigkeit von der Organisation der Adressierung und des

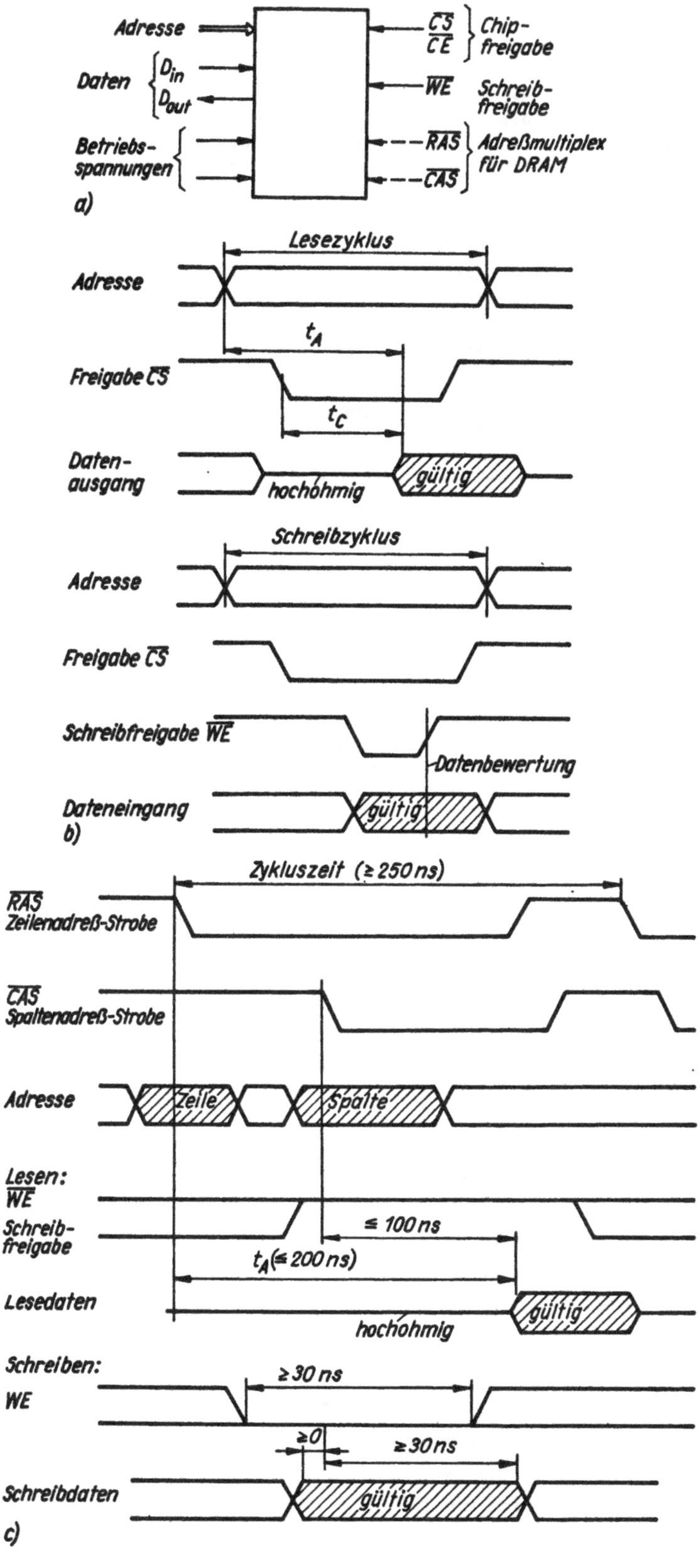

Abb. 4.2: Matrixspeicherschaltkreis,
a: Anschlußsignale
b: Zeitablauf für statische RAM und und EPROM (nur Lesezyklus), schematisiert;
c: Zeitablauf für dynamische RAM, stark vereinfacht; orientierende Zahlenangaben für 64 K*1 bit-DRAM U2164 C20 (Pa 85a) bzw. 2164;
t_A Adreßzugriffszeit; t_C Freigabezugriffszeit

Tabelle 4.1: Halbleiter-Speicherschaltkreise mit Matrixstruktur

Speichertype	Programmierung	Löschen	Speicherkapazität	Zugriffszeit, ns	Anmerkungen und Einsatz im Mikrorechner
<u>Schreib-Lese-Speicher RAM</u> (random access memory)					Inhalt flüchtig bei Ausschalten der Betriebsspannung
Statischer RAM (SRAM)	elektrisch	elektrisch	64 Kbit (nMOS), bis 1 Mbit bei CMOS	30... 250	Flipflop als Speicherelement, für schnellen Zugriff: Puffer, Cache;
Dynamischer RAM (DRAM)	elektrisch	elektrisch	256 Kbit, CMOS: 4 Mbit	100... 400	geringe elektrische Verlustleistung, für Arbeitsspeicher, Refresh nötig (2 ms)
<u>Nur-Lese-Speicher ROM</u> (read-only memory)					Inhalt nicht flüchtig
irreversibel programmierbar:					
Masken-ROM	über Maske beim Hersteller	nicht möglich	bis 256 Kbit		"Firmware" für Massenanwendungen
programmierbarer ROM: PROM (programmable ROM)	beim Anwender (elektr.)	nicht möglich	bis 2 Kbyte	bipolar: 50... 100	nur einmalig programmierbar; für spezielle Dekoder u.ä.
reversibel programmierbar:					
löschbarer PROM: EPROM (erasable PROM) reprogrammierbarer ROM: RePROM	beim Anwender (elektr.)	UV-Bestrahlung	typisch 8 Kbyte, CMOS: 4 Mbit	200... 500	in geringer Stückzahl ökonomisch; für residente Programme, z.B. Initialisierung
elektrisch löschbarer ROM:					
EEPROM (electrically erasable PROM) elektrisch veränderlicher ROM: EAROM (electrically alterable ROM)	elektrisch ca. 10 ms für Einschreiben	elektr. gesamt oder einzeln adressierbar	2 Kbyte	250... 450	verschiedenartige Funktionsprinzipien, noch mit Zuverlässigkeitsproblemen; in Mikrorechnern noch ohne Bedeutung

Auffrischens des Speicherinhalts (refresh), das mit separaten Zyklen oder in Verbindung mit Lese- oder Schreib-Operationen erfolgt. Abb.4.2c zeigt eine charakteristische Lese- und Schreiboperation. Die im Zeitmultiplex zugeführten Zeilen- und Spaltenadressen werden mit den Signalen $\overline{RAS}$ (row address strobe) und $\overline{CAS}$ (column address strobe) bewertet und im Schaltkreis gespeichert. Die kürzesten Zugriffszeiten für Lesen und Schreiben sind möglich, wenn nach Eingabe einer Zeilenadresse mit $\overline{RAS}$ nacheinander die Spaltenadressen mit $\overline{CAS}$-Impulsen angelegt und die Speicherzellen einer Zeile gelesen oder überschrieben werden; diese Betriebsart ist vor allem für das Laden von Cache-Speichern bei 16- oder 32-bit-Mikroprozessoren von Bedeutung.

Bei der praktischen Realisierung der Speicherkopplung an einen Mikroprozessor ist eine sehr sorgfältige Analyse der Zeitbeziehungen erforderlich, da die zeitlichen Parameter der Mikroprozessorsignale von der Taktfrequenz abhängen und Durchlaufzeiten und Verzögerungen in Auffangregistern, Treiberstufen, Dekodern u.ä., die zwischen Mikroprozessor und Speichereingang eingeschaltet sind, berücksichtigt werden müssen.

Ein- und Ausgabe-Einheiten (Abb. 4.3) enthalten Register und Synchronisationseinrichtungen, um den Datentransfer zwischen Mikroprozessor und den peripheren Geräten, Meßwertgebern u.ä.m. durchzuführen (Le 78, Ca 84, Cl 84). Der Datenpuffer ist als Zwischenspeicher immer dann erforderlich, wenn beim Transfer von Ein- und Ausgabedaten Wartezeiten auftreten können. Dies ist z.B. der Fall, wenn die Übernahmebereitschaft des peripheren Geräts momentan fehlt oder wenn das betreffende Datenwort länger als ein Buszyklus zur Verfügung stehen muß, wie bei Ein-/Ausgabe-Einheiten für den Übergang zu einem seriellen Interface.

Das Steuerregister legt bei programmierbaren Ein- und Ausgabeschaltkreisen und Peripheriesteuerungen die spezielle Arbeitsweise fest. Hierzu gehört u.a. die Zuordnung der Datenbusanschlüsse bei einem Schaltkreis für parallele Ein- und Ausgabe (PIO), die Festlegung des Übertragungsformats bei Schaltkreisen für serielle Übertragung (SIO) und die Definition der Interruptanforderungsquellen. Das Steuerregister wird in der Initia-

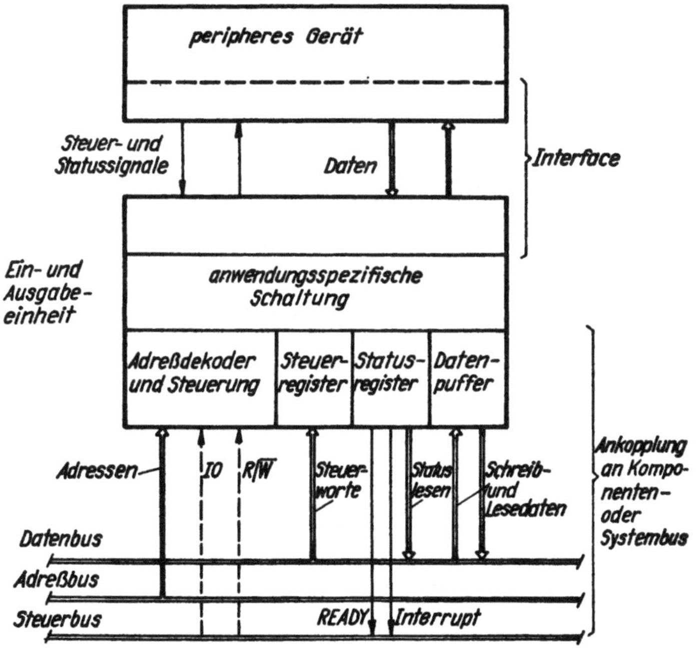

Abb. 4.3: Ein- und Ausgabeeinheit (Prinzip)

lisierungsphase des Mikrorechners vom Betriebssystem geladen und kann später geändert sowie zu Kontrollzwecken jederzeit gelesen werden. Das Statusregister spiegelt den momentanen Zustand der Ein- und Ausgabeeinheit wider, z.B. Eingabedaten vorhanden, bereit zur Aufnahme von Ausgabedaten oder Interruptanforderung ausgelöst.

Für die Adressierung einer Ein- und Ausgabe-Einheit bestehen im Gegensatz zur Adressierung von Speichern zwei Möglichkeiten:

- Isolierter Ein- und Ausgabe-Adreßraum:

Dieser Adreßraum ist vom Speicher-Adreßraum beispielsweise durch die Belegung der Busleitungen $\overline{IORQ}$ und $\overline{MREQ}$ (bei Z 80 bzw. U 880) oder durch die Statusleitungen $\overline{S2}$, $\overline{S1}$ und $\overline{S0}$ (in der Maximal-Betriebsart des 8086) unterscheidbar. Es sind Ein-/Ausgabebefehle implementiert,

- speicherbezogener Adreßraum (memory mapped input/output):

Die Ein- und Ausgabe-Einheit wird wie eine Speicherzelle adressiert, so daß sich die Ein-/Ausgabe-Register mit den gleichen Befehlen wie bei Speicheroperationen aufrufen, lesen oder überschreiben lassen. Diese Methode wird bei den Mikroprozessoren der M6800- und der MC 68000-Familie angewendet.

Die Synchronisation der Datenübertragung zwischen Mikroprozessor und Ein- und Ausgabe-Einheit basiert auf verschiedenen Verfahren:

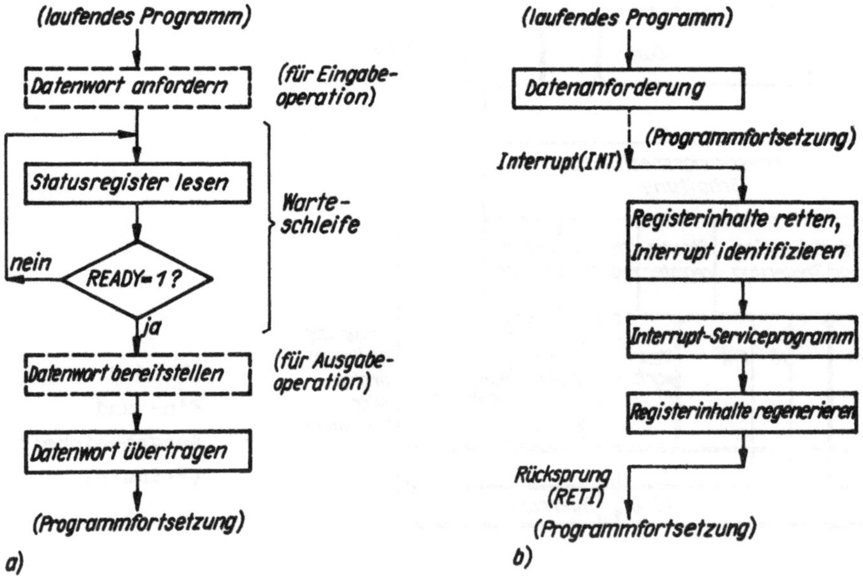

Abb. 4.4: Sychronisation der Datenübertragung zwischen Mikroprozessor und Ein-/Ausgabeeinheit; a: Warteschleife, b: Interrupt

- Warten auf Bereitschafts- oder Fertigmeldung (Abb.4.4a):
Bei einer Ausgabeoperation testet der Mikroprozessor zunächst das Statuswort der adressierten Ausgabe-Einheit, ob sie zur Aufnahme eines Datenworts bereit ist. Liegt keine Bereitschaft vor, wird in einer programmierten Warteschleife die Statusabfrage bis zur Bereitschaftsanzeige wiederholt. Bei Eingabeoperationen ist die Synchronisation ähnlich: nach Datenanforderung des Mikroprozessors an die Eingabe-Einheit muß in einer Warteschleife gewartet werden, bis der Datenpuffer gültige Daten enthält. Warteschleifen sind übersichtlich programmierbar, sollten aber wegen der uneffektiven Arbeitsweise des Mikroprozessors auf kurze Zeitintervalle beschränkt bleiben.

- Synchronisation durch Interruptanforderungen (Abb.4.4b):
Der Mikroprozessor leitet eine Ein- oder Ausgabeoperation ein und setzt die Programmausführung fort. Ist die aktivierte Ein- und Ausgabe-Einheit zur Entgegennahme eines weiteren Datenworts bereit (z.B. bei einem angeschlossenen langsam arbeitenden Druckwerk) oder liegt das angeforderte Datenwort zur Eingabe in den Mikroprozessor vor, wird eine Interruptanforderung ausgelöst.

- Synchronisation durch Handshake-Signale:
Zwischen Mikroprozessor und Ein- und Ausgabe-Einheit ist das gut bekannte Handshake-Signalspiel mit Anforderungssignal (request) und Quittungs- bzw. Bestätigungssignal (acknowledge) nur bedingt anwendbar. Bei synchron arbeitendem Bus lassen sich Wartezustände bis zum Vorliegen der Bereitschaft der Ein- und Ausgabe-Einheit einfügen, so daß das Signal READY als Quittung benutzt werden kann. Im asynchronen Bus des MC 68000 steht das Signal $\overline{\text{DTACK}}$ zur Verfügung (Abb.3.56), das den Buszyklus entsprechend verlängert. Beide Möglichkeiten sind wie Warteschleifen nur für Zeiten von wenigen Standard-Buszyklen sinnvoll, da der Programmablauf während der Reaktionszeit der Ein- und Ausgabe-Einheit blockiert ist.

Bei der gleichzeitigen Bearbeitung mehrerer Ein- und Ausgabevorgänge sind die zeit- und die ereignisbedingte Steuerung zu nennen:

- Polling-Methode:
In einem periodisch ablaufenden Programm werden nacheinander alle interessierenden Ein- und Ausgabe-Einheiten abgefragt (z.B. durch Auswertung des READY-Bit im Statusregister), ob für den Mikroprozessor gültige Eingabedaten verfügbar sind oder ob ein Ausgabewort angefordert wird. Bei gesetztem READY-Bit wird zu einem Übertragungsprogramm verzweigt und anschließend die Polling-Routine fortgesetzt.

- Interruptanforderungen:
Tritt in einer Ein- und Ausgabe-Einheit bzw. in der angeschlossenen Peripherie ein Ereignis auf, das nicht mit dem laufenden Rechnerprogramm

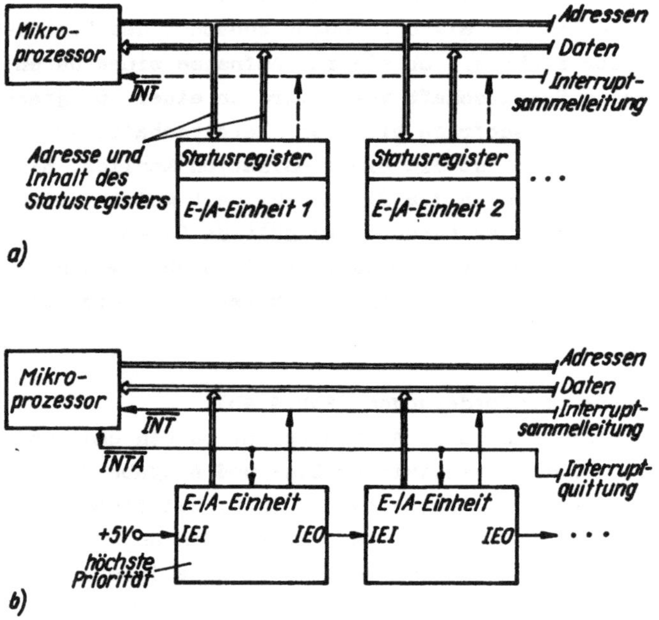

Abb. 4.5: Bearbeitung mehrerer Ein-/Ausgabeeinheiten; a: Polling-Methode mit Interruptanforderung gleicher Priorität (gestrichelt gezeichnet); b: Prioritätskette mit IEI und IEO; über IEO sind die Interrupts der rechts an die auslösende Einheit angeschlossenen Einheiten gesperrt

synchronisiert ist und eine Bedienung durch ein Serviceprogramm verlangt, so wird eine externe Interruptanforderung ausgelöst, siehe auch Abschnitt 3.1.2. Im einfachsten Fall werden alle Anforderungen auf einer Sammelleitung für Interrupt ($\overline{INT}$, $\overline{INTR}$ o.ä.) zusammengefaßt. In einer Polling-Routine identifiziert der Mikroprozessor über eine Abfrage der Statusregister aller interruptfähigen Einheiten die Interruptquelle (Abb. 4.5a). Weniger zeitaufwendig ist es, wenn die interruptanfordernde Einheit während des Interruptquittungszyklus ($\overline{INTA}$) eine Vektoradresse (gewöhnlich 1 byte) auf den Datenbus schaltet, aus der vom Mikroprozessor die Anfangsadresse der Interrupt-Serviceroutine ermittelt wird, vergleiche Abb. 3.49 und 3.57.

Die Berücksichtigung von Prioritäten bei der Verarbeitung von Interruptanforderungen ist von großer Bedeutung für das Gesamtverhalten des Mikrorechners, insbesondere für zeitkritische Einsatzfälle, und wird von vielen Mikroprozessoren unmittelbar unterstützt. Durch eine Daisy-chain-Verkettung der interruptfähigen Einheiten (Interruptkette) läßt sich in einfacher Weise erreichen, daß die dem Prozessor am nächsten zugeordnete Einheit die höchste Priorität besitzt, z.B. realisierbar mit den Peripherieschaltkreisen des Z 80 bzw. U 880 (Abb. 4.5b).

Bei Übertragungsoperationen zwischen einer Ein- und einer Ausgabe-Einheit liest im allgemeinen der Mikroprozessor zunächst die Eingabedaten und gibt sie danach mit einem gesonderten Ausgabebefehl zur Ausgabe-Einheit weiter. Dieser für Bussysteme mit zentraler Steuerung charakteristische

Ablauf beansprucht relativ viel Prozessorzeit. Bei der Übertragung großer Datenblöcke, z.B. von einer Magnetplatte in den Arbeitsspeicher bei Seitenwechsel, oder bei sehr hohen Übertragungsraten zeitweise anfallender Meßdaten ist es daher günstiger, einen direkten Speicherzugriff DMA (direct memory access) ohne Zwischenschaltung des Mikroprozessors zu verwenden. Hierbei werden die Busoperationen von einer DMA-Steuerung durchgeführt.

4.2.2. Treiber- und Steuerschaltkreise

Anschließend wird eine Übersicht über Schaltkreise gegeben, die zum Aufbau von Mikrorechnern mit einer möglichst kleinen Zahl von Schaltkreisen entwickelt worden sind, ohne jedoch die Flexibilität im Entwurf eines für bestimmte Aufgaben optimal ausgelegten Mikrorechners einzuengen. Die Beschreibung beschränkt sich auf Schaltkreise, die zum Aufbau von Mikrorechnern mit den 8-bit-Mikroprozessoren 8080, 8085, Z 80 und U 880 oder mit den 16-bit-Mikroprozessoren der 8086- und Z8000- bzw. U8000-Familie angewendet werden (Ki 82, In 83, Zi 83). Für die Mikroprozessorfamilie MC 68000 und andere Mikroprozessor-Typenreihen gibt es ebenfalls ein umfangreiches Sortiment an Steuer- und Peripherieschaltkreisen, siehe z.B. Bu 80, Na 85. Viele der Peripherie- und Steuerschaltkreise sind auch für 32-bit-Mikroprozessoren einsetzbar, weil deren Datenbusbreite im allgemeinen auf 8 oder 16 bit umschaltbar ist. In Tabelle 4.2 ist eine Reihe von Steuerschaltkreisen zusammengefaßt.

Die **Pufferregister** und **Treiberstufen** sind Schaltkreise mit vergleichsweise niedrigem Integrationsgrad und mit vielfältigen Einsatzmöglichkeiten auch außerhalb der Schaltungstechnik von Mikrorechnern. Die Pufferregister 8212 und 8282/8283 können u.a. bei gemeinsamen Adreß- und Datenbusleitungen des Mikroprozessors die Adreßsignale auffangen und für die Dauer des Buszyklus speichern. Wie Abb.3.29 am Beispiel des Mikroprozessors 8086 zeigt, aktiviert das Statussignal ALE den Speichereingang des Pufferregisters (Steuereingang $\overline{STB}$, strobe). Die bidirektionalen Treiberstufen 8216/8226 und 8286/8287 speisen die an den Datenbus angeschlossenen Schaltkreise, ohne die Datenbusanschlüsse des Mikroprozessors zu überlasten. Mit dem Steuereingang DT/$\overline{R}$ bzw. T (vergleiche Abb.3.29 und 3.30) wird die Datenübertragungsrichtung als Ein- oder Ausgabebus festgelegt. Der 1-aus-8-Dekoder 8205 ist für Systemerweiterungen nützlich, z.B. zur Dekodierung einzelner Adreßbits für den selektiven Aufruf von Speicher- oder Ein-/Ausgabe-Schaltkreisen über deren Steuereingang $\overline{CS}$ (chip select). Der 8-bit-Komparator 8121 läßt sich beispielsweise zur Dekodierung der Statussignale der Mikroprozessoren Z8000/U8000 oder als Adreßdekoder verwenden.

Die **Taktgeneratoren** benutzen einen extern anzuschaltenden Schwingquarz zur Erzeugung der für den betreffenden Mikroprozessor erforderlichen

Taktfrequenz bei Sicherung des entsprechenden Tastverhältnisses und der benötigten Flankensteilheit. Außerdem synchronisieren sie externe READY-Signale und bewirken einen definierten Anfangszustand des Mikroprozessors nach Einschalten der Betriebsspannung. Der Taktgeber 8127 kann symmetrische Taktimpulse für die Z8000/U8000-Familie oder Taktimpulse für den 8086 erzeugen (Hoch/Tief-Zeiten = 1:2) und hat vielfältige Steuermöglichkeiten, wie RUN/HALT, Einzelschrittbetrieb u.ä., die über den WAIT-Eingang des Z8000/U8000 wirksam werden (Ap 87, Fe 87). Der für die Mikroprozessoren Z 80 und Z8000 ausgelegte Taktgeber Z8581 erlaubt ebenfalls eine programmierbare Änderung des Tastverhältnisses.

Die Schaltkreise zur **Bussteuerung** haben zunächst die Aufgabe, aus den Statussignalen des Mikroprozessors geeignete Signale für die Ansteuerung von Speicher- und Peripherieschaltkreisen zu erzeugen. Diese Signale können den Signalen eines Systembus äquivalent sein (Multibus bei 8288 und 82288).

Tabelle 4.2 Treiber- und Peripherieschaltkreise

Schaltkreis	Äquivalenztype [1])	Mikroprozessor [2])	Eigenschaften
Pufferregister, Treiberstufen u.ä.			
8212	DS 8212 D	8080, 8085, auch für Z 80	8-bit-Puffer mit Drei-Zustands-Ausg.
8216	DS 8216 D		bidirektionale Bustreiber für 4 bit mit Drei-Zustands-Ausg., nichtinvert.
8226			wie 8216, invertierender Ausgang
8282	DS 8282 D	8086-Familie, auch für 8080, 8085, Z 80 und Z8000 nutzbar	8-bit-Puffer und Bustreiber, nichtinvertierend, Drei-Zustands-Ausgänge
8283	DS 8283 D		wie 8282, invertierend
8286	DS 8286 D		bidirektionaler Bustreiber für 8 bit, nichtinvert., Drei-Zustands-Ausgänge
8287	DS 8287 D		wie 8286, invertierend
8205	DS 8205 D	8080, 8085	1-aus-8-Dekoder, kaskadierbar
Am Z8121	DL 8121 D	Z8000	8-bit-Komparator
Taktgeneratoren			
8224		8080	Takterzeugung, RESET nach Einschalten der Betriebsspannung, READY-Synchronisation u.ä.
8284A	K 1810 GF 84	8086/8088, 8089	
82284		80286	
AmZ8127 SCG	DL 8127 D	Z8000/U8000,(8086)	
Z8581 CGC		Z80/Z8000,(Z80000)	
Bussteuerung			
8228/8238		8080	Erzeugung von Steuersignalen, 8-bit-Datenbustreiber (bidirektional); erzeugt Interruptvektor RST7
8288	K 1810 WG 88	8086/8088, 8087 8089	Erzeugung von Multibus-Steuersignalen für Multimasterbus und separaten Ein-/Ausgabe-Bus geeignet
82288		80286	geeignet für Multibus und lokalen Bus, Buszykluslänge einstellbar
8289	K 1810 WB 89	8086/8088, 8087 8089, 80186/80188	dezentraler Bus-Arbiter, mit Protokoll für Multibus
82289		80286, 82258 (DMA)	Bus-Arbiter

Fortsetzung Tabelle 4.2:

Schaltkreis	Äquivalenztype [1]	Mikroprozessor [2]	Eigenschaften
<u>Interruptsteuerung</u>			
8259	KR 580 WN 59	8080, 8085 [3]	
8259A	KR 580 WN 59A	8080/8085, 8086/8088, 80286	8 Vektorinterrupts mit programmierbarer Prioritätszuordnung, für 64 Interrupteingänge kaskadierbar
<u>Zähler- und Zeitgeber-Schaltkreise</u>			
8253	KR 580 WI 53	8080/8085, 8086/8088, 80286	3 unabhängige 16-bit-Zähler mit maximal 2 MHz Zählrate
8254			wie 8253, bis 10 MHz
Z8430 CTC	U 857 D	Z 80 [3]	4 unabhängige 8-bit-Zähler mit priorisierten Interruptmöglichkeiten
<u>Direkter Speicherzugriff (DMA-Steuerung)</u>			
8257	KR 580 WT 57	8080, 8085	ungepufferter Transfer, 4 Kanäle, maximale Blocklänge 16 Kbyte; maximal 500 Kbyte/s
8237A		8080, 8085, 8086-Familie	ungepufferter oder gepufferter Transfer, 4 Kanäle, bis 64 Kbyte Blöcke, max. 960 Kbyte/s (3 MHz Takt)
82258		80286	4 Kanäle, 16 Mbyte Adreßbereich, kann gespeichertes Programm ausführen, z.B. für Swapping, maximal 8 Mbyte/s
Z8410 DMA	U 858 D	Z 80/U 880, an Z8000 anpaßbar [3]	gepufferter Transfer, 2 Kanäle, Suchoperationen möglich (bei U 858 D mit 4 MHz maximal 2 Mbyte/s)
Z8016 Z-DTC		Z8000	ungepufferter oder gepufferter Transfer, 2 Kanäle, Speicher-Peripherie-Übertragung max. 2.66 Mbyte/s (4 MHz Takt), Speicher-Speicher-Transfer max. 1,33 Mbyte/s

[1]) Äquivalenztypen aus DDR-Produktion D..., U... bzw. aus sowjetischer Produktion K...

[2]) Äquivalenztypen U 880 (Z 80), U8000 (Z8000) aus DDR-Produktion bzw. KR 580 IK 80 (8080), K 1810 WM 86 (8086), K 1810 WM 87 (8087), K 1810 WM 88 (8088) und K 1810 WM 89 (8089) aus sowjetischer Produktion.

[3]) Mit Zusatzlogik auch für 8086 geeignet (Mü 84, Mü 84a).

Die **Busarbitration-Schaltkreise** 8289 und 82289 sind für die Verwaltung des Buszugriffs erforderlich, wenn sich mehrere an einen Bus angeschlossene masterfähige Prozessoren und Steuerungen um den Buszugriff bewerben können. Die genannten Schaltkreise sind als lokale Arbiter konzipiert, die jeweils dem masterfähigen Prozessor zugeordnet sind. Sie wirken eng mit den Bussteuerschaltkreisen 8288 bzw. 82288 zusammen. In Abb. 4.6 ist eine Konfiguration dargestellt, bei der ein Zugriff des Mikroprozessors 8086 zu den Speicher- und Ein-/Ausgabe-Einheiten, die am Systembus angeschlossen sind, erfolgt. Liegen von anderen Mastern keine Buszugriffsanforderungen $\overline{BREQ}$ vor, ist für den Mikroprozessor in Abb. 4.6 die Arbitration transparent. Der Arbiter schaltet über sein Ausgangssignal $\overline{AEN}$

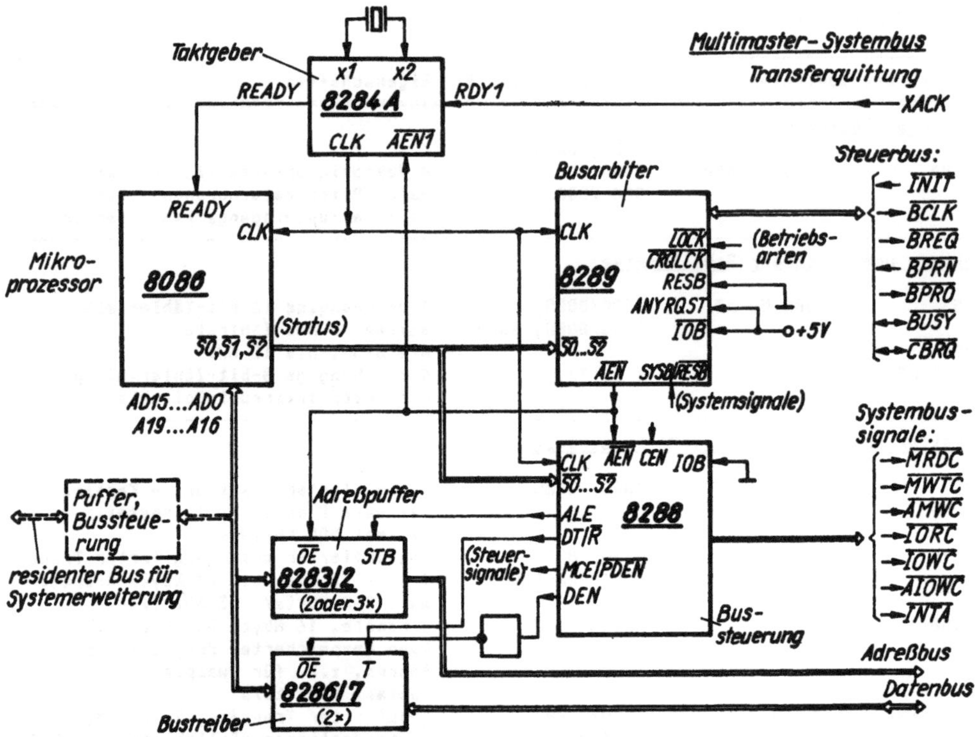

Abb. 4.6: Anschluß des Mikroprozessors 8086 an einen multimaster-fähigen Systembus

(address enable) die Bussteuerung 8288 ein, die sich in der sogenannten System-Betriebsart mit IOB = tief (input/output bus mode) befinden muß. Die Bussteuerung 8288 taktet dann mit ALE (address latch enable) den Adreßpuffer und schaltet mit DEN (data enable) den Datenbustreiber. Von den so adressierten und aufgerufenen Speicher- oder Ein-/Ausgabe-Einheiten wird ein Quittungssignal XACK erwartet, das mit dem Taktgeber 8284A synchronisiert wird. Das entsprechende Signal READY wird vom Mikroprozessor getestet, um gegebenenfalls Wartetakte T_w zu erzeugen (Abb. 3.27).

Gegenüber dem beschriebenen Fall mit exklusivem Zugriff des Mikroprozessors zum Systembus sind weitere Buszugriffsmöglichkeiten zu unterscheiden, bei denen der Arbitration-Mechanismus wirksam wird:

- Der Systembus ist durch einen Master höherer Priorität belegt. Der Arbiter sendet ein Anforderungssignal $\overline{BREQ}$ aus, ist aber wegen des besetzten Bus ($\overline{BUSY}$ = tief) und zu kleiner Priorität $\overline{BPRN}$ = hoch (bus priority in) gesperrt. Über $\overline{AEN}$ = hoch sind dann auch Bussteuerung, Adreßpuffer und Datenbustreiber blockiert. Da über $\overline{AEN1}$ = hoch der Taktgeber 8284A die Transferquittung XACK (die jetzt für einen anderen Master gilt) nicht bearbeiten kann, verbleibt der Mikroprozessor im Wartezustand.

- Der Systembus wird von einem anderen Master freigegeben. Der Busarbiter kann, wenn er im Vergleich zu anderen, momentan den Bus anfordernden Mastern die höchste Priorität besitzt ($\overline{\text{BPRN}}$ = tief), die Bussteuerung taktsynchronisiert übernehmen und den Bus belegen ($\overline{\text{BUSY}}$ = tief).
- Der Systembus wird von einem Master höherer Priorität angefordert. Am Arbiter wird das Signal $\overline{\text{BPRN}}$ inaktiv (hoch), so daß er den laufenden Buszyklus beendet und dann den Bus freigibt ($\overline{\text{BUSY}}$ = hoch). Dies unterbleibt, wenn das Signal $\overline{\text{LOCK}}$ aktiviert ist.

Für die Unterscheidung zwischen verschiedenen Prioritäten sind mehrere Schaltungsvarianten geeignet. Im einfachsten Fall werden die Signale $\overline{\text{BPRO}}$ (bus priority out) und $\overline{\text{BPRN}}$ zu einer Prioritätskette entsprechend Abb. 4.5b verknüpft, deren Länge wegen der Durchlaufzeiten allerdings auf wenige Arbiter-Schaltkreise begrenzt ist. Durch zusätzlichen Schaltungsaufwand ist eine Prioritätsschaltung mit statischer oder mit rotierender Prioritätszuordnung realisierbar. Sie wird mit den Anforderungssignalen $\overline{\text{BREQ}}$ aufgerufen und teilt dem Arbiter, der die höchste Priorität besitzt, über $\overline{\text{BPRN}}$ die Bussteuerung zu.

In Abb. 4.6 ist die Betriebsart "single bus mode" mit Hilfe der Steuersignale $\overline{\text{IOB}}$ = hoch (IO bus) und RESB = tief (resident bus) eingestellt. Hierbei behält der Mikroprozessor die Bussteuerung so lange, bis er in den Halt-Zustand eintritt oder ein Master höherer Priorität den Bus anfordert. Mit den Steuersignalen des 8289 lassen sich weitere Betriebsarten auswählen. Die sogenannte **System- und Residentbus-Konfiguration** bei $\overline{\text{IOB}}$ = RESB = hoch stellt eine Erweiterung der Anordnung Abb. 4.6 dar. Der residente Bus, der lokal auf der gleichen Leiterplatte wie der Mikroprozessor vorhanden sein kann, wird in üblicher Weise vom dargestellten Mikroprozessor gesteuert, der für diesen Bus stets auch als Master fungiert. Alle Speicher- und Ein/Ausgabe-Zugriffe erfolgen zunächst zum residenten Bus. Nur dann, wenn die betreffende Adresse dort nicht definiert ist, wird unter Berücksichtigung des Arbitration-Mechanismus der Zugriff zu globalen, an den Systembus angeschlossenen Ressourcen gefordert (Aktivierung des Arbiters über Eingang SYSB/$\overline{\text{RESB}}$).

Abschließend sei noch die **Ein-/Ausgabe-Betriebsart** mit $\overline{\text{IOB}}$ = RESB = tief erwähnt, bei der statt des 8086 ein Ein-/Ausgabe-Prozessor 8089 gesteuert wird. Hierbei werden alle Ein-/Ausgabe-Befehle dem Peripheriebus, der vom 8089 betrieben wird, übertragen. Speicherzugriffe werden über den Systembus abgewickelt.

Der **programmierbare Interrupt-Steuerschaltkreis 8259A** verarbeitet bis zu 8 Interruptanforderungen, berücksichtigt Prioritäten und schaltet während des Interruptquittungszyklus $\overline{\text{INTA}}$ die Vektoradresse der höchstpriorisierten Interruptanforderung auf den Datenbus des Mikroprozessors (Abb. 4.7a). Jede Interruptanforderung wird im Interrupt-Anforderungsregister IRR gespeichert, während im Interrupt-Serviceregister ISR alle Interruptebenen registriert sind, die bedient werden. Über ein Interrupt-Maskenregister IMR können einzelne Interrupteingänge unter Programmsteuerung gesperrt werden. Während der Initialisierungsphase werden die Steuerregister des 8259A mit zwei bis vier Initialisierungsworten (ICW) geladen, insbesondere zur Einstellung von:

- Betrieb mit 8080/8085 oder mit 8086 (unterschiedliche $\overline{INTA}$-Zyklen),
- höchstwertige Adreßbits für 8 aufeinanderfolgende Vektoradressen,
- Einzelbetrieb des 8259A oder kaskadiert.

Die Operationsworte (OPW) dienen dem Setzen und Rücksetzen einzelner Bits im Interrupt-Maskenregister und der Auswahl bzw. Änderung des Interruptmodus. Folgende wesentliche Interrupt-Betriebsarten sind möglich:

- Verschachtelter Interruptmodus: Von den 8 Eingängen hat IR0 die höchste und IR7 die niedrigste Priorität,
- rotierende Priorität: Dem gerade bedienten Interrupteingang N wird jeweils die niedrigste und dem benachbarten Eingang mit der Nummer N+1 die höchste Priorität zugeordnet; dadurch erhält jeder Interrupteingang

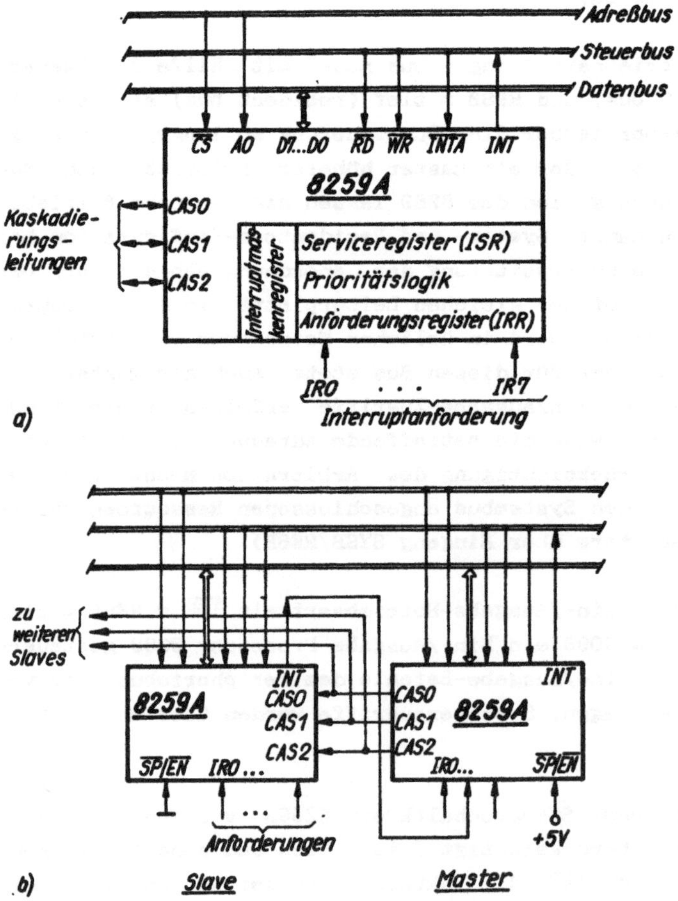

Abb. 4.7: Interrupt-Steuerschaltkreis 8259A, a: Anschlußschema, b: kaskadiert mit 1 Master und maximal 8 Slaves

unabhängig von der Häufigkeit anderer Anforderungen die Möglichkeit, vom Prozessor bedient zu werden (spätestens nach je einer Bedienroutine für die anderen 7 Interrupteingänge).

Durch Kaskadierung von 8259A-Schaltkreisen lassen sich bis zu 64 Interruptanforderungen bearbeiten. In diesem Fall wirkt 1 Schaltkreis als Master ($\overline{SP}/\overline{EN}$ = hoch), der über die CAS-Leitungen (cascade lines) mit den Slaves verbunden ist (Abb.4.7b). Die INT-Ausgänge der Slaves, die in der Initialisierungsphase ebenfalls mit Operationsworten zu programmieren sind, lösen die Interrupteingänge des Masters aus, der damit die Priorität der einzelnen Slaves festlegt.

Die Zähler-/Zeitgeber-Schaltkreise lassen sich für zeitabhängige Steuerungsaufgaben unterschiedlichster Art vorteilhaft einsetzen. Der Schaltkreis 8253 enthält 3 voreinstellbare 16-bit-Zähler, die als binäre oder dekadische Rückwärtszähler (4 Dekaden) arbeiten können. Jeder Zähler hat einen Eingang für externe Zählimpulse, der über ein Steuersignal (gate) blockiert werden kann, und einen Ausgang, der das Erreichen des Zählerstands 0 mit dem Tief/Hoch-Übergang anzeigt.

Der Schaltkreis Z8430 CTC bzw. U 857 D besitzt 4 unabhängige Zählerblöcke und kann in den Betriebsarten "Zähler" und "Zeitgeber" eingesetzt werden. Jeder Zählerblock besteht im wesentlichen aus vier 8-bit-Registern:

- Rückwärtszähler mit Ansteuerung durch externe Taktimpulse ("Zähler") oder durch den Systemtakt über Vorteiler ("Zeitgeber"),
- Vorteiler für Untersetzung des Systemtakts um den Faktor 16 oder 256,
- Zeitkonstantenregister für die Generierung der Rückwärtszähler-Initialisierung nach Erreichen des Zählerstands 0, ermöglicht damit eine periodische Ausgabe von Signalen,
- Kanalsteuerregister für die programmierte Einstellung der Betriebsart, der Interruptmöglichkeit, des Triggerzeitverhaltens des Zählers u.ä.

Im Z8430 CTC ist, verglichen mit dem 8253, das Interruptsystem gut ausgebaut. Jeder Rückwärtszähler kann beim Nulldurchgang eine Interruptanforderung auslösen, wobei Zähler 0 die höchste und Zähler 3 die niedrigste Priorität erhält. Der Schaltkreis läßt sich auch mit den Anschlüssen IEI und IEO in eine Interrupt-Prioritätskette gemäß Abb.4.5b eingliedern. Anwendungen von Zähler-/Zeitgeber-Schaltkreisen unter Echtzeit-Bedingungen u.ä. und die hierbei erreichbare Zeitgenauigkeit, die von der Priorität der Interruptanforderungen und laufender Interrupt-Serviceroutinen höherer Priorität abhängt, werden beispielsweise in (We 81) diskutiert.

Für den direkten Speicherzugriff DMA wurden verschiedene Typen von DMA-Schaltkreisen entwickelt, die sich insbesondere in der Vielfalt ihrer Steuer- und Statusregister, in der Programmierung der Betriebsart und im Interruptverhalten unterscheiden. Die grundsätzlichen DMA-Abläufe sind in Abb.4.8 wiedergegeben.

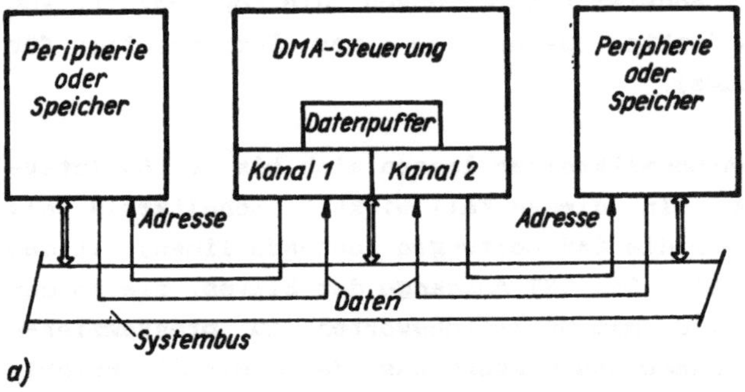

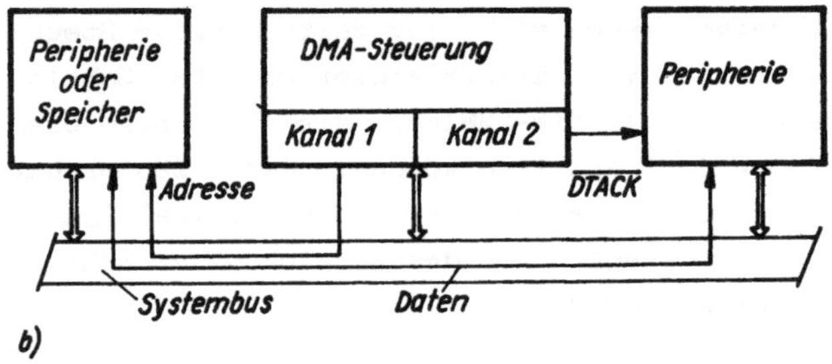

Abb. 4.8: Steuerung des direkten Speicherzugriffs DMA, prinzipielle Verfahren;
a: mit Datenpufferung in der DMA-Steuerung,
b: ungepufferte Übertragung in einem Buszyklus

Bei der gepufferten Übertragung (flowthrough transaction) nach Abb. 4.8a liest die DMA-Steuerung während eines Buszyklus die Daten in ein Pufferregister ein und gibt sie in einem zweiten Buszyklus an den Datenempfänger weiter. Die Adressen der Daten in der Datenquelle und im Datenempfänger sind im DMA-Schaltkreis gespeichert; sie werden nach jedem Transfer in vorprogrammierter Weise inkrementiert oder dekrementiert, um einen Datenblock zu übertragen.

Bei der ungepufferten Übertragung (flyby transaction) nach Abb. 4.8b werden die Daten während eines Buszyklus von der Datenquelle zum Empfänger übertragen. Der Vorteil der gepufferten Übertragung besteht darin, daß Speicher-zu-Speicher-Transfers möglich sind, allerdings ist der Zeitaufwand höher als bei ungepufferten Übertragungen. Bei der ungepufferten DMA-Methode sind Speicher-zu-Speicher-Transfers deshalb nicht möglich, weil in einem Buszyklus nur eine 16-bit-Speicheradresse verfügbar ist, während die Peripherieeinheit als Port mit fest zugeordneter Adresse betrachtet werden kann, z.B. mit Aufruf durch das Quittungssignal $\overline{DTACK}$.

Bei der DMA-Übertragung kann man weiterhin unterscheiden:
- Einzelbyte-Übertragung: Von der DMA-Steuerung wird der Bus nur für die Zeit einer Byte-Übertragung belegt und anschließend wieder freigegeben.
- Blockmodus (burst mode): Die DMA-Steuerung überträgt fortlaufend, solange die Anforderung aufrecht erhalten bleibt.
- Kontinuierliche Übertragung: Die DMA-Steuerung beansprucht den Bus bis zum Ende der Blockübertragung.

Im Blockmodus bzw. bei der kontinuierlichen Übertragung kann der Prozessor für längere Zeit vom Bus abgeschaltet sein und damit im inaktiven Zustand verweilen. Mit der Einzelbyte-Übertragung können vorteilhaft z.B. periodisch auftretende Meßwerte abgespeichert werden, ohne daß zeitaufwendige Interruptbedienprogramme oder Abfrageprogramme nötig sind.

Die DMA-Steuerschaltkreise lassen neben den Transferoperationen noch die Suche nach einem vorgebbaren Byte zu. Hierbei werden beispielsweise die Daten eines Blocks mit diesem Byte, bei dem auch einzelne Bits durch Maskierung ausgeblendet sein können, verglichen; bei gefundener Übereinstimmung wird die Suchoperation abgebrochen. Bei den meisten Mikroprozessoren stehen zwar geeignete Blocksuchbefehle zur Verfügung, jedoch erfordert ihre Anwendung Programmlaufzeit. Von großer praktischer Bedeutung ist ein Autoinitialisierungsmodus: Nach Blockübertragungsende werden die Adreß- und Übertragungszählregister auf den Anfangswert geladen, so daß bei Wiederholung der DMA-Übertragung das zeitaufwendige Programmieren der entsprechenden Register der DMA-Steuerung entfällt.

In Tabelle 4.2 sind einige DMA-Steuerschaltkreise aufgeführt. Der Schaltkreis Z8410 DMA bzw. U 858 D zeichnet sich gegenüber den Steuerungen 8257 und 8237A durch erheblich vielseitigere Einsatzmöglichkeiten aus (Sc 86), u.a. durch die Möglichkeit, diese Schaltkreise in eine Prioritätskette für Interruptanforderungen (mit Signalen IEO und IEI, Abb. 4.5b) einzureihen. Sind mehrere dieser DMA-Schaltkreise vorhanden, kann zusätzlich für DMA-Anforderungen eine Prioritätskette realisiert werden (mit den Signalen $\overline{BAI}$, bus acknowledge in bzw. $\overline{BAO}$, bus acknowledge out). Der Z8016 besitzt einen 16-bit-Adreßbusanschluß und kann in die Arbeit von Speicherverwaltungsschaltkreisen einbezogen werden

Sowohl die Schaltungstechnik mit DMA-Schaltkreisen als auch die Programmierung der Betriebsart und das Laden der Adreßregister setzen umfangreiche Detailkenntnisse voraus. Da sich die Programmierung der DMA auf die Konfiguration des Rechners und seiner Peripherie bezieht, darf erwartet werden, daß diese Programmierung vom Betriebssystem während der Initialisierungsphase übernommen wird und für den Anwender transparent bleibt.

4.2.3. Universelle Ein- und Ausgabe-Schaltkreise

Sehr häufig werden für die parallele oder serielle Übertragung von Daten, Steuer- und Statussignalen zwischen dem Mikrorechner und peripheren Einheiten, wie Datenein- und -ausgabegeräte, Meßsysteme, Komponenten der Prozeßperipherie an Produktionsanlagen u.ä.m., universell verwendbare, programmierbare Ein- und Ausgabe-Schaltkreise eingesetzt. Die Kenntnis ihrer Eigenschaften ist für die Entwicklung und Wartung der Hard- und Software von erheblicher Bedeutung.

Die Übertragung kann synchron von einem Taktgenerator oder asynchron mit Handshake-Signalen gesteuert erfolgen. Die Synchronübertragung setzt

Tabelle 4.3: Universelle Ein- und Ausgabe-Schaltkreise

Schaltkreis	Äquivalenz-type [1]	für Mikro-prozessor [2]	Eigenschaften
Parallele Ein- und Ausgabe-Schaltkreise			
8255	KR 580 IK 55	8080, 8085	
8255A PPI (programmable peripheral interface)	KR 580 WW 55A	8080, 8085, 8086-Familie	verbesserter Schaltkreis 8255, drei 8-bit-Kanäle einschließlich Handshake- und Interruptanschlüsse, 3 Betriebsarten
Z8420 PIO (parallel input/output controller)	U 855 D	Z 80/U 880	zwei 8-bit-Kanäle mit zusätzlichen Handshake-Anschlüssen, Vektorinterrupt, Interrupt-Prioritätskette, 4 Betriebsarten
Serielle Ein- und Ausgabe-Schaltkreise			
8251	KR 580 IK 51	8080, 8085	
8251A PCI (programmable communications interface)	KR 580 WW 51A	8080, 8085, 8086, 8088	USART, verbesserter Schaltkreis 8251, 1 serieller Ein-/Ausgabekanal, 4 Modem-Steuerleitungen, bis 19,2 Kbit/s asynchron bzw. bis 64 Kbit/s synchron, Bisync-Protokoll
8273		8080, 8085 8086, 8088	HDLC/SDLC-Protokoll-Steuerschaltkreis, bis 64 Kbit/s synchron, Eingliederung in SDLC-Schleife möglich, Zusammenarbeit mit 8257 DMA
8274 MPSC (multiprotocol serial controller)		8085, 8086, 8088, 8089	2 unabhängige serielle Sende- und Empfangskanäle, asynchrone (Start/Stop) und synchrone Übertragung (Monosync, Bisync, SDLC/HDLC); Programmierung und Steuerung mit 8 Schreib- und 3 Lese-Registern je Kanal; Interruptvektor, Prioritätskette
Z8440 SIO (serial input/output controller)	U 856 D	Z 80/U 880	USART, 2 serielle Ein-/Ausgabekanäle, bis 800 Kbit/s (Systemtakt 4 MHz); asynchrone (Start/Stop) und synchrone Übertragung (Monosync, Bisync, SDLC/HDLC); Programmierung und Steuerung mit 8 (7) Schreib- und 3 (2) Lese-Registern für Kanal B (A); Vektorinterrupt, Prioritätskette
Z8470 DART (dual asynchronous receiver/transmitter)	U 8563 D	Z 80/U 880	zwei asynchrone Ein-/Ausgabekanäle wie SIO
Z8030 SCC (serial communications controller)		Z8000	gegenüber SIO erweiterte Möglichkeiten; eigener Taktgeber je Kanal; Datenkodierung NRZ, NRZI und Bi-Phase; SDLC-Schleife; 16 Schreib- und 9 Lese-Register je Kanal
Z8530 SCC		Z 80 u.a.	wie Z8030 [3]
Z8031 ASCC (asynchronous serial communications controller)		Z8000	asynchrone Übertragungseigenschaften wie Z8030
Z8531 ASCC		Z 80 u.a.	wie Z8031 [3]

Fortsetzung Tabelle 4.3:

Schaltkreis	Äquivalenztype [1]	für Mikroprozessor [2]	Eigenschaften
Kombinationsschaltkreise			
8256 MUART (multifunction UART)		8085, 8086/8088	1 UART-Kanal mit internem Taktgenerator; 5 8-bit-Zähler/Zeitgeber, zu 2 16-bit-Zähler/Zeitgebern zusammenschaltbar; 2 8-bit-Kanäle für parallele Ein-/Ausgabe; Interruptsteuerung mit 8 Prioritätsebenen
Z8036 CIO (counter/timer and parallel I/O unit)		Z8000	2 bidirektionale, doppeltgepufferte 8-bit-Ein-/Ausgabe-Kanäle; 4-bit-Kanal für Handshake-Signale; 4 Handshake-Arten (mit Drei-Draht-Handshake IEEE-488 bzw. IMS-2); 3 unabhängige 16-bit-Zähler/Zeitgeber; 48 interne Steuer-, Status- und Datenregister
Z8536 CIO		Z 80 u.a.	wie Z8036 [3]
Ein-/Ausgabe-Prozessoren			
UPI-41A (universal peripheral interface)		8048, 8080, 8085, 8086/8088	8-bit-Slave-Prozessor mit Befehlsliste ähnlich dem Mikrorechner 8048; 64 byte RAM; 1 Kbyte ROM (8741A: 1 Kbyte EPROM); 18 Ein- und Ausgabe-Leitungen; 8-bit-Zähler/Zeitgeber
Z8090: Z8-UPC (universal peripheral controller)		Z8000	8-bit-Slave-Prozessor mit internem Mikrorechner Z8; 256 byte Registerblock, 2 Kbyte ROM (Z8094: aufsteckbarer RAM oder EPROM); 3 8-bit-Ein-/Ausgabe-Kanäle; 2 8-bit-Zähler-Zeitgeber
Z8590		Z 80 u.a.	wie Z8090 [3]
8089	K 1810 WM 89	8086/8088	2 unabhängige DMA-Kanäle; max. DMA-Transferrate 1,25 Mbyte/s (5 MHz Takt, 16 bit Übertragungsbreite); Ein-/Ausgabe-Operationen wie bei einem Mikroprozessor programmierbar, Koprozessor-Funktion

[1]) Äquivalenztypen aus DDR-Produktion U... bzw. sowjetischer Produktion K...

[2]) Äquivalenztypen U 880 (Z 80), U8000 (Z8000) aus DDR-Produktion bzw. KR 580 IK 80 (8080), K 1810 WM 86 (8086) und K 1810 WM 88 (8088) aus sowjetischer Produktion.

[3]) Z80XX mit bidirektionalen Adreß- und Datenbusanschlüssen AD7...AD0 für Kopplung an Z8000-Mikroprozessoren (Z-Bus), Z85XX mit Dateneingang und externer Dekodierung separater Adreßleitungen (Z 80 und U 880).

voraus, daß zum gewünschten Zeitpunkt die angeforderten Eingabedaten verfügbar sind oder bei Ausgabeoperationen vom Datenempfänger unmittelbar übernommen werden. Demgegenüber ermöglicht die asynchrone Übertragung durch Nutzung von Anmelde- und Quittungssignalen eine Rückmeldung über die Datenverfügbarkeit bzw. Übernahmebereitschaft. Man spricht von einem Simplexbetrieb, wenn die Übertragungsleitungen nur in einer Übertragungsrichtung betrieben werden können. Im Vollduplexbetrieb sind für die beiden Übertragungsrichtungen separate Signalleitungen vorhanden. Im Halbduplexbetrieb kann die Übertragungsrichtung umgeschaltet werden, so daß an den Leitungsenden jeweils ein Datensender und ein Datenempfänger erforderlich sind. In Tabelle 4.3 sind programmierbare parallele und serielle Ein- und Ausgabe-Schaltkreise aufgeführt, die für die genannten Übertragungsarten in vielfältiger Weise genutzt werden können.

Für die parallele Datenübertragung reichen im Prinzip Auffangregister (Latches) mit geeigneten Treiberstufen aus, wenn Ausgabedaten externen Geräten zugeführt werden sollen oder Eingabedaten vom Mikroprozessor zu lesen sind. Größere Flexibilität bieten jedoch programmierbare Parallel-Ein-/Ausgabe-Schaltkreise:

- verschiedene, über Steuerworte einstellbare Betriebsarten mit Zwischenspeicherung der zu transferierenden Daten,
- selbständige Erzeugung und Auswertung von Handshake-Steuersignalen für die Asynchronübertragung,
- Möglichkeiten zur Interruptauslösung, unter Umständen mit Berücksichtigung von Prioritäten.

Zwei der am häufigsten verwendeten Ein-/Ausgabe-Schaltkreise sind 8255A PPI (programmable peripheral interface) und Z8420 PIO bzw. U 855 D (parallel input/output interface). Die Ein- und Ausgabeanschlüsse, die voll TTL-kompatibel sind, werden üblicherweise zu 8-bit-Kanälen (Port) zusammengefaßt, wobei ein Kanal des Schaltkreises vorrangig für Handshake-Steuersignale genutzt wird.

Der Schaltkreis Z8420 PIO bzw. U 855 D besitzt zwei 8-bit-Kanäle A und B mit zusätzlichen Handshake-Signalen (Abb.4.9) und ähnelt in seinen Übertragungseigenschaften dem 8255A. Folgende Betriebsarten sind möglich:

- 0: Byte-Ausgabe,
- 1: Byte-Eingabe,
- 2: bidirektionale Übertragung über Kanal A (Kanal B in Betriebsart 3),
- 3: individuelle Einstellung der Bits von Kanal A und B für Ein- und Ausgabe.

In den Betriebsarten 0, 1 und 2 sind die Handshake-Signale READY (ARDY, BRDY) und $\overline{\text{STROBE}}$ ($\overline{\text{ASTB}}$, $\overline{\text{BSTB}}$) wirksam. Nach beendetem Transfer wird ein maskierbarer Interrupt ausgelöst ($\overline{\text{INT}}$), wobei Kanal A die höhere Priorität besitzt. Über IEO und IEI kann die PIO wie auch andere Peripherieschaltkreise der Z 80/U 880-Familie in eine Prioritätskette einbezogen werden. In der Betriebsart 3 wird ein Interrupt ausgesendet, wenn ein Bit seinen Zustand wechselt oder wenn alle nicht durch Maskierung ausgeschlossenen Bits eines Kanals in den entsprechenden Endzustand geschaltet wurden; die letztgenannte Variante ist dann zu empfehlen, wenn die Interruptanforderung erst nach vorliegender Bereitschaft an allen zugeordneten Kontakten des peripheren Geräts aktiviert werden soll..

In Abb.4.10 sind die Zeitverläufe für die Betriebsarten 0 und 1 der PIO dargestellt, um die Wirkung der Handshake-Signale für diese praktisch

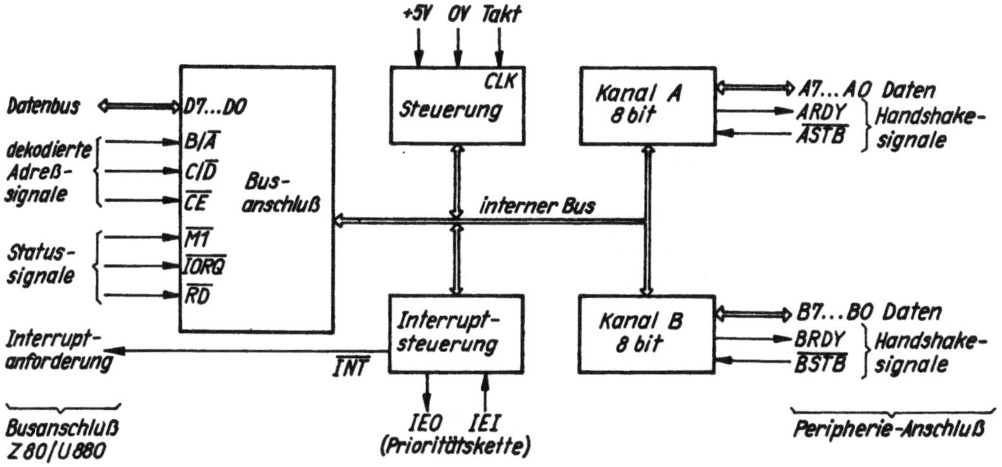

Abb. 4.9: Blockschaltung des programmierbaren Ein-/Ausgabe-Schaltkreises PIO (U 855 D)

sehr wichtigen Übertragungsarten zu demonstrieren. Bei der Byte-Ausgabe (Abb. 4.10a) wird nach Füllen des Datenpuffers durch den Mikroprozessor die Fertigmeldung ARDY dem peripheren Gerät übermittelt, das mit dem Strobe-Signal $\overline{ASTB}$ antwortet. Während des aktiven Zustands von $\overline{ASTB}$ werden die Daten übernommen, die sich in dieser Zeit nicht ändern dürfen. Nach beendeter Datenübertragung schaltet das periphere Gerät das Signal $\overline{ASTB}$ ab; die PIO nimmt daraufhin ARDY zurück und erzeugt die Interruptanforderung $\overline{INT}$ als mögliche Information an den Mikroprozessor, daß die PIO ein neues Datenwort aufnehmen kann. In ähnlicher Weise erfolgt die Dateneingabe (Abb. 4.10b). Die periphere Einheit sendet $\overline{ASTB}$ und die Daten, die mit der positiven Flanke von $\overline{ASTB}$ in die PIO eingeschrieben sind. Es kann ein Interruptsignal erzeugt werden. Inaktives ARDY bedeutet, daß die PIO keine weiteren Daten von der Peripherie empfangen kann. Während des Interruptquittungszyklus schaltet die PIO eine vorgebbare Vektoradresse auf den Datenbus des Mikrorechners.

Die seriellen Ein- und Ausgabe-Schaltkreise müssen bei der Ausgabe die vom Mikroprozessor (oder über DMA) gelieferten parallelen Daten (Byte, Wort) in eine serielle Bitfolge umwandeln bzw. bei der Eingabe eine von der peripheren Einheit gesendete Bitfolge in eine parallele Darstellung überführen, die vom Mikroprozessor gelesen werden kann. Wesentlich ist, daß die seriellen Ein- und Ausgabe-Schaltkreise selbständig eine Reihe von Operationen abwickeln, die der Übertragungssteuerung und -sicherheit dienen, z.B.:

- Ergänzung der Daten durch Start- und Stop-Bits sowie Synchronisationszeichen in Abhängigkeit vom gewählten Übertragungsprotokoll,

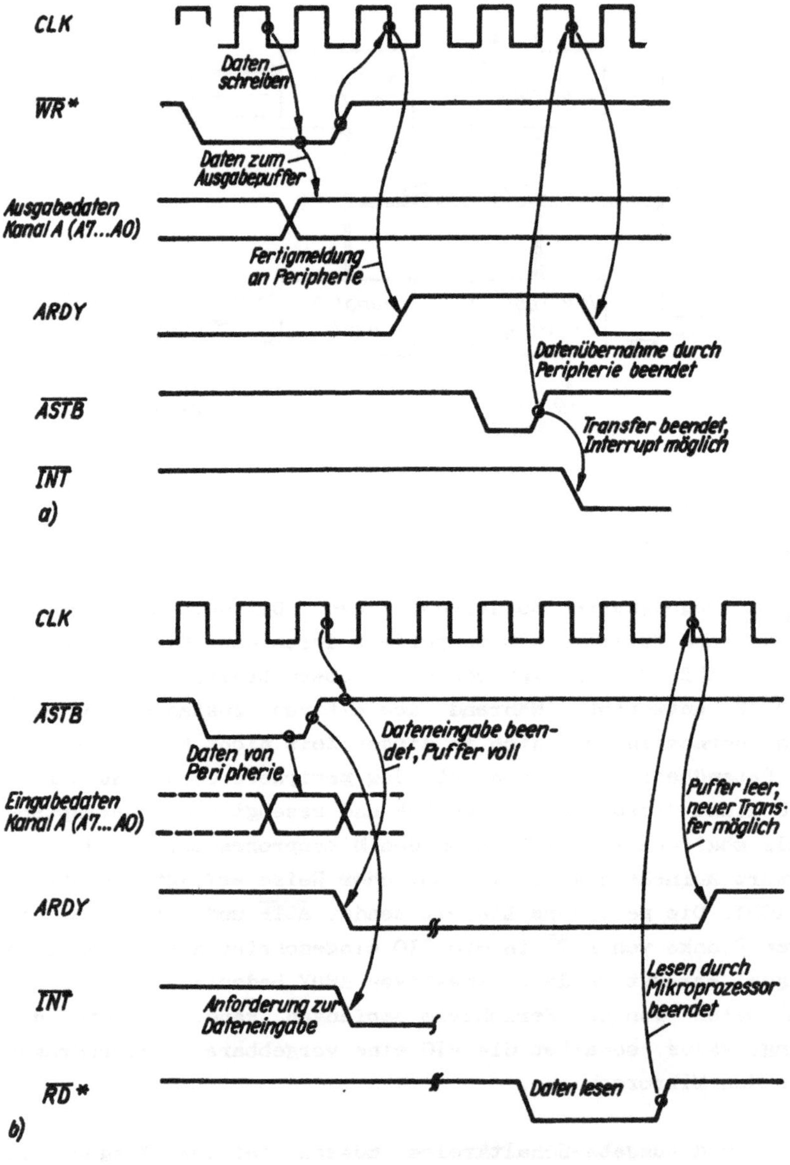

Abb. 4.10: Zeitabläufe der PIO; a: Betriebsart 0 mit Datenausgabe; b: Betriebsart 1 mit Dateneingabe; dargestellt für Kanal A; $\overline{WR}$* und $\overline{RD}$* durch interne Verknüpfung von $\overline{RD}$, $\overline{CE}$, C/$\overline{D}$ und $\overline{IORQ}$ erzeugt

- auf der Senderseite Datenergänzung durch Paritätsbits zur Byte-Sicherung und durch Blockprüfzeichen (Längsparität) sowie durch CRC-Zeichen zur Blocksicherung; auf der Empfängerseite Maßnahmen zur Datenprüfung, Fehlererkennung und -meldung,
- Sicherung der synchronen oder asynchronen Übertragung durch Bereitstellung von Taktimpulsen und Möglichkeiten zu ihrer Synchronisation sowie Erzeugung und Auswertung geeigneter Handshake-Steuersignale,
- Interruptauslösung bei Anforderung eines neuen Ausgabebytes und nach Empfang einer Dateneinheit.

Bei der asynchronen Übertragung werden die Daten zeichenweise übertragen, wobei sich der Empfänger für jedes Zeichen durch das Startbit von neuem synchronisiert. Wie Abb. 4.11a zeigt, werden dem aus 5, 6, 7 oder 8 bit bestehenden Zeichen ein Startbit, ein Paritätsbit P (gerade oder ungerade Parität) sowie 1, 1 1/2 oder 2 Stoppbits hinzugefügt. Dies wird über die Steuerworte des Ein-/Ausgabe-Schaltkreises programmiert. Zur Bitsynchronisation ist die Einstellung auf gleiche Taktfrequenz im Sender und Empfänger erforderlich. Die im Empfänger zunächst erzeugte interne Frequenz wird um den Faktor 16, 32 oder 64 auf den erforderlichen Wert untersetzt. Das ermöglicht die Synchronisation mit dem Hoch/Tief-Übergang des Startbits und durch Zählung der nicht untersetzten Taktperioden eine Abtastung der Signalleitung jeweils in der Mitte eines Bit-Schritts, um größtmögliche Sicherheit zu erreichen. Der Start-Stop-Betrieb nach Abb. 4.11a wird benutzt, wenn zwischen Sender und Empfänger kein kontinuierlicher Datenstrom vorliegt. Die Übertragungsgeschwindigkeit ist nach CCITT-Empfehlungen für die Datenfernübertragung (V.24, V.28) im Bereich von 50 bit/s bis 19,2 Kbit/s gestaffelt. Für die Erzeugung der entsprechenden Taktfrequenzen werden häufig Zähler-/Zeitgeber-Schaltkreise verwendet.

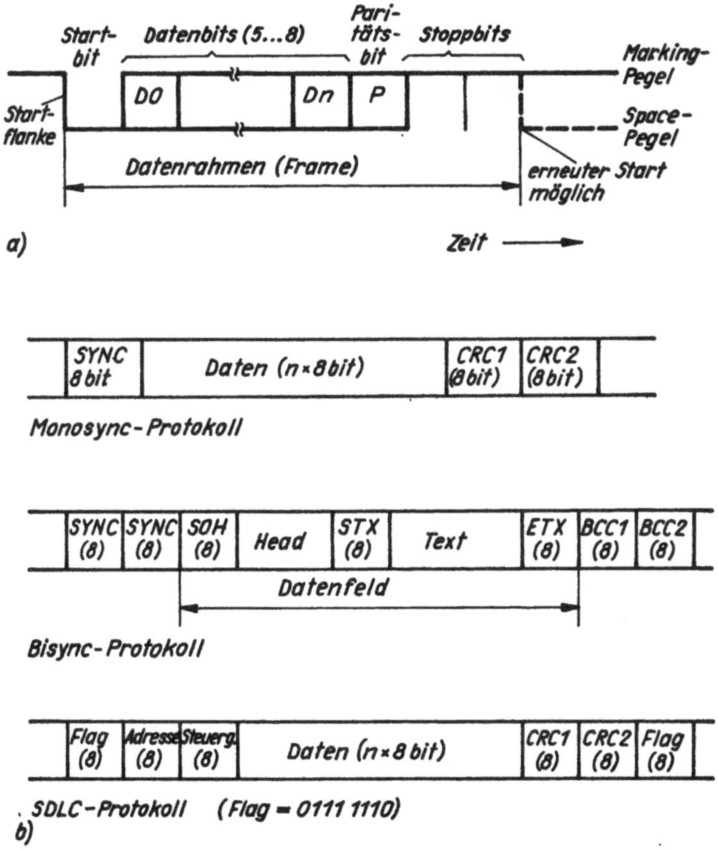

Abb. 4.11: Serielles Übertragungsformat, a: asynchron, D0 Datenbit mit geringster Wertigkeit (LSB), b: synchron, SYNC Synchronzeichen; SOH Start Blockkopf; CRC, BCC Blockprüfzeichen; STX Start Text; ETX Ende Text.

Die Synchronübertragung mit kontinuierlichem Bitstrom wird für die Datenfernübertragung wegen einer guten Leitungsausnutzung bevorzugt. Für die Synchronisation im Datenempfänger kann in Sonderfällen (kurze Ubertragungsstrecken) eine separate Taktleitung dienen, gewöhnlich wird aber die Synchronisation über spezielle Synchronzeichen oder durch Auswertung von Pegelübergängen erreicht.

Bei den byte- oder zeichenorientierten Ubertragungsprotokollen Monosync und Bisync (Abb.4.11b) wird der Ubertragungsbeginn durch ein oder zwei Synchronisationszeichen SYNC eingeleitet, die vom Empfänger gesucht und identifiziert werden (hunt mode). Der Datenblock aus n Zeichen wird mit einem Blockprüfzeichen abgeschlossen (CRC, cyclic redundancy check). Im Bisync-Protokoll folgt nach den beiden Synchronisationszeichen wahlweise der Informationskopf des Blocks (head), eingeleitet durch das Zeichen SOH (start of head). Der Kopf enthält Angaben zur Adressierung, zur Ubertragungssteuerung und Datenkennzeichnung. Das SDLC-Protokoll (synchronous data link control) nach IBM ist bitorientiert, da die einzelnen Felder im Block durch die Bitposition festgelegt sind. Daher können beliebige Bitmuster ohne Verwechslungsgefahr mit Steuer- und Synchronzeichen übertragen werden (transparentes Ubertragungsprotokoll). Im HDLC-Protokoll (high-level data link control) als ISO-Standard umfassen Adreß- und Steuerfeld mehrere Bytes; das Datenfeld kann eine beliebige Anzahl von Datenbits enthalten. Bei den bitorientierten Protokollen SDLC und HDLC muß der Empfänger das Flagbyte 01111110 als Start erkennen, außerdem die festgelegten Bitfolgen 011... (7 bis 14 1-Werte) als Abbruch der Datenübertragung und die Folge aus 15 und mehr 1-Werten als Ruhezustand (idle). Sollte im Datenblock eine entsprechend lange Bitfolge aus 1-Werten vorkommen, fügt der Sender nach 5 aufeinanderfolgenden 1-Werten jeweils einen 0-Wert ein, den der Empfänger nach Abzählen der 1-Werte wieder eliminiert und damit Verwechslungen der Daten mit dem Flagbyte und den Zeichen für Abbruch und Ruhezustand ausschließt.

In Tabelle 4.3 sind einige wenige Typen von seriellen Ein- und Ausgabe-Schaltkreisen für asynchrone Ubertragung UART (universal asynchronous receiver/transmitter) und für synchrone oder asynchrone Ubertragung USART (universal synchronous/asynchronous receiver/transmitter) aufgeführt. Der USART-Schaltkreis 8251A (PCI, programmable communication interface) ist für asynchrone Ubertragung (5 bis 8 Datenbits) und für die synchrone Ubertragung nach Monosync und Bisync entwickelt worden. Die Programmierung erfolgt über zwei 8-bit-Steuerworte für Betriebsart und Ubertragungssteuerung und zwei 8-bit-Worte zur Definition eines oder zweier Synchronisationsworte für die asynchrone Ubertragung. Ein 8-bit-Statusregister enthält Angaben über die Ubertragungssteuerung und über eventuelle, vom Empfänger erkannte Ubertragungsfehler (Paritätsverletzung, Empfängerüberlauf, Frame-Fehler bei asynchronem Transfer).

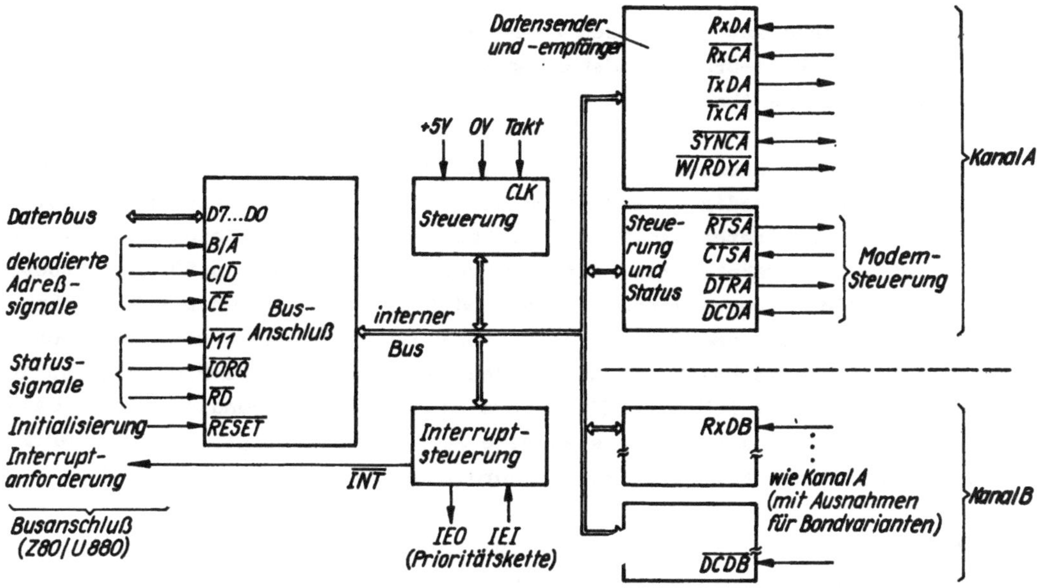

Abb.4.12: Blockschaltung des seriellen Ein-/Ausgabe-Schaltkreises SIO (U 856 D); Bondvarianten: SIO/2 ohne $\overline{SYNCB}$, SIO/1 (U 8561 D) ohne $\overline{DTRB}$, SIO/0 (U 8560 D) mit gemeinsamem Anschluß $\overline{TxCB}$ und $\overline{RxCB}$.

Der Schaltkreis Z8440 SIO bzw. U 856 D (serial input/output controller) ist ein sehr komplexer und leistungsfähiger Schaltkreis, der alle in Abb.4.11 dargestellten Übertragungsformate unterstützt, eine automatische CRC-Erzeugung und -Prüfung durchführt und über vielfältige Möglichkeiten zur Auslösung von Interruptanforderungen verfügt. Die Struktur des SIO-Schaltkreises ist in Abb.4.12 dargestellt. RxDA und RxDB (receive data) sind die Empfangseingänge, TxDA und TxDB (transmit data) die Senderausgänge. Taktsignale werden über $\overline{RxC}$ und $\overline{TxC}$ übertragen. Die Modemsteuerleitungen gelten für Sendeanforderung $\overline{RTS}$ (request to send) mit der Antwort $\overline{CTS}$ (clear to send) zur Senderfreigabe sowie für die Mitteilung über Terminalbereitschaft $\overline{DTR}$ (data terminal ready). Die Programmierung der SIO erfolgt über 7 Schreibregister für Kanal A sowie 8 Schreibregister für Kanal B. Die verschiedenen Bond-Varianten der SIO ergeben sich daraus, daß bei identischer Anschlußbelegung für Kanal A und B insgesamt 41 Anschlußkontakte benötigt würden, eine Zusammenlegung zweier Anschlüsse jedoch eine ökonomisch günstigere Realisierung mit einem 40-poligen anstelle eines 48-poligen Gehäuses erlaubt.

In Tabelle 4.3 sind weitere serielle Ein- und Ausgabe-Schaltkreise erwähnt, deren Vielseitigkeit in der Auswahl der Betriebsparameter teilweise noch erheblich die Möglichkeiten der SIO Z8440/U 855 D übersteigt.

Mit wachsendem Integrationsgrad wurden auch Kombinationsschaltkreise entwickelt, die seriellen und parallelen Datentransfer zulassen. Besonders zu erwähnen ist in diesem Zusammenhang der Schaltkreis Z8036/Z8536 CIO mit einem Drei-Draht-Handshake gemäß den Standards IEEE-488, IEC-625 bzw. IMS-2 (siehe Abschnitt 4.5.).

Die Ein-/Ausgabe-Prozessoren können wie ein Mikrorechner unter Programmsteuerung selbständig umfangreiche Ein- und Ausgabeoperationen ablaufen lassen und entlasten damit die zentrale Verarbeitungseinheit. Die in Tabelle 4.3 erwähnten Ein-/Ausgabe-Prozessoren 8041A (In 83) und Z8090 (Zi 83), die im wesentlichen einen modifizierten Ein-Chip-Mikrorechner darstellen, werden von der zentralen Verarbeitungseinheit wie ein gewöhnlicher Peripherieschaltkreis aufgerufen. Das Ein-/Ausgabe-Programm ist in einem Lesespeicher ROM oder EPROM abgelegt. Auf der Grundlage des 8041A werden auch Schaltkreise für spezielle Aufgaben gefertigt, z.B. der GPIB-Steuerschaltkreis 8292 für das Standardinterface IEEE-488 bzw. IMS-2.

Der Ein-/Ausgabe-Prozessor 8089 ist eine programmierbare Peripheriesteuerung, die als Koprozessor der Mikroprozessoren 8086 und 8088 zur Durchführung von Ein-/Ausgabeoperationen und DMA-Funktionen konzipiert wurde (Ay 79, In 79, In 83). Im Unterschied zu den beschriebenen programmierbaren Peripherieschaltkreisen, deren Betriebsparameter im wesentlichen durch definierte Belegung interner Steuerregister spezifiziert werden, kann der Ein-/Ausgabe-Prozessor die Bussteuerung übernehmen und selbständig Programme aus dem Arbeitsspeicher einlesen und ausführen. Der Prozessor 8089 kann als DMA-Steuerung zur Datenübertragung zwischen Arbeitsspeicher und externen Speichern, für Suchoperationen, zur Aktualisierung von Directories, zur Korrektur von "soft"-Fehlern bei der Dateibehandlung u.ä.m. eingesetzt werden.

Das vereinfachte Blockdiagramm des Ein-/Ausgabe-Prozessors 8089 und die Bezeichnung der insgesamt 40 Anschlußkontakte sind in Abb.4.13 wiedergegeben. Das Businterface organisiert die Kopplung mit dem Mikrorechnerbus, wobei der Zeitablauf der Busoperationen mit den Buszyklen der Mikroprozessoren 8086/8088 übereinstimmt (Abb.3.27). Über die bidirektionalen Adreß- und Datenleitungen AD15...AD0 und über die Adreß- und Statusleitungen A19/S6...A16/S3 ist wie beim 8086 ein Adreßraum von 1 Mbyte verfügbar. Der Adreßraum für Ein- und Ausgabeoperationen beträgt 64 Kbyte. Die Datenbusbreite des 8089 läßt sich individuell auf 8 oder 16 bit programmieren, so daß auch der Anschluß von peripheren Schaltkreisen der 8-bit-Mikroprozessorfamilien unproblematisch ist. Die Statusleitungen $\overline{S2}$, $\overline{S1}$ und $\overline{S0}$ zeigen an, ob eine Ein-/Ausgabeoperation der Art Befehl lesen, Daten lesen oder Daten schreiben im Ein-/Ausgabe-Adreßbereich oder im Systembereich (Arbeitsspeicher) abläuft oder ob der Prozessor passiv ist. Die Statusleitungen S3 und S4 liefern Angaben über laufende DMA-Zyklen. Der Ausgang $\overline{LOCK}$ kann vom Prozessor über das Kanalsteuerregister akti-

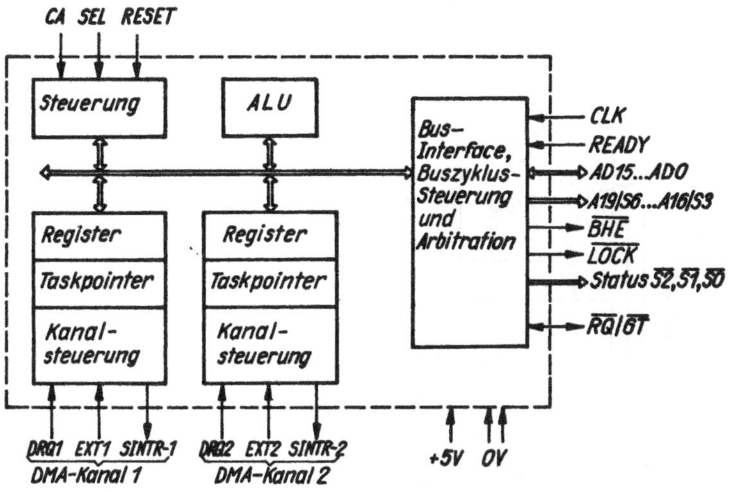

Abb. 4.13: Blockdiagramm des Ein-/Ausgabe-Prozessors 8089

viert werden, wenn eine Folge von Buszyklen nicht durch den Mikroprozessor oder einen anderen Ein-/Ausgabe-Prozessor unterbrochen werden darf.

Die beiden DMA-Kanäle 1 und 2 werden über die Eingänge DRQ (data request) angefordert. Die DMA-Funktion kann über die Signale EXT (external terminate) abgebrochen werden, sofern diese Möglichkeit im Kanalsteuerregister programmiert ist. Das programmierbare Ausgangssignal SINTR (signal interrupt) zeigt an, daß das vom Anwender definierte Ereignis eingetreten ist, z.B. gefundene Übereinstimmung bei Suchoperationen, und kann zur Interruptanforderung genutzt werden. Die DMA-Kanäle führen gepufferte Transferoperationen aus, jedoch sind für Maskenvergleichs- und Suchoperationen auch DMA-Abläufe mit einem Buszyklus möglich. Jeder DMA-Kanal kann gespeicherte Programme ablaufen lassen.

Für die Zusammenarbeit des Ein-/Ausgabe-Prozessors mit dem Mikroprozesor, insbesondere zur Einleitung der Busübergabe, sind die Eingänge CA (channel attention) und SEL (select) erforderlich. Nach einem RESET-Signal wird mit CA und SEL die Betriebsart des 8089 als Master (SEL = 0) oder Slave (SEL = 1) festgelegt. Die Signale CA und SEL werden hierzu aus zwei aufeinanderfolgenden Adressen des Speicher- oder Ein-/Ausgabe-Adreßraums des Mikroprozessors abgeleitet. Der bidirektionale Anschluß $\overline{RQ}/\overline{GT}$ (request grant) dient der Busanforderung und -freigabe.

Die beiden wesentlichen Betriebsarten des 8089 vom Standpunkt der Kopplung mit dem Mikroprozessor sind in Abb. 4.14 dargestellt. In der lokalen Betriebsart (local mode) ist der Ein-/Ausgabe-Prozessor mit dem Mikroprozessor unmittelbar über den gleichen Bus gekoppelt (Abb. 4.14a). Da nach

RESET der Mikroprozessor die Bussteuerung erhält, wirkt er als Master und der Ein-/Ausgabe-Prozessor als Slave. Speicher und Peripheriesteuerungen sind am Systembus angeschlossen u damit vom 8086/8088 und 8089 in

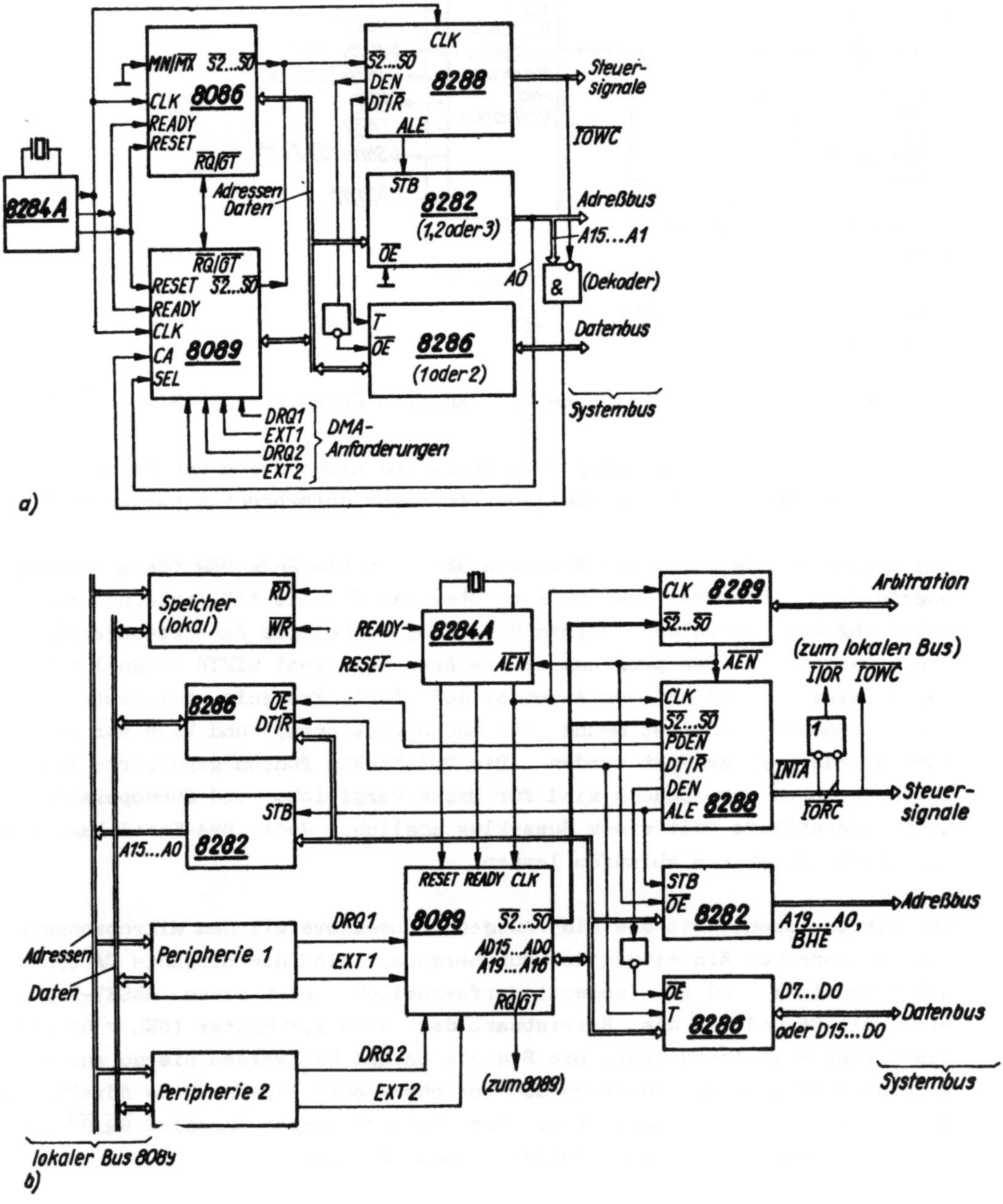

Abb. 4.14: Grundkonfigurationen für die Zusammenschaltung des Ein-Ausgabe-Prozessors 8089 mit den Mikroprozessoren 8086/8088; a: lokale Betriebsart; b: abgesetzte Betriebsart.

gleicher Weise adressierbar. Der Ein-/Ausgabe-Prozessor kann über $\overline{RQ}/\overline{GT}$ die Bussteuerung anfordern; er gibt sie erst nach Abschluß seiner Funktion dem Mikroprozessor zurück.

In der **abgesetzten Betriebsart** (remote mode) sind Mikroprozessor- und Ein-/Ausgabe-Bus getrennt (Abb. 4.14b). Der 8089 steuert über Adreßpuffer und Treiberstufen einen eigenen Ein-/Ausgabe-Bus, an den lokale Speicher- und Ein-/Ausgabe-Einheiten angeschlossen sind und der einen Adreßraum von 64 Kbyte besitzt. Über die Systemsteuerung (8288) und die Arbitration (8289) besteht aber auch Zugriff zu den globalen Ressourcen des Systembus (Adreßraum 1 Mbyte). Der Ein-/Ausgabe-Prozessor kann in der abgesetzten Betriebsart eigene Programme ohne Störung des Mikroprozessors abarbeiten. In Abb. 4.14b ist ferner die Ankopplung zweier Peripherieeinheiten an die DMA-Kanäle des 8089 angedeutet. Über die Leitung $\overline{RQ}/\overline{GT}$ läßt sich ein

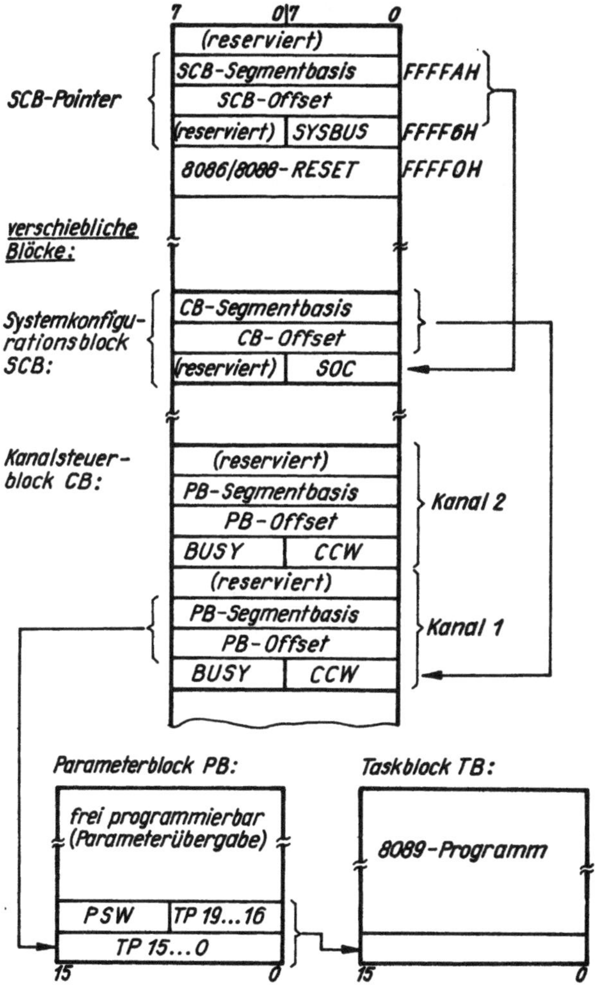

Abb. 4.15: Kommunikation zwischen Mikroprozessor 8086 bzw. 8088 und Ein-/Ausgabe-Prozessor 8089 über gemeinsamen Speicherbereich

zweiter Ein-/Ausgabe-Prozessor anschließen, wobei wiederum derjenige als Master arbeitet, dem mit RESET die Bussteuerung übertragen wurde.

Die Initialisierung des Ein-/Ausgabe-Prozessors und die Parameterübergabe erfolgen nach dem Briefkasten-Prinzip: der 8089 liest Daten ein, die vom Mikroprozessor im Speicher bereitgestellt wurden. An Hand der Abb. 4.15 wird der Ablauf dieser Kommunikation verständlich. Nach RESET wird vom Ein-/Ausgabe-Prozessor mit der ersten Aktivierung (über CA und SEL) aus dem reservierten Speicherbereich FFFF6H bis FFFFBH die Adresse (Basis und Offset) des Systemkonfigurationsblocks SCB gelesen. Dieser Block SCB enthält das Byte SOC (system operation command) mit der Festlegung über den Modus von $\overline{RQ}/\overline{GT}$ und über die Breite des Ein-/Ausgabe-Datenbus (8 oder 16 bit). Ferner ist im Block SCB die Adresse des Kanalsteuerblocks CB verfügbar. Die CB-Adresse und die Angaben der Bytes SOC und SYSBUS bleiben im 8089 gespeichert und können nur nach RESET verändert werden.

Nach erfolgter Initialisierung wird mit jedem Aufruf des Prozessors der DMA-Kanalsteuerblock CB gelesen, wobei SEL zwischen Kanal 1 und Kanal 2 unterscheidet:

- BUSY-Byte: nach Erkennen des Signals CA setzt der Prozessor dieses Byte auf den Wert OFFH und nach Abschluß der Operation auf 0; es ist als Statusinformation nutzbar,
- CCW (channel control word): Angabe der vom Kanal auszuführenden Operation, wie Start des Kanalprogramms (Taskblock) im Ein-/Ausgabe- oder System-Adreßbereich, Starten, Anhalten oder Fortsetzen von DMA-Operationen, Interrupts Zulassen oder Sperren u.ä.,
- PB-Adresse (parameter block): Adresse des Parameterblocks, der seinerseits die Taskblock-Adresse (Ein-/Ausgabe- oder System-Adreßbereich) und weitere Daten enthält, wie Zustand des DMA-Kanals nach Einstellung der Kanaloperationen.

Durch die Adreßverkettung ist die Einbindung vorhandener, verschieblicher Taskprogramme problemlos möglich. Der Registersatz jedes DMA-Kanals ist in Abb. 4.16 wiedergegeben. Die Register GA, GB und GC enthalten eine

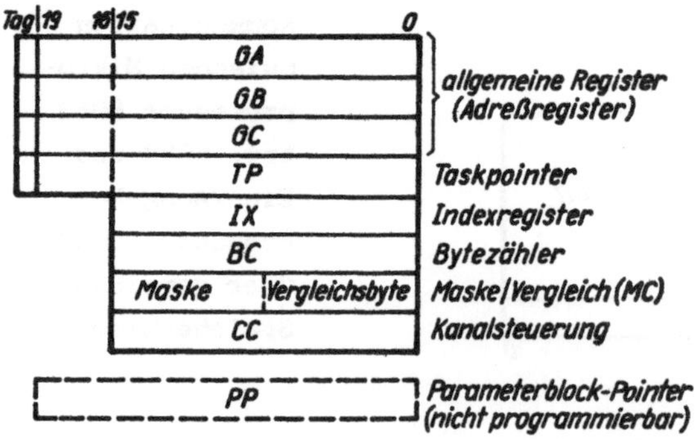

Abb. 4.16: Registerblock eines DMA-Kanals im Ein-Ausgabe-Prozessor 8089

16-bit-Adresse des Ein-/Ausgaberaums bzw. eine 20-bit-Adresse für den Systembus, die durch das Tag-Bit unterschieden werden. GA und GB dienen speziell bei DMA-Transfers als Quell- und Zieladresse (mit Autoinkrementierung), während GC mit einer Tabellenanfangsadresse Übersetzungsoperationen unterstützt. Diese drei Register können bei Abwesenheit von DMA-Operationen für die Programmausführung als allgemeine Register genutzt werden. Der Parameterblock-Pointer PP und der Task-Pointer TP werden bei Start des Kanals gemäß Abb.4.15 geladen; TP übernimmt bei der Programmausführung die Funktion eines Befehlszählers. Der Byte-Zähler begrenzt die einstellbare Blocklänge auf 64 Kbyte, läßt sich aber auch ausschalten. Das Register MC enthält ein Vergleichsbyte mit der möglichen Maskierung einzelner Bits für Vergleichs- und Suchoperationen. Das Kanalsteuerregister CC gibt Details zum Ablauf von DMA-Operationen vor, z.B. Beendigung durch Byte-Zählung und Richtung des DMA-Transfers. Schließlich sei noch das Programmstatuswort PSW erwähnt, das bei Abschalten von DMA-Operationen zusammen mit dem Task-Pointer zur späteren DMA-Fortsetzung im Parameterblock abgelegt wird.

Für die Taskprogramme, die von einem DMA-Kanal ausgeführt werden, steht eine Liste mit 53 Befehlen zur Verfügung: Datentransfer-, Additions- und Logikbefehle sowie Befehle zur Programmverzweigung, für Bitmanipulation und für Steueroperationen. Mit dem Befehl XFER kann über das Kanalprogramm, das u.a. die Steuerregister DMA-fähiger Peripherieeinheiten lädt, die DMA-Operation gestartet werden. Wie bei den Mikroprozessoren sind mehrere Adressierungsarten möglich, beispielsweise die Basisadressierung und die indizierte Adressierung mit Nutzung des Indexregisters IX. Die Befehlslänge beträgt 2...6 byte, wobei für Adressierungsart und Operationskode die ersten beiden Bytes genutzt werden.

4.2.4. Spezielle Steuerschaltkreise

Zur Grundausstattung von Heim-, Personal- und Bürocomputern gehören Bildschirmgeräte und Magnetfolienspeicher (Floppy-Disk-Einheiten). Die hierfür von zahlreichen Herstellern entwickelten Steuerschaltkreise unterscheiden sich infolge der De-facto-Standardisierung wichtiger Grundfunktionen im Prinzip nicht wesentlich voneinander. Im folgenden werden typische Vertreter dieser Schaltkreise beschrieben, die speziell für die Steuerung durch Mikroprozessoren der 8080/8085- und 8086-Familie konzipiert wurden. Durch zusätzliche externe Logik lassen sie sich auch in Verbindung mit anderen Mikroprozessoren einsetzen. Nicht dargestellt werden beipielsweise Schaltkreise zur Tastaturbedienung oder zur Erzeugung von akustischer Ausgabesignalen.

Floppy-Disk-Steuerschaltkreise

Die Datenaufzeichnung auf der Diskette erfolgt seriell, wobei das höchstwertige Bit zuerst gelesen oder geschrieben wird. Bei der Wechseltaktschrift FM werden Taktimpulse und Datenbits abwechselnd gespeichert; bei 1 MHz-Modulationsfrequenz erfordert eine "Bitzelle", bestehend aus Takt- und Datenbit, 4 µs, so daß eine Übertragungsgeschwindigkeit von $2,5*10^5$ bit/s erreicht wird. Beim Lesen wird das Taktsignal über eine externe Phasenregelschleife (PLL) zurückgewonnen und zur Abtastung des Datenbits verwendet. Gegenüber dieser Aufzeichnung mit einfacher Dichte wird mit dem modifizierten FM-Verfahren (MFM) eine nahezu doppelte Dichte erreicht, ohne die mechanischen Parameter der Laufwerke zu ändern. Bei diesem Verfahren werden Taktimpulse nur zwischen Datenbits der Wertigkeit 0 gespeichert, um auch bei längeren 0-Folgen ohne Magnetflußwechsel die Synchronisation für Leseoperationen aufrechterhalten zu können. Das MFM-Verfahren stellt höhere Ansprüche an die Steuer- und Schreib-/Lese-Schaltungen als das FM-Verfahren.

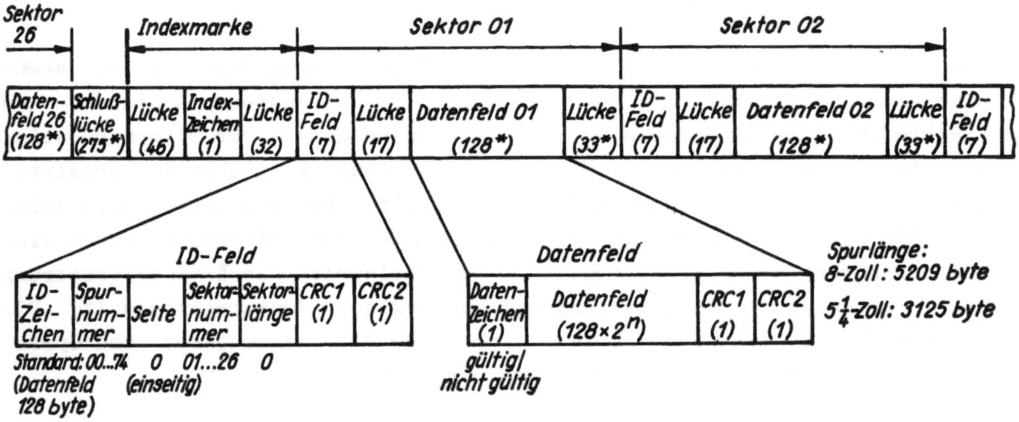

Abb. 4.17: Aufzeichnungsformat nach IBM-3740 für softsektorierte 8-Zoll-Disketten; Standard mit 128-byte-Datenfeld; in Klammern Zahl der Bytes, mit Zusatz * bei Änderungen in Abhängigkeit vom Datenfeld ($128 * 2^n$ byte).

Für die Datenaufzeichnung auf softsektorierten 8-Zoll-Disketten hat das IBM-Format 3740 große Verbreitung gefunden (Abb. 4.17). Jede Spur enthält eine Indexmarke, die den Spuranfang kennzeichnet, sowie eine bestimmte Zahl von Sektoren, die ihrerseits aus einem Identifikationsfeld mit Sektoradresse und -länge und dem Datenfeld bestehen. Die einzelnen Felder sind durch Lücken getrennt, die jeweils einige Synchronisationsbytes enthalten. Identifikationsfeld und Datenfeld sind jeweils durch eigene CRC-Prüfzeichen gesichert. Index-, ID- und Daten-Zeichen sind vorgegebene Muster zur eindeutigen Erkennung der zugehörigen Felder. Das in Abb. 4.17 gezeigte Format gilt für die Aufzeichnung einfacher Dichte mit 75 Spuren zu je 26 Sektoren mit 128 byte umfassenden Datenfeldern. Bei größeren Datenfeldern bis 4096 byte reduziert sich die Zahl der Sektoren; die Länge einiger Lücken ändert sich ebenfalls, in Abb.4.17 mit * markiert. Das Format für 5,25-Zoll-Disketten ist dem Format nach Abb.4.17 ähnlich. Das Indexzeichen und die davor liegende Lücke entfallen; die Lücken bestehen im allgemeinen aus einer kleineren Anzahl von Bytes. Einige charakteristische Daten für softsektorierte 8-Zoll- und 5,25-Zoll-Disketten sind in Tabelle 4.4 zusammengefaßt, siehe auch (Le 78, Mü 78, Kl 83). Sie beziehen sich auf einseitige Speicherung und auf das Format 3740 und stellen den Ende der siebziger Jahre erreichten Standard dar. Die mittlere Zugriffszeit zu einem Sektor liegt bei 300...400 ms. Durch Weiterentwicklung der Mechanik und der Magnetschichten lassen sich gegenwärtig Speicherkapazitäten von weit mehr als 1 Mbyte je Diskettenseite erreichen. Problematisch ist der Übergang von Standardformaten zu höheren Dichten vor allem dann, wenn beschriebene Disketten nicht mehr zwischen verschiedenen Rechnern austauschbar sind.

Tabelle 4.4: Standardwerte für softsektorierte Disketten

	8-Zoll-Diskette	5,25-Zoll-Diskette
Formatierung:		
Spuren	76 + 1 Indexspur	35
Sektoren/Spur	26 [1])	18 [1])
Kapazität, in byte:		
unformatiert	$4*10^5/8*10^5$ [2])	$1,1*10^5/2,2*10^5$ [2])
formatiert, einfache Dichte	$2,5*10^5$	$8*10^4$
Datenkapazität je Spur mit einfacher Dichte	3328 [1])	2304 [1])
Umdrehungen/min	360	300
maximale Übertragungsrate, bit/s	$2,5*10^5/5*10^5$ [2])	$1,25*10^5/2,5*10^5$ [2])

[1]) Datenfeldlänge 128 byte. [2]) einfache Dichte (FM)/doppelte Dichte (MFM).

Der Floppy-Disk-Steuerschaltkreis FDC 8272 (In 83, Ap 87, Bö 87) bzw. die in einigen Details verbesserte Variante 8272A (In 83) unterstützt das Aufzeichnungsformat 3740 für einfache Dichte (FM) und ein Standardformat für doppelte Dichte (IBM-34). Er ist für ein- und zweiseitige Speicherung auf der Diskette und für die Ansteuerung von maximal 4 Standard- oder Minidisketten-Laufwerken (8-Zoll- und 5,25-Zoll-Laufwerke) geeignet (Abb.4.18). Für die Funktion der externen Phasenregelschleife und für die Vorkompensation bei der MFM-Aufzeichnung werden Steuersignale bereitgestellt. Der Schaltkreis 8272 kann 15 verschiedene Befehle ausführen, wie Lesen und Schreiben von Daten sowohl eines Sektors als auch einer Spur, Lesen des Identifikationsfeldes, Suchoperationen und Formatierung einer Spur. Die Befehlsausführung erfolgt im Prinzip in drei Stufen:

- Laden der erforderlichen Parameter durch den Mikrorechner in einen Block aus 8-bit-Datenregistern. Die Befehle umfassen bis zu 9 byte und

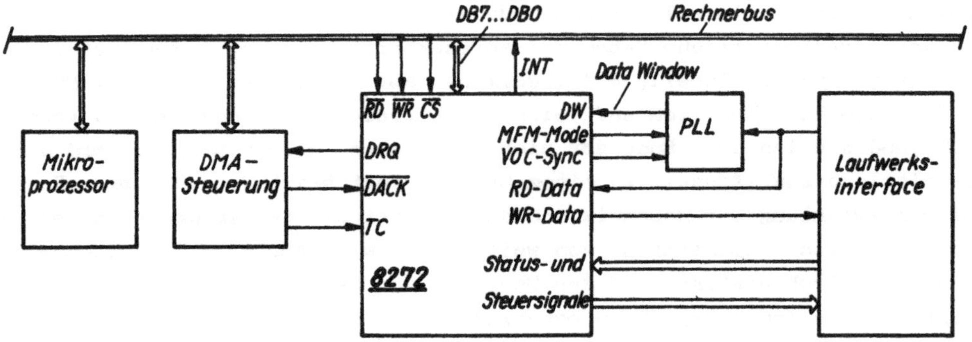

Abb.4.18: Anwendung des Floppy-Disk-Steuerschaltkreises 8272 (FDC)

enthalten u.a. Angaben zur Sektoradresse sowie zur Länge von Datenfeld und Lücke (Datenfeldlänge 128, 256, 512 oder 1024 byte programmierbar),

- Befehlsausführung mit oder ohne Nutzung eines DMA-Schaltkreises. Es werden so lange Sektoren übertragen, bis der Eingang TC (terminal count) aktiviert wird. Der Schaltkreis erzeugt selbständig die CRC-Prüfzeichen bzw. wertet sie bei Leseoperationen automatisch aus,
- Befehlsabschluß mit Angaben zum Identifikationsfeld und zum Status in den Datenregistern und den insgesamt 5 Statusregistern. Hier werden auch Fehlermeldungen übergeben, wenn z.B. der adressierte Sektor nicht gefunden wurde oder wenn bei Schreiboperationen der aufgerufene Sektor gegen Überschreiben geschützt ist.

Programmierbare Bildschirm-Steuerschaltkreise (CRT-Controller)

Das Prinzip des zeilenweisen Bildaufbaus bei alphanumerischen Zeichen ist in Abb.4.19 skizziert. Die Zeichen sind in einem Zeichengenerator (meist maskenprogrammierter ROM-Schaltkreis) als Punktmatrix beispielsweise im 5*7- oder 7*9-Punktraster kodiert enthalten und werden über die Zeichenauswahladresse aufgerufen. Jeweils eine Zeile der Zeichenmatrix, adressiert über die Matrixzeilenadresse, wird in einem Schieberegister zwischengespeichert und zur Helligkeitsmodulation des Elektronenstrahls der Bildröhre seriell ausgegeben. Bei einem 5*7-Zeichen und 3 Leerpunkten zur Zeichentrennung muß bei 10 MHz Bildpunkt-Taktfrequenz alle 0,8 µs eine Matrixzeile zur Verfügung gestellt werden, d.h., mit drei Leerzeilen wird bei Vernachlässigung von Rücklaufzeiten des Elektronenstrahls im Mittel nach jeweils 8 µs ein 5*7-Zeichen benötigt. Aus diesem Grund ist für das Bildschirmgerät ein Bildwiederholspeicher erforderlich, der von der Bildschirmsteuerung über DMA gelesen wird und der nur bei Änderung des Bildinhalts vom Mikroprozessor oder über DMA aus dem entsprechenden Arbeitsspeicherbereich geladen wird.

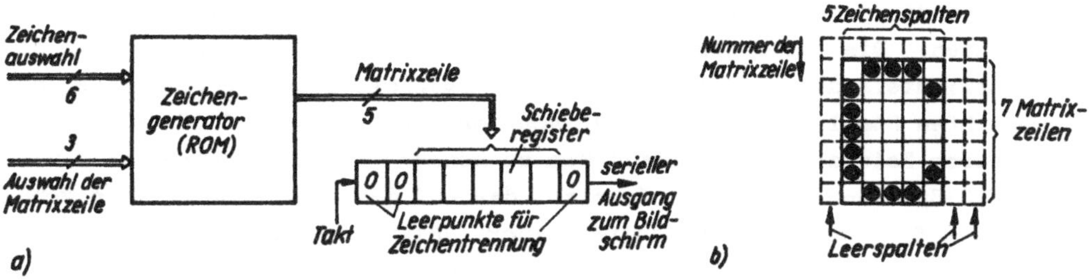

Abb.4.19: Zeichendarstellung mit 5*7-Matrix;
a: Prinzip der Zeichenauswahl;
b: 5*7-Zeichendarstellung mit zusätzlicher Leerzeile und Leerspalten zur Zeichentrennung

Bildschirm-Steuerschaltkreise für alphanumerische Datendarstellung erfüllen folgende wesentliche Aufgaben:

- Organisation des Zugriffs zum Bildwiederholspeicher und zum Zeichenpuffer im Schaltkreis,
- Synchronisation des Bildaufbaus durch Erzeugung von Impulsen für den Horizontal- und Vertikalrücklauf des Elektronenstrahls,
- Programmierung des Bildschirmformats: Zahl der Zeichen je Zeile und der darstellbaren Zahl von Zeilen je Bild,
- Kursorsteuerung,
- Sonderfunktionen, wie Quasi-Graphik und Lichtgriffelanschluß.

Der programmierbare CRT-Controller-Schaltkreis 8275H bzw. KR 580 WG 75, der mit den Anschlußbedingungen der Mikroprozessoren 8080/8085, 8086/8088 und 80186/80188 kompatibel ist, wird den genannten Aufgaben für monochrome Bildschirmgeräte gerecht (Al 77, In 83). Den prinzipiellen Aufbau des 8275H, der 26000 Transistoren enthält, sowie den Anschluß zum Zeichengenerator und zum externen Video-Interface zeigt Abb.4.20. Über DMA und die Puffereingabesteuerung wird abwechselnd die eine Hälfte des Zeilenpuffers gefüllt, während gleichzeitig die andere Hälfte über die Pufferausgabesteuerung mit entsprechender Weiterschaltung des Matrixzeilenzählers zum Zeichengenerator ausgegeben wird. Als Bildformate sind programmierbar:

- Zeichenzähler für 1 bis 80 Zeichen/Zeile,
- Zeilenzähler für 1 bis 64 Zeilen/Bild, die Einfügung einer Leerzeile zwischen je zwei Zeichenzeilen ist möglich,
- Matrixformat der Zeichen (bis 16 Matrixzeilen) sowie Zahl der Leerpunkte und der Leerzeilen oberhalb und unterhalb des Zeichens.

Über DMA lassen sich blockweise (burst mode) bis zu 8 Zeichen aus dem Bildwiederholspeicher bei programmierbarer Zeit bis zur nächsten Übertragung transferieren. Im 8275H können 6 unabhängige Feldattribute für einzelne Zeichen bzw. Zeilenabschnitte programmiert werden: Blinken, komplementäre Darstellung, höhere Intensität und Unterstreichen sowie zwei über die Signale GPA0 und GPA1 auswählbare, extern zu realisierende Funktionen. Die Feldattribute sind untereinander kombinierbar. Um die Feldattribute, die im Zeichenstrom als speziell kodierte Zeichen an der gewünschten Stelle eingefügt sind, von der Darstellung auf dem Bildschirm als leeres Zeichenfeld ausschließen zu können (Transparent-Modus), wird ein FIFO-Speicher genutzt. Er nimmt das auf das Feldattribut folgende Zeichen auf, wobei die Kapazität einer Hälfte des FIFO-Speichers die Zahl der je Zeile zulässigen Feldattribute auf 16 beschränkt. Über die Pufferausgabe- und Videosteuerung werden die Feldattribute für alle nachfolgenden Zeichen wirksam, bis die Feldattribute explizit zurückgesetzt werden. Die Kursorsteuerung läßt Unterstreichung und komplementäre Zeichendarstellung zu, jeweils blinkend und nichtblinkend. Ein Lichtgriffelanschluß LPEN gestattet die Registrierung der Zeichen- und Zeilennummer der Lichtgriffelposition und das Auslesen dieser Nummern durch den Mikroprozessor. Der 8275H kann durch 8 Befehle programmiert werden, die 0, 2 oder 4 byte Parameter besitzen und folgende wesentliche Funktionen erfüllen:

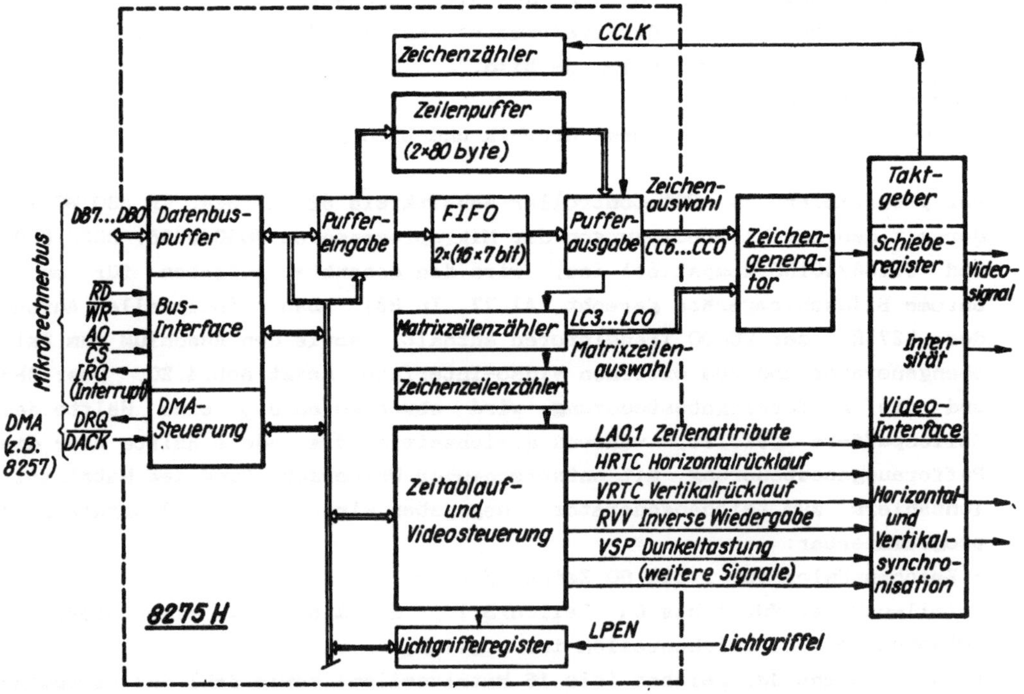

Abb. 4.20: Blockdiagramm des Bildschirm-Steuerschaltkreises 8275H mit Anschluß externer Logik, stark vereinfacht

- Reset: Laden der Zähler und des Bildformats, Kursor-Betriebsart,
- Start und Stop der Bildwiedergabe (mit DMA-Programmierung),
- Lesen der Lichtgriffelregister (Zeichen- und Zeilennummer),
- Laden der gewünschten Kursorposition,
- Ein- und Ausschalten der Interruptanforderung IRQ (Beginn der letzten Zeichenzeile),
- Zählereinstellung auf die linke obere Bildecke als Bildbeginn.

Das 8-bit-Statusregister ist jederzeit lesbar.

Der Graphikdisplay-Steuerschaltkreis GDC 82720 ist für Raster-scan-Graphikbildschirme, z.B. in CAD-Arbeitsplätzen, vorgesehen. Er kann an den Bus der 16-bit-Mikroprozessoren 8086, 8088 und 80186 unmittelbar angeschlossen werden und ist in Aufbau und Funktion wesentlich komplexer als der Steuerschaltkreis 8275 (In 83, Ba 87). Der Bildaufbau erfolgt aus einzelnen Rasterpunkten oder Bildelementen (pixel), die linear adressierbar sind (bit map). Der Steuerschaltkreis kann über 18 Adreßbusanschlüsse einen Bildspeicher mit einer maximalen Speicherkapazität von 256 KWorten verwenden. Er erzeugt Videosynchronsignale, ermöglicht die Darstellung von Teilbildern (windows) und erlaubt eine vergrößerte Abbildung um den programmierbaren Faktor 1...16 (zooming). Der Steuerschaltkreis berechnet die Speicheradressen der Bildpunkte und modifiziert den Speicherinhalt, um Geraden, Kreisbögen, Rechtecke und frei wählbare Charaktere (bis 8*8-Bildelemente) zu zeichnen, wobei die Wiedergaberichtung $n * 45°$ beträgt. Rechtecke und Charaktere lassen sich schräg abbilden, und Flächen können "gefüllt" werden. Der Mikroprozessor muß die entsprechenden Parameter für die Graphik bereitstellen, die Berechnung selbst erfolgt im Steuerschaltkreis ohne Mitwirkung des Mikroprozessors.

Der Steuerschaltkreis 82720 kann in drei Betriebsarten genutzt werden:

- Graphikdarstellung:

Mit maximal 80 MHz Bildpunkttaktfrequenz ist ein Bild aus 1024*1024*1 bit Bildpunkten möglich. Wird der 256-KWort-Bildspeicher in 4 Speicherblöcke aufgeteilt, so ergibt sich bei Parallelschaltung der Bänke ein Bild aus 1024*1024*4 bit, wobei in den 4 bit jedes Bildelements die Farbe oder der Grauwert verschlüsselt werden kann. Für eine noch größere Bitzahl je Bildelement, für schnelleren Bildaufbau u.ä. lassen sich mehrere Schaltkreise 82720 parallel schalten.

- Zeichendarstellung:

Die aus dem Bildspeicher gelesenen Daten werden zur Adressierung eines externen Zeichengenerators und zur Farb- oder Grauwertangabe genutzt. Mit 13 Adreßbusanschlüssen können 8 K Zeichen zu je 13 bit adressiert werden, während 4 weitere Adreßanschlüsse des 82720 zur Adressierung der Matrixzeilen des Zeichengenerators dienen; mit dem noch freien Adreßanschluß ist der Kursor steuerbar.

- Graphik- und Zeichendarstellung:

Für Graphik und Zeichen sind jeweils maximal 64 KWorte Speicherplatz verfügbar. Der Bildschirm ist in ein Graphikfenster mit den Wiedergabemöglichkeiten wie in der erstgenannten Betriebsart und in ein Zeichenfenster unterteilt, letzteres mit Kursor und Blinkmöglichkeit.

Der Steuerschaltkreis besitzt ferner einen Anschluß für einen Lichtgriffel, der für Graphikarbeiten sehr nützlich ist. Für die Programmierung stehen insgesamt 20 leistungsfähige Befehle zur Verfügung, u.a. für:
- Videosteuerung mit Formateinstellung,
- Displaysteuerung mit Adreßangaben für Bildbereiche,
- Parameterübergabe zur Berechnung von Graphikzeichen,
- Datenlesen aus dem Speicher und aus den Registern für Kursor- und Lichtgriffel-Position,
- DMA-Steuerung.

4.2.5. Arithmetik- und Signalprozessoren

Für viele Einsatzgebiete von Mikrorechnern ist eine hohe Verarbeitungsgeschwindigkeit erforderlich, insbesondere bei umfangreichen Rechenoperationen und für eine Datenverarbeitung unter Echtzeitforderungen. Als Beispiele seien genannt die Steuerung von Positioniereinrichtungen für Werkzeugmaschinen und Roboter, Digitalregelung, Signalverarbeitung mit Digitalfilterung, Spektrenanalyse, Korrelationstechnik und Fourier-Transformationen, Bildverarbeitung mit Mustererkennnung und Bildtransformation, Sprachverarbeitung und Nachrichtenübertragung mit Datenkodierung und -dekodierung. Bei vielen dieser Anwendungen reicht die mit Standardmikroprozessoren und entsprechenden Programmroutinen erreichbare Verarbeitungsgeschwindigkeit nicht aus. In solchen Fällen werden für Rechenoperationen und Echtzeitverarbeitung Schaltkreise eingesetzt, deren Architektur auf solche Anwendungen zugeschnitten ist und die als externe, vom Mikroprozessor aufzurufende Baugruppe oder unmittelbar als Koprozessor arbeiten. Die mit diesen spezialisierten Schaltkreisen erreichbaren Verarbeitungsgeschwindigkeiten sind meist 1...3 Größenordnungen höher als bei ausschließlicher Nutzung von Programmroutinen. Typische Schaltkreise sind Arithmetikprozessoren, Signalprozessoren, Graphikprozessoren (z.B. für Bildaufbau und -modifikation bei Raster-Farbdisplays) und Kommunikationsprozessoren (z.B. für den Anschluß an einen multimasterfähigen Systembus, wie MULTIBUS II, oder an ein lokales Rechnernetz, wie ETHERNET).

Arithmetikprozessoren

Die Befehlsliste von 8- und 16-bit-Mikroprozessoren umfaßt bestenfalls arithmetische Befehle für die vier Grundrechenarten mit der Beschränkung auf einfache oder doppelte Wortlänge von Integer-Operanden. Rechnungen mit größerem Zahlenbereich im Gleitkomma-Format werden über Programmroutinen durchgeführt, die beträchtliche Laufzeiten besitzen; die Multiplikation oder Division zweier Gleitkomma-Operanden dauert meist weitaus länger als 1 ms.

Tabelle 4.5: Datentypen und -formate bei Arithmetikprozessoren

Datenformate	Wertebereich (genähert)	Genauigkeit	Exponenterhöhung (bias)	Darstellung
Datentyp integer				
binär: [1]				
Byte	10^2	8 bit	-	7 0 [I_7 I_0]
Wort	10^4	16 bit	-	7 0 [I_{15} | I_0] 15 0
Langwort (short integer)	10^9	32 bit	-	[I_{31} | | | I_0] 31 0
Doppellangwort (long integer)	10^{18}	64 bit	-	[I_{63} | . . . | I_0] 63 0
dezimal:				
gepackte BCD [2] (packed BCD)	10^{18} oder 10^{19}	18 oder 19 Stellen	-	[S | (D_{18}) | D_{17} | D_{16} | … | D_1 | D_0]
Datentyp real (Gleitkomma, floating-point)				
einfache Genauigkeit [3] (single precision binary, short real)	$\pm 10^{\pm 38}$	24 bit	$2^7 - 1 = 127$	$F_0 = 1$ (implizit) [S | E_7 e E_0 | F_1 f F_{23}] 31 8 bit 23 bit 0
doppelte Genauigkeit [3] (double precision binary, long real)	$\pm 10^{\pm 308}$	53 bit	$2^{10} - 1 = 1023$	$F_0 = 1$ (implizit) [S | E_{10} e E_0 | F_1 f F_{52}] 64 11 bit 52 bit 0
erweiterte Genauigkeit [3] (expanded double precision)	$\pm 10^{\pm 4932}$	64 bit	$2^{14} - 1 = 16383$	[S | E_{14} e E_0 | F_0 | F_1 f F_{63}] 80 15 bit 63 bit 0

[1]) Zweier-Komplement-Darstellung.

[2]) Zahl $= (-1)^S * (D_{18}\ D_{17}\ D_{16}\ \ldots\ D_1\ \ D_0)$.

[3]) Zahl $= (-1)^S * 2^{(e - bias)} * F_0,f$; e = Exponent, f = Bruchteil (fraction);
$= (-1)^S * 2^{(e - bias)} * (F_0 + F_1 * 2^{-1} + F_2 * 2^{-2} + \ldots)$;
Darstellung nach Standardvorschlag IEEE P754 Binary Floating-Point Arithmetic.

In Tabelle 4.5 sind die üblichen Datenformate für Integer- und Gleitkommazahlen dargestellt, die bei neuen Arithmetikprozessoren verwendet werden. Für die binäre Gleitkomma-Arithmetik hat sich der IEEE-Standardvorschlag P754 (Draft 10.0, 1982) durchgesetzt, siehe auch (Co 80, St 81, Hu 83, In 83, Zi 83). Der Exponent e wird durch Addition eines Bias-Werts erhöht, um als vorzeichenlose Zahl behandelt zu werden. Für die Mantisse f (fraction) wird bei einfacher und doppelter Genauigkeit die Darstellung 1,f vorgeschrieben, während im erweiterten Format sowohl 0,f als auch 1,f möglich sind. Weitere Festlegungen von P754 gelten der Darstellung von Null und Unendlich:

Null: e = f = 0;

Unendlich: e = 255 bzw. 2047, f = 0.

Werte mit e = 255 bzw. 2047 und f ungleich Null stellen keine Zahl dar: (NaN, not a number) und lassen sich zur Fehlertypangabe nutzen, z.B. nichtinitialisierte Variable, illegaler Variablenzugriff, Ausnahmezustand (beispielsweise Bereichsüber- oder -unterschreitung).

Einige ausgewählte Arithmetikprozessoren APU (arithmetic processing unit) sind in Tabelle 4.6 angegeben.

Die **Arithmetik-Verarbeitungseinheit** U 8032 C ist ein relativ einfach aufgebauter Schaltkreis für eine Verarbeitungslänge von 16 bit (Fr 84). Für 32- oder 64-bit-Datenformate lassen sich mit Hilfe von 4 Übertragsanschlüssen 2 oder 4 Schaltkreise U 8032 C parallelschalten. Es stehen 39 Mikrobefehle zur Verfügung, aus denen Befehlsfolgen für Arithmetik- und Funktionswertberechnungen gebildet und in einem externen Mikrobefehlsspeicher abgelegt werden können. Dem Vorteil einer für den betreffenden Einsatzzweck optimalen Programmiermöglichkeit steht der beträchtliche Aufwand in Form einer Leiterplatten-Baugruppe gegenüber. Untersuchungen mit Anwendungen in Mikrorechnern des Systems K 1520 mit dem Mikroprozessor U 880 zeigten, daß sich Verarbeitungsgeschwindigkeiten in der Größenordnung von 70 und 100 µs bei 32- und 64-bit-Gleitkomma-Multiplikationen bzw. 200 µs für 64-bit-Gleitkomma-Divisionen erreichen lassen (Fr 85, Ha 86a). Diese Verarbeitungsgeschwindigkeit ist bis um den Faktor 100 höher als mit Programmroutinen im Mikrorechner K 1520 und vergleichbar mit der Verarbeitungsgeschwindigkeit der Ein-Chip-Arithmetikprozessoren 8231A und 8232 bzw. 9211 und 9212 (Ra 80, Am 80). Bei detaillierten Vergleichen müssen jedoch auch die Zeiten für die Befehls-, Operanden- und Resultatsübermittlung einbezogen werden, die insgesamt die Verarbeitungsgeschwindigkeit verringern.

Für die Mehrzahl der in Tabelle 4.6 aufgeführten Arithmetikprozessoren sind folgende Eigenschaften charakteristisch:

- Registersatz:

Der interne Registersatz ist als Stack-Speicher organisiert. Bei einem Additionsbefehl befindet sich ein Operand im Register TOS (top of the stack) und der andere im Register NOS (next on stack); das Resultat wird in TOS abgelegt.

- Rechengenauigkeit:

Intern wird mit der erweiterten Genauigkeit des 80-bit-Formats gerechnet, um den Einfluß der Fortpflanzung von Rundungseffekten bei längeren Rechnungen mit Sicherheit auszuschließen. Auch Integer-Operanden werden im 80-bit-Gleitkommaformat bearbeitet. Die Formatwandlung zwischen Integer- und Gleitkommadarstellung und zwischen binärem und BCD-Format wird mit separaten Befehlen oder bei der Dateneingabe durchgeführt.

Tabelle 4.6: Arithmetikprozessoren

Type	zugeordneter Mikroprozessor	Register-struktur	Funktion	Bemerkungen [1])
U 8032 C	8- und 16-bit-Mikroprozessor, z.B. U 880	8 16-bit-Register	39 Mikrobefehle für Programmierung von Arithmetikoperationen	Anwendung als Baugruppe; kaskadierbar für 32- und 64-bit-Datenbreite
Am9211A 8231A	8-bit-Mikroprozessoren, z.B. 8080, U 880; für 16-bit-Mikroprozessoren	8 16-bit- oder 4 32-bit-Register, Stack-organisation	43 1-byte-Befehle; 16- und 32-bit-Integer-Format; 32-bit-Gleitkommaformat (24 bit Mantisse 0,5 ...1); trigon. und Exponentialfunktionen	32-bit-Gleitkomma-Multiplikation 50 µs; 32-bit-Gleitkomma-Division 55 µs; sin-Funktionswert (32 bit) 1,5 ms; (Takt 3 MHz)
Am9212 8232 FPU (floating-point processing unit)	8080, 8085, 8086-Familie	4 32-bit- oder 2 64-bit-Register; Stack-organisation	16 Befehle für Grundrechenarten; 32- und 64-bit-Gleitkomma-format	32-bit-Multiplikation 60 µs; 64-bit-Multiplikation 600 µs, (Takt: 3 MHz)
8087 NPX (numeric processor extension) K 1810 WM 87	Koprozessor zum 8086 und 8088, mit Anpassungslogik: 80186 und 80188	8 80-bit-Register	68 Befehle; Datenformate wie Tabelle 4.5; trigonom., exponent. und logarithm. Funktionen, Konstanten	32-bit-Multiplikation 19 µs; Division: 39 µs; (Takt: 5 MHz)
80287	80286			kompatibel zum 8087
80387	80386		erweiterte Befehlsliste	
Z8070 Z-APU (arithmetic processing unit)	Koprozessor zum Z8000, Z80000	8 80-bit-Datenregister und 2 80-bit-Operandenregister	Befehle für Grundrechenarten, Quadratwurzel, Vergleich u.ä., Datenformate wie in Tabelle 4.5 (BCD mit 19 Ziffern)	
MC 68881	Koprozessor zum MC 68020; auch für MC 68000, 68008 und 68010	8 80-bit-Register	50 Befehle für Integerformat (8, 16 oder 32 bit) und Gleitkomma (32, 64, 80 bit)	
NS 32081	NS 32032	8 32-bit- oder 4 64-bit-Register	15 Befehle	32-bit-Multiplikation 5,2 µs

[1]) Angegebene Zeiten beziehen sich auf die Befehlsausführung und variieren in Abhängigkeit von der Operandenlänge.

- Befehlsliste:

Die Befehlsliste enthält Befehle für die Grundrechenarten, Quadratwurzel, Absolutwert, Vergleich u.ä. entsprechend dem Standardvorschlag P754 sowie für trigonometrische Funktionen, Exponential- und Logarithmusfunktionen und zum Laden von Konstanten, z.B. π.

- Fehlermeldungen:
Wesentliche Fehler, die zu Beginn der Rechnung oder während ihrer Ausführung auftreten, werden erkannt und dem Hauptprozessor zur Auswertung übermittelt. Das betrifft Division durch Null, Überlauf, zu kleiner Wert, ungültige Operation u.ä.m. In der Interrupttabelle von einigen 16- und 32-bit-Mikroprozessoren sind für die Angabe der Anfangsadressen der entsprechenden Bedienroutinen feste Positionen vereinbart, vergleiche Abb.3.31 für 8086 und Abb.3.57 für MC 68000.

Die Arithmetikprozessoren 8087, 80287 und 80387 (Pa 80, Do 81, In 83), MC 68881 (Hu 83) und Z8070 (Zi 83) sind als Koprozessoren für 16- und 32-bit-Mikroprozessoren konzipiert. Für den Arithmetikprozessor 8087 ist das Zusammenwirken mit dem Mikroprozessor 8086 bereits in Abschnitt 3.3.1.5. und 3.3.2.2. erläutert worden, siehe auch Abb.3.23. Wesentlich für dieses Koprozessorprinzip ist, daß der Befehlsstrom vom Programmspeicher zum Hauptprozessor fließt, wobei der Koprozessor "mithört" und die für ihn bestimmten Befehle erkennt und übernimmt. Der Hauptprozessor führt die Adreßrechnung für die benötigten Operanden durch und sichert, daß die unterschiedlichen Schutzebenen für System- und Anwenderprogramme auch für den Koprozessor wirksam bleiben. Ist der Koprozessor nicht vorhanden, werden die Koprozessorbefehle vom Hauptprozessor über Programmroutinen abgearbeitet. Ohne Programmänderung läßt sich somit durch Nachrüstung mit einem Arithmetik-Koprozessor die Verarbeitungsleistung beträchtlich steigern, etwa um den Faktor 100 bei Gleitkommarechnungen (Pa 80, Do 81). Bei vielen Personal- und Arbeitsplatzcomputern ist diese Nachrüstungsmöglichkeit bereits bei der konstruktiven Gestaltung der zentralen Verarbeitungseinheit berücksichtigt.

Signalprozessoren

Signalprozessoren sind hochintegrierte Schaltkreise, die auf höchsten Datendurchsatz und arithmetische Verarbeitungsleistung für bestimmte Anwendungsbereiche spezialisiert sind. Sie sind durch folgende Eigenschaften zu charakterisieren:

- Befehlssatz mit Befehlen für Addition, Subtraktion und Multiplikation:
Als Datenformat dominiert das 16-bit-Integer-Format, jedoch sind bei neueren Signalprozessoren auch 32-bit-Gleitkomma-Operanden möglich. Die Multiplikationen werden von einer Multiplizierschaltung ausgeführt und sind oft mit einer nachfolgenden Addition der Produkte gekoppelt, um beispielsweise das Skalarprodukt zweier Vektoren zu ermitteln. Wesentlich ist, daß alle arithmetischen und Transportbefehle nur einen Zyklus erfordern, der je nach Signalprozessortyp etwa 100...800 ns beträgt.

- Getrennte interne Busse für Befehls- und Datenübertragung (Harvard-Architektur) und bei modernen Typen mehrstufige Pipeline-Verarbeitung zur Erzielung möglichst kurzer Zyklus- und Befehlsausführungszeiten: Es sind interne Daten- und meist auch Programmspeicher vorhanden, deren Kapazität in der gleichen Größenordnung wie bei Ein-Chip-Mikrorechnern liegt. In vielen Fällen lassen sich auch externe Speicher anschließen.

- Digitale Ein- und Ausgabe-Schnittstellen, vielfach auch für seriellen Datentransfer.

Die Signalprozessoren arbeiten entweder autonom oder in Kopplung mit einem Mikroprozessor. Übersichten über die Eigenschaften von bekannten Signalprozessorfamilien, wie NEC 7720 bis 77230 und TI TMS 32010, 32020 und 320C25 sowie von anderen Typen, sind in (Qu 85, Gl 86, Zo 86) zu finden. Als Beispiel für die Verarbeitungsleistung von modernen Signalprozessoren sei nur angegeben, daß die Schnelle Fourier-Transformation FFT von 64 Punkten in größenordnungsmäßig 300 µs durchgeführt werden kann.

Zu den ersten Signalprozessoren gehörte der Typ 2920 (Ho 79), der sich in Funktion und Anwendung erheblich von den anderen Signalprozessoren unterscheidet. Er besitzt vier Analogeingänge, die über einen Analogmultiplexer und eine Abtast-Halte-Schaltung mit einem internen 8-bit-Analog-Digital-Wandler verbunden sind. Das digitalisierte Eingangssignal kann im Digitalteil des 2920 verarbeitet werden, wofür Befehle zur Addition und Subtraktion sowie für Logik-, Schiebe- und Transportoperationen implementiert sind. Im Programm sind keine bedingten Sprünge möglich, so daß für einen Programmdurchlauf stets die gleiche Zeit benötigt wird, wie es für periodische Signalabtastung und -verarbeitung erforderlich ist. Der EPROM-Speicher kann 192 Befehlsworte zu je 24 bit Länge speichern; die Zykluszeit eines Befehls beträgt je nach Taktfrequenz 400...800 ns. Die Daten werden in einem 8-bit-Digital-Analog-Wandler in Analogsignale umgewandelt, die über 8 gepufferte Analogausgänge zur Verfügung stehen. Dieser Signalprozessor 2920 ist für den autonomen Einsatz vorgesehen, z.B. zur Digitalfilterung oder in Modems, aber auch als Funktionsgenerator zur programmgesteuerten Erzeugung von Signalspannungen verwendbar. Wegen fehlender Ein- und Ausgabeanschlüsse ist allerdings eine unmittelbare Kopplung mit einem Mikroprozessor nicht möglich.

4.3. Mikrorechnerkonfigurationen

4.3.1. Ein-Chip-Mikrorechner und Mikrocontroller

Der erreichte hohe Integrationsgrad bei der Schaltkreisherstellung ermöglicht es, Mikroprozessor, Programm- und Datenspeicher sowie Ein- und Ausgabesteuerung auf einem Chip zu implementieren. Diese Ein-Chip-Mikrorechner (EMR) werden angewendet, wenn minimaler Hardwareaufwand und niedrigste Kosten bei hoher Zuverlässigkeit von entscheidender Bedeutung sind. Speziell auf Steuerungsaufgaben zugeschnittene Ein-Chip-Mikrorechner werden meist als Mikrocontroller bezeichnet.

Es werden sehr viele Typen von Ein-Chip-Mikrorechnern und Mikrocontrollern produziert, die sich in drei, nicht scharf voneinander getrennte Gruppen einteilen lassen:

- Universelle Ein-Chip-Mikrorechner, deren Leistungsfähigkeit im konkreten Anwendungsfall allerdings nicht immer ausgeschöpft wird,
- abgeleitete Typen für bestimmte Aufgaben, z.B. mit internem BASIC-Interpreter oder mit Ergänzungen als Steuerung für ein Standard-Interface,
- spezialisierte Ein-Chip-Mikrorechner für den Einsatz in großen Stückzahlen bei strengen ökonomischen Randbedingungen, beispielsweise für "Bordcomputer" in Fahrzeugen oder zur Steuerung in Geräten der Haushalt- und Unterhaltungselektronik.

Z8- und U 88-Familie

Zu den leistungsfähigsten 8-bit-Ein-Chip-Mikrorechnern gehören die äquivalenten Schaltkreisfamilien Z8 und U 88 (Ba 78a, Pe 78, Zi 83, Be 85, Ki 86, Fe 87a). Das Blockdiagramm des Z8601 bzw. U 881 als "Basis"-Schaltkreis der genannten Familien ist in Abb.4.21 dargestellt. Dieser Ein-Chip-Mikrorechner besitzt vier 8-bit-Ein-/Ausgabe-Kanäle. Während die Kanäle 0...2 im wesentlichen dem Datentransfer dienen, lassen sich die Anschlüsse des Kanals 3 für verschiedene Aufgaben nutzen:

- Handshake-Steuersignale $\overline{\text{DAV}}$ (data valid) und RDY (ready) für Datenübertragungen über Kanal 0...2,
- serielle Datenein- und -ausgabe über P30 und P37,
- vier externe Interruptanforderungssignale IRQ0...IRQ3,
- Ein- und Ausgangssignale der Zähler/Zeitgeber-Einheit,
- Unterscheidung zwischen Daten- und Programmspeicherraum mit $\overline{\text{DM}}$ (data memory) am Anschluß P34.

Bei speicherintensiven Einsatzfällen können über Kanal 0 und 1 externe Speicher mit maximal 64 Kbyte Adreßraum angeschlossen werden, allerdings auf Kosten von Datenübertragungsanschlüssen zur Peripherie.

Der interne UART-Block kann bei einer Taktfrequenz von 8 MHz 2,5 Kbit/s übertragen, wobei die Bitrate von der Zähler/Zeitgeber-Einheit 0 gesteu-

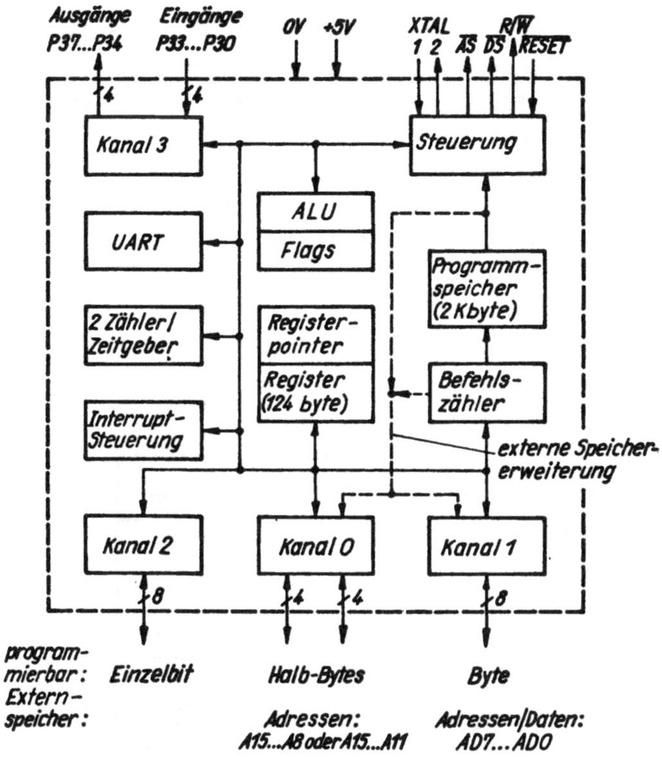

Abb. 4.21: Blockschaltbild des Ein-Chip-Mikrorechners Z8601 bzw. U 881

ert wird. Es werden jeweils 8 Datenbits gesendet oder empfangen. Eine Paritätskontrolle (ungerade) ist mit Hilfe des Datenbits 8 möglich. Beim Senden werden automatisch ein Startbit und zwei Stopbits erzeugt. Außerdem wird nach dem Senden oder Empfangen eines Bytes eine Interruptanforderung ausgelöst (IRQ4 bzw. IRQ3).

Jeder der beiden Zähler/Zeitgeber 0 und 1 umfaßt 8 bit und ist mit einem 6-bit-Vorteiler kombiniert. Für Zähler 1 läßt sich der Vorteiler über den Anschluß P31 extern ansteuern, so daß der Schaltkreis als Impulszähler (maximal 1 MHz) arbeiten kann. Der Zähler/Zeitgeber-Ausgang steht am Anschluß P36 für Steueraufgaben zur Verfügung. Zählerüberläufe lösen Interruptanforderungen IRQ4 oder IRQ5 aus.

Für die Programmausführung und die Konfigurierung des Rechners hat der Registerblock zentrale Bedeutung. Er umfaßt 124 allgemein verwendbare Register und 20 für bestimmte Steuer- und Transferoperationen reservierte Register (Abb.4.22a). Über die Register P0...P3 erfolgt der Datentausch mit den Kanälen 0...3. Die Betriebsarten der UART-Einheit, der Zähler-Zeitgeber und der Ein-/Ausgabe-Kanäle werden mit den Registern 240...248 eingestellt. Die Interruptverarbeitung nutzt die Register 249...251 als Prioritätsregister zur Auswahl einer von 48 Prioritätsverteilungen für die 6 möglichen Einzelinterrupts, als Interrupt-Anforderungsregister für IRQ0...IRQ5 und als Interrupt-Maskenregister. Intern werden die Interruptanforderungen wie Vektoradressen behandelt; die im Programmspeicher reservierten Speicherplätze für die Anfangsadressen der Interrupt-Serviceroutinen sind aus Abb.4.22b ersichtlich. Beim Eintritt in die Serviceroutine werden der Befehlszähler und das Flagregister in den Stack-Speicher gerettet. Der Stack-Pointer ist 8 bit lang, wenn ein Teil des Registerblocks als Stack dient; bei einem externen Stack nutzt man die Register 254 und 255 als 16-bit-Stack-Pointer.

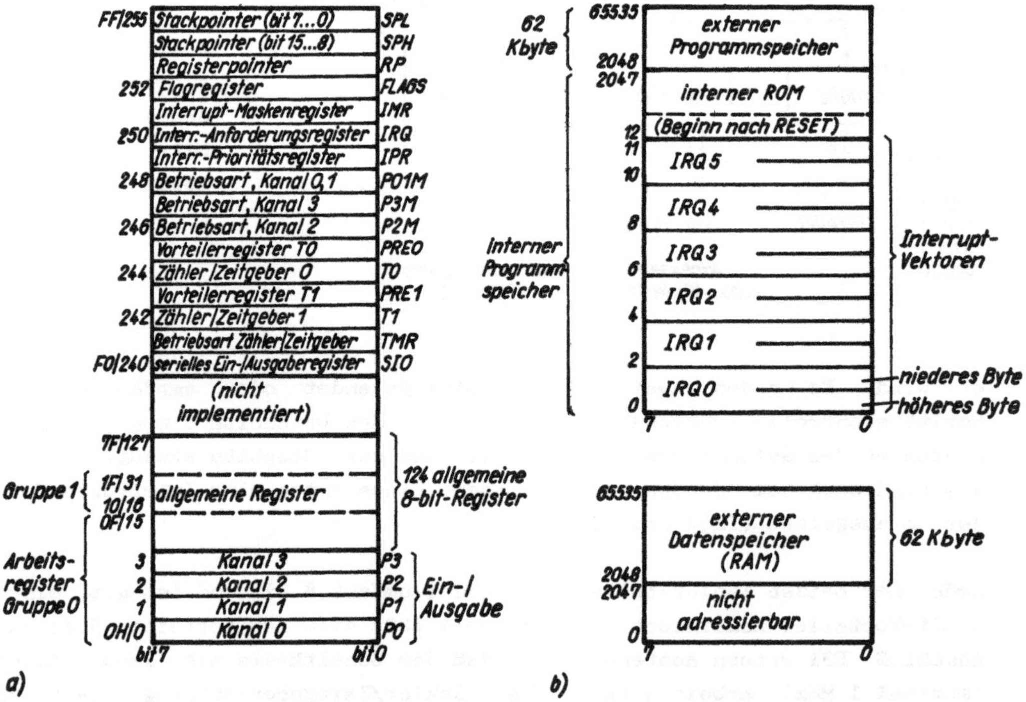

Abb. 4.22: Speicherkonfiguration im Z8601 bzw. U 881;
a: interner Registerblock;
b: Programm- und Datenspeichererweiterung

Das Flagregister enthält neben den von 8- und 16-bit-Mikroprozessoren bekannten Flags Übertrag C, Null Z, Vorzeichen S, Überlauf V, Halbübertrag V und Dezimalkorrektur D (decimal adjust) noch zwei vom Anwender nutzbare Flags F1 und F2. Der Registerpointer RP adressiert eine von 9 sogenannten Arbeitsregistergruppen, die aus jeweils 16 zusammenhängenden Registern bestehen. Für die Adressierung von Registern innerhalb der gleichen Arbeitsregistergruppe reichen 4 bit aus, so daß sich eine speicherplatzsparende Programmierung ergibt.

Der Befehlssatz des Ein-Chip-Mikrorechners Z8 und U 88 umfaßt 43 Grundbefehle mit mehr als 100 durch die verschiedenen Adressierungsarten bedingten Varianten. Die Befehle entsprechen in ihrer Funktion sehr weitgehend den Befehlen des 8-bit-Mikroprozessors Z 80 bzw. U 880. Jedes der allgemein verwendbaren Register des Registerblocks kann als Akkumulator arbeiten, so daß wegen des Wegfalls vieler Operandenumspeicherungen der Programmablauf beschleunigt wird. Die Befehlsausführung beansprucht 6...20 interne Taktzyklen, wobei ein Taktzyklus zwei Perioden des externen Taktgebers entspricht, d.h., bei externem 8-MHz-Takt erfordert die Befehlsausführung 1,5...5 µs.

In der Z8-Variante nach Abb.4.21 hat der interne Programmspeicher eine Kapazität von 2 Kbyte. Durch externe Speicher kann die Daten- und Programmspeicherkapazität auf 62 und 64 Kbyte vergrößert werden, wobei die Adreßbelegung gemäß Abb.4.22b zu berücksichtigen ist. Bei einzelnen Bond-Varianten der U 88-Familie ist eine Betriebsart mit Batteriepufferung zum Datenerhalt der internen Register möglich (power-down mode). Die Stromaufnahme wird hierbei von maximal 200 mA auf maximal 20 mA gesenkt.

Von der beschriebenen Grundkonfiguration sind mehrere Varianten des Z8 bzw. U 88 abgeleitet worden, die sich im wesentlichen in der Größe und Art des Programmspeichers unterscheiden, siehe Tabelle 4.7 (Zi 83, Ba 85, Fe 87a). Die Versionen mit maskenprogrammiertem ROM sind für den Einsatz in großen Stückzahlen (mindestens 5000) vorgesehen. Für Entwicklungsarbeiten und für die Erprobung von Prototypen bieten sich Ein-Chip-Mikrorechner mit extern anschließbarem EPROM an, insbesondere, wenn der EPROM-Speicher ohne Änderung der Anschlußkontakte auf den Ein-Chip-Mikrorechner aufgesteckt werden kann ("piggy-back").

Die Ein-Chip-Mikrorechner Z8671 und U 883 enthalten in ihrem 2 Kbyte großen maskenprogrammierten ROM einen BASIC-Interpreter und einen Bootstrap-Lader (Mü 85). Der Lader initialisiert die Ein- und Ausgabe-Kanäle des Ein-Chip-Mikrorechners und ruft das im externen Speicher befindliche Anwenderprogramm auf. Die interpretative Abarbeitung einer BASIC-Anweisung dauert 3 ms, so daß sich im Interesse kurzer Programmlaufzeiten das Einbinden von Routinen empfiehlt, die als Maschinenkode gespeichert sind und Teilfunktionen des Anwendersystems ausführen.

Weitere 8-bit-Ein-Chip-Mikrorechner und -Mikrocontroller

Die vielen Typen der 8-bit-Ein-Chip-Mikrorechner und -Mikrocontroller unterscheiden sich in der Zahl der verfügbaren Ein- und Ausgabeanschlüsse, in der Ausstattung mit Zähler/Zeitgeber-Einheiten und im Umfang der internen Daten- und Programmspeicherkapazität nicht grundsätzlich von den Schaltkreisen der Z8- und U 88-Familie. Die im folgenden erwähnten Familien verwenden eine Recheneinheit mit Akkumulator ähnlich den Mikroprozessoren 8080 und Z 80 bzw. U 880.

Tabelle 4.7: 8-bit-Ein-Chip-Mikrorechner der Z8- und U 88-Familie

Type [1])	Programmspeicher	Zahl der 8-bit-Kanäle	Zahl der Anschlußkontakte	
Z8601, UB 881X D UD 881X D	intern 2 Kbyte maskenprogrammierter ROM	4	40	für Massenanwendungen
Z8602, UB 882X M UC 882X M UD 882X M	extern 2 Kbyte ROM	4	64	Entwicklungsversion
Z8603	2 Kbyte EPROM (2716) "piggy-back"	4	40	Prototyp-Bestückung
Z8611 U 8611 DC	intern 4 Kbyte ROM	4	40	für Massenanwendungen
Z8612, UB 884X M UC 884X M UD 884X M	extern 4 Kbyte ROM	4	64	Entwicklungsversion
Z8613	4 Kbyte EPROM (2732) "piggy-back"	4	40	Prototyp-Bestückung
Z8671, UB 883X D UC 883X D UD 883X D	intern 2 Kbyte maskenprogrammierter ROM	4	40	mit BASIC-Interpreter; im U 883 BASIC-Interpreter Tiny-MP-BASIC (nicht kompatibel mit Z8671)
Z8681	-	3	40	kostengünstig
Z8682, UB 886X D UC 886X D UD 886X D	-	3	40	für breite Anwendungen, Nutzung einer internen Bootstrap-Routine zum Programmstart

[1]) Bei den Typen U... gilt als maximale Taktfrequenz B = 8 MHz, C = 5 MHz und D = 3,6 MHz; X = 0 ist die Bond-Variante ohne und X = 1 mit Power-down-Modus.

Die **MCS-48-Familie** wurde Mitte der siebziger Jahre entwickelt. Der Mikrorechner 8048 hat intern 64 byte RAM und 1 Kbyte Programmspeicher, während der insgesamt adressierbare Speicherraum auf 256 byte für Daten und 4 Kbyte für Programme beschränkt ist. Die Versionen 8748 und 8749 besitzen einen EPROM als Programmspeicher. Im 8022 ist ein 8-bit-Analog-Digital-Wandler realisiert (Ch 78).

Die **MCS-51-Familie** zeichnet sich gegenüber dem MCS-48 durch bedeutende Verbesserungen aus. Der 8051 enthält rund 60 000 Transistoren verglichen zu etwa 17 000 Transistoren des 8048 (Ko 80, In 83b). Der interne ROM hat eine Kapazität von 4 Kbyte (8051, 8044) bzw. 8 Kbyte (8052); der RAM-Block umfaßt 128 bzw. 256 byte. Daten- und Programmspeicher sind auf maximal 64 Kbyte erweiterungsfähig. Besonders erwähnenswert sind Befehle für 8*8-bit-Multiplikation (4 µs) und 8/8-bit-Division sowie ein sogenannter Boole-Prozessor, der für Bitmanipulationen vorgesehen ist und eine sehr effektive Programmierung von Logikplänen für Steuerungsaufgaben ermöglicht. Ferner wird die serielle synchrone und asynchrone Datenübertragung unterstützt. Im 8044 wird die serielle Datenübertragung im HDLC/SDLC-Protokoll realisiert.

16-bit-Mikrocontrollerfamilie MCS-96

Der 16-bit-Mikrocontroller 8096 und die abgeleiteten Varianten weisen im Vergleich zu den 8-bit-Typen einige neue Architekturdetails auf (Wi 82, In 83b, Ho 85, Ba 86). Von den fünf 8-bit-Ein- und -Ausgabe-Kanälen können zwei als Adreß- und Datenbusanschluß für einen externen Speicher mit 64 Kbyte Kapazität genutzt werden, ohne allerdings zwischen Daten- und Programmspeicher zu unterscheiden.

Die zwei internen Zeitgeber-Schaltkreise werden u.a. zur Steuerung der 4 schnellen Digitaleingänge HSI (high speed input) und der 6 schnellen Digitalausgänge HSO (high speed output) verwendet. Die Aufgabe der Kanäle HSI und HSO besteht darin, einerseits kurze Reaktionszeiten auf externe Signalflanken zu realisieren und andererseits zeitgesteuerte Signale abzugeben, ohne den Mikrorechner durch Interrupts oder Ausgabesteuerprogramme zu überlasten. Bei den schnellen Eingängen HSI wird mit dem internen Zeitgeber der Zeitpunkt des Auftretens eines Signals, z.B. eine positive Flanke, mit einer Zeitauflösung von 2 µs (bei 12-MHz-Prozessortakt) kodiert (16 bit) und in einem FIFO-Speicher abgelegt. Der FIFO-Speicher kann 7 solcher Einträge von den 4 HSI-Anschlüssen aufnehmen und diese Daten dem Prozessor zuführen, gegebenenfalls mit Hilfe einer Interruptanforderung. In ähnlicher Weise werden die schnellen Ausgänge HSO gesteuert. In einen inhaltsadressierten Speicher mit maximal 8 Einträgen werden die Angaben zur Freigabe eines Signals eingeschrieben: 16-bit-Zeitreferenz und 7-bit-HSO-Befehl. Im Abstand von 2 µs werden die gültigen Einträge mit dem aktuellen Zeitgeberstand verglichen - bei Übereinstimmung wird die entsprechende Aktivität ausgelöst.

Die Mikrocontroller enthalten einen 10-bit-Analog/Digital-Wandler, der eine Konversionszeit von 42 µs bzw. 22 µs bei den Versionen 8X9X-BH aufweist. Dem Wandler ist ein Multiplexer für 8 Eingänge und ein Sample-and-hold-Verstärker vorgeschaltet. Weitere wichtige Merkmale der MCS-96-Familie sind die serielle Schnittstelle mit eigenem Rategenerator, der Ausgang für ein pulsbreitenmoduliertes Signal (PMW) zur Digital/Analog-Wandlung und die interne Zeitüberwachungsschaltung, die ein Reset erzeugt, wenn sie nicht regelmäßig zurückgesetzt wird.

Für die Programmausführung steht ein interner 256 byte langer Registerblock zur Verfügung, der 24 byte als Spezialregister für Stack-Pointer, Interruptbearbeitung, Ein-/Ausgabe-Kanäle, Zeitgeber u.ä. einschließt. Jedes der verbleibenden 230 byte kann wie beim Z8/U 88 als Akkumulator verwendet werden (Register-zu-Register-Architektur). Die Operandenlängen sind 8, 16 und 32 bit. Eine 16*16-bit-Multiplikation dauert 6,25 µs, die

Normierung bei Gleitkommarechnungen maximal 10,75 µs, jeweils bezogen auf 12 MHz Taktfrequenz. Die 17 möglichen Interruptquellen sind 8 prioritätsgestaffelten Vektoradressen zugeordnet. Als Interruptansprechzeit werden 9 µs für den günstigsten Fall (nach 16-bit-Addition) und 27 µs für den ungünstigsten Fall angegeben.

Die Typen 879X-BH zeigen eine weitere interessante Eigenschaft. Auf dem Chip ist der Programmieralgorithmus für einen EPROM-Speicher untergebracht, so daß während des Betriebs Programme und Konstanten im EPROM abgelegt werden können. Dies stellt eine Alternative zu den elektrisch löschbaren EAROM-Speichern dar.

4.3.2. Ein-Leiterkarten-Mikrorechner

Ein Ein-Leiterkarten-Mikrorechner oder Single-board-Computer (SBC) enthält auf einer einzigen Leiterkarte alle für einen Rechner erforderlichen Funktionseinheiten. Er zeichnet sich gegenüber dem Ein-Chip-Mikrorechner durch höhere Prozessorleistung, größere Speicherkapazität, vielseitigere Steuermöglichkeiten und umfangreichere Anzahl von Anschlußschnittstellen aus und läßt sich besser an anspruchsvolle Aufgabenstellungen anpassen. Oftmals dient der Ein-Leiterkarten-Mikrorechner als zentrale Verarbeitungseinheit eines modular aufgebauten Mikrorechners (Abb.4.1).

Ein Ein-Leiterkarten-Mikrorechner umfaßt im wesentlichen die folgenden Funktionseinheiten:

- Mikroprozessor mit Taktgenerator und Steuerschaltkreisen sowie Treiber- und Pufferstufen für den Komponentenbus auf der Leiterkarte,
- Programm- und Datenspeicher bis größenordnungsmäßig 64 Kbyte,
- Anschlußschnittstellen für Bedien- und Datenein- und -ausgabegeräte, z.B. für die Ansteuerung von Bildschirm, Eingabetastatur und Drucker,
- Treiber- und Pufferstufen für den Anschluß an einen Systembus sowie gegebenenfalls eine Arbitrationstufe für die Kopplung an einen multimasterfähigen Systembus.

Der Programmspeicher wird meist für Initialisierungsprogramme zur Konfigurierung des Rechners verwendet, kann aber auch Test- und Serviceroutinen für den Mikroprozessor und die angeschlossenen Komponenten enthalten. Die Abmessungen des Ein-Leiterkarten-Mikrorechners werden beim Einsatz als zentrale Verarbeitungseinheit eines modular aufgebauten Mikrorechners von dessen konstruktiven Parametern bestimmt, insbesondere hinsichtlich des Leiterkartenformats und der Art und Beschaltung der Steckverbinder zum Systembus und zu den peripheren Geräten.

Für den Aufbau von 8-bit-Mikrorechnern und für ihren selbständigen Einsatz sind außerordentlich viele Typen von Ein-Leiterkarten-Mikrorechnern entwickelt, angewendet und publiziert worden. Hier genügt daher der Hinweis auf die zentrale Verarbeitungseinheit ZRE K 2521 des Mikrorechners robotron K 1520 (Ro 78) mit dem Mikroprozessor U 880 und auf den Ein-Leiterkarten-Mikrorechner iSBC 80/10 (Ga 76) mit dem Mikroprozessor 8080A. Die zentrale Verarbeitungseinheit des 8-bit-Mikrorechners robotron 1715 (Fa 85) enthält neben dem Mikroprozessor U 880 eine Bildschirmsteuerung mit KR 580 WG 75 und drei serielle V.24-Schnittstellen für den Anschluß der Tastatur, eines Druckers und einer weiteren Einheit, z.B. Datenfernübertragung.

Für einen Ein-Leiterkarten-Mikrorechner mit einem 16-bit-Mikroprozessor ist bei geringen und mittleren Leistungsansprüchen eine Struktur gemäß Abb.4.23 als typisch anzusehen. Der Zugriff zu Speichern und Ein-/Ausgabestufen außerhalb des Ein-Leiterkartenrechners erfolgt über den Systembus. Der Zwei-Tor- oder Dual-port-Speicher RAM ist sowohl vom lokalen Mikroprozessor als auch über den Systembus zugänglich, letzteres für DMA-Übertragungen und für Zugriffe durch einen anderen Master in einem Multimikroprozessorsystem. Die vom Systembus eingekoppelten und die von Einheiten des Ein-Leiterkarten-Mikrorechners erzeugten Interruptanforderungen werden über eine Interruptmatrix geordnet und von der Interruptsteuerung übernommen. Durch Kaskadierung des Schaltkreises 8259A können bis zu 64 Interruptanforderungsquellen verarbeitet werden (vergleiche Abb.4.7).

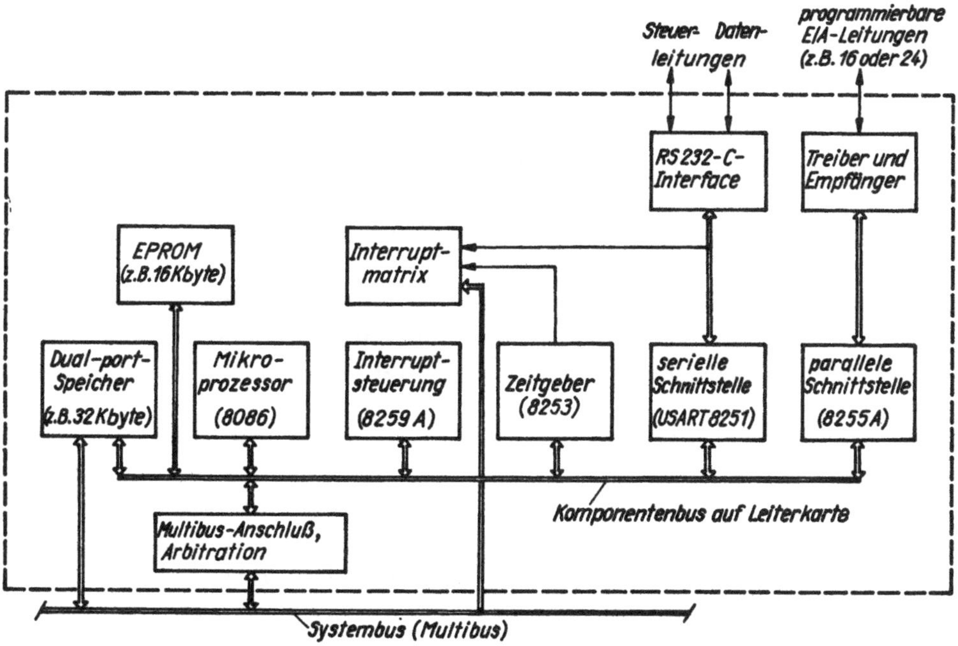

Abb.4.23: Ein-Leiterkarten-Mikrorechner

Die konkrete Schaltung eines Ein-Leiterkarten-Mikrorechners wird wesentlich von den Anschlußbedingungen und dem vorgeschriebenen Zeitablauf der verwendeten Schaltkreise bestimmt. Der in Abb.4.23 skizzierte Rechner basiert auf dem Mikroprozessor 8086 und den hierfür geeigneten Peripherieschaltkreisen; er entspricht der Type iSBC 86/12A (Ga 78, In 79a). Die Leiterkarte mißt 17,15 * 30,48 cm^2. Einen Eindruck von der Schaltungstechnik mit neueren Schaltkreisen zur Bussteuerung und Arbitration vermitteln Abb.3.29, 3.30 und 4.6. Mit derartigen Schaltkreisen und Speichern höherer Kapazität wurde ein ähnlicher oder erweiterter Leistungsumfang, verglichen zu Abb.4.23, bei erheblicher Verringerung der Leiterkartenabmessungen möglich. Als Beispiele für derartige Ein-Leiterkarten-Mikrorechner mit dem Mikroprozessor K 1810 WM 86 seien die Mikrorechner PMW02 (Do 86), der für Ausbildungszwecke entwickelte Rechner UMPK-86/WM (Pa 86) und ein Mikrorechner mit Anschluß an den Systembus I-41 (Iv 86) genannt. Zu dieser Leistungskategorie gehört auch die zentrale Verarbeitungseinheit ZVE K 2771 des Arbeitsplatzcomputers robotron A 7100 (Ju 85, Ke 87):

- Mikroprozessor K 1810 WM 86 (5 MHz Taktfrequenz) und Taktgenerator K 1810 GF 84,
- programmierbarer Zeitgeber KR 580 WI 53,
- maximal 32 Kbyte EPROM für Initialisierungsprogramm, Selbstdiagnose, Bootstrap-Lader und zur Aufnahme eines Monitorprogramms für einfache Bedienfunktionen,
- Interruptsystem mit KR 580 WN 59.A als Master-Schaltkreis mit Kaskadierung durch weitere Slave-Schaltkreise über den Systembus; Interrupt-Zuordnungsmatrix,;
- Steuerung des Komponentenbus und Busarbitration mit den Schaltkreisen K 1810 WG 88 und K 1810 WB 89,
- Ein-/Ausgabe-Kanal IFSS für Tastatur- oder Terminalanschluß und Ausgabekanal mit Centronics-Interface IFSP-M für Drucker,
- Anschluß für externen Dual-port-Speicher über ZPS-Nebenbus.

Die Leiterkarten haben Doppel-Europaformat (233,35 * 160 mm^2).

Im allgemeinen bestehen für die Erweiterung eines Ein-Leiterkarten-Mikrorechners, abgesehen von seiner Zusammenschaltung mit separaten Speicher- und Ein-/Ausgabe-Baugruppen zu einem modular aufgebauten Mikrorechner, folgende Möglichkeiten:

- Verwendung leistungsfähigerer Mikroprozessoren, z.B. 80186 und 80286 statt 8086,
- freie Steckfassungen zum Nachrüsten mit RAM- und EPROM-Schaltkreisen, aber auch von Steuerschaltkreisen und Koprozessoren. So sind beispielsweise die zentralen Verarbeitungseinheiten vieler Typen von Personalcomputern zur Ergänzung der Prozessoren 8086 und 80286 mit dem Arithmetikprozessor 8087 oder 80287 vorbereitet. Schaltungsdetails für die Kopplung des Mikroprozessors K 1810 WM 86 und des Arithmetikprozessors K 1810 WM 87 sind in (Iv 86) und im Zusammenhang mit der Steuerung des

Instrumentierungssystems CAMAC in (Go 86) angegeben,
- Erweiterungsplatinen mit kleineren Abmessungen zum Aufstecken auf den Ein-Leiterkarten-Mikrorechner, z.B. die iSBC-Erweiterungsmoduln für Speicher und Arithmetik und die über den iSBX-Bus anschließbaren Erweiterungsmoduln für digitale und analoge Ein-/Ausgabe (In 85a).

Die Verwendung eines Ein-Leiterkarten-Mikrorechners als OEM-Komponente empfiehlt sich bei der Realisierung einer Steuerung oder eines Meßsystems durch die Nutzbarkeit einer erprobten und geprüften Baugruppe sowie entsprechender Software. In vielen Fällen lassen sich jedoch die Kartenabmessungen, die Art der Steckverbinder und die Anschlußschnittstellen eines gegebenen Ein-Leiterkarten-Mikrorechners nicht in optimaler Weise mit den Anforderungen des Einsatzbeispiels vereinbaren. In solchen Fällen wird daher die Entwicklung einer speziell angepaßten Verarbeitungseinheit vorgezogen. Das gilt vor allem dann, wenn eine relativ große Stückzahl zu erwarten ist, beispielsweise bei den sogenannten Home-Computern. Die Verwendung einer großflächigen Leiterkarte kann durch die Einsparung von Steckverbindungen und Rückverdrahtung der Steckerleisten ökonomisch günstiger sein und höhere Zuverlässigkeit ergeben.

4.3.3. Modular aufgebaute Mikrorechner

Ein modular aufgebauter Mikrorechner besteht aus einzelnen Leiterkarten, die wichtige Rechnerbaugruppen, wie zentrale Verarbeitungseinheit, Programm- und Datenspeicher, sowie Ein- und Ausgabesteuerungen darstellen. Als sogenannte Steckkarteneinschübe oder Steckeinheiten werden sie in einem Rahmen über Steckerleisten mit der Rückverdrahtung verbunden, die den Mikrorechnerbus bildet.

Mitte der siebziger Jahre war der busorientierte modulare Aufbau eines Mikrorechners wegen des noch geringen Integrationsgrades der Speicher- und Peripherieschaltkreise erforderlich, doch wurde später dieses Konstruktionsprinzip auch bei Verwendung leistungsfähiger Ein-Leiterkarten-Mikrorechner beibehalten. Es ermöglicht eine große Variabilität der Mikrorechnerkonfiguration und erlaubt es, zusätzliche Speicherblöcke, Adapterleiterkarten und Peripheriesteuerungen je nach Anforderung zu ergänzen. Für derartige OEM-Baugruppen der Rechnerhersteller oder für Steckeinheiten, die der Anwender für spezielle Aufgabenstellungen selbst entwickelt hat, besitzen die Baugruppenträger eines Rechners gewöhnlich einige freie Steckplätze.

Die Vielfalt der im Einsatz befindlichen, modular aufgebauten Mikrorechner ist außerordentlich groß:
- Mikrorechner-Baugruppensysteme zur Realisierung von Rechnern und Prozeßsteuerungen, für die Meß- und Automatisierungstechnik sowie für viele Einsatzgebiete, wo spezielle Anforderungen bestehen,. z.B. hinsichtlich

Prozeßkopplung oder Einsatzbedingungen,

- anwendungsbereite Mikrorechner in Standardausführung für wissenschaftlich-technische und ökonomische Rechnungen, zur Datenverarbeitung und Büroautomatisierung, für Entwurfs- und Entwicklungsarbeiten (CAD), für Lehre und Freizeitbeschäftigung u.ä.m.:
  - Home- und Kleincomputer, meist mit einem 8-bit-Mikroprozessor ausgestattet,
  - Personal-, Büro- und Arbeitsplatzcomputer mit zentraler 8- oder vorrangig 16-bit-Verarbeitungseinheit und weiteren Prozessoren in einzelnen Ein-/Ausgabe-Steuerungen,
  - Entwurfsplätze und Bildverarbeitungssysteme mit 16- oder 32-bit-Mikroprozessor,
  - Mikrorechner-Entwicklungssysteme für Programmentwicklung sowie Hard- und Software-Testung (In-circuit-emulation, Logikanalyse).

8-bit-Mikrorechner

Für 8-bit-Mikroprozessoren sind zahlreiche Baugruppensysteme entwickelt und in weitem Umfang eingesetzt worden. So erlangte in der DDR das Mikroprozessorsystem MPS 4944 (Ka 78) eine große Bedeutung für Arbeiten zur Steuerung und Automatisierung von wissenschaftlichen Experimentieranlagen, zur Datenerfassung und -verarbeitung bei Labormeßgeräten u.ä. Für die Kopplung mit derartigen Geräten wurde ein umfangreiches Sortiment von Interface-Moduln und Signalwandlern bereitgestellt; außerdem konnte der Anwender zwischen Verarbeitungseinheiten mit den Mikroprozessoren U 808/8008, 8080 und U 880/Z 80 entsprechend den Anforderungen wählen.

Das industriell gefertigte Modulsystem robotron K 1520 (Ro 78, Ba 79) basiert auf dem Mikroprozessor U 880 und bildet die Grundlage für viele Geräte der Datenverarbeitung, z.B. Bürocomputer der Serie A 5100 (A 5110/5120/5130), Bildschirmterminals K 8911/8912 und Mikrorechner MC-80, für die Prozeßautomatisierung und die Steuerungstechnik. Das System K 1520 ist das in der DDR während der achtziger Jahre zweifellos am häufigsten eingesetzte Modulsystem (Leiterkartengröße 215 * 170 mm^2). Zwecks Anpassung an unterschiedliche Aufgabenstellungen wurden von vielen Anwendern spezielle Leiterkarten entwickelt und zur Nachnutzung empfohlen, und zwar vor allem für die Prozeßkopplung, die vom Rechnerhersteller nicht unterstützt wird.

Das gegenüber dem Vorgängersystem des Kombinats Carl Zeiss Jena verbesserte 8-bit-Mikrorechnersystem MMS U880-2 verwendet höher integrierte Schaltkreise und Mehrebenenleiterkarten zur Erhöhung von Packungsdichte und Störsicherheit (Se 86). Die Steuerungen für Magnetfolienspeicher und für ein graphisches Rasterdisplay (256 * 512 Punkte) besitzen jeweils einen eigenen Mikroprozessor U 880. Die Steckeinheiten benutzen den 8-bit-E/A-Bus des MMS-16 (Steckverbinder X2) und sind auch im 16-bit-System MMS-16 einsatzfähig.

Internationale Verbreitung besitzt beispielsweise das Mikrocomputer-Baugruppensystem SMP (Si 83). Die zentralen Verarbeitungseinheiten enthalten die 8-bit-Mikroprozessoren 8080, 8085 bzw. 8031 oder den 16-bit-Mikroprozessor 8088; einzelne Versionen lassen die Verwendung von Arithmetik-Schaltkreisen 9511, 9512 oder 8087 zu. Die Leiterkarten haben Einfach-Europaformat 100 * 160 mm^2. Im System SMP sind neben Baugruppen für Speichererweiterung und den Anschluß von Rechnerperipherie auch Moduln verfügbar, die der Prozeßkopplung dienen: parallele, serielle und analoge Ein- und Ausgabeeinheiten sowie Zähler, wahlweise mit galvanischer Trennung über Relais oder Optokoppler. Weiterhin sind Regler zur Positionierung von Maschinenachsen, Anschlußschnittstellen zum Interface IEC-625 u.ä.m. verfügbar.

Unter den im Einsatz befindlichen 8-bit-Mikrorechnern ragen in Vielfalt und Verbreitung die Home- und Kleincomputer heraus. Tabelle 4.8 gibt eine Übersicht über wesentliche Eigenschaften dieser Rechnerklasse, obwohl im Einzelfall durchaus nicht alle der aufgeführten Werte realisiert sind. Mitte der achtziger Jahre waren rund 800 Typen weltweit im Angebot. Zu den charakteristischen Vertretern dieser Rechnerklasse gehören auch die in der DDR entwickelten und gefertigten Heim- und Kleincomputer robotron Z 9001 bzw. KC 85/1 (Sc 84, Wi 84), KC 85/3 (Do 87) und KC 87 (Sc 86a, Ke 87a), die in der Lehre und in der Praxis wesentlich den Einstieg in die Mikrorechentechnik erleichterten. Bei den Kleincomputern KC 85/2 und KC 85/3 ist die Vollgraphik mit 320 * 256 Bildpunkten und Farbdarstellung und beim Typ KC 87 die Möglichkeit einer Spracheingabe (50 Worte) bemerkenswert.

Der Rechner robotron 1715 (Fa 85), der wie die erwähnten Typen von Heim- und Kleincomputern ebenfalls den Mikroprozessor U 880 verwendet, läßt sich auf Grund seiner Ressourcen den Personalcomputern zuordnen (vergleiche Tabelle 4.8). Er enthält maximal 2 Magnetfolienlaufwerke (5,25-Zoll-Disketten mit 160 Kbyte Speicherkapazität) sowie Anschlußschnittstellen für Drucker und Datenfernübertragung (V.24). Die Bildschirmsteuerung basiert auf dem Steuerschaltkreis KR 580 WG 75; der monochrome Bildschirm kann bis zu 24 Zeilen mit je 80 Zeichen darstellen. Die alphanumerische Tastatur wird durch eine Zehnertastatur und frei programmierbare Funktionstasten ergänzt. Als Drucker sind wahlweise Nadel- oder Typenraddrucker verwendbar. Das Betriebssystem BROS sichert die Programmkompatibilität zum Bürocomputer A 5110 und unterstützt neben Tests von Anwenderprogrammen einen Makro-Assembler sowie einen BASIC-Interpreter und einen Compiler für PASCAL. Weiterhin ist das Betriebssystem SCP verfügbar, das zum international weit verbreiteten System CP/M 2.2 kompatibel ist. Unter SCP ist die Programmierung in BASIC und PASCAL möglich sowie die Nutzung zahlreicher Dienstprogramme, z.B. Textverarbeitungsprogramm TP und Datenbanksystem REDABAS. Die weiterentwickelte Version des Personalcomputers als robotron 1715W zeichnet sich durch 256 Kbyte RAM-Kapazität aus

(Be 87). Der RAM-Bereich ist in 5 Speicherbänke aufgeteilt, wobei drei Bänke mit insgesamt 144 Kbyte als "elektronische Diskette" verwendet werden. Die Steuerung erfolgt mit dem Betriebssystem SCPX 1715.

Tabelle 4.8: Typische Eigenschaften von Home- und Personalcomputern

	Home- und Klein-Computer	Personal- und Arbeitsplatz-Computer
Häufig eingesetzte Mikroprozessoren	8 bit: Z 80, U 880; 6502	16 bit: 8086, K 1810 WM 86, (8088) 80186, 80286, MC 68000
Speicher:		
Lesespeicher	bis 64 Kbyte	bis 192 Kbyte
Arbeitsspeicher	bis 64 Kbyte	mindestens 128 Kbyte, bis 1 Mbyte
Bildwiederholspeicher	bis 16 Kbyte	bis 64 Kbyte
Tastatur	Volltastatur, auch Elastomer-Ausführung	Volltastatur, frei programmierbare Funktionstasten
Bildschirm:		
alphanumerisch	Heimfernsehempfänger, Monitor bis 25 Zeilen mit je 40...80 Zeichen	Monitor bis 25 Zeilen mit je 80 Zeichen
graphisch	quasi-graphisch, auch Vollgraphik bis etwa 320 * 256 Bildpunkte	Vollgraphik bis etwa 640 * 480 Bildpunkte
Magnetspeicher:		
Magnetbandkassette	meist extern anschließbar	nur als Ausnahme
Magnetfolienspeicher (Floppy-Disk-Laufwerk)	z.T. im Rechner integriert	1 oder 2 Laufwerke
Magnetplattenspeicher (Winchester-Laufwerk)	-	1 (10...40 Mbyte)
Erweiterungsmöglichkeiten	Busverlängerung für Erweiterungen und anwenderspezifische Interfaces; bis 256 Kbyte RAM (Bank-Umschaltung); EPROM-Programmiermodul; Magnetfolienlaufwerk	Arithmetik-Koprozessor; Magnetspeicher in separatem Beistellgefäß; 2...6 freie Steckplätze im Baugruppenträger
Zusatzgeräte	Ausgabe-Drucker (Thermodrucker, Typenrad-Drucker); Spielhebel (Joystick) für Computerspiele	Ausgabe-Drucker (Nadeldrucker mit Graphikmöglichkeiten; Typenrad-Drucker); Eingabehilfe "Maus"; Graphik-Eingabetableau und Digitalisiergeräte; Plotter
Anschlußschnittstellen (zum Teil als Zusatz)	Grundausstattung: V.24, RS 232-C; auch IEC-625-Bus	V.24, RS 232-C; Datenfernübertragung,und LAN-Anschluß; Prozeßadapter; IEC-625-Bus
Betriebssystem	Monitor, mit BASIC-Interpreter; CP/M; MSX-DOS	CP/M-86; PC-DOS; MS-DOS; Multitasksystem (UNIX); Echtzeitsystem
Dienst- und Anwenderprogramme	Assembler; Compiler und Interpreter; Textverarbeitung; Spielprogramme	Compiler und Interpreter; Text- und Dateiverarbeitung; Graphik-Software; Entwurfsprogramme

16-bit-Mikrorechner

Zu Beginn der achtziger Jahre setzte eine breite Anwendung leistungsfähiger 16-bit-Mikroprozessoren und zugehöriger hochintegrierter Steuer- und Peripherieschaltkreise ein:

- Leiterkartensysteme mit Anschluß an einen multimasterfähigen Bus zum Aufbau von Rechnern und Steuerungen sowie für OEM-Anwendungen,
- arbeitsplatzgebundene Rechentechnik, wie Personalcomputer, Arbeitsplatzcomputer und Konstruktionsarbeitsplätze,
- Kopplung von Rechnern über lokale Rechnernetze (LAN) zur Büroautomatisierung, Prozeßsteuerung u.ä.m.

Die größte internationale Verbreitung haben Leiterkartensysteme mit Anschluß an den Multibus einschließlich der abgeleiteten Versionen AMS-M und I-41 sowie an den VME-Bus gefunden.

Das Leiterkartensystem für den **Multibus** basiert auf Ein-Leiterkarten-Mikrorechnern mit 8- und 16-bit-Mikroprozessoren, z.B. 8086 und 80286, und auf Erweiterungseinheiten (iSBX E/A-Erweiterung, iSBC Multimodul) für Arithmetik (8232, 8087, 80287), für Speicher und Speicherverwaltung, für Graphikverarbeitung (82720) sowie für programmierbare serielle und parallele Ein- und Ausgabe (In 85a). Weiterhin gehören zum System Steuerungen für LAN-Anschluß (Ethernet) und für Magnetplattenlaufwerke. Ähnliche Grundkonzepte weisen das **Mikrocomputer-Baugruppensystem AMS** (Si 86) und das **Mikrorechnermodulsystem MMS 16** (Ju 85) mit Leiterkarten im Doppel-Europaformat (233,35 * 160 mm^2) auf. Im System AMS sind als Mikroprozessoren 8085, 8086, 80186 und 80286 vorgesehen, ergänzt durch Steckmoduln mit den Arithmetikprozessoren 8087 bzw. 80287. Die Zusammenschaltung der Leiterkarten erfolgt über den multimasterfähigen Bus AMS-M. Für das System MMS 16 werden die 16-bit-Mikroprozessoren K 1810 WM 86 und U8000 angegeben. Als Systembus dient der Bus I-41, der logisch und funktionell dem Multibus und AMS-M entspricht. Die Baugruppen des MMS 16 umfassen Moduln zum Aufbau des Arbeitsplatzcomputers robotron A 7100 sowie Erweiterungseinheiten für Speicher, Arithmetik, Digitalein- und -ausgabe aus dem Lieferprogramm der Geräte- und Automatisierungsindustrie.

Der **Arbeitsplatzcomputer robotron A 7100** (Ke 86, He 87, Ke 87) wird im folgenden als ein typisches Beispiel für den Aufbau eines Rechners aus Leiterkarten eines geeigneten Leiterkartensystems kurz vorgestellt. Die Entwicklung dieses Rechners erfolgte im Rahmen des Systems der Kleinrechner SKR der RGW-Länder; die Bezeichnung des A 7100 im SKR lautet CM 1910, während die sowjetische Äquivalenztype CM 1810 genannt wird (Sc 86b). Die Struktur des A 7100 ist in Abb.4.24 dargestellt, wobei gleichzeitig die Minimalkonfigurationen für den Einsatz als alphanumerischer oder graphischer Arbeitsplatz angegeben sind. Der Leiterkartenanschluß an den Systembus I-41 (Steckverbinder X1) erfolgt über 96-polige Steckverbinder nach DIN 41612. Wesentliche Parameter der zentralen Verarbeitungseinheit ZVE K 2771 einschließlich der eingesetzten Schaltkreise sind bereits im

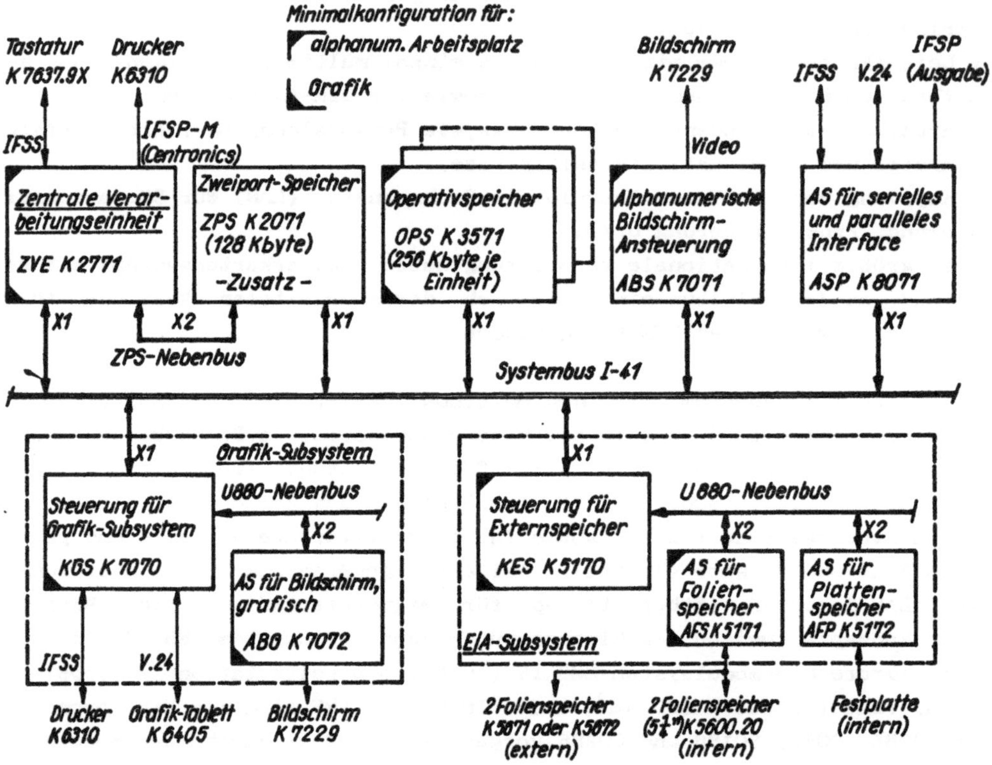

Abb. 4.24: Struktur des Arbeitsplatzcomputers robotron A 7100

Abschnitt 4.3.2. beschrieben worden. In den Subsystemen für Graphik und Ein-/Ausgabe wird ein lokaler Nebenbus verwendet (Steckverbinder X2), der an die Anschlußbedingungen des Mikroprozessors U 880 angepaßt ist. Ein spezieller Nebenbus ZPS dient der Verbindung der zentralen Verarbeitungseinheit mit dem Zwei-Tor-Speicher. Aus der Funktion der einzelnen Baugruppen ist verständlich, daß nur die zentrale Verarbeitungseinheit ZVE und die Ein-/Ausgabe-Steuerung KES als Master die Bussteuerung übernehmen können. Besonders zu erwähnen ist, daß einige Moduln, wie Bildschirm- und Ein-/Ausgabe-Steuerung, mit einem eigenen 8-bit-Mikrorechner (U 880 und Peripherieschaltkreise U 855, U 856 und U 858) ausgestattet sind. Auf diese Weise ist eine Parallelarbeit mehrerer Funktionsblöcke des Rechners möglich, woraus sich bei verringerter Busbelastung eine höhere Gesamtleistung ergibt.

Der Arbeitsplatzcomputer robotron A 7150 (Ke 87b) baut auf der konstruktiven Lösung des Vorgängertyps A 7100 auf und besitzt eine Reihe von Verbesserungen und Erweiterungen. Zur Beschleunigung arithmetischer Rechnungen um 1 bis 2 Größenordnungen dient der Numerikdaten-Prozessor NDP

K 2075, der den Arithmetikschaltkreis K 1810 WM 87 enthält. Das Prinzip der Kopplung mit dem Mikroprozessor K 1810 WM 86 ist in Abb.3.23 dargestellt. Das Graphik-Subsystem verwendet den Steuerschaltkreis U 82720 und ist für die Benutzung eines monochromen oder polychromen Bildschirms mit mindestens 640 * 480 Bildpunkten ausgelegt. Neben den Betriebssystemen SCP 1700, MUTOS 1700 und BOS 1810 steht für den Rechner A 7150 als viertes Betriebssystem DCP zur Verfügung (We 87a).

Zum ESER-System gehört der sowjetische professionelle Personalcomputer ES 1840, dessen Leistung mit den Rechnern ES 1020 und 1022 verglichen werden kann (Py 86). Der ES 1840 ermöglicht die Nutzung von System- und Anwenderprogrammen der Personalcomputer IBM-PC. Er besteht aus 5 Basis-

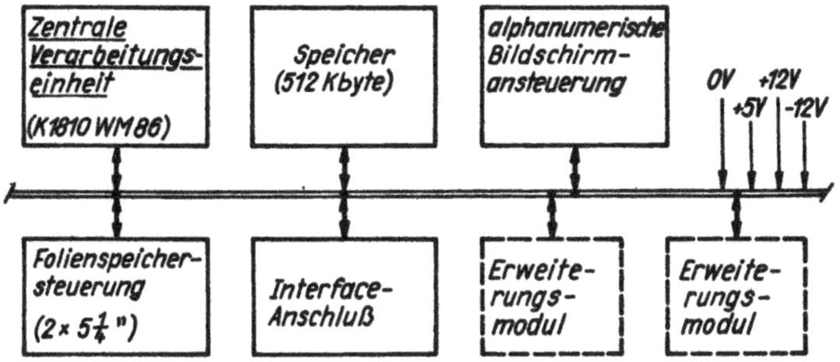

Abb.4.25: Basiskonfiguration des Personal-Computers ES 1840

moduln (Abb.4.25) und arbeitet mit dem Mikroprozessor K 1810 WM 86. Im Systembus sind zwei freie Steckplätze für Erweiterungen verfügbar. Die Leiterkarten mit den Abmessungen 200 * 240 mm^2 und mit einem 135-poligen Steckverbinder sind nicht mit dem A 7100 kompatibel. Mit einer Busverlängerung sind Moduln und Steuerungen für ein Winchester-Laufwerk, für den LAN-Anschluß, für analoge und digitale Ein- und Ausgabe, für die Sprachsynthese, für den Instrumentierungsbus IEC-625 und für das modulare Instrumentierungssystem CAMAC an den Rechnerbus anschließbar. Statt des monochromen Bildschirms ist auch ein Farbbildschirm verwendbar. Mit dem Betriebssystem M 86, das mit CP/M-86 vergleichbar ist, sind zahlreiche Dienstprogramme lauffähig, z.B. WORDSTAR, SUPERCALC und dBASE II. Als Programmiersprachen sind PASCAL, FORTRAN und C vorhanden. Die Nutzung weiterer zu IBM-PC kompatibler Betriebssysteme sowie entsprechender Dienst- und Anwenderprogramme ist möglich.

Für Personal- und Arbeitsplatzcomputer hat sich international ein gewisser Standard herausgebildet, wie er mit den Angaben in Tabelle 4.8 umrissen werden kann. Als Bezugssysteme werden oft die Personalcomputer IBM-PC, -PC-XT und -PC-AT herangezogen, doch ist bei vielen Rechnertypen mit annoncierter IBM-Kompatibilität die Übertragbarkeit der Software im Detail eingeschränkt. Das hat seine technische Ursache in unterschiedlichen

Versionen der verwendeten Betriebssysteme, in der Speicherorganisation (Kapazität, Speicherformat) und in Treiberprogrammen für die angeschlossenen Geräte. Die Standardisierung wichtiger Betriebssysteme und die Portabilität der System- und Anwenderprogramme zwischen verschiedenen Rechnertypen bleibt der entscheidende Weg, den Rechnereinsatz effektiver zu gestalten und den Engpaß Softwarebereitstellung zu umgehen. Im Gegensatz dazu stehen Bemühungen führender kapitalistischer Rechnerhersteller, sich durch neue Betriebssysteme steigende Marktanteile zu sichern und die Austauschbarkeit der Software zwischen Personalcomputern unterschiedlichster Hersteller stark einzuschränken (Ku 87).

Bei Personal- und Arbeitsplatzcomputern spielen auch ergonomische und formgestalterische Gesichtspunkte eine nicht unerhebliche Rolle. Bei einem Einsatz unter Industriebedingungen sind zusätzliche Forderungen, wie Unempfindlichkeit gegenüber erhöhten Umgebungstemperaturen, Erschütterungen, Staub und elektrischen Störungen, zu erfüllen, die zur Entwicklung geeigneter Gehäuse für Steuerrechner, z.B. an Werkzeugmaschinen, geführt haben. Erwähnt werden kann in diesem Zusammenhang auch der Industriecomputer IBM 7531, der bei widerstandsfähiger Mechanik den Leistungsumfang eines typischen Arbeitsplatzcomputers mit dem Mikroprozessor 80286 aufweist.

32-bit-Mikrorechner

Für Entwurfs- und Bildverarbeitungssysteme, für "Workstations" und für "künstliche" Intelligenz werden Rechner mit Verarbeitungsleistungen von mehr als 1 MIPS benötigt. Als Alternative zu "Superminirechnern" vom VAX-Typ kommen in zunehmendem Maße Rechner mit 32-bit-Mikroprozessoren auf den Markt, vor allem auch mit dem Mikroprozessor MC 68020.

Ein neuartiger Weg wird mit dem IBM-PC-RT 6150 beschritten (Ib 86). Der 32-bit-Mikroprozessor ROMP (research oriented microprocessor) besitzt eine RISC-Architektur mit 170 ns Zykluszeit für die Ausführung der meisten Befehle. Die Speicherverwaltungseinheit für 24 bit physische Adresse und mit 40 bit langer virtueller Adresse (1 Tbyte Adreßraum) ist mit dem Prozessor über einen Bus mit 23,5 Mbyte/s Durchsatz verbunden. An den Ein- und Ausgabe-Kanal sind mehrere 16-bit-Koprozessoren vom Typ PC-AT (mit 80286 und 80287 sowie PC-DOS als Betriebssystem) anschließbar, so daß eine umfangreiche Parallelarbeit möglich ist. Als Betriebssystem dient ein erweitertes UNIX-System (IBM AIX) mit virtuellem Speicher, mit Unterstützung von maximal 16 Nutzern im Multitasking-Betrieb und mit Möglichkeiten der Echtzeitverarbeitung.

4.4. Mikrorechner-Bussysteme

4.4.1. Allgemeine Eigenschaften eines Mikrorechnerbus

In der traditionellen Konfiguration eines Mikrorechners werden die einzelnen Moduln, zentrale Verarbeitungseinheit, Speicher und Peripheriesteuerung, über den Mikrorechnerbus als gemeinsame Sammelleitung zur Übertragung von Adressen, Daten sowie Steuer- und Statussignalen verbunden, wie Abb. 4.1 zeigt. Dieser Bus wird als **Systembus** bezeichnet. Besitzen in einem leistungsfähigen Mikrorechner mehrere Moduln die Fähigkeit, als Master die Steuerung des Systembus auszuüben, dann ist ein **multimasterfähiger Systembus** erforderlich. Ein derartiger Bus wird häufig noch durch Zusatz- und Nebenbusse mit lokaler Bedeutung für einzelne Moduln ergänzt. Die konstruktive Gestaltung des Mikrorechnerbus und die elektrischen Bedingungen für die zu übertragenden Signale sind für eine zuverlässige Funktion des Mikrorechners von großer Bedeutung. Dieser Fakt wird oftmals übersehen, weil das Bussystem des Mikrorechners für den Anwender transparent ist. Übersichten über Bussysteme geben z.B. (Wi 81, Gu 84, Ma 84a).

Im einfachsten Fall wird die Übertragung auf dem Systembus von der zentralen Verarbeitungseinheit gesteuert: sie stellt den Master dar, die angeschlossenen adressierbaren Einheiten sind die Slaves. Die Konfiguration entspricht einem Linien-Interface, bei dem die Datenübertragung zwischen Master und Slave erfolgt. Bei einer Übertragung zwischen zwei Slaves, beispielsweise von einem Eingabe-Port zum Arbeitsspeicher, werden die Daten in einem Register des Masters zwischengespeichert. Anstelle der zentralen Verarbeitungseinheit kann die Bussteuerung auch von einer DMA-Einheit übernommen werden, vergleiche Abb. 4.8. Während der DMA-Übertragung ist der Mikroprozessor inaktiv.

Mit steigender Verarbeitungsleistung der Mikroprozessoren, mit zunehmender Dezentralisierung der Verarbeitung im Rechner durch "intelligente", mit eigenen Prozessoren ausgerüstete Ein-/Ausgabe-Einheiten und mit wachsenden Anforderungen an den Datendurchsatz reicht ein einfacher Systembus mit festgelegtem Master nicht mehr aus. Es werden mehrere Moduln verwendet, die als Master die Steuerung eines entsprechenden multimasterfähigen Systembusses übernehmen können. Durch zentral oder dezentral angeordnete Logik und durch geeignete Busleitungen ist dann zu sichern, daß zu jeder Zeit stets nur ein Master den Bus steuert. Um Zugriffskonflikte bei gleichzeitiger Anforderung durch mehrere masterfähige Moduln zu lösen, ist eine Busarbitration mit wählbarer Prioritätszuordnung für die verschiedenen Anforderungen notwendig.

Der Systembus eines Rechners besteht aus rund 40...140 parallelen Leitungen. Konstruktiv wird er bei 16- und 32-bit-Mikrorechnern meist als mehrlagige Leiterkarte (Motherboard, Backplane-Bus) zur Verbindung der Steckerleisten ausgeführt. Die Leiterkarten-Steckeinheiten besitzen entweder direkte Steckverbinder mit hartvergoldeten Kontaktflächen unmittelbar auf der Leiterkarte oder indirekte Steckverbinder, die an der Leiterkarte befestigt sind. Die indirekten Steckverbinder sind mechanisch robuster und insgesamt zuverlässiger und werden deshalb von vielen Rechnerherstellern gegenüber den direkten Steckverbindern bevorzugt.

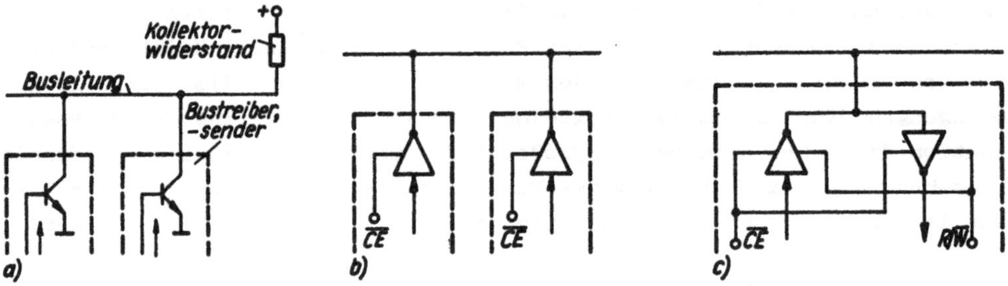

Abb. 4.26: Bustreiber-Anschluß; a: Open-collector-Transistorstufe; b: Tri-state-Treiber mit Aktivierung über $\overline{CE}$ (chip enable); c: bidirektionaler Datenbusanschluß mit Aktivierung über $\overline{CE}$ und Auswahl der Übertragungsrichtung über $R/\overline{W}$ (read/write).

Für die Ausgangs- und Treiberstufen einer Leiterkarte zum Anschluß an die Busleitungen werden folgende Möglichkeiten genutzt:

- Verdrahtetes ODER (wired OR) unter Verwendung von Ausgangsstufen mit offenem Kollektor bzw. Drain (open-collector, open-drain), Abb. 4.26a. Gleichrangige Ausgangsstufen der einzelnen Leiterkarten-Steckeinheiten arbeiten auf den Busabschlußwiderstand der betreffenden Busleitung. Die aktive Ausgangsstufe zieht die Busleitung auf tiefes Potential. Nichtaktive Ausgänge bleiben stromlos. Bei dieser Verknüpfung, die bei negativer Logik mit aktivem Tief-Potential eine ODER-Verknüpfung darstellt, können auch mehrere Ausgänge gleichzeitig aktiv sein. Deshalb wird diese Verknüpfung bei Sammelleitungen, z.B. Interruptanforderungen, genutzt. Bei ECL-Gattern ist eine entsprechende Verknüpfung über Stufen mit offenem Emitter möglich.
- Drei-Zustands-Anschlüsse (Tri-state-Treiber) mit niederohmigen aktiven Ausgangszuständen für den Hoch- und Tief-Pegel sowie mit einem dritten hochohmigen Zustand (inaktiv, disable). Sie werden verwendet, wenn das Signal beide Pegel annehmen kann, wie bei Adreß- und Datenbusleitungen, und bei einer Reihe von Status- und Steuersignalen. Der hochohmige Zustand entspricht dem abgeschalteten Zustand des Anschlusses.

Bei der praktischen Anwendung ist unbedingt darauf zu achten, daß an einer Busleitung zu jeder Zeit nur jeweils ein einziger Tri-state-Ausgang aktiv ist. Anderenfalls kann zwischen einem Ausgang mit hohem und einem Ausgang mit tiefem Potential ein unerwünscht großer Ausgleichsstrom fließen, der in ungünstigen Fällen zur Zerstörung der Treiberstufen führt. Die genannte Forderung läßt sich unter Verwendung von Synchron- und Statussignalen einhalten (Abb. 4.26b), die nur in der momentan als Busmaster arbeitenden Einheit und im adressierten Slave (für Datenbusausgänge und einige Statussignale) aktiviert werden dürfen.

- Bidirektionale Anschlüsse des Datenbus mit Umschaltung zwischen Ein- und Ausgaberichtung (Abb. 4.26c).

Für den Bus sind die elektrischen Anschlußbedingungen im Detail spezifiziert, z.B. die Zahl der maximal möglichen Steckkarteneinheiten, die Pegelwerte, die zulässige Strombelastung durch Empfangsstufen, die Übergangszeiten bei Pegelwechsel und die zulässige kapazitive Belastung der Busleitung. Die Realisierung des Busanschlusses einer Leiterkarte wird wesentlich erleichtert, wenn Bustreiber- und -empfängerschaltkreise mit den geforderten Parametern zur Verfügung stehen.

Der Mikrorechnerbus hat bei den gebräuchlichen Gehäuseabmessungen eine Länge von maximal 50 cm. Der Wellenwiderstand Z_0 der Busleitungen, die als Drähte, verdrillte Leitungspaare, Strip-Lines oder als Flachbandkabel ausgeführt werden, liegt bei 100 Ω. Die Signalausbreitungsgeschwindigkeit auf den Leitungen beträgt größenordnungsmäßig 5 ns/m. Betrachtet man die Steckplätze mit ihrer Strombelastung durch Empfängerstufen, vor allem aber durch die unvermeidbare Kapazität, als örtliche Abweichungen des Wellenwiderstands der Busleitung, so wird das Auftreten zahlreicher partieller Reflexionen des sich ausbreitenden Signals verständlich. Die angeschlossenen Kapazitäten verlängern gleichzeitig die Signallaufzeit. Durch beidseitigen Abschluß der Busleitungen mit dem Wellenwiderstand lassen sich die Reflexionen an den Busenden wirksam verringern. Insgesamt resultiert für die Signale ein Zeitverlauf, der durch mehrfaches Über- und Unterschwingen bei Signalübergängen sowie durch zusätzliche, in unterschiedlicher Stärke wirksame Störungen infolge "Übersprechens" benachbarter Signalleitungen gekennzeichnet ist; Abb. 4.27 zeigt einen typischen Signalverlauf. Um dennoch die Signale zuverlässig empfangen und auswerten zu können, werden folgende Maßnahmen getroffen:

- Abtastung bzw. Bewertung der Signale erst nach einer Beruhigungszeit (bus settling time) von einigen 10 ns. Aus diesem Grund werden von den Mikroprozessoren Signale, die auszugebende Adressen oder Daten als gültig erklären sollen, nach einer entsprechenden Zeitverzögerung bereitgestellt, vergleiche beispielsweise Abb. 3.5,
- in den Empfängerstufen Verwendung von Tiefpaßfiltern, vor allem gegenüber den eingekoppelten Störsignalen,
- die einzelnen Bits einer Adresse oder eines Datenworts können durch Laufzeitunterschiede u.a. in den Treiber- und Empfängerstufen gegeneinander geringfügig zeitlich verschoben sein. Diese sogenannte Skew-Time muß

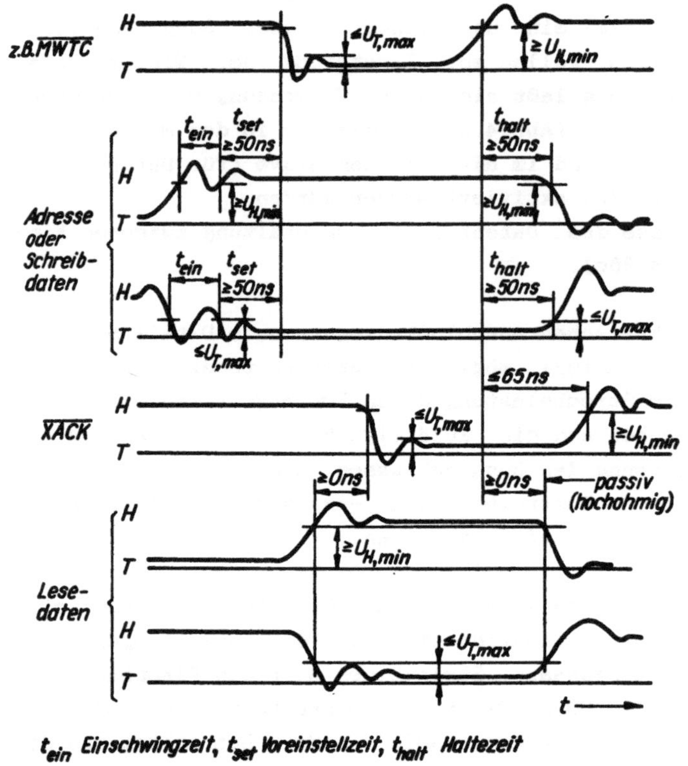

Abb. 4.27: Einschwingvorgänge auf einem Bus (Systembus von MULTIBUS I bzw. I-41); aus (Jo 84)

bei der verzögerten Aussendung der Gültigkeitserklärung und anderer Steuersignale überdeckt werden.

Für Bussysteme mit hohen Übertragungsraten enthält die Spezifikation Vorschriften über die zulässige Länge von Stichleitungen, über die Realisierung einer möglichst guten Masseverbindung (Vielzahl von Anschlüssen für Massepotential) und über die zulässige Kapazität von Leitungstreibern und -empfängern. Eine Möglichkeit, die kapazitive Belastung durch Open-collector-Stufen zu reduzieren, besteht darin, eine Schottky-Diode in Reihe mit dem Ausgang zu schalten, wie es im Vorschlag für den Future-Bus nach IEEE P896 beschrieben ist (Ba 84a). Gleichzeitig wird die Übergangszeit des Treiberausgangs auf 6 ns festgelegt, um die Auswirkungen steilerer Signalflanken auf benachbarte Busleitungen zu verringern.

Für die Busarbitration sind mehrere, zum Teil in den vorangegangenen Abschnitten bereits beschriebene Varianten zu unterscheiden:

- Zentrale Busarbitration mit Zwei-Draht-Verbindungen zwischen zentralem Busarbiter und den einzelnen Mastern: Diese Methode ist unkompliziert, jedoch wegen der benötigten Punkt-zu-Punkt-Verbindungen aufwendig und in der Konfiguration nur sehr wenig flexibel.
- Daisy-chain-Verknüpfung entsprechend Abb. 4.5: Jede masterfähige Einheit

hat einen Anschluß zur Busanforderungsleitung mit Wired-OR-Verknüpfung der Einzelanschlüsse. Über die Daisy-chain-Signale, z.B. beim Busarbiter 8289 die Signale BPRN und BPRO (bus priority in bzw. out), siehe Abb.4.6, läßt sich eine Prioritätskette aufbauen. Ihre Länge ist wegen der Einhaltung von Zeitbedingungen auf wenige Steckeinheiten beschränkt.

- Positionsunabhängige Prioritätszuordnung: Bei dieser Methode wird ein Arbitrationbus mit 4...7 Wired-OR-Leitungen benutzt. Jeder busanfordernde Master schaltet seine Prioritätsnummer auf den Bus, nimmt aber die Anforderung zurück, wenn er auf dem Arbitrationbus eine Anforderung mit höherer Priorität erkennt. Auf diese Weise "gewinnt" der Master mit der höchsten Priorität den Bus. Vorteilhaft gegenüber den beiden anderen Arbitration-Methoden ist, daß auf dem Bus eine Information über den aktuellen Master verfügbar ist. Das beschriebene Grundprinzip ist im Detail verbessert worden (Ta 84) und wird z.B. für den seriellen Bus I^2C in abgewandelter Form eingesetzt.

Für die Weiterleitung von Interruptanforderungen besteht ebenfalls die Möglichkeit der Daisy-chain-Verknüpfung mit Ausgabe einer Interrupt-Vektoradresse zur Berechnung der Startadresse der Interrupt-Serviceroutine. Bei einem Bus mit mehreren Interruptleitungen kann die Zahl der Prioritätsebenen gegenüber der Daisy-chain-Verknüpfung wesentlich vergrößert werden. In Multiprozessorsystemen muß die Interruptanforderung mit einer Zieladresse verbunden sein, um den richtigen Prozessor zu erreichen; das Interruptprotokoll ist demzufolge komplizierter als bei einem Ein-Prozessor-System (Ki 85).

Das **Busprotokoll** beschreibt die beim Datentransfer zu erfüllenden logischen und zeitlichen Abhängigkeiten der verschiedenen Bussignale. Bei einem **synchronen** Busprotokoll sind die Zeitpunkte auf eine vorgegebene Taktimpulsfolge bezogen, während bei einem **asynchronen** Busprotokoll der Zeitablauf wesentlich von Rückmeldungen des adressierten Slaves bestimmt wird. In einem realen Bus werden im allgemeinen beide Protokollarten verwendet. In Abb.4.28 sind die Grundtypen der Busprotokolle in prinzipieller Weise dargestellt.

Bei einem synchronen Busprotokoll (Abb.4.28a) muß die Taktfrequenz so festgelegt sein, daß auch der langsamste Busteilnehmer die Zeitbedingungen erfüllen kann. Wie Abb.4.28a andeutet, werden nach der Synchronisation durch den Starttakt während der nachfolgenden Taktimpulse die verschiedenen Übertragungsaktivitäten abgewickelt. Beispielsweise wird im Übertragungsprotokoll des Mikroprozessors 8086 der Starttakt über das Steuersignal ALE erkannt (Abb.3.27). Im Datenweg des modularen Instrumentierungssystems CAMAC dienen während eines Busübertragungszyklus zwei Strobe-Signale zur Bewertung der Daten, zur Ausführung von Aktivitäten im Modul und zur Datenausgabe. Reicht die Buszykluszeit bei einem synchronen Busprotokoll nicht aus, z.B. bei Übertragungsoperationen mit relativ langamen Speicherschaltkreisen, werden je nach Bedarf zusätzliche Wartetakte eingefügt: semi-synchrone Übertragung, siehe beispielsweise Abb.3.5 und 3.27.

Bei einem asynchronen Busprotokoll wird die vom Sender ausgelöste Busoperation erst abgeschlossen, wenn der oder die adressierten Busteilnehmer die geforderte Aktivität, z.B. Datenübernahme oder Datenbereitstellung, beendet haben. Für die Anmeldung der Operation und die Quittung vom adressierten Busteilnehmer werden die bereits mehrfach erläuterten Handshake-Signale verwendet. Abb.4.28b, c und d zeigen die üblichen Varianten für Handshake-Signale. Als besonders zuverlässig gilt die vollverriegelte Signalfolge nach Abb.4.28d, bei der das Quittungssignal erst nach Rücksetzen der Anforderung in den inaktiven Zustand zurückkehrt. Diese Variante ist z.B. bei asynchronen Übertragungssystemen besonders häufig anzutreffen. Zusätzlich zu den Handshake-Signalen werden in praktisch realisierten Bussen noch Statusinformationen der an der Übertragung beteiligten Busteilnehmer ausgetauscht.

Bei Rechnerbussystemen werden sowohl Busse mit überwiegend synchroner Übertragung als auch mit asynchronem Übertragungsprotokoll realisiert. Erstere erfordern im allgemeinen eine weniger komplexe Logik, während

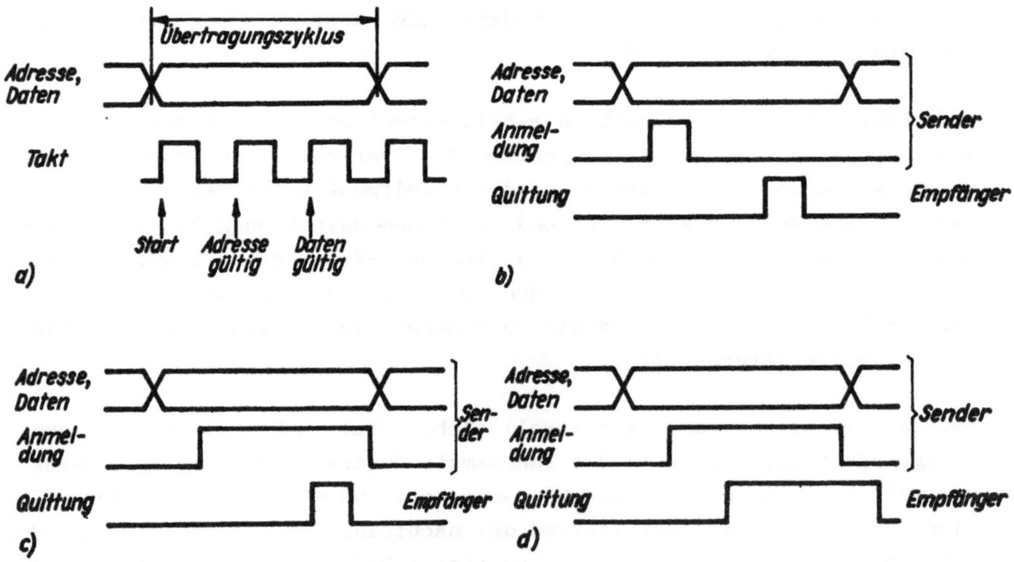

Abb.4.28: Busübertragungsprotokoll, schematisch;
a: synchrone Übertragung;
b: asynchrone Übertragung (Schreiboperation), nichtüberlappende Handshake-Signale;
c: wie b, halbverriegelte Signalfolge (half interlocked);
d: wie b, vollverriegelte Signalfolge (full interlocked).

letztere sich leicht an unterschiedliche Übertragungsgeschwindigkeiten anpassen. Wie bei den Mikroprozessoren, werden auch bei den Bussystemen die beiden Möglichkeiten getrennter und im Zeitmultiplex arbeitender Adreß- und Datenleitungen genutzt. Der Geschwindigkeitsverlust bei zeitmultiplexer Adreß- und Datenübertragung bleibt wegen der Adreßzugriffszeit der Speicherschaltkreise gering; vorteilhaft bei dieser Methode ist der geringere Aufwand für Treiber und Busleitungen und der kleinere Leistungsverbrauch.

Die vorstehende Diskussion bezog sich im wesentlichen auf den Systembus eines Rechners. Für Neben- und Zusatzbusse gelten ähnliche Aussagen, auch wenn diese Busse mehr auf bestimmte Einsatzgebiete spezialisiert sind.

4.4.2. Beispiele

Von den zahlreichen Bussystemen für Mikrorechner haben einige den Rang national oder international bedeutsamer Standards erhalten oder sind maßgeblich bei der Formulierung anerkannter Standards berücksichtigt worden. Für eine kleine Auswahl von Bussystemen für 8-, 16- und 32-bit-Mikrorechner sind in Tabelle 4.9 wichtige Parameter zusammengestellt (siehe auch Ke 84, Bo 85, Mü85a), wobei für Minirechner benutzte Busse wie Unibus und Q-Bus nicht erfaßt wurden.

Die Anwendung und Verbreitung eines Bussystems hängt wesentlich von der Verfügbarkeit entsprechender Buskoppelschaltkreise ab. Wegen des einfachen Protokolls der ersten 8-bit-Mikrorechnerbusse, z.B. Intellec 80 oder robotron K 1520, reichten für die Buskopplung meist Standard-Logikgatter aus. Die Verbreitung der multimasterfähigen Bussysteme, deren Entwicklung durch die Produktion von 16-bit-Mikroprozessoren stimuliert wurde, und die internationale De-facto-Standardisierung einiger weniger Systeme wurde durch geeignete Buskoppelschaltkreise gefördert, z.B. 8288 (Bussteuerung) und 8289 (Busarbiter) für Mikroprozessoren der 8086-Familie.

Für moderne Rechnerbusse ist charakteristisch, daß der Systembus durch Neben- und Zusatzbusse zu einem Busverbund erweitert wird. Als wichtiges Beispiel für einen derartigen Busverbund wird im folgenden der für die Mikroprozessorfamilie 8086 entwickelte **Multibus** beschrieben. Als weiterer vielfach eingesetzter Rechnerverbund ist der **VME-Bus** zu nennen, der ursprünglich für die Verwendung der Mikroprozessorfamilie MC 68000 eingeführt wurde. Durch geeignete Busankopplung lassen sich auch andere Mikroprozessortypen einsetzen.

MULTIBUS-System

Der MULTIBUS umfaßt vier Busse, die auf unterschiedliche Aufgaben optimiert sind (In 83c, Jo 84). Die Struktur des Busverbunds MULTIBUS ist Abb.4.29 dargestellt:

Tabelle 4.9: 8-, 16- und 32-bit-Bussysteme

Bezeichnung	K 1520-Bus	SMP	MULTIBUS I, AMS-M, I-41
Standardisierung	Robotron (DDR), TGL 37271 (1981)	Siemens (BRD)	MULTIBUS: IEEE-796; AMS-M: IEC 47B (Secr.) 19 und 21 I-41: SKR-Normativmaterial Systembus
Mikroprozessoren	8 bit (U 880)	8 und 16 bit (8088)	16 bit
Adreß- und Datenleitungen	16 A 8 D	16 A 8 D	24 A 16 D
Datenübertragungsbreite	8 bit	8 bit	16 oder 8 bit
Busprotokoll	semi-synchron	semi-synchron	asynchron
Bustakt	Systemtakt	Systemtakt	maximal 10 MHz
maximale Übertragungsrate	mit 2,5 MHz Takt etwa 0,8 Mbyte/s	2 Mbyte/s je nach Systemtakt	5 Mbyte/s oder 5 MWorte/s
Interrupt	2 Sammelleitungen; Prioritätskette	1 Sammelleitung,	8 Leitungen
Arbitration (außer DMA-Steuerung)	-	-	dezentral oder zentral (maximal 16 Master)
Datenübertragungssicherung	-	-	-
Leiterkartenformat (Steckerseite * Breite), in mm²	215 * 170	100 * 160	IEEE-796: 304,8 * 175; AMS, I-41: 100 * 160 und 233,35 * 160
Steckverbinder	2 * 58-polig nach TGL 29331/03	1 * 96-polig oder 64-polig DIN 41612	IEEE-796: P1 86- und P2 60-polig, direkt; AMS, I-41: P1 und P2 96-polig (IEC 603-2 bzw. DIN 41612)
Zahl der Signalleitungen	44	44	66
Zusatzbusse	Koppelbus für anwenderspezifische Steckeinheiten und Mehrrechnersystem (2. Steckverbinder)	-	MULTIBUS I: iLBX Erweiterungsbus, iSBX E/A-Erweiterung, MULTICHANNEL: E/A-Bus, I-41: serieller Bus möglich
spezielle Peripherie- und Buskoppelschaltkreise	-	-	Steuerung: 8288 und K 1810 WG 88, Arbiter: 8289 und K 1810 WB 89, Interrupt: 8259A und KR 580 WN 59A

Fortsetzung Tabelle 4.9:

VME-Bus	MULTIBUS II (iPSB Systembus)	FASTBUS
Entwürfe: IEEE P1014; IEC 47 (Secr.) 18	Entwurf: IEEE P1296	Entwürfe: IEEE P960; IEC 45 (Secr.) 243
16 und 32 bit	32 bit	
24 A, 16 D; mit 2. Stecker: 32 A, 32 D	32 AD im Zeitmultiplex	32 AD im Zeitmultiplex
32, 16 oder 8 bit	32, 24, 16 oder 8 bit	32 bit
asynchron	takt-synchron	asynchron; im Block: synchron
16 MHz Systemtakt	10 MHz	-
32 Mbyte/s	Einzeltransfer: 20 Mbyte/s; Block (burst): 40 Mbyte/s	Einzeltransfer: 35 Mbyte/s; Block (burst): 70 Mbyte/s
7 Interruptleitungen; Prioritätskette	- (als Nachricht übertragen)	1 Busleitung
zentral (4 Prioritäts-ebenen)	dezentral, maximal 20 Master	dezentral
Busfehler-Erkennung	6 Paritätsbits, Busfehler-Erkennung	Paritätsbit möglich
233,35 * 160; 100 * 160	233,35 * 220; 100 * 220	366,7 * 400
2 * 96-polig (IEC 603-2)	iPSB: 96-polig (IEC 603-2)	1 * 130-polig
107	63	82
VMX: lokaler Bus; VMS: serieller Bus (bis 3,2 Mbit/s); I/O Channel: 8-bit-Bus bis 2 Mbyte/s über max. 4,5 m	iLBX II: Erweiterungsbus; iSSB: serieller Bus; iSBX: Ein-/Ausgabe-Erweiterung (wie MULTIBUS I)	serieller Bus vorgesehen
zahlreiche Schaltkreise verfügbar	BAC 84110 und MIC 84120; Message-Passing-Controller VL 82C389	ECL-Treiber und -Empfänger

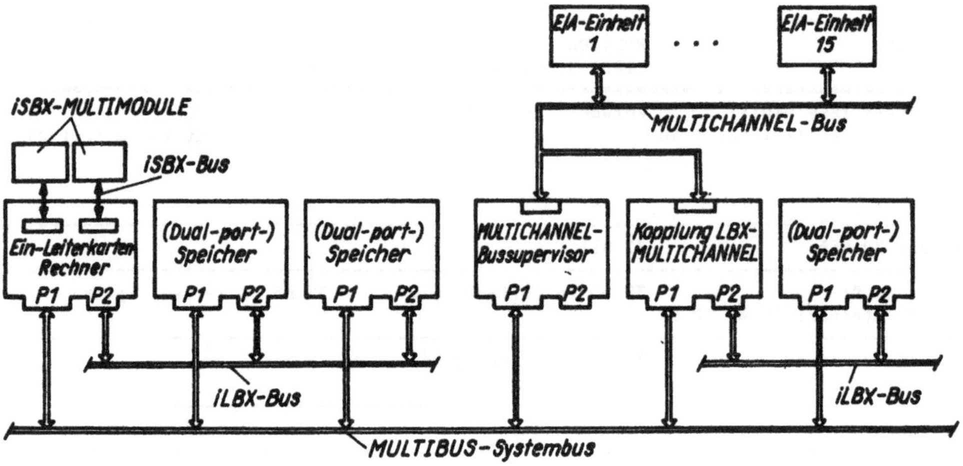

Abb. 4.29: MULTIBUS-Struktur

• **MULTIBUS-Systembus**: Er realisiert die Kopplung von maximal 16 masterfähigen Ein-Leiterkarten-Rechnern, umfaßt 24 Adreß- und 16 bidirektionale Datenleitungen und entspricht in den Status- und Steuerleitungen den in Abb. 3.30 und 4.6 angegebenen Busanschlüssen. Dieser Systembus ist im US-amerikanischen Standard IEEE-796 spezifiziert. Die Leiterkarte mit einer Größe von 30,48 * 17,5 cm^2 besitzt zwei direkte Steckverbinder P1 (86-polig) und P2 (60-polig), wobei über P1 die Mehrzahl der Systembusleitungen geführt wird. Nach Modifikation vor allem der Steckverbindungen (indirekte 96-polige Steckverbinder) und des Leiterkartenformats (Doppel-Europaformat) liegt der Systembus als IEC-Entwurf des IEC 47B (Secretariat) 19 vor: Advanced Microcomputer System AMS-M. Dieser Bus ist mit dem Systembus I-41 im System der Kleinrechner SKR der RGW-Länder kompatibel.

• **iSBX Ein-/Ausgabe-Erweiterungsbus** (I/O expansion bus): Zur Erhöhung der Leistungsfähigkeit des Ein-Leiterkarten-Rechners, z.B. für seriellen oder parallelen Datentransfer, für Bildschirmsteuerung u.ä., können ein oder zwei kleinformatige MULTIMODULEn auf die Rechnerkarte aufgesteckt werden. Der SBX-Bus umfaßt 44 Leitungen bei 16 bit Datenbusbreite bzw. 36 Leitungen bei 8 bit und arbeitet synchron für hohe Übertragungsraten (maximal 10 Mbyte/s) oder asynchron mit Handshake-Steuersignalen. Dieser Bus, der eine kostengünstige Erweiterung im Vergleich zu einer zusätzlichen MULTIBUS-Leiterkarte ermöglicht, stellt einen US-amerikanischen Standardvorschlag IEEE P959 dar.

• **iLBX Erweiterungsbus** (extension bus): Er dient der Verbindung des Ein-Leiterkarten-Mikrorechners mit den zugehörigen Speichermoduln für Programme und Daten und entlastet damit wesentlich den Systembus. Der Ein-Leiterkarten-Rechner wirkt für die maximal vier an den LBX-Bus anschließbaren Moduln als Hauptmaster (primary master) und kann die LBX-Steuerung auch einem Nebenmaster (secondary master) übertragen, beispielsweise zum

Datentransfer zwischen Rechner und Festplattenspeicher. Der Bus LBX hat mit 24 Adreßbits einen Adreßraum von 16 Mbyte und erlaubt Übertragungsraten von 16 Mbyte/s.

- **MULTICHANNEL-Ein-/Ausgabebus:** Dieser Bus ist für die DMA-gesteuerte Übertragung mit Übertragungsraten bis 8 Mbyte/s konzipiert. Über ein Flachbandkabel mit 30 verdrillten Leitungen können 15 Ein- und Ausgabe-Einheiten angeschlossen werden. Die mit Handshake-Signalen gesteuerte Übertragung entspricht in wesentlichen Zügen dem Interface IEEE-488 (siehe Abschnitt 4.5.). Der MULTICHANNEL-Bus hat keine große Verbreitung gefunden.

I-41-Bus

Der Bus I-41 ist logisch und funktionell dem MULTIBUS-Systembus und konstruktiv dem AMS-M-Bus äquivalent (Ke 87). Die im Doppel-Europaformat ausgeführten Leiterkarten (233,35 * 160 mm^2) haben 96-polige Steckverbinder nach IEC 603-2 bzw. DIN 41612: X1 für den Systembus SB und X2 für zwei Subsystembusse SSB1 und SSB2, vergleiche Abb.4.24.

Die Bezeichnung und Bedeutung der Leitungen und Signale des Bus I-41 sind in Tabelle 4.10 angegeben. Die Spannungspegel entsprechen im wesentlichen den TTL-Pegeln. Mit den 24 Adreßleitungen sind bei Nutzung der Steuersignale $\overline{MRDC}/\overline{MWTC}$ und $\overline{IORC}/\overline{IOWC}$ zwei getrennte Adreßräume für Speicheradressierung (16 Mbyte) und Ein-/Ausgabe-Ports (64 K) verfügbar. Der Wortzugriff erfordert eine gerade Adresse ($\overline{ADR0}$ = Hoch-Potential), wobei $\overline{BHEN}$ aktiv ist (Tief-Potential). Mit inaktivem $\overline{BHEN}$ erfolgt über $\overline{ADR0}$ = Tief-Potential ein Byte-Zugriff mit ungerader Adresse bzw. mit $\overline{ADR0}$ = Hoch ein Byte-Zugriff mit gerader Adresse.

Die Sperrsignale $\overline{INH1}$ und $\overline{INH2}$ können bei einem Speicheraufruf von einem Slave erzeugt werden. Sie sperren die Treiber aller anderen Slaves. Mit diesen Signalen ist es möglich, einen Adreßraum mehrfach zu belegen, z.B. mit einem Anfangslader, mit einem Testprogramm und mit dem Anwenderprogramm. Nach dem Einschalten tritt zunächst der Modul mit dem Lader in Funktion, der über $\overline{INH}$-Leitungen die beiden anderen Moduln sperrt. Nach Programmende wird der Lader-Modul ausgeschaltet; der Testprogramm-Modul wird aktiv und sperrt weiterhin das Anwenderprogramm, das erst nach Abschalten des Testprogramms ausgeführt wird.

Die Datenübertragung wird von den Handshake-Signalen $\overline{MRDC}/\overline{MWTC}$ und $\overline{IORC}/\overline{IOWC}$ als Anmeldesignale und $\overline{XACK}$ als Quittung gesteuert. Der prinzipielle Zeitablauf des vollverriegelten Handshake entspricht Abb.4.28d. In Abb.4.27 sind die Zeitabläufe für Speicherschreiben und -lesen im Detail dargestellt. Es gilt, daß die Signalschwingungen der Steuerleitungen nach dem Signalübergang die zulässigen Toleranzen nicht mehr überschreiten dürfen ($U_{H,min}$ bzw. $U_{T,max}$), während Adressen und Schreibdaten mindestens 50 ns vor dem Steuersignalübergang den stabilen (eingeschwungenen) Zu-

stand besitzen müssen. Die minimale Zeitdauer eines Steuerkommandos, z.B. $\overline{\text{MRDC}}$, beträgt 100 ns, ebenso der Zeitabstand zum nachfolgenden Steuerkommando. Daher kann der Bus je nach Datenbreite maximal 5 Mbyte/s oder 5 MWorte/s übertragen. Mit dem Signal $\overline{\text{LOCK}}$ blockiert der aktuelle Busmaster die Busübergabe an einen anderen Master, um mehrere aufeinanderfolgende Buszyklen durchführen zu können (bei Test-und-Setz-Befehlen und nach dem Befehlsvorsatz LOCK).

Tabelle 4.10: Leitungen und Signale des MULTIBUS-Systembus und des I-41-Bus

Bezeichnung	Treiber Lage 1)	Treiber Typ 2)	Empfänger 1)	Funktion
Adressen und Daten (hexadezimale Zählung)				
$\overline{\text{ADR0}}$...$\overline{\text{ADR17}}$	M	tri	S	Adreßleitungen: 24 für Speicherzugriff bzw. 16 für Ein-/Ausgabe ($\overline{\text{ADR0}}$...$\overline{\text{ADRF}}$)
$\overline{\text{DAT0}}$...$\overline{\text{DATF}}$	M, S	tri	S, M	Bidirektionale Datenleitungen für 16- oder 8-bit-Transfer ($\overline{\text{DAT0}}$...$\overline{\text{DAT7}}$)
$\overline{\text{BHEN}}$	M	tri	S	Byte high enable. Ausgabe des oberen Datenbytes ($\overline{\text{DAT8}}$...$\overline{\text{DATF}}$) bei 16-bit-Busübertragung
$\overline{\text{INH1}}$, $\overline{\text{INH2}}$	sperrende S	oc	sperrbare S	Inhibit. Sperrsignal für Slaves bei Speicherlesen und -schreiben
Steuerleitungen				
$\overline{\text{CCLK}}$	1 M	TTL	alle M, S	Constant clock. Konstante Taktfrequenz (10 MHz), von Master und Slaves nutzbar
$\overline{\text{INIT}}$	M	oc	alle M, S	Initialisierung des gesamten Systems nach Einschalten der Betriebsspannung, Reset oder Befehl INIT
$\overline{\text{MRDC}}$	M	tri	S (Speicheradresse)	Memory read command. Speicher lesen
$\overline{\text{MWTC}}$	M	tri	S (Speicheradresse)	Memory write command. Speicher schreiben
$\overline{\text{IORC}}$	M	tri	S (E/A-Adr.)	I/O read command. Eingabe
$\overline{\text{IOWC}}$	M	tri	S (E/A-Adr.)	I/O write command. Ausgabe
$\overline{\text{XACK}}$	S	tri	M	Transfer acknowledge. Quittungssignal bei Übertragungsende
$\overline{\text{LOCK}}$	M	tri	alle M, S	Lock. Master blockiert Busfreigabe
Interruptleitungen				
$\overline{\text{INT0}}$...$\overline{\text{INT7}}$	S	oc	M	Interrupt. Höchste Priorität: $\overline{\text{INT0}}$
$\overline{\text{INTA}}$	M	tri	S (Interruptquelle)	Interrupt acknowledge. Interruptquittung des Masters

Fortsetzung Tabelle 4.10:

Bezeichnung	Treiber Lage [1]	Treiber Typ [2]	Empfänger [1]	Funktion
Busarbitration und Buswechsel				
$\overline{BUSY}$	alle M	oc	alle M	Busy. Bus belegt
$\overline{CBRQ}$	alle M	oc	alle M	Common bus request. Allgemeine Busanforderung
$\overline{BCLK}$	1 M	TTL	M	Bus clock. Bustakt zur Synchronisation der Busarbitration, maximal 10 MHz
$\overline{BREQ}$	jeder M	TTL	zentraler Arbiter	Bus request. Stichleitung zum zentralen Arbiter
$\overline{BPRO}$	jeder M	TTL	[3]	Bus priority out. Ausgang Buspriorität
$\overline{BPRN}$	[4]	TTL	M	Bus priority in. Eingang Buspriorität

[1] M Master, S Slave.
[2] tri Tri-state (Drei-Zustands-Anschluß), oc open-collector, TTL TTL-Treiber.
[3] Busarbitration mit Prioritätskette: nächster Master, Eingang $\overline{BPRN}$.
[4] Parallele Busarbitration: zentraler Arbiter. Arbitration mit Prioritätskette: vorhergehender Master, Ausgang $\overline{BPRO}$.

Die Interruptanforderungen werden von der Master-Interruptsteuerung auf der Rechnerleiterkarte verarbeitet und dem Mikroprozessor zugeführt. Hierbei wird der Interruptvektor von der Interruptquelle über den Bus übertragen oder in der Interruptsteuerung erzeugt. Die Interruptquittung dient dem "Einfrieren" anderer Interruptanforderungen und der Übertragung der Vektoradresse und besteht je nach Mikroprozessortyp aus zwei oder drei Buszyklen; im letztgenannten Fall wird eine 16-bit-Vektoradresse als zwei Bytes übertragen. Die Adressierung der programmierbaren Interruptsteuerungen in den Slaves erfolgt über die Adreßleitungen $\overline{ADR8}$...$\overline{ADRA}$ (vergleiche die Kaskadierung von Interruptsteuerungen 8259A, Abb. 4.7b).

Die Busarbitration mit zentralem Busarbiter und separaten Leitungspaaren zu jedem Master (parallele Prioritätsentscheidung) und mit dezentral arbeitender Prioritätskette (serielle Prioritätsentscheidung) ist bereits im Abschnitt 4.4.1. beschrieben worden. Zu erwähnen ist noch die allgemeine Busanforderung $\overline{CBRQ}$, die vom aktuellen Master "abgehört" werden kann. Liegen von anderen Mastern keine Busanforderungen vor, besteht auch keine Notwendigkeit, nach beendetem Buszyklus den Bus freizugeben; auf diese Weise wird durch Vermeidung unnötiger Buswechseloperationen der Befehlsdurchsatz gesteigert.

In den Spezifikationen für den MULTIBUS-Systembus und den Bus I-41 sind noch sogenannte Verträglichkeitsniveaus definiert. Sie geben eine eindeutige Beschreibungsweise für verschiedene zulässige Modifikationen an, z.B. 8- oder 16-bit-Datenbreite, Adreßlänge 16, 20 oder 24 bit u.ä.m., und erleichtern damit die Zusammenstellung von Moduln verschiedener Hersteller zu einem Mikrorechner. So bedeutet beispielsweise "Slave D16 M20 I16 V023 L": Slave mit 16-bit-Datenbus, 20-bit-Speicheradresse, 16-bit-Ein-/Ausgabeadresse, Interruptanforderungen ohne busübertragene Vektoradresse (V0) sowie mit Vektoradresse und 2 oder 3 INTA-Zyklen, wobei die Interruptauslösung zustandsgetriggert erfolgt (L).

MULTIBUS II

Der Busverbund MULTIBUS II wurde für den Einsatz von 32-bit-Mikroprozessoren entwickelt und zeichnet sich gegenüber dem MULTIBUS-System, das seitdem als MULTIBUS I bezeichnet wird, durch zahlreiche Verbesserungen und Erweiterungen in der Struktur und im Übertragungsprotokoll aus. Der Busverbund MULTIBUS II umfaßt 4 Busse (Ge 83, In 83d, Be 84, In 86):

- iPSB Parallel System Bus: entspricht in seinen Aufgaben dem Systembus des MULTIBUS I,
- iLBX II Local Bus Extension: im Vergleich zum LBX-Bus von MULTIBUS I weiterentwickelter lokaler Bus mit maximal 48 Mbyte/s Übertragungsrate und 26 Adreßleitungen für einen Adreßraum von 64 Mbyte. Der Datentransfer kann mit 1...4 byte Breite und als Block (burst) mit maximal 64 Kbyte Länge erfolgen,
- iSSB Serial System Bus: kostengünstige serielle Modulkopplung mit bis zu 2 Mbit/s Übertragungsgeschwindigkeit,
- iSBX I/O Expansion Bus: identisch mit dem Ein-/Ausgabe-Erweiterungsbus von MULTIBUS I (Standardvorschlag IEEE P959).

Bemerkenswert ist die Verwendung des Doppel-Europaformats 233,35 * 220 bzw. 100 * 220 mm^2 für die Leiterkarten und der Einsatz der 96-poligen Steckverbinder nach IEC 603-2, die auch bei AMS-M und I-41 benutzt werden. Alle Anschlüsse des PSB und des SSB sind auf einen Stecker geführt, während der zweite Steckverbinder dem LBX vorbehalten ist. Die Rückverdrahtung des MULTIBUS II besteht aus einer Mehrebenen-Leiterkarte mit 3 Signal- sowie 3 Masse- und Versorgungsebenen.

Der **parallele Systembus PSB** besitzt 62 Adreß-, Daten- und Steuerleitungen, wobei je 32 bit Speicheradressen und Daten auf gleichen Leitungen im Zeitmultiplex übertragen werden. Der Ein-/Ausgabe-Adreßraum umfaßt 16 bit. Bei einem Bustakt von 10 MHz läßt sich mit Datenblöcken zeitweise eine Übertragungsrate von 40 Mbyte/s erreichen, während bei separatem 32-bit-Datentransfer maximal 20 Mbyte/s möglich sind (je ein Bustakt für Adresse und Daten ohne zusätzliche Wartetakte). Für die dezentrale Arbitration stehen insgesamt 7 Busleitungen zur Verfügung. Es wird eine positionsunabhängige Prioritätszuordnung, wie im Abschnitt 4.4.1. beschrieben, genutzt. Ein zentraler Servicemodul erzeugt den Bustakt, überwacht den Bus, löst bei Zeitüberschreitung eine Fehlermeldung aus (time-out) und ist für weitere Aufgaben, wie Reset, verantwortlich.

Im folgenden werden einige Charakteristika des PSB als Beispiele für die Eigenschaften moderner Mikrorechner-Systembusse erwähnt:

• Hohe Übertragungssicherheit: Die Übertragung der 32-bit-Daten wird von 4 Paritätsbits und die Übertragung der 8 Systemsteuersignale von 2 Paritätsbits auf separaten Leitungen überwacht. Beim Erkennen von Paritätsfehlern und weiterer Fehler, wie nicht mit dem adressierten Slave übereinstimmende Datenwortbreite, werden von der Businterfacesteuerung Fehlermeldungen ausgelöst, über Busleitungen alle anderen Busteilnehmer informiert und entsprechende Maßnahmen zur Fehlerbehandlung eingeleitet. Anstelle der beim MULTIBUS I und bei anderen Bussystemen üblichen takt-asynchronen Bewertung von Datensignalen (siehe z.B. Abb.4.27) erfolgt hier die Abtastung der Datensignale takt-synchron während des letzten Drittels einer Bustaktperiode. Auch die Handshake-Quittungssignale des adressierten Slave werden takt-synchron abgetastet. Die takt-synchrone Abtastung weist als Vorteile eine leichtere Implementierung der Hardware und bessere Störfestigkeit auf, da in einem Bus nach Abb.4.27 Störsignale aktive Steuersignalflanken vortäuschen könnten. Die takt-asynchrone Betriebsart kann dagegen höhere Übertragungsraten ermöglichen und erfordert keine Synchronisation zwischen dem Bustakt und dem Takt der am Datentransfer beteiligten Busteilnehmer. Das Für und Wider beider Abtastverfahren ist noch Gegenstand von Diskussionen (Bo 85, Mü 85a).

• Geographische Adressierung: Jeder Busteilnehmer besitzt eine Reihe von Registern, die über den Verbindungsadreßraum (interconnect) zugänglich sind. Sie enthalten Angaben zur Identität der Steckeinheit und können während der Initialisierungsphase vom Betriebssystem geladen werden: Vereinbarung einer 5-bit-Identifikationsadresse für den späteren Aufruf des betreffenden Moduls, Festlegung von Startadressen bei Speichermoduln u.ä.m. Auf diese Weise läßt sich die Anzahl der sonst anzutreffenden Schalter, Drahtbrücken oder Wickelverbindungen drastisch reduzieren. Das vereinfacht wesentlich die Inbetriebnahme und Diagnose des Rechners und unterstützt auch die Generierung der Software, z.B. durch Laden entsprechender Treiberprogramme gemäß den Angaben der Register in den Steckeinheiten.

• Interprozessor-Kommunikation durch "Message Passing": Für die Kopplung von Prozessoren eines Multiprozessorsystems wird anstelle der Nutzung gemeinsamer Speicherbereiche für den Datenaustausch (Dual-port-memory mit lokalem Zugriff und mit globalem Zugriff über den Systembus) eine sehr schnelle Speicher-zu-Speicher-Übertragung der benötigten Daten durchgeführt (Ra 86a). Der Datenblock wird in 32 byte umfassende Nachrichten (message) zerlegt. Zusammen mit der 8 bit langen logischen Adresse des Quell- und des Zielmoduls, deren Zuordnung ebenfalls während der Initialisierungsphase erfolgt, werden 10 Bustakte oder 1 µs zur Übertragung dieser Nachricht benötigt. In ähnlicher Weise lassen sich auch Interruptanforderungen als eine Byte-Folge mit der Quelladresse der Interruptanforderung, mit der Zieladresse für den gewünschten Master und mit Zusatzinformationen übertragen. Mit dieser Methode werden die bei Systembussen, wie MULTIBUS I und I-41, anzutreffenden Schwierigkeiten der Lokalisierung der Interruptbearbeitung, falls jede Quelle zur Unterbrechung jedes Masters fähig sein soll ("N*N-Problem"), in eleganter Weise gelöst.

Für das Businterface zum PSB waren zunächst nur die beiden Gate-array-Schaltkreise BAC (bus arbiter/controller) und MIC (message interrupt controller) verfügbar, wobei noch weitere 20 Logikschaltkreise erforderlich sind (In 86). Wesentlich günstiger ist der Einsatz des Message-passing-coprocessor MPC vom Typ VL 82C389, der in einem Schaltkreis mit 70 000 Transistorfunktionen und 149 Anschlußkontakten die gesamte Bussteuerung einschließlich des Message-Passing übernimmt (NN 86). Hierbei werden zwei Fälle unterschieden: Bei kurzen "unsolicited" Nachrichten braucht der sendende MPC vom empfangenden MPC nicht erst die Bereitstellung eines Pufferspeichers zu erbitten, während lange Datenbereiche erst dann als "solicited" Nachrichten übertragen werden, wenn der Empfänger die Verfügbarkeit des Puffers gemeldet hat. Das gesamte Protokoll läuft ohne Mitwirkung der zentralen Verarbeitungseinheiten der Busteilnehmer ab. Der Sender braucht auch die Adressen im Arbeitsspeicher des Empfängers nicht zu kennen. Der MPC übernimmt neben dem Übertragungsprotokoll noch die Kopplung an den Komponentenbus auf der Leiterkarte sowie zu einem Dual-port-Speicher. Mit diesem Bussteuerschaltkreis MPC verringert sich der Platzbedarf für die Buskoppellogik auf einen akzeptablen Wert von rund 10 % der Leiterkartenfläche für MULTIBUS II.

4.4.3. Serielle Bussysteme

Für einige 32-bit-Mikrorechner-Bussysteme wurden serielle Busse definiert oder sind zumindest vorgesehen. Bei anderen Bussen, z.B. I-41, ist die Einbindung eines seriellen Busses in den Steckverbinder des Systembusses möglich. Als Aufgaben solcher serieller Busse in Mikrorechnern lassen sich im wesentlichen nennen:

- Wenig aufwendige Kopplung von Steckeinheiten mit Hilfe einer Zweidrahtleitung, insbesondere für Steckeinheiten, die sich in räumlich getrennten Baugruppenträgern befinden. Gegebenenfalls kann der Systembus eingespart werden, wenn nur wenige Steckeinheiten zu verbinden sind und der Datentausch als Interprozessor-Kommunikation auf geringe Übertragungsraten beschränkt bleibt.
- Ergänzung der Datenübertragungen auf dem parallelen Systembus, z.B. zur Übertragung von Interruptanforderungen oder zum Testen von Semaphoren unabhängig vom Belegungszustand des Systembus, zur Fehlerübertragung bei hardwaremäßig gestörtem Systembus und zur Übertragung ausgewählter Nachrichten.

VMS-Bus

Der serielle VMS-Bus innerhalb des Busverbunds VME-Bus verwendet eine Datenleitung SERDAT mit Open-collector-Treibern und eine Taktleitung

SERCLK-für 3,2 MHz. Der Übertragungsrahmen enthält einen 26 bit umfassenden Kopf, u.a. mit Startbit und mit je 10 bit langer Sender- und Empfängeradresse, und einen Datenteil mit 1, 2, 4, 8, 16 oder 32 byte (Pe 84). Mit Hilfe einer 3 bit langen Nachrichtenpriorität und der Adressen für Sender und Empfänger erfolgt eine Arbitration, wenn mehrere Einheiten den Bus gleichzeitig anfordern.

iSSB Serial System Bus

Der serielle Bus iSSB ist im Verbund MULTIBUS II als kostengünstige Alternative zum Systembus iPSB konzipiert worden und soll ihm hinsichtlich der Interprozessor-Kommunikation logisch äquivalent sein (In 86). Damit läßt sich ein Ein-Leiterkarten-Rechner mit anderen Rechnern über den seriellen Bus ohne Programmänderung koppeln, so daß völlig auf den teuren Systembus verzichtet werden könnte, falls eine Übertragungsrate von 2 Mbit/s ausreicht.

Der Bus verwendet zwei gegenphasig über Open-collector-Treiber angesteuerte Datenleitungen SDA und SDB ohne separate Taktleitung. An den maximal 10 m langen Bus kann man bis zu 32 Knoten anschließen, teils direkt am Kabel, teils in Baugruppenträgern, die zwecks Reduzierung der kapazitiven Belastung über Repeater mit dem Buskabel verbunden werden. Die Repeater können sich im zentralen Servicemodul CSM des Baugruppenträgers für MULTIBUS II befinden.

Zur Übertragungssicherung werden 16-bit-CRC-Prüfzeichen benutzt. Die Zugriffssteuerung zum seriellen Bus entspricht dem CSMA/CD-Protokoll (carrier sense multiple access/collision detection, Mehrfachzugriff mit Trägerabtastung und Kollisionserkennung), wie es bei lokalen Rechnernetzen häufig verwendet wird (siehe z.B. Lö 87). Die an den Bus angeschlossenen Einheiten beobachten ständig den Bus. Bei nichtbesetztem Bus kann ein Teilnehmer sofort mit dem Senden beginnen, anderenfalls muß er warten, bis der Bus frei wird. Bei gleichzeitigem Zugriffswunsch mehrerer Teilnehmer kommt es zu einer Kollision und zum Abbruch aller Übertragungen. Nach einem Zeitintervall mit "zufälliger" Länge kann eine busanfordernde Station einen erneuten Zugriff versuchen.

Inter-IC Bus I^2C

Der Inter-IC Bus I^2C ist ein asynchroner, bidirektionaler Zweidrahtbus mit Multimasterfähigkeit, der im Gegensatz zu den seriellen Bussen VMS und iSSB als Komponentenbus für die Verbindung hochintegrierter Schaltkreise auf der Leiterkarte entwickelt wurde (Ph 83). Hierzu muß in den betreffenden Schaltkreisen das Businterface implementiert sein. Dieser Zusatzaufwand soll bei Massenanwendungen, beispielsweise zur Kopplung von Schaltkreisen in Fernsehempfängern, u.a. durch folgende Einsparungen mindestens kompensiert werden:

- Kleinere Leiterkartenfläche durch geringere äußere Abmessungen der

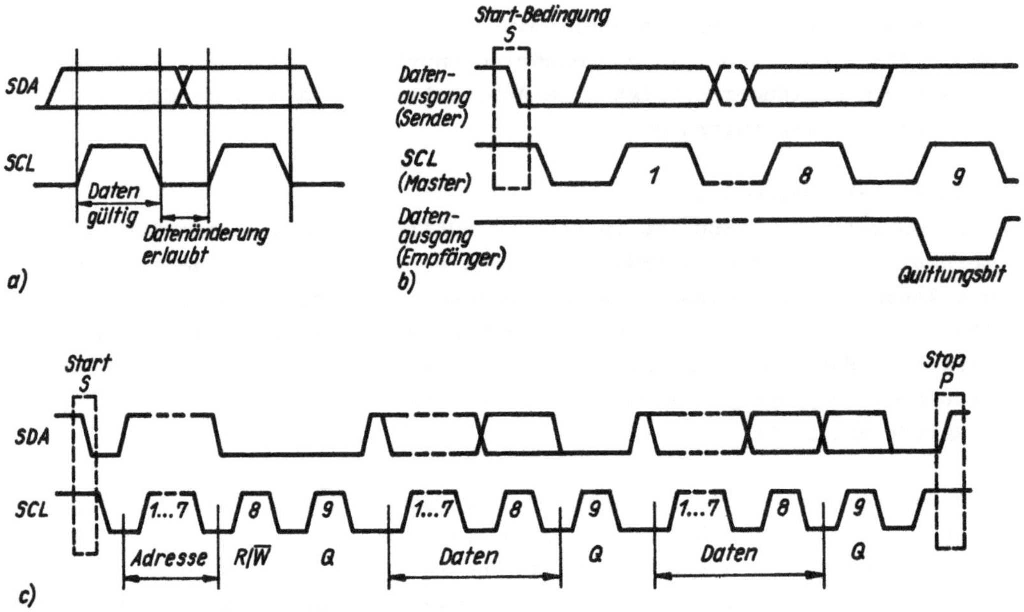

Abb. 4.30: Inter-IC Bus I^2C;
a: Bit-Übertragung;
b: Start-Bedingung S und Quittungsbit Q;
c: Datentransfer und Stop-Bedingung P.

Schaltkreise (weniger Anschlußkontakte) und durch Verzicht auf einen parallelen Komponentenbus mit hohem Platzbedarf,

• billigere Steckverbindungen durch verringerte Zahl von Kontakten.

Die Implementierung der I^2C-Schnittstelle erfolgte zuerst auf dem Chip der Ein-Chip-Mikrocontroller 8400 und der ihnen zugeordneten Schaltkreise, z.B. Uhr-Kalender-Schaltkreis, CMOS-RAM u.a. (Ph 84, Va 84). Wegen der relativ geringen Belastbarkeit der schaltkreisinternen I^2C-Schnittstelle ist die maximale Buslänge auf 2...4 m beschränkt.

Der I^2C-Bus besitzt eine Datenleitung SDA (serial data) und eine Taktleitung SCL (serial clock), die sich beide bei nichtbelegtem Bus im Zustand mit hohem Potential befinden. Das Datenbit auf SDA ist bei Hoch-Potential der Taktleitung SCL gültig (Abb. 4.30a). Die Belegung des Busses durch einen Master beginnt mit einer Startbedingung als Hoch/Tief-Übergang von SDA bei SCL = Hoch (Abb. 4.30b). Dieser Übergang setzt in allen an den Bus angeschlossenen Einheiten ein Bus-busy-flipflop und blockiert auf diese Weise mögliche Busanforderungen anderer Einheiten so lange, bis der aktive Busmaster mit einer Stopbedingung als Tief/Hoch-Übergang den Bus wieder freigibt. Der aktive Busmaster kann den Bus bis zum Ende der Datenübertragung belegen - andere anfordernde Master haben keine Eingriffsmöglichkeit.

Den Ablauf einer Datenübertragung zeigt Abb.4.30c. Der Master adressiert den gewünschten Slave (7 bit lange Adresse) und gibt die Datenübertragungsrichtung Schreiben oder Lesen an (R/$\overline{W}$). Nach diesen 8 Bits wie auch nach jeweils 8 bit als Daten erwartet der Master vom Slave das Quittungsbit Q, das dem Master die Anwesenheit und Funktionstüchtigkeit der adressierten Einheit meldet. Anderenfalls würde der Master den Transfer abbrechen und mit einer Stoppbedingung die Bussteuerung abgeben. Die Kodierung der Datenbytes ist nicht vorgeschrieben. Das Bit 8 läßt sich auch als Paritätsbit nutzen. Ein Master kann die Startbedingung wiederholen, ohne zuvor den Bus freigeben zu müssen. Dies ermöglicht, dem Slave beispielsweise Steuerdaten zu übermitteln (R/$\overline{W}$ = 0) und anschließend nach erneuter Adressierung Daten vom Slave zum Master zu übertragen (R/$\overline{W}$ = 1).

Zugriffskollisionen zum Bus sind nur in der Zeit zwischen der Startbedingung eines Masters und dem Setzen der Bus-busy-flipflops in den anderen Einheiten möglich und werden durch einen dezentralen Arbitration-Mechanismus gelöst, der dem Verfahren der positionsunabhängigen Prioritätszuordnung bei Parallelbussen ähnelt. Bei der Zugriffskollision senden die Master weiter und werten nacheinander die einzelnen Bits des Adreßbytes aus. Ein Master verliert die Zugriffssteuerung, wenn er das ausgewertete, auf Tief-Potential befindliche Adreßbit auf der Leitung SDA mit Hoch-Potential belegt. Damit setzt sich derjenige Master durch, der den Slave mit der niedrigsten Adresse (positive Logik) aufruft. Dieses Verfahren wird als bitweise Adreßpriorität bezeichnet.

Für den Takt auf der Leitung SCL sind im Minimum 4,7 µs für Tief- und 4 µs für Hoch-Potential erforderlich. Kann jedoch z.B. bei Schreibdaten der Slave den Taktimpulsen des Masters nicht schnell genug folgen, legt der Slave die Leitung SCL auf Tief-Potential und zwingt damit den Master in den Wartezustand. Auf diese Weise lassen sich unterschiedliche Taktfrequenzen problemlos anpassen.

Der multimasterfähige I^2C-Bus erscheint wegen seiner Einfachheit und der für viele Zwecke völlig ausreichenden maximalen Datenübertragungsrate von 100 Kbit/s für die Verkopplung von Meßgeräten untereinander bzw. mit einem Mikrorechner als geeignet. Der I^2C-Bus könnte auch als serieller Bus im Systembus I-41 eingesetzt werden, wo ein serieller Bus gegenwärtig nicht spezifiziert ist.

Das Problem der I^2C-Schnittstelle läßt sich mit relativ wenig Aufwand unter Nutzung eines Ein-Chip-Mikrorechners U 882 und 2 Kbyte Programmspeicher lösen (Me 86). Bei einer Übertragung von jeweils 32-byte-Blöcken, die völlig unabhängig vom Wirtsrechner erfolgt, werden etwa 25 Kbit/s erreicht. Durch entsprechende Treiber sind Buslängen von mehr als 10 m ohne Schwierigkeiten möglich.

Bei Prozeßsteuerungen werden ebenfalls serielle Busse zur Verbindung der zentralen Verarbeitungseinheit mit den Ein-/Ausgabe-Moduln innerhalb des Steuergeräts angewendet, z.B. PROCESS CONTROLLER R 5010 (Ko 85). Durch den Einsatz eines Ein-Chip-Mikrorechners im Ein-/Ausgabe-Modul bleibt der Transfer zur zentralen Verarbeitungseinheit auf wenige Kommandos und Daten beschränkt, so daß die Übertragungsgeschwindigkeit des seriellen Bus den entsprechenden Anforderungen genügt.

4.5. Interfaces

4.5.1. Rechnerperipherie

Für den Anschluß von peripheren Geräten, wie Tastatur oder Drucker, an einen Mikrorechner werden oft Standard-Interfaces oder -Anschlußschnittstellen verwendet, die für die Nachrichtenübertragung entwickelt wurden. Dies wurde u.a. auch dadurch gefördert, daß man in den ersten Jahren der Mikrorechentechnik sehr oft billige Fernschreibmaschinen als Ein- und Ausgabegeräte einsetzte.

Serielle Übertragung mit Spannungs- und Stromsteuerung

Für die Übertragung digitaler Zeichen im Fernsprechnetz wird häufig die international anerkannte CCITT-Empfehlung V.24 zugrunde gelegt. Sie bezieht sich auf die Datenübertragung zwischen einer Datenendeinrichtung DEE und einer Datenübertragungseinrichtung DÜE und definiert die Daten-, Steuer- und Statussignale. Die Verbindung zwischen den DÜE von zwei kommunizierenden Datenendeinrichtungen erfolgt auf 2 oder 4 Leitungen und ist im Detail für die Mikrorechentechnik von untergeordnetem Interesse.

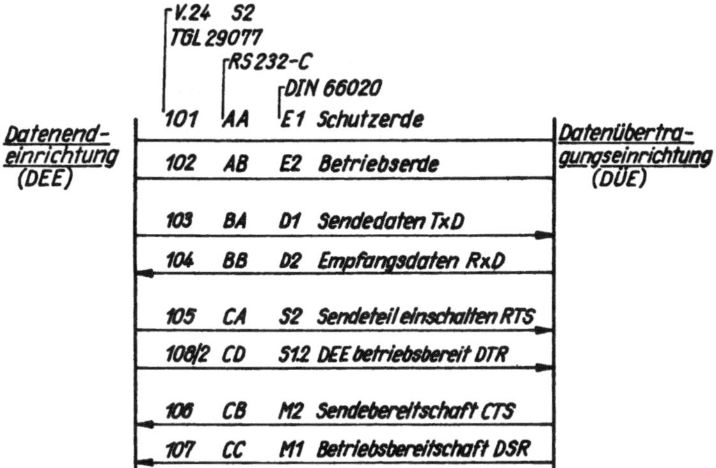

Abb. 4.31: Wichtigste Signale der V.24-Schnittstelle

In Abb.4.31 sind die wichtigsten Schnittstellenleitungen von V.24 dargestellt, wobei gleichzeitig auch die Signalbezeichnungen äquivalenter Normen RS 232-C, DIN 66020 und TGL 29077 (Interface S2) angegeben sind. Es lassen sich 2 Signalübertragungsleitungen (103, 104), 2 Steuerleitungen zum Einschalten der DUE (105, 108/2), 3 Statusleitungen zur Abfrage des DUE-Betriebszustands (106, 107, 109) und 4 Taktleitungen (113, 114, 115, 128) unterscheiden. Die Nutzung der Taktleitungen richtet sich danach, welche der beiden Einrichtungen den Takt erzeugt. Einige technische Angaben zu V.24 sind in Tabelle 4.11 aufgeführt (Ho 86, Mü 86). Nicht alle der in der Spalte unter V.24 angegebenen Werte sind in der TGL 29077 (Tg 75) spezifiziert.

Tabelle 4.11: Serielle Schnittstellen mit Spannungsaussteuerung

Schnittstelle	CCITT: V.24/V.28 EIA (USA): RS 232-C DIN 66020 TGL 29077/1 und /2	RS 423-A V.10/X.26	RS 422-A V.11/V.27	RS 485 V.11/V.27
Übertragungsart	asynchron/synchron	synchron	asynchron	
max. Kabellänge	etwa 15 m	1200 m	1200 m	1200 m
maximale Übertragungsrate	19,2 Kbit/s (synchron) 9,6 Kbit/s (asynchron)	100 Kbit/s	10 Mbit/s	10 Mbit/s (bei 15 m)
Anzahl Treiber	1	1	1	32
Anzahl Empfänger	1	10	10	32
elektrische Aussteuerung	unsymmetrisch	unsymmetrisch	symmetrisch	symmetrisch
Leitungsart	mit Masseleitung zu Paaren verdrillte Signalleitungen	koaxial	verdrillt	verdrillt
Pegel	"1": - 3... - 12 V, "0": + 3... + 12 V			
Treiberausgang, belastet	± 5 V	± 3,6 V	± 2 V	± 1,5 V
Treiberlast	3...7 kΩ	≥ 450 Ω	100 Ω	54 Ω
max. Empfängereingangsspannung	± 15 V	± 12 V	± 7 V	- 7...+ 12 V
Empfängerempfindlichkeit	± 3 V	± 200 mV	± 200 mV	± 200 mV
Bemerkungen	Datenrate einstellbar: 50/75/110/150/300/600/1200/2400/4800/9600 oder 19200 bit/s als Standard; bei > 20 Kbit/s symmetrische Aussteuerung von Takt und Daten (TGL 29077)		hohe Störsicherheit durch symmetrische Übertragung; Erweiterung auf mehrere Sender und Empfänger durch RS 485	Busbetrieb mit maximal 32 Teilnehmern ("Multipoint-Bus"); bidirektionale Signalleitungen als billige Zwei-Draht-Verbindung

Die Kopplung eines Mikrorechners mit einem peripheren Gerät über eine Entfernung von einigen Metern kann mit V.24-Schnittstellen unter Verzicht auf die Datenübertragungseinrichtungen erfolgen. Hierfür reichen meist die beiden Übertragungsleitungen 103 und 104 aus, die "über Kreuz" zusammenzuschalten sind, d.h., der Sender der einen Schnittstelle ist mit dem Empfänger der anderen Schnittstelle zu koppeln und umgekehrt, wie Abb.4.32 zeigt. Bei dieser vereinfachten Zusammenschaltung sind an jeder V.24-Schnittstelle die Steuer- und Statussignale gemäß der Gerätespezifikation zu verbinden. Für die Realisierung des synchronen oder asynchronen Ubertragungsprotokolls empfehlen sich USART-Schaltkreise, z.B. SIO U 856. Als Zeichenformat wird beispielsweise 1 Startbit/7 Datenbits/1 Paritätsbit (ungerade Parität)/1 Stoppbit verwendet.

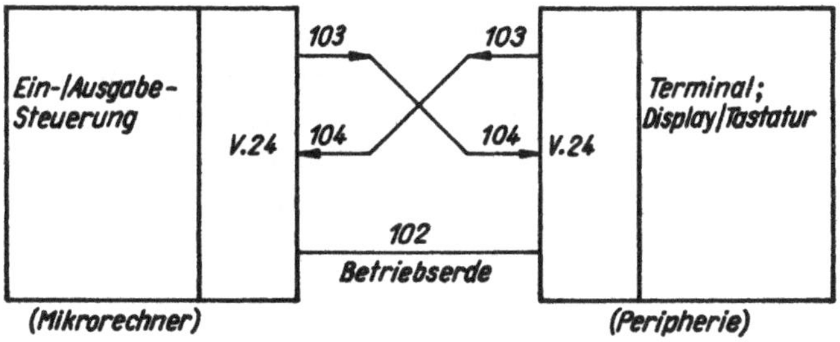

Abb.4.32: Kopplung zwischen Mikrorechner und Peripheriegerät, z.B. Bedienterminal, über eine Minimalvariante der V.24-Schnittstelle

In Tabelle 4.11 sind noch weitere Interfaces aufgeführt, die bei Mikrorechnern mitunter genutzt werden, um größere Ubertragungsstrecken und höhere Ubertragungsgeschwindigkeit zu erzielen. Die Abhängigkeit von zulässiger Ubertragungsstrecke und -geschwindigkeit zeigt Abb.4.33 (Ab 84).

Sehr häufig wird die serielle Ubertragung mit der 20-mA-Stromschleife verwendet, die auch als Fernschreiberschnittstelle (TTY-Schnittstelle) bekannt ist. Sie ist im System der Kleinrechner SKR als "Interface für den sternförmigen Anschluß von Geräten mit serieller asychroner Informationsübertragung (IFSS)" standardisiert (Tg 85). Wie in Abb.4.34 dargestellt ist, wird für jede Ubertragungsrichtung zwischen zwei Einheiten eine geschlossene Stromschleife benutzt, wobei für die Stromschleife gilt: "0" = 0...3 mA, "1" = 15...25 mA mit Nennwert 20 mA. Der Widerstand eines verdrillten Leiterpaars soll 200 Ω nicht überschreiten. Bei 500 m Übertragungsstrecke ist eine Ubertragungsrate von 9,6 Kbit/s zulässig, die bei größeren Ubertragungslängen entsprechend zu reduzieren ist. Der

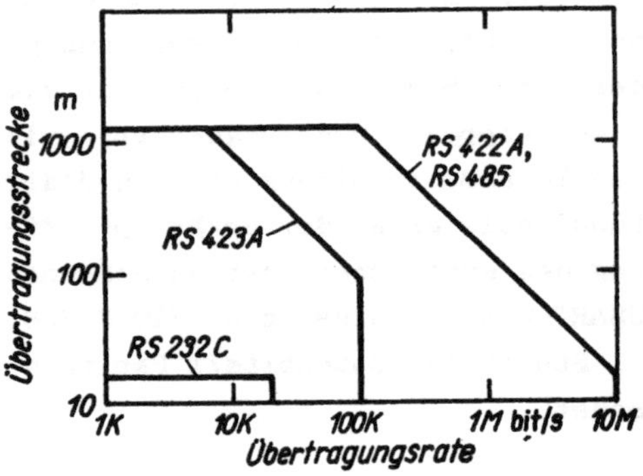

Abb. 4.33: Übertragungsstrecke und -rate bei einigen seriellen Interfaces

Sender oder Empfänger befindet sich im Aktivmodus, wenn er die Einspeisung der Stromschleife realisiert, oder im Passivmodus bei einer Einspeisung von der Gegenseite. Die galvanische Trennung zwischen Sender und Empfänger erfolgt über Optokoppler (Abb. 4.34). Für das asynchrone Übertragungsprotokoll werden 1 Startbit/8 Datenbits/2 Stoppbits bei weniger als 100 bit/s bzw. 1 Stoppbit bei mehr als 100 bit/s bevorzugt.

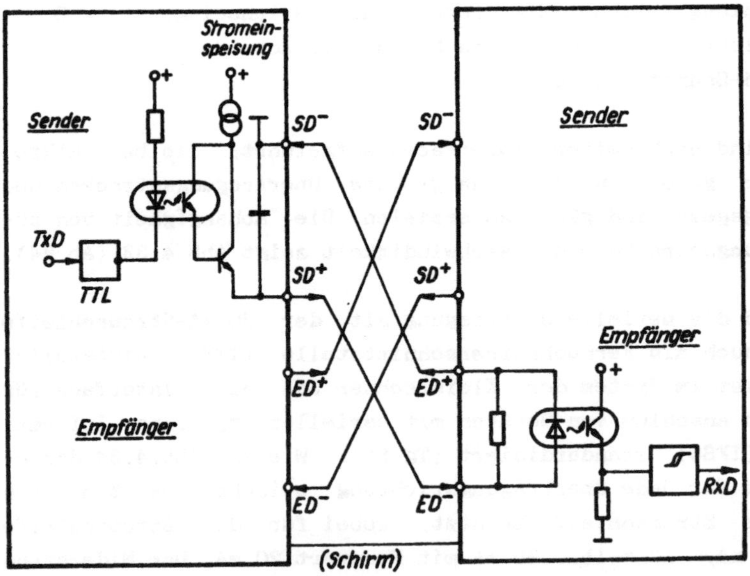

Abb. 4.34: IFSS-Schnittstelle;
Sender- und Empfängerschaltung, vereinfacht

Parallele Ubertragung

Für Ubertragungsstrecken in der Größenordnung von 1 m, die für den Anschluß peripherer Geräte an einen Mikrorechner typisch sind, wird häufig die parallele Datenübertragung genutzt, die gegenüber einer seriellen Ubertragung den Vorteil hat, daß auf die Parallel-Serien- und Serien-Parallel-Wandlung der Daten verzichtet werden kann.

Als Beispiel für eine insbesondere zum Anschluß von Ausgabedruckern bei Home- und Personal-Computern realisierte Schnittstelle sei die Parallelschnittstelle IFSP-M oder Centronics-Schnittstelle erwähnt. Sie umfaßt folgende Leitungen:

- Unidirektionale Datenleitungen DAT7...DATO für Rechnerausgabe,
- Steuerleitungen für eine nicht-überlappende Handshake-Steuerung ähnlich zu Abb. 4.28b:
  $\overline{\text{DATA STROBE}}$ als Ubertragungsanmeldung (Daten gültig),
  $\overline{\text{ACKNLG}}$ (acknowledge) als Quittungssignal des Datenempfängers,
- Sondersignale:
  $\overline{\text{IP-RST}}$ (input prime) zur Initialisierung des Ausgabegeräts,
  BUSY zur Anzeige einer fehlenden Empfangsbereitschaft des Druckers über den aktiven Zustand (Hoch-Pegel),
  PE (paper empty) zur Signalisierung des Datenträgerendes.

Alle Signalleitungen sind jeweils mit einer Masseleitung verdrillt. Beispielsweise ist für die Centronics-Schnittstelle zum Anschluß des Seriendruckers 1152 eine Kabellänge von 6 m zulässig (Ro 82).

4.5.2. Instrumentierungsbus

Für die Kopplung eines Rechners mit Meßgeräten und mit Einheiten der Meß-, Steuer- und Regelungstechnik bei Produktions- und Transportprozessen sind viele Bussysteme entwickelt worden. Sie übertragen die Daten seriell oder parallel und unterscheiden sich vor allem in der Ubertragungsgeschwindigkeit, in der Ubertragungsstrecke und in der Anzahl der anschließbaren Funktionseinheiten. Eine Ubersicht gibt Tabelle 4.12.

In der elektronischen Labormeßtechnik und in Meß- und Analysenlabors hat sich in den letzten Jahren ein **bitparalleles-byteserielles Interface** durchgesetzt (Na 80, Na 83), das unter mehreren Bezeichnungen bekannt ist: HP-IB (nach dem Erstentwickler als Hewlett-Packard-Interfacebus), IEEE-488-Bus (1975, 1978), GPIB (general purpose interface bus, im IEEE-488-Standard festgelegt), IEC-625-Bus und IMS-2 (RGW-Standard ST RGW 2740-80). Dieses Interface kann auf Grund seiner Anwendungsorientierung als Instrumentierungsbus angesehen werden. Zahlreiche Mikrorechner sind mit entsprechenden Anschlußschnittstellen zur Kopplung mit Meßgeräten komplettiert worden. Die zunehmende Verfügbarkeit hochintegrierter Schaltkreise erleichtert erheblich die Realisierung derartiger Anschlußschnittstellen. Dieses Interface ist durch die vielen spezifizierten

Funktionen und Abrüstvarianten in den Details schwieriger zu übersehen als beispielsweise die im Abschnitt 4.4. beschriebenen Mikrorechnerbusse. Eine relativ ausführliche Beschreibung gibt (Na 80).

Im bitparallelen-byteseriellen Interface, dessen Struktur in Abb.4.35 dargestellt ist, sind die Gerätegrundfunktionen wie folgt benannt:

- Listener: Empfänger, nimmt über den Bus Daten entgegen,
- Talker: Sender, gibt Daten auf den Bus aus,
- Controller: Systemsteuerung durch Aktivierung und Auswertung der Steuerleitungen und Senden von Befehlen und Adressen.

Tabelle 4.12: Instrumentierungs- und Prozeßbusse

Bezeichnung	CAMAC [1]) Modulares Instrumentierungssystem	CAMAC [1]) Paralleler Datenweg	Bitparalleles-byteserielles Interface
Standard	EUR-4100 (1972) [2]); IEEE-583; IEC-Publ. 482, 516; RGW: 4572-74, 4573-74	EUR-4600 (1972); IEEE-596; IEC-Publ. 677	IEC-625; IEEE-488 (GPIB); RGW: IMS-2 (ST RGW 2740-80)
Übertragungsart	parallel 24 bit, synchron	parallel 24 bit, asynchron	parallel 8 bit, asynchron
Übertragungsmedium	Rückverdrahtung im Rahmen (Crate)	parallele Mehrfachleitung	16 Signal- und 8 Masse-Leitungen, abgeschirmt
Übertragungslänge	rund 45 cm	maximal 25 m	etwa 20 m
Übertragungsgeschwindigkeit	1 MWorte/s (Wortlänge 24 bit)	1 MWorte/s (Wortlänge 24 bit)	250 Kbyte/s
Teilnehmerzahl	23 Moduln im Crate	zentrale Steuerung für 7 Crates	zentrale Steuerung, maximal 15 Talker und Listener
Unterstützung durch Spezialschaltkreise	-	-	z.B. 8291A, 8292 und 8293 bzw. KR 580 WK 91A, WG 92 und WA 93
Erweiterungen	serielle Übertragung (maximal 62 Crates): EUR-6100 (1977), IEEE-595, IEC-Publ. 640; mehrere Steuereinheiten im Crate (ACB): EUR-6500 (1976), IEEE-675, IEC-Publ. 729		-
Besonderheiten, Anwendungen	experimentelle Meßtechnik, insbesondere in der Kern- und Elementarteilchenphysik		elektronische Meßtechnik, Analysenlabors, Testsysteme

[1]) CAMAC: Computer-Automated Measurement and Control.
[2]) EUR: Dokumente der "Commission of the European Communities" (Luxembourg).

Die Grundfunktionen lassen sich zu den Gerätetypen A...D kombinieren, wie Abb.4.35 zeigt. Das Interface unterscheidet sich in mehreren Punkten erheblich von anderen Linieninterfaces mit zentraler Steuerung. In einem gegebenen Zeitpunkt darf zwar ebenfalls nur ein einziger Talker senden oder ein Controller den Bus steuern, jedoch können gleichzeitig mehrere Listener adressiert sein. Der Datentransfer zwischen Talker und Listener kann ohne Zwischenschaltung des Controllers erfolgen. Hierzu werden zunächst Talker und Listener von der Steuerung vorprogrammiert, d.h., es werden das Betriebsregime, die Meßbereiche, Vorgaben über Datenformate u.ä. eingestellt; anschließend schaltet sich die Steuerung bis zum Ende

Fortsetzung Tabelle 4.12:

PDV	MIL-STD-1553-Bus	CS 275
DIN 19241 (Prozeßlenkung mit Datenverarbeitungsanlagen); bitserielle Prozeßbus-Schnittstelle	US-amerikanischer Militärstandard	Siemens (BRD)
seriell, asynchron	seriell	seriell
	zwei verdrillte Leitungen, induktive Ankopplung der Unterstation	Nahbus: 3 Signalleitungen; Fernbus: Koaxialkabel
bis 3 km	maximal 100 m	Nahbus: bis 20 m; Fernbus: bis 4 km
bis 1Mbit/s (bei 100 m Kabellänge)	1 MHz-Takt (768 Kbit/s)	250 Kbit/s; autonomer Nahbus: 340 Kbit/s
Leitstation; maximal 252 Unterstationen	Bus-Controller; maximal 31 "Terminals" anschließbar	insgesamt < 100 Teilnehmer; Nahbus: max. 8 Teilnehmer (Open-collector-Anschluß); Fernbus: max. 32 Nahbusse (induktiver Anschluß)
MEE 3000 (Valvo)	HD-15530, HD-6408 u.a.	-
bei der Spezifikation des Bussystems PROWAY berücksichtigt		maximal 7 Buskoppler für die Verbindung zu anderen CS 275-Fernbussen
hohe Übertragungssicherheit (CRC-Prüfzeichen)	hohe Übertragungssicherheit (Parität); Einsatz in Flugzeugen	hohe Übertragungssicherheit (Blockparität); jeder Teilnehmer kann Masterfunktion ausüben; Automatisierungs- und Prozeßleitsystem TELEPERM M

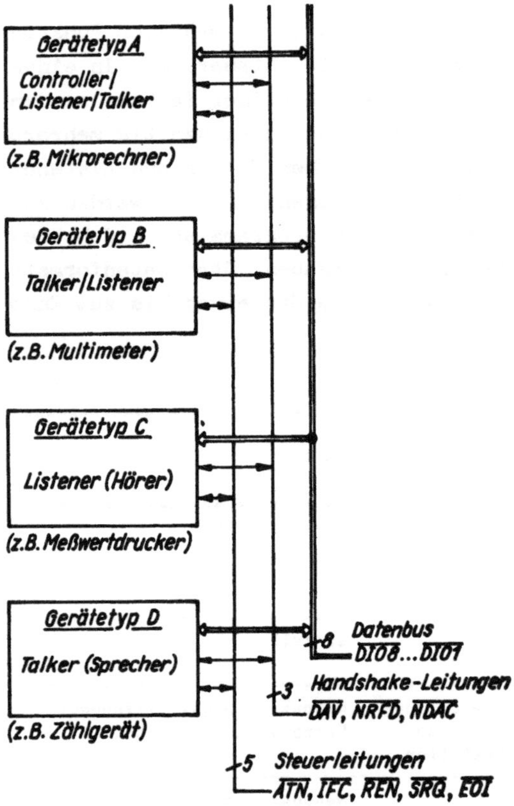

Abb. 4.35: Struktur des bitparallelen-byteseriellen Interface IEC-625 bzw. IMS-2

der Datenübertragungen ab. In einfachen Systemen, z.B. Digitalvoltmeter und Meßwertdrucker, ist der Datentransfer auch ohne Steuerung möglich: Lon-ton-Betrieb (listen only - talk only).

Das bitparallele-byteserielle Interface besitzt 8 bidirektionale Datenleitungen $\overline{DIO8}...\overline{DIO1}$ und 8 Steuerleitungen. Die Datenleitungen übertragen Interface-Nachrichten (Adressen, Befehle) von der Steuerung zu den angeschlossenen Geräten, z.B. Betriebsarteneinstellung, und Geräte-Nachrichten (Programmierung, Daten) zwischen den angeschlossenen Einheiten sowie Statusbytes zur Übertragungssteuerung. Mit den 5 allgemeinen Steuerleitungen werden die Informationen auf dem Datenbus gekennzeichnet und weitere Meldungen und Befehle übertragen:

- $\overline{ATN}$ (attention): Unterscheidung zwischen Befehlen ($\overline{ATN}$ = 1) und Daten auf dem Datenbus,
- $\overline{IFC}$ (interface clear): Systemsteuerung setzt die angeschlossenen Geräte in einen definierten Anfangszustand,
- $\overline{REN}$ (remote enable): Programmierung der angeschlossenen Geräte über den Bus ("fern") oder über die Gerätebedienelemente ("lokal"),
- $\overline{SRQ}$ (service request): Anforderung einer angeschlossenen Einheit zur Programmunterbrechung der Steuerung,

• $\overline{\text{EOI}}$ (end or identify): im Datenmode ($\overline{\text{ATN}}$ = 0) Kennzeichnung des Endes einer Zeichenkette durch den Talker und im Befehlsmode Parallelabfrage der Steuerung nach der Quelle der Anforderung $\overline{\text{SRQ}}$.
Die erstgenannten drei Signale werden ausschließlich durch die Steuerung erzeugt.

Die Handshake-Steuerung der asynchronen Datenübertragung basiert auf 3 Leitungen: Drei-Draht-Handshake, Abb. 4.36. Von der Steuerung oder vom Talker werden Daten auf den Datenleitungen mit dem Signal $\overline{\text{DAV}}$ (data valid) gültig erklärt. Für die Antwort der adressierten Listener stehen die Leitungen $\overline{\text{NRFD}}$ (not ready for data) und $\overline{\text{NDAC}}$ (not data accepted) zur Verfügung. Die Ankopplung erfolgt wie bei $\overline{\text{SRQ}}$ durch Open-collector-Stufen zur Wired-OR-Verknüpfung. Die Gültigkeitserklärung $\overline{\text{DAV}}$ = 1 kann allerdings erst dann stattfinden, wenn alle Listener über $\overline{\text{NRDC}}$ = 0 Bereitschaft zur Datenaufnahme gemeldet haben. Nach erfolgter Datenübernahme durch alle Listener wird $\overline{\text{NDAC}}$ = 0, so daß das Gültigkeitssignal abgeschaltet und eine erneute Übertragungsoperation angefordert werden kann. Mit den beiden Antwortsignalen $\overline{\text{NRFD}}$ und $\overline{\text{NDAC}}$ wird, wie aus Abb. 4.36 ersichtlich ist, bis zur Reaktion des langsamsten Empfängers gewartet.

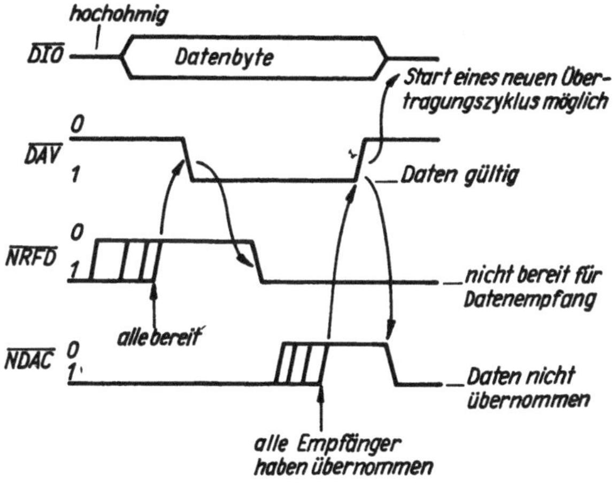

Abb. 4.36:
Drei-Draht-Handshake des Interface IEC-625 bzw. IMS-2, schematisch

In der umfangreichen Interfacespezifikation sind 10 zulässige Interfacefunktionen angegeben, die aber im Anwendungsfall nicht alle realisiert sein müssen. Die wichtigsten Funktionen sind die Empfängerfunktion AH (acceptor-handshake), die Quellenfunktion SH (source-handshake) und die Sprecherfunktion ohne und mit Adreßerweiterung T/TE (talker/extended talker). Die SH- und AH-Funktionen bewirken die Nachrichtenübertragung auf den Datenleitungen und organisieren das Handshake-Signalspiel beim Senden (SH) und Empfangen (AH) jedes einzelnen Bytes auf dem Datenbus. Auch die Kodierung der verschiedenen Nachrichten ist vorgeschrieben.

Durch die Möglichkeit verschiedener Abrüstvarianten von Interfacefunktionen und die freizügige Wahl einiger Details können sich Kompatibilitätsprobleme bei der Zusammenschaltung von Geräten zu einem Meßsystem ergeben. Die Lösung solcher Probleme setzt eine genaue Kenntnis der Signalabläufe, der Interfacefunktionen und der Programmierung der beteiligten Geräte voraus und kann sehr zeitaufwendig sein.

Das bitparallele-byteserielle Interface läßt bei einer maximalen Leitungslänge von 20 m den Anschluß von 15 Geräten und eine Datenübertragungsrate von maximal 250 Kbyte/s zu. Bei Tri-state-Treibern mit 48 mA Strombelastung und höchstens 0,5 m Buslänge je Gerät sind maximal 1 Mbyte/s möglich. Die Spannungspegel sind TTL-kompatibel. Die Programmierung der Steuerung, die gewöhnlich von einem Rechner dargestellt wird (Personal-Computer, Tischrechner), läßt sich bei Aufruf entsprechender Routinen zur Auslösung des Datentransfers und der Aktionen im Talker und Listener sehr nutzerfreundlich gestalten, z.B. durch vorgegebene Routinen für Meßgerätefunktionen, die in ein BASIC-Programm eingebunden werden (Ro 80a). Es ist aber auch die Programmierung unmittelbar in BASIC oder in einer problemorientierten Sprache durchführbar (Na 80, Er 84).

Bei der Realisierung der Anschlußschnittstelle kann man von einem Ein-Chip-Mikrorechner und programmierbaren Ein-/Ausgabe-Schaltkreisen (PIO) Gebrauch machen, muß aber durch zusätzliche Logik zeitkritische Bedingungen sichern, wie die Reaktion auf $\overline{ATN}$-Änderungen in weniger als 200 ns.

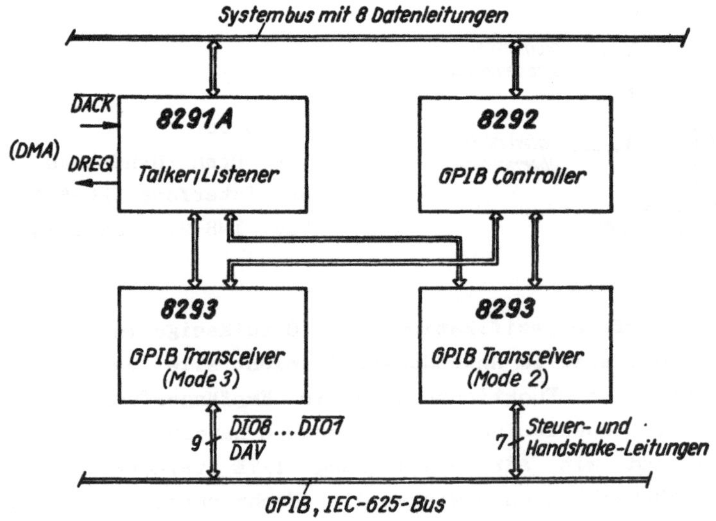

Abb. 4.37: Anschlußschnittstelle GPIB (IEEE-488), IEC-625 bzw. IMS-2 mit Interface-Schaltkreisen

Anschlußschnittstellen sind in (Na 80, Er 84) beschrieben. In Abb.4.37 ist der Aufbau einer Talker/Listener/Controller-Schnittstelle mit speziellen Interface- und Treiberschaltkreisen skizziert (In 83):

- 8291 bzw. verbesserte Version 8291A: GPIB talker/listener; geeignet u.a. für die Mikroprozessoren 8080, 8085 und 8086, 8088,
- 8292: GPIB controller; ergänzt den Schaltkreis 8291 durch Realisierung der Übertragungssteuerung, stellt einen entsprechend programmierten 8-bit-Ein-Chip-Mikrorechner 8041A dar,
- 8293: GPIB transceiver; 9 nichtinvertierende Leitungstreiber mit Open-collector- oder Tri-state-Ausgängen, 9 Leitungsempfänger mit Schmitt-Triggerfunktion, 4 Betriebsarten für den Einsatz mit 8291 bzw. 8291A und 8292.

Die sowjetischen Äquivalenztypen der genannten Schaltkreise sind KR 580 WK 91A, KR 580 WG 92 und KR 580 WA 93. Abschließend sei erwähnt, daß der Drei-Draht-Handshake auch mit den Schaltkreisen Z8036 und Z8536 (siehe Tabelle 4.3) als eine von mehreren Handshake-Betriebsarten möglich ist.

5. Betriebssysteme

5.1. Aufgaben und Grundstrukturen

5.1.1. Einführung

Die Betriebsarten eines Rechners ergeben sich erst aus dem Zusammenwirken der Gerätetechnik mit einem Betriebssystem. Ein Betriebssystem ist ein Komplex problemunabhängiger Programme, die den Anwender bei der Nutzung eines Rechners unterstützen, alle auf dem Rechner ablaufenden Prozesse koordinieren und dabei gleichzeitig für eine möglichst vollständige Erschließung der rechentechnischen Ressourcen sorgen.

Zur Unterstützung des Nutzers stellen Betriebssysteme Dienste für die Entwicklung, das Übersetzen, Verbinden und Laden sowie für die Erprobung von Anwenderprogrammen bereit. Von besonderer Bedeutung ist die Ausführung aller gerätenahen Operationen sowie der Organisationsaufgaben durch das Betriebssystem. Es stellt dem Nutzer eine Schnittstelle bereit, unter der die gerätenahen Prozesse verborgen bleiben.

Die Organisation der Prozesse bestimmt maßgeblich die Betriebsarten eines Rechners. Ihr Umfang und ihre Komplexität nahmen mit der Entwicklung der Rechentechnik und der Herausbildung immer anspruchsvollerer Nutzungsprofile ständig zu. So wurde Mitte der sechziger Jahre die Möglichkeit geschaffen, mehrere Datenverarbeitungsprozesse zeitlich parallel auf einem Rechner auszuführen, um den Aufgabendurchsatz und die Ressourcenauslastung zu erhöhen. Bei der Stapelverarbeitung, die zu dieser Zeit als Betriebsart vor allem großer Rechner aufkam, laufen Rechenwerksprozesse sowie Ein-/Ausgabeoperationen zeitlich parallel zueinander ab. Organisationsprogramme des Betriebssystems sorgen dafür, daß die in einem Eingabestrom herangeführten Programme und Daten nach vorgebbaren Prioritäten bei möglichst hoher Auslastung der Zentraleinheit des Rechners bearbeitet und die Ergebnisse schließlich in einem Ausgabestrom bereitgestellt werden. Bei kommerziellen Anlagen erfolgt außerdem die automatische Abrechnung der in Anspruch genommenen Rechnerleistungen.

Kompliziertere Organisationsaufgaben brachte die Einführung der Dialogverarbeitung in den siebziger Jahren mit sich, bei der Nutzer von Bildschirm-Terminals aus Programme gleichzeitig am Rechner bearbeiten. Die konfliktlose Aufteilung der Betriebsmittel (Rechnerressourcen) bei akzeptablen Reaktionszeiten erfordert zusätzliche Verwaltungsfunktionen des Betriebssystems, beispielsweise die zeitzyklische Vergabe der Rechnerressourcen an die aktiven Programme (Time-sharing-Verfahren).

Besonders hohe Anforderungen hinsichtlich der Verarbeitungs- und Reaktionsgeschwindigkeit stellt die Echtzeitverarbeitung z.B. bei der zeitlich schritthaltenden Überwachung und Steuerung von industriellen Prozessen.

Neue Aspekte für die Organisation von Verarbeitungsprozessen ergaben sich in letzter Zeit bei der Entwicklung von verteilten Rechnersystemen, die aus mehreren miteinander verbundenen Mikrorechnern bestehen. Hierbei kommen verteilte Betriebssysteme zum Einsatz. Ihre Komponenten sind auf die Rechner des Verbundes verteilt und kommunizieren miteinander. Das Betriebssystem hat u.a. die Aufgabe, die im gesamten Verbund ablaufenden Prozesse zu koordinieren.

Stellung und Funktion eines Betriebssystems lassen sich anhand eines Schichtenmodells (Abb.5.1) verdeutlichen. Jede Schicht S_i führt bestimmte Funktionen aus. Dabei greift sie auf Funktionen F_{i-1} der darunter lie-

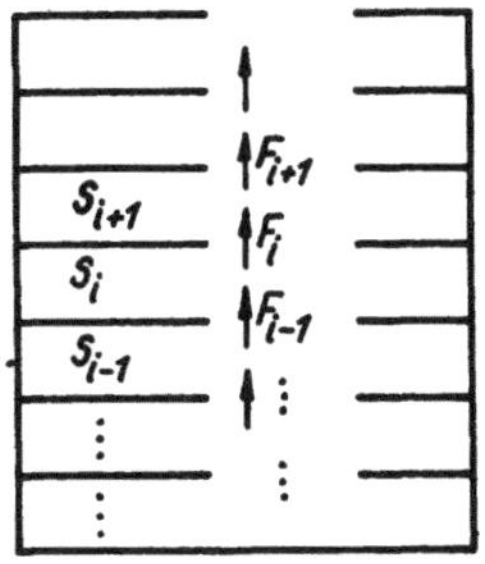

Abb.5.1: Schichtenmodell

genden Schicht S_{i-1} zurück und stellt ihrerseits der darüber liegenden Schicht S_{i+1} die Funktionen F_i bereit. Gleichwertig mit den Schichtenmodellen sind Schalenmodelle (Abb.5.2).

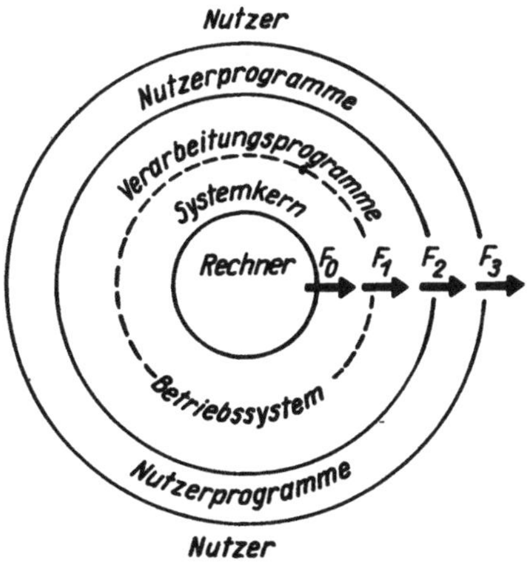

Abb. 5.2: Schalenmodell eines Betriebssystems

Das Betriebssystem stellt in diesen Modellen eine Schicht dar, die zwischen dem Anwender und der Gerätetechnik des Rechners liegt (Abb.5.3).

Abb.5.3:
Grobstruktur eines Betriebssystems

Sie gliedert sich wiederum in zwei Schichten, in den Systemkern und in die Verarbeitungsprogramme. Die Schichten des Betriebssystems bauen aus den elementaren Funktionen des Rechners jeweils höhere, komplexere Funktionen auf, die von der obersten Schicht des Betriebssystems dem Nutzer bzw. dem Nutzerprogramm zur Verfügung gestellt werden. Die funktionelle Einheit von Rechner und Betriebssystem wird als "Nutzermaschine" bezeichnet.

Als Betriebssystem im engeren Sinne oder Betriebssystemkern gelten diejenigen problemunabhängigen Komponenten, die gerätenahe Grundfunktionen ausführen, wie

- Koordinierung aller Prozesse (tasks), die auf dem Rechner laufen,
- Vergabe der Betriebsmittel des Rechners an die Prozesse,
- Kommunikation mit dem Nutzer oder Bediener,
- Verwaltung von Dateien,
- Steuerung der Aufgabenbearbeitung und
- Abrechnung der Rechnerleistungen.

Die zweite Schicht des Betriebssystems bilden die Verarbeitungsprogramme. Sie unterstützen die Erstellung, Übersetzung, Erprobung und Abarbeitung von Anwenderprogrammen, die Pflege von Dateien sowie die Systemadministration. Typische Komponenten dieser Schicht sind

- Programmierwerkzeuge, wie Editoren zur Erstellung von Anwenderprogrammen,
- Übersetzungsprogramme, die in Assemblerkode oder in einer höheren Programmiersprache formulierte Programme in eine Folge von Maschinenbefehlen übertragen,
- Dienstprogramme, die häufig benötigte problemunabhängige Dienste, wie Arbeiten mit Dateien, ausführen sowie
- spezielle Systeme z.B. für Datenbankverwaltung und Textverarbeitung.

Das Spektrum der Verarbeitungsprogramme variiert in Abhängigkeit von der Größe und dem Einsatzprofil der Betriebssysteme, wie später an den Beispielen von CP/M und UNIX gezeigt werden wird.

Für die Betriebssysteme und ihre Komponenten sind sehr unterschiedliche Bezeichnungen im Gebrauch, z.B.
"Monitor" für kleinste Systeme,
"Operationssystem" für allgemeine, meist große Betriebssysteme,
"Supervisor" für das Steuerprogramm, den Betriebssystemkern und
"Executive" meist für den Kern von Echtzeitbetriebssystemen.

Neben den universellen Systemen existieren spezialisierte Betriebssysteme, beispielsweise
- Echtzeitbetriebssysteme für die Steuerung und Führung von Prozessen,
- Datenbankbetriebssysteme für Rechner, die ausschließlich Datenbanken verwalten, und
- Rechnernetz-Betriebssysteme für Kommunikationsprozesse in Rechnernetzen.

Im folgenden werden vor allem Betriebssysteme für Personal-und Arbeitsplatz-Computer, für wissenschaftlich-technische Rechner sowie für die Echtzeitverarbeitung behandelt.

5.1.2. Struktur und Dienste des Betriebssystemkerns

5.1.2.1. Überblick

Hauptaufgabe des Betriebssystemkerns ist die Koordinierung der auf dem Rechner ablaufenden Prozesse.

Ein Prozeß, im folgenden auch als Task bezeichnet, stellt die kleinste Einheit der Programmbearbeitung dar. Er ist eine Folge nichtüberlappender Verarbeitungsschritte. Ein Prozeß hat eine endliche Lebensdauer und durchläuft die Schritte Erzeugen, Ausführen und Beenden. Zu einem Prozeß gehört ein Programm mit seiner Umgebung, bestehend aus
- Registerinhalten,
- Werten globaler Größen eines Programms (Datensegment),

- Werten lokaler Variabler in Programmen, wie Rücksprungadressen von Unterprogrammaufrufen (Stacksegment), und
- Tabellen über eröffnete Dateien.

Umfang und Ausgetaltung der Funktionen eines Betriebssystemkerns richten sich nach dem Einsatzprofil des betreffenden Rechners, nach
- Nutzungsform, wie Stapel-, Dialog- oder Echtzeitverarbeitung,
- Anzahl der Prozesse, die quasiparallel auf dem Rechner ablaufen,
- Anzahl der Nutzer, die gleichzeitig auf den Rechner zugreifen können, sowie
- Anzahl der Zentralprozessoren.

Abb.5.4 veranschaulicht die Dienste des Betriebssystemkerns für verschiedene Klassen und Einsatzgebiete von Rechnern. Bei sehr einfachen Nutzungsformen, beispielsweise beim Einsatz eines Einleiterkartenrechners für Steueraufgaben, hat das Betriebssystem neben der Bedienung der Peripherie nur die Steuerung einfacher Prozeßabläufe sowie die Kommunikation mit dem Nutzer zu unterstützen. Die Programme werden sequentiell

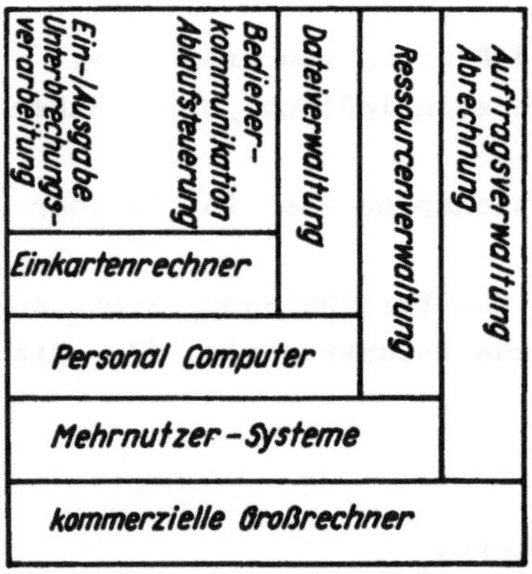

Abb.5.4:
Dienste des Betriebssystemkerns für die verschiedenen Rechnerklassen

abgearbeitet. Der Nutzer hat die Möglichkeit, über die Tastatur Programmläufe zu starten und zu unterbrechen. Für diese Aufgabenklasse reicht ein Systemkern aus, der Komponenten für die Gerätebedienung (Driver-Programme), die Ablaufsteuerung und die Kommunikation enthält. Er muß ferner die Verarbeitung von Interruptsignalen erlauben, um ein laufendes Programm unterbrechen und die Steuerung dem Kommandointerpreter oder einem Reaktionsprogramm übergeben zu können. Betriebssysteme dieser Klasse sind meist als Firmware auf PROM gespeichert und belegen nur einige 10 Kbyte. Bei Personal- und Bürocomputern kommt zu den genannten Aufgaben die Verwaltung von Dateibeständen, die sich auf externen Speichern befinden, hinzu.

Typisch für die bisher betrachteten Rechner ist der Single-user-single-task-Betrieb: Nur jeweils ein Nutzer erhält Zugriff zum Rechner, und der Rechner bearbeitet jeweils nur eine Task.

Leistungsfähigere Rechner arbeiten im Multitask-Betrieb. Sie führen quasiparallel mehrere Tasks aus, um einen hohen Aufgabendurchsatz und eine intensive Auslastung des Zentralprozessors zu erreichen. Wie der Begriff "quasiparallel" zum Ausdruck bringt, laufen die Prozesse nicht exakt zeitparallel zu einander ab. Der Prozessor wird den Prozessen nacheinander oder im Wechsel miteinander zugewiesen. Erst über hinreichend große Zeiten betrachtet, entsteht der Eindruck der Zeitparallelität.

Im Multitask-Betrieb muß der Betriebssystemkern miteinander konkurrierende Prozesse, die sich um die Betriebsbsmittel bewerben, koordinieren. Betriebsmittel, wie die zentrale Verarbeitungseinheit, die jeweils nur von einem Prozeß genutzt werden können, heißen exklusive Betriebsmittel. Den gerätetechnischen Betriebsmitteln sind Daten und Nachrichten gleichzusetzen, da sie ebenfalls für die Programmbearbeitung erforderlich sind. Damit die Rechenprozesse konfliktlos ablaufen können, vergibt der Betriebssystemkern die Ressourcen nach einer bestimmten Strategie an die Prozesse. Dabei sind Prioritäten der Prozesse und die Abhängigkeiten zwischen den Prozessen zu berücksichtigen.

Der Betrieb kommerzieller Großrechner erfordert als weitere Betriebssystemfunktionen die Auftragsverwaltung und -abrechnung sowie die Nutzeradministration. Im Stapelbetrieb beispielsweise hat die Auftragsverwaltung die als Jobs übernommenen Aufträge nach ihrer Jobklasse in Warteschlangen einzuordnen, für die Abarbeitung vorzubereiten, ihrer Priorität gemäß zu starten und die Ergebnisse der Rechnungen in Warteschlangen zur Ausgabe einzuordnen. Für die Abrechnung erfaßt das Betriebssystem die Nutzungszeiten der einzelnen Ressourcen und berechnet daraus die Gesamtkosten für die Bearbeitung eines Auftrages.

Das volle Aufgabenspektrum eines Betriebssystemkerns umfaßt damit
- Ablaufsteuerung und Verwaltung der Rechenprozesse,
- Verwaltung der Betriebsmittel und der Nachrichten,
- Ein/Ausgabesteuerung,
- Verwaltung von Dateien,
- Kommunikation mit dem Nutzer und mit anderen Rechnern,
- Verwaltung von Aufträgen und
- Abrechnung der Ressourcennutzung.

5.1.2.2. Ablaufsteuerung

Die Ablaufsteuerung sorgt für die geordnete, konfliktfreie Ausführung von Prozessen auf einem Rechner. Sie läßt sich im Single-user-single-task-Betrieb auf sehr einfache Weise verwirklichen, da lediglich zwischen drei Prozessen, der zentralen Warteschleife, dem Kommandointerpreter und dem Anwenderprogramm, umgeschaltet werden muß (Abb.5.5). Jeweils ein Anwen-

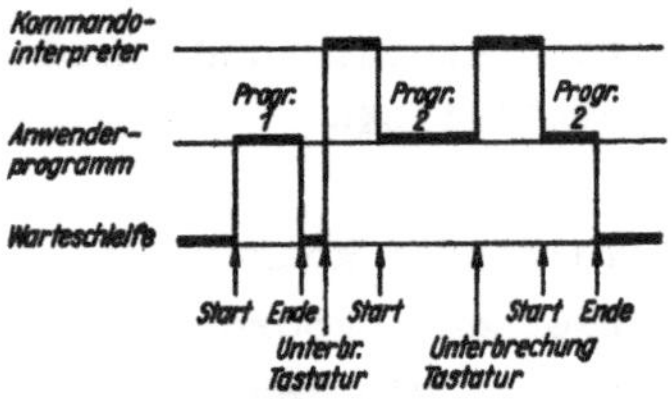

Abb.5.5: Ablaufsteuerung im Single-task-Betrieb

derprogramm wird selbständig abgearbeitet. Ist es ohne Eingriffe von außen zum Ende gekommen, wechselt die Steuerung in eine zentrale Warteschleife über. Bei Auslösung eines Interrupts durch Betätigung von Tasten der Konsole, wie CTRL-C, erfolgt die Unterbrechung des jeweils aktiven Programms, z.B. der Warteschleife oder eines Nutzerprogramms, und die Verzweigung zum Kommandointerpreter. Dieser entschlüsselt die eingegebenen Kommandos und wertet sie aus.

Im Multitask-Betrieb eines Einprozessorsystems kann jeweils nur eine Task diesen Prozessor nutzen. Die übrigen Tasks befinden sich in dieser Zeit in nicht aktiven Zuständen. Sie sind entweder zur Übernahme des Prozessors bereitgestellt oder vorübergehend von der Prozessornutzung ausgeschlossen worden. Die Verwaltung der Tasks geschieht durch ein Dispatcher-Programm. Es verfügt über Routinen zur Änderung der Taskzustände.

Taskmodell

Für die Arbeit des Dispatchers ist ein Taskmodell vorgegeben. Es fixiert die Zustände, in der sich die Tasks befinden dürfen, sowie die erlaubten Übergänge zwischen den Taskzuständen. Einfache Taskmodelle definieren vier Taskzustände (Abb. 5.6):

- wartend:
  Die Task ist im Arbeitsspeicher vorhanden. Sie ist blockiert und wartet auf ein Ereignis, z.B. auf ein Signal, das sie in den Zustand "bereit" versetzt,
- bereit:
  Die Task ist zur Nutzung des Prozessors bereit. Die Aufforderung für ihren Start liegt vor, doch belegen Tasks höherer Priorität die benötigte Rechnerressource, so daß die Task nicht mehr oder noch nicht bearbeitet werden kann,

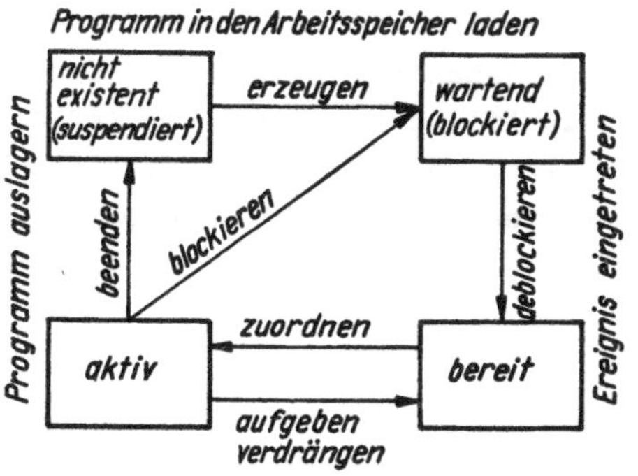

Abb.5.6: Zustände und Zustandsänderungen von Tasks

- aktiv:
  Die Task belegt den Prozessor, das zugehörige Programm wird ausgeführt, bis es zu Ende gekommen ist oder durch eine Task höherer Priorität verdrängt wird,
- nicht existent:
  Das Programm der Task befindet sich zum betrachteten Zeitpunkt nicht im Arbeitsspeicher.

Die Überführung der Tasks von einem Zustand in einen anderen erfolgt durch das Dispatcherprogramm. Wie aus Abb. 5.6 ersichtlich, sind im betrachteten Taskmodell die Übergänge Deblockieren, Zuordnen, Aufgeben/ Verdrängen, Blockieren, Erzeugen und Beenden möglich.

Eine Task, die über den Prozessor verfügt, kann diesen "freiwillig" aufgeben, wenn sie beispielsweise eine Ein-/Ausgabe-Opration eingeleitet hat und auf deren Beendigung warten muß. Sie kann aber auch von einer Task höherer Priorität verdrängt werden.

Die Aktivierung einer Task kann durch sehr unterschiedliche Ereignisse erfolgen, z.B. durch
- Interruptanforderungssignale, die ein externer Prozeß über die Prozeßperipherie an den Rechner sendet,
- Anforderungen der Zeitverwaltung über Signale eines Zeitgebers sowie durch
- Intertask-Anforderungen über Software-Interrupts aus anderen Tasks.

Tritt ein Ereignis für das Starten einer Task ein, so setzt der Scheduler bzw. Dispatcher diese Task in den Zustand "bereit" und ordnet sie in die Warteschlange bereiter Tasks ein. Die Zuordnung der Betriebsmittel zu den bereiten Tasks geschieht durch das Dispatcherprogramm, ebenso der Entzug.

Warteschlangen

Den Taskzuständen sind, wie in Abb.5.7 dargestellt, Warteschlangen zugeordnet. Prozesse gleicher Priorität werden gewöhnlich in jeweils einer Warteschlange geführt, die nach dem Prinzip "first in-first out" (FIFO) verwaltet wird. Sind mehrere Prioritätsstufen zugelassen, so existiert für jede Prioritätsstufe eine gesonderte Warteschlange. Die Abarbeitung

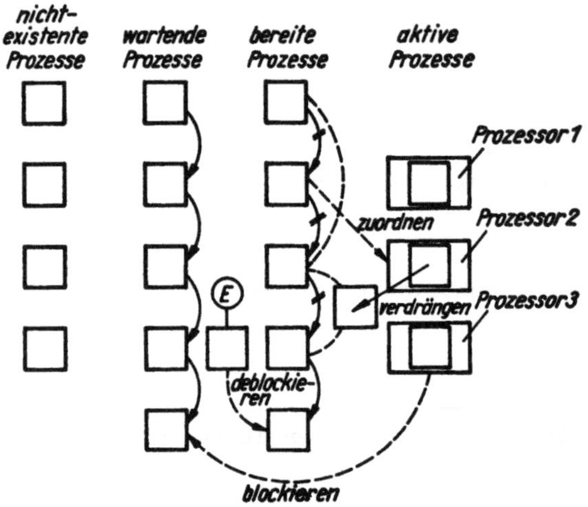

Abb.5.7: Verwaltung von Prozessen in einem Betriebssystem

der Warteschlangen erfolgt der Priorität nach. Prozesse unterschiedlicher Priorität lassen sich auch in einer gemeinsamen Warteschlange führen, wenn innerhalb dieser Warteschlange eine Einordnung nach Dringlichkeiten erfolgt. Ein solches Vorgehen erfordert allerdings zusätzlichen Aufwand.

Die Verkettung der Elemente einer Warteschlange geschieht, wie in Abb.5.8 gezeigt, durch eine Folge von Verweisen auf die Adresse der folgenden

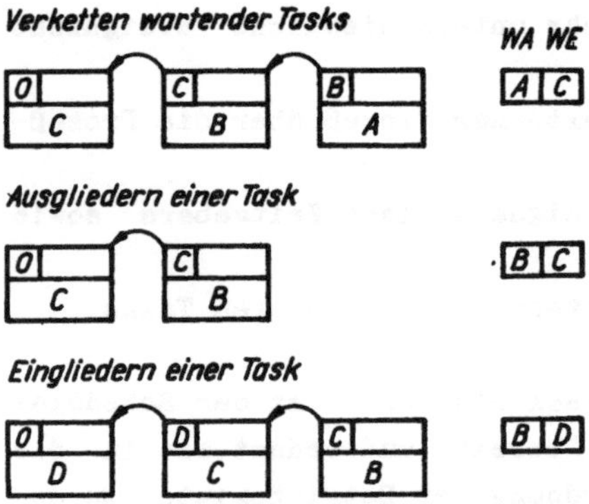

Abb.5.8: Organisationstechnik von FIFO-Warteschlangen

Task. Das System verwaltet die Zeiger WA und WE, die auf die Adresse der ersten bzw. der letzten Task verweisen. Ist die Warteschlange leer, gilt WE = WA = 0.

Taskvektoren und Tasksteuerblöcke

Die Verwaltung der Prozesse durch das Betriebssystem geschieht anhand von Taskvektoren, auch Prozeßleitblöcke genannt. Sie enthalten die für die Verwaltung erforderliche Information: neben Angaben über die Eigenschaften einer Task, wie Name, Priorität und Ressourcenbelegung, auch Informationen über den Taskzustand und den Zustand des Prozessors, die bei der Unterbrechung der betreffenden Task sichergestellt worden sind, z.B. den Stand des Programmzählers und die Inhalte der allgemeinen Register. Sie werden bei einer erneuten Aktivierung der Task wieder eingetragen. Bei modernen Rechnern genügt es, den Zeigerstand des Stackregisters zu retten.

Die Tasksteuervektoren bilden die Spalten einer Matrix, der Tasksteuertabelle, anhand derer das Betriebssystem die Tasks verwaltet. Abb. 5.9

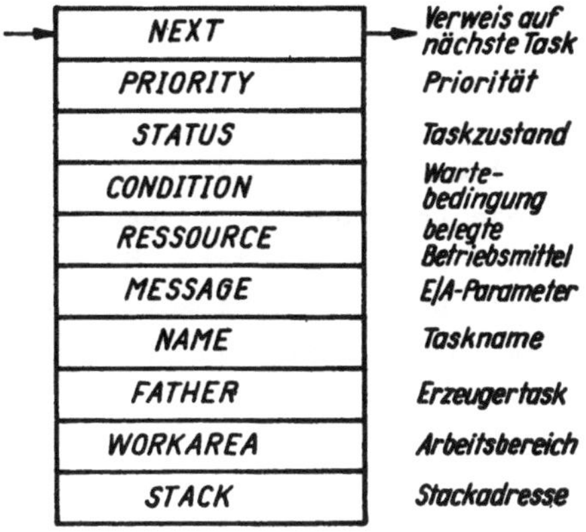

Abb.5.9: Variante eines Tasksteuervektors

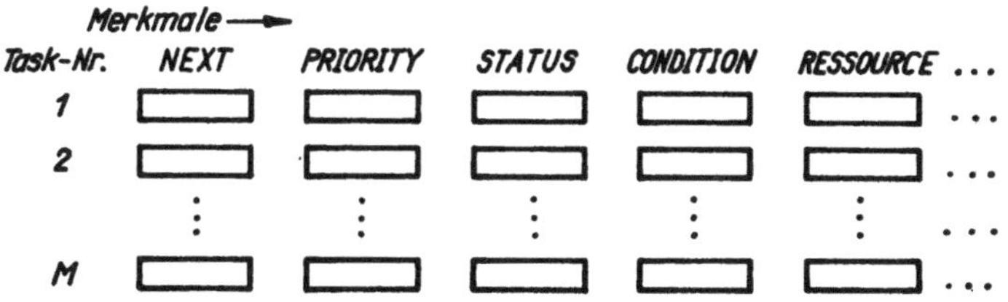

Abb.5.10: Aufbau eines Tasksteuerblocks aus Tasksteuervektoren

zeigt eine Variante für den Aufbau von Tasksteuervektoren (We 86) und ihre Kombination zu einer Tasksteuertabelle (Abb.5.10). Abb. 3.46 gibt als Beispiel die entsprechende Hardware-Lösung beim Mikroprozessor 80286 wieder.

Prozeßsynchronisation

Zwischen den Prozessen können Abhängigkeiten bestehen. So kann beispielsweise ein Prozeß B die Ergebnisse eines anderen Prozesses A als Eingabedaten benötigen. In diesem Falle darf das Betriebssystem den Prozeß B erst dann starten, nachdem der Prozeß A die benötigten Ergebnisse hinterlegt hat. Eine andere Aufgabe der Prozeßsynchronisation besteht im wechselseitigen Ausschließen von Prozessen, die exklusive Betriebsmittel gleichzeitg belegen wollen.

Die Prozeßsynchronisation bei der exklusiven Betriebsmittelbelegung geschieht mit Hilfe von Signalgrößen, die den Ressourcen jeweils zugeordnet sind. Im einfachsten Falle kann dies ein Flipflop, eine logische Variable, sein. Jeder Prozeß hat vor dem Belegen der Ressource die Signalgröße abzufragen. Hat sie den Wert 0, so ist die zugehörige Ressource frei und kann belegt werden. Der Prozeß hat beim Belegen der Ressource das Flag auf 1 und bei der Freigabe wieder auf 0 zu setzen. Findet hingegen ein Prozeß den Zustand Flag = 1 vor, so muß er in den Wartezustand gebracht werden.

Bessere Möglichkeiten bieten Semaphore (Signalvariable). Semaphore sind ganzzahlige Größen, deren Werte nicht nur die Zustände "frei" und "besetzt", sondern auch die Anzahl der wartenden Bewerber anzeigen. Mit der Initialisierung wird an allen Betriebsmitteln SEMA := 1 gesetzt: Die Geräte sind frei. Bei der Anforderung eines Betriebsmittels (REQUEST) wird der Wert des Semaphors dekrementiert: SEMA := SEMA - 1.

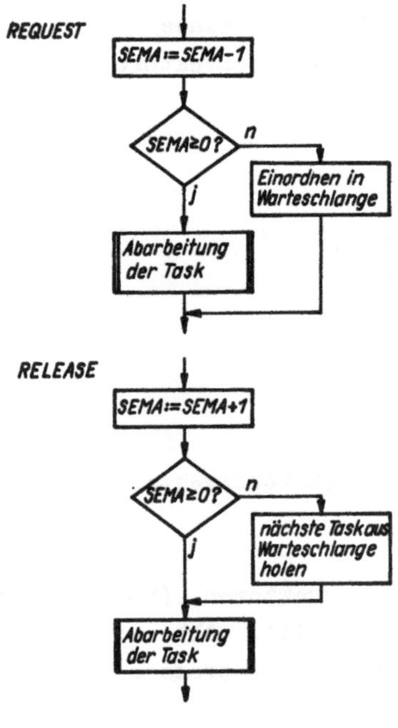

Abb.5.11:
Semaphor-Operationen
REQUEST und RELEASE

Ist danach noch SEMA ≥ 0, so ist das Betriebsmittel frei und kann von der anfragenden Task belegt werden. Anderenfalls wird die Task in die Warteschlange des angeforderten Betriebsmittels eingegliedert. Jede weitere Anfrage einer Task verringert den Wert des Semaphors um 1. SEMA < 0 bedeutet, daß sich noch Tasks in der zugehörigen Warteschlange befinden. |SEMA| ist dann gleich der Anzahl der wartenden Tasks. Gibt eine Task das Betriebsmittel ab (RELEASE), so wird SEMA um 1 erhöht: SEMA := SEMA +1 . Abb. 5.11 zeigt die Verknüpfung der Semaphor-Operationen.

Der Austausch von Informationen zwischen den Tasks erfolgt bei modernen Betriebssystemen über "Briefkästen" (mailboxes). Eine Mailbox ist ein reservierter Speicherbereich, in dem die sendende Task eine Nachricht hinterlegt und aus dem die empfangende Task sie wieder entnimmt. Nachrichten und Tasks werden zu Warteschlangen verkettet, da mehrere Tasks auf eine Nachricht warten und andererseits mehrere Nachrichten vorliegen können. Für die Abarbeitung der Warteschlangen gilt das FIFO-Prinzip. Das Eintreffen einer bestimmten, erwarteten Nachricht kann eine Task wecken und damit ihren Taskzustand ändern. Mitunter werden die Wartezeiten auf Nachrichten begrenzt, um Systemverklemmungen zu verhindern. Bei modernen Mikroprozessoren, wie 80286, wird die Synchronisation durch die Hardware unterstützt.

5.1.2.3. Ressourcenverwaltung

Speicherverwaltung

Im Single-task-Betrieb reduziert sich die Speicherverwaltung auf die Zuteilung eines festen Speicherbereichs an das Nutzerprogramm. Eine solche statische Verwaltung ist auch im Multitask-Betrieb noch möglich, falls die Bearbeitungsfolge und der Speicherplatzbedarf der Tasks zuvor geplant werden können.

Der allgemeine Multitask-Betrieb erfordert hingegen eine dynamische Speicherverwaltung. Die Zuweisung erfolgt auf Anforderung der Tasks beim Übergang in den Zustand "aktiv". Da sich die Speicherbelegung laufend ändern kann, läßt sich die Anordnung eines Programms im Hauptspeicher nicht mehr an eine feste Adresse binden. Speicher- und Adreßraum sind nicht mehr identisch. Die Speicherverwaltung hat die Beziehung zwischen beiden herzustellen. Sie ist abhängig von den verwendeten Adressierungsarten, wie in Abschnitt 3. gezeigt worden ist.

Eine weitere Aufgabe der Speicherverwaltung ist der Schutz von Speicherbereichen, z.B. des Steuerprogrammbereichs, vor unerlaubtem Zugriff, vor allem vor unerlaubtem Überschreiben. Eine Variante des Speicherschutzes verwendet Grenzadreßregister. Sie enthalten die untere bzw. die obere

Adresse des frei beschreibbaren Speicherraumes. Bei jedem Speicherzugriff wird geprüft, ob die anliegende Adresse in den freigegebenen Bereich fällt. Als unteres Grenzwertregister kann auch das Basisregister verwendet werden.

Bei einer anderen Variante werden Speicherschutzschlüssel benutzt. Der Speicher ist hierbei in "Kacheln", das sind Abschnitte von einigen Kbyte, unterteilt, von denen jede eine Schlüsselinformation trägt. Sie gibt an, welches Programm auf die betreffende Kachel zugreifen darf. Beschränkt sich die Schlüsselinformation nur auf ein Bit, so läßt sich die Gesamtheit der Schlüssel zu einem Vektor, einer Maske, zusammenfassen. Bei der Adreßüberwachung werden mit der aktuellen Kachel-Nummer die Vektorkomponenten adressiert, ausgelesen und ausgewertet. Liegt keine Zugriffsfreiheit vor, wird ein Software-Interrupt erzeugt.

Prozessorverwaltung

Die Strategie der Prozessorzuordnung hat grundlegenden Einfluß auf das Verhalten des Gesamtsystems und verdient ausführlicher betrachtet zu werden. Aus den beiden Möglichkeiten der Prozessorabgabe, aufgeben oder verdrängt werden, ergeben sich vier Grundstrategien:

- zyklische Zuordnung (FIFO) ohne Verdrängung,
- zyklische Zuordnung (FIFO) mit Verdrängung,
- prioritätsgesteuerte Zuordnung ohne Verdrängung und
- prioritätsgesteuerte Zuordnung mit Verdrängung.

Bei Strategien ohne Verdrängung wird ein aktiver Prozeß zu Ende geführt, bevor die nächste Task den Prozessor erhält. Strategien ohne Verdrängung lassen sich zwar leicht verwirklichen, bringen aber die Gefahr mit sich, daß lang laufende Tasks andere Prozesse behindern und das System nur mit Verzögerung auf äußere Anforderungen reagieren kann. Außerdem können Laufzeitfehler, wie endlose Schleifen, den Prozessor auf unbestimmte Zeit blockieren.

Dieses Problem läßt sich durch eine zeitgesteuerte Prozessorzuteilung mit Verdrängung lösen. Hierbei wird der Prozessor jeweils nur für ein vorgegebenes Zeitintervall an einen der Prozesse vergeben. Diese Strategie entspricht dem Time-Sharing bei der Dialogverarbeitung, bei dem jedem Nutzer zyklisch für eine bestimmte Zeit der Prozessor zur Nutzung zugewiesen wird. Die Größe der Zeitscheibe beträgt einige 100 ms. Sie kann in Abhängigkeit von bestimmten Kriterien variiert werden. Die Strategie der zyklischen Verdrängung ermöglicht eine sichere Steuerung des Systems mit relativ geringem Aufwand. Bei bestimmten Einsatzfällen müssen die Tasks nach vorgegebenen Prioritäten aktiviert werden. Bei der Echtzeitverarbeitung mit prozeßgekoppelten Rechnern leiten sich die Prioritäten aus den Anforderungen der externen Prozesse her.

Ein flexibleres Systemverhalten läßt sich durch dynamische Prioritätssteuerung erreichen. In Abhängigkeit von strategiebildenden Kriterien werden die Prioritäten der Prozesse während der Bearbeitung verändert. Das Betriebssystem überprüft zyklisch bestimmte Parameter, wie verbrauchte Prozessorzeit und Wartezeit, und korrigiert nach einem vorgegeben Algorithmus die Prioritäten der Tasks. Die höhere Flexibilität des Systemverhaltens wird allerdings durch einen Mehraufwand an Prozessorzeit für die Ressourcen-Verwaltung erkauft. Eine Form der dynamischen Prioritätssteuerung ist im Betriebssystem UNIX (Abschnitt 5.6.) implementiert.

5.1.2.4. Ein-/Ausgabesteuerung

Die Ein-/Ausgabesteuerung organisiert den Zugriff zu den Peripheriegeräten. Sie stellt eine Schnittstelle bereit, über die die übrigen Komponenten des Betriebssystems und die Anwenderprogramme auf die Peripherie zugreifen könnnen. Die Ein-/Ausgabesteuerung moderner Betriebssysteme gliedert sich in eine logische und in eine physische Ebene.

Die logische Ebene wird durch sogenannte logische Geräte gebildet. Ein logisches Gerät verkörpert die informationellen Grundfunktionen von Geräten, unabhängig von deren technischer Realisierung. Das Betriebssystem CP/M (Abschnitt 5.3.) beispielsweise kennt zeichenorientierte Geräte, wie Tastatur und Bildschirm der Konsole, sowie dateiorientierte Geräte, z.B. Plattenspeicher. Der Vorteil dieser Betrachtungsweise besteht darin, daß bei Änderung oder Austausch der physischen Geräte die logische Ebene nicht beeinflußt wird.

Der physischen Ebene sind die konkreten Gerätefunktionen und ihre programmtechnische Steuerung zugeordnet. Hierzu gehören die Kommunikation mit den peripheren Geräten, der Datentransfer und die Fehlerbehandlung.

Trotz erheblicher Unterschiede in der Arbeitsweise der Peripheriegeräte und im Ablauf der Transferprozesse lassen sich folgende Aufgaben des Betriebssystems bei der Ein-/Ausgabesteuerung formulieren:

Steuerung der Grundfunktionen
Sie umfassen u.a. das Ein-/Ausschalten der Geräte, das Auslesen und Auswerten des Zustandsregisters, das die Bereitschaft des betreffenden Gerätes und den Ablauf einer stattgefundenen Übertragung anzeigt, ferner das Auslösen der Transfer- und der Gerätefunktionen sowie die Verarbeitung von Interruptanforderungen. Funktionsniveau und Umfang der Steueroperationen richten sich nach der "Intelligenz" der peripheren Geräte. Bei den einfachsten, direkt gekoppelten Geräten muß die zentrale Verarbeitungseinheit alle Detailaufgaben der Ein-/Ausgabe auf Kosten der Rechenprozesse übernehmen. Eine weitgehende Entlastung der zentralen Verarbeitungseinheit wird durch Verwendung abgesetzter Geräte (Peripheriesteue-

rungen, Kanäle) erreicht. Sie sind bei Mikrorechnern mit integrierten Ein-/Ausgabeschaltkreisen ausgerüstet (Abchnitt 4.2.) und übernehmen die Steuerung der elementaren Gerätefunktionen. Die zentrale Verabeitungseinheit übergibt der Gerätesteuerung eine Steuerinformation, die den auszuführenden Transferprozeß spezifiziert. Er empfängt eine Rückinformation, die den Gerätestatus beschreibt. Der Transferabschluß kann über Interruptsignale gemeldet oder durch Abfragen ermittelt werden.

Synchronisation der Ein-/Ausgabeprozesse

Ein Programm, das einen Transferprozeß eingeleitet hat, muß warten, bis die Gerätebereitschaft und das Ende des Transfers gemeldet worden sind, bevor es die zentrale Verarbeitungseinheit wieder nutzen kann. Im Multiprogrammbetrieb weist das Betriebssystem den Prozessor für diese Zeit einer anderen bereiten Task zu. Zur Synchronisation der Ein-/Ausgabeprozesse verwaltet die Ein-/Ausgabesteuerung für die Geräte Semaphore, die die Belegung des Gerätes anzeigen, und Warteschlangen.

Behandlung von Fehler- und Ausnahmezuständen

Fehler- und Ausnahmezustände, die durch Fehlfunktionen der Kanäle und Geräte bedingt sein können, werden durch den Inhalt des Statusregisters angezeigt. Die Gerätedriver werten die Statusinformation und die Prüfinformation aus.

5.1.2.5. Dateiverwaltung

Aufgaben

Zur Verwaltung größerer Datenbestände legt das Betriebssystem Dateien an. Eine Datei ist ein logisch zusammengehöriger Datenbestand mit einheitlicher Struktur und gleichem Ordnungsprinzip. Kleinere, in Bearbeitung befindliche Datenmengen werden im Arbeitsspeicher, größere, permanente Bestände aber auf externen Massenspeichern gehalten.

Aufgabe des Betriebssystems bei der Datenverwaltung ist es, die logische Verbindung zwischen dem Namen einer Datei und dem Ort ihrer physischen Speicherung herzustellen. Hierbei sind folgende Operationen auszuführen:
- Kodierung und Dekodierung der Daten,
- Formatieren der Daten,
- Führen von Verzeichnissen sowie
- Eröffnen und Schließen der Dateien.

Die Grundfunktionen der Datentransfers und der Grätebedienung werden von der Ein-/Ausgabesteuerung übernommen.

Datenträger

Mikrorechner verfügen über Massenspeicher sowohl mit sequentiellem als auch mit wahlfreiem Zugriff. Zur ersten Gruppe zählen die Magnetbandspeicher, zur zweiten die Magnetplattenspeicher.

Übertragung und Aufzeichnung der Daten erfolgen blockweise. Der Block ist auf Massenspeichern die kleinste direkt adressierbare Datenmenge. Blocklücken (Gaps) ermöglichen das physische Erkennen und Zählen der Blöcke sowie das Positionieren des Datenträgers vor dem Lesen oder Schreiben.

Beim Magnetbandspeicher werden die Daten hintereinander in der zeitlichen Folge ihrer Bereitstellung auf das Band geschrieben. Sie können auch nur in dieser Reihenfolge wieder gelesen werden. Die mittlere Zeit für das Durchmustern und Positionieren eines Magnetbandes liegt in der Größenordnung von Minuten. Magnetbänder sind sehr preiswerte Datenträger und werden vorwiegend für die Archivierung und den Transport größerer Datenmengen verwendet. Wir unterscheiden zwischen Magnetbandkassetten und den herkömmlichen Magnetbändern mit einer Breite von 1/2" mit 7 oder 9 Aufzeichnungsspuren und mit Datensicherung.

Günstigere Zugriffsmöglichkeiten bieten Plattenspeicher. Die Aufzeichnung geschieht auf konzentrisch angeordneten Spuren. Die schnell beweglichen Lese-/Schreibköpfe lassen relativ kurze Zugriffszeiten von einigen 100 ms zu. Die Zugriffszeit setzt sich aus der Einstell- und Beruhigungszeit der Köpfe sowie aus der Rotationsverzögerung von maximal einer Umdrehungszeit zusammen. Nach dieser Phase laufen die Lese- und Schreiboperationen mit hoher Geschwindigkeit sequentiell und synchron mit der Plattendrehung ab. Wegen des relativ schnellen Zugriffs zu den Daten zählen Magnetplatten zu den Speicher mit wahlfreiem Zugriff. Sie eignen sich für operatives Arbeiten und stellen z. Z. die wichtigsten Massenspeicher dar. Bei Rechnern mit virtueller Speichertechnik nehmen sie auch die ausgelagerten Bereiche des Arbeitsspeichers auf.

An Klein- und Mikrorechnern höherer Leistung kommen zunehmend Winchester-Platten zum Einsatz. Ein Laufwerk enthält jeweils in einem hermetisch abgeschlossenen Gehäuse nur eine Platte. Die Positionierung der Schreib- und Leseköpfe erfolgt mittels exakt und schnell arbeitender Linearmotore. Winchester-Laufwerke erreichen Speicherkapazitäten von einigen 10 Mbyte.

Höhere Speicherkapazitäten (bis zu 1000 Mbyte) lassen sich mit Plattenstapeln erzielen. Die Köpfe sind auf kammförmigen Trägern angeordnet und können in radialer Richtung bewegt und positioniert werden. Die Gesamtheit aller Spuren, die bei einer Kammposition erreichbar sind, bilden einen Zylinder. Die Anordnung der Köpfe auf einem beweglichen und ausziehbaren Kamm ermöglicht das Austauschen der Plattenstapel (Wechselplattenspeicher).

Als sehr preiswerte und einfach zu handhabende Variante des Plattenspeichers wird vor allem an Arbeitsplatz-Computern der Magnetfolienspeicher, auch Diskette oder Floppy-disk genannt, verwendet. Die magnetisierbare Schicht ist auf flexiblen Kunststoffolien aufgebracht, die sich in einer

Pappkassette befinden. Die Parameter der Folienspeicher sind Tabelle 4.4 aufgeführt.

Die Spuren einer Diskette sind in Sektoren unterteilt. Die Markierung der Sektoren kann durch Löcher in der Diskette, die mit Lichtstrahlen abgetastet werden, erfolgen (hard sectored disk). Stärker verbreitet sind "soft sectored floppy disks", bei denen die Sektoren durch speziell aufgezeichnete Information markiert sind. Lediglich der Beginn der Spuren ist durch ein Loch gekennzeichnet. Das Schema der Aufzeichnung ist für beide Sektorierungsarten in Abb. 4.17 dargestellt. Die Datenbereiche jedes Sektors werden durch Lücken (Gaps) voneinander getrennt. Bei soft-sektorierten Disketten verringern der Header und ein zusätzliches Gap den verfügbaren Speicherplatz eines Sektors.

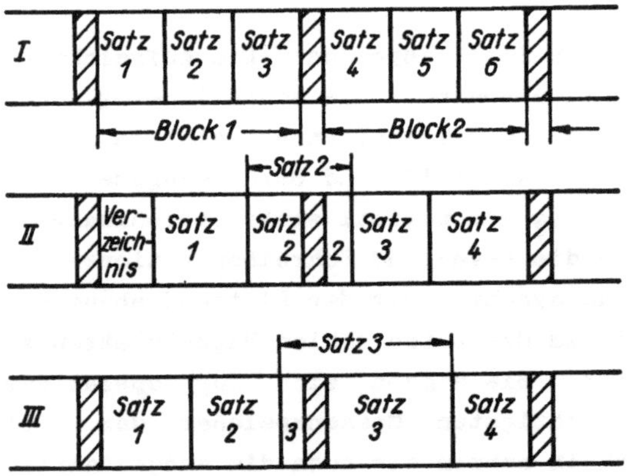

Abb.5.12: Datenspeicherung auf magnetischen Datenträgern
I: Konstante Satzlänge, Blockungsfaktor = 3,
II: variable Satzlänge; das Verzeichnis enthält die Satzlängen,
III: unbestimmte Satzlänge; es existiert kein Verzeichnis. Die Identifizierung der Sätze geschieht durch zusätzliche Maßnahmen.

Datengrundstrukturen auf Massenspeichern

Entsprechend dem Aufbau der Massenspeicher ist die physische Adresse einer Informationseinheit auf einem Plattenspeicher durch die Angabe der Indizes von Laufwerk, Spur und Sektor eindeutig fixiert.

Die physische Struktur einer Aufzeichnung wird durch die Blockung festgelegt. Die Daten werden zwischen Rechner und Massenspeicher nur blockweise übertragen. Der Datenblock ist damit die kleinste auf einem Massenspeicher handhabbare Informationseinheit. Die Blocklänge wird vorgegeben. Sie beträgt bei Mikrorechnern 128, 256 oder 512 byte.

Darüber hinaus besteht eine logische Strukturierung der Daten in Sätze. Die Satzlängen können konstant, variabel oder unbestimmt sein. Abb. 5.12 zeigt diese Fälle für konstante Blocklängen. Im ersten Fall liegt eine konstante Blockung vor. Sie ist Voraussetzung für einen schnellen, wahlfreien Zugriff. Bei variabler Satzlänge muß vor jedem Block ein Verzeichnis mit den Längen der im Block enthaltenen Sätze beigegeben werden. Variable Satzlängen ohne entsprechende Verzeichnisse heißen unbestimmt. Sie lassen sich nur für unstrukturierte Informationen verwenden. Für die Identifizierung der Sätze sind besondere Maßnahmen erforderlich. Aufbau und Entschlüsselung der soeben beschriebenen Datenstrukuren sind Aufgaben der Dateiverwaltung eines Betriebssystems.

Verwaltung von Magnetbanddateien

Zur Dateiverwaltung tragen Magnetbänder ein Bandanfangs- und ein Bandende-Etikett mit folgenden Angaben (We 78):
- Bezeichnung des Bandes (z.B. Band-Nr.),
- Name des Benutzers,
- Datum der ersten Beschreibung,
- Datum der letzten Beschreibung,
- Datum der letzten Prüfung,
- Fehlerstatistik,
- Anzahl der Dateien,
- Name der Dateien und
- Schreibsicherung.

Das Anfangs-Etikett wird vor der erste Benutzung des Bandes mit Hilfe eines Dienstprogramms (Initialisierungsprogramm) eingerichtet und später durch die Datenverwaltungsprogramme des Betriebssystem aktualisiert. Für jede auf dem Band befindliche Datei sind ein Dateianfangs- und ein Dateiende-Etikett (Dateibeschreiber) vorhanden. Tyische Eintragungen auf den Datei-Etiketten sind:
- Dateiname,
- Erstellungsdatum,
- Datum der letzten Änderung,
- Satzformat und
- Anzahl der Sätze (Blöcke)

Verwaltung von Plattendateien

Der Direktzugriff auf Plattendateien soll einzelne Blöcke erreichen. Das Aufsuchen eines Blocks geschieht durch Auswahl von Zylinder und Spur sowie anschließend durch vergleichendes Lesen der Blockkennung unter der Steuerung der autonomen Ein-/Ausgabekanäle nach dem Schema
- Spurauswahl,
- Vergleich der Blockkennung bzw. des Schlüssels und
- Lesen mit Übertragung oder Schreiben mit Prüflesen.

Für die Verwaltung einer Platte werden Namen und Lagen der Dateien sowie der freie Speicherplatz auf dem Datenträger benötigt. Hierfür trägt jede Platte auf Zylinder 0 und Spur 0 ein Plattenetikett mit folgendem Inhalt:
- Bezeichnung des Plattenstapels,
- Name des Nutzers,
- Datum der Inbetriebnahme,
- Verweise auf Ersatzspuren und
- Verweis auf das Inhaltsverzeichnis der Platte.

Auf dem Platteninhaltsverzeichnis, das dem Plattenetikett folgt, befinden sich Listen mit Dateibeschreibungen und Angaben über den freien Speicherplatz. Ein Dateibeschreiber enthält mindestens folgende Informationen
- Dateiname,
- Organisation (sequentiell, direkt, indexsequentiell, gegliedert),
- Lage der Dateiteile,
- Erweiterungsvorschriften und
- Zugriffsrechte

Die Struktur einer Spurinformation und eines Datenblockes auf einem Magnetplattenspeicher zeigen die Abbildungen 5.13 bzw. 5.14.

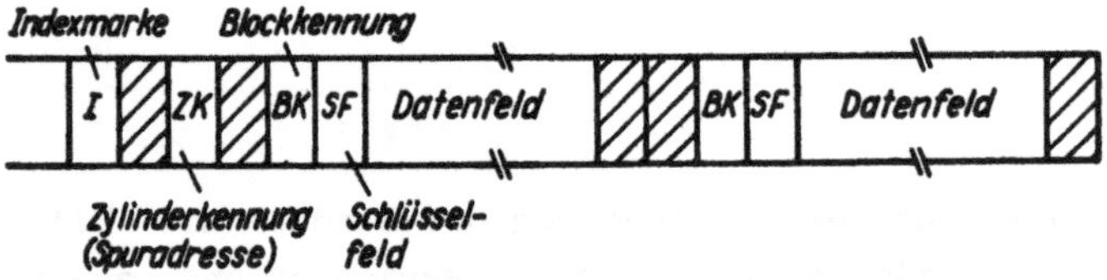

Abb.5.13: Struktur der Spurinformation auf einem Plattenspeicher

Abb.5.14: Struktur eines Blockes in einer Plattendatei

Spezielle Lösungen werden bei der Behandlung der einzelnen Betriebssysteme vorgestellt.

5.1.3. Verarbeitungsprogramme

Verarbeitungsprogramme unterstützen die Nutzung des Rechners. Zu ihnen gehören die Dienstprogramme und die Übersetzer. Die Ausstattung eines Betriebssystems mit Verarbeitungsprogrammen hängt von der Leistungsfähigkeit des Rechners und von dessen Aufgabenprofil ab. Mit UNIX wird im Abschnitt 5.6. ein Betriebssystem vorgestellt, das sehr reich mit Verarbeitungsprogrammen ausgestattet ist. Sie stellen ca. 80% des Gesamtsystems dar. Im Gegensatz dazu verfügt das Single-user-Betriebssystem CP/M (Abschnitt 5.3.) nur über einige einfache Programme zur Dateimanipulation sowie zur Entwicklung von Assemblerprogrammen. Inzwischen ist zwar ein sehr großer Fonds an Verarbeitungsprogrammen entstanden; er wird aber nicht unmittelbar dem Betriebssystem zugerechnet.

In der folgenden Übersicht sind die Grundprinzipien der wichtigsten Verarbeitungsprogramme angegeben. Ihre verschiedenen Implementierungen werden zusammen mit den Betriebssystemen behandelt.

5.1.3.1. Editoren

Editoren unterstützen das Erfassen, Ändern, Speichern und Löschen von Textdateien, z.B. von Quellprogrammen. Der Texteditor verwaltet hierzu einen Bereich des Arbeitsspeichers als Textpuffer. In diesen wird ein neu zu erstellendes Programm eingeschrieben oder ein bereits vohandenes vom externen Speicher abschnittweise übertragen. Nur der im Puffer befindliche Text läßt sich verändern. Ein positionierbarer Zeiger markiert die zu verändernde Textstelle. Beim bildschirmorientierten Editor wird die Zeigerposition durch einen Kursor, d.h. durch Helltastung eines Zeichenfeldes oder eines Unterstriches, angezeigt. Er läßt sich mittels Tasten, Rollkugel oder "Maus" sowie durch Kommandos, z.B. MOVE, einstellen.

Die wichtigsten Kommandos zur Positionierung des Textzeigers und zur Veränderung des Textes sind in Tabelle 5.1 aufgeführt. Aus den Kommandos können Kommandoprozeduren aufgebaut werden.

Am Ende des Editierens muß der erstellte oder veränderte Text durch ein Kommando (WRITE oder SAVE) wieder in eine Datei abgespeichert werden.

Die Editoren der einzelnen Betriebssysteme unterscheiden sich in ihrer Arbeitsweise und ihrem Komfort ganz erheblich voneinander. Betrachtet man das Editor-Fenster, den zur Bearbeitung dargebotenen Bereich des Textpuffers, so findet man zeilen- und seitenorientierte Editoren. Beim zeilenorientierten Editor werden nur eine oder einige wenige auswählbare, zu ändernde Textzeilen ausgeschrieben. Für die Änderungen werden Kommandos verwendet. Diese wenig nutzerfreundlichen Versionen waren an Rechnern ohne Bildschirm üblich. Heute sind bildschirmorientierte Editoren, die

Tabelle 5.1: Typische Editor-Kommandos

Kommando	Funktion
READ	liest Textbereich in den Textpuffer
WRITE	schreibt Inhalt des Textpuffers in ein Ausgabefile
MOVE	verschiebt Textzeiger im Pufferbereich
FIND oder SEARCH	sucht Zeichenkette und positioniert dort den Zeiger
TYPE oder LIST	stellt ausgewählten Textbereich auf Ausgabegerät dar
COPY	kopiert einen Textbereich
SAVE	sichert Text auf permanenter Datei
INSERT	setzt Zeichen vor der Zeigerposition in den Text ein
DELETE	löscht eine vorgebbare Anzahl von Zeichen
REPLACE	ersetzt eine Zeichenkette durch eine andere

jeweils eine Bildschirmseite Text anzeigen und Kursor-Funktionen bereitstellen, Standard. Neben diesen dialogfähigen Editoren gibt es noch stapelorientierte Editoren, z.B. im UNIX-System. Positionierung und Änderung erfolgen ausschließlich durch Kommandos, die in einer Edit-Datei gespeichert sind und im Stapelbetrieb abgearbeitet werden.

5.1.3.2. Übersetzer

Die Übersetzer übertragen den Quellkode von Programmen, die in Assemblerkode oder in einer höheren Programmiersprache geschrieben sind, in den vom Rechner zu verarbeitenden Maschinen- oder Objektkode (Abbn.2.3 und 5.15). Je nach der Vorgehensweise der Übersetzungsprogramme unterscheidet man Compiler und Interpreter.

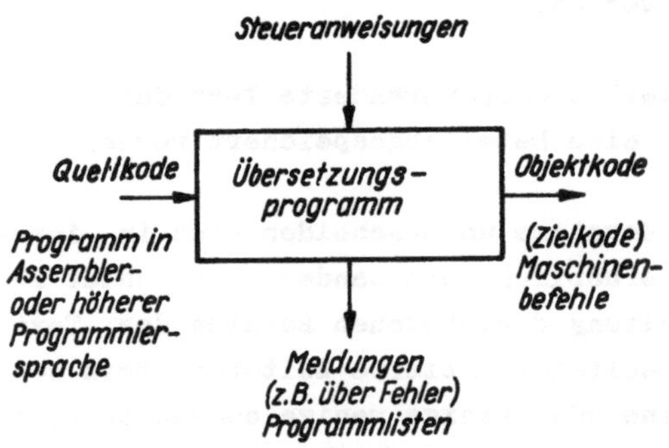

Abb.5.15: Arbeitsweise von Sprachübersetzern

Compiler übersetzen ein Quellprogramm in seiner Gesamtheit und stellen es als Objektprogramm zur Ausführung bereit. Diese Arbeitsweise heißt generierendes Übersetzen. Ein Programm, das von einem Compiler übersetzt worden ist, kann, wenn es nicht verändert werden soll, gespeichert und ohne nochmaliges Übersetzen beliebig oft abgearbeitet werden.

Die Übersetzung läuft in mehreren Durchgängen (Pässen) ab. Der erste Paß ist mit einem Syntaxtest des Programmes verbunden. Die Übersetzungsprogramme geben Fehlermeldungen aus. Im einfachsten Falle bestehen diese aus einem Fehlerkode (ERROR-Nr.....) und der Zeilenangabe des fehlerhaften Befehls, bei leistungsfähigeren Compilern aus der Ausschrift des fehlerhaften Programmabschnitts und einer verbalen Spezifikation des Fehlers. In weiteren Pässen wird eine Tabelle für die Zuordnung von Namen zu Adressen (Zuordnungstabelle, cross-reference list) erzeugt und das Quellprogramm in Objektkode übertragen. Wahlweise lassen sich Optimierungsläufe anschließen, in denen der Objektkode bezüglich der Programmlaufzeit optimiert wird. Hierbei kann zwischen verschiedenen Optimierungsstufen gewählt werden.

Der Übersetzungsprozeß läßt sich durch Kommandos oder spezielle Quellkodeanweisungen steuern. Beispielweise kann über Kommandos die Ausgabe einer Ausschrift des Quelltextes, eines Übersetzungsprotokolls, der Fehlermeldungen u.a. angefordert werden. Eine weitere Option ist das Einbinden von Bibliotheksprogrammen in den Quelltext. Manche Übersetzer lassen ein bedingtes Übersetzen zu.

Interpreter gehen befehlsweise vor, indem sie jeweils einen Befehl übersetzen und diesen anschließend abarbeiten. Der Kommandodekoder löst dabei die Befehle einzeln in eine Folge von Unterprogrammaufrufen auf. Interpretierendes Übersetzen hat den Nachteil, daß ein Programm vor seiner Ausführung jedesmal erneut übersetzt werden muß. Außerdem verringern die residenten Routinen des Interpreters den für Anwenderprogramme nutzbaren Speicherplatz. Als Vorteil gegenüber dem generierenden Übersetzen bieten Interpreter die Möglichkeit, Programme interaktiv und befehlsweise abzuarbeiten.

5.1.3.3. Binder und Lader

Assembler und Compiler erzeugen aus den Quellkodes der Programme Objektmoduln. Sie stellen Folgen von Maschinenkodebefehlen dar, die relativ zum Modulanfang adressiert und somit noch nicht an feste Speicheradressen gebunden sind.

Große Programme setzen sich in der Regel aus mehreren Objektmoduln zusammen, die entweder aus separater Übersetzung der Programmbausteine, z.B.

des Hauptprogramms und mehrerer Unterprogramme oder Modul, hervorgegangen sind oder als vorgefertigte Moduln auf Objektmodul-Bibliotheken vorliegen.

Aufgabe des Binders ist es nun, mehrere Objektmoduln zu einem lauffähigen Programm zu verbinden. Beim Zusammenfügen modifiziert der Binder die Adressen der Objektmoduln, so daß ein einheitliches Gebilde entsteht. Die zu modifizierenden Adressen sind in den Symboltabellen der Objektmoduln entsprechend markiert. Gleichzeitig hat der Binder die logischen Bezüge zwischen den einzelnen Objektmoduln herzustellen. Dabei sind die Referenzen aufzulösen, die auf Adressen in einem anderen Objektmodul verweisen. Solche externen Referenzen bleiben beim Übersetzen zunächst offen und werden in den Symboltabellen gekennzeichnet. Zu ihrer Auflösung durchsucht der Binder die Symboltabellen der übrigen Objektmoduln nach den referierten Symbolen und den zugehörigen Adressen, um sie in die Symboltabelle als externe Adressen einzutragen. Bleiben Bezüge offen, so erscheint eine Fehlermeldung mit Angabe des nicht definierten Symbols.

Der Binder stellt Lademoduln bereit. Diese enthalten den verschieblichen Kode (relocatable binary code) des Lademoduls sowie eine Ladeliste mit Angaben über die Positionen der Objektmoduln innerhalb des Lademoduls. Bei anderen Lösungen wird eine Liste mit allen Symbolen, die relativ zum Anfang des Lademoduls adressiert sind, aufgebaut.

Das Ladeprogramm (oder Lader,loader) ordnet den relocatablen Lademoduln absolute Adreßwerte des physischen oder virtuellen Hauptspeichers zu. Beziehen sich alle verschieblichen Adressen auf die Anfangsadresse des Lademoduls und wurde diese z.B. auf LMADR gelegt, so müssen alle Adressen um diesen Wert erhöht werden, falls sie nicht als absolut definiert sind.

5.1.3.4. Testhilfen

Testhilfsprogramme (Debugger) sollen die Erprobung von Programmen, vor allem die Suche und Beseitigung von Fehlern, die bei Testläufen auftreten, unterstützen. Folgende Funktionen charakterisieren die Arbeitweise dieser Programme:

- DISPLAY-Funktion: Inhalte von Registern, Speicherplätzen oder Speicherbereichen werden ausgegeben.
- SET-Funktion: In Register, Speicherzellen oder Speicherbereiche werden vorgebbare Werte eingetragen.
- SINGLE-STEP-Funktion: Es wird jeweils nur ein Befehl ausgeführt.
- BLOCK-MODE-Funktion: Es wird eine bestimmte Befehlsfolge realisiert.
- BREAK-POINT-Funktion: Das Programm stoppt an zuvor festgelegten

Adressen.

- TRACE-Funktion: Sie protokolliert die Änderungen der Inhalte vorgebbarer Register oder Speicherzellen sowie den Anlauf bestimmter Adressen.
- HISTORY-Funktion: Die jeweils letzten (z.B. 256) Änderungen der Adreß-, Variablen- und Steuerwerte werden gespeichert und bei Bedarf auf dem Display ausgegeben.

5.1.3.5. Dateiprogramme

Dateiprogramme unterstützen häufig auszuführende Operationen mit Dateien. Zu den einfachen Diensten zählen das Speichern, Kopieren, Ausdrucken, Umbenennen, Verketten und Löschen von Dateien. Sie werden selbst von kleinen Betriebssystemen bereitgestellt. Weitere Dateiprogramme übernehmen u.a. das
- Suchen von Zeichenmustern,
- Sortieren nach dem Alphabet,
- Vergleichen von Dateien und
- Abzählen von bestimmten Dateielementen.

Als Standardprogramm für den Datentransfer ist auf Klein- und Mikrorechnern das PIP-Programm implementiert. PIP (peripheral interchange program) überträgt Daten zwischen Dateien und Geräten oder zwischen Dateien. Das allgemeine PIP-Kommando lautet:

```
PIP datenziel = datenquelle;
```

datenziel kann ein Bezeichner von Dateien oder Ausgabegeräten sein, datenquelle hingegen ein Bezeichner von Dateien und Eingabegeräten. Gerätebezeichner sind durch einen Doppelpunkt ausgewiesen. Damit lassen sich beispielsweise folgende Kommandos aufbauen:

```
 ausgabegerät: =  datei   (Ausgabe einer Datei auf einem Gerät).
        datei  =  eingabegerät:     (Eingabe einer Datei)
   datei_kopie =  datei_original    (Kopieren einer Datei).
```

Soll beispielsweise mit dem Editor des Betriebssystems CP/M (Abschnitt 5.3.) eine Datei INDAT.TXT mit dem Eingabegerät RDR gelesen und auf eine Diskette gespeichert, sodann in die Datei OUTDAT.TXT kopiert und über den Drucker (LST) ausgegeben werden, so lauten die PIP-Kommandos:

```
  A:INDAT.TXT = RDR:
B:OUTDAT.TXT = A:INDAT.TXT
        LST: = B:OUTDAT.TXT
```

Darüber hinaus gibt es Dienstprogramme für die Wartung von Datenträgern, z.B. für das Prüfen, Initialisieren und Kopieren. Verdichtungsprogramme entfernen die physischen Datenbestände von gelöschten Dateien. Beim Löschen einer Datei wird nur der Verzeichniseintrag gelöscht. Die Datei bleibt zunächst physisch erhalten. Das Verdichtungsprogramm gibt diese Speicherbereiche frei und komprimiert die gültigen Dateien, so daß ein zusammenhängender Speicherbereich für die Aufnahme neuer Dateien entsteht. Spezielle Programme existieren für die Reparatur physisch zerstörter Verzeichnisse und Datenbestände, beispielsweise das Programm POWER für die Manipulation von Diskettendateien unter CP/M. Es ermöglicht u.a., die Zugriffe zu (logisch) gelöschten Dateien wiederherzustellen, wenn diese noch physisch auf dem Datenträger vorhanden sind.

5.2. Entwicklung der Betriebssysteme von Mikrorechnern

In Abhängigkeit von den gerätetechnischen Ressourcen und der Operationsgeschwindigkeit der Prozessoren entwickelten sich die Betriebssysteme für Mikrorechner von einfachsten Monitoren zu umfangreichen Systemprogrammen, die in ihrer Leistungsfähigkeit den Betriebssystemen von mittleren Datenverarbeitungsanlagen keineswegs nachstehen.

In der Anfangszeit der Mikrorechentechnik bestand die Systemsoftware meist nur aus Monitor, Assembler und Lader. Der Monitor bot im Vergleich zu heutigen Betriebssystemen recht bescheidene Dienste zur Abarbeitung von Programmen sowie einfache Debugger-Funktionen, wie Darstellen von Register- und Speicherinhalten auf dem Display.

Die Diskrepanzen zwischen den geringen gerätetechnischen Ressourcen der ersten Mikrorechner und dem von Großrechnern gewohnten Nutzungskomfort, vor allem für die Programmentwicklung, wurde durch die Implementierung von Cross-Systemen gemindert. Cross-Systeme zur Software-Entwicklung enthalten Editoren, Übersetzer und Testprogramme, die auf einem Wirtsrechner (host computer) laufen und mit deren Hilfe Software für einen anderen Rechner oder Rechnertyp (den Zielrechner), z.B. einen Mikrorechner, erstellt und erprobt werden kann. Die Testprogramme simulieren dabei den Zielrechner auf dem Wirtsrechner. Beispielsweise liegt für den Prozessor U 880 Cross-Software vor, die auf ESER-Anlagen sowie auf der Rechner-Familie KRS 4201 / PRS 4000 lauffähig ist. Cross-Systeme finden auch heute noch beispielsweise zur Entwicklung von Software für Rechner, die in Geräte integriert sind, Anwendung.

Dem gleichen Zweck dienen auch Mikrorechner-Entwicklungssysteme mit geeigneter Hard- und Software. Sie verfügen über entsprechende Ein-/Ausgabe- und Kommunikations-Peripherie, meist noch über eine Geräteeinheit zur Programmierung von EPROM. Im Gegensatz zu den Cross-Systemen ermöglichen Entwicklungssysteme eine Programmerprobung unter Echtzeitbedingungen. Das Entwicklungssystem MRES-20 (Kombinat Robotron) ist hierzu mit einem In-circuit-Emulator, einer Haltepunktsteuerung und einem Echtzeitspeicher ausgerüstet. Das Entwicklungssystem kann die Abarbeitung eines Programms protokollieren, die Buszustände speichern und mittels Haltepunktsteuerung bei vorgebbaren Zuständen auf dem Bussystem die Ausführung des Programms unterbrechen.

Entsprechend dem derzeitigen Nutzungsprofil der Mikrorechner unterstützt die Mehrzahl der inzwischen eingeführten Betriebssysteme die Aufgaben von Arbeitsplatz-Computern. Im folgenden sind die wichtigsten, international verbreiteten Betriebssysteme im Überblick aufgeführt.

8-bit-Mikrorechner

Die 8-bit-Mikrorechner mit Adreßräumen von 64 Kbyte und Disketten als Massenspeicher mit wahlfreiem Zugriff ermöglichten und erforderten die Implementierung leistungsfähigerer Betriebssystem-Komponenten. Breite Anwendung fanden die 8-bit-Mikrorechner als Home- und Personal-Computer. Die Funktionen der Betriebssysteme für dieses Einsatzprofil beschränken sich im wesentlichen auf

- Interpretation der Bedienerkommandos,
- Unterstützung von Ein-/Ausgabeoperationen,
- Verwaltung von Dateisystemen sowie auf
- verschiedene einfache Dienste zum Umgang mit Dateien und zur Programmentwicklung.

Aus der Vielzahl der Betriebssysteme haben einige wenige weltweite Verbreitung gefunden und spielen die Rolle von Industriestandards. Für diese Systeme besteht ein großer Fonds an Sprachübersetzern und anderen Software-Werkzeugen. Die Orientierung auf einige wenige Systemschnittstellen hat die Verbreitung und den Austausch von Software gefördert. Typische Vertreter dieser Klasse von Betriebssytemen sind

- CP/M (control program for microprocessors),
- SIOS (simultaneous operating system) und
- RIO (relocatable input / output system).

Bei diesen Systemen handelt es sich im wesentlichen um Steuer- und Dateiverwaltungsprogramme, die gleichzeitig die Geräte-Driver für eine Standardperipherie (Bedienerkonsole, Diskettenlaufwerke und Drucker) sowie einfache Verarbeitungsprogramme enthalten.

CP/M zeichnet sich gegenüber SIOS und RIO durch eine einfache Schnittstelle und durch eine übersichtliche Struktur aus. CP/M ist das am häufigsten auf 8-bit-Rechnern eingesetzte System. Es wird in Abschnitt 5.3. ausführlich behandelt.

SIOS ist für kommerzielle Datenverarbeitung entwickelt worden. Das System ist bis auf die Dateiverwaltung speicherresident. Seine Anordnung im Hauptspeicher ist variabel, teilweise unter Einbeziehung von ROM. SIOS unterstützt alle üblichen Peripheriegeräte von Arbeitsplatz-Computern, einschließlich Magnetband-Kassette und Datenfernübertragung. Die Dateiverwaltung ist transient angelegt. Sie folgt dem von IBM verwendeten Prinzip: Es existiert jeweils eine Bibliothek für Quellprogramme (SOURCELIB), für verschiebliche, übersetzte Programme (RELOCLIB) und für festadressierte Programme (PHASELIB). Im Unterschied zu CP/M und RIO, wo jedes Programm als Datei behandelt wird, faßt SIOS die Programme zu Bibliotheken zusammen. Höhere Sprachen sind erst verhältnismäßig spät implementiert worden. Daher liegt vor allem ein Fonds von Assemblerprogrammen vor. Die BASIC-Version von SIOS zeigt Abweichungen vom Sprachstandard und läßt wegen ihres Umfanges nur wenig Platz für Anwenderprogramme.

RIO gilt als das modernste der drei genannten Betriebssysteme. Es eignet sich besonders für kleinere wissenschaftlich-technische Rechnungen. RIO ist ein offenes System. Es gestattet den Einbau nutzereigener Driver für zusätzliche Peripheriegeräte und läßt Überlagerungsstrukturen zu. Der residente Teil von RIO belegt 16 Kbyte des Hauptspeichers. Die Dateiverwaltung entspricht dem von ZILOG genutzten Prinzip: Die Datensätze (Records) einer Datei sind logisch über zwei Zeiger miteinander verbunden, wobei jeweils ein Zeiger auf die Adresse des vorangehenden und ein weiterer Zeiger auf den logisch folgenden Satz verweist. Für RIO stehen Übersetzer u.a. für BASIC, PASCAL und FORTRAN sowie für den Sprachkomplexes PLZ (Assembler und höhere Programmiersprache) zur Verfügung. Mit RIO kompatibel ist das System UDOS (universal development operating system) des VEB Kombinat Robotron (Ro 84), das als Entwicklungssystem angewendet wird.

16-bit-Mikrorechner

Mit dem Erscheinen der 16-bit-Mikrorechner war gerätetechnisch der Anschluß an das Leistungsniveau der Kleinrechner, z.B. der Rechnerklasse PDP-11 bzw. des Systems der Kleinrechner (SKR), hergestellt. Die gerätetechnischen Potenzen der 16-bit-Technik erforderten die Bereitstellung weiterer Betriebssystemfunktionen.

- Die höhere Leistungsfähigkeit der Prozessoren und die größere Speicherkapazität ermöglichen die Parallelarbeit mehrerer Prozesse, die durch einen Prozeßverwalter koordiniert werden muß.
- Aus dem Multitask-Betrieb und der Erweiterung des Adreßraumes auf 1 Mbyte und mehr ergab sich die Notwendigkeit einer Speicherverwaltung.
- Die weiterentwickelte Peripherie bedingte eine aufwendigere Behandlung der Ein-/Ausgabe-Prozesse.
- Die Bereitstellung von Plattenspeichern mit Kapazitäten von 10 ... 100 Mbyte eröffnete die Möglichkeit einer erweiterten Dateiverwaltung.

So ergeben sich gegenüber den 8-bit-Mikrorechnern die zusätzlichen Systemdienste

- Speicherverwaltung,
- Prozeßverwaltung,
- erweiterte Ein-/Ausgabesteuerung und
- erweiterte Dateiverwaltung.

Als Betriebssysteme für 16-bit-Mikrrechner liegen sehr unterschiedliche Lösungen vor.

Für den Prozessor 8086 wurde das System CP/M weiterentwickelt und als CP/M-86 kommerziell vertrieben. Darüber hinaus erfolgte der Ausbau von CP/M-86 zum Multitask-System Concurrent CP/M-86 (CCP/M-86).

Als ein weiteres Single-task-System für 16-bit Mikrorechner erschien 1979 das Betriebssystem MS-DOS (Abschnitt 5.4.). Mit einigen Änderungen wurde es als PC-DOS zur Grundsoftware der IBM-Personal-Computer. MS-DOS bzw. PC-DOS sind gegenwärtig die am häufigsten eingesetzten Betriebssysteme für Mikrorechner. Die neueren Versionen von MS-DOS zeigen Ähnlichkeiten mit CP/M, z.B. bezüglich der Anlage des Kommandosystems. MS-DOS verfügt jedoch über die doppelte Anzahl von Kommandos im Vergleich zu CP/M. Mit dem hierarchisch strukturierten Dateisystem hat es Gemeinsamkeiten mit dem leistungsfähigen Betriebssystem UNIX (Abschnitt 5.6.).

Die Verbreitung der Betriebssysteme für Personal-Computer ist aus den Marktanteilen 1986 (Wa 86) Tabelle 5.2 ersichtlich.

Tabelle 5.2: Marktanteile der Betriebssysteme für Personal-Computer

Betriebssystem	Marktanteil
CP/M-80	17.0 %
CP/M-86	7.6 %
MS-DOS / PC-DOS	33.8 %
Apple-DOS / Mac-DOS	20.0 %
COMMODORE-DOS	10.0 %
sonstige	11.6 %

Ein erfolgreicher Weg wurde mit der Implementierung des Betriebssystems UNIX auf 16-bit- und 32-bit-Mikrorechnern beschritten. UNIX ist ein Multi-user-multi-task-System. Es ist ursprünglich als Software-Entwicklungssystem für Kleinrechner konzipiert worden. Es stellt Systemdienste zur Verfügung, die man sonst nur bei Betriebssystemen von Großrechnern vorfindet. In der Sprache C formuliert, läßt es sich mit relativ geringem Aufwand auf andere Rechner übertragen. Somit kann einem Nutzer auf Rechnern unterschiedlicher Leistungsklassen stets die gleiche Schnittstelle zur Vefügung gestellt werden. Entscheidend für die schnelle Verbreitung von UNIX war nicht zuletzt der Umstand, daß es bei Erscheinen der 16-bit-Mikrorechner bereits als erprobtes und leistungsfähiges Multi-user-System zur Verfügung stand.

Durch Übertragung in die Sprache C wurde auch CP/M auf andere 16-bit-Prozessoren gebracht. Dieser Umweg war erforderlich, da die verschiedenen 16-bit-Prozessoren, wie 8086, Z 8000 und MC 68000, bezüglich ihrer Befehlslisten und ihrer Speicherorganisation nicht kompatibel sind.

Einen anderen Weg schlugen die Firma DEC und die Hersteller des SKR ein: Um den weltweit existierenden Fonds an PDP-11-Software weiterhin nutzen zu können, stellten sie PDP-11-kompatible Mikrorechner, z.B. LSI-11, bereit. So fanden die Betriebssysteme und das Echtzeitbetriebssystem RSX-11 sowie die mit ihm kompatiblen Systeme MOOS (Kombinat Robotron) und OS-RW (IHS Dresden) Eingang in die 16-bit-Mikrorechentechnik.

32-bit-Mikrorechner

Die 32-bit-Mikrorechner, auch "Super-micros" genannt, schließen die Lücke zu den Datenverarbeitungsanlagen. Ihre Hardware unterstützt u.a. die virtuelle Speichertechnik (Abschnitt 3.) 1979 wurde für diese Rechner, speziell für die Rechnerfamilie VAX (DEC) eine völlig neue Klasse von Mikrorechner-Betriebssystemen, das System VMS, entwickelt. Es verwaltet einen virtuellen Speicherraum von 4 Gbyte und ermöglicht die quasiparallele Berarbeitung von 64 Task im Multiprogrammbetrieb. Neben VMS werden auf 32-bit-Mikrorechnern auch UNIX-Versionen, z.B. ULTRIX-32, eingesetzt.

Betriebssysteme in Silizium

Die VLSI-Technik ermöglicht es, hardwarenahe Betriebssystemfunktionen in die Hardware zu integrieren. Als Ergebnis dieser Entwicklung liegen Prozessoren vor, die Funktionen des Betriebssystemkerns, wie die Ressourcen- und die Prozeßverwaltung sowie die Ein-/Ausgabesteuerung, als Hardware-Funktionen realisieren oder als "Sprachmaschinen" die Anweisungen höherer Programmiersprachen "verstehen" und ausführen. Beispiele werden im Abschnitt 5.8. behandelt.

5.3. Betriebssystem CP/M

5.3.1. Entwicklung und Besonderheiten

CP/M wurde 1974 von G. Kildall entwickelt. Es ist das typische und am weitesten verbreitete Betriebssystem für 8-bit-Mikrorechner. Auch auf 16-bit-Rechnern ist CP/M inzwischen mit erweiterten Funktionen implementiert worden. CP/M hat sich weltweit vor allem an Personal- und kleinen Arbeitsplatz-Computern durchgesetzt. Es existiert ein sehr umfangreicher Fonds an Sprachübersetzern, Software-Werkzeugen und Anwenderprogrammen.

Wie der Name CP/M, control program for microprocessors, bereits erkennen läßt, stellt es im wesentlichen einen Betriebssystemkern dar, zu dem einige Dienstprogramme hinzukommen. Die Dienste von CP/M beschränken sich auf

- Unterstützung von Ein-/Ausgabeprozessen,
- Verwaltung von Daten-Files auf Plattenspeichern,
- Kommunikation mit dem Nutzer über ein einfaches Komandosystem sowie
- Unterstützung einfacher Dateimanipulationen sowie der Entwicklung, Übersetzung und Erprobung von Assemblerprogrammen.

CP/M ist ein Single-user-single-task-Betriebssystem. Es benötigt nur geringe Hardware-Ressourcen: 64K-RAM, Tastatur, Bildschirm und mindestens ein Diskettenlaufwerk. Die Struktur von CP/M ermöglicht eine relativ leichte Anpassung an die verschiedenen (8-bit-) Prozessoren. CP/M liegt auch als ROM-residente Firmware (Personal CP/M) vor (Za 86).

CP/M hat seit seiner Entstehung eine ständige Weiterentwicklung erfahren. Die erste verbreitete Version 1.3 wurde sehr bald durch die Version 1.4 abgelöst, die bis 1979 vertrieben wurde. 1979 folgte Version 2.0, die bedeutende Erweiterungen enthielt, bis schließlich mit der Version 2.2 Mitte 1980 eine fehlerfreie Ausgabe zur Verfügung stand.

Die Version 2.2 bildete den Ausgangspunkt für viele spezielle Lösungen. In der DDR sind u.a. die Varianten SCP (VEB Robotron), CP/A (AdW-IIR), DAC (VEB Dampferzeuger), HU (Humboldt-Universität) und BCU (VEB Werkzeugmaschinenbau) bekannt geworden. Die Unterschiede zwischen diesen Systemen bestehen vor allem in der Organisation der Diskettendateien und damit in der nutzbaren Speicherkapazität auf den Disketten. CP/A verfügt über eine Echtzeituhr und ein Abrechnungssystem.

Als Adaption von CP/M an die 16-bit-Mikrorechentechnik, speziell an die Schaltkreise 8086 und MC 68000, entstanden CP/M-86 bzw. CP/M-68K. Ein mit CP/M-86 kompatibles System ist das SCP 1700 des VEB Robotron. Mit der Erweiterung des Einsatzprofiles der Mikrorechner wurde CP/M zum Multi-user-System (MP/M) bzw. zum Multitask-System (CCP/M) ausgebaut und mit Netzwerkfunktionen (CP NET) ausgestattet (Za 86).

5.3.2. Struktur

Seinen Grundfunktionen entsprechend gliedert sich CP/M in 3 Komponenten (Abb.5.16):

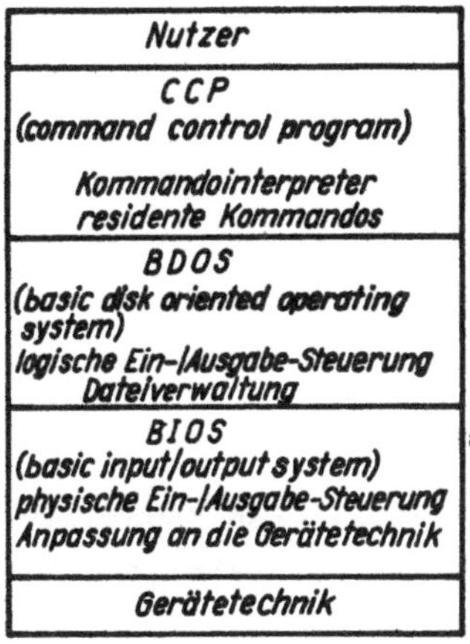

Abb.5.16:
Grundstruktur des Betriebssystems CP/M

-BIOS (basic input/output system, Grundsystem der Ein-/Ausgabe).
Es bildet die Schnittstelle zur Gerätetechnik und paßt CP/M an die Hardware an. BIOS enthält Routinen für die Ein-/Ausgabe über die Bedienerkonsole (Tastatur und Bildschirm) und den Drucker sowie für Lesen und Schreiben von Datenblöcken auf Magnetplattenspeicher (Diskette), für das Setzen von Spuradressen und die Behandlung des direkten Speicherzugriffs. Über BIOS greifen alle anderen Komponenten des Betriebssystems auf die Gerätetechnik zu. Daher kann CP/M durch Umschreiben oder Ändern leicht an andere Rechnertypen angepaßt werden.

-BDOS (basic disk operating system, Grundsystem für den Zugriff zu Plattenspeichern)
BDOS stellt den eigentlichen Kern des Betriebssystems dar. Es führt alle logischen Operationen zur Behandlung von Platten- bzw Diskettendateien aus.

-CCP (console command processor, Kommandoprozessor)
CCP interpretiert die vom Nutzer über die Konsole eingegebenen Befehle und veranlaßt deren Ausführung. Umgekehrt gibt es Mitteilungen z.B, über Systemzustände, Ereignisse der Programmbearbeitung sowie Ergebnisse auf dem Bildschirm der Konsole aus. CCP prüft die Syntax der Kommandos und aktiviert die zugehörigen Programme.

Die Belegung des physischen Hauptspeichers für 64-Kbyte-RAM zeigt Abb.5.17. Die Speicherseite 0 (Grundseite, page zero) mit den Adressen 0 bis FFH ist für Steueroperationen und für Einsprünge in die Systemkomponenten von CP/M reserviert. Die Belegung der reservierten Bereiche enthält Tabelle 5.3. Über die Seite 0 kommunizieren die Nutzerprogramme mit dem Betriebssystem. Die Seite 0 bildet somit die eigentliche Schnittstelle des Betriebssystems CP/M. Die auf Seite 0 befindliche Information wird bei jeder Initialisierung von CP/M, durch Kaltstart (über RESET-Taste) oder Warmstart (mit CTRL-C), regeneriert.

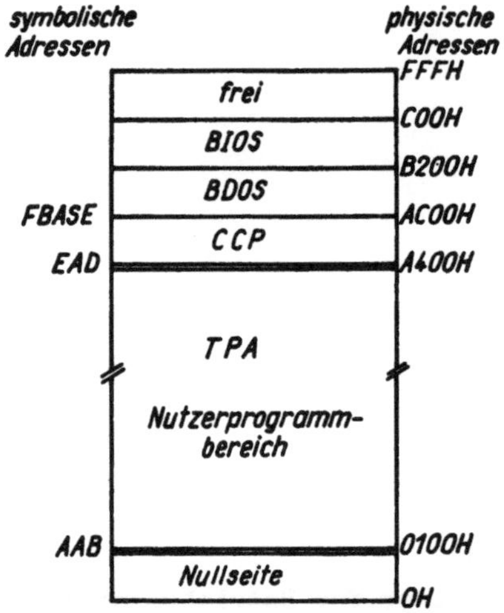

Abb.5.17: Belegung des physischen Hauptspeichers durch CP/M (48-Kbyte-Version)

Tabelle 5.3: Reservierte Bereiche auf der Grundseite

Adresse	Inhalt in Assemblerkode	Bedeutung
00H	JMP WARMST	; Sprung zur Warmstart-Initialisierung
03H	DS 1	; IOBYTE
04H	DS 1	; Bezugslaufwerk und Nutzer-Nummer. ; Laufwerk A = 1, B = 2 usw.
05H	JMP BDOS	; Sprung zur BDOS-Anfangsadresse
08H	DS 40	; Anlaufadressen für RST1 bis RST5
30H	DS 8	; RST6
38H	JMP DDT	; RST7
3BH	DS 5	; Rest RST7
40H	DS 16	; frei für BIOS
50H	DS 12	; reserviert von CP/M
5CH	DS 36	; vorgegebener Dateibeschreiber
80H	DS 128	; vorgegebener Datenpuffer

Für Nutzer- und transiente Dienstprogramme steht, wie aus Abb.5.17 ersichtlich, der Speicherbereich TPA (transient program area) zwischen den Adressen AAD und EAD (AAD = 100H) zur Verfügung. Zur Erweiterung des TPA kann der CCP-Bereich überschrieben werden, falls die Funktionen von CCP nicht in vollem Umfang erforderlich sind. Die Anwenderprogramme können dann den Adressenbereich von ADD bis FBASE belegen. Bei jedem Warmstart erfolgt die Regenerierung von CCP durch Nachladen von der Diskette.

Die CP/M-Version 1.5 benötigt insgesamt einen zusammenhängenden Speicherbereich von 16 Kbyte, die Version 2.2 hingegen 20 Kbyte.

5.3.3. Arbeitsweise

5.3.3.1. Dateiverwaltung

Im Mittelpunkt der Systemdienste von CP/M steht die Verwaltung der Diskettendateien. Das Diskettenformat ist durch CP/M festgelegt. Allerdings weichen verschiedene mit CP/M kompatible Systeme hiervon zugunsten einer höheren Speicherkapazität ab. Tabelle 5.4 stellt verschiedene Disketten-Formate gegenüber.

Tabelle 5.4: Diskettenformate bei CP/M und CP/M-kompatiblen Systemen

Diskette	Betriebs-system	Sektoren-länge in byte	Anzahl der Sektoren	Kapazität je Spur in byte	Gesamtkapazität in Kbyte
8-Zoll-Standard-diskette 77 Spuren	CP/M	128	26	26 * 128	250
	SCP	1024	4	4 * 1024	308
5.25-Zoll-Mini-diskette 40 Spuren	CP/M	128	26	26 * 128	130
	SCP	256	16	16 * 256	160
	DAC	1024	5	5 * 1024	200

Das SCP (Kombinat Robotron) läßt neben dem "Hausformat" auf einem Laufwerk das CP/M-Format als Austauschformat zu.

Die Diskettenbelegung zeigt Abb.5.18. Am Anfang jeder Diskette befindet sich eine Kopie des Anfangsladers und des Betriebssystems. Ihr folgen das Dateiverzeichnis und die Dateien. Eine Datei kann den gesamten Dateibereich einer Diskette belegen. Datenträger überschreitende Dateien kann CP/M nicht verwalten. CP/M beansprucht auf jeder Diskette 2 Spuren, SCP dagegen 3 Spuren.

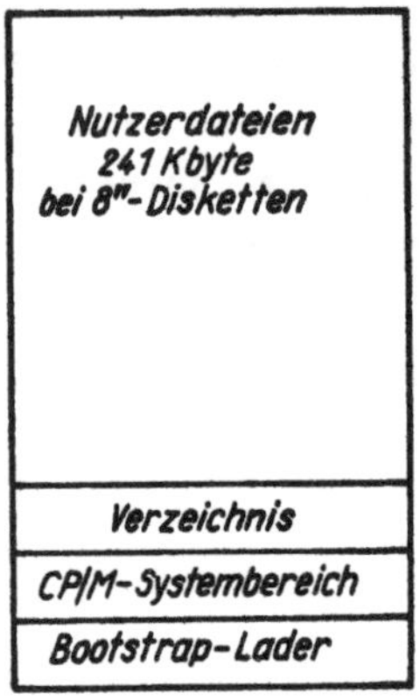

Abb.5.18:
Diskettenbelegung beim Betriebssystem CP/M

Der Speicherplatz der Disketten ist mit Ausnahme des Systembereichs in Blöcke eingeteilt. Die Blöcke sind fortlaufend von 0 ... 255 numeriert. Der Speicherplatz wird blockweise an die Dateien vergeben. Auf jeder Diskette befindet sich ein Belegungsplan, auf dem die Belegung der Blöcke vermerkt ist. Die Blocklänge ist im Plattenparameterverzeichnis (disk parameter header, DPH) festgelegt. Sie beträgt 1 Kbyte bei CP/M und 2 Kbyte bei SCP.

Der Zugriff zu den Daten erfolgt bei CP/M in Aufzeichnungseinheiten (Records) von 128 byte Länge. Records sind die kleinsten von der Diskettensteuerung handhabbaren Dateieinheiten. 128 Records ergeben ein Extent (16 Kbyte). Bei höheren Schreibdichten sind auch Record-Längen von 256, 512 oder 1024 byte möglich.

Mit der Aufteilung des Speicherplatzes in Blöcke wird eine dynamische Speicherverwaltung möglich. Bei Eröffnung einer Datei braucht deren Länge nicht vorgegeben zu werden. Der erforderliche Speicherplatz wird der Datei bei ihrem Aufbau blockweise zugewiesen.

Zur Verwaltung der Dateien und des freien Speicherplatzes auf den Disketten wertet das Betriebssystem die folgenden Verzeichnisse aus:

- Dateisteuerblock (file control block, FCB), der die Datei durch Name, Typ usw. beschreibt,
- Dateiverzeichnis, das die ersten 32 Bytes der FCB aller Dateien einer Diskette enthält und sich auf den ersten nicht reservierten Spuren jeder Diskette befindet, sowie
- Plattenbelegungsverzeichnis, in dem jedem Block ein Bit zugeordnet ist, das die Belegung des entsprechenden Blocks anzeigt.

Diese Tabellen sind auf jeder Diskette gespeichert. Ihre Adressen sind in einem Plattenparameterverzeichnis (disk parameter header, DPH) vermerkt. Tabelle 5.5 gibt die Belegung der Dateikennsätze an. Das Byte 0 enhält die Kennzahl desjenigen Nutzers (höchstens 17), der alleinige Zugriffsrechte für die betreffende Datei besitzt. Standard ist USER = 0. Es folgen Name und Typ der Datei. Byte 12 und 14 werden intern von BDOS genutzt. Byte 15 vermerkt die Anzahl der Records der Datei. Die Bytes 16 mit einem Dateieintrag bis zu 16 Blöcke verwaltet werden können. Besteht eine Datei aus mehr als 16 Blöcken, so sind weitere Dateieinträge für jeweils 16 Blöcke anzulegen.

Tabelle 5.5: Struktur der Dateikennsätze bei CP/M

Position Byte-Nr.	Inhalt und Bedeutung
0	Laufwerksauswahlkode (drive code), kennzeichnet den Nutzerbereich bei der Speicherung des FCB als Verzeichniseintrag
1 ... 8	Dateiname, maximal 8 ASCII-Zeichen
9 ... 11	Dateityp (file descriptor), maximal 3 ASCII-Zeichen
12	Extent, Nummer des Verzeichniseintrages für diese Datei, beginnend mit 0
13, 14	systemintern, für BDOS reserviert
15	Satzzähler (record counter), vermerkt die Anzahl der Records in den lezten 16 Kbyte, die dieser FCB verwaltet
16 ... 31	Speicherplatz-Zuordnungsverzeichnis (disallocation map), maximal 16 Einzel- oder 8 Doppeleintragungen
32	Zeigerposition für laufenden Satz
33 ... 35	Satzpositionen bei Random-Zugriff (random record), werden nicht im Verzeichnis gespeichert

Bei der Aktivierung eines Laufwerkes liest BDOS das Plattenparameterverzeichnis (DPH) in den Arbeitsspeicher. Die DPH aller aktiven Laufwerke sind in einer Tabelle zusammengefaßt. Ihr werden die Adressen der Plattenbelegungsverzeichnisse entnommen. BDOS liest danach das Dateiverzeichnis der angeforderten Diskette ein und ermittelt aus den Bytes 16 bis 31 der FCB die Plattenbelegung.

Soll eine Datei eröffnet und beschrieben werden, so laufen folgende Prozesse ab:

- Das Plattenbelegungsverzeichnis wird durchmustert, bis eine 0, d.h. ein freier Block, gefunden worden ist.
- BDOS überschreibt die 0 und zeigt damit die Belegung des betreffenden Blocks an.
- Die Nummer des nunmehr belegten Blocks wird in das FCB der Datei (Bytes 16 ... 31) eingetragen.
- BDOS berechnet die Speicheradresse auf der Diskette (Spur und logischer Sektor) aus der Blocknummer und der Satznummer (Byte 15 im FCB).

Sind alle 128 logischen Sektoren eines Blocks beschrieben, wird der nächste freie Block ermittelt usw. Auf diese Weise können logisch zusammengehörige Abschnitte einer Datei physisch verstreut gespeichert werden.

Ein Dateiname hat bei CP/M die Struktur

laufwerksbezeichner : dateiname . dateityp

Als Laufwerksbezeichner dienen (ab Version 2.2) die Buchstaben A...P. Somit können bis zu 16 Laufwerke adressiert werden. Die Laufwerksangabe kann entfallen, wenn sich das Kommando auf eine Datei bezieht, die sich auf dem aktuellen Laufwerk befindet. Der Dateiname kann aus maximal 8 Zeichen, der Dateityp aus 3 Zeichen bestehen. Die wichtigsten Dateitypen (Dateiklassen) sind in Tabelle 5.6 zusammengestellt.

Tabelle 5.6: Wichtige Dateitypen bei CP/M

Mnemonik	Dateityp	Mnemonik	Dateityp
ASM	Assembler-Qulltext	LIB	Bibliotheksdatei
BAK	Sicherungs-Daei	MAC	Macroassembler-Datei
COM	Kommando-Datei	PRN	Assember-Quelldatei
DAT	Allgemeine Datei	SUB	Auftragsdatei
DOC	Dokumentation	SSS	Zwischendatei
HEX	HEX-Datei	TXT	Textdatei

Die Zugriffsrechte für Dateien werden durch Dateiattribute festgelegt. Einer CP/M-Datei lassen sich jeweils 2 der folgenden Attribute zuordnen:

1. Read /Write: Datei kann gelesen und beschrieben werden,
2. Read only: Datei darf gelesen, aber nicht beschrieben werden,
3. DIR (directory): Die Anzeige der Verzeichnisdatei erfolgt durch das Kommando DIR,
4. SYS (Systemdatei): Systemdateien werden nicht angezeigt.

Es gelten alternativ 1 und 2 sowie 3 und 4. Standard sind die Attribute 1 und 3. Die Attribute sind im Dateiverzeichnis in den Bytes 9 (Attribute 1 und 2) sowie 10 (DIR, SYS) vermerkt. Ist darin das Bit 7 gesetzt, so hat die Datei das Attribut 1 bzw. SYS. Die Dateiattribute können mit Hilfe des Kommandos STAT oder der BDOS-Funktion Nr. 30 angezeigt bzw. geändert werden. Dateiverzeichnisse lassen sich mit dem Kommando USER auf maximal 16 Benutzer aufteilen. Die Zuordnung zu den Benutzern erfolgt beim Generieren oder Kopieren einer Datei. Das Kopieren aus einem Nutzerbereich in einen anderen ist nur mittels PIP möglich. Die Kommandos werden im folgenden Abschnitt erläutert.

CP/M-Kommandosystem

Im Betriebssystem CP/M stehen 20 Kommandos für die Aktivierung von Dienstprogrammen zur Verfügung. Mit einigen Einschränkungen lassen sich mit ihnen auch Kommandoprozeduren (mit weniger als 1023 Zeichen) aufbauen. Nach dem Starten des Betriebssystems wird der Kommandointerpreter CCP aktiviert. Er meldet sich mit Name und Versionsangabe des Betriebssystems. Als Zeichen der Bereitschaft werden die Bezeichnung des aktuellen Laufwerkes und das Zeichen auf dem Bildschirm angezeigt. Die Kommandos sind durch Betätigen der Taste ENTER abzuschließen. Die Kommandostruktur lautet somit:

aktuelle laufwerksadresse : kommando parameterliste

Die Komandos können Klein- und Großbuchstaben enthalten. Bei der Anzeige erfolgt durchgängig eine Umsetzung in Großbuchstaben. Mit dem Betätigen der ENTER-Taste erfolgt die Übernahme der Kommandozeile in den Zeichenpuffer. CCP vergleicht das erste Kommandowort mit den Schlüsselwörtern der installierten Kommandos. Liegt Übereinstimmung mit einem Kommando vor, so wird es abgearbeitet und danach die Bereitschaft von CCP angezeigt. Im anderen Falle wird das eingegebene Wort als Name einer Befehlsdatei interpretiert und mittels BDOS-Funktion auf der Adresse 100H des Arbeitsspeichers abgelegt. Der übrige Teil der Kommandozeile wird nach Umwandlung in Großbuchstaben zur Adresse 80H gebracht. CCP kann bis zu 2 Argumente unter den Adreßsen 5CH und 7CH speichern. Der Start des aufgerufenen Programms erfolgt über die Adresse 100H. Nach Beendigung des Programms wird entweder ein Warmstart oder ein Sprung zum CCP ausgeführt.

Kommandos des CP/M

Im System CP/M (ab Version 2.0) sind 8 "interne Kommandos" installiert (Tabelle 5.7). Die internen Befehle unterstützen die Arbeit mit Verzeichnissen (DIR, REN, ERA), Dateien (TYPE, SAVE, USER) und mit Kommandos (EXT, RES). Die Dienstprogramme, die diese Kommandos ausführen, sind nach dem Laden von CCP speicherresident und, falls CCP nicht durch Nutzerprogramme überschrieben worden sind, ständig verfügbar. Deshalb spricht man von residenten oder internen Kommandos.

Tabelle 5.7: Interne CP/M-Kommandos (residente Kommandos)

Kommando	Funktion
DIR	Anzeigen des Diskettenverzeichnisses
ERA	Erase, Löschen einer Datei
REN	Rename, Umbenennen einer Datei
SAVE	Speichern einer Datei auf Diskette
TYPE	Anzeigen des Inhaltes einer Datei
USER	Umschalten des Benutzerbereichs
EXT	Extent, Erklärung von maximal 5 externen Kommandos als resident
RES	Reset, Herstellen des Systemzustandes wie vor EXT

Daneben existieren externe, nichtresidente Kommandos. Sie werden durch Programme realisiert, die als COM-Dateien auf externen Speichern vorliegen und beim Aufruf durch CCP in den Arbeitsspeicher geladen werden. Zu dieser Gruppe gehören die in Tabelle 5.8 aufgeführten Kommandos. Wegen des Nachladens der Programme ist die Abarbeitung dieser Kommandos relativ langsam. Mit Hilfe des Kommandos EXT können aber häufig benötigte externe Kommandoprogramme resident gemacht werden, allerdings auf Kosten des Speicherplatzes im TPA.

Tabelle 5.8: Externe CP/M-Kommandos (transiente Kommandos)

Kommando	Funktion
INIT	initialization, Formatieren von Disketten
PIP	peripheral interchange of program, Datenaustausch zwischen peripheren Geräten
SDIR	show directory, Anzeige der Verzeichnisse aller logischen Laufwerke
SUBMIT	submit, Abarbeiten einer Befehlsfolge (COM-Datei)
STAT	state, Abfragen von Diskettenstatus und Dateiattributen
SYSGEN	Generieren und Kopieren des Betriebssystems
XSUB	Zulassen der Konsoleneingabe während SUBMIT-Abarbeitung

Ein-/Ausgabesteuerung

Die Ein-/Ausgabeprozesse werden im Betriebssystem CP/M durch die Komponenten BDOS und BIOS ausgeführt. BDOS bildet die logische Ebene, während BIOS die geräteabhängigen physischen Funktionen übernimmt. BDOS stellt ein Paket von Unterprogrammen für folgenden Aufgabenkomplexe dar:

- Zeichenorientierte Ein-/Ausgabe über Konsole und ein weiteres zeichenorientiertes Gerät sowie Ausgabe über Drucker,
- Handhabung von Diskettendateien und
- Hilfsfunktionen, wie Initialisierung, Ausgabe des Systemzustandes.

Die BDOS-Funktionen sind in Tabelle 5.9 zusammengestellt.

Der Einsprung in BDOS erfolgt über die Adresse 5H der Seite 0. Die Schnittstelle ist wie folgt definiert: Über das Register C wird eine Kode-Nummer zur Auswahl der BDOS-Funktion (Tabelle 5.9) übergeben. Der Ein-/Ausgabekanal ist im IOBYTE gemäß Tabelle 5.10 und Abb.5.19 verschlüsselt. Die vier Felder des IOBYTE sind je einem physischen Gerät zugeordnet. Der Wert (0...3) jeder Feldbelegung spezifiziert die physische Realisierung des betreffenden logischen Gerätes, z.B. die Anschlußsteuerung eines Interfaces (V.24, Centronics u.a.).

Tabelle 5.9: BDOS-Funktionen von CP/M, Version 2.2

Kode	Funktion
0	Rücksetzen des Systems, Ausführen eines Warmstarts
1	Eingabe eines Zeichens über die Konsole mit Echo auf Display
2	Ausgabe eines Zeichens über die Konsole (display)
3, 4	unterschiedlich genutzt in den CP/M-Versionen
5	Ausgabe eines Zeichens auf dem Drucker (list output)
6	Direktes Ansprechen der Konsolentreiber ohne Funktionen 1 und 2
7, 8	unterschiedlich genutzt in den CP/M-Versionen
9	Senden Zeichenkette zur Konsole bis Erkennung eines Ende-Zeichens
10	Lesen Eingabezeile von Konsole und übergabe an Programm
11	Test auf Konsoleneingabe (get console status)
12	Feststellen und Ausgeben der Versionsnummer
13	Umschalten auf Laufwerk A (reset disk system)
14	Anwählen eines bestimmten Laufwerkes (select disk)
15	Eröffnen einer Datei, Übergabe Adresse FCB (open file)
16	Abschließen einer Datei, Sichern der Verwaltungsinformation
17	Suchen nach Datei ab Verzeichnisanfang (search for first)
18	Suchen nach weiteren Dateien nach Funktion 17 (search for next)
19	Löschen nicht geschützter Datei
20	Lesen des nächsten Records einer Datei, Erhöhen RC im FCB (read sequentially)
21	Schreiben des nächsten Records, Erhöhen RC im FCB (write sequentiallly)
22	Anlegen einer neuen Datei, Leereintrag in das Verzeichnis (make file)
23	Umbenennen einer Datei (rename)
24	übergabe der Bit-Liste aller aktiven Laufwerke an das Programm (return login)
25	übergabe der Nummer des angewählten Laufwerkes an das Programm (return current disk)
26	Setzen der Speicheradresse für DMA-Transfer (set DMA-address)
27	übergabe der Adresse des Belegungsvektors einer Diskette (get allocation vector address)
28	Einschalten des Schreibschutzes für ausgewähltes Laufwerk
29	übergabe Bitliste aller schreibgeschützten Laufwerke
30	Ändern des Dateiattributs (set file attribute)
31	übergabe der Adresse des Diskparameter-Blocks (get DPB address)
32	Setzen /Abfragen des aktiven Benutzerbereichs (set/get user code)
33	Lesen eines frei wählbaren Records (read random)
34	Schreiben eines frei wählbaren Records (write random)
35	Bestimmen der Record-Anzahl in einer Datei (compute file size)
36	Ablegen der Record-Nummer im FCB (set random record)
37	Ausloggen von Laufwerken (reset drive)
38	Vorbelegen eines Laufwerkes (access drive)
39	Freigabe von Laufwerken bei Multitasking (free drive)
40	Beschreiben eines Blocks mit Nullen, dann F 34 (write random with 0)

Tabelle 5.10: Belegung des IOBYTE

Bits im IOBYTE	Kanal
0 und 1	Konsole
2 und 3	weiteres zeichenorientiertes Eingabegerät
4 und 5	weiteres zeichenorientiertes Ausgabegerät
6 und 7	Drucker

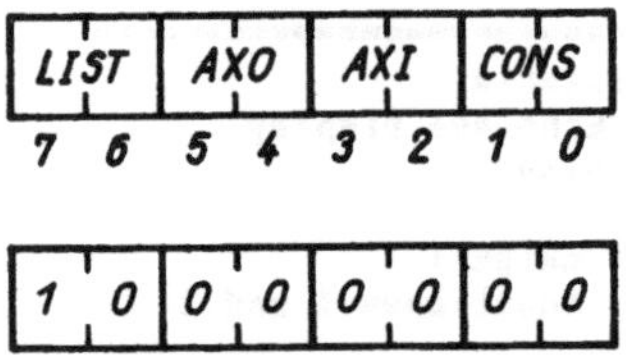

Abb.5.19:
Struktur des IOBYTE
Zuordnung der physischen Geräte,
Standardbelegung (unten)

BIOS, der hardwarenahe Teil von CP/M, gliedert sich in vier Abschnitte, in

- Schnittstelle zum BDOS und zu anderen Programmen,
- Ein-/Ausgabe über die BDOS Kanäle,
- Verbindung zu den Laufwerken der Plattenspeicher und
- Pufferspeicher.

BIOS stellt in der CP/M-80-Version 17 Funktionen bereit. Es besteht aus einem Komplex von Unterprogrammen. Die Auswahl der Funktionen erfolgt mit Hilfe eines Adressenvektors über die in Tabelle 5.11 angegebenen Funktionsnummern:

Tabelle 5.11: BIOS-Funktionen

Funktions-nummer	Name des Unterprogramms	Funktion
0	BOOT	Kaltststartinitialisierung
1	WBOOT	Warmstart-Lader
2	CONST	Konsolenstatus
3	CONIN	Konsoleneingabe
4	CONOUT	Konsolenausgabe
5	LIST	Druckerausgabe
6	PUNCH	Ausgabe
7	READER	Eingabe
8	HOME	Setzen Schreib-/Lesekopf auf Spur 0
9	SELDSK	Auswahl des Laufwerkes
10	SETTRK	Auswahl der Spur
11	SETSEC	Auswahl des Sektors
12	SETDMA	Setzen der Datenpufferadresse
13	READ	Lesen eines Aufzeichnungsabschnittes
14	WRITE	Schreiben eines Aufzeichnungsabschnittes
15	LISTST	Abfragen des Druckerstatus
16	SECTRAN	übersetzen der Aufzeichnungsnummer

Unmittelbare Nutzung von BIOS

BIOS läßt sich auch direkt von CP/M-Programmen für Ein-/Ausgabeoperationen nutzen. Die Adresse der angeforderten BIOS-Routine erhält man über die Seite 0. Dort befindet sich entsprechend Tabelle 5.3 auf der Adresse 0 ein Sprungbefehl zur Warmstartroutine, somit zur zweiten Position des BIOS-Adressenvektors. Die Adresse adrbios eines BIOS-Unterprogramms ergibt sich damit aus der Sprungnummer (BIOS-Funktionsnummer gemäß Tabelle

5.11) nach der Beziehung

adrbios = 3*(sprungnummer -1) + wsg0,

wobei wsgo die Adresse in der Warmstart-Sprunganweisung auf der Grundseite ist.

Die Übergabe von Parametern erfolgt über die Register:

an BIOS:	8-bit-Worte über Register	C
	16-bit-Worte über Register	BC
von BIOS	8-bit-Worte über Register	A
	16-bit-Worte über Register	HL

Initialisieren von CP/M

Für die Initialisierung von CP/M gibt es zwei Möglichkeiten, den Kaltstart und den Warmstart. Beim Kaltstart (z.B. nach dem Einschalten) werden alle Systemkomponenten von CP/M in den Hauptspeicher geladen und alle Deskriptoren der Systemkomponenten in den Anfangszustand gesetzt. Hierzu enthält CP/M einen Kaltstartlader von 128 byte Länge. Dem Laden der Systemkomponenten folgt ein Sprung zum Anfang von BIOS und die Ausgabe der Bereitschaftsmeldung. Beim Warmstart bleibt BIOS unverändert, lediglich CCP und BDOS werden von der Diskette neu geladen. BIOS enthält hierfür einen Lader.

Bei der Initialisierung wird u.a. die Information auf der Seite 0 erneuert (Sprung zur Warmstart-Initialisierung im BIOS-Sprungvektor und zur Anfangsadresse von BDOS). Im Falle eines Kaltstarts kommt die Wiederherstellung des IOBYTE, der Bezugslaufwerks- und Benutzer-Nummer hinzu. Beide Arten der Initialisierung schließen mit einem Sprung zum CCP ab.

5.3.4. Verarbeitungsprogramme

5.3.4.1. Editor ED

Der im CP/M vorhandene Editor ED unterstützt einfache Funktionen zur Veränderung von Dateien, wie
- Erstellen von Textdateien,
- Einfügen, Löschen und Austauschen von Texten,
- Umgruppieren von Texten in Dateien und
- Zusammenfügen von Dateien.

ED verarbeitet Textdateien, die nur aus ASCII-Zeichen bestehen und in Textzeilen gegliedert sind. Mit dem Aufruf

ED dateiname

wird gleichzeitig die zu bearbeitende Originaldatei eröffnet. Die Bearbeitung der Datei geschieht im Textpuffer. Die Übertragung von Textzeilen der Datei in den Puffer muß der Anwender durch einen APPEND-Befehl veranlassen. Mit

n A

werden n Zeilen der Originaldatei in den Textpuffer gebracht. Der Text muß nach der Bearbeitung mit Hilfe eine WRITE-OUT-Befehls vom Puffer in eine Zwischendatei überschrieben werden:

n W

Mittels eines READ-Befehl können auch Bibliotheksprogramme (Typ LIB) in den Puffer übertragen werden.

Der Editor ED ist eine Minimallösung zur Bearbeitung von ASCII-Textdateien. Es gibt eine Anzahl weiterer leistungsfähiger Editoren für CP/M, die sich darüber hinaus zur Erstellung und Redigierung von allgemeinen ASCII-Texten eignen. Sie verfügen über zusätzliche Befehle zur Formatierung von Texten, zur automatischen Erstellung von Inhaltsverzeichnissen u.a.

Bewährte Textbearbeitungssysteme für CP/M sind BITEX und WORDSTAR.

5.3.4.2. Assembler ASM

Im CP/M steht ein Assembler ASM zur Verfügung. Er übersetzt Programme, die in mnemonischem Assemblerkode des Mikroprozessors 8080 formuliert sind, jedoch nicht den Kode des Mikroprozessors Z 80. ASM überträgt in zwei Pässen. Im ersten Paß legt er die Symboltabelle an. Im zweiten Paß erzeugt er den Objektkode, der dann im Hexadezimal-Format (HEX-Format) vorliegt. Er enthält den Maschinenkode im ASCII-Format sowie Steuerinformation für den Lader. Die so erstellte Zwischendatei ist vom Typ HEX. ASM gibt wahlweise Listen (Dateien des Typs PRN) mit Texten des Quell- und des Objektprogramms aus. Der Assembler erkennt Syntaxverstöße, falsche Datenzuordnungen, fehlerhafte Adressen u.a.

5.3.4.3. Ladeprogramm LOAD

LOAD ist ein sehr einfaches Ladeprogramm. Es wandelt die vom Assembler ASM erstellten HEX-Dateien in Befehlsdateien des Typs COM um. Die Adressen, die in der HEX-Datei enthalten sind, müssen steigend geordnet sein. Die Startadresse ist 100H, in Nichtstandard-Systemen 4300H. LOAD verarbeitet auch andere, nicht von ASM erzeugte Dateien, falls sie die genannten Bedingungen erfüllen. Der Start erfolgt mit

LOAD dateiname

LOAD teilt Start- und Endadresse des geladenen Programms mit.

5.3.4.4. Debugger DDT

Der Debugger im CP/M gestattet,

- die Abarbeitung von Programmen zu verfolgen,
- den Inhalt des Speichers auf der Konsole anzuzeigen und zu kopieren sowie
- den Inhalt von Speicherzellen zu ändern.

Um die Abarbeitung eines Programms abschnittweise verfolgen zu können, kann dieses unter der Steuerung von DDT zwischen zwei vorgebbaren Adressen oder mit einer vorgebbaren Anzahl von Schritten ablaufen. Die Änderung eines Speicherinhalts erfolgt im einfachsten Fall durch Überschreiben mit Hilfe eines SET-Befehls. Darüber hinaus lassen sich von einer vorgebbaren Adresse beginnend, Assemblerbefehle eingeben, übersetzen und in den Speicher übertragen. Hierfür enthält der Debugger einen einfachen Assembler. DDT wird durch einen Aufruf

DDT name

zunächst an den Anfang des Arbeitsbereiches geladen, dann aber automatisch so weit verschoben, daß das CCP überschrieben wird. Das zu testende Programm ist dann an den Anfang des TPA zu speichern. Der Trace-Befehl lautet z.B.:

T anzahl der programmschritte

und der GO-Befehl zur Abarbeitung eines Programms von der Startadresse bis zum Haltepunkt

G startadresse, haltepunktadresse

Die Argumente werden in Hexadezimaldarstellung angegeben.

Die gesteuerte Programmbearbeitung mit Haltepunkten (Break points) beruht auf einer sehr einfachen Lösung: DDT ersetzt den Befehl am Haltepunkt durch den Verzweigungsbefehl RST 7. Er führt zu einer Befehlsfolge, die den ersetzten Befehl enthält, die Steuerung an DDT überträgt und den Prozessorstatus speichert. Durch RST 7 erfolgt eine Verzweigung wie bei einem Interrupt mit Sicherung aller Registerinhalte. Der Befehl vom Haltepunkt wird an seiner ursprüngliche Stelle wieder eingesetzt. Danach folgt der Sprung zu DDT. Besondere Lösungen sind erforderlich, falls am Haltepunkt ein Sprungbefehl steht.

5.3.4.5. PIP-Funktionen

Das Dateiaustauschprogramm (peripheral interchange program, PIP) unterstützt unter CP/M die Funktionen
- Ausdrucken oder Bildschirmanzeige von Textdateien,
- Kopieren von Diskettendateien oder ganzer Disketteninhalte,
- Zusammenfügen mehrerer Dateien und
- Verändern von Dateien.

Hervorzuheben ist die syntaktisch analoge Behandlung von Dateien und Peripheriegeräten. Die Geräte sind durch einen Doppelpunkt hinter dem Gerätenamen gekennzeichnet. PIP-Befehle haben die Form

(zieldateiname) = (herkunftsliste),

wobei folgende Definitionen gelten:

(zieldateiname) ::= (dateiname) ! (ausgabeeinheit:)

und (herkunftsliste)::= name1 ! name2

(name)::= (dateiname) ! (eingabeeinheit:).

Beispielsweise veranlaßt der Befehl

PIP DOK1.TXT = CON:

die Eingabe einer Textdatei DOK1.TXT über die Konsole (CON) und

PIP LST: = DOK1.TXT;

die Ausgabe der Textdatei DOK.TXT über einen Paralleldrucker (LST). Über weitere Möglichkeiten von PIP unter CP/M siehe bei (Po 86).

5.3.5. Weiterentwicklung von CP/M

Die Anwendung von CP/M ist weitgehend auf Heim- und Arbeitplatzcomputer begrenzt. Um den vorliegenden großen Fonds von Verarbeitungs- und Anwenderprogrammen auch auf leistungsfähigeren Rechnern und unter anspruchsvolleren Nutzungsbedingungen einsetzen zu können, wurde CP/M in unterschiedlichen Richtungen weiterentwickelt (Za 86). Zusätzliche Funktionen gegenüber CP/M-80 bieten z.B. die Versionen CP/M-Plus für bedeutend erweiterten Speicherplatz und CP/M-Enhancement. Der Übergang zum Multitask-Betrieb wurde mit der Entwicklung von CCP/M (Concurrent CP/M) vollzogen. CCP/M vefügt außerdem über Komponenten zur Unterstützung lokaler Netze entsprechend dem ISO-Modell. Für die Graphik-Arbeit steht ein Programmpaket GSX zur Verfügung. Der Multi-user-multi-task-Betrieb ist unter dem System MP/M möglich.

In Tabelle 5.12 sind die Kommandobestände der CP/M-Varianten (Za 86) gegenübergestellt. Die Ziffern der Implementierung bedeuten: 1: CP/M-80, 2: CP/M-Plus, 3: MP/M-80, 4: CP/M-86, 5: MP/M-86, 6: CCP/M-86. Die Systeme SCP 1520 und SCP 1700 (Ro 86) sind kompatibel mit CP/M-80 bzw. CP/M-86, auch in der Ausstattung mit Kommandos.

Tabelle 5.12: Kommandobestand der verschiedenen CP/M-Versionen

Kommando	Funktion	Implementierung 1	2	3	4	5	6
ABORT	Abbruch eines laufenden Programms	-	-	+	-	+	+
ASM	Assembler 8080	+	-	+	-	-	-
ASM86	Assembler 8086	-	-	-	+	+	+
ATTACH	Zuweisung Hintergrundprogramme	-	-	+	-	+	-
CONSOLE	Ausgabe Konsolen-Nummer	-	-	+	-	+	-
DATE	Lesen / Setzen Uhrzeit und Datum	-	+	-	-	-	-
DDT	symbolischer Debugger für 8080	+	-	+	-	-	-
DDT86	symbolischer Debugger für 8086	-	-	-	+	+	+
DIR	Anzeigen Verzeichnis	+	+	+	+	+	+
DSKRESET	Rücksetzen Plattenparameter	-	-	+	-	+	+
DUMP	Ausgabe Dateilisting hexadezimal	+	+	+	-	-	-
ED	Editor-Ruf	+	+	+	+	+	+
ERA	Löschen von Plattendateien	+	+	+	+	+	+
ERAQ	Löschen von Plattendateien mit Quittung	-	-	+	-	+	+
GENCMD	Erzeugen Befehlsdatei aus erweitertem HEX-Format HEX-Format	-	-	-	+	+	+
GENHEX	Erzeugen einer Datei im HEX-Format	-	-	+	-	-	-
HELP	Ausgabe der Manual-Datei	-	+	-	-	-	+
INITDIR	Initialisieren des Verzeichnisses für erweiterte Einträge	-	+	-	-	-	-
LINK	Verbinden von relocatablen Programmen	-	+	+	-	-	-
LOAD	Erzeugen einer Befehlsdatei im HEX-Format	+	-	+	-	-	-
MODCPM	Rekonfiguration des CP/M	+	-	-	-	-	-
MPMLDR	Laden des MP/M	-	-	+	-	+	-
MPMSTAT	Anzeigen des MP/M-Status	-	-	+	-	+	-
PIP	Dateitransferprogramm	+	+	+	+	+	+
PRINTER	Auswählen des Druckers	-	-	+	-	+	+
PRLCOM	Erzeugen einer COM-Datei aus einer PLL-Datei	-	-	+	-	-	-
REN	Umbenennen einer Plattendatei	+	+	+	+	+	+
RMAC	Makroassembler für 8080	-	+	+	-	-	-
SAVE	Sichern TPA-Bereich als Plattendatei	+	+	-	-	-	-
SCHED	Starten Programm zu bestimmtem Zeitpunkt	-	-	+	-	-	-
SDIR	Anzeigen eines Verzeichnisses (ausführlich)	-	-	+	-	+	+
SET	Setzen von Attributen und Paßwörtern	-	+	+	-	+	+
SHOW	Anzeigen Laufwerks-, Dateispezifikations-Parameter	-	+	+	-	+	+
SID	symbolischer Debugger für 8080	-	+	+	-	-	-
SPOOL	Ausdrucken von Dateien im Hintergrund	-	-	+	-	-	+
STAT	Anzeigen Datei- und Gerätestatus	+	-	+	+	+	+
SUBMIT	Einleiten einer automatischen Befehlsfolge	+	+	+	+	+	+
SYSGEN	Lesen und Schreiben der Systemspuren	+	-	-	-	-	-
TOD	Lesen und Setzen von Uhrzeit und Datum	-	-	+	-	+	+
TYPE	Anzeigen einer Textdatei	+	+	+	+	+	+
USER	Umschalten des aktuellen Nutzerbereichs	+	+	+	+	+	+
XSUB	Erweitern der SUBMIT-Funktion	+	-	-	-	-	-

5.3.5.1. CP/M-Plus

Die weiterentwickelten, leistungsfähigeren CP/M-Versionen, wie CP/M-Plus, benötigen mehr Arbeitsspeicher als beispielsweise CP/M 2.2. Für die Nutzerprogramme verbliebe im TPA eines 64-Kbyte-Speichers nur noch wenig Platz. Da bei 8-bit-Rechnern nur 64 Kbyte direkt adressierbar sind, läßt sich die Kapazität des Arbeitsspeichers nur durch Hinzuschalten von weiteren Speicherbänken vergrößern.
Abb. 5.20 zeigt eine Belegungsvariante des Arbeitsspeichers. Bank 0 enthält den Teil des Betriebssystems, der nach dem Kaltstart aktiv ist, ferner Tabellen und den Verzeichnispuffer. Auf Bank 1 befinden sich die lauffähigen Nutzerprogramme. Die Seite 0 dieser Bank dient der Kommunikation zwischen Nutzerprogrammen und dem Betriebssystem. Auf Bank 2 sind Datenpuffer für einen schnellen Datenzugriff untergebracht. Weitere Teile des Betriebssytsems befinden sich auf einem gemeinsam verwalteten, residenten Speicherbereich.

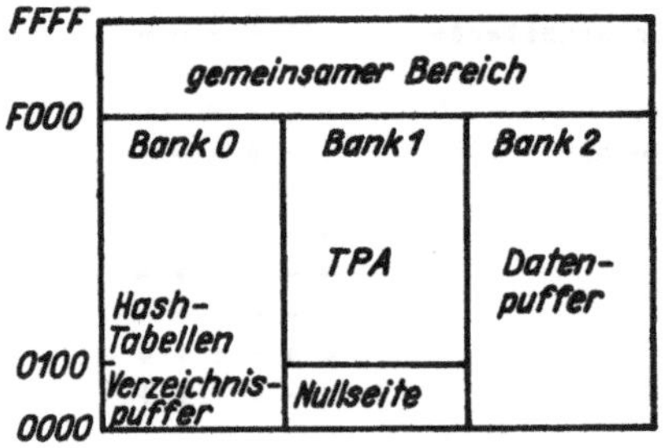

Abb.5.20:
Speicherbelegung bei CP/M-Plus

5.3.5.2. MP/M-80

MP/M unterstützt den Multiprogrammbetrieb von einer Konsole aus. Die Programme können von der Konsole aus gestartet und dann in den Hintergrund geschaltet werden, so daß nur ein Programm im Vordergrund verbleibt. Die Vergabe des Prozessors erfolgt nach der Strategie der zeitzyklischen Verdrängung: Der Prozessor wird an die Prozesse nacheinander für eine bestimmte Zeit (meist für 10 ... 20 ms) vergeben. Den Prozessen lassen sich Prioritäten zuordnen. Die zyklische Zuordnung des Prozessors geschieht dann nach Prioritätsebenen.

Im Prozeßmodell des Systems MP/M sind 5 Prozeßzustände definiert: aktiv, bereit, wartend auf Fertigmeldung der Peripherie, wartend auf Meldungen von anderen Prozessen sowie ausgesetzt für eine bestimmte Zeit. Zur Prozeßsynchronisation werden Flags verwendet. Jedem Prozeß wird ein gesonderter Speicherbereich (TPA) zugewiesen. Hierfür gibt es zwei Realisierungsmöglichkeiten: die Generierung verschieblicher Programme vom Dateityp PRO (page relocatable object) oder die hardwaremäßige Einteilung des Speichers in n Bänke zu 64 Kbyte, so daß mehrere Bänke und ein gemeinsamer Speicherbereich entstehen (Abb.5.21).

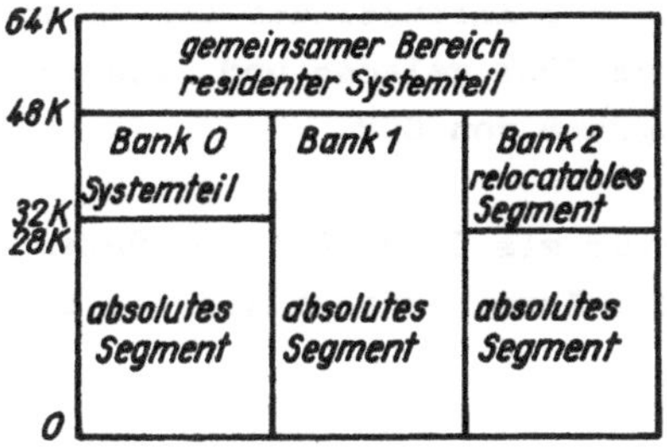

Abb.5.21:
Speicherbelegung bei MP/M-80

5.3.5.3. CP NET

Der Entwicklung zur verteilten Verarbeitung in Mehrrechnersystemen folgend, entstanden die Netzwerkkomponenten CP NET und Soft-net für 8- bzw. 16-bit-Rechner (Za 86). Sie unterstützen die Arbeit eines Verbundes von CP/M-Rechnern. Ein (hinreichend gut ausgerüsteter) Rechner übernimmt die Funktion eines Masters. Er läuft im Multitask-Betrieb unter MP/M. Die Slave-Rechner, die dem Master funktionell unterstellt sind, verfügen über eigene Diskettenspeicher und arbeiten unter CP/M, das zu diesem Zweck mit einer Netzwerkkomponente ausgerüstet ist. CP NET und Soft-net sind miteinander verträglich, so daß auch die Kopplung von 8- und 16-bit-Rechnern möglich ist.

5.3.6. CP/M-Versionen für 16-bit-Mikrorechner

Wie bereits dargelegt, läßt sich CP/M durch Umschreiben seiner hardwarenahen Schicht (BIOS) relativ leicht auf andere Rechnersysteme bringen. Mit CP/M-86 liegt eine Version für den Prozessor 8086 vor. Für den Schaltkreis MC 68000 existiert das System CP/M-68 K.

Unter Beibehaltung der Grundstruktur von CP/M wurden vor allem die externen Kommandos erweitert und die Leistungsfähigkeit der Verarbeitungsprogramme im Vergleich zu CP/M-80 erhöht. Die Übertragung von CP/M durch Formulieren in der Systemsprache C wird im Abschnitt 5.6. behandelt.

5.3.6.1. System SCP 1700

Als Beispiel eines mit CP/M-86 kompatiblen Betriebssystems wird im folgenden das System SCP 1700 (single user control program) des VEB Kombinat Robotron (Ro 86) betrachtet. Zur 8-bit-Variante SCP 1520 besteht Kompatibilität bezüglich der Dateistruktur und der Diskettenformate. Auf den ersten Systemspuren der Diskette befindet sich der Anfangslader LDSCP. Er wird durch den Monitor mit Hilfe des Kommandos BOOT geladen und gestartet. Er lädt und startet danach das Steuerprogramm von SCP.

Der Betriebssystemkern hat die gleiche Struktur wie CP/M-80. Im Unterschied zur 8-bit-Version ist jedoch der gesamte Kern, einschließlich des CCP, speicherresident.

Der Kommando-Prozessor CCP verarbeitet wie bei der 8-bit-Version sowohl residente als auch transiente Kommandos. Die residenten Kommandos entsprechen denen des CP/M-80 (Tab. 5.12). Neben den bereits vorgestellten Funktionen des CP/M (ED, INIT, SUBMIT, STAT) stehen im SCP 1700 weitere transiente Kommandos zur Verfügung.

Der Assembler ASM-86, ein Dreipaß-Übersetzer für den Assemblerkode des Mikroprozessors 8086, bietet Möglichkeiten zur Programmsegmentierung, zur bedingten Assemblierung, zur Einbeziehung von INCLUDE-Dateien und zur Definition nutzereigener Kommandos. Das ladefähige Dateiformat CMD wird mit Hilfe des Kommandos GENCMD aus dem Hexadezimalformat, das ASM-86 ausgibt, erzeugt.

BDOS stellt im SCP 1700 insgesamt 60 Funktionen bereit. Hervorzuheben sind die erweiterten Funktionen für die Speicherverwaltung und das Programmladen, z.B.
- Ermittlung der Anfangsadresse einer Speicherregion definierter Länge,
- Test der Verfügbarkeit einer Region,
- Zuweisung/Freigabe eines Speicherbereichs für eine bestimmte Region (Funktionen 56 bzw. 57),
- Löschen des gesamten zugewiesenen Speicherbereichs (Funktion 58) und
- Laden einer CMD-Datei.

Die Architektur von 16-bit-Mikrorechnern ermöglicht eine dynamische Speicherverwaltung. Hierzu führt BIOS eine Tabelle über die Belegung des Transientbereichs im Arbeitsspeicher. Sie kann 8 Einträge aufnehmen. Der verfügbare Speicherplatz läßt sich somit in 8 Bereiche aufteilen. Die Belegung des Speichers kann entweder durch den Lader oder durch ein Anwenderprogramm mittels BDOS-Ruf erfolgen.

Die Verwaltung des physischen Hauptspeichers in der soeben beschriebenen Weise setzt bestimmte Organisationsformen der transienten Programme vor-

aus. SCP läßt 3 drei verschiedene Typen von Speichermodellen zu (Ro 86):
- 8080-Speichermodell,
- Small-Speichermodell und
- Compact-Speichermodell.

Diese Speichermodelle entsprechen unterschiedlichen Belegungen der 8 nutzbaren Speichersektionen CODE, DATA, EXTRA, STACK, X1, X2, X3, X4.

Beim 8080-Speichermodell belegt das Programm nur die Sektion CODE. Sie enthält sowohl den Programmkode als auch Daten. Die Segmentregister werden mit der Startadresse dieser Sektion geladen, d.h. die Register SS und SP auf den Stackbereich im CCP und die Register CS, DS und ES auf den Anfang des Programmteils gesetzt.

Das Small-Speichermodell ist verwendbar, falls im transienten Programm getrennte Kode- und Datenbereiche bestehen, deren Längen unabhängig von einander sind. Bei der Initialisierung wird das Register CS mit der Anfangsadresse des Programmteils und DS mit der Anfangsadresse des Datenteils geladen. Die Register SS und SP verweisen auf den CCP-Stack.

Das Compact-Speichermodell ist zu wählen, wenn das Programm in Kode- und Datenbereiche mit Stack-, Extra- oder Stackteilen gegliedert ist. Die Register CS, DS und ES enthalten die Basisadressen der entsprechenden Speichersegmente.

Das Ladeformat für transiente Programme trägt am Anfang eine Kopfinformation. In dieser sind für die 8 Segmente die Ladeadresse, die Länge, der minimale und der maximale Speicherplatzbedarf eingetragen. Der Kopfinformation von 128 byte Länge folgen bis zu 8 Segmente der Programme und der Daten. Das Ladeprogramm wertet diese Informationen für die Reservierung des Speicherplatzes, die Initialisierung der Segmentregister und für den Aufbau der Seite 0 aus. Die Kopfinformation wird durch das Kommando GENCMD bei der Umsetzung des Hexadezimalkodes in das Ladeformat erzeugt.

5.3.6.2. Concurrent CP/M-86

Auch für den 16-bit-Prozessor 8086 liegt eine Implementierung von Concurrent CP/M als Multitask-Betriebssystem CCP/M-86 vor. Unter CCP/M-86 können bis zu 63 Programme prioritätsgesteuert quasiparallel ablaufen. Der aktuelle Bearbeitungszustand jedes Programms läßt sich über die Konsole verfolgen. Gleichzeitig ablaufende Prozesse können gemeinsam auf reentrantfähige Programme zugreifen, wodurch Speicherkapazität gespart wird. Der Speicherplatzbedarf von CCP/M beträgt 54 Kbyte. CCP/M verwaltet einen Adreßraum von 1 Mbyte. Es verfügt über Prozeßsynchronisation und Warteschlangenverwaltung. Ausgebaut ist ferner die Zugriffssicherung von Dateien. Zum Schutz von Dateien können Paßwörter verwendet werden.

5.4. Betriebssystem MS-DOS

5.4.1. Besonderheiten

Für 16-bit-Mikrorechner wurde 1979 von Tim Peterson ein weiteres Single-user-Single-task-Betriebssystem entwickelt und unter dem Namen MS-DOS auf den Markt gebracht. Mit verschiedenen Modifikationen wurde es als PC-DOS zur Grundsoftware der IBM-Personal Computer und sehr bald zum dominierenden Betriebssystem für 16-bit-Mikrorechner. Wie alle Betriebssysteme für Mikrorechner hat auch MS-DOS eine Weiterentwicklung durchlaufen. Im folgenden werden die wichtigsten Eigenschaften der Version 2.11 vorgestellt.
Das Kommandosystem von MS-DOS weist Parallelen zu CP/M auf: Es werden residente und transiente Kommados bereitgestellt. Allerdings verfügt MS-DOS über ein weit komplexeres Dialogsystem, das mit seinem, Kommandobestand CP/M weit übertrifft. Es ermöglicht u.a eine Verkettung von Programmen und deren Abarbeitung im Stapelbetrieb (Batch-Verarbeitung). Ferner wird die Hintergrundarbeit eines Druckers unterstützt (spooling). Auch das von UNIX her bekannte Konzept der Filter und Pipes ist im DOS implementiert.

Das Dateisystem ist nicht zu CP/M kompatibel. Die Dateien sind in MS-DOS ähnlich dem UNIX-System hierarchisch organisiert. Dennoch gelingt es verhältnismäßig leicht, CP/M-Software an MS-DOS anzupassen. Dieser Vorzug sowie die höhere Leistungsfähigkeit von MS-DOS trugen zu dessen schneller Verbreitung bei.

5 4.2. Struktur

MS-DOS gliedert sich in folgende Funktionseinheiten:
- ROM-IO, das physische Ein-/Ausgabesystem, das auf einem ROM gespeichert ist und den Anfangslader, den Zeichengenerator für das Grafiksystem sowie die Gerätedriver enthält,
- Urlader, der vom Anfangslader eingelesen und gestartet wird,
- DOS, bestehend aus einer Datei mit den logischen Gerätedrivern und einer weiteren Datei mit Verwaltungs- und Dienstfunktionen, sowie
- COMMAND, den Kommandoprozessor, der ähnlich der Shell von UNIX (Abschnitt 5.6.) austauschbar ist.

Die Grobstruktur des Betriebssystems MS-DOS und seine Anordnung im Arbeitsspeicher zeigt Abb.5.22. Im Unterschied zu CP/M belegt MS-DOS den unteren Teil (45...50 Kbyte) des Arbeitsspeichers. Der Kommandoprozessor gliedert sich in einen residenten und in einen transienten Teil. Der transiente Teil kann von Anwenderprogrammen überschrieben werden. Die auf der Systemdiskette befindlichen Komponenten von MS-DOS sind in Tabelle 5.13 zusammengestellt.

Abb.5.22:
Grobstruktur und Speicherbelegung von MS-DOS

Tabelle 5.13: Komponenten von MS-DOS

Komponente	Funktion
IO.SYS	Ein-/Ausgabe-System, hardwarenahe Komponente
MSDOS.SYS	DOS-Betriebssystem
ANSI.SYS	Gerätetreiber für Escape-Sequenzen
CONFIG.SYS	Programm zur konfigurationsabhängigen Generierung
COMMAND.COM	DOS-Kommandoprozessor
EDLIN.COM	Text-Editor
DEBUG.COM	Debugger
FORMAT.COM	Formatierungsprogramm für Disketten
CHKDSK.COM	Prüfprogramm für Disketten
RECOVER.COM	Programm für die Reparatur von Disketten-Dateien
PRINT.COM	Programm für die Druckerausgabe
MORE.COM	Programm zur Darstellung einer Dateiseite
LINK.EXE	Binder-Programm
SORT.EXE	Sortierprogramm für Dateien
FIND.EXE	Suchprogramm für Zeichenketten in Datenlisten
EXE2BIN.EXE	Konvertierungsprogramm von Dateien des Typs EXE in COM

Unter MS-DOS kann der Anwender auf vier unterschiedliche Schnittstellen, die der Schichtenstruktur des Systems entsprechen, zugreifen:

- Gerätefunktionen der Ein-/Ausgabe (über Maschinenbefehle),
- Schnittstelle der physischen Gerätedriver des ROM-IO,

- Dienste des DOS (über Kommandos oder Systemrufe) sowie
- Systemgenerierung zur Anpassung des Betriebssystems an veränderte Nutzungsbedingungen, z.B. zum Einbau nutzereigener Gerätedriver oder zum Austausch des Kommandoprozessors, mit Hilfe des Kommandos CONFIG.SYS.

5.4.3. Dateiverwaltung

MS-DOS verwaltet Dateien auf Disketten und Festplattenspeichern. DOS unterscheidet Textdateien (TXT), Objektdateien (OBJ), Kommandodateien (COM), Batch-Dateien (BAT), Ausführungsdateien (EXE) und Assembler-Pro grammdateien (AMS). Übersetzer erzeugen aus dem Quellkode der Programme Objektdateien (OBJ), die der Binder zu ausführbaren Programmoduln vom Typ EXE vereinigt. Diese können mit Hilfe des Kommandos EXE2BIN in Dateien vom Typ COM umgewandelt werden.

Ein Dateibezeichner besteht wie im Betriebssystem CP/M aus Dateinamen (maximal 8 Zeichen), Dateityp (maximal 3 Zeichen) und Laufwerksbezeichner:

dateibezeichner ::= laufwerksbezeichner : dateiname . dateityp

z.B. B:progr22.BAT.

Durch Einfügen von Globalzeichen (* und ?) kann die Dateibezeichnung auf Dateigruppen erweitert werden. So bezeichnet PROG*.EXE alle diejenigen Programme (Ausführungsdateien), deren Namen mit PROG beginnen.

Die für die Dateiverwaltung benötigten Informationen, wie Name und Länge der Datei, Zeitpunkt der Erstellung und der letzten schreibenden Veränderung, sind im Inhaltsverzeichnis auf der Diskette notiert. Darüber hinaus befindet sich auf jeder Diskette ein Dateizuordner. Er enthält Angaben über die Position der einzelnen Dateien auf der Diskette und über freien Speicherplatz, der beim Anlegen und Beschreiben einer Datei an diese vergeben wird.

DOS verwaltet Dateien über ein hierarchisch strukturiertes System von Verzeichnissen: Eine Gruppe von Dateien kann einem bestimmten Verzeichnis zugeordnet werden. Dieses Verzeichnis muß in einem übergeordneten Verzeichnis geführt werden und kann wiederum Unterverzeichnisse enthalten (Abb.5.23). Die Verzeichnisse tragen Namen.

Die oberste Ebene der Verzeichnisse bildet das Wurzelverzeichnis (root). Es führt Buch über die Systemverzeichnisse sowie über die untergeordneten Verzeichnisse der Nutzer. Jeder Nutzer kann von "seinem" Verzeichnis aus wieder Unterverzeichnisse anlegen, z.B. eines für Texte, eines für Programme und eines für Meßergebnisse. Auf diese Weise wird eine Trennung der Dateien in separate Unterdateien für die einzelnen Nutzer erreicht.

Ein Verzeichnis, mit dem ein Nutzer zu einem bestimmten Zeitpunkt verbunden ist, heißt aktuelles Verzeichnis. Das übergeordnete Verzeichnis wird Elternverzeichnis genannt.

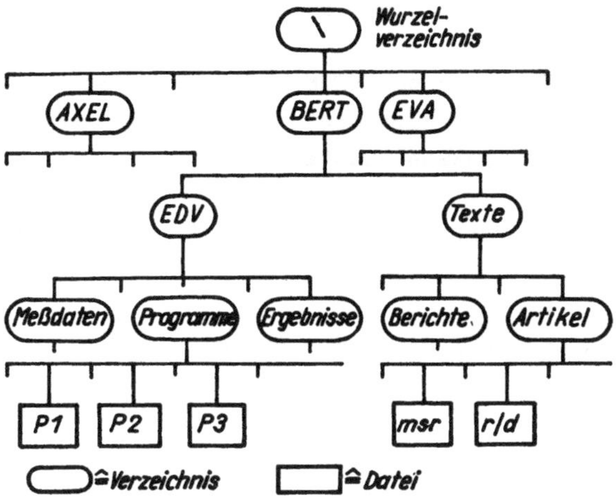

Abb.5.23: Struktur des MS-DOS-Dateisystems

Um eine Datei auffinden zu können, benötigt DOS neben dem Dateinamen den Pfad, der vom aktuellen Verzeichnis, gegebenenfalls über Unterverzeichnisse zur gesuchten Datei führt. Ein solcher Pfad ist definiert durch die Folge der Namen derjenigen Verzeichnisse, die vom aktuellen Verzeichnis auf die Datei verweisen:

\vz1 \vz2 \vz3\ dateibezeichner

Eine solche Folge wird als Pfadname bezeichnet; vzi sind die Verzeichnisnamen.

Steht vor dem ersten Verzeichnisnamen ein Zeichen \, so beginnt der Pfad im Wurzelverzeichnis. Vom Wurzelverzeichnis aus ist jede Datei über einen abwärtsführenden Pfad erreichbar. Ein Pfadname ist immer dann anzugeben, wenn eine gesuchte Datei nicht im aktuellen Verzeichnis direkt geführt wird. Im anderen Falle ist der Pfadname identisch mit dem Dateibezeichner.

Für das Aufsteigen in der Verzeichnishierarchie existieren Kurzbezeichnungen: .. bedeutet das Elternverzeichnis.

DIR ..

bewirkt das Anzeigen des Elternverzeichnisses, das Kommando

DIR ..\..

die Ausgabe des Inhaltes des Verzeichnisses, das sich über dem Elternverzeichnis befindet.

Die Benutzung von Pfadnamen für das Arbeiten mit externen Kommandos wird durch spezielle Befehle unterstützt. Dazu werden die externen Kommandos in einem Verzeichnis zusammengefaßt, z.B. in EXCOM. Soll von einem Verzeichnis aus, das nicht identisch mit EXCOM ist, zu einem externen Kommando zugegriffen werden, so ist ein PATH-Kommando anzugeben:

PATH \ EXCOM

Hierdurch wird MS-DOS angewiesen, den Pfad zu EXCOM zu durchlaufen und das externe Kommando in EXCOM zu suchen. Auch die internen Kommandos COPY, DEL, DIR und TYPE können über Pfadnamen genutzt werden.

Der Wechsel in ein übergeordnetes Verzeichnis OVZ erfolgt durch das Kommando CHDIR \ OVZ. (change directory).

Zur Erzeugung eines Unterverzeichnisses UVZ dient der Befehl

MKDIR UVZ (make directory).

Das (zunächst leere) Wurzelverzeichnis wird beim Formatieren einer Diskette generiert. Das Löschen eines Verzeichnisses geschieht mittel RMDIR (remove directory):

RMDIR VZ.

Gelöscht werden jedoch nur leere Verzeichnisse.

Auf den Magnetplatten ist der Speicherplatz in Cluster, die jeweils 'n Sektoren zu je 512 byte enthalten, aufgeteilt. Die Cluster einer Datei sind auf der Platte gestreut gespeichert. Die Belegung einer Platte ist in einer Zuordnungstabelle (file allocation table, FAT) vermerkt. Am Anfang jeder Magnetplatte befinden sich folgende Aufzeichnungen:

- Urlader,
- Zuordnungstabellen (aus Sicherheitsgründen gedoppelt),
- Stammverzeichnis der Dateien und
- MS-DOS-Systemdateien.

Danach folgen die Nutzerdateien. Alle vom System benötigten Angaben über die Informationsstruktur einer Platte sind auf einem Beschreibungsblock festgehalten.

5.4.4. DOS-Kommandosystem

Ähnlich CP/M stellt DOS Systemdienste bereit, die als interne und externe Kommandos aktiviert werden können. Interne Kommandos sind speicherresidente Bestandteile des DOS-Kommandoprozessors. Sie führen die einfachsten und am häufigsten benötigten Funktionen aus. Die Programme der externen Kommandos befinden sich auf der Systemdiskette. Sie werden beim Aufruf in den Speicher geladen. Die Dateien der externen Kommandos können vom Typ COM, EXE oder BAT sein. Der Nutzer kann selbst externe Kommandos definieren.

Tabelle 5.14: MS-DOS-Kommandos

Kommando	Residenz [1]	Funktion
ASSIGN	E	leitet Zugriff auf anderes Laufwerk
BREAK	I	setzt den Status
CHDIR	I	change mode, ändert Verzeichnis
CHKDSK	E	check disk, prüft Koexistenz einer Diskette im Hauptlaufwerk
CHMOD	E	change mode, ändert Diskettenattribute
CLS	I	clear screen, löscht den Bildschirm
COMP	E	compare, vergleicht Inhalt des ersten Satzes mit dem Inhalt des zweiten
COPY	I	kopiert angegebene Datei
CTTY	I	ändert Eingabedatei
DATE	I	zeigt Datum an, Eingabe eines anderen Datums
DEL	I	delete, löscht eine oder mehrere Dateien
DIR	I	directory, listet Inhaltsverzeichnisse
DISKCOMP	E	compare disk, vergleicht Inhalt zweier Disketten
DISKCOPY	E	kopiert Disketten
EXE2BIN	E	konvertiert EXE-Dateien in binäre Dateien
EXIT	I	Ausgang aus einer Kommandozeile
FIND	E	sucht nach Zeichenketten
FORMAT	E	formatiert Disketten
GRAFTABL	E	lädt Tabelle mit Zeichen in den Farbgraphikadapter
GRAPHICS	E	Druckt den Inhalt eines graphischen Bildschirms
KEYBGR	E	keyboard german, stellt auf deutsche Tastatur ein
MKDIR	I	make directory, erzeugt Inhaltsverzeichnis
MODE	E	legt Bildschirm-Mode fest
MORE	E	zeigt eine Bildschirmseite an
PATH	I	bezeichnet einen Pfad
PRINT	E	gibt Druckerdatei aus
PROMPT	I	ändert Text des Kommandoprompters
RECOVER	E	macht Dateien mit defekten Sektoren wieder lesbar
REM		remake, gibt Kommandozeile wieder
REN	I	rename, benennt Dateien um
RMDIR	I	remove directory, löscht Inhalsverzeichnisse
SET	I	weist Zeichenkette nacheinander Werte zu
SIZE	E	gibt Dateilänge in byte an
SORT	E	sortiert Dateien alphabetisch
SYS	E	kopiert DOS-Systemdateien
TIME	I	zeigt aktuelle Zeit an, Eingabe neue Zeit
TREE	E	zeigt Dateipfade von einem Laufwerk an
TYPE	I	gibt Inhalt einer Datei aus
VER	I	version, zeigt Version des Betriebssystems an
VERIFY	I	prüft Schreibzugriff
VOL	I	volume, gibt Name einer Diskette an
XTREE	E	gibt Verzeichnisse auf Laufwerk an
ECHO (B)	I	schaltet Echo auf Bildschirm ein oder aus
FOR (B)	I	Schlüsselwort für Schleifenanweisung
GOTO (B)	I	Schlüsselwort für Sprunganweisung
IF (B)	I	Schlüsselwort für bedingte Anweisung
PAUSE (B)	I	hält Batch-Prozeß an

[1] bezeichnet interne (residente), E externe (transiente) Kommandos. Batch-Befehle (Abschnitt 5.4.5.) sind durch (B) gekennzeichnet.

DOS-Kommandos haben die Form:

kommandoschlüsselwort [optionen]

Optionen können vor allem Dateinamen sein. Auf die Spezifizierung von Dateien durch Pfad- und Dateibezeichner wurde bereits hingewiesen. Zur Steuerung der Kommandoausführung können nach einem Schrägstrich Parameter beigegeben werden: /parameter.

Die DOS-Kommandos beziehen sich zum überwiegenden Teil auf die Behandlung von Dateien. Tabelle 5.14 enthält die wichtigsten MS-DOS-Kommandos der Version DOS 2.11 (Co 85a).

5.4.5. Batch-Verarbeitung

Unter DOS können Kommandos zu Kommandofolgen verknüpft und in einer Batch-Datei (Dateityp BAT) abgespeichert werden. Beim Aufruf einer solchen Datei erfolgt die automatische Abarbeitung der Befehlsfolge im Stapelbetrieb. Nach dem Anlaufen der Batch-Verarbeitung kann der Nutzer nur über die Interrupt-Funktion (CTRL BREAK) die Ausführung der Kommandofolge anhalten, abbrechen oder fortsetzen.

Für die Batch-Verarbeitung hält DOS Steuerbefehle bereit, z.B.

IF bedingung kommando	zur bedingten Abarbeitung eines Kommandos,
GOTO marke	als Sprunganweisung zur Bildung von Schleifen der Form

```
:MARKE
kommando
 .
 .
 .
kommando
GOTO :MARKE
```

PAUSE	hält die Batch-Verarbeitung an.
ECHO	schaltet die Protokollierung auf dem Bildschirm ein.
REM	kennzeichnet Kommentare.

Hierzu ein Beispiel:

```
REM FORMATIEREN UND PRUEFEN VON DISKETTEN
FORMAT B:
DIR B:
CHKDSK B:
```

Ist das letzte Batch-Kommando ein Batch-Dateiname, so wird automatisch ein weiterer Batch-Prozeß angestoßen.

Eine besondere Stellung nehmen die AUTOEXEC.BAT-Dateien ein. Sie werden durch MS-DOS automatisch beim Starten des Betriebssystems ausgeführt. Der Kommandoprozessor durchsucht bei jedem Start des Betriebssystems die Systemdiskette nach AUTOEXEC-Dateien und bringt sie zur Ausführung. Die Eingliederung eines Programms, z.B. START in eine AUTOEXEC-Datei, geschieht mit dem COPY-Kommando:

COPY CON AUTOEXEC.BAT
GO BASIC START

5.4.6. Ein-/Ausgabe

Standardgeräte der Ein- und Ausgabe sind Tastatur und Bildschirm. Sollen andere Ein-/Ausgabegeräte zum Einsatz kommen, ist eine "Umleitung" der Ein-/Ausgabe erforderlich. Sie wird durch einen Zusatz im Kommando angewiesen. Um beispielsweise ein mit dem Kommando DIR erzeugtes Inhaltsverzeichnis auf eine Datei mit dem Namen VLIST zu bringen, lautet das Kommando: DIR >VLIST

Die Datei VLIST wird hierbei automatisch aufgebaut. Soll aber die Verzeichnisdatei an eine bereits bestehende Datei VDAT angefügt werden, so hat das Kommando die Form:

DIR>> VDAT

Desweiteren stellt MS-DOS sogenannte Filterkommandos bereit. Sie lesen Dateien und transformieren sie, um sie dann auszugeben, beispielweise auf dem Bildschirm. Filter lassen sich miteinander verknüpfen, so daß Filterketten entstehen. Im MS-DOS sind drei Filterkommandos verfügbar:

FIND zeichenkette	sucht nach einer Zeichenkette in einer Datei,
MORE	gibt den Inhalt einer Datei bildschirmweise aus,
SORT	sortiert Texte alphabetisch.

Schließlich ermöglicht MS-DOS, Ein-/Ausgaben durch einen logischen Übertragungskanal, ein Piping, zu verketten, so daß die Ausgabe eines Kommandos (cmnd1) zur Eingabe eines anderen Kommandos (cmnd2) wird. Die Anweisung zur Verkettung der Kommandos lautet:

cmnd1 | cmnd2

Der senkrechte Strich ist der Verkettungsoperator. Beispielsweise bewirkt der Befehl

DIR | SORT,

daß die Ausgabe von DIR, d.h. der Inhalt eines Verzeichnisses, als Eingabedatei von SORT erscheint und von diesem alphabetisch sortiert wird. Sollen die sortierten Daten noch auf eine Datei DLIST gebracht werden, so ist das Kommando

DIR ! SORT > DLIST

zu geben.

Das Konzept der Filter und Pipes wird im Zusammenhang mit dem Betriebssystem UNIX eingehender behandelt.

5.4.7. Dienstprogramme

Neben den internen und externen Kommandos gehören zum Betriebssystem MS-DOS
- ein zeilenorientierter Editor (EDLIN)
- ein Testhilfsprogramm (DEBUG) und
- ein Programmverbinder (LINK).

Ihre Dienste entsprechen denen der CP/M-Familie.

Zur Nachbildung der Schnittstelle des Betriebssystems CP/M-86 auf MS-DOS liegt ein Emulator mit dem originalen Dateinamen CPM.CMD vor (Za 86). Er gestattet, den großen Bestand an CP/M-Programmen, vor allem die leistungsfähigen Tools, für MS-DOS-Rechner zu erschließen. Das Kommando für die Ausführung eines CP/M-Programms PRG1.CMD unter MS-DOS lautet CPM PROG1.

5.5. Betriebssystem VMS

Mit der 32-bit-Mikrorechner-Familie VAX wurde 1978 das Betriebssystem VMS bereitgestellt, um die Hardware-Neuerungen, die Verarbeitungsbreite von 32 bit und vor allem die virtuelle Speichertechnik, für die Nutzung zu erschließen (Di 84).

VMS ist ein modular aufgebautes Multitask-Betriebssystem. Es unterstützt sowohl die Dialog- als auch die Stapelverarbeitung. Gleichzeitig berücksichtigt es die Erfordernisse der Echtzeitverarbeitung, z.B. durch entsprechende Modifikationsmöglichkeiten der Speicherverwaltung. Hierzu trägt auch die weitgehende Programm-Kompatibilität mit den PDP-11-Echtzeitsystemen RSX-11-M und RSX-11-S bei (Di 75).

Das Betriebssystem VMS organisiert das Demand-Paging bei der Verwaltung des virtuellen Speichers. Dies bedingt eine Aufspaltung des Taskzustands "wartend" in 11 Zustände, die sich aus der Auslagerung von Objekten ergeben. Die Taskverwaltung wird durch spezielle Maschinenbefehle unterstützt, die den Task-Kontext transportieren und die Prozeßtabelle durchsuchen. Die Größe des virtuellen Adreßraumes beträgt 4 Gbyte. Es können Programme bis zu einer Größe von 32 Mbyte verarbeitet werden. Das Ein- und Auslagern (swapping) von Programmen oder Programmteilen durch das Demand-paging erhöht die Reaktions- und Verarbeitungszeiten. Dieser Effekt ist vor allem bei der Echtzeitverarbeitung unerwünscht. Daher bietet VMS die Möglichkeit, die Speicherverwaltung durch den Anwender zu beeinflussen. Programme oder Programmteile von zeitkritischen Prozessen können von der Auslagerung ausgeschlossen und resident gehalten werden.

Die File-Verwaltung ermöglicht den sequentiellen und den wahlfreien Zugriff zu den Dateien. Im Dialogbetrieb können bis zu 64 Nutzer gleichzeitig bedient werden. Für den Stapelbetrieb existiert ein Spooling-System. Ein Account-System übernimmt die Abrechnung der Rechnerleistungen.

Zur Programmentwicklung stehen im VMS mindestens zwei Editoren, Übersetzer für MACRO-Assemblerkode, FORTRAN-IV-Plus, COBOL und BASIC-Plus-2 sowie ein Symbolic Debugger zur Verfügung. Hinzu kommen Dienstprogramme für Datensortierung, File-Manipulation, Verwaltung von Verzeichnissen und zur Nutzerinformation (HELP) sowie Programmbibliotheken u.a. für numerische Berechnungen, Zeichenkettenverarbeitung und Bildschirmformatierung.

Anwenderprogramme, die unter den Echtzeitsystemen RSX-11-M und RSX-11-S erstellt worden sind, sind ohne oder mit geringen Änderungen unter VMS lauffähig.

5.6. Portable Betriebssysteme

5.6.1. Lösungen des Portabilitätsproblems

Die Übertragbarkeit von Software, insbesondere von Betriebssystemen, erlangt mit der rasch wachsenden Typenvielfalt von Mikroprozessoren und Mikrorechnern zunehmend an Bedeutung. Häufig besteht der Wunsch, vorhandene leistungsfähige Software auf anderen, neuen Rechnern einzusetzen oder einem Anwenderkreis auf unterschiedlichen Rechnern die gleiche Nutzerschnittstelle anzubieten. Von Portabilität wird gesprochen, wenn der Programmieraufwand für die Anpassung der Software an einen anderen Rechner klein ist im Vergleich zum Umschreiben in deren (maschinennahe) Sprache. Es gibt mehrere Möglichkeiten, Software auf unterschiedlichen Rechnermodellen lauffähig zu machen (Wi 85):

1. Mit Hilfe eines Emulatorprogramms wird der Rechner, für den das Programm ursprünglich geschrieben worden ist, simuliert. Beispielsweise liegt ein Emulator (EM 80/86) vor, der den Prozessor 8080 auf dem Prozessor 8086 nachbildet.

2. Man definiert eine virtuelle Maschine, schreibt von vornherein die Software für diese Maschine und entwickelt Emulatoren, die die virtuelle Maschine auf realen Prozessoren nachbilden.

3. Die Software wird in einer machinenunabhängigen höheren Sprache kodiert. Für die Zielrechner sind Compiler der maschinenunabhängigen Sprache zu schaffen.

Bei allen diesen Verfahren werden Zwischenschichten bzw. Schnittstellen eingeführt. Sie unterstützen die Portabilität, mindern aber Rechenzeit und Speicherplatzeffektivität, insbesondere bei den beiden erstgenannten Verfahren.

Das an dritter Stelle aufgeführte Konzept verwirklichten die Entwickler des portablen Betriebssystems UNIX (Jo 78. Ri 78, Th 78). Sie definierten die Systemsprache C und formulierten darin den überwiegenden Teil ihres Betriebssystems. Nur 10% von UNIX waren zunächst noch in Assemblerkode geschrieben. Die Installierung von UNIX auf einem anderen Rechnermodell erforderte dann lediglich die Implementierung eines C-Compilers für diesen Rechner und das Umschreiben des Assemblerkodes. Der Aufwand für die Systemübertragung liegt in Abhängigkeit davon, ob bereits ein C-Compiler verfügbar ist oder erst erstellt werden muß, zwischen 0.5 und 3 "Mannjahren". Auch das Betriebssystem CP/M wurde durch Formulieren in der Sprache C portabel gemacht.

5.6.2. Betriebssystem UNIX

5.6.2.1. Übersicht

UNIX entstand zwischen 1969 und 1974 als Multi-user-multi-task-Betriebssystem für die Systementwicklung an kleinen Maschinen (PDP 7, PDP 11). Es zeichnet sich durch eine Reihe von Besonderheiten und originellen Lösungen aus, vor allem durch
- Portabilität,
- modulare Systemstruktur,
- ein hierarchisch strukturiertes Dateisystem,
- hierarchische Prozeßstruktur,
- Kompatibilität von Datei-, Geräte- und Prozeßkommunikation,
- eine einfache Schnittstelle zwischen Anwenderprogramm und Systemkern sowie durch
- eine breite Palette von Dienstprogrammen für die Software-Entwicklung.

UNIX ist seit seinem Erscheinen im Jahre 1975 auf den unterschiedlichsten Rechnertypen, vom 16-bit-Rechner an aufwärts, implementiert worden. Als erste UNIX-Standard-Variante gilt die Version 7 aus dem Jahre 1978, eingesetzt an PDP-11-Rechnern. 1980 erfolgte die Implementierung auf 16-bit-Rechnern mit den Mikroprozessoren Z 8000 und MC 68000. Eine einheitliche Version für Mikrorechner wurde mit dem System V/2 geschaffen.

Seit seiner Implementierung auf Mikrorechnern setzte eine lawinenartige Verbreitung von UNIX mit jährlicher Verdopplung ein. 1986 waren ca. 500000 UNIX (Original-) Systeme im Einsatz, davon über 99% auf Mikrorechnern (Cl 87). UNIX verdankt seine weite Verbreitung u.a. seiner Unabhängigkeit von bestimmten Rechnertypen und von firmenspezifischen Lösungen. Entscheidend aber war, daß es bei Erscheinen der 16-bit-Mikrorechner als ein erprobtes und vor allem portables Multitask-Betriebssystem sofort zur Verfügung stand. Die Akzeptanz von UNIX führte aber auch zu wiederholter Überarbeitung und Ergänzung des Systems sowie zur Entstehung einer Vielzahl "UNIX-ähnlicher" Produkte. UNIX spielt heute die Rolle eines Industriestandards. Auch in Betriebssysteme für 8-bit-Mikrorechner (CP/M) sind Teile des UNIX-Kommandoprozessors als "Micro-shell" in Form einer Überlagerungsstruktur eingeführt worden.

Die Urheberrechte für UNIX besitzt Bell-Systems Software. Da Lizenznehmer andere Bezeichnungen wählen müssen, gibt es äquivalente Systeme, wie XENIX von Microsoft, BSD von DEC und MUNIX von PCS. UNIX-kompatible Versionen sind beispielsweise MUTOS 1630 (Ro 85) für den Rechner K1630, MUTOS 1700 für den Arbeitsplatzcomputer AC 1700 und PSU (Gr 83) für ESER-Anlagen.

5.6.2.2. Grundstruktur

UNIX ist streng nach einem Schichtenmodell aufgebaut (Abb.5.24). Es besteht aus den Schichten
- Kern (Kernel),
- Schale (Shell) und einer
- Außenschicht mit Dienstprogrammen, Software-Werkzeugen, Übersetzern und Anwenderprogrammen.

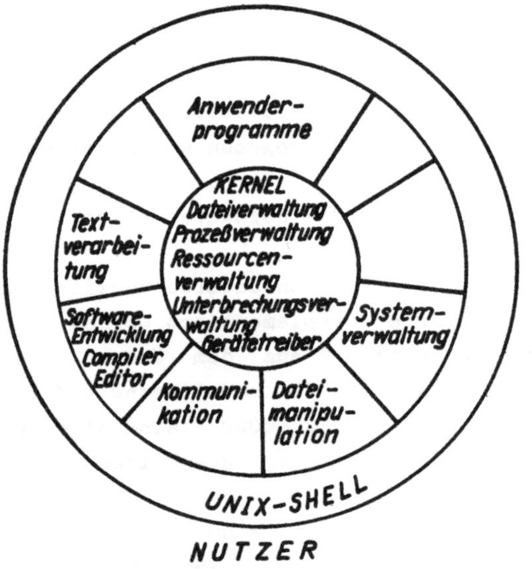

Abb.5.24:
Schichtenstruktur von UNIX

Der Betriebssystemkern (Kernel), die hardwarenahe Schicht, führt die systemspezifischen Operationen aus,
- Tasksteuerung,
- Ein-/Ausgabesteuerung,
- Ressourcenverwaltung und
- Dateiverwaltung.

Der Kommandointerpreter (Shell) stellt die Benutzerschnittstelle des Systems her. Er interpretiert die eingegebenen Kommandos und veranlaßt deren Umsetzung und Ausführung durch das System. Über die Shell kann der Nutzer zu den Hardware-Komponenten zugreifen, Systemdienste anfordern, aber auch mit den Komponenten der äußeren Schicht, die nicht Bestandteil von UNIX sind, korrespondieren. Die Shell kann durch nutzereigene Kommandos erweitert oder durch eine nutzereigene Shell ersetzt werden. Im Unterschied zu anderen Betriebssystemen ist die Nutzerkommunikation nicht Bestandteil des Sytemkerns. Sie hat den Status eines einfachen Nutzerprogramms.

Die Außenschicht enthält die Dienstprogramme, die als Kommandos bezeichnet werden. Ihre Dienste gehen weit über herkömmliche Lösungen hinaus, indem Operationen zur Programmsteuerung, Statusabfrage, u.a. bereitgestellt werden. Hinzu kommen Werkzeuge zur Software-Entwicklung, einschließlich der Textverarbeitung, zur Systemverwaltung, zur Kommunikation mit anderen Rechnern u.a.

5.6.2.3. Dateisystem

Besonderheiten

Eine Datei ist im UNIX-System eine Folge direkt adressierbarer Bytes. Im Gegensatz zu den meisten anderen Betriebssystemen wird die Dateistruktur durch die Anwenderprogramme bestimmt und nicht durch das Betriebssystem aufgeprägt. Es entfällt die explizite Spezifizierung von Dateistrukturen, wie Satzlängen, Blocklängen und Recordlängen, sowie von Zugriffsmethoden. Physische Strukturierungen, die durch die Gerätetechnik bedingt sind, werden durch das Betriebssystem übernommen und bleiben dem Nutzer verborgen. Das Betriebssystem legt auch kein Limit für die Dateigröße fest. Allerdings ist eine physische Grenze durch die Speicherkapazität gesetzt.

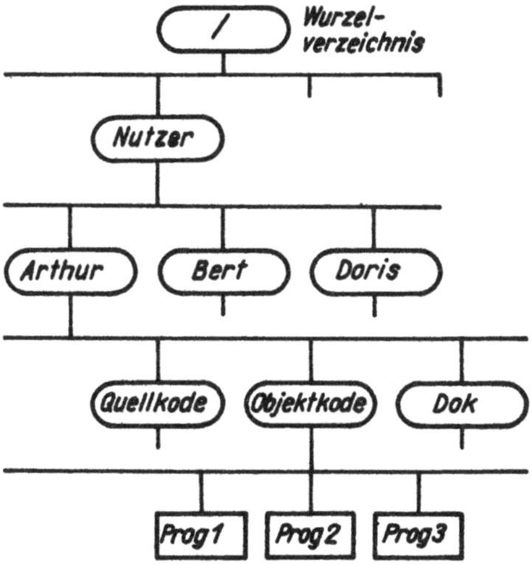

Abb.5.25: Hierarchisch organisiertes Dateisystem von UNIX

Neben den sogenannten gewöhnlichen Dateien (ordinary files) verwaltet UNIX Verzeichnisdateien (dictionaries) und spezielle Dateien (special files). Verzeichnisdateien beinhalten Verweise auf Dateien und auf weitere Unterverzeichnisse. Mittels dieser Verzeichnisstrukturen verwirklicht UNIX ein hierarchisch organisiertes Dateisystem (Abb.5.25). Speziel le Dateien sind mit Ein-/Ausgabegeräten verbunden. Sie erlauben die syntaktisch identische Behandlung von Dateien und Peripheriegräten.

Gewöhnliche Dateien

Gewöhnliche Dateien entsprechen weitgehend herkömmlichen, von anderen Betriebssystemen her bekannten Dateien. Sie können beliebige Daten, wie Programme, Datensätze oder Texte, enthalten. Die sonst übliche Strukturierung in Sätze, Blöcke usw. entfällt. Allerdings ist eine innere logische Strukturierung der Dateiinhalte, z.B. in Textzeilen oder Programmanweisungen, vorhanden.

Verzeichnisdateien

Verzeichnisdateien (Verzeichnisse) verbinden Dateinamen mit den zugehörigen physischen Datenbeständen. Sie strukturieren die Dateien und ordnen den Dateinamen Indexwerte (I-Nummern) zu, über die die Adressen der Dateiblöcke zu erreichen sind. Ein Verzeichnis ist eine Datei, die Verzeichniseingänge (Namen und Merkmale von Dateien sowie Zeiger) enthält. Es kann bei entsprechender Erlaubnis von einem Nutzer gelesen, aber nur über Systemrufe modifiziert werden, eine Besonderheit der Verzeichnisdateien gegenüber den gewöhnlichen Dateien. Auf diese Weise überwacht das System die Zugriffe zu den Verzeichnisdateien.

In einem Verzeichnis können wiederum Verzeichnisse (Unterverzeichnisse) eingetragen sein, so daß ein hierarchisch strukturiertes System von Verzeichnissen entsteht. Ein Verzeichnis enthält für jede eingetragene Datei deren Namen und einen Verweis auf die zugehörige Dateibeschreibung. Jeder Eintritt in eine Verzeichnisdatei muß in einem anderen Verzeichnis, dem Vaterverzeichnis, aufgeführt sein. Eine Ausnahme bildet das Wurzelverzeichnis (root), das der Ursprung des hierarchischen Verzeichnissystems ist und folglich keinen Vorgänger haben kann.

Jeder Nutzer verfügt, sofern er zur Systemnutzung zugelassen ist, über ein "Heimatverzeichnis" (home dictionary), das seine eigenen Verzeichnisse enthält. Er kann seine Dateien nach eigenen Vorstellungen gruppieren, ohne sich mit Dateien anderer Nutzer beschäftigen zu müssen. Schaltet sich ein Nutzer zum System zu, so ist er zunächst mit einem Arbeitsverzeichnis verbunden. Ein Arbeitsverzeichnis gehört zu jedem UNIX-Prozeß. Beim ersten Zuschalten ist das Arbeitsverzeichnis gleich dem Heimatverzeichnis. Es kann jedoch bei entsprechender Erlaubnis an eine andere Stelle der Verzeichnishierarchie gesetzt werden.

Eine Datei ist nicht an ein Verzeichnis gebunden. Sie kann über unterschiedliche Verbindungen (links) auch unter verschiedenen Namen in mehreren Verzeichnissen vorkommen, wie Abb.5.26 zeigt. Im Gegensatz zu anderen Betriebssystemen haben bei UNIX alle diese Verbindungen den gleichen Status. Eine Datei verschwindet erst dann, wenn die letzte Verbindung zu ihr gelöst worden ist. Die Links durchbrechen die Baumstruktur der Verzeichnisse.

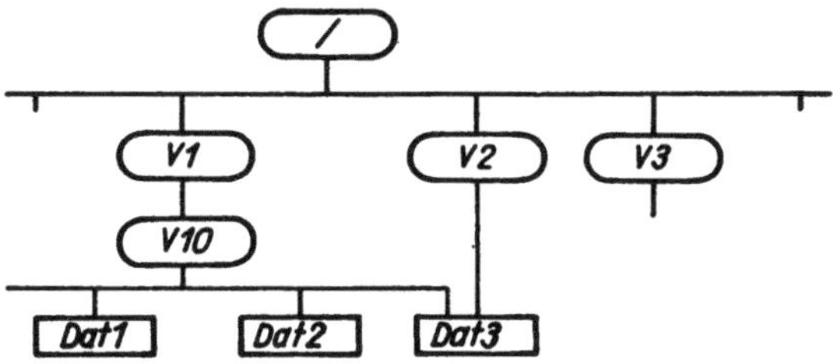

Abb.5.26:
Mehrfache Verbindung (link) einer UNIX-Datei (Dat3) zu Verzeichnissen (V10 und V2)

Die Spezifizierung von Dateien erfolgt über Pfadnamen. Pfadnamen sind Folgen von Verzeichnisnamen, die jeweils durch das Zeichen / getrennt sind und mit einem Dateinamen enden. Die Folge der Verzeichnisnamen entspricht der Suchfolge im Verzeichnissystem. Die Suchfolge beginnt normalerweise im Arbeitsverzeichnis des Nutzers. Da jede Datei vom Wurzelverzeichnis aus erreichbar ist, kann der Nutzer die Dateisuche auch dort beginnen. Der Pfadname muß dann mit dem Zeichen / beginnen. Beispielsweise löst der Pfadname

/alpha/beta/gamma/dat

einen Suchprozeß aus, der im Wurzelverzeichnis beginnt und über die Verzeichnisse alpha, beta und gamma zur gewöhnlichen Datei dat führt. Um den Suchprozeß abzukürzen, kann die Suche auch im Arbeitsverzeichnis begonnen werden. Ist schließlich die Datei im aktuellen Verzeichnis enthalten, so braucht sie nur durch ihren Namen spezifiziert zu werden. Liegt das Arbeitsverzeichnis beispielsweise bei /usr/max, dann sind die Angaben /usr/max/text und text gleichwertig.

Spezielle Dateien

Spezielle Dateien sind mit dem Datentransfer von oder zu peripheren Geräten verbunden. Jedem von UNIX unterstützten Gerät ist eine eigene spezielle Datei zugeordnet. Die Aufforderung zum Transfer einer solchen Datei bewirkt gleichzeitig die Aktivierung des zugeordneten Gerätes. Formal werden periphere Geräte wie Dateien behandelt. Spezielle Dateien sind eine Besonderheit des UNIX-Systems.

Spezielle Dateien müssen in einem gesonderten Verzeichnis des Betriebssystems (device dictionary, dev), das ein Unterverzeichnis des Wurzelverzeichnisses ist (Abb.5.27), eingetragen sein. Das Schreiben auf Magnetband beispielsweise erfordert die Spezifikation

/dev/mt;

Weitere Namen von speziellen Dateien sind tty (für die Konsole) und lp (für Paralleldrucker). Spezielle Dateien existieren auch für den Hauptspeicher, wobei Vorkehrungen gegen unerlaubte Zugriffe getroffen werden können.

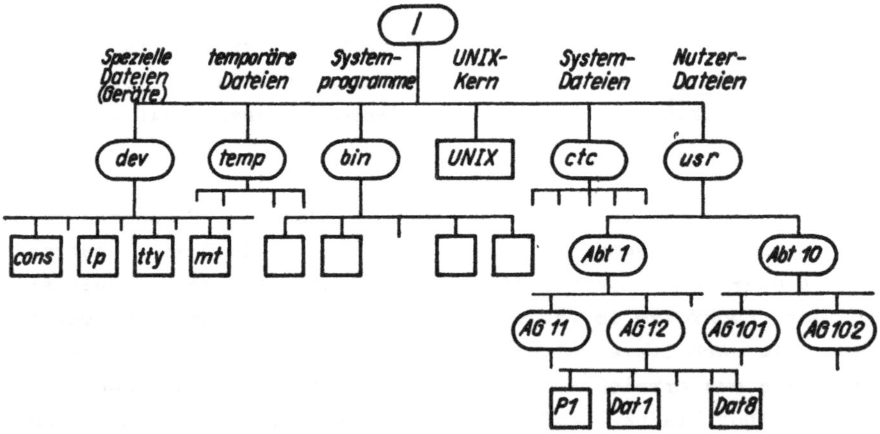

Abb.5.27: Spezielle Dateien

Durch die Kopplung von speziellen Dateien mit Geräteeinheiten können Datei- und Gerätenamen syntaktisch und semantisch gleichartig behandelt sowie reguläre und spezielle Dateien auf die gleiche Weise geschützt werden.

Integrierbare, nichtresidente Dateisysteme

Dateien, die sich auf nur zeitweilig montierten Datenträgern befinden, werden als nichtresidente Dateien bezeichnet. UNIX gliedert solche Dateien als Untersysteme in sein hierarchisch organisiertes Dateisystem ein. Mittels eines Montier-Kommandos (Mount-Kommando) wird ein leeres Verzeichnis des residenten Dateisystems (z.B. dir_res) mit dem Wurzelverzeichnis der zu montierenden Datenstruktur verbunden:

mount (spec_file, dir_res)

Dabei bezeichnet spec_file die spezielle Datei mit dem Gerät, auf dem sich das einzugliedernde Dateisystem befindet. Die einzige Einschränkung bei der Benutzung nichtresidenter Dateien besteht darin, daß keine Links zwischen residenten und nichtresidenten Dateien aufgebaut werden können.

Dateischutz

UNIX verfügt über eine Zugriffssteuerung für den Schutz aller Dateien. Es unterscheidet Genehmigungen für Lesen, Schreiben oder/und Ausführen von Dateien bzw. Programmen durch 3 Kategorien von Nutzern: Eigentümer der Datei, Mitglieder der Gruppe des Eigentümers sowie alle übrigen Systemnutzer.

Ein Nutzer meldet sich beim System durch Angabe seiner Nutzer- und Gruppennummer sowie seines Nutzerkennzeichens an. Entsprechend den genannten 3*3 Nutzerkombinationen sind jeder Datei 9 Schutz-Bits (protection bits) zugeordnet. Sie können nur durch den Eigentümer der Datei oder den "Super-user", den Systemverantwortlichen, gesetzt oder verändert werden.

Einfache Dateioperationen

Für die Arbeit mit den unterschiedlichen Dateien steht ein einheitlicher Satz von Funktionen zur Verfügung.

Eine Datei wird mit Hilfe des Kommandos

```
DD = creat (dateiname, schutzbits);
```

angelegt, eröffnet und in ein Verzeichnis eingetragen. Als Dateiname kann ein Pfadname stehen. Das Kommando creat gibt den Dateideskriptor DD zurück. DD ist eine ganze Zahl, die bei der weiteren Arbeit mit der Datei zu verwenden ist. Die Schutzbits werden durch eine Oktalzahl wiedergegeben. in der die Belegung der Schutz-Bits verschlüsselt ist.

Bevor eine bereits bestehende Datei gelesen oder geändert werden kann, muß sie durch ein Kommando

```
DD = open ( dateiname, modus );
```

eröffnet werden. Modus gibt die Art der vorgesehenen Bearbeitung (0 - Lesen, 1 - Schreiben, 2 - Lesen und Schreiben) an. Die Bearbeitung einer UNIX-Datei ist mit dem Kommando

```
close ( DD );
```

abzuschließen.

Zum Entfernen einer Datei dient der Befehl

```
unlink (dateiname);
```

Für sequentielles Lesen und Schreiben stellt UNIX die Funktionen

```
n = read (DD,puffer,anz.byte);  bzw.
n = write (DD,puffer,anz.byte);
```

zur Verfügung. Hierbei wird die angegebene Anzahl von Bytes (anz.byte) zwischen der mit DD spezifizierten Datei und einem Puffer übertragen. n ist die tatsächlich transferierte Byte-Anzahl. Der Zeiger verschiebt sich dabei um n byte. Das Ende einer Datei ist erreicht, wenn bei einem read-/write-Aufruf n=0 wird.

Zugriffe zu den Daten

In jedem Dateisystem ist der zur Verfügung stehende Speicherplatz in vier Abschnitte unterteilt. Sie enthalten
- den Boot-Block (Block 0),
- den Superblock (Block 1),
- die Indexliste (I-Liste) und
- den Datenbereich der Dateien.

Auf dem Boot-Block liegt der Anfangslader. Der Superblock enthält u.a. die Gesamtzahl der belegten Blöcke und der Indexknoten. Auf dem Datenbereich befinden sich die Blöcke der gewöhnlichen Dateien sowie der Verzeichnisse mit den Dateinamen und den zugeordneten Indexknoten oder Verweisen auf indirekte Blöcke. Die Längen der Bereiche werden beim Initialisieren festgelegt. Die Anzahl der Index-Knoten n der Indexliste bestimmt die Anzahl der zu speichernden Dateien.

Ein Verzeichniseintrag enthält den Dateinamen und einen Verweis auf die Datei. Beim Zugriff auf eine Datei wird die I-Nummer als Index in der I-Liste verwendet. Jeder I-Knoten enthält eine Dateibeschreibung mit folgenden Eintragungen:
- Identifikation des Dateieigentümers,
- Schutz-Bits der Datei,
- Adressen von 13 physischen Blöcken der Datei,
- Zeitpunkt der Dateierstellung,
- Größe der Datei in byte,
- Anzahl der Links zur Datei sowie
- Dateiart (gewöhnliche, Verzeichnis- oder spezielle Datei)

Die Überführung eines Dateinamens in eine I-Nummer geschieht mit den Funktionen creat und open.

Die Datenbereiche der Dateien sind in Blöcke (512 oder 1024 byte) aufgeteilt. Ein I-Knoten enthält Verweise auf maximal 13 dieser Blöcke. Von diesen zeigen die ersten 10 auf die ersten 10 Blöcke der Datei. Gehören zur Datei mehr als 10 Blöcke, so verweist der 11. Eintrag auf einen indirekten Block, der die Adressen von weiteren 128 Blöcken aufnehmen kann. Ist eine Datei noch größer, so wird der 12. Eintrag genutzt. Er verweist auf einen indirekten Block, der wiederum maximal 128 Adressen von indirekten Blöcken enthalten kann und als doppelt indirekter Block bezeichnet wird. Dementsprechend verweist der 13. Eintrag auf einen dreifach indirekten Block. Abb.5.28 veranschaulicht die Zugriffsstrukturen. Der freie Speicherplatz wird über eine Kette von Verweisen auf freie Blöcke verwaltet.

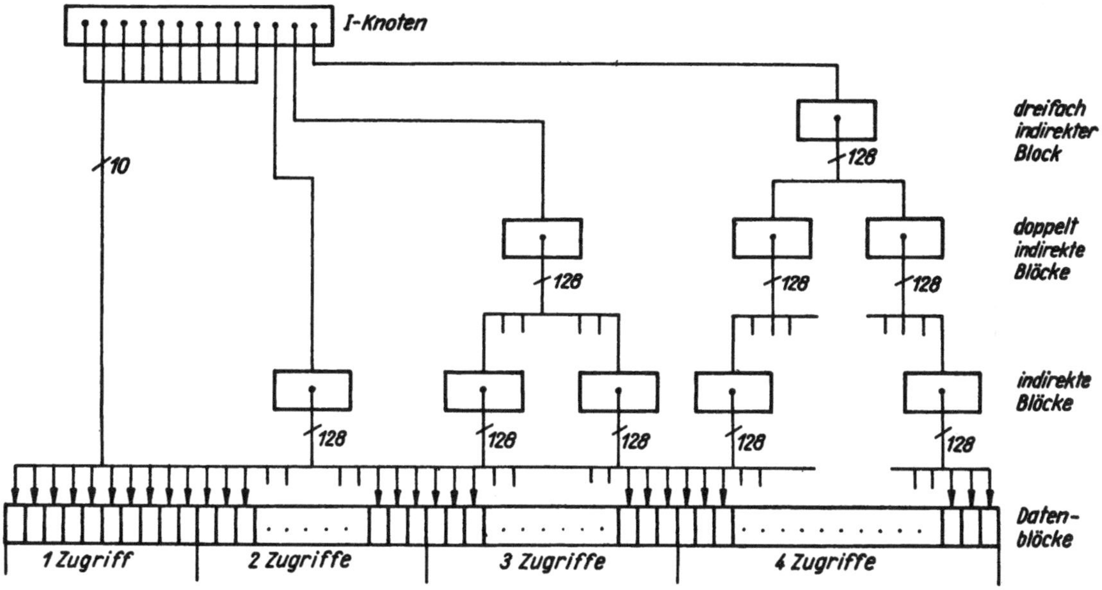

Abb.5.28: Zugriffsmechanismus für UNIX-Dateien

5.6.2.4. Prozesse

Prozeßbegriff bei UNIX

Ein Prozeß umfaßt, wie bereits erwähnt, nicht nur ein ausführbares Programm, sondern auch dessen Umgebung. Jedem Prozeß ist ein virtueller Speicher zugeordnet, der einen System- und einen Nutzerbereich enthält. Der Nutzerbereich gliedert sich in ein Textfragment, das den Programmtext schreibgeschützt aufnimmt, in ein Segment mit Schreiberlaubnis und in einen Nutzerstack. Alle Prozesse werden in einer Prozeßtabelle geführt. Im Systemteil befinden sich die Informationen für die Verwaltung der Prozesse. In UNIX-Versionen, die nicht über ein Demand-Paging zur dynamischen Speicherverwaltung verfügen, muß die gesamte Umgebung speicherresident angelegt sein.

Generierung und Beendigung von Prozessen

Die Generierung von Prozessen geschieht bei UNIX auf sehr eigentümliche

Weise: durch "Gabelung" (Abb.5.29). Durch einen Systemruf fork wird ein aktiver Prozeß in zwei identische, aber unabhängige Prozesse aufgespalten, die sich nur durch ihre Prozeß-Identifikationsnummer (prozess_nr) unterscheiden:

prozess_nr = fork ( );

Der ältere Prozeß heißt Vaterprozeß oder Elternprozeß (parent process), der von ihm durch Gabelung abstammende Sohnprozeß oder Kindprozeß (child process). Der Sohnprozeß "erbt" alle vom Vater eröffneten Dateien und Pipes. Das fork-Kommando gibt nach der Gabelung die Prozeßnummer des

Abb.5.29:
Erzeugung eines Prozesses durch Gabelung

Sohnprozesses an den Vaterprozeß zurück. Der Vaterprozeß benötigt diese Information, wenn er nach einem wait-Kommando auf den Abschluß eines Sohnprozesses warten soll. Damit besteht trotz unabhängigem, asynchronem Ablauf beider Prozesse eine Unterstellung des Sohnprozesses unter den Vaterprozeß. Dies ermöglicht die Synchronisation von Prozessen.

Die Gabelung ist die einzige Möglichkeit, unter UNIX neue Prozesse zu erzeugen. Soll der Sohnprozeß nicht als Abbild des Vaterprozesses weitergeführt werden, soll vielmehr ein anderes Programm oder ein anderer Programmteil ausgeführt werden, so muß durch eine Überlagerung im Sohnprozeß unter Beibehaltung der Prozeßumgebung der Programmteil durch einen anderen ersetzt werden. Die Programmüberlagerung geschieht mit Hilfe des Systemrufs

exec (file, parm1,parm2,....,parmn);

file ist der Name des einzusetzenden Programms. Die Parameter parmi spezifizieren die Programmausführung.

Mit Hilfe eines Systemrufs wait kann ein Prozeß warten, bis eines seiner Kindprozesse abgeschlossen ist

process_nr = wait (status);

process_nr wird als Nummer das abschließenden Kindprozesses zurückgegeben. status enthält Angaben über die Ursache des Abschlusses. Ein Prozeß kann mit dem Systemruf

exit (status);

beendet werden. Der Vaterprozeß erhält nur dann davon Kenntnis, wenn er zuvor einen wait-Ruf abgesetzt hat. Durch die wait-Funktion wird gleichzeitig der Parameter status übergeben. Er weist die Ursache der Prozeßbeendigung aus. Die Beendigung eines Prozesses kann die Folge von unzulässigen Aktionen des Nutzers oder von Fehlfunktionen anderer Prozesse sein. Mit der Beendigung eines Prozesses erfolgt die Freigabe der ihm zugeordneten Dateien und die Streichung des Prozesses in den Steuertabellen der Systemverwaltung.

Kommunikation zwischen den Prozessen

Die Kommunikation zwischen den UNIX-Prozessen kann über die von den Vorfahren eröffneten Dateien erfolgen. Hierbei wird nur ein gemeinsamer Zeiger benutzt, so daß alle Zugriffe durch die Prozesse erkennbar sind.

Auch über andere eröffnete Dateien kann eine Kommunikation ablaufen. Allerdings werden hierbei mehrere Zeiger verwendet und verändert. Daher können nicht alle beteiligten Prozesse Kenntnis von Zugriffen erhalten. Daraus können sich schwerwiegende Verträglichkeitsprobleme ergeben.

UNIX bietet noch eine dritte, sehr originelle Kommunikationsmöglichkeit, die Pipes (Abb.5.30). Pipes sind unidirektionale Kommunikationskanäle, die zwischen zwei verwandten Prozessen hergestellt werden können. Pipes sind intern als FIFO-Puffer gestaltet. Ihre Funktionen laufen im Arbeitsspeicher ab. Pipes werden bei der Gabelung "vererbt".

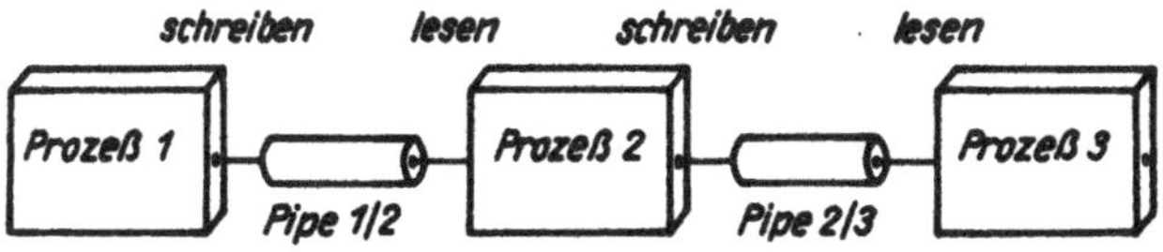

Abb.5.30: Kommunikation zwischen Prozessen über Pipes und Pipe-lines

Für die Kommunikation über Pipes werden die Systemrufe read und write verwendet. Das System synchronisiert die Pipe-Operationen, indem ein Prozeß mit Leseabsicht so lange warten muß, bis der sendende Prozeß die Pipe beschickt hat. Andererseits müssen sendewillige Prozesse warten, bis eine Pipe zur Verfügung steht. Eine Pipe kann 512 byte aufnehmen, bevor der sendende Prozeß blockiert wird. Pipes gestatten, Prozesse, auch Shell-Prozesse, auf einfache Weise zu verketten und große Aufgaben durch Verknüpfung elementarer Prozesse zu lösen (He 86).

Eine Pipe wird durch das Kommando

status = pipe (pipe DD);

erzeugt. Die Pipe-Funktion gibt zwei Dateiidentifikatoren (je einen für die Lese- und für die Schreibseite) zurück. In weiterentwickelten Systemversionen stehen zusätzliche Möglichkeiten der Interprozeßkommunikation zur Verfügung.

Synchronisation von Prozessen

Zur Prozeßsynchronisation dienen im UNIX-System Signale und spezielle Systemrufe (wait, pause, signal). Ein Signal löst eine Programmunterbrechung aus. Es wird durch ein asynchrones Ereignis erzeugt, z.B. durch Betätigen einer Taste der Konsole, durch Fehler bei der Programmbearbeitung oder durch andere Prozesse. Beim Abbruch eines Prozesses durch ein Signal wird dessen Speicherabzug in die Datei core gebracht. Soll ein Signal Funktionen an einem Prozeß auslösen, so sind diese mit dem Systemruf signal zu vereinbaren:

signal (signal_id,function);

Ein Prozeß hat die Möglichkeit, ein Signal aufzufangen und auszuwerten oder zu ignorieren. Zur Steuerung dienen die Kommandos

signal (signal_id,SIG_DFL); bzw.
signal (signal_id,SIG_IGN);

Wurde ein Signal aufgefangen und ausgewertet, so führt der Prozeß die mit SIG_DFL vereinbarte Funktion aus. Er übernimmt dabei die Signal-Nummer signal_id und kehrt nach Beendigung der Funktion wieder an die Unterbrechungsstelle im Prozeß zurück.

Der Systemruf wait bewirkt, daß ein Prozeß (Vaterprozeß) auf einen von ihm abhängigen Prozeß , z.B. auf einen Sohnprozeß, wartet. Das Kommando hat die Form

process_id = wait (status);

process_id spezifiziert den beendeten Sohnprozeß, status den Rückkehrkode.

Der Systemruf pause setzt den rufenden Prozeß bis zum Eintreffen eines vereinbarten Signals aus.

Der Systemruf

kill (process_id,signal_id)

sendet Signale an Prozesse, die durch process_id und signal_id spezifiziert sind, und beendet sie.

In der Version V ist zur Synchronisation das Semaphor-Konzept verwirklicht.

Ablaufsteuerung von Prozessen

Im UNIX ist zwischen dem Systemmodus und dem Nutzermodus zu unterscheiden. Setzt ein Nutzerprogramm einen Systemruf ab, so wird in den Systemmodus (Kernelmodus) umgeschaltet und der entsprechende Systemprozeß gestartet. Systemprozesse haben den höchsten Vorrang.

Die Vergabe des Prozessors an die Prozesse erfolgt nach Prioritäten. Die Priorität der Nutzerprozesse bleibt nicht konstant. Sie wird in festen Zeitabständen (meist 1 s) erneut berechnet. Kriterium ist hierbei das Verhältnis von verbrauchter Prozessorzeit zur Verweilzeit, bezogen auf ein bestimmtes Zeitintervall. Je kleiner dieses Verhältnis ist, um so höher wird die Priorität des betreffenden Prozesses im folgenden Zeitabschnitt festgelegt. Folglich kann kein Prozeß auf Dauer den Prozessor belegen. Interaktive Prozesse erhalten wegen ihres geringen Anteils an Prozessorzeit einen relativ hohen Vorrang. Favorisiert werden auch Aufgaben, die sich aus kleinen, parallel auszuführenden Teilaufgaben zusammensetzen.

Diese Strategie der Prozessorvergabe hat auch Nachteile:

- Das Antwortzeitverhalten des Systems ist für den Nutzer nicht abschätzbar, da es von konkurrierenden Prozessen abhängt.
- Eine Nutzerüberwachung ist nicht möglich. Ein Nutzer kann sich durch paralleles Abarbeiten möglichst vieler Teilaufgaben erhebliche Vorteile verschaffen.

Bei der Umschaltung von Prozessen müssen Programme in den Arbeitsspeicher gebracht und andere, nicht aktive Programme auf einen Massenspeicher ausgelagert werden (swapping). Das Swapping wird z.B. bei 16- und 32-bit-Mikrorechnern durch Schaltkreise der Speicherverwaltung unterstützt. Der Swapper-Prozeß ist ständig aktiv. Beim Umschalten eines Nutzerprozesses durchsucht er die interne Prozeßtabelle nach lauffähigen, ausgelagerten Prozessen und lädt sie zusammen mit ihrer Umgebung in den Arbeitsspeicher. Reicht der Speicherplatz nicht aus, wird ein geeigneter Prozeß ausgelagert. Der Vorrang für die Einlagerung eines Prozesses in den Arbeitsspeicher ist von seiner Priorität, der Länge seiner Auslagerungszeit und von seinem Speicherplatzbedarf abhängig. Andererseits nimmt die Auslagerungswahrscheinlichkeit mit der Verweilzeit im Arbeitsspeicher zu und ist beim Warten auf langsame Prozesse besonders hoch.

5.6.2.5. Shell

Der Kommandointerpreter trägt bei UNIX den Namen Shell, da er als äußere Schicht gegenüber dem Nutzer das System gleichsam umschließt. Im Gegensatz zu anderen Betriebssystemen ist bei UNIX der Kommandointerpreter nicht in den Systemkern integriert. Er hat vielmehr den Status eines gewöhnlichen Programms ohne spezielle Privilegien. Er ist leicht zu verändern und gegen andere, nutzereigene Kommandointerpreter auszutauschen. Neben der originalen Shell, die nach ihrem Autor auch Bourne-Shell genannt wird, existiert u. a. noch die C-Shell, deren Kommandosprache der Programmiersprache C (Abschnitt 6.3.) ähnlich ist.

Die wichtigsten Funktionen der Shell bei der Kommunikation mit dem Nutzer sind

- Interpretation und Ausführung der Kommandos,
- Bereitstellung von Hilfszeichen z.B. des Promptzeichens zur Anzeige der Systembereitschaft,
- interaktive Behandlung von Pipes sowie
- Interpretation und Ausführung von Kommandoprozeduren und Shell-Programmen.

Shell-Kommandos

Die einfachste UNIX-Kommandozeile hat die Form

command arg1, arg2, ...,argn;

command ist der Kommandoname. Er ist identisch mit dem Namen des auszuführenden Programmes. Die Argumente argi können Namen von Dateien sein. Ist einem Argument ein Minuszeichen vorangestellt, so handelt es sich um Flags. Sie beeinflussen ähnlich Schaltern die Ausführung des Kommandos. Das Kommando

ls datei

listet eine Datei aus, mit

ls /max

alle Dateinamen des Verzeichnisses max.

ls-l datei

bedeutet ein Long-list-Kommando. Mit

ls-l /max

werden nicht nur die Namen, sondern auch weitere Angaben zu den Dateien, wie Größe, Eigentümer, ausgegeben.

Die Shell erzeugt nach Auffinden des Programms mit Hilfe der fork-Funktion zunächst eine Kopie von sich selbst. Im Sohnprozeß bringt die Shell mit Hilfe des Kommandos

execute (command,arg1,arg2,...,argn);

das gerufene Programm zur Ausführung. Der ursprüngliche Shell-Prozeß wartet auf die Beendigung des aufgerufenen Kommandos und meldet danach mit dem Promptzeichen seine Bereitschaft zur Entgegennahme des nächsten Kommandos. Abb.5.31 zeigt diese Abläufe.

Die Prozesse der Shell und der Kommandos können auch quasiparallel ausgeführt werden. Durch Eingabe des Zeichens & kann die Shell veranlaßt werden, nicht auf die Beendigung der von ihr gestarteten Prozesse zu warten, sondern sie quasiparallel bearbeiten zu lassen. Die Shell meldet sich dann nach Starten eines Kommandos sofort wieder zur Entgegennahme der nächsten Anweisung.

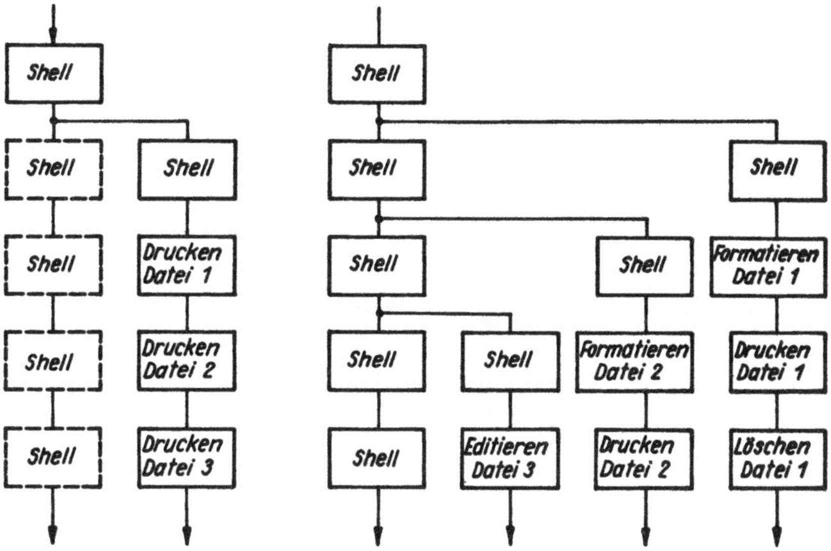

Abb.5.31: Parallelität von Shell- und Nutzerprozessen
linker Teil: Der Shell-Prozeß wartet auf den Abschluß des Nutzerprozesses;
rechter Teil: Die Shell wartet nicht auf den Abschluß eines Nutzerprozesses. Nach dem Start eines Nutzerprozesses ist sie zur Entgegennahme des nächsten Kommandos bereit.

Eine Auswahl von Kommandos ist in Tabelle 5.15 zusammengestellt.

Umleitungen der Standard-Ein-/Ausgaben, Filter

In UNIX sind 3 Standarddateien definiert:

- stdin standard input, für die Eingabe,
- stdout standard output, für die Ausgabe und
- stderr standard error, für die Fehlermeldungen.

sdtin, stdout und stderr sind Symbole für konkrete Dateien. Bei der Anmeldung eines Nutzers am Bildschirm wird allen drei Dateien der Name der Gerätedatei /dev/tty zugewiesen. Die Eingabe erfolgt über die Tastatur, die Ausgabe über den Bildschirm. Damit ist die Primärzuweisung realisiert.

Tabelle 5.15: Ausgewählte Shell-Kommandos

Kommando	Funktion
Terminalbetrieb:	
who	listet Namen der angeschlossenen Nutzer aus
date	gibt Datum und Uhrzeit an
mail	gibt angekommene Post aus
mail nutzer	sendet elektronische Post an Nutzer
Umgang mit Verzeichnissen:	
cd verz	change directory, wechselt aktuelles Verzeichnis
mkdir verz	make directory, erzeugt neues Verzeichnis verz
pwd	print working dictionary, druckt Namen aktiver Verzeichnisse
rmdir verz	remove directory, löscht Verzeichnis
Umgang mit Dateien:	
awk	liest eine Eingabedatei zeilenweise und sucht sie nach einem vorgegebenen Muster (pattern) ab. Wird ein solches Muster gefunden, werden entsprechend zugeordnete Aktionen ausgeführt
cat datei	concatenate, schreibt Datei, aneinandergehängt
comp d1 d2	vergleicht zwei Dateien d1 und d2, bricht ab, wenn eine Differenz zwischen beiden Dateien vorliegt
cp dq dz	copy, kopiert Datei dq nach Datei dz
diff d1 d2	vergleicht zeilenweise zwei Textdateien und zeigt Differenzen zwischen diesen an
grep str dat	sucht eine Datei dat zeilenweise nach einem vorgebbaren Zeichenmuster str ab, zeigt die betreffenden Zeilen an
join d1 d2	vereinigt zwei Dateien d1 und d2
look str dat	sucht und gibt Zeilen aus, die mit str beginnen
ls	list, gibt Dateinamen aus aktuellem Verzeichnis aus
ls -l d1	list, gibt Dateinamen aus
mv d1 d2	move, überträgt Datei d1 nach Datei d2
pr dat	print, druckt Datei dat
rm dat	remove, löscht Datei dat
sort dat	sortiert eine Datei in numerischer bzw. alphanumerischer Reihenfolge, wahlweise auch nach einem Feld und mit Elimination gleicher Zeilen
tr str1 str2	translate, wandelt Zeichenfolge str1 in str2 um
wc dat	word count, zählt Zeichen, Wörter oder Zeilen in dat
Prozeßsteuerung:	
nice cmd	führt Kommando cmd mit verringerter Priorität aus
nohup cmd&	führt Kommando cmd mit verringerter Priorität auch nach Abschalten des Terminals fort
kill proc	bricht einen Nutzerprozeß ab

Programme, die Daten von der Standardeingabe lesen, diese modifizieren oder verarbeiten und dann über die Standardausgabe wieder ausgeben, heißen im UNIX Filter.

Die Primärzuweisung kann kann durch Umlenkung verändert werden. Die Standarddateien werden hierbei durch andere Dateien ersetzt. In den Shell-Kommandos gibt es hierfür die Symbole bzw. Hatte also ein Programm mit dem Aufruf

prog1

Ein- und Ausgaben über die Geräte der Primärzuweisung getätigt, wird durch die Kommandofolge

prog1 <eindat

prog1> ausdat

die Eingabe auf die Datei eindat und die Ausgabe auf ausdat gelegt. Auch die Kombination

prog1 <eindat> ausdat

ist zulässig. Nach Ausführung der bzw. des Kommandos wird jedoch die Primärzuweisung wiederhergestellt.

Behandlung von Pipes

Eine Besonderheit der UNIX-Shell ist die interaktive Behandlung von Pipes und Filtern. Pipes und Filter sind bereits vorgestellt worden, ebenso ihre Verkettung zu Pipe-lines (Abb. 5.30). Das Kommando für den Aufbau einer Pipeline mit Filtern cmdni lautet

cmnd1 | cmnd2 |.....| cmndn

Der senkrechte Strich ist der Operator für die Verknüpfung der einzelnen Funktionen. Beispielsweise bedeutet das Kommando in der Shell-Schreibweise

verzeichnis | ls| pr -2| pr ,

daß die Datei verzeichnis auf dem Bildschirm angezeigt (ls), über die Pipeline dem Sortierprogramm pr-2 zugeführt und an das Druckprogramm pr weitergeleitet wird.

Kommandofolgen, Kommandoprozeduren

Die Shell vearbeitet auch Kommandofolgen. Kommandos können über die Konsole hintereinander, durch Semikolons getrennt, eingegeben und dann zur Abarbeitung übergeben werden:

cmnd1;cmnd2;....;cmndn (CTRL).

Durch solche Kommandosequenzen lassen sich längere Verarbeitungsfolgen zusammenstellen.

Häufig wiederkehrende Kommandofolgen können auch in eine Datei mit dem Attribut "ausführbar" (executable) geschrieben und zu einem beliebigen Zeitpunkt durch Angabe des Dateinamens ausgeführt werden. Eine solche Kommandofolge heißt Kommandoprozedur oder Shell-script. Für die Definition solcher Prozeduren werden keine speziellen Ausdrucksmittel benötigt. Die Datei erhält lediglich einen Namen und wird über diesen aktiviert, sofern sie zuvor durch eine Anweisung

chmod exc name

das Attribut "ausführbar" erhalten hat. Maximal 9 Parameter p1,p2,.. ,p9 können beim Aufruf einer Kommandoprozedur übergeben werden. Im Prozedurkörper sind sie mit S1, S2, ...,S9 bezeichnet.

Programmieren mit Filtern

Eine Besonderheit des UNIX-Systems ist das Arbeiten mit Filtern, die bereits vorgestellt worden sind. Als typische Beispiele werden Filter für die Bearbeitung von Dateien betrachtet.

1. Zählen (wc und unique):

Das Kommando wc (word count)

wc dat

gibt in Abhängigkeit von einem Flag (-l, -w oder -c) die Anzahl der Zeilen, Worte oder Zeichen einer Datei dat an. In der Verbindung über eine Pipe teilt

who | wc -l |	die Anzahl der Nutzer am Rechner und
ps | wc -l|	die Anzahl der aktiven Prozesse des anfragenden Nutzers mit.

Das Kommando

unique dat

bearbeitet identische, aufeinanderfolgende Zeichen, indem es diese nur einmal ausgibt, beispielsweise

aus dem File A A B B C C C
nur die Zeichen A B C

Eine interessante Anwendung ist in der Meßdatenverarbeitung möglich: Es sollen mit Hilfe des Prozesses messen in bestimmten Zeitabständen Meßwerte erfaßt werden. Den Anwender interessieren jedoch nur deren Änderungen. Hierzu läßt sich die Pipe

messen | unique

verwenden: Sie gibt nur dann einen Meßwert auf dem Bildschirm aus, wenn dieser von den vorangegangenen abweicht.

2. Suchen in Dateien (look, fgrep, grep, egrep):

Look ist für schnelles binäres Suchen in sortierten Dateien bestimmt und nur in den UNIX-Versionen von Berkeley implementiert. Das Kommando

look string dat

sucht in der bereits sortierten Datei dat alle diejenigen Zeilen, die mit string beginnen, und gibt sie aus.

Die Befehle der grep-Familie (general regular expression) suchen ebenfalls zeilenweise eine Datei dat nach einer Zeichenfolge string ab:

fgrep flag string dat.

Der Suchprozeß läßt sich durch Flags steuern. Während fgrep nur einfache

Ketten als Muster verarbeitet, lassen grep und egrep auch Sonderzeichen zu. Der Algorithmus von fgrep ist für das Suchen in kleinen Dateien ausgelegt. egrep durchläuft eine längere Initialisierungsphase, arbeitet dann aber schneller und eignet sich daher für das Suchen in großen Dateien.

3. Umwandeln von Zeichen (tr):
Das Filter tr (translate) wandelt Zeichenfolgen. Mit dem Kommando

tr 'string1' 'string2'

wird in einer von stdin gelesenen Datei die Kette string1 durch string2 ersetzt. Das Kommando

tr '123' 'abc'

substituiert 1 durch a, 2 durch b und 3 durch c.
Durch das Zeichen - wird ein Bereich festgelegt. Das Kommando

tr 'a-z' 'A-Z'

wechselt alle Kleinbuchstaben gegen Großbuchstaben aus.

4. Formatieren der Ausgabe (pr):
Das Kommado pr (print) formatiert eine Ausgabedatei. Das einfache Kommando

pr datei

veranlaßt die Ausgabe von datei auf stdout in einem Seitenformat mit 66 Zeilen je Seite. Soll die Datei gedruckt werden, so ist eine Pipe anzulegen:

pr datei | lpr;

Mit Hilfe von Flags läßt sich das Druckformat spezifizieren:

pr -l30 stellt das Format auf 30 Zeilen je Seite um,
pr -W75 legt 75 Anschläge je Zeile fest.

Das Flag -n spezifiziert einen n-spaltigen Tabellendruck und -h (header) eine Uberschrift.

Shell-Sprache
Über die einfachen Kommandoprozeduren hinausgehend, lassen sich auch komplexere Steuerstrukturen für die Ausführung von Shell-Kommandos aufbauen. UNIX stellt hierfür sprachliche Ausdrucksmittel zur Verfügung, die als Shell-Sprache bezeichnet werden. Merkmale der Shell-Sprache sind:
- Variable vom Typ Zeichenkette,
- bedingte Anweisungen,
- Schleifenanweisungen sowie
- Elemente einer Unterprogrammtechnik.

Die Shell-Variablen brauchen nicht vereinbart zu werden.

Die Wertzuweisung hat die Form

variablenname = wert

Variablennamen können aus Buchstaben, Ziffern und Unterstreichungszeichen bestehen. Sie müssen mit einem Buchstaben beginnen. Soll nach einer

Wertzuweisung mit dem Wert der Variablen gearbeitet werden, so ist in diesen Anweisungen dem Variablennamen ein Dollar-Zeichen voranzustellen:

$variablenname.

Findet die Shell eine Konstruktion $variablenname vor, so ersetzt sie diese durch den Wert der Variablen. Beispielsweise bewirken die Befehle

```
datv=/usr/abt1/text4
ls-1 $datv
```

daß die Datei mit dem Namen /usr/abt1/text4 gedruckt wird

In UNIX gibt es einige vordefinierte Shell-Variable, denen auf Grund ihrer speziellen Bedeutung kein Wert zugewiesen werden kann. Hierzu zählen

S! die Prozeßnummer des zuletzt gestarteten Hintergrundprogramms,
SS die Prozeßnummer des aktuellen Shell-Prozesses.

Die Shell-Sprache verfügt ähnlich höheren Programmiersprachen über

- bedingte Anweisungen vom Typ if - then - else und case sowie
- Schleifenanweisungen mit while-, until- und for-Konstruktionen.

Die Syntax der if-Anweisung lautet:

```
if test_command
then command_list1
else command_list2
fi
```

test_command prüft, ob eine Bedingung erfüllt ist und führt dann command-list1, anderenfalls command_list2 aus.

Die Testanweisung kann unterschiedlich angelegt sein. Eine Form lautet:

```
test bedingung.
```

Die Anweisung

```
test -d file
```

prüft, ob file ein Dictionary ist. Mit

```
test str1 = str2
```

wird die Identität von str1 und str2 getestet.

Die Testanweisung übergibt eine logische Größe, den Exitstatus. Er besitzt den Wert 0, falls die Bedingung erfüllt ist, sonst den Wert 1. Entsprechend diesem Wert erfolgt eine Verzweigung. Einen Exitstatus stellen auch verschiedene andere Anweisungen bereit.

- Compiler-Anweisungen, wie cc file oder f77 file, setzen Exitstatus = 0, falls der Compiler bei der Ubersetzung keinen Syntaxfehler gefunden hat.
- cmp dat1 dat2 ergibt Exitstatus = 0, wenn beide Dateien übereinstimmen.

Die bedingte Anweisung

```
if cmp dat1 dat2
then echo Kopie in Ordnung
else echo Kopie fehlerhaft
fi
```

prüft die Identität von dat1 und dat2 und gibt entsprechende Meldungen (echo) über die Konsole aus.

Die for-Anweisung hat in der Shell-Sprache die Gestalt

```
for name in word_list
do command_list
done
```

Der Laufvariablen name, die vom Typ Zeichenkette ist, werden nacheinander die Worte einer Wortliste zugewiesen, und jedesmal werden die in der Kommandoliste enthaltenen Befehle ausgeführt. Beispielsweise bewirken die Anweisungen

```
for X in A B C D
do echo $X
done
```

daß die Zeichen A B C und D auf dem Bildschirm erscheinen.

5.6.2.6. Dienstprogramme

In das UNIX-System ist eine Vielzahl von Dienstprogrammen integriert. Sie werden als dritte Schicht des Systems bezeichnet und stellen ca. 80% des Systemumfangs von UNIX dar. Die große Zahl und die Vielseitigkeit der Dienste sind Vorzüge des UNIX-Systems, auch wenn sie zunächst vorrangig für die Systementwicklung geschaffen worden sind und teilweise ihre Entstehung in den siebziger Jahren nicht verleugnen können.

Die UNIX-Dienstprogramme, auch Kommandos genannt, unterstützen ein breites Aufgabenspektrum:

- Dateiverwaltung,
- Steuerung und Überwachung von Prozessen,
- Entwicklung und Ausführung von Programmen,
- Compiler-Entwicklung,
- Grafik auf Plotter und Bildschirm,
- Textverarbeitung,
- Kommunikation zwischen den Nutzern,
- Kommunikation mit anderen Rechnern,
- Terminalsteuerung,
- Erfassung und Abrechnung von Rechenleistungen,
- Systempflege
- Lehrhilfen, Handbücher sowie
- verschiedene Dienste, wie Tischrechnerfunktionen, Terminkontrolle, Spiele (u.a. Schach) und Erzeugen von Kalendern.

Die Kommandos können zur Lösung komplexer Aufgaben miteinander kombiniert werden, beispielsweise durch Erzeugen einer Pipeline.

Tools für die Dateimanipulation

Aus der Vielzahl der Werkzeuge für die Manipulationen von Dateien sind in Tabelle 5.15 nur einige wichtige Kommandos zusammengestellt. Ihre Nutzung wurde bereits mit den Filtern diskutiert.

Steuerung von Prozessen

Die Kommandos zur Prozeßsynchronisation wurden bereits behandelt:

- Zur Erniedrigung der Priorität eines Kommandos process gibt es in UNIX den Befehl

  nice process

  Er bewirkt, daß die Priorität von process erniedrigt wird, die übrigen, konkurrierenden Prozesse einen höheren Vorrang erhalten und schneller zum Abschluß kommen.

- UNIX gestattet, Prozesse im Hintergrund auszuführen. Hierzu ist im Aufruf des Prozesses an den Prozeßnamen das Zeichen & anzufügen. Durch

  nice process&

  wird process mit niedrigerer Priorität im Hintergrund weitergeführt, auch wenn immer neue Prozesse aktiviert werden.

- Beim Abmelden vom Terminal werden normalerweise auch die im Hintergrund ablaufenden Prozesse beendet. Der Befehl

  nohup process&

  veranlaßt die Fortsetzung dieses im Hintergrund aktiven Prozesses auch nach Abschaltung des Terminals.

Werkzeuge zur Entwicklung und Ausführung von Programmen

Editoren

Im UNIX sind mehrere Editoren verfügbar. Der Editor ed arbeitet zeilenorientiert und dürfte ein Relikt aus der Teletype-Zeit sein. Ein Vorteil von ed ist, daß sich dessen Editorbefehle in die Shell-Sprache einbinden lassen.

Der Bildschirmeditor vi ist ein seitenorientierter Editor. Er bietet neben den gängigen Funktionen als Besonderheiten

- Sprachsensibilität gegenüber Programmen, indem er beispielsweise in C automatisch Programmzeilen einrückt,
- Möglichkeiten der Definition von Makrobefehlen,
- Undo-Funktionen, mit denen die letzten Änderungen rückgängig gemacht werden können,

- Ausführbarkeit von Shell-Kommandos im Edit-Mode sowie
- Möglichkeiten zum Retten von Programmen bei Systemabsturz.

Unterstützung höherer Programmiersprachen
UNIX stellt neben anderen Werkzeugen zur Software-Entwicklung Übersetzungsprogramme mindestens für die Sprachen C, PASCAL und FORTRAN-77 zur Verfügung. Die Dateinamen der Programme müssen Angaben über die Programmiersprache enthalten:

name.sprache

Für die Spezifizierung .sprache gelten folgende Konventionen:

.c für C
.e für Extended FORTRAN
.f für FORTRAN 77
.r für Rational FORTRAN
.p für PASCAL
.s für Assemblerkode
.o für Objektkode

Binärkode-Programme werden nicht spezifiziert. Binärkode- und Quellprogramme werden in den Dateien bin bzw. src (source) geführt. Der Pfadname für ein PASCAL-Programm beispiel des Nutzers Max ist dann

/usr/max/src/beispiel.p

Die Sprachüberstzer verarbeiten include-Kommandos, mit deren Hilfe files in Programme (an der Stelle des include-Befehls)

include file

eingefügt werden können.

Fehlermeldungen, die beim Übersetzen auftreten, werden in der Datei stderr gesammelt. Bei Laufzeitfehlern erfolgt der Abbruch des Programmlaufs. Im Arbeitsverzeichnis wird eine Datei core eröffnet und mit dem Speicherabzug des Programms beschrieben. Die Datei core läßt sich mit dem Debugger analysieren.

Kommandos für das Übersetzen und Verarbeiten von C-, PASCAL- und FORTRAN-77-Programmen sind in Tabelle 5.16 zusammengestellt.

Die Sprachen werden in Abschnitt 6.2. behandelt. Hier sollen nur einige Besonderheiten der Implementierungen in UNIX angeführt werden.

Ein C-Programm beispiel.c wird mit dem Kommando

cc beispiel.c

übersetzt und gebunden. Das abarbeitungsfähige Programm steht anschließend auf der Datei a.out. Der Start des Programms geschieht durch

a.out

das Programm in eine andere Datei beisp überführt werden:

```
mv a.out beisp
```

Unter Verwendung eines Flags -O lassen sich die Anweisungen wie folgt zusammensetzen:

```
cc beispiel.c -O beisp
beisp
```

Der Prozeß von der Übersetzung bis zur Ausführung des Programms kann durch weitere Flags gesteuert werden.

Tabelle 5.16: Kommandos für die Übersetzung und Bearbeitung von C-, PASCAL- und FORTRAN-Programmen

Kommando	Funktion
Sprache C	
cc	C-Compiler
scc	C-Standard-Compiler
cpp	C-Präprozessor
cxref	Erzeugen Cross-reference-Liste
cflav	Anzeigen der Schachtelung externer Referenzen
cb	Formatieren von C-Quellprogrammtext
lint	C-Syntax-Tester
xstr	Extrahieren von "Shared Strings"
PASCAL	
pc	PASCAL-Compiler
pi	PASCAL-übersetzung in Interpreterkode
px	Ausführen von Interpreterkode
pix	Kombination von pi und px
pmerge	Zusammenfassen von PASCAL-Programmen zu einer Datei
pxp	Formatieren von PASCAL-Quelltext
pxref	Erzeugen einer Cross-reference-Liste
pdx	Analyse von Laufzeitfehlern (Debugging)
FORTRAN-77	
f77	FORTRAN-77-Compiler
efl	Extended-FORTRAN-Präprozessor
ratfor	Rational-Fortran-Präprozessor
struct	Strukturieren von FORTRAN-Programmen (Berkeley-UNIX)

Für C und andere Sprachen liegen sogenannte Beautifier vor. Sie bringen die Quelltexte in ein Format, das den Prinzipien der strukturierten Programmierung entspricht. Bei C-Programmen rückt das Filter cb (C-Beautifier) die Befehle entsprechend der Programmstruktur ein. Ein ähnliches Filter existiert für PASCAL-Programme.

Im UNIX-System sind für die Übersetzung von PASCAL-Programmen überwiegend der Compiler pc und der Interpreter pi der Universität Berkeley implementiert. Sie enthalten eine Reihe von Erweiterungen gegenüber dem PASCAL-Standard, die sich jedoch wahlweise z. B. zur Wahrung der Kompatibilität durch Flags ausschalten lassen.

Auch die im UNIX verfügbare Version von FORTRAN-77 geht über den Sprachstandard hinaus, indem sie folgende Erweiterungen zuläßt:
- rekursive Unterprogrammaufrufe,
- die Weiterverwendung von HOLLERITH-Konstanten sowie
- die zusätzlichen Typbezeichnungen static und automatic.

static fixiert die Größen eines Unterprogramms, so daß bei einem wiederholten Aufruf ihre Werte noch zur Verfügung stehen. Speicherplätze von Variablen, die mit automatic spezifiziert sind, werden beim Verlassen des Unterprogramms freigegeben.

Kleinbuchstaben werden vor der Übersetzung durch den Compiler in Großbuchstaben umgewandelt, sofern zuvor das Flag -u nicht gesetzt worden ist.

UNIX stellt darüber hinaus noch zwei Präprozessoren, ratfor und efl, für Rational FORTRAN und Extended FORTRAN bereit. Sie gestatten, ein FORTRAN-Programm in einer der Sprache C ähnlichen Syntax zu formulieren.

Rational FORTRAN unterstützt
- die formatfreie Eingabe,
- die Verwendung von if - then - else- und switch-Konstruktionen sowie
- die Formulierung von Schleifenanweisungen (do - for, while, repeat until).

Der Präprozessor efl bietet gegenüber ratfor weitere Ausdrucksmöglichkeiten, z.B.
- Datenstrukturen ähnlich struct in C oder record in PASCAL
- Blockstrukturen mit lokalen Größen und Deklarationszwang für alle Variablen.

Mit beiden Präprozessoren sollen die Vorteile der weitverbreiteten Sprache FORTRAN mit ihren leistungsfähigen und umfangreichen Bibliotheken erhalten, gleichzeitig aber einige ihrer Mängel umgangen werden.

Interessant ist ferner das Werkzeug struct, das in einigen UNIX-Versionen (Berkeley-UNIX) zur Verfügung steht. Es erzeugt aus einem FORTRAN-Programm einen Rational-FORTRAN-Text, indem es if- und goto-Anweisungen durch while- Schleifen ersetzt und eine optische Strukturierung der Programmausschrift vornimmt.

Debugger

Zur Untersuchung von Laufzeitfehlern existieren in UNIX verschiedene Debugger mit den Bezeichnungen adb,sdb, dbx und pdx. Sie unterstützen die Analyse von Speicherabzügen (datei core), die beim Abbruch eines Programms bei Laufzeitfehlern automatisch erzeugt werden, und die Abarbeitung eines Programms unter der Kontrolle eines Debuggers.

Der Debugger adb arbeitet auf maschinennahem Niveau und damit unabhängig von der Sprache des Quellprogramms. Er ist daher relativ schwierig zu benutzen. Zur Analyse eines Speicherabzuges core erfolgt der Aufruf von adb nach Absturz des zu erprobenden Programms. Zur Lokalisierung des Absturzes kann mit S c ein Backtrace erzeugt werden. Die Werte lokaler und externer Variabler zum Zeitpunkt des Absturzes lassen sich durch die Kommandos S c bzw. S e anzeigen. Einzelne Variable werden mit dem Befehl adresse/format ausgegeben, wobei der symbolische Name und das geforderte Ausgabeformat vorzugeben sind. Der Lauf eines Programms prog unter Kontrolle von adb wird durch den Aufruf

adb prog

sowie das Setzen von Haltepunkten vorbereitet:

address : b

Der Debugger sdb (symbolic debugger) ermöglicht die Kontrolle von C-FORTRAN und PASCAL-Programmen (ab Berkeley-UNIX 4.1 und System V von AT&T). Die Analyse erfolgt auf der Ebene des Quelltextes. Sie erfordert zuvor die Übersetzung der Quellprogramme mit Angabe des Flags -g, z.B. cc -g prog.c In diesem Falle stellt der Compiler zusätzliche Informationen für den Debugger bereit. Bei der Analyse des Speicherabzugs zeigt sdb die Quelltextzeile des Absturzes an. Zur weiteren Analyse des Speicherabzugs stehen die Kommandos

l zur Anzeige des zuletzt ausgeführten Befehls,
t zur Erzeugung eines Backtraces und
procedure: var zur Ausgabe der Werte von var im Programmteil procedure
zur Verfügung. Bei der Programmabarbeitung können u.a. mit
zeilen_nr b Haltepunkte gesetzt werden.

Programmverwaltung und -generierung mit make

make ist ein häufig verwendetes Werkzeug zur Verwaltung und Veränderung von Programmen, die aus einer Vielzahl von Moduln bestehen. make sorgt dafür, daß bei Modifizierung von Modul-Quelltexten nur ein Minimum an Änderungen ausgeführt wird, um ein lauffähiges Gesamtprogramm zu erhalten. make benötigt hierfür Informationen über die Abhängigkeiten zwischen den Moduln und die auszuführenden Änderungen. Sie werden in der Datei makefile gepeichert. Der Aufruf des Kommandos make genügt, um das Gesamtprogramm auf den aktuellen lauffähigen Änderungsstand zu bringen. make überprüft dabei die Änderungsstände aller Moduldateien und bestimmt aus dem Inhalt von makefile die erforderlichen Änderungen.

Textverarbeitung

Das Textverarbeitungssystem von UNIX besteht aus dem Programm troff, das mit Prä- und Postprozessoren gekoppelt werden kann. troff erzeugt formatierte Dokumente aus Texten, in die Formatierungsbefehle eingefügt sind. troff arbeitet im Batch-Betrieb. Textverarbeitung im Dialog ist mit troff nicht möglich.

Für troff stehen Präprozessoren für
- Tabellensatz (Präprozessor tbl),
- mathematischen Formelsatz (equ),
- automatisches Erstellen von Inhaltsverzeichnissen (refer) und
- Erzeugen von Diagrammen (pic)

zur Verfügung. Ferner existieren gerätespezifische Postprozessoren, um formatierte Texte auf unterschiedlichen Geräten ausgeben zu können. Die Formatierbefehle stehen entweder linksbündig auf einer Befehlszeile, beginnend mit einem Punkt, z.B.

sp 0.5 (Einfügen einer halben Leerzeile),

oder im Text mit einem Umschaltzeichen

\d (eine halbe Zeile nach unten setzen).

Mit Hilfe der Formatierungsbefehle lassen sich Seitengröße, Zeilenlänge, Abstände, Tabulatorpositionen, Art und Größe der Schrift sowie die Satzart (Blocksatz, Flattersatz) steuern, z. B.

.ad (adjust, gleiche den Rand aus)
.ft.I (font italic, schreibe kursiv)
s+n (erhöhe Schriftgröße um n Einheiten, s=size)

Aus Punktbefehlen können Makroanweisungen mit Variablen, bedingten Anweisungen und asynchronen, ereignisgesteuerten Unterbrechungsmöglichkeiten zusammengestellt werden. In einer Bibliothek liegen vorgefertigte Makrobefehle für häufig wiederkehrende Operationsfolgen vor, beispielsweise

.PT (page title, erzeuge Titelseite)
.CH (chapter header, erzeuge Kapitelanfang)
.2C (2 column, zweispaltiges Textformat)

Prä- und Postprozessoren werden mit troff durch Pipes oder Pipe-lines verbunden. Um aus einer Datei dat einen formatierten Text mit Tabellen und Formeln herzustellen, ist folgende Pipeline aufzubauen:

tbl dat | equ | troff.

Benutzeradministration

Als Multi-user-System hält UNIX für die Kommunikation mit dem Nutzer und zur Regelung seiner Zugriffsrechte eine Reihe von Diensten bereit. Sie tragen nicht nur der Systemnutzung durch Einzelpersonen, sondern auch der kollektiven Bearbeitung von Aufgaben Rechnung.

Die Informationen über die Nutzer und ihre Zugriffsrechte sind in einer Paßwortdatei und in einer Gruppendatei gespeichert. Die Paßwortdatei enthält je Nutzer den Namen, das verschlüsselte Paßwort und die Nummer der Gruppe, der der Nutzer als "Heimatgruppe" angehört. Ein fünftes Feld wird unterschiedlich genutzt. Als gewöhnliche Datei darf die Paßwortdatei von jedem zugelassenen Nutzer gelesen, aber nur durch den Systemverwalter geändert werden.

In der Gruppendatei /etc/group sind Name, Paßwort (falls gefordert) und Nummer der Gruppe sowie die Namen derjenigen Nutzer enthalten, die in diese Gruppe überwechseln dürfen.

Bei Aufnahme eines Nutzers max wird dieser in die Paßwortdatei aufgenommen, sein Hausverzeichnis mit

```
mkdir /usr/max
```

eröffnet und dem Hausverzeichnis Name und Gruppe des Nutzers zugeordnet:

```
chown max  /usr/max
chgrp  ag1  /usr/max
```

Weitere Funktionen sind
- Ändern des Paßwortes eines Nutzers,
- Löschen eines Nutzers aus den genannten Dateien mit

  ```
  rm -r /usr/max
  ```
- zeitweiliges Sperren eines Nutzers, indem als Initialisierungsprogramm in der Paßwortdatei ein Programm eingetragen wird, das eine entsprechende Mitteilung an den gesperrten Nutzer bei dessen Zuschalten gibt und den Terminalprozeß beendet.

Kommunikation mit den Nutzern
Im UNIX-System gibt es Kommunikationsdienste für die unterschiedlichsten Zwecke:
- Sofortmitteilungen an alle angeschlossenen Nutzer mit /etc/wall (write to all),
- Mitteilungen, die der Nutzer beim Zuschalten (login) erhält. Sie werden in der Datei /etc/motd/ (messages for today) hinterlegt und beim Zuschalten ausgegeben,
- Mitteilungen an einzelne angeschaltete Nutzer mit Hilfe des Kommandos

  ```
  write nutzername
   mitteilungen
  ```
- Mitteilungen an entfernte Nutzer über die elektronische Post durch ein mail-Kommando.

Kommunikation zwischen Rechnern
Die Datenkommunikation zwischen Rechnern über unterschiedlichste Kommunikationskanäle wird auch durch UNIX unterstützt. Die älteren Kommunikationstechniken verwendeten serielle Schnittstellen, wie das weit verbrei-

tet V.24-Interface z.B. für den Anschluß von Terminals an Rechner. Hierfür entstand auch die erste UNIX-Übertragungs-Software.

Für die Übertragung von Dateien zwischen zwei UNIX-Rechnern im Stapelbetrieb und mit Hilfe eines Spoolings wurde das Dienstprogramm uucp entwikkelt. Um beispielsweise eine Datei dat vom eigenen Rechner in das Verzeichnis usr/max/newprog, das auf dem Rechner r55 geführt wird, zu übertragen, ist lediglich der Befehl

uucp dat.c r55!/usr/max/newprog

anzugeben. Der Pfadname ist hier formal um den Namen des Empfangsrechners erweitert. Die Routine überprüft die Berechtigung zur Übertragung und erzeugt ein Login beim Partnerrechner. Für UNIX existieren darüber hinaus Software-Komponenten, die den Aufbau verteilter UNIX-Systeme in Rechnernetzen ermöglichen (Ra 85a).

Handbücher und Lehrhilfen

Über die bekannten HELP-Funktionen hinausgehend, können das englischsprachliche Systemmanual man (8 Kapitel) sowie ein Programm zum rechnergestützten Lernen (learn) der UNIX-Kommandosprache über die Systemkonsole genutzt werden.

Der Aufruf des Manual geschieht durch

man cmd

cmd spezifiziert das Kommando, zu dem nähere Erklärungen gewünscht werden. Mittels

man -k fortran

erhält der Nutzer Kurzbeschreibungen der Kommandos für das Arbeiten mit FORTRAN.

Das Lernsystem wird mit dem Befehl

learn

aufgerufen. Es erläutert die UNIX-Kommndos und stellt dem Lernenden Aufgaben.

Die Systeme man und learn beanspruchen externe Speicherkapazität von ca. 2 Mbyte.

5.6.2.7. Wertung von UNIX

UNIX zeichnet sich gegenüber anderen Betriebssystemen durch eine Reihe von Vorzügen und originellen Lösungen aus:

- UNIX ist ein Multi-user-multi-task-Betriebssystem, das - bezogen auf seinen Leistungsumfang - mit einem Minimum an Gerätetechnik auskommt.

- Durch die Formulierung in der Sprache C besitzt es eine ausgezeichnete Portabilität. Sie war Vorbild für die Übertragung anderer Betriebssysteme.
- Das einfache Dateikonzept kennt nur Folgen von Bytes und entbindet den Anwender von der langwierigen Beschäftigung mit Dateiformaten.
- Dateien und Datenkanäle werden einheitlich behandelt.
- Das hierarchische Dateisystem und der wirksame Dateischutz ermöglichen die Einrichtung einer Programmierumgebung für jeden Nutze, unabhängig von anderen Mitnutzern.
- Das Prozeßkonzept, die Erzeugung von Prozessen durch Gabelung und die Kommunikation zwischen den Prozessen sind originell und übersichtlich gestaltet.
- Die Shell ist änderungs- und erweiterungsfähig.
- UNIX enthält eine Vielzahl wirkungsvoller Werkzeuge für die Software-Entwicklung.

Diesen Vorzügen stehen aber auch nicht zu übersehende Schwächen gegenüber:
- Die Kommunikation Nutzer/Shell ist sehr knapp gehalten, die Kommandonamen sind nicht nach einer einheitlichen Syntax aufgebaut; die Abkürzungen sind z.T. willkürlich gewählt.
- Die Strategie der Taskverwaltung ist fest vorgegeben und entspricht den Anforderungen der Systementwicklung. Sie ist für Echtzeitaufgaben nicht geeignet.
- Für die sichere, unabhängige Bearbeitung von Dateien fehlen wirksame Locking-Mechanismen.
- Die gestreute physische Anordnung der Daten verlängert die Zugriffszeiten.
- Das System ist nicht gegen Überlastung der Ressourcen gesichert.
- Bei Systemausfällen können sehr komplizierte, nicht mehr überschaubare Zustände auftreten.

Trotz dieser Mängel hat UNIX nicht nur als Software-Entwicklungssystem, sondern zunehmend als Betriebssystem für leistungfähige 16-bit- und 32-bit-Mikrorechner in der kommerziellen Datenverarbeitung Anwendung gefunden. Es stand mit dem Erscheinen dieser Rechnerklasse als erprobtes, portables System sofort zur Verfügung. UNIX bot den Anwendern von Mikrorechnern eine Vielzahl von Diensten, die bisher nur an Großrechnern unter ungünstigeren Bedingungen verfügbar waren.

5.6.3. Portable Lösungen für CP/M-86

Die Übertragung des Betriebssystems CP/M-80 auf 16-bit-Mikrorechner wird durch Unterschiede in den Befehlssätzen und den Speicherstrukturen der

16-bit-Rechner (z.B. LSI-11, 8086 und Z8000) erschwert. Daher lag es nahe, die rechnerunabhängigen Komponenten von CP/M, CCP und BDOS, Teile von BIOS sowie die Kommandos in die Sprache C umzuschreiben. Dabei wurden nichtportable Passagen eliminiert (Du 83).

5.7. Echtzeitbetriebssysteme

5.7.1. Merkmale der Echtzeitverarbeitung

Die Echtzeitverarbeitung ist die typische Betriebsart von Rechnern in der Prozeßautomatisierung. Sie stellt spezielle Anforderungen an Hard- und Software. Die Rechner haben hierbei die Aufgabe, einen externen Prozeß (Basisprozeß), z.B. einen Prozeß zur Stoff- oder Energiewandlung,
- durch Kontrolle bestimmter Betriebsparameter zu überwachen,
- nach einem vorgegebenen Algorithmus zu steuern oder
- nach einem bestimmten Kriterium optimal zu führen.

Der Rechner ist hierzu über eine anwendungsbezogene Prozeßperipherie mit dem aktiven Basisprozeß verbunden (Abb.5.32). Über Sensoren und Funktionseinheiten der Prozeßperipherie empfängt er Daten und Signale aus dem

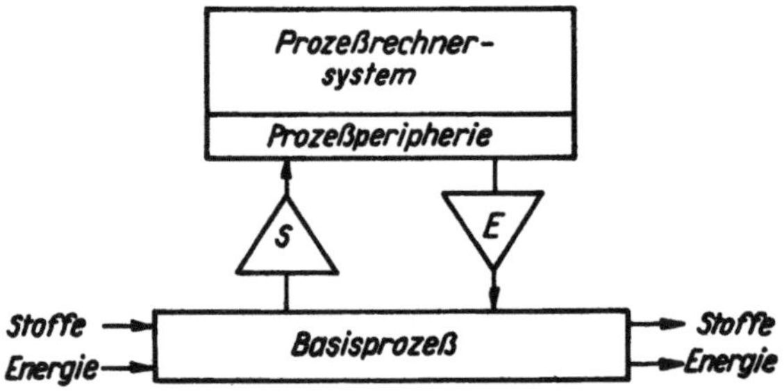

Abb.5.32:
Schema der Kommunikation zwischen Prozeßrechner und Basisprozeß

Basisprozeß, z.B. Druck- oder Temperaturwerte, die er speichert, verarbeitet und auswertet. Über die Prozeßperipherie und mittels Aktoren, z.B. Stellglieder, wirkt der Rechner auf den Basisprozeß zurück. Signale quittieren die Ausführung von Aktionen am Prozeß. Sie melden ferner das Eintreten kritischer Prozeßzustände (Alarme). Im Rechner lösen Signale Programmunterbrechungen aus und aktivieren entsprechende Maßnahmeprogramme.

Die Prozeßdaten werden in der Mehrzahl der Einsatzfälle durch den Prozeßrechner zeitzyklisch abgefragt und übernommen (zeitzyklische Prozeßdatenerfassung). Auch Ereignisse am Basisprozeß können über Interruptanforderungssignale die Übertragung von Meßdaten in den Rechner auslösen (ereignisgesteuerte Prozeßdatenerfassung).

Mit den Signalen und Daten empfängt der Rechner asynchrone Aufträge. Er muß sie in einer vom Basisprozeß bestimmten Zeitspanne ausführen, so daß die Rückwirkung des Rechners auf den Prozeß rechtzeitig erfolgt. Darüberhinaus hat ein Prozeßrechner zu vorgegebenen Zeiten Aktionen am Prozeß auszuführen. Sie werden durch eine Echtzeituhr über Interrupts gestartet.

Diese mit einem Basisprozeß zeitlich schritthaltende Informationsverarbeitung heißt Echtzeitverarbeitung. Neben der Rechtzeitigkeit schließt die Echtzeitverarbeitung die Gleichzeitigkeit der Verarbeitungsprozesse ein (La 76). Sie entspricht dem parallelen Ablauf von mehreren externen Teilprozessen. Wie in Abschnitt 5.1. dargelegt, ist mit einem Einprozessorsystem nur eine quasiparallele Verarbeitung möglich.

Die Prozeßperipherie, über die die Kommunikation zwischen Rechner und Basisprozeß verläuft, übernimmt u.a. die Informationswandlung sowie die Steuerung von Sensoren und Aktoren. Auch Arbeitsparameter der Prozeßperipherie, wie Verstärkungsfaktoren, können durch den Rechner beeinflußt werden. Prozeßperipherie ist anwendungsbezogene Hardware. Ihre Konfigurierung ist Aufgabe des Anwenders. Entsprechendes gilt für die gerätenahe Software und die Verarbeitungsprogramme.

Die bisher betrachtete zentrale Prozeßdatenverarbeitung ist unter dem Einfluß der Mikroelektronik stark modifiziert worden. An ihre Stelle ist die verteilte Verarbeitung mit Systemen gekoppelter Mikrorechner getreten. Hierdurch läßt sich die geforderte Gleichzeitgkeit der Verarbeitung verwirklichen. Bei funktionell gut strukturierten Prozessen und räumlich ausgedehnten Anlagen übernehmen gekoppelte Rechner in einem topologisch verteilten System die Überwachung und Steuerung je eines bestimmten Teilprozesses. Ein Beispiel hierfür ist der Verbund von 400 Mikrorechnern und 70 Personal-Computern zur Überwachung und Steuerung des Beschleuniger- und Speicherringsystems LEP im CERN (An 87). Die Prozeßdatenverarbei-tung mit verteilten Rechnersystemen erfordert spezielle Betriebssysteme, die in Abschnitt 5.7.3. betrachtet werden.

Eine einfache Form der Echtzeitverarbeitung ist der Dialogbetrieb kommerzieller Multi-user-multi-task-Rechner. Die Tätigkeiten der Nutzer an den Terminals stellen die Teilprozesse der Rechnerumgebung dar, die ebenfalls zeitgerecht bedient werden sollen. Es sind zwei Varianten der Dialogverarbeitung, den Teilhaber- und den Teilnehmerbetrieb, zu unterscheiden:

- Beim Teilhaberbetrieb greifen mehrere Nutzer auf ein Programm zu, wie bei Platzreservierungssystemen.
- Im Teilnehmerbetrieb können mehrere Nutzer unabhängig voneinander je ein oder mehrere Programme bearbeiten oder abarbeiten lassen.

Die erwarteten Reaktionszeiten betragen hierbei ungefähr eine Sekunde. Sie sind weniger kritisch als in der Prozeßdatenverarbeitung, wo sie je nach Prozeß mitunter nur 100 µs betragen dürfen.

.7.2. Aufgaben und Besonderheiten

Grundaufgaben

Aus den Besonderheiten der Echtzeitverarbeitung ergeben sich für Echtzeitbetriebssysteme folgende Grundaufgaben:

- Aktivierung von Tasks zu vorgebbaren Zeiten oder auf Anforderungen des Basisprozesses,
- Zuordnung der Interruptanforderungssignale zu den Tasks,
- Zuordnung von Prioritäten zu den Tasks und Prioritätsänderungen,
- Verwaltung der Anwender-Tasks, so daß sie andere Tasks, einschließlich Anwender-Tasks starten, suspendieren oder beendigen können,
- Vermittlung von Daten zwischen den Tasks,
- Verwaltung der Betriebsmittel und
- Unterstützung der Bedienerkommunikation.

Diese Aufgaben führt der Kern des Echtzeitbetriebssystems, der auch als Executive bezeichnet wird, aus.

Auch die zweite Schicht des Betriebssystems, die aus den Verarbeitungsprogrammen besteht, muß den Besonderheiten der Echtzeitverarbeitung entsprechen. Vor allem werden Programmiersprachen benötigt, mit denen sich die spezifischen Operationen beschreiben lassen. Dies betrifft beispielsweise

- die Task-Definition

      CREATE (Taskname,Priorität,Anfangsadresse),

- Scheduler-Anweisungen, wie

      READY PERIODICALLY (Startzeit,Periode, Anzahl der Starts)
      DELAY (Verzögerungszeit)
      SET TASK PRIORITY (neue Priorität),

  ferner READY, SUSPEND, KILL und

- die Intertask-Kommunikation, d.h. Senden und Empfangen von Daten

      TRANSMIT (Wort,Adresse)
      RECEIVE (Adresse).

Systemstruktur

Mit der expliziten Berücksichtigung der Zeit als unabhängige Größe kommt im Betriebssystemkern zur Task- und Betriebsmittelverwaltung die Zeitverwaltung hinzu. Sie hat die Aufgabe, Verarbeitungsprozesse im Rechner und Aktionen am Basisprozeß zu vorgebbaren Zeiten zu starten.

Die Betriebsmittel des Rechners sind um anwendungsspezifische Prozeßperipherie erweitert. Die zugehörigen Driver- und Verarbeitungsprogramme kommunizieren direkt mit dem Betriebssystem auf unterschiedlichen Ebenen. Auch sie sind anwendungsspezifisch und gehören im engeren Sinne nicht zum Betriebssystem.

Damit ergeben sich, wie Abb.5.33 zeigt, in der Systemstruktur von Echtzeitprogrammen Unterschiede gegenüber der Software für andere Betriebsarten: Bei kommerziellen Rechnern liegt die Schnittstelle zwischen Betriebssystem und Anwenderprogrammen oberhalb der Schicht der Verarbeitungsprogramme. Die Hardware und die hardwarenahen Prozesse, wie die Interrupt-Verarbeitung, bleiben vor dem Nutzer verborgen.

Abb.5.33:
Schichtenmodell für Programmsysteme der Echtzeitverarbeitung

In der Prozeßrechentecnik hingegen muß der Anwender in Abhängigkeit vom Basisprozeß und von der Prozeßperipherie die Geräte-Driver, die Reaktionsprogramme für die Interrupt-Verarbeitung entwickeln sowie die Programme für die Steuer-, Kontroll- und Führungsalgorithmen erstellen. Die Schnittstelle zwischen Betriebssystem und Anwenderprogramm durchzieht somit alle Schichten der Software bis herab zur Hardware.

Behandlung externer Programmunterbrechungen

Programmunterbrechungen (PU) oder Interruptanforderungen können durch

- Kommandoeingaben des Bedieners und
- Fertigmeldungen von Peripheriegeräten, beispielsweise beim Abschluß eines Druck- oder Lesevorganges oder bei Beendigung einer Blockübertra gung über den direkten Speicherkanal (DMA),

ausgelöst werden. Neben den extern erzeugten Unterbrechungen erscheinen Software-Interrupts (traps), wenn bei der Verarbeitung im Prozessor Ausnahmezustände auftreten.

Bei der Prozeßdatenverarbeitung kommen weitere Interruptquellen hinzu:

- Alarmsignale aus dem Prozeß und
- Fertigmeldungen von Aktionen am Prozeß, wie Schließen eines Ventils, oder von Prozessen der Peripherie, z.B. Beendigung der Analog-Digital-Konvertierung eines Spannungswertes.

Die Technik der Interruptverarbeitung bei verschiedenen Typen von Mikrorechnern ist bereits im Abschnitt 3. beschrieben worden.

Zeitverwaltung

Die Zeitverwaltung hat die Aufgabe, Prozesse zu vorgegebenen Zeiten zu starten, zu beenden oder für eine bestimmte Zeit anzuhalten (La 76). Sie wird durch Interruptsignale, die eine Echtzeituhr erzeugt, periodisch angestoßen. Das Programm der Zeitverwaltung führt drei Listen (Abb.5.34). Die erste Liste ZEITVORGABE enthält die Zyklusseiten der periodisch zu startenden Prozesse in Einheiten der Taktzeit. Die zweite Liste ist der Zeitzähler. Eine dritte Liste vermittelt zwischen dem ZEITZÄHLER und dem Tasksteuerblock.

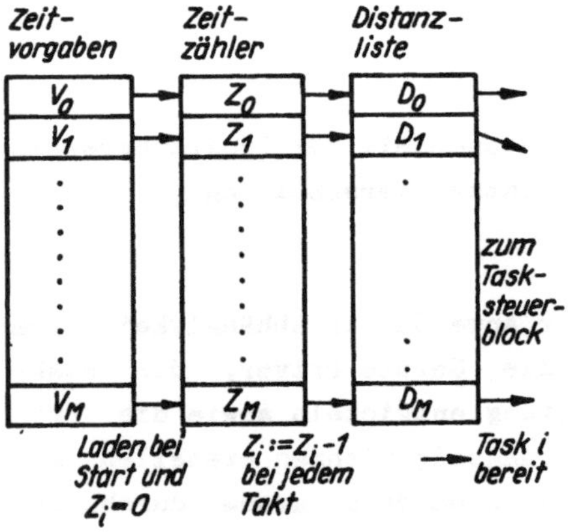

Abb.5.34:
Zeitverwaltung in Echtzeitbetriebssystemen

Beim Systemstart werden aus der Liste ZEITVORGABE die Werte in die Liste ZEITZÄHLER überschrieben. Jeder folgende Zeittakt verringert die Inhalte der Zeitzählerzellen um 1. Erreicht ein Zeitzähler den Wert 0, so setzt der Scheduler die zugehörige Task in den Zustand "bereit", und die Zeitverwaltung lädt die Zeitzählerzelle wieder mit dem Wert aus der Liste ZEITVORGABE. Schaltkreise, die wirkungsvoll die Aufgaben der Zeitverwaltung unterstützen, sind in Abschnitt 4.2. vorgestellt worden.

Taskverwaltung

Eine Besonderheit der Echtzeitverarbeitung ist das Eingreifen von Interrupts aus der Zeitverwaltung und aus anwenderspezifischen Betriebsmitteln in die Taskverwaltung. Die Interruptanforderungen überführen die zugeordneten Tasks aus dem Zustand "wartend" in den Zustand "bereit". Der Dispatcher der Taskverwaltung durchsucht zeitzyklisch die Taskvektoren nach bereiten Prozessen und übergibt den ersten mit der höchsten Priorität zur Ausführung. Prozesse niedrigerer Priorität werden unterbrochen.

Verschiedentlich ist neben dem Taskzustand "wartend" noch ein Zustand "unterbrochen" für verdrängte Tasks definiert. Tasks lassen sich aus diesem Zustand durch Interrupts hinreichend hoher Priorität wieder "erwekken" und in den Zustand "bereit" bringen.

Die Prioritäten der Tasks haben den Erfordernissen des Basisprozesses zu entsprechen. Tasks für kurze Reaktionzeiten erhalten einen hohen Vorrang und werden speicherresident angelegt, damit die Reaktionsprogramme ohne Zeitverzug abgearbeitet werden. Das Kriterium der Task- und Betriebsmittelverwaltung ist im Gegensatz zu anderen Betriebsarten hier nicht die höchstmögliche Auslastung des Zentralprozessors oder ausgeglichene Wartezeiten, sondern die rechtzeitige Reaktion auf Anforderungen des Basisprozesses.

Damit sich die Anwendertasks nicht unerlaubt überholen, ist eine Synchronisation auf der Ebene der Anwendertasks notwendig. Die Echtzeitprogrammiersprachen müssen über entsprechende Ausdrucksmittel verfügen. Dieses Problem wird in Abschnitt 6.3. aufgegriffen.

5.7.3 Echtzeitbetriebssystem BOS-1810

Unterstützte Gerätekonfiguration

BOS-1810 ist ein Multi-task-Echtzeitbetriebssystem (Kü 87) für den Mikroprozessor 8086 bzw. K 1810 WM 86. Das modular gestaltete System läßt sich an unterschiedliche Gerätekonfigurationen und Einsatzprofile anpassen. BOS-1810 ist kompatibel mit dem Echtzeitsystem RMX-86.

Die Mindestkonfiguration besteht aus einer typischen PC-Ausstattung (Konsole, 5.25- und 8-Zoll-Diskettenlaufwerke, Seriendrucker mit Centronics-Interface) sowie aus
- einer Anschlußsteuerung für parallele und serielle Interfaces (IFSP, IFSS und V.24),
- einer programmierbaren Interrupt-Steuereinheit K 580 WN 59 A,
- einem programmierbaren Intervallzeitgeber K 580 WI 53 und
- 17-Kbyte-Speicher, der sowohl RAM als auch ROM enthalten kann.

Aufbau und Funktion von BOS 1810

BOS gliedert sich in die Teile
- Executive,
- Dienst- und Hilfsprogramme sowie
- Sprachübersetzer.

Der Executive obliegt die bereits geschilderte Organisation des Multitask-Betriebes. BOS ist ein objektorientiertes Betriebssystem. Objekte sind Datenstrukturen, anhand derer die Verwaltung von Prozessen und

Ressourcen erfolgt. BOS unterscheidet die Objekt-Typen Task, Job, Mailbox, Semaphor und Connection. Sie können durch den Anwender definiert werden. Die Executive stellt zur Bearbeitung der Objekte Systemrufe bereit, z.B. CREATE MAILBOX und DELETE MAILBOX. Der Nutzer kann ferner Systemrufe für zusätzliche Objekte festlegen.

BOS-1810 verfügt über zwei Ein-/Ausgabe-Systeme, das Basis- und das erweiterte E/A-System. Das Basis-E/A-System bildet die unterste, hardwarenahe Ebene. Der Anwender kann unter Nutzung dieser Dienste unmittelbar auf die Peripherie zugreifen. Das erweiterte Ein-/Ausgabe-System entlastet der Anwender von Detailoperationen, wie dem Puffern der Daten. Die Systemrufe READ und WRITE ermöglichen eine geräteunabhängige Ein-/Ausgabe. Die physische Peripherie wird durch Parameter spezifiziert. Driver können bei der Systemgenerierung einem vorgegebenen Fonds entnommen oder durch den Anwender geschrieben und in das System eingebracht werden.

Dateien auf externen Speichern sind hierarchisch strukturiert. Der Nutzer hat die Möglichkeit, die physische Dateistruktur, z.B. die Blocklänge, festzulegen und damit die Zugriffszeiten zu beeinflussen.

Die Kommunikation erfolgt über Kommandos (human interface). Das System interpretiert jedes Kommando als Name eines Programms. Der Bestand an Kommandos läßt sich modifizieren und erweitern. Über das Human-Interface unterstützt BOS den Mehrnutzerbetrieb, wobei es jedem Nutzer eine eigene Arbeitsumgebung zuweist.

BOS ermöglicht das Binden zur Laufzeit, insbesondere das Binden
- von Objekten an Tasks,
- von Dateien und Geräten an Tasks sowie
- von Anwenderprogrammen an das Betriebssystem.

Das Betriebssystem führt eine automatische Fehlerbehandlung durch. Es schließt eine fehlerhafte Task von der Verarbeitung aus, informiert den Anwender oder versucht, die Fehler zu überbrücken. Jeder Systemruf stellt einen Rückkehrkode bereit, der über die Ausführung des Rufes Auskunft gibt. Die Rückkehrkodes können durch Nutzerprogramme ausgewertet und für eine spezielle Fehlerberhandlung genutzt werden.

Dienst- und Hilfsprogramme
Ein Konfiguriersystem unterstützt die Anpassung des Betriebssystems an die Konfiguration der Gerätetechnik. Mit Hilfe einer Menütechnik wird eine Konfigurationsdatei erstellt, anhand derer die Modifizierung des Systems erfolgt. Im System BOS befindet sich ferner ein objektorientierter Debugger, der u.a. Informationen über die Multi-task-Bearbeitung, z.B. welche Tasks sich in bestimmten Warteschlangen befinden, bereitstellt. Für die Wartung von Dateien existieren Kommandos, z.B. zum Forma-

tieren von Datenträgern, zum Erzeugen, Kopieren und Umbenennen von Dateien. Die genannten Komponenten sind der Executive zugeordnet.

Darüber hinaus enthält BOS weitere Dienstprogramme, u.a. zeilen- und bildschirmorientierte Editoren, einen Assembler ASM-86, Lader, Locator, Konvertierungsprogramme und einen Compiler für PLM-86.

5.7.4. Betriebssysteme für Multiprozessorsysteme

Ein Weg zu höheren Verarbeitungsleistungen führt über die Parallelarbeit von mehreren Prozessoren (St 81a). Mikrorechner-Verbundsysteme sind für die Prozeßrechentechnik von besonderem Interesse.

So wird in (St 81a) ein Multiprozessorsystem auf der Grundlage des Schaltkreises Z8001 vorgeschlagen. Es besteht aus einem Host-Rechner (Z 8001, RAM, Firmware mit Betriebssystem) und bis zu 128 Subsystemen, die jeweils mit dem Schaltkreis Z8002, RAM, ROM und einem einfachen residenten Monitorprogramm ausgerüstet sind. Das System arbeitet nach dem Master-slave-Prinzip, wobei vier Phasen zu unterscheiden sind:
- Monophase: Der Master arbeitet autonom Programme ab.
- Initialisierungsphase: Der Master verteilt auf äußere Anforderung Tasks an die Subsysteme (slaves). Er sendet hierzu die benötigten Daten und, falls erforderlich, auch die zugehörigen Programme (down loading) an die Slaves.
- Parallelphase: Die Subsysteme führen autonom und zeitlich parallel die Tasks aus. Nach Beendigung der Task senden sie Fertigmeldungen an den Master.
- Datenaustauschphase: Der Master arbeitet die Warteschlange mit den Fertigmeldungen der Subsysteme ab und leitet den Datentransfer aus den RAM der Subsysteme in den RAM des Masters ein.

Das Betriebssystem des Masterrechners beinhaltet neben dem Systemkern verschiedene Dienstprogramme, einschließlich der Cross-Software für die Subsysteme. Der Betriebssystemkern muß neben den herkömmlichen Diensten, wie E/A-Steuerung, Task- und Ressourcenverwaltung, auch die Verwaltung der Subsysteme übernehmen.

Wie das Beispiel erkennen läßt, erfolgt bei Mehrprozessor- oder Mehrrechnersystemen die Kommunikation auch zwischen Tasks, die sich auf unterschiedlichen Prozessoren befinden. Das Betriebssystem verwaltet hierzu logische Kommunikationskanäle, über die der Austausch von Nachrichten verläuft, sowie Warteschlangen und Mailboxen. Die Tasks greifen sendend oder empfangend über Ports auf die Kanäle zu. Die Ports sind Schnittstellen der Kommunikationskanäle zu den Tasks. Manche Betriebssysteme (Kl 87) stellen Systemrufe zum Auf- bzw. Abbau der Verbindungen, zur Einleitung der Übertragung sowie zur Anforderung der Nachrichten bereit. Physisch werden die Kanäle u.a. durch Bus- bzw. Rechnerkoppler, Ein-/Ausgabesteuerung und Pufferspeicher realisiert. Ein Signalaustausch (hand shake) über das Interruptsystem meldet die Übertragungsanforderung beim Zielrechner an, damit nicht alle Warteschlangen ständig durchmustert werden müssen.

Auf den Prozessoren befinden sich Betriebssystemkomponenten zur Verwaltung der lokalen Prozesse und Ressourcen. Als ein solches lokales Betriebssystem kann beispielsweise BOS-1810 eingesetzt werden. Gegenüber den Einprozessor-Rechnern kommen bei den lokalen Betriebssystemen die Steuerung der Rechnerkommunikation, die Verwaltung der Transferprozesse, der Warteschlangen, Mailboxen und Pufferspeicher hinzu.

5.8. Betriebssysteme in Silizium

Das Schichtenmodell und das Bild der "Nutzermaschine" (Abschnitt 5.1.) legen den Gedanken nahe, Funktionen von Betriebssystemen, vor allem die hardwarenahen, nicht durch Software ausführen zu lassen, sondern als Hardware-Funktionen in den Mikrorechner zu integrieren. Man bezeichnet diese Lösungen als "Betriebssysteme in Silizium". Sie sind von der Firmware zu unterscheiden, die wie beim System Personal CP/M durch Ablegen von Betriebssystemkomponenten auf ROM entsteht (Abschnitt 5.3.).

5.8.1 Sprachmaschinen

Sprachmaschinen sind Prozessoren, die Anweisungen einer höheren Programmiersprache direkt ausführen. Die Auflösung der relativ mächtigen Anweisungen höherer Programmiersprachen in elementare Befehle erfolgt nicht mehr durch Software, sondern durch entsprechende Hardware-Funktionen. Folgende Beispiele sind zu nennen:

- Der Chip-Satz iAPX-432 (Ge 81) arbeitet ADA- und PASCAL-Programme ab.
- Die PASCAL-MICROENGINE WD/9000, ein 16-bit-NMOS-Prozessor, interpretiert den Zwischenkode (P-Kode) aus der Übersetzung von PASCAL-Programmen.
- Mit dem Einchip-Mikrorechner MAC-4 können C-Programme unmittelbar ausgeführt werden.

5.8.2. Betriebssystemfunktionen im Prozessor iAPX-432

In die Hardware dieses Prozessors sind die Funktionen der Prozeß- und Ressourcenverwaltung einbezogen. Grundlage der Verwaltungsoperationen bilden spezielle Datenstrukturen, die Systemobjekte. Der Prozessor ist nicht nur wegen der Realisierung der Betriebssystemfunktionen durch die Hardware, sondern auch aufgrund seiner modernen objektorientierten Gestaltung interessant:

- Zustand und Umgebung eines Prozessors werden durch ein Prozessorobjekt beschrieben.
- Jeder Task ist ein Prozeßobjekt zugeordnet, das ähnlich den Taskvektoren die Kenngrößen einer Task, wie Name, Priorität, Zustand usw. enthält.
  - Speicherobjekte (storage ressource objects, SRO) dienen der Verwaltung des Arbeitsspeichers oder einzelner Regionen. Systemrufe (CREATE SEGMENT) lösen die automatische Suche und Bereitstellung von freien Speicherbereichen und entsprechender Zugriffsdeskriptoren für das neue Speicherobjekt aus.
- Portobjekte unterstützen die Funktionen von Warteschlangen und Nachrichtenpuffern. Sie reihen die lauffähigen Prozesse für die Prozessorvergabe nach dem FIFO-Prinzip oder/und entsprechend ihrer Priorität ein. Ein Port nimmt Nachrichten aus Prozessen entgegen, um sie bei An-

forderung an andere Prozesse weiterzuleiten. Benötigt ein Prozeß eine Mitteilung an, die noch nicht hinterlegt worden ist, so wird dieser Prozeß "an das Port gebunden". Er muß so lange warten, bis die geforderte Nachricht eingetroffen ist.

Ferner gibt es
- Objekte zur Verwaltung des logischen und des physischen Adreßraumes sowie
- Context- und Domainobjekte zur Beschreibung der Laufzeitumgebung von Programmstrukturen.

Bei der Speicherverwaltung besteht ein Objekt aus einem oder mehreren Segmenten. Ein Segment ist ein zusammenhängender Speicherbereich von 1 byte bis 64 Kbyte.

Ein Objekt wird durch einen Objektdeskriptor beschrieben. Er enthält die physische Basisadresse, die Länge sowie den Typ des Objekts. Die Objektdeskriptoren sind in einer zentralen Objekttabelle zusammengefaßt. Um auf ein Objekt zugreifen zu können, benötigt ein Programm einen Zugriffsdeskriptor. Dieser verweist auf den entsprechenden Objektdeskriptor (Index in der Objekttabelle) und definiert die Zugriffsrechte. Die Zugriffsdeskriptoren einer Programmeinheit sind zu einer Zugriffsliste vereinigt. Sie beschreibt die Zugriffsumgebung der betreffenden Programmeinheit, den Context. Ein Programm kann andererseits nur auf ein Objekt zugreifen, wenn es über einen entsprechenden Zugriffsdeskriptor verfügt.

Zur Laufzeitunterstützung von höheren Programmiersprachen dienen neben den Contextobjekten die Domainobjekte. Sie enthalten die Zugriffsdeskriptoren zu allen Unterprogrammen einer Programmkomponente (Modul) und definieren die statische Zugriffsumgebung dieses Moduls. Ein Domainobjekt besteht aus einem "öffentlichen" und einem "privaten" Teil. Der öffentliche Teil bestimmt die Schnittstelle nach außen, der private die Zugriffsdeskriptoren, die innerhalb eines Moduls verwendet werden können. Der öffentliche Teil ist von anderen Moduln erreichbar

Obwohl die Betriebssystemfunktionen von iAPX-432 und die Sprache ADA unabhängig von einander entworfen worden sind, gibt es Parallelen in der Objektgestaltung (Abschnitt 6.).

Die Hardware identifiziert diese Objekte und behandelt sie selbständig entsprechend den in Hardware realisierten Befehlen und Funktionen. Die Integration der Betriebssystemfunktionen in die Hardware erbrachte eine weit höhere Effizienz der Systemarbeit.

6. Anwenderprogrammierung

6.1. Prinzipien

6.1.1. Anforderungen

Das breite Spektrum der Mikrorechnerapplikationen spiegelt sich in der Anwenderprogrammierung wider. Sie wird sowohl durch die rasch zunehmende Leistungsfähigkeit der Mikrorechner als auch durch qualitativ neue Einsatzprofile stimuliert.

In der Anfangszeit der Mikrorechentechnik wurden Programme fast ausschließlich in Maschinen- oder Assemblerkode mit Hilfe von Cross-Systemen erstellt und mit einfachen Monitoren getestet. Nach dem Erscheinen der ersten Betriebssysteme und verbesserter Hilfsmittel für die Programmentwicklung, vor allem von Übersetzern für höhere Programmiersprachen, waren Ende der siebziger Jahre die Voraussetzungen für eine Programmentwicklung geschaffen, die dem Niveau der Kleinrechentechnik entsprach. Die Orientierung auf wenige international verbreitete Betriebssysteme (Abschnitt 5.) förderte die Kompatibilität und damit den Austausch von Anwenderprogrammen.

Durch den Rückgang der Preise von Mikrorechnerschaltkreisen bei gleichzeitiger Leistungserhöhung der Hardware ist Software zum kostenbestimmenden Faktor geworden. Ihr Anteil am finanziellen Aufwand für ein Rechnerprojekt beträgt, wie Abb.6.1 zeigt, gegenwärtig ca. 80%.

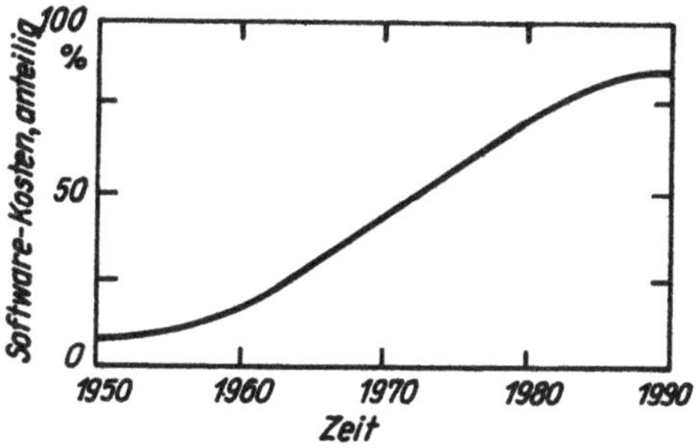

Abb.6.1: Entwicklung des Kostenanteils der Software

Ein wichtiges Problem der Programmentwicklung ist die Qualitätssicherung. Ein großer Teil der Software-Kosten (bis zu 70%) entfällt auf Nachbesserungen. Die Ursachen hierfür sind in erster Linie Fehler, die bei der Problemanalyse und dem Entwurf entstanden sind. Hinzu kommen Überschreitungen der Kosten und der Fertigstellungstermine. Diese Situation, die bereits um 1975 sichtbar wurde, wird als "Software-Krise" bezeichnet.

Die Beurteilung der Qualität von Programmen bereitet erfahrungsgemäß Schwierigkeiten. Die Qualität von Software muß daher durch Verifikation nachgewiesen werden. Trotz unterschiedlicher Anforderungen der Einsatzgebiete sind für die Bewertung von Programmen die folgenden allgemeinen Kriterien eingeführt und als Standard (TGL 36800) für verbindlich erklärt worden:

- Korrektheit
Ein Programm ist korrekt, wenn es aus zulässigen Eingabegrößen nach endlich vielen Verarbeitungsschritten Ausgabegrößen bereitstellt, die der Spezifikation entsprechen, d.h. die erwarteten Werte annehmen. Der Nachweis der Korrektheit (Verifikation) kann formal-logisch oder empirisch durch Testen eines Programms erbracht werden. Ein erfolgreich bestandener Test ist zwar ein notwendiges, aber noch kein hinreichendes Kriterium für die Korrektheit eines Programms. Die Korrektheit, das wichtigste Qualitätskriterium, ist bei großen Programmen schwer zu gewährleisten und ebenso schwer nachzuweisen. Stattdessen wird zunehmend der Begriff der Zuverlässigkeit verwendet. Er besagt, daß das Auftreten eines Fehlers unwahrscheinlich ist.

- Stabilität
Stabilität bezeichnet die Eigenschaft eines Programms, auf unzulässige Eingabedaten, falsche Bedienung oder Fehler der Hardware in vorbestimmter Weise zu reagieren, z.B. falsche Daten oder Kommandos abzuweisen und in einen definierten Zustand (Fehlermeldung, Halt oder Beendigung) überzugehen.

- Effizienz
Effizienz ist ein Maß für sparsame Inanspruchnahme von Rechnerressourcen, vor allem von Prozessorzeit und Speicherplatz. Beide verhalten sich meist gegenläufig, so daß je nach Anwendungsfall ein Kompromiß gefunden werden muß. Bei der Echtzeitprogrammierung spielt die Minimierung von Reaktions- und Verarbeitungszeit die ausschlaggebende Rolle.

- Flexibilität
Flexibilität bedeutet, daß ein Programm mit geringem Aufwand verändert und an aktuelle Nutzungsbedingungen angepaßt werden kann. Günstig ist eine modulare Strukturierung von Programmen, durch die die Änderungen auf bestimmte Programmbereiche begrenzt bleiben.

- Verständlichkeit
Die Nutzung eines Programms sollte durch ausreichende Kommunikationsmöglichkeiten (Ausschriften, Aufforderungen und Meldungen) ferner durch die Wahl aussagefähiger, mnemonischer Bezeichner unterstützt werden. Dabei sind der Anwenderkreis und die Häufigkeit der Nutzung zu berück-

sichtigen. Gute Lesbarkeit erleichtert das visuelle Erfassen von Programmstrukturen. Sie ist eine Voraussetzung für das fehlerarme Erstellen, vor allem für das Ändern und Warten von Programmen. Durch Wahl einer adäquaten höheren Programmiersprache, übersichtliche Gestaltung der Programmausschriften, z.B. Einrücken von Befehlen in PASCAL- oder C-Programmen, durch ausreichendes Kommentieren und ausführliches Dokumentieren lassen sich Lesbarkeit und Verständlichkeit von Programmen erhöhen.

Zwischen den genannten Kriterien bestehen Wechselbeziehungen. So hat in der Anfangszeit der Mikrorechnerprogrammierung das Streben nach höchster Effizienz (z.B. durch trickreiches Kodieren) andere Programmeigenschaften, wie Verständlichkeit, Flexibilität und Zuverlässigkeit, negativ beeinflußt. Die Gewichte der Kriterien haben sich inzwischen verschoben: Seitdem schnellere Prozessoren und größere Arbeitsspeicher verfügbar sind, spielt die Programmeffizienz in der Mehrzahl der Anwendungsfälle nur noch eine untergeordnete Rolle. Stattdessen gewinnen Flexibilität und Verständlichkeit, aber auch Portabilität immer mehr an Bedeutung, da Änderungen und Fehlerbeseitigung einen hohen Anteil an den Software-Kosten haben. Hinzu kommt, daß Entwicklung und Wartung von Software im allgemeinen durch unterschiedliche Personen erfolgen.

6.1.2. Methodik der Software-Entwicklung

Angesichts der zunehmenden Komplexität der Software und ihres wachsenden Anteils an den Kosten für die Rechentechnik ist man seit den siebziger Jahren bestrebt, das Programmieren wissenschaftlich zu durchdringen und zu organisieren. Die Software-Technologie, die aus diesem Bemühen hervorging, hat sich inzwischen als Wissenschaftszweig der Informatik etabliert. Sie widmet sich der Entwicklung und Anwendung ingenieurtechnischer Prinzipien, Methoden und Organisationsformen sowie rechentechnischer Mittel zur Erstellung von Programmen.

Die Entwicklung großer Programmsysteme, vor allem von Betriebssystemen, ist zur Aufgabe von Kollektiven geworden, in denen neben Informatikern auch Fachleute des Anwendungsgebietes tätig sind. Die Arbeitsweise solcher Kollektive unterscheidet sich erheblich vom individuellen Programmierstil früherer Jahre: Unter zeitlichen, personellen und finanziellen Vorgaben arbeitend, gleicht die Software-Produktion einem industriellen Projektierungs- und Konstruktionsbüro, in dem eine streng geregelte Arbeitsteilung und Arbeitsplanung herrscht.

Technologische Mittel zur Verbesserung der Software-Entwicklung sind vor allem:

- Systematisierung und Organisierung aller Prozesse der Entwicklung und Qualitätssicherung,
- Verbesserung der Entwurfs-, Kodier- und Prüfmethodik,

- Anwendung problemadäquater effektiver Programmiersprachen und
- Einsatz leistungsfähiger rechentechnischer Mittel (Werkzeuge, tools) zum Entwickeln und Testen von Programmen.

Entwicklungskonzepte
Im Ergebnis der Systematisierung der Programmentwicklung entstand das **Phasenkonzept**. Der Prozeß der Entwicklung, Erprobung und Nutzung von Programmen wird hierbei in separat zu bearbeitende und zu kontrollierende Abschnitte (Problemdefinition, Problemanalyse, Systementwurf, sprachliche Formulierung, Test, Dokumentation sowie Nutzung und Wartung des Programms) untergliedert. Die Phasen bilden den Lebenszyklus eines Programms.

Eine Alternative zum Phasenkonzept ist das **Prototypkonzept**. Es geht von einer Musterlösung, dem Prototyp, aus. Entsprechend der Spezifik der Anwendungsaufgabe wird die Prototyp-Software schrittweise im ständigen Wechsel von Änderung und Test an den Einsatzfall angepaßt.

Strukturierte Programmierung
Strukturierte Programmierung ist ein Entwurfs- und Gestaltungskonzept, das sich seit den siebziger Jahren (Di 68, Di 72) in der Programmentwicklung bewährt hat und auf folgenden Arbeitsprinzipien beruht:

- Schrittweise Verfeinerung
Die Gesamtaufgabe wird schrittweise in Teil- und schließlich in Elementarfunktionen zerlegt, die leichter zu übersehen, zu kodieren und zu testen sind. Die Verfeinerung läßt sich so weit fortsetzen, bis sich die Elementarfunktionen in den Grundelementen der Programmiersprache formulieren lassen. Die schrittweise Zerlegung in Teil- und Elementarfunktionen trägt den Namen "Top-down-Methode", da sie von der Gesamtfunktion zu den Teilfunktionen herabführt.

- Beschränkung der Steuerstrukturen
Es sind nur noch drei Grundstrukturen der Steuerung zugelassen: Sequenz, Selektion und Iteration (Abschnitt 6.1.3.). Auf Sprunganweisungen (GOTO-Anweisungen) wird verzichtet, da sie erfahrungsgemäß die Quelle unübersichtlicher und fehlerhafter Programmstrukturen sind.

- Strukturierung nach dem Blockkonzept
Anweisungsfolgen (Sequenzen) werden zu Blöcken zusammengefaßt. Sie verfügen jeweils nur über einen Ein- und einen Ausgang, so daß unübersichtliche Querverbindungen zwischen den Blöcken ausgeschlossen sind.

- Strukturgerechte Gestaltung des Druckbildes von Programmausschriften
Durch eine Staffelung der Programmzeilen werden unterschiedliche Blockniveaus sichtbar gemacht (Abb.6.2).

```
TYPE MATRIX = ARRAY[1..N, 1..N] OF REAL ;
(* TYP-DEFINITION IM HAUPTPROGRAMM *)
                    :
PROCEDURE MATMULT (VAR A, B, C: MATRIX; N: INTEGER);
(* PROZEDUR ZUR MATRIXMULTIPLIKATION *)
VAR  I,J,K: INTEGER; S: REAL;
BEGIN FOR I := 1 TO N DO
        FOR J := 1 TO N DO
          BEGIN S := 0;
            FOR K := 1 TO N DO
              S := S + A[I,K] * B[I,K];
            C[I,J] := S
          END
END
```

Abb.6.2: Strukturgerechte Gestaltung von Programmen

Strukturierte Programmierung ist heute ein anerkanntes Prinzip der Programmgestaltung. Zu ihrer Anwendung stehen
- spezifische graphische Symbolsysteme, Struktogramme (Abschnitt 6.1.4.),
- höhere Programmiersprachen, wie PASCAL, Modula, ADA u.a., deren Ausdrucksmittel die Strukturierung unterstützen, sowie
- Beautifier, die Programmausschriften strukturgerecht gestalten (Abschnitt 5.6.),

zur Verfügung. Programmiersprachen und Software-Werkzeuge werden heute danach beurteilt, wie sie den Erfordernissen der Strukturierung entsprechen.

Datenorientierte Programmentwicklung
Ausgangspunkt der Programmentwicklung für die ökonomische Datenverarbeitung und für Leitungsinformationssysteme ist die Fragestellung, wer welche Information zu welchem Zeitpunkt benötigt. Daher wird in diesem Fall bevorzugt eine datenorientierte Entwurfsmethode (Ja 79) angewendet. Sie definiert die benötigten Datenstrukturen und -mengen sowie die erforderlichen Umformungen der Daten.
Durch eine Analyse müssen
- Art und Format der auszugebenden Daten,
- Ausgangsdaten, die für die Berechnungen benötigt werden,

- Zusammengehörigkeit von Daten und deren Zusammenfassung zu Datenstrukturen sowie
- Wertebereiche der Daten

geklärt werden. Daraus folgen die Operationen für die Umformung der Daten und die Funktionen der Programme, die nach den Prinzipien der strukturierten Programmierung zu gestalten sind. Die datenorientierte Entwurfsmethode ist nur für datenumformende Informationsprozesse geeignet.

6.1.3. Phasenkonzept der Programmentwicklung

Um den Prozeß der Programmentwicklung streng zu systematisieren und kontrollfähig zu getalten, wird der Lebenszyklus eines Programms

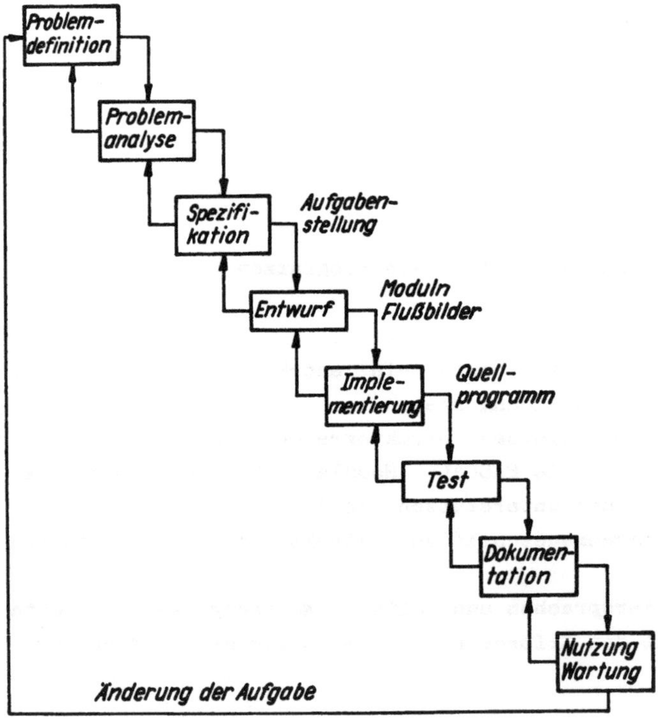

Abb.6.3: Lebenszyklus eines Programms

(Abb.6.3) in eine Folge relativ abgeschlossener Teilschritte (Phasen) mit testfähigen Zwischenergebnissen gegliedert. Von größter Bedeutung für die Software-Qualität sind die Phasen der Problemdefinition und -analyse sowie des Entwurfs. Fehler, die in diesen Abschnitten entstehen, wirken sich schwerwiegend auf die nachfolgenden Phasen aus. Sie sind mit formalen Mitteln nicht feststellbar und können das Software-Produkt unbrauchbar machen. Das Programmieren im herkömmlichen Sinne, d.h. das Aufstellen der Flußbilder und das Formulieren in einer Programmiersprache, stellt nur einen Teil des Lebenszyklus eines Programms dar.

Problemanalyse

Durch die Problemanalyse werden die Anforderungen an den Rechner und an das Programm, die zu lösenden Verarbeitungsaufgaben, die Einsatzbedingungen, insbesondere die Einbettung der Programmaktivitäten in die umgebenden Verarbeitungsprozesse, fixiert.

Beispielsweise soll die Problemanalyse für den Einsatz eines Rechners in der Prozeßautomatisierung Aussagen ergeben über

- Aufgabenprofil des Rechners (Prozeßdatenerfassung, Überwachung, Steuerung, Regelung oder Optimierung des Prozesses),
- geforderten Inhalt der Meßprotokolle, anzuzeigende Meßwerte und zu meldende Alarme,
- Art und Anzahl der zu erfassenden Meßwerte, Zeitpunkt oder Periode der Abfrage, zu erwartende Datenraten und -formate,
- Art, Umfang und Zeitpunkt der Rückwirkungen auf den Prozeß,
- Art und Umfang der Meßdatenverarbeitung,
- Kommunikation mit dem Anlagenfahrer, notwendige Eingriffe sowie
- Eigenschaften der geplanten Prozeßperipherie.

Die Analyse hat als Schlußfolgerung den grundsätzlichen Lösungsweg aufzuzeigen.

Spezifikation

Ausgehend von den Ergebnissen der Problemanalyse,wird die Aufgabenstellung für die Entwicklung des Programms spezifiziert. Sie beinhaltet die wesentlichen Leistungsparameter und die geforderte Gesamtfunktion des Programms, Festlegungen über Datenformate der Ein-/Ausgabe und die Größe von Datenspeichern. Oft werden noch Qualitätsmerkmale und ökonomische Kennziffern festgelegt.

Entwurf

Zunächst muß ein Algorithmus entworfen werden, der die Gesamtfunktion des Programms realisiert. Er bestimmt wesentlich die Leistungsfähigkeit des Programms. Der Gesamtalgorithmus wird schrittweise in kleinere und überschaubare Teilfunktionen zerlegt, so daß schließlich eine Hierarchie von Funktionen entsteht. Diese werden als relativ selbständige Programmeinheiten (Moduln) implementiert, die standardisierte Schnittstellen zu den anderen Programmeinheiten besitzen. Aus Gründen der Übersichtlichkeit sollte ein Modul nicht mehr als 100 Befehle enthalten. Mit der Zerlegung in Teilalgorithmen ist gleichzeitig eine Beschreibung der funktionellen Beziehungen zwischen den Moduln zu erstellen. Verschiedene moderne Programmiersprachen, wie Modula-2, unterstützen die Modularisierung durch die Definition entsprechender Programmstrukturen (Abschnitt 6.2.5.). Nach dem Schichtenmodell (Abschnitt 5.1.) müssen alle Teilaufgaben einer Schicht den gleichen Abstraktionsgrad und etwa denselben Umfang haben. Daher ist eine Schicht erst vollständig auszuarbeiten, bevor die nächste Detaillierung beginnt.

Die modulare Systemgestaltung unterstützt die separate Entwicklung und Austestung der Programmoduln. Sie ist eine Voraussetzung für arbeitsteiliges Programmieren. Bei geeigneter Abgrenzung der Funktionen ist eine Mehrfachnutzung von Moduln in unterschiedlichen Programmen, vor allem aber ein problemloser Austausch von Moduln gegen leistungsfähigere, möglich.

- Darstellung von Programmabläufen

Die beim Systementwurf entstandenen Programmstrukturen geben die zeitliche und logische Verknüpfung der Anweisungen wieder. Zur Veranschaulichung der Strukturen und Abläufe stehen seit den Anfängen der Rechentechnik graphische Symbolsysteme zur Verfügung. Ihre Elemente (Abb.6.4) entsprechen Aktionen und Bedingungen des Programmablaufs. Zur Zeit werden hauptsächlich die folgenden drei Darstellungssysteme verwendet:

- Kästchendarstellung, in der alle Aktivitäten durch Kästchen wiedergegeben werden,
- Programmliniendarstellung, in der ein Programmablauf durch eine Linie und die Aktivitäten durch Sprossen abgebildet sind,
- Struktogramm-Darstellung, deren Elemente den zulässigen Strukturen der strukturierten Programmierung entsprechen.

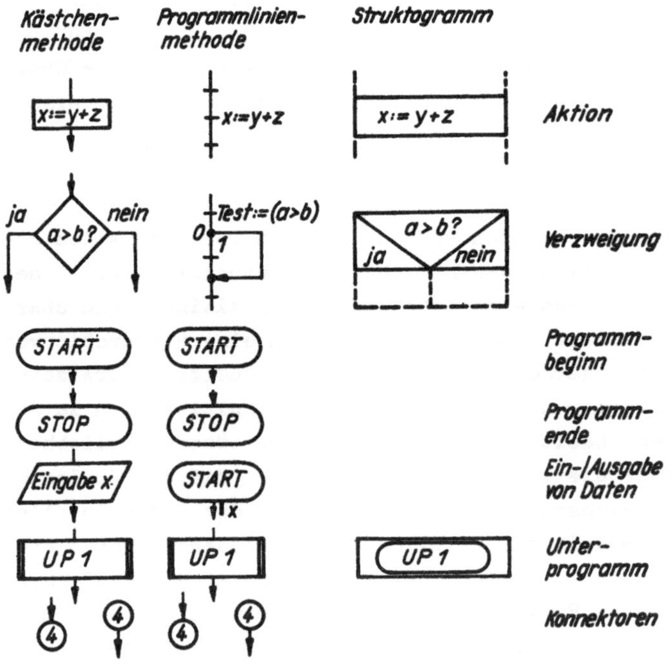

Abb.6.4: Elemente der Symbolsysteme

Darüber hinaus finden Petri-Netze vor allem zur Darstellung paralleler Prozesse Anwendung. Die Symbole der älteren Darstellungssysteme (Kästchen- und Programmliniendarstellung) lassen die Konstruktion beliebiger Programmstrukturen zu. Unübersichtliche und damit fehleranfällige Strukturen ergeben sich vor allem aus der willkürlichen Verwendung der unbedingten Sprunganweisung (GOTO). Sie sollte , wie die strukturierte Programmierung es fordert, vermieden werden. Gemäß Abb.6.5 führt die Anwen-

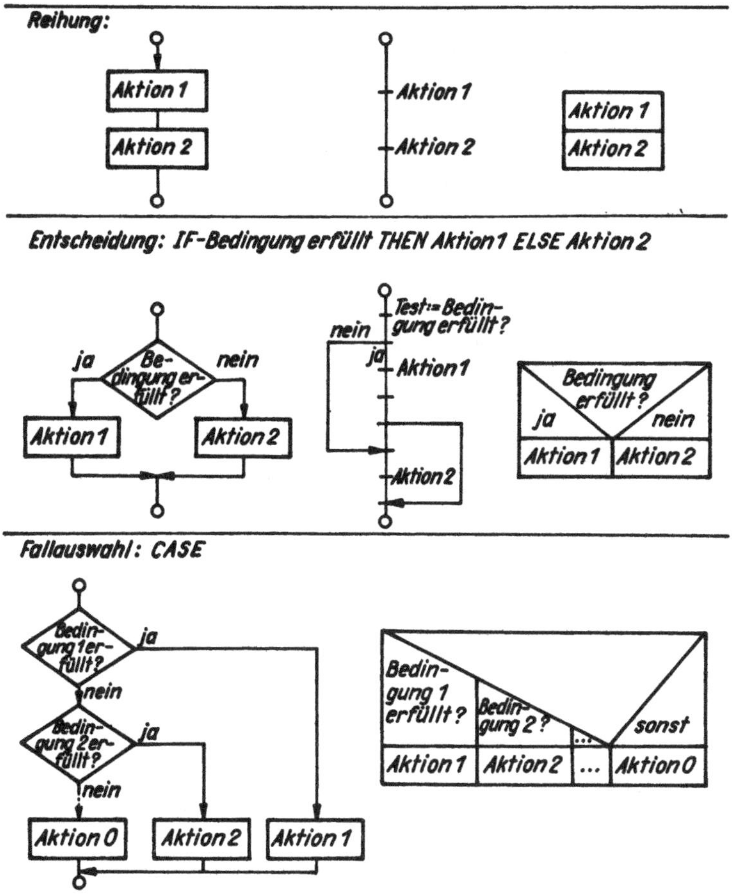

Abb.6.5: Elemente der strukturierten Programmierung

dung der strukturierten Programmierung zwangsläufig zu logischen und fehlerfreien Programmstrukturen. Die Strukturelemente (Reihung, Entscheidung und Wiederholung) haben jeweils nur einen Eingang und einen Ausgang, so daß eindeutige und überschaubare Verknüpfungen entstehen. Programmablaufpläne und Struktogramme geben bereits Details der Programmstrukturen und -abläufe wieder, die von Moduln realisiert werden. Die

Gesamtübersicht über das strukturierte Programm wird durch Strukturbäume (Abb.6.6) hergestellt. Sie vermerken u.a. Anzahl, Name und Zuordnung der Moduln zu den Hierarchiestufen der Verfeinerung, vor allem die funktionelle Veknüpfung der Moduln.

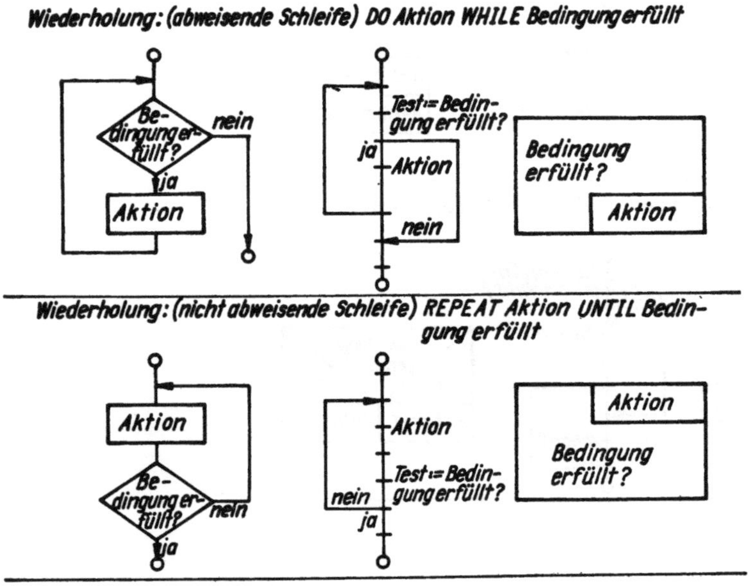

Abb.6.5 (Fortsetzung): Elemente der strukturierten Programmierung

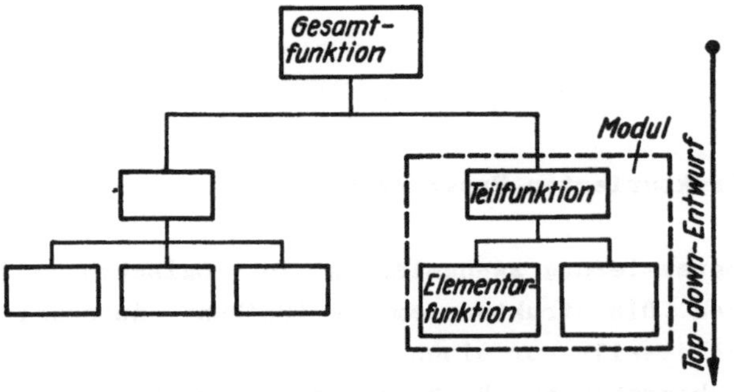

Abb.6.6 Schema eines Strukturbaums

Sprachliche Formulierung

Das in Form von Ablaufplänen oder Struktogrammen vorliegende Programm wird kodiert, d.h. in einer Programmiersprache formuliert. Die Bezeichnung Kodierung weist darauf hin, daß es sich vor allem um eine Umsetzung handelt und die gedankliche Hauptarbeit zuvor geleistet worden ist. Die auszuwählende Programmiersprache muß über Ausdrucksmittel (Datentypen, Datenstrukturen und Operationen) verfügen, die eine adäquate, problemnahe Beschreibung des Verarbeitungsproblems zulassen. Sie sollte darüber hinaus den Prinzipien der strukturierten Programmierung entsprechen. Die Auswahl der Programmiersprache hat bedeutenden Einfluß auf die Portabilität und damit auf die Verbreitung eines Programms. Die Beschränkung auf Standardversionen der Programmiersprachen begünstigt die Portabilität, kann aber auch den Verzicht auf attraktive Spracherweiterungen bedeuten.

Oft ist jedoch die Auswahl der Programmiersprache an Randbedingungen geknüpft, wie

- Verfügbarkeit und Effizienz der Übersetzer (prinzipiell sind alle gängigen Programmiersprachen auf den Standardbetriebssystemen, wie CP/M, MS-DOS und UNIX, implementiert),
- Restriktionen bezüglich Speicherplatz, Übersetzungs- und Verarbeitungszeiten,
- Übertragbarkeit auf andere Rechnerfamilien,
- Festlegung auf Sprachen innerhalb bestimmter Institutionen und
- bestehende Programmier- und Nutzungsgewohnheiten im betreffenden Anwendungsbereich.

Längere Zeit dominierten in der Programmierung von Mikrorechnern die **Assemblersprachen**. Sie bilden im wesentlichen die Befehlsliste eines Rechners oder einer Rechnerfamilie ab und sind deshalb an diese gebunden. Assemblersprachen bieten nur einen geringen Programmierkomfort. Gegenüber dem Maschinenkode lassen sie mnemonische Bezeichner für Operatoren sowie frei wählbare Namen für Adressen von Operanden, Marken und Unterprogrammen zu. Der Programmierer muß jedoch selbst die problemnahen Anweisungen seines Programms in die elementaren Assemblerbefehle auflösen. Daher ist das Kodieren in Assemblerkode zeitaufwendig und fehleranfällig. Die hohe Programmeffizienz, die oft als Argument für die Assemblerprogrammierung angeführt wird, erreichen in Wirklichkeit nur geübte Programmierer. Zudem ist das Problem des Speicherplatzbedarfs heute weitgehend entschärft. Daher sollten heute Anwenderprogramme nicht mehr in Assemblerkode geschrieben werden.

Höhere Programmiersprachen ermöglichen demgegenüber eine problemnahe und für den Anwender transparente Darstellung, die den Forderungen nach Verständlichkeit und Anwenderfreundlichkeit entgegenkommt. Die maschinelle Übertragung der problemnahe formulierten Anweisungen in Maschinenbefehle entlastet den Anwender von der mühsamen Übertragung der Programme in

Maschinenkode. Die Programmiersprachen werden in Abschnitt 6.2. ausführlicher betrachtet.

Testen von Programmen

Ein Programm enthält mit hoher Wahrscheinlichkeit zunächst noch Fehler, die durch systematisches Testen diagnostiziert und beseitigt werden müssen. Es sind drei Arten von Programmfehlern zu unterscheiden:
- syntaktische Fehler,
- logische Fehler und
- Verfahrensfehler.

Syntaktische Fehler sind Verstöße gegen die Regeln des formalen Sprachaufbaues, d.h. gegen die Syntax der Programmiersprache. Zu diesen Fehlern zählen falsche Bezeichner, fehlende Vereinbarungen von Größen, fehlerhafte Struktur von Ausdrücken, z.B. durch Weglassen von Operatorenzeichen oder Klammern. Syntaktische Fehler werden durch das Übersetzungsprogramm ermittelt und mit Angabe einer Fehlermitteilung über Art und Ort des Fehlers, z.B. ERROR 17 AT LINE 2345, oder Ausschrift des betreffenden Programmabschnitts angezeigt.

Logische Fehler haben ihre Ursache in einem fehlerhaften Programmentwurf oder in falscher Kodierung. Sie zeigen sich erst beim Programmlauf und tragen daher die Bezeichnung Laufzeitfehler. Sie können sich durch falsche Ergebnisse und im Auftreten von Ausnahmezuständen äußern, z.B. bei Division durch 0, Überschreiten zulässiger Indexbereiche und Vorliegen unzulässiger Argumente von Funktionen. Typische, meist nicht angezeigte Fehler sind falsche Sprungzieladressen, Abbruchfehler bei Schleifen und mehrfache Benutzung von Variablen.

Verfahrensfehler resultieren nicht aus logischen Programmierfehlern, sondern aus verfahrenstechnischen Unzulänglichkeiten der verwendeten Algorithmen. Beispiele hierfür sind Instabilitäten numerischer Verfahren infolge des Aufschaukelns von Rundungsfehlern.

Das Testen von Programmen erfolgt modulweise mit Hilfe von Testrahmen, die die Schnittstellen zu anderen Moduln nachbilden. Weisen die Moduln schließlich keine Fehler mehr auf, werden sie zu der nächst komplexeren Struktur vereinigt und in dieser Kombination geprüft, bis das Gesamtsystem erstellt und getestet ist. Um logische Fehler mit hoher Wahrscheinlichkeit aufzudecken, müssen alle Programmzweige durchlaufen werden. Für die Programmerprobung stehen mit den Betriebssystemen Hilfsprogramme, z.B. Debugger (Abschnitt 5.1.3.), zur Verfügung.

Dokumentieren

Letzter Schritt der Programmerstellung ist die Anfertigung einer Programmdokumentation. Sie sollte mindestens aus einer Beschreibung des

Programms und einer Bedienanleitung bzw. Gebrauchsanweisung bestehen.

Die Programmbeschreibung soll den Nutzer über Funktion und Leistungsparameter informieren und Änderungen des Programms ermöglichen. Daher sollte sie mindestens folgende Angaben enthalten:
- zu lösende Aufgabe und gewählter Lösungsweg,
- eingesetzte Algorithmen und Lösungsverfahren,
- Arbeitsweise des Programms,
- benötigte Ressourcen,
- zulässige Datenbereiche und -formate, zulässige Kommandos,
- Struktur des Programms in Form von Flußbildern oder Struktogrammen und
- Quelltext mit ausreichenden und aussagefähigen Kommentaren zur Erläuterung der Struktur und Funktion.

Die Bedienanleitung unterstützt vor allem den Umgang mit dem Programm. Sie informiert mindestens über:
- Einsatzbedingungen, wie Rechnerkonfiguration, Ressourcen, Betriebssystem,
- Kommandos für die Handhabung des Programms,
- Anzahl, Folge, Bedeutung, Wertebereiche und Formate der Ein- und Ausgabedaten,
- Bedeutung der Fehlerausschriften sowie
- Anwendungsbeispiele zur Veranschaulichung der Arbeitsweise des Programms.

Die Anfertigung einer Programmdokumentation empfindet mancher Programmierer als unproduktive Belastung. Dem ist entgegenzuhalten, daß die Güte der Dokumentation entscheidend die Akzeptanz eines Programms bestimmt. Auch der Programmierer kennt sich nach einer gewissen Zeit ohne entsprechende Unterlagen nicht mehr in den Einzelheiten seines Programms aus. Eine umfassende Dokumentation ist heute ein wichtiges Qualitätsmerkmal für Software. Sie bestimmt den Gebrauchswert von Programmen. Leistungsfähige Textverarbeitungsssyteme unterstützen den Programmierer in dieser Phase der Software-Entwicklung.

Nutzung und Wartung von Programmen

Auch nach Beginn der routinemäßigen Programmnutzung fallen erfahrungsgemäß Arbeiten an den Programmen an, die unter dem Begriff der Software-Wartung zusammengefaßt werden. Hierzu zählen
- Beseitigung nachträglich gefundener Fehler sowie
- Änderung und Ergänzung der Programme entsprechend neuen Anforderungen des Anwenders.

Der Wartungsaufwand ist abhängig von der Qualität der Software, vor allem von der Sorgfalt, mit der die Programme konzipiert und entworfen worden sind, und von der Aussagekraft der Dokumentation. Dies gilt auch für den

Fall, daß der Nutzer selbst der Autor der Programme ist. Erfahrungsgemäß sinkt die anfänglich relativ hohe Fehlerrate schnell ab, nimmt dann für längere Zeit einen konstanten Wert an, um dann wieder anzusteigen. Eine Ursache dieses Anstiegs sind Funktionsmängel, die durch vielfache Änderungen entstehen. Über Änderungen eines Programms muß exakt Buch geführt werden, manuell, mit Datenbanksystemen oder speziellen rechnergestützten Werkzeugen. UNIX (Abschnitt 5.6.) enthält ein Programm für die Versionsverfolgung, das alle Änderungen protokolliert und die Reproduktion aller früheren Versionen erlaubt.

6.1.4. Software-Werkzeuge

Zur Unterstützung der Entwicklung und Wartung von Software stehen Programme (Software-Werkzeuge, tools) zur Verfügung. Sie stellen eine wirksame Hilfe vor allem in formalisierbaren Abschnitten der Software-Entwicklung, wie Implementierung, Testung, Dokumentation und Wartung, dar. In Tabelle 6.1 sind die entsprechenden Werkzeuge zusammengestellt.

Tabelle 6.1: Software-Werkzeuge

Phase	Aufgabe	Werkzeug
Implementation	Quelltextbearbeitung	Editoren, Formatierer (Beautifier)
	Übersetzung	Compiler, Interpreter, Präcompiler, Assembler
Testen	Quelltextanalyse Funktionstest	Testcompiler, Syntax-Tester, Debugger, Versionsverfolger
Dokumentation	Erstellen von Programmbeschreibungen und Bedienanleitungen	Textverarbeitungssysteme
Wartung	Fehlerbereinigung, Anpassung und Änderung	Versionsverfolger
Leitung	Koordinierung und Kontrolle	Textverarbeitungssysteme Datenbanksysteme

Für alle in Abschnitt 5. behandelten Mikrorechner-Betriebssysteme stehen Werkzeuge zur Verfügung. Besonders UNIX enthält leistungsfähige Tools als Systemkomponenten (Abschnitt 5.6.). Für CP/M existieren neben den in Abschnitt 5.3. genannten Kommandos auch Textverarbeitungssysteme, z.B. WORDSTAR und TEXT 40 (We 87), sowie Datenbanksysteme, wie d-base II und REDABAS (He 87a).

6.2. Programmiersprachen

6.2.1. Sprachniveaus

Für die Kodierung von Programmen existiert eine Vielzahl von Programmiersprachen. Entsprechend ihren qualitativ sehr unterschiedlichen Ausdrucksmöglichkeiten werden sie nach Sprachniveaus (Abb.6.7) geordnet. Zur Ebene der maschinennahen Sprachen zählen die Maschinen- und die Assemblersprachen. Sie bilden die Befehlsstruktur der Hardware ab und sind folglich an einen bestimmten Prozessortyp gebunden. Der Anwender muß die Aufgabe selbst in maschinennahe Befehle auflösen.

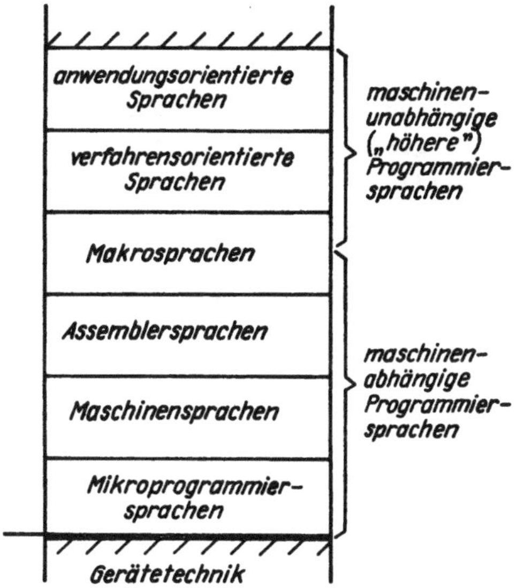

Abb.6.7: Sprachniveaus

Die problemnahe Ebene wird durch die höheren Programmiersprachen verkörpert. Sie ermöglichen eine problemadäquate, für den Anwender transparente Darstellung von Algorithmen. Die Übertragung in die Maschinensprache, den Objektkode, geschieht mit Hilfe von Übersetzerprogrammen (Abschnitt 5.1.3.)

Eine Zwischenstellung nehmen Makrosprachen ein. Sie unterstützen die Formulierung problemorientierter Programmbausteine, der Makrobefehle, in Assemblersprache. Als unterstes Sprachniveau sind in Abb.6.7 die Mikroprogrammiersprachen eingeordnet.

Mikroprogrammiersprachen

Sie beschreiben die Mikroprozesse bei der Umsetzung von Maschinenbefehlen in Teilschritte und schließlich in interne Signalfolgen. Die Mikroprozesse werden den Funktionen der Gerätetechnik zugeordnet. Sie sind dem Programmierer von Mikroprozessoren nicht zugänglich. Eine Ausnahme bilden einige Bit-slice-Systeme (siehe z.B. Abb.3.3) und PDP-11-Schaltkreise mit externen Mikroprogrammspeichern. Mikroprogramme sind als "Firmware" in Festwertspeichern (ROM) abgelegt und werden durch den Prozessor abgearbeitet. Gegenüber den festverdrahteten Lösungen bieten interne Mikroprogrammsteuerungen den Vorteil geringerer Kosten und einer höheren Flexibilität. Durch Umstellen der Mikroprogramme läßt sich die Befehlsliste eines Prozessors verändern, u.U. der Befehlssatz eines anderen Rechners realisieren. Die Nachbildung des Befehlssatzes eines Rechners auf einem anderen Rechnertyp heißt Emulation.

Maschinensprachen

Befehle der Maschinensprachen sind Bitmuster, die unmittelbar von der Hardware entschlüsselt und ausgeführt werden. Sie enthalten in binärer Kodierung den Operationskode und die physischen Adressen. Die Befehlsformate wurden ausführlich in Abschnitt 3. behandelt. In Maschinensprache formulierte Programme sind unübersichtlich und lassen die ursprüngliche Problemstruktur kaum noch erkennen. Das Programmieren ist zeitaufwendig und fehleranfällig. Es erfordert zudem detaillierte Kenntnisse der Hardware und bedeutende Fertigkeiten in der Kodierung. Ein weiterer entscheidender Nachteil der Maschinenkode-Programmierung ist die Bindung der Befehle an feste Adressen. Sie erschwert das Ändern von Programmen und steht der Verschiebung von Programmteilen im Arbeitsspeicher entgegen.

Assemblersprachen

Im Assemblerkode treten an die Stelle des physischen Operationkodes mnemonische Symbole sowie frei wählbare Namen für Operanden (Konstanten und Variable), Marken und Unterprogramme. Der Befehlssatz des Rechners spiegelt sich unverändert im Befehlssatz der Assemblersprache wider. Hinzu kommen Assembleranweisungen zur Steuerung des Übersetzungs- und Ladeprozesses. Leistungsfähige Assembler bieten jedoch noch weitergehende Möglichkeiten zur

- Erzeugung eines verschieblichen Kode (relocatable code),
- Formulierung von Makrobefehlen,
- Strukturierung der Programme mittels zusätzlicher Befehle und
- Einbindung von gesondert übersetzten oder/und auf Bibliotheken befindlichen Programmkomponenten.

Programmänderungen sind gegenüber dem Maschinenkode bedeutend erleichtert. Die Nachteile des umständlichen Kodierens und der Bindung an die Hardware sind auch beim Assemblerkode vorhanden. Einen Vorteil gegenüber den höheren Programmiersprachen besitzen Assemblersprachen: Sie ermöglichen ein speicherplatz- und rechenzeiteffektives Programmieren, sofern entsprechende Fertigkeiten vorliegen. Die Assemblerprogrammierung gestattet ferner, Besonderheiten der Hardware (Busanschluß, Steuerung von Peripherieschaltkreisen und Peripheriegeräten) zu ermöglichen, was über höhere Programmiersprachen meist nicht möglich ist. Aus diesem Grunde wird noch heute ein Teil der Mikrorechnerprogramme in Assemblerkode formuliert.

Höhere Programmiersprachen

Höhere Programmiersprachen verfügen über Ausdrucksmittel (Datentypen, Datenstrukturen und Operatoren), die eine problemnahe, adäquate Formulierung eines Programms ermöglichen. Die Compiler erzeugen aus den in höheren Programmiersprachen formulierten Programmen einen Maschinenkode, dessen Effizienz geringer als die Effizienz guter Assemblerprogramme ist. Die Ursache hierfür liegt in der Gestaltung der Übersetzungsalgorithmen, die allgemeingültig ausgelegt sind. Gestattet ein Compiler das Einfügen von Assemblerkode-Anweisungen, so können zeitkritische Passagen in Assemblerkode programmiert und in das Programm eingesetzt werden. In Tabelle 6.2 sind Speicherplatzbedarf, Laufzeit und andere Parameter für die unterschiedlichen Sprachniveaus gegenübergestellt (La 76). Bei derartigen Vergleichen ist zu berücksichtigen, daß die Effektivität vor allem von Assemblerprogrammen sehr stark von den Fertigkeiten des Programmierers abhängt und daß Unterschiede bis zu 100% auftreten können (We 86).

Tabelle 6.2: Vergleich der Effizienz verschiedener Programmiersprachen

	Assembler	FORTRAN	PL/1	ALGOL-60
Speicherplatzbedarf	1.0	1.4	2.0	1.5
Laufzeit	1.0	1.3	2.0	7.0
Testzeit	1.0	0.3	0.4	0.2
Kodierzeit	1.0	0.4	0.4	0.3
Schreibaufwand	1.0	0.5	0.4	0.3

Trotz dieser Einschränkungen, die nur bei speziellen Anwendungsfällen ins Gewicht fallen, bringt die Verwendung höherer Programmiersprachen erhebliche Vorteile,

- bedeutende Verkürzung der Programmier- und Testzeiten,
- geringere Fehleranfälligkeit und bessere Übersichtlichkeit (Selbstdokumentation) durch problemnahe Formulierung sowie
- weitgehende Übertragbarkeit auf andere Rechnertypen durch eine maschinenunabhängige Darstellung der Algorithmen.

Fachsprachen

Noch engere Beziehungen zum Anwendungsgebiet stellen Fachsprachen her. Sie bieten spezielle, auf den Anwendungsfall bezogene Ausdrucksmittel. Der Anwender kann sich dabei in der fachspezifischen Denk- und Arbeitsweise bewegen, so daß kürzere Entwicklungszeiten und geringere Fehlerraten zu erwarten sind. Als Beispiel sei das Programmiersystem für die Steuereinheit ursalog 5020 (Oe 82) genannt.

6.2.2. Beschreibung von Programmiersprachen

Programmiersprachen sind künstliche, streng formalisierte Sprachen. Ihre Ausdrucksmittel sind entsprechend den Erfordernissen der problem- oder maschinenabhängigen Darstellung von Algorithmen definiert. Ähnlich den natürlichen Sprachen lassen sich Programmiersprachen durch ihre Syntax, Semantik und Pragmatik charakterisieren. Die Syntax, die Formenlehre, legt die formale Kombination der Sprachelemente fest. Die Semantik beschreibt die Bedeutung der Sprachelemente und ihrer Kombinationen. Die Pragmatik berücksichtigt den Anwendungsaspekt.

Eine Voraussetzung für die korrekte Anwendung von Programmiersprachen ist die vollständige und eindeutige Definition ihrer Syntax. Hierzu wurden Ende der fünfziger Jahre Metasprachen geschaffen, die eine formale Beschreibung von Programmiersprachen erlauben.

Backus-Naur-Darstellung

Die erste allgemein bekannt gewordene formale Sprachdefinition erfolgte bei der Entwicklung von ALGOL-60 mit Hilfe der Backus-Naur-Darstellung. Für die Sprachbeschreibung sind in der Backus-Naur-Darstellung folgende Symbole definiert:

< > Paare von spitzen Klammern kennzeichnen metasprachliche Mengen (Variable), die unterschiedliche, näher zu definierende Werte annehmen können. Beispielsweise bedeutet <Ziffer> die Menge der (zu definierenden) Ziffern.

::= Das Symbol definiert eine metasprachliche Größe, die links vom Symbol steht, durch metasprachliche Begriffe, die sich rechts vom Zeichen befinden und bereits definiert sind.

| Der senkrechte Strich, das Oder-Zeichen, trennt Alternativen, d.h. die verschiedenen zulässigen Werte einer Variable, voneinander.

{ } Das Paar geschweifter Klammern weist auf mögliche Wiederholungen von Begriffen hin, die sich in diesen Klammern befinden.

Beispielsweise werden die Mengen der Ziffern und der ganzen Zahlen in der Backus-Naur-Darstellung wie folgt definiert:

<Ziffer> ::= 0 | 1 | 2 | 3 | 4 | 5 | 6 | 7 | 8 | 9

<ganze Zahl> ::= <natürliche Zahl>|
<monadischer Operator> <natürliche Zahl>

<monadischer Operator>::= + | -

Die Menge der ganzen Zahlen ist definiert durch die Menge der natürlichen Zahlen und die Menge der natürlichen Zahlen, denen ein monadischer Operator vorangestellt ist.

Neben der Backus-Naur-Form findet man auch andere kompaktere metasprachliche Darstellungen, z.B. die folgende:

- Alternativen werden in geschweifte Klammern übereinandergesetzt: $\begin{Bmatrix} A \\ B \\ C \end{Bmatrix}$
- Möglichkeiten (Optionen) stehen in eckigen Klammern, z.B.

  kommando P1, P2 [,P3, P4]

  wenn P3 und P4 wahlweise zusätzlich angegeben werden können.

Sprachbeschreibung durch Fahrnetze

In Analogie zur Darstellung von Programmabläufen werden auch zur Definition von Programmiersprachen zunehmend graphische Mittel eingesetzt. Sie zeichnen sich durch Anschaulichkeit und Übersichtlichkeit aus. Zu ihnen zählt die Sprachbeschreibung mittels Fahrnetze (Abb.6.8). Anstelle der Weichen sind auch senkrechte Linienmündungen gebräuchlich.

Symbol	Name	Bedeutung und Funktion
———	Linie	Linien geben die Fahrwege an.
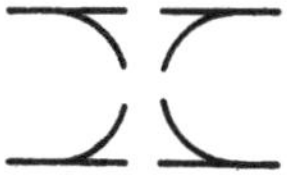	Weiche	Durch Weichen werden Fahrlinien verzweigt oder zusammengeführt.
	Elementare Zeichen	In Kreisen werden einzelne elementare Zeichen, im Oval Folgen von elementaren Zeichen angegeben.
	Teilnetz	Das Rechtecksymbol steht für ein Teilnetz, das an anderer Stelle definiert worden ist.
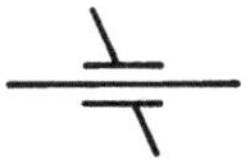	Brücke	Brücken kennzeichnen Kreuzungen von Linien, um Verwechslungen mit Weichen auszuschließen.

Abb.6.8: Elemente der Fahrnetzdarstellung von Programmiersprachen

Als Beispiel wird die Definition des Programmkopfes eines PASCAL-Programms betrachtet. In der metasprachlichen Darstellung von Backus-Naur lautet die Definition:

<Programm> ::= <Programmkopf> <Programmblock>

Programmkopf::= PROGRAM <bezeichner>(<Filebezeichner>,<Filebezeichner>)

<Filebezeichner>::= <Bezeichner>

Abb.6.9 zeigt das zugehörige Syntaxdiagramm.

Die reservierten Symbole sind in Kreisen angegeben. Die Rechtecke enthalten Syntaxelemente, die an anderer Stelle definiert sind.

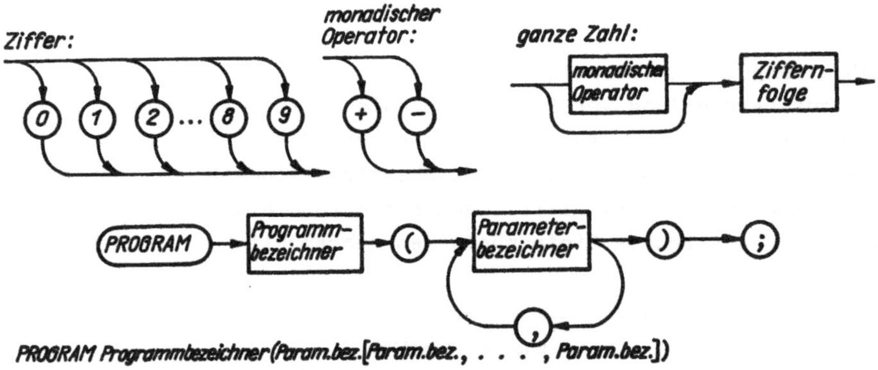

Abb.6.9: Syntaxdiagramm des Kopfes eines PASCAL-Programms. Im oberen Teil sind außerdem Ziffern, monadische Operatoren und ganze Zahlen definiert.

Die kompaktere Darstellung hat die Form:

PROGRAM Bezeichner (Bezeichner [,Bezeichner,...,Bezeichner]);

Der entsprechende Programmtext lautet beispielsweise

PROGRAM FILTER (INPUT, OUTPUT).

6.2.3. Besonderheiten höherer Programmiersprachen

Seit ungefähr 10 Jahren haben sich auch auf dem Gebiet der Mikrorechentechnik höhere Programmiersprachen durchgesetzt. Ihre Vorzüge, insbesondere ihre Problemnähe, ihre Rechnerunabhängigkeit, die Übersichtlichkeit ihrer Darstellung und die Unterstützung moderner Entwurfsmethoden, wie strukturierte Programmierung, wiegen bei weitem ihre Nachteile, den zusätzlichen Speicherplatzbedarf und längere Rechenzeiten, verglichen mit dem Assemblerkode, auf. Voraussetzung für die Implementierung höherer Programmiersprachen sind ausreichende Hardware-Ressourcen, d.h. eine Kapazität des Arbeitsspeichers von mindestens 64 Kbyte und externe Massenspeicher, sowie ein leistungsfähiges Betriebssystem.

Ein großer Teil der höheren Programmiersprachen wurde von EDVA und Kleinrechnern übernommen, z.B. FORTRAN, BASIC, PASCAL und C. Somit sind diese Sprachen auf fast allen Rechnerfamilien verfügbar. Weltweit liegen derzeit nahezu 2000 höhere Programmiersprachen vor.

Nach ihrer Bestimmung und den Ausdrucksmitteln sind zu unterscheiden:
- algorithmische Sprachen für mathematische Berechnungen, z.B. FORTRAN und BASIC,
- Prozeß- und Echtzeitsprachen für die Aufgaben der Prozeßrechentechnik, wie PEARL,
- Systemimplementierungssprachen für die Enwicklung von Betriebssystemen, beispielsweise CDL und C, sowie
- Universalsprachen, wie ADA, die über Ausdrucksmittel für mathematische und Echtzeitaufgaben verfügen.

Alle diese Sprachen beschreiben Lösungsverfahren, d.h. eine zeitliche und logische Folge von Anweisungen. Sie tragen daher die Bezeichnung verfahrensorientierte (prozedurale) Sprachen. Historisch bedingt werden sie auch "problemorientierte Sprachen" genannt. Korrekter ist der Terminus "problemnahe Sprachen". Daneben existieren die anwendungsorientierten Sprachen, mit denen nicht nur der Lösungsweg, sondern auch das zu lösende Problem formuliert werden kann.

6.2.4. Übersicht über höhere Programmiersprachen

Die erste Programmiersprache, **FORTRAN**, wurde bereits 1954 bis 1956 als Formelübersetzer (Formula Translator) für wissenschaftliche Rechnungen, die damals das Haupteinsatzgebiet von Rechnern waren, geschaffen (Ba 57). Mit der raschen Verbreitung von FORTRAN entstand ein sehr großer Fonds leistungsfähiger Programme. Durch die einfache Sprachgestaltung, effiziente Übersetzbarkeit der Programme und hohe Effizienz des Zielkodes hat sich FORTRAN in weiterentwickelten Versionen (FORTRAN-66 bzw. FORTRAN IV und FORTRAN-77) bis zum heutigen Tag auch in der Mikrorechentechnik behauptet. Eine neue überarbeitete und erweiterte Version "FORTRAN-8X' befindet sich in Vorbereitung (Me 84).

1958 bis 1960 wurde **ALGOL-60** (Algorithmic Language) von einer internationalen Arbeitsgruppe als Sprache für die Beschreibung und Programmierung vorrangig von Algorithmen der numerischen Mathematik konstruiert (Na 63). Mit ALGOL-60 wurde erstmalig eine Programmiersprache auf der Grundlage einer formalen Grammatik entwickelt. ALGOL verfügt gegenüber FORTRAN über erweiterte Ausdrucksmittel, wie dynamische Speicherverwaltung, Blockstruktur der Programme, Elemente der strukturierten Programmierung und erweiterten Indexbereich. Alle Variablen müssen explizit vereinbart werden. ALGOL zeichnet sich durch sprachliche Geschlossenheit und Transparenz aus. Allerdings fehlt im Sprachentwurf die detaillierte Definition der Ein-/Ausgabe-Anweisungen, so daß eine Vielzahl nichtkompatibler ALGOL-Versionen entstand. ALGOL-60 hat die weitere Sprachentwicklung, vor allem von PL-1 und PASCAL, beeinflußt, um schließlich von diesen Sprachen verdrängt zu werden. Auch die Weiterentwicklung von ALGOL-60, ALGOL-68, setzte sich nicht durch. Ihre Grammatik war so umfassend ausgelegt, daß ihre Implementierung nur auf Großrechnern möglich war und ihre Anwendung die Fähigkeiten und Fertigkeiten nichtprofessioneller Programmierer weit überstieg.

1963/64 erschien die Sprache PL-1 (Programming Language 1, Ib 71). Sie war als universelle Programmiersprache konzipiert und für die Programmierung sowohl numerischer als auch nichtnumerischer Probleme bestimmt. Über die zu damaliger Zeit vorliegenden Sprachen hinausgehend, sind in PL-1 zusammengesetzte Datenstrukturen, das Einfügen von Makrobefehlen, die Modularisierung der Programme und eine programmierbare Fehlerbehandlung zulässig. PL-1 ist eine sehr umfangreiche Sprache mit einer Vielzahl von Ausdrucksmitteln. Daher ist sie schwer zu erlernen und zu beherrschen. In abgerüsteter Form bildet PL-1 den Ausgangspunkt der Mikrorechnersprache PL/M. Von PL-1 stammt auch die Echtzeitprogrammiersprache PEARL (Ti 73) ab. Sie enthält neben echtzeittypischen Ausdrücken PL-1 als Sprachkern für die Formulierung arithmetischer und logischer Operationen.

1971 erarbeitete N.Wirth die Sprache PASCAL (Wi 71). Sie sollte ursprünglich als Lehrsprache für Informatiker zur Beschreibung und Programmierung von Algorithmen dienen, vor allem aber zu einem neuen Programmierstil erziehen. PASCAL besitzt wie ALGOL eine exakt definierte Struktur und unterstützt konsequent die strukturierte Programmierung. Allerdings fehlen Zugriffsmöglichkeiten zur Hardware für Echtzeitaufgaben. Die Genauigkeit der REAL-Größen und die Ein-/Ausgabemöglichkeiten sind stark eingeschränkt. PASCAL hat vor allem auf Klein- und Mikrorechnern Anwendung gefunden. Es liegt in einer Vielzahl von Dialekten vor. Unter dem Einfluß von PASCAL entstanden die Sprachen CONCURRENT PASCAL, Modula-2 und ADA.

Um 1978 wurde mit der Entwicklung von ADA der Versuch unternommen, eine Universalsprache für die Echtzeitverarbeitung und die Programmierung rechentechnischer Großprojekte zu schaffen (Ic 79). ADA basiert auf einem PASCAL-Sprachkern. Die reich ausgestattete Sprache ist schwer erlernbar. ADA-Programme für Mikrorechner können gegenwärtig nur auf Großrechnern mittels Cross-Systemen übersetzt werden.

Sprachen zur Entwicklung von Betriebssystemen erschienen nach 1970, z.B. CDL (Compiler Description Language) und C. Mit Hilfe von C wurde das Betriebssystem UNIX portabel gestaltet. C ist auf allen Rechnerklassen (ab 16-bit-Verarbeitungsbreite) verfügbar. Es ersetzt zunehmend den Assemblerkode bei der Programmierung zeitkritischer Probleme, z.B. in der Meßdatenverarbeitung. C wird mit der Verbreitung des Betriebssystems UNIX weiter an Bedeutung gewinnen.

Für die Ausbildung hat die Sprache ELAN (Elementary Language) Bedeutung erlangt. ELAN beinhaltet mehrere Sprachstufen und trägt den verschiedenen Ausbildungsstufen von der Schule bis zur Universität Rechnung.

Eine Sprachlinie für kommerzielle Berechnungen hat ihre Wurzel bereits Ende der fünfziger Jahre in der Sprache COBOL (Common Business Oriented Language), die heute auch auf Mikrorechnern implementiert worden ist. Die sehr umfangreiche, schwer beherrschbare Sprache verfügt über Datenstrukturen und Operationen, die den Erfordernissen der Ökonomie angepaßt sind.

Neben diesen generierend übersetzbaren Sprachen existieren Sprachgruppen, die vorwiegend als Interpreter implemeniert sind. Die älteste, 1954 geschaffene Sprache dieser Gruppe ist IPL, eine Sprache zur Listenverarbeitung. Eine weitere Sprache für ähnliche Aufgaben ist LISP (List Processing), das Listenstrukturen auf der Grundlage einer Stacktechnik verarbeitet. Sie hat mit der Behandlung von Problemen der künstlichen Intelligenz wieder verstärkte Anwendung gefunden. Eine für Mikrorechner bestimmte LISP-Erweiterung stellt SMALL TALK dar. Sie unterstützt die Verarbeitung graphischer Information, z.B. die Rastergraphik. Ein Abkömmling von COBOL ist die interpretativ orientierte Sprache APL (A Programming Language) für die Bearbeitung kommerzieller Probleme.

Die gegenwärtig am weitesten verbreitete Interpretersprache ist BASIC (Beginners All Purpose Symbolic Instruction Code), das 1963/64 als Lehrsprache für Anfänger entwickelt worden ist. BASIC ist eine sehr einfache Sprache. Sie enthielt ursprünglich nur 10 Schlüsselwörter. Wie FORTRAN wurde auch BASIC ständig erweitert, u.a. um Elemente zur Unterstützung der strukturierten Programmierung. Eine BASIC-ähnliche Sprache ist FOCAL (Formula On-line Calculation in Algebraic Language), die Ende der sechziger Jahre für die Rechnerfamilie PDP-11 bereitgestellt wurde.

Wie dieser Übersicht über die gängigsten höheren Programmiersprachen zu entnehmen ist, haben sich mehrere Entwicklungslinien herausgebildet (Abb.6.10). Innerhalb der Enwicklungslinien ist eine Gruppierung in eine erste (bis 1970) und eine zweite Sprachgeneration (nach 1970) zu erkennen: Während die erste Generation, wie FORTRAN-66 und BASIC, noch durch zeilenorientierte Anweisungen, einfache Datentypen (und Arrays), arithmetische und logische Operationen gekennzeichnet sind, verfügt die zweite

Sprachgeneration u.a. über strukturierte Datentypen und entsprechende Operatoren sowie Steueranweisungen, die den Prinzipien der strukturierten Programmierung entsprechen. Diese Charakteristik trifft vorrangig auf

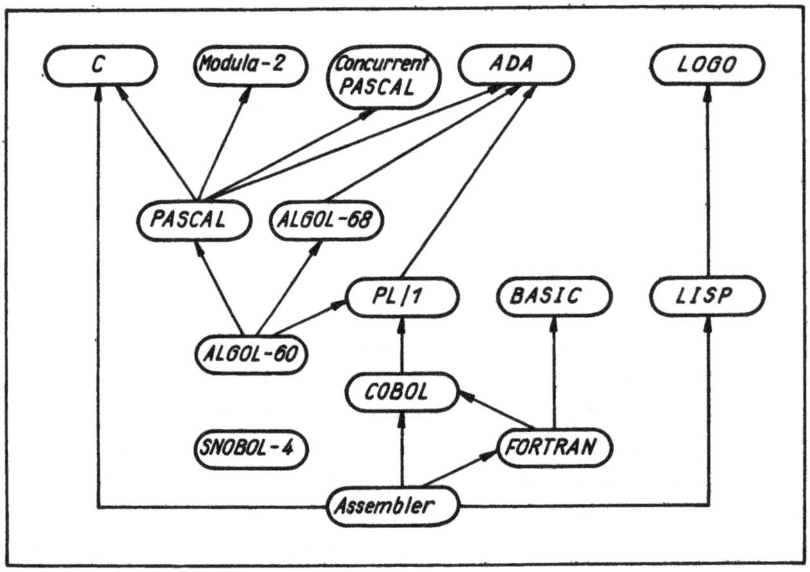

Abb.6.10: Entwicklungslinien wichtiger Programmiersprachen

PASCAL und seine Abkömmlinge Modula-2 und ADA zu. Bemühungen, "Supersprachen" (ALGOL-68) zu schaffen, scheiterten schon zu einer Zeit, als noch Großrechner dominierten. Das Erscheinen von PASCAL als lehr- und lernfähige Sprache muß als wichtigstes Ereignis in der Entwicklung der Programmiersprachen nach der Schaffung des ersten Sprachübersetzers (für FORTRAN) gewertet werden. Dennoch hat sich eine Vielzahl von Programmierern für die einfache Sprache BASIC mit ihren historisch bedingten Einschränkungen entschieden. BASIC ist heute noch die am häufigsten verwendete Programmiersprache vor PASCAL und FORTRAN (We 86a).

Typisch für die Entwicklung nach 1975 ist das Bemühen, die Sprachen der ersten Generation an das Niveau der zweiten Sprachgeneration heranzuführen, z.B mit der Entwicklung von FORTRAN-77 und dem Vorschlag von FORTRAN-8X (Abschnitt 6.2.5.). Andere Wege wurden mit UNIX beschritten. Es verfügt über Präprozessoren, die u.a. die strukturierte FORTRAN-Version ratfor in FORTRAN-66 übertragen.

6.2.5. Eigenschaften ausgewählter höherer Programmiersprachen

Von den nahezu 2000 höheren Programmiersprachen hat nur eine relativ geringe Anzahl Verbreitung gefunden. Im folgenden werden die Merkmale einiger dieser Sprachen skizziert. Dabei finden nur arithmetische und Systemsprachen Berücksichtigung.

6.2.5.1. FORTRAN-66

FORTRAN entstand 1954 ...1956 als erste höhere Programmiersprache zur Formulierung mathematischer Probleme in herkömmlicher Formelsprache (Ba 57). 1958 war eine überarbeitete und erweiterte Version, FORTRAN II, verfügbar, die u.a. die Unterprogrammtechnik zuließ. 1962 erschien FORTRAN IV als Quasi-Standard und blieb über ein Jahrzehnt die am weitesten verbreitete FORTRAN-Version. Um die Entwicklung unterschiedlichster FORTRAN-Versionen einzudämmen, wurde 1966 der Sprachstandard FORTRAN-66 verabschiedet, der weitgehend mit FORTRAN IV übereinstimmt. Die rasche weltweite Verbreitung, die Existenz großer Bibliotheken und Bestände von FORTRAN-Programmen, aber auch die Einfachheit und die leichte Erlernbarkeit der Sprache sowie die Erzeugung sehr effizienter Zielkodes sind Ursachen dafür, daß sich FORTRAN bis heute als dominierende Sprache der Naturwissenschaftler behauptet hat.

Entsprechend seiner ursprünglichen Bestimmung läßt FORTRAN nur Größen vom Typ INTEGER, REAL , DOUBLE PRECISION (doppelt genau, reell), COMPLEX (komplex, reell), LOGICAL (Boolesche Größe) sowie HOLLERITH-Konstanten zu. HOLLERITH-Konstanten beinhalten Zeichenketten. Größen vom Typ INTEGER und REAL sind implizit vereinbart: Variable, deren Namen mit I,J,K,L,M oder N beginnen, sind, falls nichts anderes durch eine explizite Typvereinbarung festgelegt worden ist, vom Typ INTEGER, alle anderen vom Typ REAL. Variable, die nicht vom Typ REAL oder INTEGER sind, sowie Felder müssen stets explizit vereinbart werden, z.B.

```
DIMENSION X(100)
LOGICAL LT, LV
DOUBLE PRECISION E,F,G
COMPLEX (CR,CI)
```

In der DIMENSION-Anweisung wird der größte Indexwert vereinbart. Bei FORTRAN-66 ist der kleinste Indexwert 1. Die implizite Typvereinbarung von REAL- und INTEGER-Größen bei FORTRAN (und BASIC) erspart zwar das Auflisten der zu vereinbarenden Größen, vergibt aber Möglichkeiten der Kontrolle: Während bei Sprachen mit Vereinbarungszwang Schreibfehler in den Bezeichnern beim Syntaxtest ermittelt werden können, bleiben sie bei FORTRAN verborgen und können zu schwer auffindbaren Laufzeitfehlern führen.

FORTRAN ist zeilenorientiert: Jede Zeile kann nur eine Anweisung aufnehmen. Falls eine Zeile als Sprungziel vorgesehen ist oder eine FORMAT-Anweisung enthält, wird sie mit einer maximal fünfstelligen Zahl als Marke versehen. Die wichtigsten Anweisungen haben folgende Gestalt:

Ergibt-Anweisungen:

```
variable = ausdruck
X(I) = A*(B+C)-D/E+SIN(Y(I))
```

Ausdrücke können Variable und Konstanten enthalten, die durch Operatoren (arithmetische Operatoren +,-,*,/, Vergleichsoperatoren .EQ.,.LT.,.GT., oder logische Operatoren .AND.,.OR.,.NOT.) verknüpft sind.

Mit einer DATA-Anweisung

```
DATA variablenliste/konstantenliste/
```

können den Variablen bereits zur Übersetzungszeit Werte (der Konstantenliste) zugewiesen werden.

FORTRAN verwaltet einen globalen Speicherbereich (COMMON-Bereich), zu dem alle Programmeinheiten Zugriff haben. Über den COMMON-Bereich können Parameterwerte zwischen Programmeinheiten vermittelt werden. Die Zuordnung von Variablennamen zu den Speicherplätzen des COMMON-Bereiches geschieht durch eine COMMON-Anweisung:

```
COMMON variablenliste
```

Der COMMON-Bereich läßt sich in Unterbereiche aufgliedern, denen Namen zugeordnet werden können:

```
COMMON /name1/variablenliste1/name2/variablenliste2/....
```

Steueranweisungen

Änderungen der linearen Programmabarbeitung sind mit der unbedingten Sprunganweisung

```
GOTO marke
GOTO 100
```

(marke bezeichnet die Zeilennummer des Sprungzieles) oder mit einer bedingten Sprunganweisung (IF-Anweisung) möglich.

Bei der arithmetischen IF-Anweisung

```
IF (arithmet.ausdruck) marke1, marke2, marke3
```

geschieht die Auswahl des Sprungzieles nach dem Wert a des arithmetischen Ausdrucks: Der Sprung führt zu marke1, falls $a<0$, zu marke2, falls $a = 0$ und zu marke3, falls $a>0$ ist.

Bei der logischen IF-Anweisung wird ein Befehl (anweisung) nur dann ausgeführt, wenn ein logischer Ausdruck den Wert .TRUE. annimmt:

```
IF (logischer ausdruck) anweisung
IF (X.LT.0.) Y = -X
```

Die berechnete Sprunganweisung

```
GOTO (m1,m2,...,mn),i
```

führt zu einer Marke mk ($1\leq k\leq n$) der Sprungzielliste, wenn die (ganzzahlige) Steuergröße i der Wert k annimmt.

Die gesetzte Sprunganweisung

```
GOTO i (m1, m2, ...,mn)
```

verzweigt ebenfalls in Abhängigkeit von einer Größe i . In diesem Falle muß i einen Wert der in der Sprungzielliste aufgeführten Marken m1,...mn annehmen. Die Zuweisung einer Marke mk geschieht zuvor mittels einer Assign-Anweisung:

```
ASSIGN mk TO i
```

Die Schleifenanweisung hat die Form

```
        DO marke laufvariable = anfangswert,endwert,schrittweite
           schleifenanweisungen
marke   letzte schleifenanweisung
```

Alle Schleifenanweisungen werden für die Werte der Laufvariablen von anfangswert bis endwert ausgeführt, wobei die Laufvariable jeweils um die Schrittweite vergrößert wird. In FORTRAN-66 darf eine Laufvariable nur die Werte natürlicher Zahlen annehmen, beispielsweise

```
      DO 100 I = 1,20,2
      S = S + X(I)
100   SQ = SQ + Z(I)*Z(I)
```

Als Anfangs- und Endwert sowie als Schrittweite der Laufvariablen dürfen keine Ausdrücke stehen.

Zu den Steueranweisungen zählen ferner:
- die Leeranweisung CONTINUE , sie führt keine Programmfunktion aus,
- die Stop-Anweisung STOP, sie beendet die Abarbeitung des Programms,
- die CALL-Anweisung zum Aufruf einer SUBROUTINE:

```
CALL subroutinen_name (parameterliste).
```

Die Ein-/Ausgabeanweisungen lauten:

```
        READ (gerätenummer,formatmarke) variablenliste
bzw.    WRITE (gerätenummer,formatmarke) variablenliste
```

Eine FORMAT-Anweisung enthält die zugehörigen Datenformate:

```
formatmarke  FORMAT (formatliste)
```

wobei jedem Element der Variablenliste über die Formatliste ein Format zugewiesen wird, beispielsweise

```
      WRITE (6,200) X,Y
200   FORMAT (' ERGEBNIS= ',F6.3,3X,E12.5)
```

F6.3 erzeugt eine Gleitkomma- und E12.5 eine Exponentialdarstellung von X bzw. Y. Das Listenelement 3X fügt drei Leerzeichen ein.

Das Unterprogrammkonzept von FORTRAN-66 läßt Funktionen und Subroutinen zu. Sie werden (mit Ausnahme der Anweisungsfunktionen, die nur eine Anweisung enthalten darf) außerhalb des Hauptprogramms definiert:

```
type FUNCTION name (parameterliste)
    anweisungen
    name = ausdruck
    RETURN
    END
```

FUNCTION ist das Schlüsselwort für die Definition der Funktion; name bezeichnet die Variable, die den Funktionswert aufnimmt. Ihr muß im Unterprogramm ein Wert (name = ausdruck) zugewiesen werden. RETURN weist den Rücksprung zum aufrufenden Programm an, END markiert das Ende des Unterprogrammtextes. In der Parameterliste stehen die an das Unterprogramm zu übergebenden Größen (Argumente). Ähnlich ist eine Subroutine aufgebaut:

```
SUBROUTINE name (parameterliste)
anweisungen
RETURN
END
```

Programmbeispiel: Zahlensortierung; Die SUBROUTINE SORT(N,X) sortiert eine gegebene Folge von Zahlen X(I) nach ihrer Größe. Sie vergleicht diese paarweise und ordnet sie so lange um, bis eine monoton steigende Zahlenfolge vorliegt.

```
      SUBROUTINE SORT(N,X)
C     SORTIEREN EINER ZAHLENFOLGE
C     X= ZAHLEN-FOLGE, N=ANZAHL DER WERTE
      DIMENSION X(N)
      LOGICAL FLAG
      NE = N - 1
30    FLAG = .FALSE.
      DO 10 I = 1, NE
      IF (X(I+1) - X(I))20,10,10
20    H = X(I)
      X(I) = X(I+1)
      X(I+1) = H
      FLAG = .TRUE.
10    CONTINUE
      IF (FLAG) GOTO 30
      RETURN
      END
```

Hauptprogramm und Unterprogramme (FUNCTION und SUBROUTINE) sind gesondert übersetzbare Programmeinheiten. Vereinbarte Namen von Variablen und Konstanten gelten nur in der jeweiligen Programmeinheit (lokale Bezeichner).

Darüber hinaus enthält FORTRAN vordefinierte Funktionen zur Betragsbildung und Typumwandlung, ferner trigonometrische, hyperbolische und Exponentialfunktionen sowie deren Umkehrfunkionen u.a.

FORTRAN ist auf allen Rechnerklassen implementiert worden. Wie bereits erwähnt, ergeben sich wegen der einfachen Programm- und Befehlsstruktur bei der Übersetzung sehr effiziente Maschinenkodeprogramme. Die meisten Compiler gestatten, in Assemblerkode geschriebene Programmpassagen einzufügen. Erweitert um Sprachelemente zur Beschreibung von Funktionen der Prozeßperipherie, wird FORTRAN auch in der Prozeßrechentechnik eingesetzt. Ein Beispiel hierfür ist die Ergänzung von FORTRAN um Befehle zur Steuerung und Handhabung einer im CAMAC-Standard aufgebauten Peripherie bei physikalischen Experimenten.

Allerdings weist FORTRAN-66 eine Vielzahl historisch bedingter Schwächen und Einschränkungen auf, z.B. die Zeilenorientierung der Befehle, die Beschränkung auf numerische Datentypen sowie auf positive Werte der Indizes und Laufvariablen. Ausdrucksmittel für die strukturierte Programmierung fehlen.

6.2.5.2. FORTRAN-77

FORTRAN-77 stellt eine Weiterentwicklung von FORTRAN-66 dar. Sie liegt als Standard ANSI 3.9-1978 vor. Mit der Schaffung der Sprache FORTRAN-77 sollte FORTRAN an den Stand moderner Programmiersprachen herangeführt werden, um die Fortsetzung der FORTRAN-Sprachlinie zu sichern. Obwohl ursprünglich angestrebt, besteht keine volle Aufwärtskompatibilität mit FORTRAN-66. Neben dem vollständigen Sprachumfang von FORTRAN-77 (full language) ist auch ein Subset definiert. Gegenüber seinem Vorläufer bietet FORTRAN-77 u.a. die folgenden zusätzlichen Ausdrucksmittel:

- Anstelle des Typs HOLLERITH werden allgemeinere Größen vom Typ CHARACTER zur Darstellung von Zeichen- und Zeichenketten eingeführt. Die Vereinbarung hat die Form

  ```
            CHARACTER*länge, namensliste;
  ```

  länge gibt die Anzahl der Bytes an. Für diese Wertart sind verschiedene Operationen definiert:

  Vergleiche von Zeichenketten, z.B.

  ```
            CHARACTER*10 V,*2 RESP
            IF (RESP = 'JA') WRITE (6,10)
      10    FORMAT ('JA')
  ```

  Bestimmung von Substrings, d.h. Teilen von Strings. Nach Ausführung der Anweisung

  ```
            V = 'WORTANZAHL'
  ```

  hat V(5:7) den Inhalt 'ANZ'.

- Die logischen Operatoren wurden um .EQV. und .NEQV. (Aquivalenz bzw. Antivalenz) erweitert.
- Die DATA-Anweisung darf implizite DO-Schleifen enthalten, z.B.

```
DATA (X(I),I = 1,10), PI/10*0., 3.1516/
```

- Mit Hilfe der Parameter-Anweisung können Konstantennamen Werte zur Übersetzungszeit zugewiesen werden, die während des Programmlaufes nicht mehr verändert werden dürfen:

```
PARAMETER (PI = 3.1416,-ZINS = 0.0325)
```

- Als Datenstrukturen sind neben den Arrays noch sequentielle und direkte Dateien definiert. Der Zugriff zu den direkten Dateien geschieht mittels fortlaufender Numerierung der Sätze. Die Indizes von Feldern können auch den Wert 0 oder negative Werte annehmen. Bei der Feldvereinbarung ist die Angabe einer unteren Feldgrenze gestattet, Standardwert ist bei fehlender Angabe 1.

```
DIMENSION A(-10:10), B(100), C(-20:0)
```

FORTRAN-77 läßt bis zu 7fach indizierte Felder zu.

- In DO-Schleifen können
  Laufvariable auch vom Typ REAL und DOUBLE PRECISION sein sowie
  Ausdrücke für Grenzen und Schrittweiten der Laufvariablen stehen:

```
          DO 20 V = A-16., 12.*B+C, 0.5*H
          anweisungen
   20     CONTINUE
```

- Zur Unterstützung der strukturierten Programmierung wurde die Block-IF-Anweisung mit folgenden Anwendungsformen eingeführt:

a) bedingte Anweisung

```
IF (bedingung) THEN
anweisungsblock
END IF
```

b) Alternativ-Anweisung

```
IF (bedingung) THEN
anweisungsblock1
ELSE
anweisungsblock2
END IF
```

c) Verschachtelte Block-IF-Anweisung:

```
IF (bedingung1) THEN
anweisungsblock1
ELSE
IF (bedingung2) THEN
 anweisungsblock2
ELSE
anweisungsblock3
END IF
```

Beispiel:

```
C     IN FORTRAN-77
C     Y = ABS(X)
      IF (X.GT.0) THEN
      Y = X
      ELSE
      Y = -X
      END IF
```

```
C     IN FORTRAN-66
C     Y = ABS(X)
      IF (X.GT.0) GOTO 10
      Y = -X
      GOTO 20
10    Y = X
20    CONTINUE
```

Obgleich eine vollständige Aufwärtskompatibilität innerhalb der FORTRAN-Sprachversionen nicht erreicht werden konnte, sind in FORTRAN-77 noch zusätzlich die älteren Sprachelemente, die nicht der strukturierten Programmierung entsprechen, zugelassen, wie GOTO-, arithmetische IF- und assigned GOTO-Anweisung.

- Die Anzahl der Standard-Funktionen wurde gegenüber FORTRAN-66 erweitert, z.B. um Hyperbelfunktionen, wie SINH(X).
- Zur Sicherung der Werte lokaler Größen von Unterprogrammen enthält FORTRAN-77 die SAVE-Anweisung. Sie bewirkt, daß der Wert einer im Unterprogramm vereinbarten Größe nach Verlassen des Unterprogramms erhalten bleibt und beim erneuten Aufruf wieder zur Verfügung steht. Die SAVE-Anweisung lautet:

  SAVE liste der lokalen größen
- Ein bedeutender Fortschritt ist die Einführung **generischer Funktionen**. In FORTRAN-66 müssen in Abhängigkeit vom Typ der Argumente für ein und dieselbe Standardfunktion unterschiedliche Namen verwendet werden, z.B. bei der Bildung des Betrages die Bezeichner IABS(), ABS(), DABS() oder CABS() für Argumente vom Typ INTEGER, REAL, DOUBLE PRECISION bzw. COMPLEX. In FORTRAN-77 steht hingegen nur ein Funktionsname für alle Typen von Argumenten, der meist mit dem Namen der entsprechenden REAL-Funktion in FORTRAN-66 identisch ist (z.B. ABS()), zur Verfügung. Die Auswahl der Standardfunktionen nach dem Typ der Argumente geschieht automatisch.

- Das Ein-/Ausgabekonzept wurde um neue Formate und um Möglichkeiten des Direktzugriffs zu Dateien erweitert.
- Die Listen der Ausgabeanweisungen können neben Variablen und Konstanten auch Ausdrücke und Aufrufe von Funktionen enthalten.
- Es stehen Anweisungen zum Öffnen und Schließen von Dateien zur Verfügung.

Mit diesen Ergänzungen nähert sich FORTRAN den moderneren Sprachen, wie PASCAL. FORTRAN-77 ist inzwischen zur dominierenden Sprachversion von FORTRAN geworden. Implementationen von FORTRAN-77 liegen für alle gängigen Betriebssysteme, wie CP/M, MS-DOS und UNIX, vor. FORTRAN-77-Compiler existieren auch für die Betriebssysteme SCP 1700 und BOS-1810 (siehe Abschnitte 5.5. und 5.7.). Sie nehmen wahlweise eine Optimierung des Zielkodes vor bezüglich
- Berechnung von Schleifenanweisungen, Ausdrücken und Feldadressen,
- einmaligem Berechnen von gleichen Teilausdrücken und
- Berechnung konstanter Teilausdrücke zur Übersetzungszeit.

6.2.5.3. FORTRAN-8X

Auch nach dem Erscheinen des FORTRAN-77-Standards wurden die Bemühungen um die Modernisierung von FORTRAN fortgesetzt, um die noch bei FORTRAN-77 vorhandenen Einschränkungen zu überwinden. Der Sprachentwurf der neuen FORTRAN-Variante, dessen Veröffentlichung für 1988 erwartet wird, trägt den Arbeitstitel "FORTRAN-8X". FORTRAN-8X wird aus Gründen der Aufwärtskompatibilität eine Reihe von Ausdrucksmitteln seiner Vorgänger FORTRAN-66 und FORTRAN-77 zulassen, aber günstigere Alternativen anbieten. Das betrifft beispielsweise die DIMENSION-, die DATA-, und die arithmetische IF-Anweisung. FORTRAN-8X wird nach den vorliegenden Informationen (Me 84) folgende Neuerungen enthalten:

- **Format der Quellprogramme:**
  Quellprogramme können formatfrei geschrieben werden. Als Charaktere sind auch Kleinbuchstaben zugelassen. Variablennamen können bis zu 31 Charaktere enthalten, wobei auch die Unterstreichung erlaubt ist. Die Zeichen & und ! zeigen Zeilenfortsetzungen bzw. Kommentare an.

- **Attributorientierte Vereinbarungen:**
  Die Vereinbarungen fassen alle Variablen zusammen, die gemeinsam die gleiche Verbindung von Attributen besitzen, z.B.
  ```
  REAL, ARRAY (20),SAVE,INITIAL(20*1.)::A,B,C
  ```
  Hierbei sind A, B und C REAL-Felder mit 20 Elementen. INITIAL weist allen ihren Elementen den Wert 1 zu.

- **Spezifizierung der Genauigkeit:**
  Als neue Attribute führt FORTRAN-8X den Zahlenbereich und die Genauigkeit von REAL-Variablen ein, z.B.
  ```
  REAL, PRECISION=10, EXP_RANGE=100,ARRAY(10)::X
  ```
  Hiermit ist X als Feld mit 10 Elementen, einer Genauigkeit von 10 byte und einem Exponentenbereich 100 vereinbart.

- **Behandlung von Daten des Typs BIT:**
  Die Vereinbarung lautet
  ```
          BIT variablenliste
  z.B.    BIT BX(8), BY(16), BZ
  ```
  Die BIT-Konstanten haben die Form 1´ oder ´0´. Für die Behandlung von Bits sind die Operatoren .BAND., .BOR., .BNOT. und .BXOR. in Analogie zu den logischen Operatoren vorgesehen, z.B.
  ```
  BX(1) = BY(1).BAND.BZ
  ```

- **Überlagerung von Feldelementen:**
  ```
  A(9:5) = A(3:7)
  ```

- **Abgeleitete Datentypen**

  Das stark eingeschränkte Spektrum von Datentypen ist ein schwerwiegender Mangel von FORTRAN und FORTRAN-77. FORTRAN-8X bietet die Möglichkeit, zusätzliche abgeleitete Datentypen zu definieren, z.B.

```
        TYPE OPERATOR
             CHARACTER (LEN=20)::VORNAME,FAMILIENNAME
             INTEGER::SCHICHT, RECHNER
        END TYPE
```

  Die Struktur beschreibt einen Operator durch seinen Vor- und Familiennamen, die Nummer der Schicht, der er angehört, und durch die Nummer des Rechners, an dem er tätig ist. Die Betriebsabteilung bestehe aus 20 Operatoren, so daß eine weitere Vereinbarung folgen kann:

```
        TYPE (OPERATOR),ARRAY(20),RECHENBETRIEB
```

  Ein Operator kann durch

```
             RECHENBETRIEB(I)%FAMILIENNAME
```

  beschrieben werden.

- **Schleifenkonstruktionen:**

  Statt der DO-Schleife mit Laufvariablen vom Typ REAL, die in FORTRAN-77 eingeführt sind, bietet FORTRAN-8X Schleifen der Form

```
            name  DO  steuerung
             anweisungsblock
            REPEAT  name
```

  Bei der unendlichen Schleife kann steuerung fehlen. Sie lautet hingegen bei Schleifen mit abgezählten Durchläufen

```
            L = LU,LO,LS
oder        LN TIMES
```

  LU, LO und LS sind der untere und der obere Wert der Laufvariablen bzw. die Schrittweite. LN gibt die Anzahl der Durchläufe an.

- **CASE-Konstruktion:**

  CASE steuert die Ausführung von Blockanweisungen in Abhängigkeit von einer oder von mehreren Bedingungen:

```
            SELECT CASE (X.GT.0)
            CASE (.TRUE.)
            Y = X
            CASE (.FALSE.)
            Y = -X
            END SELECT
```

  Die CASE-Konstruktion ersetzt die berechnete GOTO-Anweisung.

- **Erweiterte Ein-/Ausgabe-Anweisung:**

  Die Formatbezüge sind durch ** ersetzt. Mit Hilfe der Anweisung

```
            READ (gerätenummer,**) X,Y,N
```

  kann ein Record der Form

Y=3.14, N=10, X=6.40

gelesen werden.

- **Fortgeschrittene CALL-Anweisung:**
  FORTRAN-8X hebt die strenge Forderung auf, daß bei Definition und Aufruf von Unterprogrammen die Reihenfolge und die Anzahl der Parameter (formale und aktuelle Parameter) übereinstimmen müssen. Sie führt die formalen Parameter als Schlüsselworte ein. Ist beispielsweise eine SUBROUTINE durch

  SUBROUTINE UP1 (A,B,C,I)

  vereinbart, kann der Aufruf

  CALL UP1 (I=100,A=X,B=Z,C=0)

  lauten.

- **Moduln:**
  Moduln sind Programmeinheiten, die nur Spezifikationen sowie interne Prozeduren enthalten. Der Aufruf, d.h. die Eingliederung eines Moduls in ein Programm, erfolgt durch die USE-Anweisung:

  USE modulname

  Moduln sollen die COMMON- und die BLOCK-DATA-Anweisung ersetzen. Gegenüber der COMMON-Anweisung haben sie den Vorzug, daß sie nur einmal definiert werden müssen und mittels USE-Anweisung mehrfach genutzt werden können.

6.2.5.4. BASIC

BASIC (Beginners all Purpose Symbolic Instruction Code) wurde als Schulsprache entwickelt. Wegen seiner einfachen Syntax hat es vor allem an Home- und Personal-Computern weite Verbreitung gefunden. BASIC ist leicht zu erlernen und für einfache Rechnungen sehr gut geeignet. Die Minimalvariante von BASIC (Minimal-BASIC) liegt als Standard ANSI X3.60-1978 vor. Sie entspricht weitgehend der ursprünglichen Fassung. Für die Übersetzung von BASIC stehen Interpreter zur Verfügung, die eine dialogorientierte Entwicklung und Abarbeitung von Programmen ermöglichen. Wegen des langsamen Übersetzens ergeben sich Einschränkungen bei der Anwendung für Echtzeitaufgaben. Deshalb verfügen manche Betriebssysteme, z.B. CP/M, noch zusätzlich über einen BASIC-Compiler.

Minimal-BASIC

BASIC ist in seiner ursprünglichen Fassung auf mathematische Probleme ausgerichtet, allerdings sehr sparsam ausgestaltet. Wie FORTRAN ist auch BASIC zeilenorientiert. Jede Zeile muß mit einer Zahl als Marke versehen sein, wobei die Zahlen (im Unterschied zu FORTRAN) mit der Befehlsfolge monoton wachsen müssen. Ein BASIC-Programm stellt somit eine Folge steigend numerierter Anweisungen dar.

In Minimal-BASIC sind nur zwei Datentypen definiert: numerische Daten (REAL-Größen) und Zeichenketten. Der Name einer Variablen besteht aus einem Großbuchstaben, dem eine Ziffer folgen kann. Zeichenvariable werden außerdem durch ein Dollarzeichen am Ende des Namens markiert. Im Minimal-BASIC sind ein- und zweifach indizierte Felder zugelassen . Sie müssen in einer Dimension-Anweisung vereinbart werden, z.B. durch

```
100     DIM  X1(100),Z(10,10)
```

Die Ergibtanweisung beginnt mit dem Schlüsselwort LET:

```
marke   LET variable = ausdruck
123     LET Y = Z*X + A
```

LET kann bei neueren Implementierungen entfallen.

Die unbedingte Sprunganweisung lautet:

```
marke   GOTO zielmarke
234     GOTO 1024
```

In BASIC stehen eine bedingte Sprunganweisung

```
marke   IF bedingung THEN zielmarke
```

und eine berechnete Sprunganweisung

```
marke   ON ausdruck GOTO Z1,Z2,...ZN
```

zur Verfügung. Nimmt ausdruck einen Wert i an, so wird nach der i-ten Sprungmarke Zi verzweigt. Ist i größer als N, wird der nächste Befehl ausgeführt.

Die Schleifenanweisung besitzt eine elegantere Form als in FORTRAN:

```
marke FOR laufvariable = anfangswert TO endwert STEP schrittweite
        anweisungen der schleife
marke   NEXT laufvariable
```

Die Anweisung NEXT laufvariable begrenzt den Block der Schleifenanweisungen:

```
100     FOR I = 1 TO 100 STEP 2
110     LET S = S + X(I)
120     NEXT I
```

Die Standard-Anweisungen der Ein-/Ausgabe lauten:

```
marke   INPUT file_nr, variablenliste
marke   PRINT file_nr, variablenliste
```

```
marke   STOP        beendet die Programmabarbeitung,
marke   END         zeigt das Programmende an und muß
                    als letzter Befehl stehen.
```

Minimal-BASIC realisiert ein einfaches Unterprogrammkonzept. Funktionen lassen sich mit der Anweisung

```
marke    DEF FN name parameter = ausdruck
```

vereinbaren. Die Funktion kann nur aus einem arithmetischen Ausdruck bestehen und darf nur einen Parameter enthalten. Darüber hinaus stehen 11 Standardfunktionen (trigonometrische, Logarithmus-, Exponentialfunktionen u.a.) zur Verfügung. Ferner läßt sich eine Pseudo-Unterprogrammtechnik benutzen: Mit Hilfe eines Befehls

```
marke    GOSUB up_marke
```

wird zu einem mit up_marke bezeichneten Befehl verzweigt, der den ersten Befehl eines Pseudo-Unterprogramms darstellt. Die Befehlskette des Pseudo-Unterprogramms wird mit der Rücksprunganweisung

```
marke    RETURN
```

verlassen. Die Fortsetzung des aufrufenden Programms erfolgt hinter dem GOSUB-Befehl. Die Befehlsfolge des Pseudo-Unterprogramms stellt keine abgeschlossene Programmeinheit im Sinne eines Unterprogramms dar.

Der BASIC-Interpreter führt neben den Programmbefehlen auch Editorfunktionen für die Programmentwicklung aus:

DELETE	zeilen_nr1	,zeilen_nr2	zum Löschen von zeilen_nr1 bis bis zeilen_nr2,
LIST	zeilen_nr1	,zeilen_nr2	zum Auslisten,
RUN			zum Starten eines Programms.

Bei der beabsichtigten einfachen Sprachgestaltung von BASIC entfielen zunächst Sprachelemente zur Unterstützung der strukturierten Programmierung. Deshalb wird gegen BASIC der Vorwurf erhoben, daß es die Entwicklung eines modernen Programmierstils behindere.

Erweiterungen von Minimal BASIC

BASIC, das wie FORTRAN zur ersten Generation der Programmiersprachen gehört, ist ebenfalls ständig ergänzt und weiterentwickelt worden. Vor allem mit dem Aufkommen der Home- und Personal-Computer ist trotz des vorliegenden Standards eine unübersehbare Vielfalt an BASIC-Versionen entstanden.

Ein später erarbeiteter BASIC-Sprachentwurf aus dem Jahre 1984 (ANSI 1984 Draft Proposal) weist eine Reihe bedeutsamer Erweiterungen auf, von denen hier nur die wichtigsten aufgeführt werden sollen.

- In der Textgestaltung sind Fortsetzungszeilen erlaubt. Namen (Bezeichner) dürfen aus maximal 31 Zeichen bestehen.
- Die LET-Anweisung kann Mehrfachzuweisungen (eines Wertes zu mehreren Variablen V1, V2,...VN) enthalten:

```
marke    LET V1, V2, ...,VN = ausdruck
```

- Die bedingte Anweisung

```
marke    IF bedingung THEN marke
```

ist erweitert um die beiden Formen

```
marke    IF bedingung THEN anweisung
```

und

```
marke    IF bedingung THEN anweisung1 ELSE anweisung2
```

Die Bedingung darf logische Operatoren (AND, OR, NOT) enthalten.

- In der ON-Anweisung sind zwei neue Versionen möglich:

```
marke    ON ausdruck GOTO Z1,Z2,...,ZN ELSE anweisung
marke    ON ausdruck GOSUB Z1,Z2,...,ZN ELSE anweisung
```

  Die nach ELSE stehende Anweisung wird ausgeführt, falls der Wert von ausdruck nicht im Bereich 1...N liegt.
- Eine erweiterte Druckanweisung

```
marke    PRINT USING f: druckliste
```

  berücksichtigt eine vorgebbare Formatbeschreibung. Diese befindet sich unter der Zeilennummer f und legt das Format jedes Zeichens oder jeder Zahl fest und gestattet das Einfügen von Texten.

Der erweiterte Sprachvorschlag unterstützt die Verarbeitung von Zeichenketten durch

- Zulassung von Feldern (Arrays), deren Elemente Zeichenketten sind,
- Behandlung von Zeichenketten mit Hilfe des Kettungsoperators &,
- Bereitstellung von Standardfunktionen für die Zeichenkettenverarbeitung (es können Funktionen vom Typ Zeichenkette vereinbart werden) und
- Eingabe von Zeichen mit der Anweisung

```
marke    LINE INPUT K1, K2, ...,KN
```

  wobei jeweils eine Zeile als Zeichenkette Ki gedeutet wird.

Ein bedeutender Fortschritt ist die Bereitstellung von Array-Operationen des Typs   MAT array1 = array2 op array3

Die ursprünglich für skalare Operationen definierten Operatoren op, z.B. +, -, *, /, stellen in diesen Anweisungen Feldoperatoren dar. Die Anweisung für die Multiplikation der Matrizen A und B lautet dann:

```
100   MAT C = A * B
```

Ebenso sind zusätzliche Ein-/Ausgabeanweisungen für Felder definiert:

```
200   MAT INPUT A
```

Im erweiterten Unterprogrammkonzept können externe Funktionen und Subroutinen vereinbart werden:

```
FUNCTION name (parameterliste)
 anweisungen
END FUNCTION
```

und

```
SUBROUTINE name (parameterliste)
 anweisungen
END SUB
```

Programmbeispiel: Zahlensortierung

```
1000  SUBROUTINE SORT (X,N)
1010  DIM X(100)
1020  FLAG = 0
1030  FOR I = 1 TO N-1
1040  IF X(I)   = X(I+1) THEN 1090
1050  LET H = X(I)
1060  LET X(I) = X(I+1)
1070  LET X(I+1)= H
1080  LET FLAG = 1
1090  NEXT I
1100  IF FLAG = 1 THEN 1020
1110  RETURN
1120  END SUB
```

SUBROUTINEN werden wie bei FORTRAN durch CALL-Anweisungen aufgerufen. Ferner besteht die Möglichkeit, Funktionen rekursiv zu verwenden.

Mit der Erweiterung der Schleifen- und Auswahlanweisungen (bedingte Anweisungen) wird den Forderungen der strukturierten Programmierung entsprochen:

- Ein Block kann aus einer Anweisung oder aus einer Anweisungsfolge bestehen. Folgende Konstruktionen sind möglich:

```
IF bedingung THEN        IF bedingung THEN        SELECT CASE ausdruck
  anweisungsblock          anweisungsblock1       CASE f1
ENDIF                    ELSE                       anweisungsblock1
                           anweisungsblock2       CASE f2
                         ENDIF                      anweisungsblock2
                                                    usw.
                                                    ENDSELECT
```

- Neben der oben erwähnten FOR-Schleife sind weitere Schleifenkonstruktionen (DO-Schleifen) erlaubt:

```
DO WHILE bedingung       DO                       DO UNTIL bedingung1
  anweisungsblock          anweisungsblock          anweisungsblock
LOOP                     LOOP UNTIL bedingung     LOOP WHILE bedingung2

DO WHILE bedingung1
  anweisungsblock
LOOP UNTIL bedingung2
```

Weitere vorgeschlagene und z.T. verwirklichte Spracherweiterungen von BASIC sind

- Behandlung von Ausnahmezuständen zur definierten Programmfortsetzung,
- Verfolgen der Programmabarbeitung zur Fehlersuche (Debugging),
- Erzeugung und Bearbeitung graphischer Information und

- Behandlung paralleler Prozesse in der Echtzeitverarbeitung.

Diese Spracherweiterungen entsprechen den Forderungen der modernen Software-Technologie. Allerdings ist damit BASIC keine einfache Sprache mehr.

Neben den erweiterten BASIC-Versionen existieren auch stark reduzierte Varianten. Tiny BASIC ("winziges BASIC") beispielsweise verfügt über einen eingeschränkten Sprachumfang, der eine Teilmenge von Standard-BASIC darstellt. Während Standard-BASIC ca. 70 und erweiterte BASIC-Versionen bis zu 200 verschiedene Befehle enthalten, bietet Tiny BASIC lediglich 30...50. Es läßt nur den Datentyp INTEGER zu. Wegen seines geringen Speicherplatzbedarfs (25% von Standard-BASIC) ist Tiny BASIC vor allem für Minimalsysteme (Billigsysteme) geeignet.

BASIC-Implementierungen auf 16-bit-Rechnern

BASIC 1700 für den Arbeitsplatz-Computer robotron AC 7100 realisiert den Standard ANSI X 3.60-1978 mit einer Reihe von Erweiterungen:

- Gleitkommazahlen doppelter Genauigkeit,
- Namen (Bezeichner) mit maximal 40 Zeichen,
- Verarbeitung von Feldern, die bis zu achtfach indiziert sein können,
- Anweisungen für strukturierte Programmierung (IF...THEN...ELSE und WHILE...WEND),
- Verkettung von mehreren Teilprogrammen zu einem Programmkomplex mittels der CHAIN-Anweisung sowie
- wahlfreie und satzweise Ein-/Ausgabe.

Das Standard-BASIC für den Rechner robotron AC 7100 geht vom Standard ANSI 3.60-1984 aus und gestattet

- Zeichenkettenverarbeitung mit Konstanten, einfachen Variablen und bis zu zweifach indizierten Zeichen-Feldern,
- erweiterte Programmsteuerung mittels GOTO-, GOSUB-, IF-, FOR-, DO- und SELECT-Anweisungen,
- Zulassung logischer Größen und Zahlen in Hexadezimaldarstellung sowie
- Ausnahmebehandlungen.

6.2.5.5. PASCAL

Die Sprache PASCAL, nach dem Mathematiker Blaise Pascal benannt, wurde 1971 an der ETH Zürich von N.Wirth (Wi 71) als Ausbildungssprache mit der Zielstellung geschaffen,
- fundamentale Konzepte und Strukturen systematisch, präzise und adäquat auszudrücken,
- neue Ergebnisse der systematischen Programmentwicklung zu berücksichtigen und
- wirksame Übersetzer von angemessenem Umfang zu implementieren.

Mit PASCAL wurde den damals entstandenen "Supersprachen", wie PL-1, vor allem aber ALGOL-68, ein einfaches, leistungsstarkes Konzept gegenübergestellt. PASCAL ist eine universelle Programmiersprache für mathematische und kommerzielle Aufgaben sowie für die Systemprogrammierung. Darüber hinaus ist PASCAL auch als Veröffentlichungssprache zur Beschreibung von Algorithmen, z.B. von numerischen Verfahren, geeignet. PASCAL hat weite Verbreitung gefunden. Für alle gebräuchlichen Betriebssysteme von Klein- und Mikrorechnern liegen PASCAL-Compiler vor. Der Aufwand für die Implementierung ist verhältnismäßig gering. Allerdings hat sich durch Erweiterung und maschinenspezifische Ergänzung eine Vielzahl von Dialekten herausgebildet, wodurch die Portabilität von PASCAL-Programmen erschwert wird. Die Sprache PASCAL läßt deutlich eine Verwandtschaft mit ALGOL-60 erkennen. Sie übertrifft jedoch ALGOL bezüglich der zugelassenen Datentypen und -strukturen, des Spektrums von Steueranweisungen sowie des Ein-/Ausgabesystems.
Die Programmstruktur ist wie folgt festgelegt:

```
<programm> ::= <programmkopf> <block>
< block >    ::= <marken_deklaration>
                 <konstanten_definition>
                 <typ_definition>
                 <variablen_deklaration>
                 <prozedur_/funktions_deklaration>
                 <anweisungsteil>
```

Der Programmkopf enthält den Programmnamen und Angaben über die Kommunikation des Programms mit seiner Umgebung (INPUT, OUTPUT):

```
PROGRAM programm_name (INPUT,OUTPUT);
```

Die Bindung der Anweisungen an Programmzeilen ist in PASCAL aufgehoben. Ein PASCAL-Programm stellt eine einzige Zeile dar, in der die einzelnen Anweisungen durch Semikolon getrennt sind.

Datentypen

In PASCAL sind drei Gruppen von Datentypen zugelassen:
- einfache Typen,
- Zeiger (pointer) und
- strukturierte Typen.

Innerhalb dieser Gruppen existieren vordefinierte Datentypen (Standardtypen). Darüber hinaus können weitere Datentypen durch den Nutzer mit einer gesonderten Definitionsanweisung eingeführt werden:

TYPE name = typ;

Einfache Datentypen sind unstrukturiert. Dabei wird zwischen Standardtypen und nutzerdefinierten Typen unterschieden. Zu den Standarddatentypen zählen die numerischen Größen vom Typ INTEGER, REAL und BOOLEAN sowie Zeichen (CHAR). Die nutzerdefinierten einfachen Typen gliedern sich wiederum in Aufzählltypen und Teilbereichstypen.

Ein Aufzählltyp (Ordinaltyp) definiert eine geordnete Menge von Werten, die in der Vereinbarung angegeben sind:

TYPE typname = (werte_liste);

z.B. TYPE monat = (januar,februar,...,november,dezember);

Die Monatsnamen stehen hier für die Werte des Typs monat.

Ein Teilbereich bezeichnet die Teilmenge eines Ordinaltyps:

TYPE name = KONSTANTE..KONSTANTE;

z.B. TYPE fruehjahr = maerz..mai;

als Teilmenge von monat oder

TYPE TAGE = 1..31;

als eine Untermenge des Typs INTEGER. Beim Zugriff auf Teilbereichstypen wird automatisch geprüft, ob die angegeben Werte eingehalten werden, anderenfalls erscheint eine Fehlermeldung.

Pointer (Zeiger) stellen einen Datentyp dar, der den Zugriff zu dynamischen Variablen vermittelt. Dynamische Variable werden nicht (wie statische Variablen) vereinbart. Sie werden zur Programmlaufzeit erzeugt oder gelöscht und erhalten keinen Namen. Deshalb muß ein Pointer auf eine solche dynamische Variable verweisen, d.h. ihre Adresse enthalten. Ein Pointer ist an einen bestimmten Variablentyp gebunden. Trotzdem kann er vor dieser Variablen vereinbart werden (rekursive Definition):

TYPE pointer_name = ↑typ

Beispiel: TYPE K = INTEGER;
TYPE PTR = ↑ K;
VAR P : PTR;

Der vereinbarte Pointer verweist hier auf eine dynamische Variable vom Typ Integer, die durch P ↑ bezeichnet ist.

Der Speicherplatz für eine dynamische Variable P ↑ wird durch die Standardprozedur NEW(P) belegt und durch DISPOSE(P) freigegeben. Einer dynamischen Variablen P ↑ läßt sich über den Pointer P ein Wert zuordnen:

P ↑ := 100;

Enthält ein Pointer keinen Verweis, so wird ihm der Pointerwert NIL zugewiesen. Auf Pointern sind Wertzuweisungs- und Vergleichsoperationen definiert. Pointer können als Parameter in Prozeduren und Funktionen sowie als Ergebnis einer Funktion vorkommen. Sie dürfen jedoch nicht auf statisch erzeugte Variable oder Files verweisen. Wichtigstes Anwendungsgebiet von Pointer-Variablen ist die Verkettung von Listen, z.B. bei der Behandlung von Warteschlangen (Abschnitt 5.1.).

In PASCAL sind vier strukturierte Datentypen zugelassen:
ARRAY (Feld), RECORD (Satz), SET (Menge) und FILE (sequentielle Datei). Sie werden durch explizite Definition festgelegt:

```
TYPE name = ARRAY [indexbereich,...,indexbereich] OF TYPE;
```

Ein Datentyp FOLGE mit 10 INTEGER-Werten wird dann definiert durch:

```
TYPE FOLGE = ARRAY [1..10] OF INTEGER;
```

Zu RECORDS können Elemente unterschiedlichen Typs gehören, beispielsweise

```
RECORD
  personalnr : INTEGER;
  name : ARRAY [1..20] OF CHAR ;
  gehalt : REAL;
  telefon : INTEGER;
END
```

FILES enthalten einen beliebigen, aber einheitlichen Datentyp:

```
FILE OF REAL;
```

vereinbart durch

```
TYPE LISTE = FILE OF REAL;
```

Alle Objekte (Variablen, Konstanten, Funktionen und Prozeduren) müssen im Deklarationsteil eines Programms vor ihrer Verwendung vereinbart werden. Hierbei ist jede Typgruppe durch ein Schlüsselwort (TYP, CONST, VAR, PROCEDURE, FUNCTION) gekennzeichnet, z.B. bei der Konstantendefinition

```
CONST pi =  3.1416;
      zins = 0.0325;
```

Die Definition von Variablen lautet beispielsweise:

```
VAR k,l,m : INTEGER;
    R,S,T : REAL;
    F1,F2 : FELD;
```

Als Marken können Zahlen verwendet werden. Sie sind durch eine Anweisung der Form

```
LABEL markenliste;
```

zu vereinbaren, z.B.

```
LABEL 10, 20, 40;
```

Die so vereinbarten Marken werden wie folgt eingesetzt:

```
label: anweisung;
```

z.B.

```
10:  I := I + 1;
```

Anweisungen

In PASCAL stehen einfache und strukturierte Anweisungen zur Verfügung.

- Einfache Anweisungen

  .Zuweisungsanweisungen haben die Form.

  ```
  variablenname := ausdruck;
  ```

  := ist ein Zuweisungsoperator. Er weist der Variablen den Wert des auf der rechten Seite stehenden Ausdrucks zu. Bei der Berechnung von Ausdrücken gilt die Rangfolge:

1. Funktionsaufruf,
2. Negation (NOT),
3. Multiplikation/Division, Konjunktion (AND),
4. Addition/Subtraktion, Disjunktion (OR) und
5. Vergleichsoperationen.

Sprunganweisung

```
GOTO marke;
```

Prozeduranweisung

Der Aufruf einer Prozedur erfolgt nur durch Nennen ihres Namens und Angabe der aktuellen Parameter, wobei deren Anzahl, Reihenfolge und Typ mit den formalen Parametern übereinstimmen müssen.

```
prozedurname (parameterliste);
```

Leeranweisung

Die Leeranweisung ist eine formale Konstruktion, um in bestimmten Fällen den Regeln der Syntax entsprechen zu können. Sie enthält keine Zeichen und löst folglich keine Operation aus.

- Strukturierte Anweisungen bestehen selbst wieder aus Anweisungen. Sie werden von übergeordneten Strukturen wie eine einzige Anweisung behandelt. Folgende strukturierte Anweisungen sind in PASCAL zulässig:

Verbundanweisung:

```
BEGIN
  anweisung1;
  anweisung2;
      :
  anweisungn;
END
```

Sie faßt eine Folge von Anweisungen (Sequenz) zu einem Block zusammen.

Bedingte Anweisungen haben die Struktur

```
       if bedingung then anweisung;
oder   if bedingung then anweisung1 else anweisung2;
```

.**CASE-Anweisung:** Die Auswahlanweisung lautet in PASCAL:

```
CASE ausdruck OF
  c1 : anweisung1;
  c2 : anweisung2;
         :
  cn : anweisungn;
END
```

In Abhängigkeit vom Wert des Ausdrucks wird eine der Anweisungen ausgeführt; Nimmt der Ausdruck den Wert k an, so kommt die k-te Anweisung zur Ausführung.

Schleifenanweisungen

PASCAL bietet vier verschiedene Versionen der Schleifenanweisungen:

FOR-Anweisung: In der FOR-Anweisung sind nur Schrittweiten der Größe 1 erlaubt. Für steigende Werte der Laufvariablen lautet die FOR-Anweisung:

FOR laufvariable = ausdruck1 TO ausdruck2 DO anweisung;
ausdruck1 bestimmt den Anfangswert, ausdruck2 den Endwert der Laufvariablen. Sollen die Werte der Laufvariablen fallen, steht in der Anweisung statt TO das Schlüsselwort DOWNTO.
Der Laufvariablen wird eine Folge von Werten zugewiesen und die Anweisung oder Anweisungsfolge für jeden dieser Werte ausgeführt:

```
FOR k := 1 TO 100 DO summe := summe + x[k] ;
```

.WHILE-Anweisung:

```
WHILE bedingung DO anweisung;
```

Die Anweisung oder Anweisungsfolge wird solange durchlaufen, wie bedingung = true (wahr) erfüllt ist. Der Test erfolgt jeweils vor Ausführung der Anweisung.

REPEAT-Anweisung:

```
REPEAT anweisung UNTIL bedingung;
```

Die Anweisung wird solange ausgeführt, bis bedingung = true ist.

WITH-Anweisung:

Sie steuert Zugriffe zu Variablen des Typs RECORD.

Standardprozeduren und -funktionen

In PASCAL stehen folgende Standardprozeduren und -funktionen zur Verfügung:

- Dateibearbeitungsprozeduren zur Übertragung von Daten zwischen Programmen und Dateien einschließlich der Ein-/Ausgabe,
- Speicherverwaltungsprozeduren zum Anlegen und Löschen dynamischer Variablen,
- Prozeduren zur Umwandlung von gepackten in ungepackte Arrays,
- arithmetische Funktionen,
- Funktionen zur Konvertierung von Datentypen, z.B: Real in Integer,
- Ordinalfunktionen zur Auswertung von Ordnungsrelationen, z.B. Vorgänger, Nachfolger eines Wertes, und
- Prädikate (Boolesche Funktionen), die bestimmte Zustände anzeigen, z.B. EOF(d) das Erreichen des Dateiendes bei Datenübertragung.

Ein-/Ausgabe von Daten

Anweisungen für die Ein-/Ausgabe liegen in PASCAL nicht vor. Daher übernehmen Standardfunktionen diese Operationen, z.B. Lesen von Variablenwerten:

```
READ (filevariable,variablenliste);
```

Lesen mit Zeilenschaltung:

```
READLN (filevariable,variablenliste);
```

Ausgeben:

```
WRITE(filevariable,liste);
```

Ausgeben mit Zeilenschaltung:

```
WRITELN (filevariable,liste);
```

Ermitteln des Zeilenendes (end of line):

EOLN(filevariable)

Das Eröffnen von Files erfolgt durch die RESET-Anweisung (bei Eingabe) bzw. durch die REWRITE-Anweisung (bei Ausgabe), das Abschließen durch RESET oder Beendigung des Programms.

Unterprogramme in PASCAL

Prozeduren und Funktionen, die beiden Unterprogrammarten in PASCAL, gliedern sich in den Unterprogrammkopf und den Unterprogrammrumpf, der aus einem Block mit Vereinbarungen und Anweisungen besteht. Mit den Schlüsselwörtern PROCEDURE und FUNCTION werden der Name des Unterprogramms, die formalen Parameter sowie bei Funktionen auch der Funktionstyp vereinbart. In der Liste der formalen Parameter ist neben dem Namen auch der Typ der Parameter auszuweisen:

```
PROCEDURE name (parameterliste);            (Prozedurkopf)
BEGIN
vereinbarungen lokaler parameter;           (Prozedurrumpf)
  anweisungen;
END

FUNCTION name (parameterliste) : typ
BEGIN
  vereinbarung lokaler parameter;        Bei Funktionen muß im
  anweisungen; name := ausdruck;         Rumpf eine Wertzuweisung
END                                      name := ausdruck vorkommen.
```

Beispiel einer PASCAL-Funktion:

```
FUNCTION ARCSIN (X : REAL) : REAL;
BEGIN
  ARCSIN := ARCTAN (X / SQRT(1 - X*X));
END;
```

Innerhalb der Parameter werden Variablen- und Wertparameter unterschieden. Der Wert von Variablenparametern darf durch die Abarbeitung des Unterprogramms verändert werden. Das Unterprogramm kann auf die Speicherplätze der Variablen zugreifen. Beim Aufruf von Wertparametern wird eine Kopie der betreffenden Variablen bereitgestellt, auf die das Unterprogramm zugreifen kann. Die im Unterprogrammrumpf vereinbarten Objekte gelten als lokale Objekte nur innerhalb des Unterprogrammblocks. Ihre Werte sind nach Verlassen des Unterprogrammblocks nicht mehr verfügbar.

Prozeduren und Funktionen können rekursiv aufgerufen werden. Das Problem, daß nur zuvor vereinbarte Objekte benutzt werden dürfen, wird bei rekursivem oder wechselseitigem Aufruf von Unterprogrammen durch eine sogeannte Direktive umgangen: Statt des Unterprogrammrumpfes wird die Direktive FOREWARD eingesetzt. Hierdurch gilt das Unterprogramm zunächst als vereinbart, während die Definition des Rumpfes an anderer Stelle erfolgt.

Programmbeispiel: Zahlensortierung

```
        VEKTOR = ARRAY  1..N   OF REAL;

        PROCEDURE SORT (N: INTEGER; VAR X: VEKTOR);
        VAR I: INTEGER; H: REAL; FLAG: BOOLEAN;
          BEGIN
            REPEAT
              FLAG := FALSE;
              FOR I := 1 TO (N-1) DO
                IF X [I] < X [I+1]  THEN
                  BEGIN  H := X [I+1] ;
                         X [I+1] :=  X [I] ;
                         X [I]  :=  H;
                         FLAG := TRUE
                  END
            UNTIL NOT FLAG
          END
```

Übersetzen von PASCAL-Programmen

Beim Übersetzen und Abarbeiten von PASCAL-Programmen können unterschiedliche Wege eingeschlagen werden. Im einfachsten Fall wird das Programm sofort in einen direkt abzuarbeitenden Maschinenkode übersetzt. Die

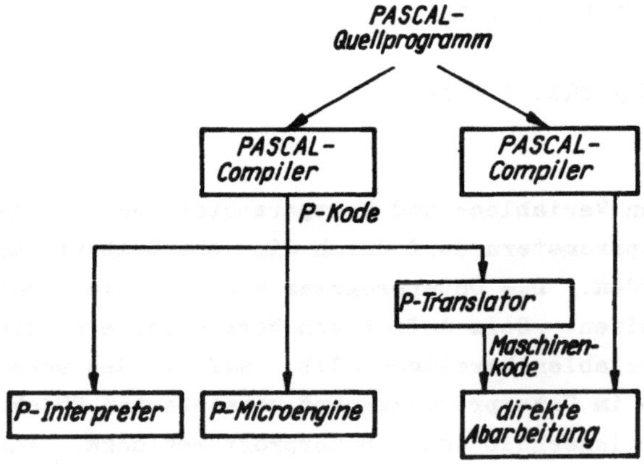

Abb.6.11: Möglichkeiten der Übersetzung und Abarbeitung von PASCAL-Programmen

häufigsten Implementierungen jedoch sehen einen Zwischenkode, den P-Kode, vor. Für seine Verarbeitung bestehen drei Möglichkeiten:

- Interpretative Abarbeitung des P-Kodes,
- Übersetzen des P-Kodes durch einen Translator in Maschinenkode und

dessen direkte Abarbeitung sowie
- direktes Abarbeiten des P-Kodes mit einer "PASCAL-MICROENGINE", die den P-Kode als Maschinensprache direkt ausführt.

In Abb.6.11 sind die verschiedenen Möglichkeiten der Übersetzung und Abarbeitung von PASCAL-Programmen gegenübergestellt.

PASCAL-Implementierungen

1974 erschien die erste Veröffentlichung über einen PASCAL-Compiler für den Rechner CDC 6000. Ihm folgten 1976 die Version 2 und 1979 Version 3 (University Minnesota). Über den Standard hinausgehend, bietet die Version 3
- dynamische Indexbereiche,
- segmentierte Files,
- die Operationen NEW, DISPOSE, RELEASE,
- bei der CASE-Anweisung das Schlüsselwort OTHERWISE (es definiert die Anweisungsfolge, wenn keine gültige Marke in der CASE-Anweisung gefunden worden ist),
- Wertinitialisierung von Variablen mittels VALUE, indem nach der Typvereinbarung im Block des Hauptprogramms die VALUE-Anweisung folgt, z.B. VALUE z = (n OF 99) ,
- zusätzliche Standardfunktionen, beispielsweise
  UNDEFINED(X), es ergibt TRUE als Wert, falls Ausdruck X undefiniert ist oder außerhalb seines zulässigen Wertebereichs liegt,
  CARD(S), ermittelt die Anzahl der Sätze in einem set S,
  ORD(V) gibt den Integerwert eines Pointers an.
  Hinzu kommen Standardfunktionen für die Angabe von Datum, Uhrzeit u.a.

PASCAL-P-Compiler

Der PASCAL-P-Compiler erzeugt einen einfachen, assemblerähnlichen Zwischenkode, den P-Kode, für einen stackorientierten, hypothetischen Computer. Der Stack-Computer besteht aus einem linear adressierbaren Speicher mit 5 Registern für Zeiger auf Programmzähler, auf Kellerspeicher, Parameterdeskriptor, Halde und den maximal zur Verfügung stehenden Speicherbereich. Der Compiler ist in PASCAL geschrieben. Für das Portieren des P-Compilers bestehen drei Möglichkeiten:
- Schreiben eines Interpreters für den P-Kode,
- Anpassen der Adreßzuweisung und der Kodegenerierung des Compilers an den Zielrechner oder
- Realisierung der Hardware eines Stack-Computers.

Alle drei Varianten sind verwirklicht worden (Abb.6.11).

Der dritte Weg wurde mit der Entwicklung einer PASCAL-MICROENGINE (We 79) eingeschlagen. Die Maschinensprache dieses Rechners ist der P-Kode. Gleichzeitig stehen ein komplettes PASCAL-Programmiersystem, bestehend aus Assembler für P-Kode, PASCAL-Compiler, Datenverwaltungsprogrammen,

Lader, Binder, Texteditoren und Debugger sowie ein BASIC-Compiler zur Verfügung.

UCSD-PASCAL

Auf Klein- und Mikrorechnern hat sich vor allem das UCSD-PASCAL durchgesetzt. Es ist in ein diskettenorientiertes Betriebssystem eingebettet. Gegenüber dem Standard enthält UCSD-PASCAL verschiedene Änderungen:
- Die GOTO-Anweisung ist nur mit einer Compiler-Option (G+) erlaubt,
- es gibt einen vordefinierten Datentyp STRING:

STRING (PACKED ARRAY [1...n] OF CHAR)

sowie Prozeduren zu seiner Verarbeitung.

VAX-11-PASCAL

VAX-11-PASCAL ist für die 32-bit-Rechnerfamilie VAX-11 implementiert worden. Es entspricht dem ursprünglichen Sprachentwurf, nutzt die Wortlänge von 32 bit für Datentypen höherer Genauigkeit und bietet darüber hinaus folgende Erweiterungen:
- als neue Datentypen 32-bit-Integer, Real-Größen mit einem maximalen Betrag von 1,7*1038, 64-bit-Double precision, Oktal- und Hexadezimalzahlen,
- Namen mit 15 signifikanten Zeichen,
- VALUE-Vereinbarungen,
- Schlüsselwort OTHERWISE in der CASE-Anweisung,
- READ-/ WRITE-Anweisungen für benutzerdefinierte Typen,
- Modulspezifikation für vorübersetzte Prozeduren,
- zusätzliche Standardprozeduren und -funktionen, z.B. HALT mit Sichern eines Speicherabzugs, DATE, TIME und UNDEFINED (wie beim USDC-PASCAL), ferner OPEN/CLOSE für Dateien, FIND für wahlfreien Zugriff auf Dateielemente.

Turbo-PASCAL

Turbo-PASCAL gilt gegenwärtig als effektivste Implementierung. Sie läuft unter den Mikrorechnerbetriebssytemen CP/M (Abschnitt 5.3.) und MS-DOS (Abschnitt 5.4.). Der Compiler übersetzt PASCAL-Quellprogramme direkt in Maschinenkode. Mit dem Erscheinen von Turbo-PASCAL wurden Einwände gegen PASCAL, die vor allem Praktiker der Datenverarbeitung geäußert hatten, weitgehend ausgeräumt:
- PASCAL-Programme werden weit schneller als bei anderen Implementierungen übersetzt,
- die Verarbeitungszeiten verkürzen sich um den Faktor 10 und sind noch geringer als bei FORTRAN,
- die Datentypen wurden um den Typ BYTE erweitert,
- Turbo-PASCAL unterstützt die Handhabung von Größen auf dem Niveau der absoluten Speicheradressierung,
- der Turbo-PASCAL-Compiler ist in ein sehr nutzerfreundliches Programmiersystem eingebettet.

Folgende Unterschiede zu anderen PASCAL-Implementierungen sind von besonderer Bedeutung:

- Als Label sind nicht nur Zahlen, sondern auch Namen zugelassen,
- Integer-Größen können in Hexadezimaldarstellung angegeben werden,
- auf Integer-Größen sind Rechts- und Linksverschiebungen anwendbar,
- mittels vordefinierter Größen vom Typ BYTE kann über eine vordefinierte Variable MEM (ein ARRAY [0...5FFFF] OF BYTE) auf einzelne Plätze des Realspeichers zugegriffen werden. unter CP/M z.B.

  IOBYTE = MEM[3];
- logische Operatoren (AND, OR, XOR) dürfen auch auf die Datentypen INTEGER und BYTE angewendet werden,
- es können direkte Adressen verwaltet werden:

  ADR (variable) stellt die absolute Adresse von Variablen bereit,

  INLINE gestattet das direkte Abspeichern in Maschinenkode,
- es können Variable vom Typ String vereinbart werden :

  VAR : string[100];

  die in Klammern angegebene Stringlänge darf 250 nicht überschreiten. Zur Verarbeitung von Strings stehen Funktionen und Prozeduren zur Verfügung, z.B. DELETE (Löschen), STR (Erzeugen eines Strings) COPY (Herauskopieren eines Stringbereiches) und CONCAT (Konkatenation von Strings).
- Zusätzliche Funktionen unterstützen die Handhabung von CP/M- und MS-DOS-Dateien. Neben den bekannten Prozeduren (Reset, Rewind, Read, Write) können die in Tabelle 6.3 angegebenen Funktionen benutzt werden.
- Auch Ein-/Ausgabegeräte können als Dateien eröffnet werden.

Tabelle 6.3: Zusätzliche Funktionen zur Dateibehandlung in Turbo-PASCAL

Anweisung	Funktion
Assign (f,name)	ordnet einer Datei eine Dateivariable f und einen Namen zu
Seek (f,n)	positioniert auf den Satz n einer Datei f
Flush (f)	schreibt den Datenpuffer-Inhalt auf eine Diskette
Close (f)	schließt die Datei f und setzt das Verzeichnis auf den aktuellen Stand
Erase (f)	löscht eine Datei
Filepos (f)	ermittelt die Position des aktuellen Records
Filesize (f)	bestimmt die Anzahl der Records auf einer Datei
IOresult (f)	stellt Fehlerkode der letzten Dateioperation bereit

Concurrent PASCAL

Concurrent PASCAL ist ein Subset von PASCAL, ausgestattet mit Beschreibungsmöglichkeiten für konkurrente Prozesse. Die Erweiterungen bestehen im wesentlichen in der Einführung von drei neuen System-Typen:
- process (aktive Komponente),
- class (passive Komponente) und
- monitor (passive Komponente, teilbare Datenstruktur).

Aus diesen Typen können Objekte, z.B. ARRAY OF PROCESSES, definiert werden. Die Prozeßkommunikation erfolgt über den Monitor. Zur Prozeßsynchronisation gibt es die Monitorroutinen DELAY (Verzögerung eines Prozesses) und CONTINUE (Fortsetzung eines Prozesses), aus denen sich ein eigenes Scheduling aufbauen läßt.

Concurrent PASCAL ist als virtuelle Maschine gestaltet, deren Kode der Compiler erzeugt. Das kleine Laufzeitsystem interpretiert den virtuellen Kode auf sehr effektive Weise. Das Modulkonzept, das bei Modula verwirklicht ist, wird hier noch nicht angewendet, so daß ein separates Übersetzen der Programm-Moduln nicht möglich ist.

PASCAL MT+

PASCAL MT+ entspricht dem Standard-PASCAL, verfügt jedoch noch über Möglichkeiten der Modularisierung.

6.2.5.6 Modula-2

Modula-2 ist ein Abkömmling von PASCAL und wurde als Systementwicklungs-Sprache von N. Wirth entwickelt (Wi 85). Wie der Name bereits andeutet, unterstützt Modula-2 das Konzept der modularen Programmierung. Es ermöglicht
- die Aufgliederung eines (komplexen) Programms in separat zu übersetzende Moduln,
- die Definition von Schnittstellen zwischen den Moduln, vor allem aber
- die separate Entwicklung und Erprobung sowie die Mehrfachnutzung von Moduln,
- die Programmierung paralleler Prozesse mit Hilfe eines Koroutinen-Konzepts und
- die Arbeit mit Datenstrukturen unter Einbeziehung des Konzepts der Datenabstraktion.

Ein Modul besteht aus Deklarationen und Anweisungsfolgen, eingeschlossen in die Schlüsselwörter MODULE und END. Der Modulkopf enthält als erste Zeile das Schlüsselwort MODULE, den Modulbezeichner und wahlweise die Priorität. Ihnen können sogenannte Import- und Exportlisten folgen. In der Importliste sind Objekte aufgeführt, die außerhalb des Moduls vereinbart sind, aber innerhalb des Moduls benutzt werden. Die Exportliste beinhaltet Objekte, die im Modul vereinbart sind und von anderen Moduln referiert werden können. Im Modul vereinbarte, aber nicht in diesen Listen enthaltene Objekte heißen lokal. Sie gelten nur innerhalb des Moduls.

```
MODULE modulbezeichner[,priorität];
EXPORT bezeichnerliste;
IMPORT bezeichnerliste;
    vereinbarungen
    anweisungen
END modulbezeichner
```

```
MODULE modulbezeichner[,priorität];
EXPORT QUALIFIED bezeichnerliste:
FROM modulbezeichner IMPORT
    bezeichnerliste;
    vereinbarungen
    anweisungen
  END modulbezeichner
```

Um Verwechslungen bei namensgleichen Objekten unterschiedlicher Bedeutung zu verhindern, kann zum Schlüsselwort EXPORT noch das Schlüsselwort QUALIFIED hinzugefügt werden. Bei der Benutzung der danach aufgeführten Objekte ist zusätzlich der Bezeichner des exportierenden Moduls voranzustellen. Der benutzende Modul kann mehrere IMPORT-Listen führen, in denen jedoch hinter dem Schlüsselwort FROM der Bezeichner des exportierenden Moduls steht. Auf diese Weise sind eindeutige Schnittstellen zwischen den Moduln definiert.

Der Zugriff zur Hardware wird durch den Standardmodul SYSTEM vermittelt. Er exportiert
- die Datentypen WORD und ADDRESS und
- die Prozeduren ADR, SIZE, TSIZE, NEWPROCESS, TRANSFER und IOTRANSFER.

WORD ist eine einzeln referierbare Speichereinheit, auf der nur die Zuweisungsvereinbarung definiert ist,
ADDRESS stellt einen Pointer auf die Größe WORD dar,
ADDR(X) gibt die Speicheradresse von X an,
SIZE(X) die Anzahl der Speicherplätze von X und
TSIZE(T) die Anzahl der Speichereinheiten, die einer Variablen vom Typ T zuzuweisen ist.

Compilierungseinheiten

Modula-2 unterscheidet als separat zu übersetzende Einheiten drei Modularten:
- Hauptmoduln (Programm-Moduln),
- Definitionsmoduln und
- Implementationsmoduln.

Hauptmoduln stellen Hauptprogramme dar, die aus je einem Programm-Modul bestehen und selbst keine Exportlisten führen. Zu importierende Objekte sind in anderen Programmteilen zu vereinbaren. Die Programm-Moduln setzen sich ihrerseits aus Definitions- und Implementationsmoduln zusammen. Definitions- und Implementationsmoduln sind paarweise vorhanden. Definitionsmoduln spezifizieren Name und Eigenschaften von Objekten. Alle in Definitionsmoduln erklärten Objekte gelten als exportiert, so daß Exportlisten entfallen können. Definitionsmoduln bilden die Schnittstelle des

Modulpaars (aus Definitions- und Implementationsmodul) nach außen. Der Implementationsmodul enthält Prozedur-Vereinbarungen und gegebenenfalls weitere Vereinbarungen für nicht exportierte Objekte. Sind im zugehörigen Definitionsmodul Objekte erklärt, so können sie ohne expliziten Import referiert werden.

```
DEFINITION MODULE modulbezeichner;        MODULE modulbezeichner;
  definitionen                            IMPORT
END modulbezeichner                       blockbezeichner
```

Prozesse

Neben der Modularisierung von Programmen ist die Behandlung von Prozessen ein wichtiges Merkmal der Sprache Modula-2. Sie kann die quasiparallele Nutzung der zentralen Verarbeitungseinheit durch Koroutinen sowie die echte Parallelarbeit von zentraler Verarbeitungseinheit und Peripheriegeräten behandeln. Koroutinen sind Prozesse, von denen jeweils einer zu einem bestimmten Zeitpunkt durch die zentrale Verarbeitungseinheit eines Einprozessorsystems ausgeführt wird. Für die Behandlung von Prozessen werden die folgenden Prozeduren aus dem Modul SYSTEM importiert:

- NEWPROCESS zur Erzeugung und Bereitstellung von Prozessen,
- TRANSFER zur Übergabe der Steuerung von einem aktiven Prozeß an einen anderen, bereiten Prozeß und
- IOTRANSFER, die die Parallelarbeit von zentraler Verarbeitungseinheit und Peripheriegeräten steuert.

Die Anwendung dieser Prozeduren wird in Abschnitt 6.3.6. ausführlicher beschrieben.

Datentypen

Über das Typ-Konzept von PASCAL hinausgehend, sind in Modula-2 zusätzlich die Datentypen CARDINAL, SET OF und PROCEDURE zulässig. Ferner ist die Vereinbarung von Objekten des Typs ADDRESS, WORD und PROCESS möglich. Zur Verarbeitung dieser Datentypen stehen arithmetische, Relations- und Mengenoperatoren zur Verfügung.

Anweisungen

Neben Wertzuweisungs- und Alternativanweisungen (IF-THEN-ELSE) bietet Modula-2 das gleiche breite Spektrum der Schleifenanweisungen wie PASCAL. Es unterstützt mit diesen Strukturen die strukturierte Programmierung. In Modula-2 steht eine Vielzahl von Standardprozeduren bereit, u.a. zur Definition von dynamischen Objekten und zur Speicherverwaltung.

6.2.5.7. FORTH

FORTH ist eine dialogorientierte Programmiersprache. Sie wurde in den siebziger Jahren von Moore konzipiert (Mo 80). FORTH unterscheidet sich auffallend von anderen Programmiersprachen:

- die Befehle werden in Umgekehrter Polnischer Notation angegeben,
- die arithmetischen und logischen Operationen sind an einen Datenstack gebunden,
- der Befehlsbestand läßt sich durch den Anwender erweitern,
- im Vergleich zu anderen Programmiersprachen bietet FORTH für die Befehle ungewohnte Mnemonics an.

Dennoch ist FORTH eine sehr attraktive Programmiersprache:

- Sie ist streng strukturiert und unterstützt die strukturierte Programmierung,
- sie läßt sich in sehr effizienten Maschinenkode übertragen;
- der residente Teil beansprucht nur wenig Speicherplatz, so daß FORTH auch auf Heim-Computern bequem zu implementieren ist.

Für FORTH existieren verschiedene Standardversionen: FIG-FORTH, FORTH-78 und FORTH-83.

Abb. 6.12 veranschaulicht die Bindung der Operationen an den Stack. Die Operanden von arithmetischen und logischen Operationen werden von den oberen Stackzellen gelesen und die Resultate auf dem Stack abgelegt. Bei der Addition zweier Größen S = OP1 + OP2, in FORTH-Notation: OP1 OP2 +, beispielsweise lautet die Belegung der oberen Stackzellen vor der Addition (TOS)= OP2 und (SECOND) = OP1, nach Ausführung der Operation (TOS) = S, (TOS bedeutet top of stack).

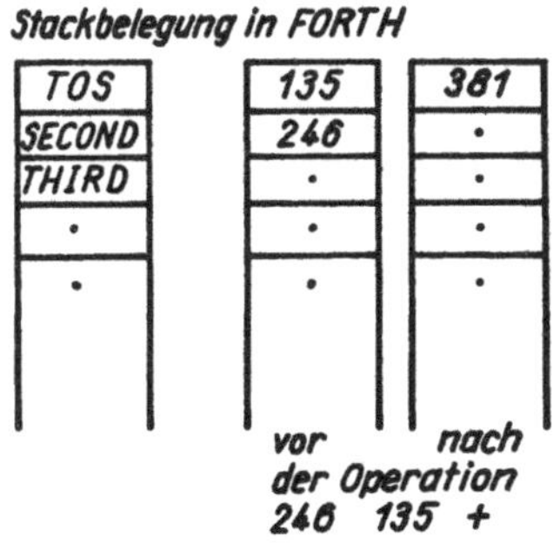

Abb.6.12 Stackorientierte Funktion von FORTH

FORTH wird gewöhnlich im Dialog programmiert und abgearbeitet. Trennzeichen der Morpheme ist das Space-Zeichen, Befehlsabschluß NEW LINE (nl). Der Rechner quittiert jeden korrekten, angenommenen Befehl mit der Ausschrift OK. Ein Befehl zur Addition zweier Zahlen (246 und 135) lautet dann:

246 135 + . nl OK

Der Punkt veranlaßt die Ausgabe des Inhaltes von TOS, des Ergebnisses, auf dem Bildschirm. Es besteht die Möglichkeit, von interpretativer auf generative Übersetzung und Abarbeitung überzuwechseln und umgekehrt. Der Doppelpunkt schaltet auf generierende, das Semikolon auf interpretative Betriebsweise um.

FORTH stellt vordefinierte, direkt ausführbare Kommandos (FORTH-Worte) bereit. Die Worte sind in einem Wörterbuch, einer Folge verketteter Einträge, verzeichnet. Jedes Wort besteht aus einem Wortkopf mit dem Namen (in ASCII-Kode) und der Länge des Namens, einem Verweis auf das nachfolgende FORTH-Wort und dem Körper. Die vordefinierten Worte heißen Primitivworte. Interessant ist die Möglichkeit, den Bestand an Worten durch selbstdefinierte Worte zu erweitern, indem Primitivworte zu nutzerdefinierten Sekundärworten vereinigt werden. So können schrittweise komplexe Funktionen aus einfacheren aufgebaut werden. Auf diese Weise läßt sich in FORTH das Konzept der Bottom-up-Programmierung verwirklichen, wobei dieser eine schrittweise Verfeinerung beim Entwurf vorangegangen sein sollte.

Während die Primitivworte als Systemkern in Maschinenkode vorliegen, können die Sekundärworte in FORTH (für zeitkritische Operationen und direkte Zugriffe zur Hardware) auch in Maschinenkode geschrieben werden. Die Definition eines Sekundärwortes geschieht mit der Anweisung:

: wortname
FORTH-Worte

Hierdurch wird der Kopf des definierten Wortes an das Ende des Wörterbuchs angekettet und der zugehörige Körper abgespeichert. Das Anlegen eines neuen Wörterbuchs geschieht mit dem FORTH-Wort VOCABULARY.

Variable und Konstanten müssen mit den FORTH-Worten VARIABLE bzw. CONSTANT vereinbart werden. Mit

wert VARIABLE name

wird eine einfache Variable deklariert und ihr ein Anfangswert zugewiesen. Bei Feldern sind die Anzahl der Speicherplätze und das Wort ALLOT hinzuzufügen:

wert VARIABLE name anzahl ALLOT

Mit 0 VARIABLE FELD 100 ALLOT

wird ein Array FELD mit 100 byte Länge vereinbart und mit dem Anfangswert 0 belegt. Die Vereinbarung einer Konstanten erfolgt mit

wert CONSTANT name

z.B. 1024 CONSTANT IMAX

Bei der Abarbeitung eines FORTH-Befehls übernimmt ein innerer Interpreter den Aufruf der FORTH-Worte im Sekundärwort, während ein äußerer Interpreter die Worte im Wörterbuch aufsucht. Nach Eingabe eines FORTH-Befehls sucht der äußere Interpreter das zuletzt eingegebene Morphem als FORTH-Wort im Wörterbuch. Ist ein solcher Eintrag vorhanden, wird die Adresse an den inneren Interpreter zur Ausführung des Wortes übergeben. Findet sich kein entsprechender Eintrag, versucht der äußere Interpreter, das Morphem als Zahl zu identifizieren und auf dem Stack zu speichern. Erst wenn das nicht gelungen ist, erscheint eine Fehlerausschrift. Die Datenübergabe zwischen den FORTH-Worten geschieht über den Stack: Ein Wort liest die Eingabedaten vom Stack und legt die Ergebnisdaten wieder auf dem Stack ab.

Zur Beeinflussung des Stacks stehen spezielle Befehle zur Verfügung:

- ROT (zyklische Rotation der obersten drei Stackzellen),
- SWAP (paarweises Vertauschen der obersten Stackzellen) und
- DROP (Löschen des Inhalts von TOS).

Außerdem existieren arithmetische, logische, Vergleichs- und Konvertierungsoperationen, wie +, -, *, /, MOD (Divisionsrest), AND, OR und XOR, ferner @ (Lesen eines Integer-Wertes), ! (Schreiben eines Integer-Wertes), C@ (Lesen eines Bytes) und C! (Schreiben eines BYTES). Die Anweisung

```
I := I + 1;
```

lautet in FORTH

```
I @ 1 + I !
```

Als Daten sind nur 16- und 32-bit-INTEGER-Größen zugelassen. Die Verarbeitung von Zeichenketten wird nicht unterstützt. Die speicherbezogenen Befehle sind einem Assemblerkode ähnlich und vermitteln einen direkten Zugriff zum physischen Speicher. Ein-/Ausgabe- und Formatierungsbefehle beziehen sich auf Bildschirm- und (sektorisierte) Massenspeicherdateien.

Für das strukturierte Programmieren sind die folgenden Schleifen- und Verzweigungskonstrukte erlaubt:

DO ... LOOP	(Schleife für eine Folge von Laufvariablenwerten iA...iE.)
BEGIN ... UNTIL	(Schleifenabarbeitung, solange Flag = 0 ist, Abbruch am Ende.)
BEGIN ... WHILE ... REPEAT	Ausführung der Schleife, solange Flag = 0, Abbruch am Schleifenanfang.)
BEGIN ... AGAIN	(Endlose Schleife)
IF ... THEN	(Ausführung der Anweisungen, solange Flag = 1 ist.)
IF ... ELSE ...THEN	(Ausführung von anweisung1, falls Flag = 1, sonst anweisung2.)

Flag ist ein 16-bit-Wort, das im TOS gespeichert wird.

FORTH ist gewöhnlich als Programmiersystem, bestehend aus Editor, Interpreter/Compiler implementiert und damit an ein spezielles Betriebssystem gebunden. Linker und Binder werden wegen der speziellen Systemgestaltung nicht benötigt. Der Systemkern belegt nur 4 bis 8 Kbyte. Damit ist FORTH für Kleincomputer sehr gut geeignet. Intern werden FORTH-Programme in Blöcken zu 1 Kbyte (Screens) verwaltet.

Als dialogorientierte Sprache stellt FORTH eine Alternative zu BASIC dar. Den bereits erwähnten Einschränkungen (keine Verarbeitung von REAL-Größen und Zeichenketten) und Besonderheiten (Umgekehrte Polnische Notation) steht eine Reihe Vorzüge gegenüber:
- FORTH verfügt im Vergleich zu BASIC über einen größeren Bestand an Operationen,
- Es können beliebige, zusätzliche Operationen (Worte) durch den Anwender definiert werden,
- FORTH-Programme sind um den Faktor 5 bis 10mal schneller als entsprechende BASIC-Versionen,
- durch die Implementation der Operatoren als FORTH-Worte wird die modulare Programmierung unterstützt.

6.2.5.8. Die Sprache C

Die Sprache C, in der das Betriebssystem UNIX (Abschnitt 5.6.) formuliert ist, stellt gegenwärtig die populärste Systemprogrammiersprache dar. Sie wurde von D. Ritchie zur Implementierung portabler und zugleich effizienter Programme geschaffen. Mitte der siebziger Jahre auf Kleinrechnern eingesetzt, ist sie inzwischen auf allen Rechnerklassen implementiert worden. C ist wie PASCAL blockorientiert, wobei die Schlüsselwörter BEGIN und END durch geschweifte Klammern ersetzt sind. Überhaupt ist die Schreibweise von C kompakter als bei den bisher betrachteten Sprachen. Ein C-Programm kann als eine einzige Programmzeile aufgefaßt werden, die durch Semikolon oder bestimmte Schlüsselwörter in einzelne Anweisungen untergliedert ist. Für Bezeichner werden Groß- und Kleinbuchstaben verwendet, für die C-Schlüsselwörter jedoch nur Kleinbuchstaben.

Kleinste Programmeinheit ist in C die Funktion. Jedes C-Programm stellt eine Menge von Funktionen dar, die einander aufrufen können. Ein Hauptprogramm wird von einer Funktion mit dem Namen main (und einer leeren Parameterliste) verkörpert. Sie kann durch das Betriebssystem gestartet werden. Eine Funktion hat folgende Struktur:

```
typ funktionsname (liste der formalen parameter)
vereinbarung der formalen Parameter;
   vereinbarungen;
   anweisungen;
```

Alle Variablen sind in einem Deklarationsteil mit Angabe des Dateityps und der Speicherklasse zu vereinbaren. Neben den einfachen Datentypen char (Charakter), int (Integer), longint (Integer doppelter Genauigkeit), unsigned int (natürliche Zahlen), float (Gleitkommagröße), long float (Gleitkommagröße doppelter Genauigkeit), double (Gleitkommagröße doppelter Genauigkeit, vorzeichenlos) sind in C als höhere Datentypen array (feld), function (Funktion), pointer (Zeiger), structure (Struktur, und union (Vereinigung) zugelassen. Union ermöglicht die mehrfache Interpretation eines Speicherplatzes. Der Anwender kann mittels einer besonderen Deklaration typdef weitere Datentypen aus den genannten definieren, z.B.

```
typdef folge;
folge  a[10], b[20];
```

Aufzählungs- und Teilbereichstypen sowie logische Größen gibt es in C nicht. Logische Größen werden durch ganze Zahlen mit den Werten 1 oder 0 wiedergegeben.

In C sind vier Speicherklassen zu unterscheiden: auto, static, extern und register. Für eine Variable der Speicherklasse auto, der Standardklasse, wird bei Eintritt in einen Block Speicherplatz reserviert, beim Verlassen wieder freigegeben; auto definiert lokale Größen. Variable der Speicherklasse static sind ebenfalls lokale Größen, deren Speicherplatz jedoch zur Übersetzungszeit bereitgestellt und beim Verlassen eines Blocks nicht freigegeben wird, so daß ihre Werte beim erneuten Zugriff wieder zur Verfügung stehen. Externe Größen dienen dem Datenaustausch zwischen den Funktionen. Sie bestehen während der gesamten Abarbeitungszeit eines Programms. Größen der Klasse register werden in den allgemeinen Registern des Rechners gespeichert.

Die Deklarations-Vereinbarung hat in C die Form:

```
typ liste; typ liste;
```

z.B. `int i,k,l; char l, s, t, kette[10], text[50];`

Felder werden durch ihre Dimension ausgewiesen. Zu beachten ist, daß die Zählung der Feldindizes bei 0 beginnt. Ein mit int m[n] vereinbartes Feld enthält die Elemente m[0]...m[n-1] Die Zuordnung von Namen zu Konstanten geschieht durch die Anweisung

```
#define name wert;
```

beispielsweise

```
#define ymax 100;
```

Neuere C-Versionen lassen zusätzlich Aufzähltypen (enum) zu.
Zeichenketten sind in C Arrays vom Typ char. Intern werden sie durch ein 0-Byte zur Erkennung des Kettenendes abgeschlossen. Die Verarbeitung der Zeichenketten erfolgt ganz unter der Regie des Anwenders unter Benutzung von String-Funktionen der Standardbibliothek. Zeichenkonstanten werden in Hochkomma gesetzt, Zeichenkettenkonstanten in Anführungsstriche: 'A', "ABCD".

Zeiger (Pointer) können in C auf alle Objekte verweisen (in PASCAL nur auf dynamische). Pointer stellen in C Speicheradressen von Variablen dar. Zur Vermeidung von (schwer auffindbaren) Fehlern sind in C nur wenige Operationen auf Pointern definiert: Differenzbildung von Adressen sowie Addition und Subtraktion von Konstanten.

Für die Bildung von Ausdrücken bietet C eine sehr große Anzahl von Operatoren, darunter auch hardwarenahe, die Maschinenbefehlen unmittelbar entsprechen:

Einstellige Operatoren:

positives Vorzeichen	+	logische Negation	!
Zweierkomplement	-	Einerkomplement	~
Inkrementoperator:	++	Dekrementoperator	--

Stehen Inkrement- oder Dekrementoperator vor einer Variablen, so erfolgen diese Operationen vor dem Zugriff, im anderen Fall nach dem Zugriff zur Variablen:

```
x = z[++i];  (der Index i wird vor dem Zugriff zu z  inkrementiert,)
x = z[i--];  (der Index i wird nach dem Zugriff zu z dekrementiert.)
```

Die zweistelligen Operatoren lauten in C:

Funktionsaufrufe:	
Multiplikationsoperatoren:	*, /, % (% gibt den Rest der Integer-Division an.)
Additionsoperatoren:	+, -
Verschiebungsoperatoren:	>> (Rechts-), << (Linksverschiebung)
Vergleichsoperatoren:	<, <=, >, >=
Gleichheitsoperatoren:	==, != (gleich, ungleich)
bitorientierte Operatoren:	&, ^, |
logische Operatoren:	&& (UND), || (ODER)
Zuweisungsoperatoren:	=, +=, *=, /=, %=, <<=, >>=, &=, ^=, |=

Die Kombination operator= verkürzt die Schreibung der Ergibtanweisung: Anstelle der ausführlichen Form

v = v op u   steht nunmehr   v op= u.

Beispielsweise kann die ausführliche Darstellung

```
summ = summ + x [i ]
i = i + 1
```

durch die komprimierte Schreibweise

```
summ += x [i++]
```

ersetzt werden.

Die Zuweisung ist in C keine Anweisung wie in anderen Sprachen, sondern eine Operation. Daher dürfen Zuweisungen auch innerhalb von Ausdrücken vorkommen. C bietet ferner die Möglichkeit der Typwandlung, indem Daten intern unterschiedlich interpretiert werden können, z.B. ASCII-Code als numerische Größen. Für die Typwandlung gibt es den Cast-Operator: cast (bezeichner).

Die bedingten Anweisungen lauten in C:

```
if (bedingung) anweisung;
if (bedingung) anweisung1; else anweisung2;
```

Zu beachten ist das Semikolon vor else.

C läßt zwei allgemein gestaltete Schleifenanweisungen zu, die for- und die while-Schleife.

- die Abzählanweisung hat die Form:

```
for (anweisung1; ausdruck1; ausdruck2;)
```

anweisung1 legt den Anfangswert der Laufvariablen fest und wird zu Beginn berechnet; ausdruck1 stellt die Wiederholungsbedingung dar, und ausdruck2 bestimmt die Schrittweite. Eine Laufanweisung zur Summation lautet dann beispielsweise:

```
for ( i = sum = 0; i <= n; i++ ) sum += x[i];
```

Für die while-Schleifen gibt es in C die Formen:

```
while (bedingung) anweisung;
do anweisung while bedingung;
```

Sie entspricht der Repeat-until-Anweisung in PASCAL.

C enthält allerdings auch Besonderheiten, die nicht der strukturierten Programmierung entsprechen, wie

- den Break-Befehl, durch den Schleifen verlassen werden können, und
- die Continue-Anweisung, die einen Schleifendurchlauf abschließt und einen neuen beginnen läßt.

Anstelle der Initialisierung der Laufvariablen kann eine beliebige andere Anweisung ausgeführt werden. Entsprechendes gilt für den Test auf Erreichen des oberen Grenzwertes durch die Laufvariable.

Programmbeispiel Zahlensortierung:

```
 sort (reihe, n)
/* sortieren einer zahlenfolge */
   float reihe [];
   int n;
   {
     float h1,h2; int i; char flag;
     n -= 2; /* entspricht n = n - 2 */
     do {
          flag = false;
          for (i = 0; i <= n; i++){
          if ((h1 = reihe [i]) > (h2 = reihe [i+1])) {
          /* zuweisung im ausdruck */
             reihe [i] = h2;
             reihe [i+1] = h1;
             flag = true;
          } ;
     } while (flag);
   } ;
```

Files werden in C als Byte-Folgen ohne eine hardware-bedingte Struktur, wie Blöcke, Spuren oder Records, behandelt. Zur Verarbeitung von Files auf Datenträgern mit sequentiellem und Direktzugriff bietet C die folgenden Operationen:

Die Files sind in File-Deskriptorblöcken fdb zu definieren:

FILE*fdb

Eröffnen und Schließen von Dateien erfolgen mit den Anweisungen:

fdb = fopen (filename, attribut)

fclose = (fdb).

Bei der Fileverarbeitung ist zwischen zeichen- und satzweiser Verarbeitung zu unterscheiden:

- für zeichenweise Verarbeitung: c = get c (fdb)
- für satzweise Verarbeitung: fgets (puffer, maxlength,fdb)
  fputs (fpuffer, fdb)

Auch eine formatgesteuerte Ein-/Ausgabe ist (mit den Anweisungen fscaf, scaf bzw. fprintf und printf) möglich.

Zur Implementierung von C gehören eine Standardbibliothek und ein Präprozessor. Die Standardbibliothek enthält Programme zur Formatierung von Texten, zur Stringverarbeitung, Speicherverwaltung und Fehlerbehandlung sowie eine größere Anzahl mathematischer Funktionen. Mit dem Präprozessor lassen sich Programmtexte vor der Übersetzung ergänzen durch

- Einfügen von Dateien in den Programmtext mittels

  #include dateiname ;

- Ersetzen von Text

  #define altwert (neu_wert); und

- bedingtes Übersetzen.

Die Sprache C ist ständig vervollkommnet worden und stellt heute eine sehr leistungsfähige Systementwicklungssprache dar. Sie findet zunehmend auch in anderen Bereichen, in denen effiziente und portable Zielprogramme gefordert werden, Anwendung, z.B. in der Meßdatenverarbeitung. Zu ihrer Verbreitung trägt die Tatsache bei, daß das Betriebssystem UNIX eine sehr leistungfähige Programmierumgebung für C bietet. Ein ANSI-Standard liegt aus dem Jahre 1985 vor. Die endgültige Bestätigung wird für 1987/88 erwartet.

Eine Weiterentwicklung von C ist inzwischen unter dem Namen C++ (B. Strongtrup) veröffentlicht worden (Me 87). Wichtige Aspekte der Vervollkommnung sind:

- strengere Typ-Prüfung,
- Möglichkeiten der Datenabstraktion und
- objektorientierte Programmierung.

C++ ist für die Entwicklung vor allem großer Softwaresysteme bestimmt.

6.2.5.9. Sprachfamilie PLZ/Z80

Die Sprachfamilie PLZ/Z80 (Program language Zilog) verbindet eine höhere Programmiersprache mit einer strukturierten Assemblersprache (Zi 78). Zur Sprachfamilie PLZ/Z80 gehören:
- die höhere Systemprogrammiersprache PLZ/SYS,
- die erweiterte Assemblersprache PLZ/ASM und
- die Assemblersprache des Mikroprozessorschaltkreises Z 80.

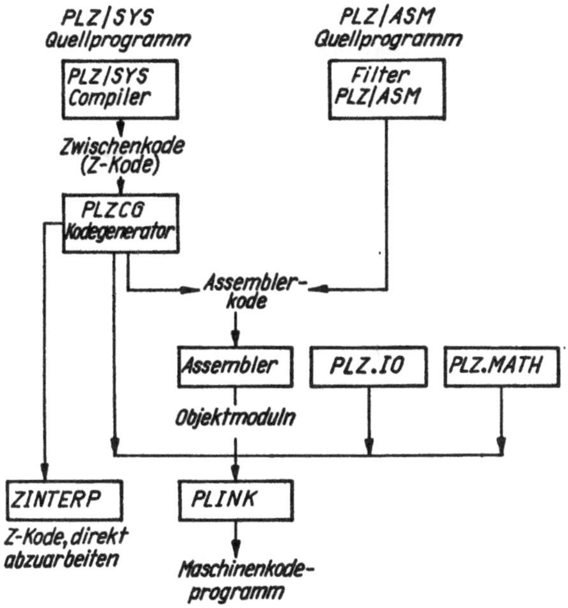

Abb.6.13: Komponenten des Programmiersystems PLZ/Z80

Die Komponenten des Programmiersystems PLZ/Z80 sind aus Abb.6.13 ersichtlich.
- Der Compiler PLZ/SYS erzeugt aus PLZ/SYS-Programmen einen Zwischenkode (Z-Kode),
- der Kodegenerator PLZKG überträgt den Zwischenkode (Z-Kode) je nach Implementierung in Assemblerkode oder direkt in den Objektkode,
- ZINTERP interpretiert den Z-Kode und führt ihn aus,
- FILTER PLZ/ASM überführt einen PLZ/ASM-Programm-Modul in Assemblerkode, indem es die höheren Sprachelemente (Vereinbarungen und strukturierte Anweisungen) in Assemblerbefehle auflöst,
- PLZ.IO beinhaltet Objektmodule für die Ein-/Ausgabe von Daten,

- PLZ.MATH ist ein Paket von Objektmoduln zur Unterstützung mathematischer Operationen.

Ferner gehören der Binder (LINKER) und der Z 80-Assembler zum PLZ/Z80-Programmiersystem. Das System ist erweiterungsfähig.

PLZ/SYS-Programme lassen sich mit Assemblerkodeprogrammen koppeln. So können hardware-unabhängige Programmkomponenten in PLZ/SYS, andere Teile mit besonderen Anforderungen an Zeit- und Speicherplatzeffizienz in Assemblerkode formuliert werden. Auch Objektmodule, die durch andere Sprachübersetzer, z.B. FORTRAN-Compiler, erzeugt worden sind, lassen sich einbinden.

Assemblersprache PLZ/ASM

PLZ/ASM verfügt über höhere Sprachelemente zur

- Vereinbarung von Konstanten, Variablen und Prozeduren sowie zur
- Strukturierung von Programmen.

In PLZ/ASM sind zwei Gruppen von Variablen zugelassen:

- einfache Variablen: BYTE und WORD (16 bit) sowie
- strukturierte Variablen: ARRAY und RECORD.

Die Vereinbarungen von einfachen Variablen und Arrays lassen sich mit einer Wertzuweisung verbinden:

```
namensliste  typ  länge  := wertliste
```

Beispiele:

```
A       BYTE
B C     WORD := (3 2)
TEXT    ARRAY [ 5 BYTE ]:= 'KETTE'
SATZ    RECORD[nr byte name word anz.byte]
```

Bei der Vereinbarung von Konstanten wird explizit kein Typ angegeben:

```
X := 10H
```

PLZ/ASM unterscheidet drei Typen von Objekten:

INTERNAL,	Objekte, die nur innerhalb eines Moduls nutzbar sind,
EXTERNAL,	Größen, die außerhalb des Muduls definiert sind, aber im Modul referiert werden können, sowie
GLOBAL,	Objekte, die im Modul vereinbart sind, aber auch in anderen referiert werden können.

Alle PLZ/ASM-Anweisungen sind zeilengebunden, können aber innerhalb einer Zeile formatfrei niedergeschrieben werden.

Drei Arten von Steueranweisungen unterstützen in PLZ/ASM die strukturierte Programmierung:

a) IF-Anweisung:	b) Select-Anweisung	c) Loop-Anweisung

```
a) IF-Anweisung:        b) Select-Anweisung    c) Loop-Anweisung
  IF bedingung THEN       IF (A)                 DO
     anweisung1           CASE wert1 THEN          anweisung1
  ELSE                       anweisung1          IF bedingung THEN EXIT FI
     anweisung            CASE wert2 THEN          anweisungen2
  FI                        anweisung2           IF bedingung2 THEN REPEAT FI
                          ELSE                     anweisungen3
                            anweisungf           OD
                          FI
```

Falls Variable= Werti, wird anweisungi ausgeführt, sonst anweisungf. (A) ist der Inhalt des Akkumulator-Registers.

Die von DO und OD eingeschlossenen Anweisungen werden zyklisch ausgeführt. EXIT und REPEAT veranlassen Abbruch bzw. Wiederholung.

Mit diesen Anweisungen zählt PLZ/ASM zu den sogenannten strukturierten Assemblersprachen.

Bei der Vereinbarung von Prozeduren folgt der Kopfzeile mit dem Prozedurnamen und dem Schlüsselwort PROCEDURE die Vereinbarung lokaler Objekte. Nach dem Schlüsselwort ENTRY beginnt der Anweisungsteil. END schließt die Prozedur ab:

```
pname PROCEDURE
      LOCAL name typ
      ENTRY
        anweisungen
      END pname
```

Die Sprache PLZ/ASM ermöglicht im Vergleich zum Z-80-Assemblerkode eine bedeutend übersichtlichere Programmgestaltung entsprechend den Prinzipien der strukturierten Programmierung. Die Programmeffizienz wird durch die zusätzlichen Steuerelemente kaum beeinflußt.

PLZ/SYS

PLZ/SYS ist eine höhere Systemprogrammiersprache, die enge Beziehungen zu PASCAL hat. Sie läßt

- einfache Datentypen, BYTE, WORD, SHORT_INTEGER (8 bit), INTEGER (16 bit), und
- strukturierte Datentypen, ARRAY und RECORD, zu.

Als Konstanten sind Zahlen in dezimaler oder hexadezimaler Darstellung verwendbar. Sie müssen vereinbart werden.

Zur Bildung von Ausdrücken sind arithmetische, logische und Vergleichsoperatoren verfügbar. Die Zuweisung eines Wertes erfolgt durch die Anweisungen ASSIGN oder ACCEPT (mit Datenkonvertierung). Für den Aufbau von Steuerstrukturen sind IF-, SELECT-, LOOP- und EXIT-Anweisungen, für die

Definition und Nutzung von Unterprogrammen die Anweisungen PROCEDURE und RETURN zugelassen.

Ein Programm kann aus einem oder mehreren getrennt übersetzbaren Moduln bestehen. Die Möglichkeit, Moduln separat zu übersetzen, bedingt die Vereinbarung von folgenden Objektklassen:

- EXTERNAL: Die im Modul referierte Größe ist in einem anderen Modul vereinbart,
- GLOBAL: Die im Modul deklarierte Größe kann auch in anderen Moduln verwendet werden,
- INTERNAL: Die Größe gilt nur im jeweiligen Modul,
- LOCAL: Die Größe darf nur innerhalb der Prozedur, in der sie vereinbart ist, benutzt werden.

6.2.5.10. PL/M

PL/M (program language for microcomputers) wurde als Systemimplementierungssprache für die Mikroprozessorschaltkreise 4040 und 8080 enwickelt (In 75). Sie enthält (stark reduziert) Ausdrucksmittel von PL-1. Als Objekte sind zugelassen:

- Konstanten und Variable vom Typ BYTE (8-bit-Größen) und ADDRESS (16-bit-Größen) und
- Marken (LABEL).

Als Felder sind lediglich Vektoren, d.h. einfach indizierte Größen, erlaubt. Alle Objekte müssen mit dem Schlüsselwort DECLARE vereinbart werden. Namen können maximal aus 30 Zeichen bestehen, sie müssen mit einem Buchstaben beginnen.

Vereinbarungen

Für die Vereinbarung von Variablen gilt:

```
DECLARE namensliste typ;
```

beispielsweise

```
DECLARE X, Y, Z BYTE;
```

Mit Anfangswertzuweisung lautet die Vereinbarung:

```
DECLARE name typ INITIAL wert;
DECLARE X4 BYTE INITIAL 4D;
```

Die Wertzuweisung erfolgt zur Übersetzungszeit, allerdings ohne Prüfung auf Verträglichkeit.

Bei Vektoren muß die maximale Anzahl der Elemente mit angegeben werden:

```
DECLARE name (anzahl) typ;
DECLARE (A, B, C) (5) ADDRESS;
```

Die drei Vektoren bestehen aus je 5 Komponenten, wobei die Indizierung mit 0 beginnt.

Die Vereinbarung von Konstanten geschieht durch die Anweisung

```
DECLARE namensliste DATA wertliste;
```

Die Darstellungsart der Konstanten wird durch einen Buchstaben am

Namensende angezeigt: B (binär), O (oktal), H (hexadezimal) oder D (dezimal).
Markenvereinbarungen lauten:

DECLARE namensliste LABEL;

Durch eine Äquivalenzdefinition

DECLARE name LITERALLY text;

wird der Compiler veranlaßt, bei Auftreten von name diesen durch text zu ersetzen.

Entsprechend den Anforderungen der Systemprogrammierung können in PL/M basisbezogene Variablen (Pointer) definiert werden:

DECLARE variablen_name BASED pointer_name typ;

hierdurch wird ein Speicherplatz (1 byte) für pointer reserviert; variablen_name bedeutet dann die Adresse der Variablen. Durch die Anweisung

DECLARE Z BASED ZEIGER BYTE;

wird beispielsweise ein Pointer mit Namen ZEIGER definiert, der 1 byte belegt.

Operatoren

In PL/M sind die üblichen arithmetischen, logischen und Vergleichsoperatoren verfügbar. Sie behandeln die Größen vom Typ BYTE und ADDRESS als vorzeichenlose ganze Zahl. Logische Operatoren wirken bitweise.

Anweisungen

In PL/M werden die Anweisungen durch ein Semikolon abgeschlossen. Sie können durch (eine oder mehrere) Marken gekennzeichnet sein, wenn sie als Sprungziel dienen sollen:

```
marke: anweisung;
START: 171: A = B + C;
```

Die wichtigsten Anweisungen haben in PL/M folgende Form:

- Die Blockanweisung faßt Anweisungsfolgen und die Deklaration zugehöriger lokaler Objekte mit den Schlüsselworten DO und END zu einem Block zusammen:

```
DO;
vereinbarungen;
anweisungen;
END;
```

- Ergibtanweisung (Wertzuweisung):

```
variablen_name = ausdruck;
```

- unbedingte Sprunganweisung:

```
GO TO marke;
```

- bedingte Anweisungen:

```
IF ausdruck THEN anweisung;
IF ausdruck THEN anweisung1; ELSE anweisung2;
```

  Der logische Ausdruck hat den Wert TRUE, wenn das Bit mit der niedrigsten Wertigkeit gesetzt ist.

- **Auswahlanweisung** (CASE-Anweisung):

```
DO CASE
anweisungsfolge;
END;
```

  Hierbei besitzt die erste Anweisung den Indexwert 0. Ist der Wert des Indexes größer als die Anzahl der Anweisungen, so bleibt die CASE-Anweisung wirkungslos.
- **Schleifenanweisungen** existieren in zwei Formen:

```
DO WHILE ausdruck;
  anweisungsfolge;
END;
```

  oder als Zählschleife:

```
DO variablen_name = ausdruck1 TO ausdruck2 BY ausdruck3;
   anweisungsfolge;
END
```

  Hierbei gibt ausdruck1 den Anfangswert, ausdruck2 den Endwert und ausdruck3 die Schrittweite der Laufvariablen an.

Die beiden Arten von Unterprogrammen, **Prozeduren und Funktionen**, werden in folgender Weise definiert:
Prozeduren durch

```
name: PROCEDURE (parameterliste);
vereinbarungen;
anweisungen;
END name;
```

und Funktionen mit

```
name: PROCEDURE (parameterliste) type;
vereinbarungen;
anweisungen;
RETURN ausdruck;
END name;
```

dabei definiert type den Funktionswert.
Der Rücksprung zum aufrufenden Programm geschieht durch die RETURN-Anweisung. Bei Funktionen folgt dem Schlüsselwort RETURN ein Ausdruck, dessen Wert zurückgegeben wird. Bei Prozeduren wird automatisch nach der letzten Anweisung eine RETURN-Anweisung generiert.

Die Übergabe der Parameter erfolgt über den Parameterwert (Wertaufruf). Die Werte stehen beim Aufruf in den Registern BC (1. Wert) und DE (2. Wert). Sind noch mehr Parameter zu vermitteln, müssen sie vor dem Unterprogrammsprung in den Prozedurkörper gebracht werden. Beim Rücksprung kann eine Größe vom Typ BYTE im Register A oder eine ADDRESS-Größe in den Registern A und B übermittelt werden.

Für den Prozeduraufruf gibt es die Anweisung

```
CALL prozedur_name(parameterliste);
```

Programmbeispiel Zahlensortierung:

```
SORT: PROCEDURE (REIHE, N);
DECLARE REIHE ADDRESS; X BASED REIHE BYTE,
(N, FLAG, I, H) BYTE;
FLAG = TRUE;
  DO WHILE FLAG;
    FLAG = FALSE;
    DO I = 0 TO N-2
      IF X(I) > X(I+1) THEN DO;
      H = X(I);
      X(I) = X(I+1);
      X(I+1) = H;
      FLAG = TRUE;
      END;
    END;
  END;
END SORT;
```

Darüber hinaus bietet PL/M noch einige **spezifische Ausdrucksmittel**:

- **Interruptservice-Anweisungen**: Mit Hilfe der Anweisungen

  ENABLE und **DISABLE**

  können Interrupteingänge geöffnet bzw. gesperrt werden.
- **Interrupt-Prozeduren**: Sie übernehmen die Behandlung von Interruptanforderungen (z.B. Interrupt-Modus 0 des Mikrorechnerschaltkreises U 880) Ihre Definition geschieht durch

  name PROCEDURE INTERRUPT interrupt_nummer;
  anweisungsfolge;
  END name;

  Die Inhalte der allgemeinen Register werden in den Stack gebracht. Für jede Prozedur sind darin 10 byte reserviert. Am Ende der Prozedur erfolgt die Freigabe der Interrupteingänge. Es gilt interrupt_nummer = 7.
- **Vordeklarierte Variable**: In PL/M sind drei Variablen (OUTPUT, MEMORY und STACKPTR) vordefiniert:

  OUTPUT ist ein Vektor vom Typ BYTE mit 256 Komponenten, über den die Datenausgabe erfolgt. Hierfür ist eine Wertzuweisung der Form

  OUTPUT (kanal) = ausdruck;

  erforderlich, wobei kanal das Ausgabegerät spezifiziert.

  MEMORY definiert BYTE-Größen, die unmittelbar hinter den deklarierten Größen im Speicher abgelegt werden.

  STACKPTR bezeichnet den Stackpointer vom Typ ADDRESS.
- **Implementierte Funktionen** (vordefinierte Funktionen) führen in PL/M vorwiegend hardwarenahe Operationen aus:

  ROR und ROL verschieben eine Größe um die in **ausdruck2** angegebene Anzahl von Dualstellen nach rechts bzw. links,

  LENGTH bestimmt die Länge eines Vektors,

INPUT (kanal) liest einen Wert (BYTE) über ein mit kanal spezifiziertes Gerät ein.

- Einbeziehung von Assemblerkode-Anweisungen: Assemblerkode-Prozeduren lassen sich über ihre direkten Adressen durch eine GOTO-Anweisung erreichen. Hierzu muß eine PL/M-Prozedur mit einer entsprechenden GOTO-Anweisung geschrieben werden. Die Assemblerkode-Routine muß die Rücksprunganweisung RET als letzten Befehl enthalten.

6.2.6. Vergleich höherer Programmiersprachen

Die beiden dominierenden Programmiersprachen der 1.Generation, FORTRAN-66 und BASIC, sind sehr einfach aufgebaut. Charakteristisch für beide sind die Zeilenbindung der Anweisungen und das Fehlen von Steueranweisungen zur Unterstützung der strukturierten Programmierung bei den ursprünglichen und auch heute noch am weitesten verbreiteten Versionen.

FORTRAN verfügt über eine große Anzahl von Ausdrucksmöglichkeiten für die Lösung wissenschaftlich-technischer Probleme, insbesondere mathematisch-physikalischer Aufgaben. Die Datentypen (Arrays sind die einzigen strukturierten Datentypen in FORTRAN-66) entsprechen diesem Einsatzgebiet ebenso wie das breite Spektrum an mathematischen Standardfunktionen. International existieren umfangreiche Bibliotheken für mathematisch-naturwissenschaftliche Programme als Ergebnis einer über dreißigjährigen Entwicklungsarbeit. Als weiterer Vorteil von FORTRAN ist die Erzeugung sehr effizienter Zielkode-Programme zu nennen. Dem stehen jedoch erhebliche, historisch bedingte Mängel gegenüber. In FORTRAN-66 fehlen, wie bereits erwähnt, Mittel zur strukturierten Programmierung. Die Bindung an Programmzeilen und an ein bestimmtes Zeilenformat widersprechen einer übersichtlichen Programmgestaltung und einer aussagefähigen Selbstdokumentation. In den weiterentwickelten Versionen, FORTRAN-77 und FORTRAN-8X, sind diese Nachteile z.T. abgebaut. Auch die Möglichkeit der impliziten Typvereinbarung birgt Gefahren (z.B. bei Schreibfehlern in Bezeichnern) in sich.

Ähnlich ist BASIC zu bewerten. Die Einfachheit der Sprache wird, zumindest in den ursprünglichen Fassungen, durch einen Verzicht auf Mittel der Strukturierung erkauft. Nachteilig sind die Zeilenbindung der Befehle und die Notwendigkeit, GOTO-Anweisungen zu verwenden. In späteren Versionen (Sprachstandard von 1978) sind allerdings Steueranweisungen hinzugekommen. BASIC-Versionen von Personal-Computern gleichen mit ihren umfangreichen Erweiterungen eher FORTRAN-77. BASIC ist trotz der genannten Unzulänglichkeiten gegenwärtig die am häufigsten eingesetzte Programmiersprache.

Eine Alternative zur Dialogsprache BASIC stellt FORTH dar. Dem exotischen Konzept (Umgekehrte Polnische Notation, Stackbindung der Daten) und dem im FIG-FORTH stark eingeschränkten Spektrum an Datentypen stehen als Vorteile die Möglichkeit, anwenderspezifische FORTH-Worte zu generieren und nach dem Bottom-up-Prinzip zu programmieren, sowie eine hohe Effizienz des Zielkodes bei sehr geringem Speicherplatzbedarf (4...8 Kbyte) gegenüber. Allerdings ist FORTH wie BASIC nur für kleine Aufgaben geeignet.

Auf den bedeutenden Fortschritt, der mit der Entwicklung von PASCAL erreicht worden ist, wurde bereits hingewiesen. Im Gegensatz zu seinen Vorgängern wird in PASCAL explizit die strukturierte Programmierung unterstützt, u.a. durch eine größere Anzahl entsprechender Steuerstrukturen und die Blockorientierung. Insbesondere läßt PASCAL die Definition zusammengesetzter Datenstrukturen zu, die PASCAL als universelle Programmiersprache ausweisen. Die Definition von Teilbereichs- und Ordinaltypen bilden die Grundlage für eine strenge Kontrolle des Datentyps und der Einhaltung vorgegebener Wertebereiche. Nachteilig sind das schmale Spektrum der Standardtypen für arithmetische Operationen sowie die langen Übersetzungs- und Programmlaufzeiten.

Die Bedeutung von PASCAL wird noch dadurch erhöht, daß andere leistungsfähige Sprachen, wie Concurrent PASCAL, PLZ/SYS, Modula-2 und ADA, auf PASCAL- oder PASCAL-ähnlichen Sprachkernen basieren. Ein wichtiger Vorzug von PASCAL und von seinen Abkömmlingen ist die Möglichkeit einer strukturgerechten Darstellung der Programmtexte durch Aufgabe der Zeilenbindung früherer Programmiersprachen. Wie bei BASIC existiert auch bei PASCAL eine Vielzahl von firmenspezifischen Versionen, die die Portabilität von Quellprogrammen erschweren. Gegenwärtig profiliert sich Turbo-PASCAL zu einem De-facto-Standard. Mit seiner sehr effektiven Implementierung konnten die Nachteile früherer PASCAL-Programmiersysteme, vor allem die geringe Effizienz der Zielprogramme, überwunden werden.

Von den Systemprogrammiersprachen zeichnet sich C, die Trägersprache des Betriebssystems UNIX, durch hohe Flexibilität (infolge der Vielfalt an Ausdrucksmitteln) und effizienten Zielkode (durch Bereitstellung hardware-naher Befehle) aus. Es verfügt über Möglichkeiten der Strukturierung. Allerdings werden aus Gründen der Flexibilität und Effizienz Maßnahmen der strukturierten Programmierung (durch vorzeitiges Verlassen von Schleifen) und der Typsicherheit (durch unterschiedliche Interpretation von Datentypen) unterlaufen. Die Vielfalt der Ausdrucksmittel und die sehr kompakte Schreibweise des Quellkodes begünstigen die Fehleranfälligkeit und beeinträchtigen die Selbstdokumentation der Programme. Daher wird C die Sprache vor allem der versierten, professionellen Programmierer sein. Mit dem Betriebssystem UNIX steht eine ausgezeichnete Programmierumgebung zur Verfügung.

Quantitative Aussagen zur Effektivität der verschiedenen Programmiersprachen sind sehr schwer zu erhalten, da wichtige Parameter, wie Übersetzungs- und Laufzeiten sowie Speicherplatzbedarf, von der Implementierung des Übersetzerprogramms und vom Betriebssystem abhängig sind. In Tabelle 6.4 sind die Ergebnisse eines Benchmarktests (St 86) zusammengestellt. Das Programm führte die Berechnung von Skalarprodukten, Matrizenmultiplikationen und die Sortierung von Zahlen vom Typ INTEGER und REAL aus. Die Beispiele zeigen eine sehr starke Abhängigkeit der Zielkode-Effizienz von der Implementierung, insbesondere bei PASCAL. Turbo-PASCAL übertrifft hinsichtlich der Effizienz bei diesem Test FORTRAN und teilweise die Sprache C.

Tabelle 6.4 Vergleich höherer Programmiersprachen

Sprache/ Implementierung	Größe Compiler und Binder, in Kbyte	Übersetzungs- und Verbindungszeit, in s	COM-Datei, in Kbyte INTEGER	REAL	Laufzeit, in s INTEGER	REAL
BASIC	25...60	115	-	-	345	
FORTRAN	66	72	9,8	13,1	18	41
PL-1	148	360	13,5	17,4	20	50
PASCAL/M2	196	720	10,0	10,0	60	63
PASCAL/MT+	116	150	7,0	13,5	10	43
TURBO-PASCAL	34	2	8,7	9,0	8	38
C BDS	68	60	5,7	-	14	-
C SCP	246	540	25,0	25,0	25	80

Eine universelle Programmiersprache existiert gegenwärtig noch nicht. Daher ist der Anwender auf die Auswahl einer seinem Einsatzgebiet entsprechenden Programmiersprache angewiesen. Mitunter wird dieses Problem durch die Nutzung von Erst- und Zweitsprache gelöst: z.B. BASIC als Sprache für kleine Aufgaben, FORTRAN und PASCAL zur Programmierung großer Software-Systeme. Auf weitere Faktoren, die vor allem mit der Einsatzumgebung der Software zusammenhängen, wurde bereits in Abschnitt 6.1.3. hingewiesen.

6.3. Echtzeitprogrammiersprachen

6.3.1. Anforderungen an Echtzeitprogrammiersprachen

Echtzeitprozesse stellen an die Programmierung spezielle Anforderungen. Wie in Abschnitt 5.7. dargestellt, können Echtzeitprogramme sich über alle Schichten der Software erstrecken und auf alle Schichten des Betriebssystems sowie auf die Hardware zugreifen. Dementsprechend muß eine Echtzeitprogrammiersprache über Ausdrucksmittel für folgende Aufgabenbereiche verfügen:

- Beschreibung der Prozeßperipherie, ihrer Steuerung sowie des Informationsaustauschs mit dem Basisprozeß mittels fachbezogener Bezeichnungen für Geräteeinheiten und Operationen,
- Steuerung des Multitask-Betriebs in seiner Wechselbeziehung zur Interruptverarbeitung, z.B. durch Befehle zur
  - .Vereinbarung von Tasks,
  - .Synchronisation von Tasks, zur
  - .einmaligen oder zyklischen Einplanung von Tasks sowie zur
- Datenverarbeitung, d.h. Manipulation von Zahlenwerten, Zeichenketten, Bitmustern und logischen Größen.

Für die Datenverarbeitung wird der Kern einer algorithmischen Sprache, wie FORTRAN, PASCAL oder PL-1, benötigt.

6.3.2. Möglichkeiten der Prozeßkoordinierung

Eine Hauptaufgabe der Echtzeitprogrammierung ist die Koordinierung, insbesondere die Synchronisation quasiparallel ablaufender Prozesse. Moderne Echtzeit- und Systemsprachen stellen hierfür entsprechende Objekte und Operationen zur Verfügung, wie

- Signale und Nachrichten sowie Mailboxen zu deren Aufnahme und Verwaltung,
- Warteschlangen für die Verwaltung von Wartezuständen,
- Transferfunktionen zur Übergabe einer Ressource und damit der Aktivität von einem Prozeß an einen anderen sowie
- Koordinierungsmechanismen, z.B. die Rendezvous-Technik.

Semaphore

Semaphore (Signalvariable) sind die einfachsten Mittel zur Synchronisation von Prozessen. Sie zeigen die Belegung einer Ressource sowie die Anzahl der auf diese Ressource wartenden Prozesse an. Die auf den Semaphoren definierten Operationen sind in Abschnitt 5.1. angegeben.

Signale und Nachrichten

Die Prozesse tauschen Größen (Typ signal) oder Nachrichten (Datenstrukturen) aus. Beispielsweise stellt ein Prozeß durch eine Operation SEND (S) eine Nachricht bereit. Auf diese Nachricht wartet ein zweiter Prozeß mit

WAIT (S), der bei deren Empfang gestartet wird. Eine Testfunktion AWAIT (S) sendet Informationen über die wartenden Prozesse zurück. Nach diesem Konzept verfahren die Sprachen Modula-1, der Vorgänger von Modula-2, und CHILL.

Mailboxen
Nach dem Briefkastenmodell werden Daten oder Signale durch eine Task hinterlegt und durch eine andere entnommen. Bei der unidirektionalen Synchronisation wartet eine empfangende Task so lange, bis die erwartete Nachricht hinterlegt worden ist, während die sendende Task sofort nach dem Senden fortgesetzt wird. Dies entspricht dem Verhalten von Semaphoren oder kritischen Abschnitten. Bei der bidirektionalen Synchronisation, der Rendezvous-Technik, warten beide Prozesse aufeinander, d.h. der Sender, bis die Daten abgeholt, und der Empfänger, bis die Daten hinterlegt worden sind.

Rendezvous
Das Rendezvous-Konzept, das in der Sprache ADA (Abschnitt 6.3.9.) implementiert ist, leitet sich vom Mailbox-Prinzip her. Die Synchronisation erfolgt hierbei über die Anforderung von Aktivitäten eines Prozesses durch einen anderen. Die aufzufordernden Prozesse verfügen über spezielle Eingänge (entries) zur Entgegennahme der Anforderungen und über Annahme-Anweisungen (accept statements) zur Reaktion auf die Prozeßrufe. Die aufzurufenden Prozesse warten auf die Meldung eines Prozesses. Der rufende Prozeß hat solange zu warten, bis der gerufene Prozeß die erste Anweisung nach dem Accept-Statement ausgeführt hat. Danach laufen beide Prozesse unabhängig voneinander weiter.

6.3.3. Möglichkeiten der sprachlichen Formulierung

6.3.3.1. Assemblerkode

Die Programmierung in Assemblerkode hat sich auf dem Gebiet der Echtzeitprogrammierung mangels leistungsfähigerer Alternativen trotz der bereits genannten Nachteile lange behauptet. Einen spürbaren Fortschritt stellte die Einführung von Makrosprachen dar. Ein Beispiel hierfür ist die Sprache IML CAMAC (intermediate language CAMAC, (Es 74)) für die Programmierung des Instrumentierungssystems CAMAC, die zusammen mit Makroassemblern einsetzbar ist.

Nach dem CAMAC-Standard (Co 72) besteht die Prozeßperipherie je Anschlußeinheit (Branch) aus maximal 7 Geräterahmen (Crates) mit je 23 Modulplätzen (Stationen). Jede Station kann bis zu 16 adressierbare Untereinheiten enthalten. Eine Geräteeinheit ist somit durch
- Nummer der Anschlußsteuerung (Branch-Adresse B),

- Rahmen-Nummer (Crate-Adresse C = 1...7),
- Modul-Nummer (Stationsadresse N = 1...23) und
- Nummer der Untereinheit (Subadresse A = 0...15)

eindeutig beschrieben. Die von den CAMAC-Einheiten auszuführenden Funktionen werden durch einen Funktionskode F festgelegt. Eine CAMAC-Operation ist damit durch die Angabe

(B, C, N, A, F)

spezifiziert (Na 80).

IML verfügt über Vereinbarungs- und Ausführungsanweisungen.
Durch den Makrobefehl zur Vereinbarung

LOCD geräte_name,H, camac_adresse;

wird einer mit camac_adresse = B C N A spezifizierten Geräteeinheit ein symbolischer Name zugewiesen, z.B.

LOCD COUNT, H, 1 1 10 5 ;

H dient als Kennung, daß eine Gerätevereinbarung vorliegt. Speicherplätze von Variablen werden wie folgt vereinbart:

LOCM variablen_name, V, wort_länge;

z.B. eine Variable RATE mit 16 bit Wortlänge durch

LOCM RATE, V, 16;

V weist die Variablenvereinbarung aus. Ein Befehl zur Ausführung einer CAMAC-Operation (in einem einzigen CAMAC-Arbeitszyklus, SA: single action) lautet beispielsweise:

SA fc, camac_adresse, speicher_adresse;

fc ist der Funktionskode, camac_adresse die CAMAC-Geräteadresse und speicher_adresse die symbolische Adresse des Speicherplatzes, zu dem oder von dem die Daten übertragen werden. Die Anweisung

SA RC1 COUNT RATE

bewirkt, daß der Registerinhalt des Gerätes COUNT gelesen (RC1: read and clear group 1) und auf die Speicherzelle RATE gespeichert wird.

6.3.3.2. Erweiterung algorithmischer Sprachen

Als Kompromiß- oder Übergangslösungen wurden eingeführte höhere Programmiersprachen um prozeßspezifische Objekte, Befehle und Routinen, die den Zugriff zur Prozeßperipherie steuern, erweitert. Sofern es der Compiler gestattet, kann der Anwender ein Rahmenprogramm in einer höheren Programmiersprache formulieren und Assemblerkode-Routinen einbauen. Als Parameter erscheinen die physischen Kodes für die Adressen und Funktionen der Geräteeinheiten. Ihre Aktivierung geschieht z.B. in FORTRAN durch die CALL-Anweisung. Die FORTRAN-Version der CAMAC-Programmierung lautet dann:

CALL (F,B,C,N,A,D,Q).

D bezeichnet das Datenwort, das übertragen werden soll, und Q eine Quittungsgröße, die bei Ausführung der CAMAC-Funktion einen bestimmten Wert annimmt.

Auch Interpretersprachen, vor allem BASIC, wurden um prozeßspezifische Kommandos und Routinen ergänzt. Die Arbeitsweise der Interpreter läßt nur geringe Verarbeitungsgeschwindigkeiten (ca. 1 ms je Befehl) zu, bietet aber auch die Möglichkeit, (langsame) Prozesse im Dialog abzuarbeiten. Ein Mangel der Erweiterung älterer Sprachen ("Echtzeit-FORTRAN", "Echtzeit-BASIC") ist das Fehlen von expliziten Möglichkeiten der Taskbehandlung.

6.3.4. CAMAC-Sprache

Eine höhere Programmiersprache steht für die Programmierung einer CAMAC-Instrumentierung zur Verfügung. Sie definiert Befehle für die Beschreibung und Steuerung der CAMAC-Prozeßperipherie. Sie muß in eine Wirtssprache, die Ausdrucksmittel für die Verarbeitung der Daten enthält, wie FORTRAN, BASIC oder PL-1, eingebettet werden.
Der Systemteil des Programms zur Beschreibung der CAMAC-Instrumentierung kann beispielsweise wie folgt aufgebaut sein:

```
INSTRUMENTIERUNG = B(1)
EXPERIMENT(1:3)  = INSTRUMENTIERUNG C(1,3,4)
MODULE(1:11)     = N(1:11)
ZAEHLER(1:33)    = EXPERIMENT(1:3), MODULE(1:11)
ZEITZAEHLER      = INSTRUMENTIERUNG C(2)
    UHR          = ZEITZAEHLER N(1)
    SEKUNDEN     = UHR A(0)
    MINUTEN      = UHR A(1)
    STUNDEN      = UHR A(2)
    ZEIT(1:3)    = STUNDEN, MINUTEN, SEKUNDEN
```

Hierdurch werden folgende Vereinbarungen getroffen:
Die INSTRUMENTIERUNG ist über die Anschlußsteuerung (Branch) Nr.1 (B(1)) mit dem Rechner verbunden. Von dieser Branch werden die Crates 1,3 und 4 als EXPERIMENT-Einheiten 1...3 genutzt. Auf den Steckplätzen N = 1...11 befinden sich Funktionseinheiten, die den Namen MODUL() erhalten sollen und somit ein "Gerätefeld" darstellen. Alle Moduln der drei Crates werden zu einem Zählerfeld mit 33 Einheiten zusammengefaßt. Auf dem Steckplatz 1 des Crates 2 (ZEITZAEHLER) wird eine Echtzeituhr betrieben, deren Untereinheiten 0...2 die Werte Sekunden, Minuten bzw. Stunden enthalten. Die Inhalte dieser Untereinheiten werden zu einem Feld ZEIT(1:3) vereinigt.

Eine Transferanweisung im Problemteil des Programms kann dann wie folgt angegeben werden:

```
READ ZAEHLER(1:30) PUFFER(1:30)
READ ZEIT(1:3) TIME(1:3)
```

Die Anweisungen enthalten einen externen (ZAEHLER) und einen internen Bezug (PUFFER): Die 30 Zähler werden gelesen und die Werte auf das Feld PUFFER gebracht. Ebenso erfolgt das Lesen der Register im Uhrmodul und das Abspeichern der Zeit auf dem Feld TIME.

Anweisungen zur Steuerung der Prozeßperiperie sind u.a.

INITIALIZE INSTRUMENTATION	(Initialisieren der Instrumentierung)
ENABLE IR1	(Erlauben des Interrupts 1)
DISABLE IR2	(Sperren des Interrupts 2)

6.3.5. Echtzeitprogrammiersprache PEARL

Als Beipiel einer hoch entwickelten Echtzeitprogrammiersprache wird im folgenden PEARL (Process and Experiment Automation Real-time Language) betrachtet. PEARL (Ti 73, Ei 73) entstand in den Jahren 1970 bis 1976. Den arithmetischen Sprachkern bildet PL-1. PEARL gestattet, symbolische Namen für die Einheiten der Prozeßperipherie, für Prozeßdaten und -signale einzuführen, um die Prozeßperipherie und die Kommunikation mit dem Basisprozeß geräteunabhängig beschreiben zu können. PEARL-Programme gliedern sich (wie die oben skizzierten CAMAC-Programme) in

- einen Systemteil zur Beschreibung der Gerätekonfiguration des Rechners und der Prozeßperipherie sowie in
- einen Problemteil zur Vereinbarung von Variablennamen sowie zur Formulierung der Transfer- und Verarbeitungs-Operationen.

Systemteil

Im Systemteil werden durch Vereinbarungen die Geräteanschlüsse den Prozeßsignalen zugeordnet, die Richtungen der Informationsflüsse sowie die Verbindungen zwischen den Einheiten der Prozeßperipherie und des Prozeßrechnersystems logisch fixiert. Die Geräte und die Prozeßsignale erhalten symbolische Namen, mit denen der Problemteil des Programms arbeiten kann.

Definition:

.Zuordnung eines Geräteanschlusses zu einem Prozeßsignal:

EINGRIFF ← DIGITALAUSGABE *6 *5,1

Das Prozeßsignal Eingriff wird der Digitalausgabe Anschluß Nr.6, BIT 5 entnommen. Das Signal belegt 1 bit.

. Zuordnung von Namen zu Programmunterbrechungssignalen:

ALARM: → Interrupteingabe (6)

Das Signal ALARM wird auf den Unterbrechungseingang 6 geführt.

. Herstellung einer logischen Geräteverbindung:

ZVE *3 ↔ STEUERMODUL

Der Ein-/Ausgabekanal Nr.3 des Rechners wird mit dem STEUERMODUL gekoppelt.

. Zuordnung von Signalen:

TRANSFERFEHLER → FEHLER (4)

Das Signal TRANSFERFEHLER ist als Fehler 4 zu melden.

Problemteil

Der Problemteil enthält die Kodierung der Steuer- und Verarbeitungsalgorithmen. Sie gliedern sich in Prozeduren und Tasks. Als Variablentypen sind zugelassen:

- FIXED : Integer-Variable,
- FLOAT : Real-Variable,
- BIT (n) : Binärgröße von n bit Länge,
- CHAR : alphanumerische Zeichenkette,
- FILE : Datei,
- DURATION : Zeitdauer,
- CLOCK : absolute Uhrzeit,
- DEVICE : Gerät und
- SEMA : Semaphorvariable.

Alle Variablen müssen vor ihrer Verwendung vereinbart werden. Die Darstellung von arithmetischen, logischen und Zeichenkettenoperationen sowie die Definition und der Aufruf von Unterprogrammen entsprechen der Syntax des Sprachkernes PL-1.

In PEARL sind vier Taskzustände definiert: schlafend, angehalten, rechenbereit und rechnend. Die Taskanweisungen lauten:

- SUSPEND task ; unterbricht task,
- CONTINUE task; setzt task fort,
- DELAY task DURING time ; setzt task für die Dauer time aus,
- TERMINATE task ; bricht task ab und
- PREVENT task ; streicht alle Eintragungen von task.

Tasks können an Ereignisse und Zeiten gebunden werden, z.B.

- AT uhrzeit zu einer bestimmten Uhrzeit,
- AFTER zeitdauer nach einer vogegebenen Zeitdauer,
- WHEN signal nach Eintreffen eines bestimmten Unterbrechungssignals.

Für die Synchronisation von Tasks stellt PEARL Semaphor-Variable bereit, auf denen die Operationen

- REQUEST sema ; belegt, bzw. fordert Ressource sema an,
- RELEASE sema ; gibt die Ressource sema frei,.

definiert sind.

Die Anweisung REQUEST sema bewirkt sema := sema -1; RELEASE sema dagegen sema := sema + 1;

Die Planung einer Task geschieht beispielsweise durch die Anweisungen:

```
AT 8:0:0 ALL 2 HRS UNTIL 20:0:0 ACTIVATE task : CALL p;
   (Aktiviere task von 8:0:0 bis 20:0:0 alle 2 Stunden.)
ON INTERRUPT2 AFTER 3 MIN SUSPEND task;
```

(Unterbreche task 3 Minuten nach Eintreffen des Ereignisses Interrupt 2.)

Programmunterbrechungen können mit DISABLE und ENABLE gesperrt bzw. zugelassen werden:

INABLE INTERRUPT1 ;
DISABLE INTERRUPT2 ;

Für die Ein-/Ausgabeoperationen werden je nach Ein-/Ausgabegerät unterschiedliche Schlüsselwörter verwendet (Tabelle 6.5).

Tabelle 6.5: Schlüsselwörter der Ein-/Ausgabe in PEARL

Ein-/Ausgabegerät	Eingabe	Ausgabe
Standardperipherie	GET	PUT
Prozeßperipherie	TAKE	SEND
Display	SEE	DRAW
sonstige Geräte	MOVE	MOVE

Bei Benutzung der Standardperipherie lauten die Ein-/Ausgabebefehle:

GET FROM gerät TO datenliste THROUGH formatliste;
PUT FROM datenliste TO gerät THROUGH formatliste;

Dabei entspricht jedem Datenelement ein Formatelement. Analoges gilt für die Ein-/Ausgabe über die Prozeßperipherie:

TAKE FROM prozeßsignal TO variable;
SEND FROM variable/konstante TO prozeßsignal;

beispielsweise:

TAKE FROM VOLTMETER1 TO SPANNUNGSWERT1;

6.3.6. Prozeßsynchronisation mit Concurrent PASCAL

In Concurrent PASCAL läuft die gesamte Prozeßkommunikation über den Monitor. Zur Änderung der Prozeßzustände stehen nur zwei Anweisungen zur Verfügung:

DELAY (queue_element);
und CONTINUE (queue_element);

DELAY suspendiert einen aktiven Prozeß für unbestimmte Zeit. Der ruhende Prozeß ist dann durch die Variable queue_element (vom Typ queue) gekennzeichnet. Er kann erst durch den Ruf CONTINUE (queue_element) durch einen anderen Prozeß erweckt und reaktiviert werden. Aus den beiden elementaren Befehlen lassen sich kompliziertere Steuerstrukturen, z.B. Scheduler, aufbauen (Sc 87).

6.3.7. Echtzeitverarbeitung mit Modula-2

Die Sprache Modula-2, die ursprünglich als Systemprogrammiersprache entwickelt worden ist, wird zunehmend für die Echtzeitprogrammierung eingesetzt (Sc 87). Grundlage hierfür bilden die Möglichkeiten von Modula-2 zur Prozeßerzeugung, Prozeßumschaltung sowie zur Interruptverarbeitung. Diese Grundfunktionen werden durch Prozeduren ausgeführt.

Die **Erzeugung** eines Prozesses erfolgt durch den Aufruf der Prozedur

PROCEDURE NEWPROCESS (p:PROC; a:ADDRESS; n:CARDINAL; VAR p1:ADDRESS);

Hierbei ist p die Prozedur zur Einrichtung des Prozesses. Zum Prozeß gehören ein Programm p1, das im Arbeitsspeicher die Länge n belegt und dessen Basisadresse durch a gegeben ist. Der erzeugte Prozeß ist zunächst nur bereitgestellt, aber noch nicht aktiv. Zur **Übertragung der Steuerung** von einem aktiven Prozeß auf einen anderen, bereiten Prozeß dient die Prozedur

PROCEDURE TRANSFER (VAR pc,pn: ADDRESS);

Sie stellt die Aktivität des laufenden Prozesses pc ein und startet den Prozeß pn. Beide Prozeduren müssen aus dem Systemmodul importiert werden.

Sprachliche Mittel zur Steuerung der Konkurrenz von Prozessen fehlen in Modula-2. Als Alternative werden Komponenten des Betriebssystems genutzt, die mit Prozeduren zur Regulierung der konkurrierenden Prozesse kommunizieren (Ni 87). Ein Vorteil ist, daß diese Prozeduren in Modula-2 formuliert werden können. Für die **Handhabung von Warteschlangen** stehen beispielsweise in der Implementierung von (Ni 87) folgende Prozeduren zur Verfügung:

PROCEDURE init_proc_queue (VAR pq: process_queue);
initialisiert Warteschlangen,

PROCEDURE empty (VAR pq: process_queue);
prüft, ob eine Warteschlange leer ist,

PROCEDURE wait (VAR pq: process_queue);
fügt einen Prozeß in die Warteschlange ein,

PROCEDURE signal (VAR pq: process_queue);
bereitet den ersten Prozeß einer Warteschlange für die Abarbeitung vor.

Zur **Verwaltung kritischer Bereiche**, die jeweils nur von einem Prozeß belegt werden dürfen, existieren in der betrachteten Implementierung von Modula-2 die Prozeduren

PROCEDURE init_region (VAR reg: region);
PROCEDURE enter (VAR reg: region);
PROCEDURE leave (VAR reg: region);

zur Initialisierung, Reservierung bzw. Freigabe eines kritischen Abschnitts. Wartezustände erzeugt die Prozedur

PROCEDURE delay (VAR r: region ; VAR q: process-queue);

indem ein Prozeß dem kritischen Bereich entnommen und in eine Warteschlange eingereiht wird.

Das folgende Beispiel soll den Mechanismus der Synchronisation verdeutlichen:

```
DEFINITION MODULE sem;
  TYPE semaphore=
    RECORD
     pq: process_queue
     val: CARDINAL
    END;
  PROCEDURE init (VAR sem: semaphore);
  PROCEDURE signal (VAR sem: semaphore);
  PROCEDURE wait (VAR sem: semaphore);
END sem;
```

Bei der Behandlung von Geräteprozessen wird in Modula-2 vorausgesetzt, daß ein Geräteprozeß nur angestoßen werden muß und sein Abschluß durch Senden eines Interruptsignals angezeigt wird. In der Zwischenzeit ist der Prozessor einem anderen Prozeß zugeteilt. In der betrachteten Modula-2-Implementierung ist eine Prozedur IOTRANSFER definiert, die aus dem SYSTEM-Modul importiert werden muß:

```
PROCEDURE IOTRANSFER (VAR p1, p2: ADDRESS; va: CARDINAL);
```

IOTRANSFER hält den aufrufenden Geräteprozeß an, weist ihn p1 zu und bereitet den ausgesetzten Prozeß p2 sowie eine Programmunterbrechung vor. Das Unterbrechungssignal erscheint bei Beendigung des Geräteprozesses, teilt die zentrale Verarbeitungseinheit dem unterbrochenen Prozeß p2 zu und bereitet den Geräteprozeß p1 vor. Den Prozessen werden Prioritäten zugeordnet. Die Geräteprioritäten sind durch die Hardware festgelegt. Die Priorität (0...7) eines Moduls ist im Modulkopf vermerkt:

```
MODULE teletype [4] (*priority = 4*)
FROM SYSTEM IMPORT
WORD, ADDRESS, NEWPROCESS  TRANSFER  IOTRANSFER, LISTEN;
EXPORT ausgabe;
```

6.3.8. CHILL

Zu den modernen Echtzeitsprachen zählt auch CHILL (CCITT high level language) (Cc 80). CHILL wurde von der CCITT für die Nachrichtentechnik entwickelt, 1980 veröffentlicht und als Standard für fernmeldetechnische Software empfohlen. CHILL ist vielseitig einsetzbar und keinesfalls eine Fachsprache für die rechnergestützte Vermittlung.

Auch CHILL lehnt sich in mancher Hinsicht an PASCAL an. Es unterstützt

die strukturierte Programmierung durch
- Blockstrukturen,
- Alternativanweisungen (IF ... FI) und (CASE ... ESAC) sowie
- Schleifenanweisungen (DO ... WHILE, DO ... FOR und DO ... IN.

Das Datentypkonzept von CHILL sorgt für eine strenge Datentyp- und Datenbereichskontrolle. Eine automatische Konvertierung ist nicht möglich. Auch in CHILL können in Ergänzung zu den vorgegebenen Standardtypen, wie INT (Integer) und CHAR (Character), durch den Programmierer anwendungsbezogene Typen definiert werden, darunter Bereichstypen, beispielsweise durch DCL LTGN_NR INT (0:6); die Leitungsnummern 0...6 (vom Typ Integer).

Abzähltypen erweisen sich auch für den Anwendungsbereich von CHILL als sehr nützlich, wenn z.B. für eine Verbindungsleitung die folgenden Zustände definiert werden können (Pr 85):

```
DCL VERB_LTG SET (FREI, BELEGT, WAHL, RUF, GESPRÄCH, EINHÄNGEN,
                  AUSLÖSUNG, BESETZT);
```

So erfolgt die Wertzuweisung durch

```
VERB_LTG := GESPRÄCH;
```

Als Programmstrukturen werden in CHILL BEGIN-Blöcke, Prozeduren, Moduln und Regionen unterschieden. Ähnlich Modula-2 ermöglichen spezielle Anweisungen (GRANT und SEIZE) den Export bzw. den Import von Bezeichnern. Beim Aufruf von Unterpogrammen erfolgt die Parameterübergabe wahlweise als Wert oder über die Adresse. Ein Attribut (IN, OUT oder INOUT) spezifiziert, ob es sich um Eingabe-, Ausgabe- oder Ein-/Ausgabeparameter handelt, wobei IN das Standardattribut ist.

CHILL verfügt über leistungsfähige Ausdrucksmittel zur Koordinierung von Prozessen und zur Steuerung der Prozeßkommunikation. Die Prozeßkoordinierung erfolgt mit Hilfe der Programmeinheiten REGION. Sie enthalten lokal vereinbarte Objekte eines kritischen Abschnitts. Die Belegung einer REGION geschieht mit Hilfe von Prozedur-Aufrufen. Prozesse, die auf eine REGION warten, werden in eine Warteschlange des Prozeßzustands "wartend auf REGION" eingereiht. Die Prozeßkommunikation kann über Briefkästen (Nachrichtenpuffer) erfolgen. Mit dem Ruf

```
SEND (puffer_name, nachricht);
```

wird von einem sendenden Prozeß eine Nachricht abgelegt. Ein anderer Prozeß kann diese Mitteilung durch den Ruf

```
RECEIVE (puffer_name);
```

entnehmen. Briefkästen werden in CHILL als Datentyp (BUFFER) mit Name, Datentyp und Nachrichtenlänge vereinbart.

Mit Variablen vom Typ SIGNAL bietet CHILL eine weitere Möglichkeit zur Prozeßsynchronisation. Signale können mit dem Ruf

```
SEND (signal_name, signal_wert, priorität) TO prozess_name
```

in den Puffer des Empfängerprozesses eingetragen und von diesem mit einem

RECEIVE-Ruf gelesen werden. Zur Synchronisation gibt es in CHILL außerdem Ereignisvariable (Typ EVENT), denen FIFO-Warteschlangen wählbarer Länge zugeordnet sind. Durch den Ruf

DELAY (ereignis_name)

wird ein Prozeß in eine Warteschlange eingereiht. Ein wartender Prozeß läßt sich durch einen anderen Prozeß über den Ruf

CONTINUE (ereignis_name)

wieder austragen und aktivieren. Dieser Mechanismus entspricht dem Synchronisationskonzept von Concurrent PASCAL.

6.3.9. ADA

ADA (benannt nach Lady Ada A. Lovelace, der Schöpferin der ersten Programme für den von C. Babbage entworfenen Rechner) ist als universelle Sprache vor allem für die Programmierung von Echtzeitaufgaben in rechnerintegrierten Systemen konzipiert worden. Der Nutzer kann je nach Einsatzfall die Programmumgebung selbst wählen. Die Programmentwicklung erfolgt wegen des großen Sprachumfangs meist mit Cross-Systemen auf größeren Rechnern. In kleinen rechnerintegrierten Systemen müssen die Programme ohne Betriebssysteme laufen. Deshalb übernimmt das Laufzeitsystem von ADA Funktionen, die sonst durch die Executive von Echtzeitbetriebssystemen ausgeführt werden.

Der Sprachkern von ADA zeigt Ähnlichkeiten mit PASCAL. Eine Vielzahl zusätzlicher Sprachelemente unterstützt die Programmierung von Echtzeitprozessen. Großer Wert wurde auf gute Lesbarkeit und Verständlichkeit gelegt.

Bezeichner können neben Buchstaben und Ziffern auch Unterstreichungen enthalten. ADA unterscheidet nicht zwischen Klein- und Großbuchstaben. ADA enthält die einfachen, vordefinierten Datentypen INTEGER, REAL, CHAR und gegenüber PASCAL zusätzlich BOOLEAN (logische Größe). Hinzu kommen Aufzähl- und Teilbereichstypen, die vom Programmierer definiert werden können, z.B.

```
type NAME is (liste der werte);
type TAG is (MONTAG, DIENSTAG, ...,SAMSTAG, SONNTAG);
```

Abweichend von PASCAL steht in der Typdefinition statt des Gleichheitszeichens das Schlüsselwort is. BOOLEAN zählt als vordefinierter Aufzähltyp mit den beiden zulässigen Werten TRUE und FALSE. Teilbereichstypen werden zusätzlich durch die Schlüsselwörter subtype und range definiert:

```
subtype NAME is range ;
subtype ARBEITSTAGE is TAG range;
```

Verbunde können Daten unterschiedlicher Typen enthalten:

```
type
record  type: name;
        type: name;
end record;
```

Felder werden ähnlich PASCAL vereinbart:

```
      type NAME is array (untergrenze..obergrenze) of type;
z.B.  type VEKTOR is array (1..10) of real;
```

Für Zeichenketten ist der Typ string vordefiniert. In einer Vereinbarung muß noch die Länge des Strings festgelegt werden.

```
PHRASE: string (1..10);
```

Alle Objekte sind vor ihrer Benutzung zu vereinbaren. ADA prüft die Verträglichkeit der Datentypen mit den programmierten Operationen.

Anweisungen

Grundanweisungen in ADA sind Wertzuweisungs-, Auswahl- und Wiederholungsanweisungen. Dabei ist zwischen einfachen und zusammengesetzten Anweisungen zu unterscheiden. Zusammengesetzte Anweisungen können Namen erhalten:

```
name:
ANWEISUNGEN
end name
```

Zusammengesetzte Anweisungen müssen durch Schlüsselwörter geklammert werden.

Anweisungen können als Sprungziel markiert werden:

```
MARKE     anweisung;
```

Zuweisungen erfolgen durch das Zeichen :=, z.B.

```
I := 0;
```

Bei den Steueranweisungen gibt es syntaktische Abweichungen von PASCAL.

IF-Anweisung:

```
if BEDINGUNG
then ANWEISUNG;
```

```
if BEDINGUNG
then ANWEISUNG1;
else ANWEISUNG2;
endif
```

```
if BEDINGUNG1
then ANWEISUNG1;
elsif BEDINGUNG2;
then ANWEISUNG2;
endif
```

z.B.

```
--Y = ABS(X);
if X   0
then   Y:= -X;
else Y := X
endif;
```

Die Anweisung wird mit endif abgeschlossen. Vor Folgebedingungen steht das Schlüsselwort elsif.
Die Zeichen -- leiten einen Kommentar ein.

Die Case-Anweisung hat in ADA die Form:

```
case VARIABLE is
    when WERT1  = ANWEISUNGSFOLGE1;
    when WERT2  = ANWEISUNGSFOLGE2;

    when others = ANWEISUNGSFOLGEN;
end case
```

Falls VARIABLE = WERTi ist, wird die ANWEISUNGSFOLGEi ausgeführt. Nimmt VARIABLE einen Wert an, der nicht in der Case-Liste vermerkt ist, kommt die Anweisung, die nach den Schlüsselwörtern when others steht, zur Ausführung.

Zur Programmierung von Schleifenanweisungen sind in ADA die while- und die for-Anweisung zugelassen:

```
while BEDINGUNG
loop  ANWEISUNGEN;
end loop;
```

```
I := 1; S := 0;
while I <=N
loop S := S + X(I);
end loop;
```

Die Bedingung wird vor jedem Durchlauf getestet.
Die **for-Anweisung** unterscheidet sich von denen anderer Sprachen hinsichtlich der for-Klausel:

```
for LAUFVARIABLE in UNTERWERT..OBERWERT
loop ANWEISUNGEN;
end loop;
```

Statt OBERWERT und UNTERWERT können Ausdrücke stehen. Der Wert der Laufvariablen wird von UNTERWERT beginnend bis zum Erreichen von OBERWERT mit der Schrittweite 1 inkrementiert. Die Zählrichtung kann mit Hilfe des Schlüsselwortes reverse umgekehrt werden.

```
for I in 1..N                 for I in reverse 1..N
loop S := S + X(I);           loop S := S + X(I);
end loop;                     end loop;
```

Deklarationsanweisung

Deklarationsanweisungen dienen der Vereinbarung von Blöcken. Blöcke bestehen aus einer Folge von Anweisungen, zu denen die Vereinbarung lokaler Objekte hinzukommen kann. Blöcke können Namen tragen.

```
LOCAL_BLOCK: declare VEREINBARUNGEN;
             begin
             ANWEISUNGSFOLGE;
             end LOCAL_BLOCK
```

Sprunganweisungen

Neben der GOTO-Anweisung gibt es in ADA eine EXIT-Anweisung zum vorzeitigen Verlassen einer Schleifenanweisung, z.B. in Abhängigkeit von einer Bedingung:

```
if BEDINGUNG then exit;
```

Die **Rücksprunganweisung** return kann einen Ausdruck enthalten, dessen Wert an das aufrufende Programm zurückgegeben wird:

```
return AUSDRUCK;
```

Die **Auslöseanweisung** (**Raise-Anweisung**) initiiert einen Ausnahmezustand (siehe unten).
Mit Hilfe der **Verzögerungsanweisung**

```
     delay ZEIT;
z.B. delay 10;
```

wird die Ausführung der nachfolgenden Anweisungen mindestens um die angegebene Zeit verzögert.
Die **Leeranweisung** wird wie in PASCAL aus formalen Gründen eingeführt.

Unterprogramme

Unterprogramme können in ADA die Form von Prozeduren oder Funktionen haben. Die zu vermittelnden Parameter sind mit Name, Typ und wahlweise mit einem Vorbesetzungswert zu spezifizieren, beispielsweise

```
procedure UPROG (X, Y: FLOAT; I: INTEGER);
```

X, Y und I sind hierbei Eingabeparameter. In der Vereinbarung

```
procedure SUBPROG (X: in REAL; I: INTEGER :=1;
                   Y: out REAL);
```

sind X und I Eingabeparameter, Y eine Resultatgröße, und I wird der Wert 1 zugewiesen. I, das nun mit dem Wert 1 vorbesetzt ist, braucht beim Aufruf des Unterprogramms nicht noch einmal angegeben zu werden:

```
SUBPROG (100,W);
```

Bei Funktionen ist in Analogie zu PASCAL der Typ des zu berechnenden Funktionswertes zu spezifizieren:

```
      function name (parameter_spezifikation) return type;
z.B.  function SINUS (X: FLOAT) return FLOAT;
```

Eine Besonderheit ist das "Überladen" (Overloading): Es können unterschiedliche Unterprogramme mit gleichem Namen geschrieben werden, wobei die Unterscheidung anhand von Parametereigenschaften (Anzahl, Typ, Folge) durch den Compiler zur Übersetzungszeit erfolgt. Unterprogrammrümpfe sind Blöcke, die mit der Unterprogrammspezifikation eingeleitet werden:

```
function ABSOLUT(X: FLOAT) return FLOAT;
    begin if X < 0
      then return -X;
      else return  X;
      endif;
    end ABSOLUT;
```

Ausnahmezustände

ADA bietet die Möglichkeit, beim Auftreten irregulärer Programm- oder Systemzustände mit bestimmten Maßnahmen zu reagieren und die Funktion des Systems aufrecht zu erhalten. Hierzu können Ausnahmezustände spezifiziert und Befehlsfolgen zu ihrer Behandlung programmiert werden. In ADA sind zunächst verschiedene Ausnahmezustände vordefiniert, z.B.

- CONSTRAINT_ERROR (bei unzulässiger Zuweisung, Überschreitung von Feldgrenzen),
- NUMERIC_ERROR (bei Überschreitung des zulässigen Wertebereiches) und
- STORAGE_ERROR (falls kein Speicherplatz verfügbar ist).

Darüber hinaus kann der Programmierer Ausnahmezustände deklarieren, beispielsweise

```
PRESSURE_CRITICAL: exception;
```

Ein Ausnahmezustand läßt sich durch die Anweisung

```
raise ausnahme_zustand;
```

auslösen, z.B.

```
raise PRESSURE_CRITICAL;
```

Die Behandlung eines Ausnahmezustands kann nur in seinem Gültigkeitsbereich erfolgen. Der Block zur Ausnahmebehandlung wird mit dem Schlüsselwort exception eingeleitet. Er enthält die Maßnahmeprogramme für alle definierten Ausnahmezustände. Die Zuordnung geschieht durch when-Klauseln, z.B.

```
exception
   when ausnahme_zustand =
      meldungen;
 •    maßnahmen;
end;
```

Beispiel:

```
declare  X: FLOAT;
begin
  Y := X * X * EXP(X);
  exception
  when NUMERIC_ERROR   Y := 1;
end;
```

Pakete

Umfangreiche Programme sollten in logisch zusammengehörige Einheiten, z.B. in Unterprogramme, aufgegliedert werden. ADA läßt neben Unterprogrammen und Prozessen sogenannte Pakete (Packages) zu und unterstützt hierdurch die Modularisierung von Programmen (Abschnitt 6.1.).

In Datenpaketen können Vereinbarungen von Objekten zusammengefaßt werden, die z.B. an mehreren Stellen des Programms benötigt werden.

```
package VEREINBARUNG1 is
    A: FLOAT;
    FLAG: BOOLEAN;
          :
end VEREINBARUNG1;
```

Soll das Package in einem Programm verwendet werden, muß folgende Klausel stehen:

```
with package_name;
```

z.B.

```
with VEREINBARUNG1
```

Prozesse

Die Behandlung von Prozessen ist Bestandteil der Sprache ADA. Die Taskverwaltung und die Steuerung der Kommunikation zwischen den Tasks geschehen nicht mehr durch die Executive des Betriebssystems über Datenfelder, die von dieser verwaltet werden; ADA stellt für die Synchronisation der Tasks einen speziellen Mechanismus, die Rendezvous-Technik, bereit.

Prozesse müssen im Vereinbarungsteil einer Programmeinheit deklariert werden. Diese Programmeinheit heißt dann "Vorgänger" dieser Prozesse. Prozesse mit gleichem Vorgänger werden als Geschwisterprozesse bezeichnet. Bei der Aktivierung eines Vorgängerprogramms werden auch die darin vereinbarten Prozesse initiiert und gestartet. Ist keine Bezugnahme auf andere Prozesse vorgesehen, laufen diese Prozesse unter der Kontrolle des Vorgängerprogramms hintereinander ab. Die Ausführung eines Vorgängerprogramms ist beendet, wenn alle darin vereinbarten Prozesse abgearbeitet

sind. Innerhalb der Geschwisterprozesse werden passive und aktive Prozesse unterschieden. Passive Prozesse stellen Dienste für aktive Prozesse bereit.
Die Deklaration eines Prozesses gliedert sich in einen Spezifikationsteil und einen separaten Rumpf:

```
ELTERN
  declare
    task NAME;

  task body NAME;
    begin
      ANWEISUNGEN;
    end:
  end NAME;
```

In der Spezifikation sind der Name sowie eine Liste der Dienste des Prozesses aufgeführt. Die Dienste werden als Prozeduren mit einem Schlüsselwort entry angegeben. Die Dienste können vom Vorgänger und von den Geschwisterprozessen in Anspruch genommen werden. Der Rumpf enthält lokale Vereinbarungen und die Anweisungsfolgen zur Ausführung der Prozeßdienste:

```
declare
task SPANNUNG;
task body SPANNUNG
  if U < 220
  then NEW-LINE;
       PUT ...;
  endif;
end SPANNUNG;
```

Beispiel eines Verzögerungsprozesses:
Der Prozeß WARTEN erzeugt eine Verzögerung um 100 s und stellt die Dienste GO (Anlaufen der Verzögerung) und TEST (Prüfung auf Ende der Verzögerung) bereit. Die Spezifikation des Prozesses WARTEN lautet:

```
task WARTEN is
  entry GO;
  entry TEST;
end WARTEN;
```

Der Taskkörper besteht aus den Anweisungen:

```
task body WARTEN;
  begin
    loop
        accept GO;
        delay 100;
        accept TEST;
    end loop;
  end WARTEN;
```

Die Eingänge sind im Taskkörper durch das Schlüsselwort accept ausgewiesen. Im Beispiel wird accept TEST erst nach Ablauf von delay 100 s aktiviert. Durch das Einbetten in eine Schleife (loop...end loop) wird die Bereitschaft zum Rendezvous ständig wiederholt.

Der Aufruf dieses Pozesses durch einen anderen geschieht durch die Anweisungen WARTEN.GO; bzw.
WARTEN.TEST;

Die Kommunikation zwischen Prozessen und die Prozeßsynchronisation erfolgen in ADA nach dem bereits erwähnten Rendezvous-Konzept: Ein Prozeß wird durch Nennung seines Namens und des Einganges (für den geforderten Dienst) aufgerufen. Der aufrufende Prozeß muß dabei auf den angeforderten warten. Erst wenn der angeforderte Partner sich eingefunden hat, können die Rendezvous-Aktivitäten ablaufen. Diese sind im gerufenen Prozeß nach dem Schlüsselwort accept spezifiziert. Nach dem Rendezvous werden der aufrufende und der gerufene Prozeß parallel weitergeführt. Rufen mehrere Prozesse ein entry auf, so wird jeweils der zuerst eingetroffene Rendezvous-Partner berücksichtigt.

Das Rendezvous-Konzept bedingt folgende Asymmetrien:
- Der aufrufende Prozeß ruft den Partner mit dessen Namen auf, während der aufgerufene Prozeß den Namen des rufenden nicht kennt. Er bietet Dienste für alle aufrufenden Prozesse an und arbeitet sie in der zeitlichen Folge des Eintreffens der Anforderung ab.
- Ein Prozeß kann jeweils nur einen anderen Prozeß rufen und daher nur in einer Warteschlange für Tasks stehen, die auf Annahme ihres Rufes warten. Ein wartender Prozeß kann jedoch auf mehrere Rufe warten und Warteschlangen für jeden Eintritt führen.
- Prozeßfehler, die während eines Rendezvous auftreten, werden vom aufgerufenen an den aufrufenden Prozeß weitergeleitet.

ADA fängt den Zustand, daß ein aufgerufener Prozeß nicht oder nicht in der zulässigen Zeit reagieren kann, durch alternative Reaktionen des aufgerufenen Prozesses ab.

Die Prozeßkommunikation kann in ADA darüber hinaus mittels gemeinsamer Variablen, die im selben Vorgänger programmiert sind, abgewickelt werden. Um unkoordiniertes Verändern der Variablen zu verhindern, stellt ADA die Prozedur SHARED VARIABLE_UPDATE bereit. Sie sichert den Zugriff zu einer Variablen für jeweils nur einen Prozeß.

Ein-/Ausgabeprozesse

Unterbrechungsbehandlung

Unterbrechungsanforderungen werden in ADA als Eingaberufe mittels einer Accept-Anweisung behandelt. Soll beispielsweise die Zeicheneingabe von der Tastatur über Unterbrechungsanforderungen (Adresse z.B. 8#100#) gemeldet, das Zeichen in das Datenpuffer-Register (DPR) gebracht und als Variable ZEICHEN gespeichert werden, so lautet das Prozeßprogramm (Py 82):

```
task TASTATUR_HANDLER is
  entry TRANSFER (CH: out CHARACTER);
  entry TASTATUR_DONE;
  for TASTATUR_DONE use 8#100#
end TASTATUR-Handler;

 task body TASTATUR_HANDLER is
 ZEICHEN: CHARACTER;
 DBR: CHARACTER;
 for DBR use 8#177462#;
 begin
   loop
     accept TASTATUR-DONE do
     ZEICHEN := DBR
     end TASTATUR_DONE;
     accept TRANSFER (CH: CHARACTER) do
       CH := ZEICHEN;
     end TRANSFER;
   end loop;
 end TASTATUR_HANDLER;
```

Mit der Acceptanweisung TASTATUR_DONE wird die Unterbrechung zugelassen. Nach Annahme eines Zeichens ist der Interrupteingang zunächst gesperrt. Der Prozeß ist als unendliche Schleife gestaltet, so daß eine unbegrenzte Anzahl von Zeichen angenommen werden kann.

Gültigkeit von Bezeichnern

Die Gültigkeit und damit die Verwendbarkeit von Bezeichnern sind an die Programmstruktur gebunden. Alle Bezeichner der zu verwendenden Objekte müssen vereinbart werden. Ein Bezeichner besitzt in einer Programmeinheit Gültigkeit, wenn er dort oder in einer übergeordneten Einheit vereinbart worden ist. Sind nun in einer äußeren und einer inneren Programmeinheit (AUSSEN und INNEN) Variablen mit gleichen Bezeichnern, z.B. I und K, deklariert, so sind in der inneren Einheit unter den Namen I und K nur die innen vereinbarten Variablen erreichbar. Die außen unter gleichem Namen deklarierten Größen sind in der inneren Programmeinheit "nicht sichtbar" (verdeckt). Entsprechend der Blockstruktur müßte aber eine Größe, die in einem äußeren Block (AUSSEN) vereinbart ist, auch in allen inneren Blöcken (INNEN) gelten. Damit im inneren Block auch die außen vereinbarten Größen referiert werden können, sind erweiterte Namen AUSSEN.I und AUSSEN.K einzuführen, die den eindeutigen Kontext herstellen.

6.3.10. Vergleich der Konzepte zur Behandlung von Echtzeitaufgaben

Unterschiede zwischen den Synchronisationskonzepten der höheren Programmiersprachen bestehen im Verhältnis von Sender und Empfänger der Synchro-

nisationssignale:
- Sender und Empfänger rufen sich gegenseitig mit ihren Namen, so daß der Transfer eindeutig ist (realisiert bei Modula-2).
- Der Sender ruft den Empfängerprozeß mit Namen, die Rufe werden in eine Warteschlange eingereiht ("many to one"). Die Empfänger werden nach dem FIFO-Prinzip bedient. Dies entspricht der Rendezvous-Konzept von ADA und CHILL.
- Sender und Empfänger tauschen Steuerinformationen über globale Daten oder Datenkopien aus. Sender und Empfänger bleiben anonym ("many to many"), wie es bei Concurrent PASCAL und CHILL verwirklicht ist.

Weitere für die Programmierung von Echtzeitaufgaben wesentliche Merkmale der betrachteten höheren Programmiersprachen sind in Tabelle 6.6 aufgeführt.

Tabelle 6.6: Behandlung von Echtzeitaufgaben in höheren Sprachen

Sprache	Zugriff zu geteilten Daten	programmierbare Synchronisation	Interrupt-Behandlung
Concurrent PASCAL	über den Monitor	queue-Variable DELAY (q) CONTINUE (q)	Ein-/Ausgabeanweisungen im Kern, verwendet als externer Monitorruf
Modula-2	Monitor-Moduln	über Prozedur TRANSFER	Ein-/Ausgabeanweisungen über Monitor-Moduln
ADA	Packages shared variables	Rendezvous Entry-Ruf Accept-Anweisung	Interrupt-Entry der Handlertask
PEARL	globale Daten	sema (request, release) bolt (reserve, free, enter, leave) interrupt, signal	Geräte-Driver des Betriebssystems
CHILL	REGION	Ereignisse (delay, continue) Puffer (send, receive) Signale und Nachrichten (send, receive)	

PEARL hat mit einem auf PL-1 basierenden Sprachkern und sehr praktikablen Mitteln zur Systembeschreibung vor allem in der Prozeßautomatisierung Anwendung gefunden. PEARL ist jedoch nicht als Systemsprache geeignet. Von den übrigen PASCAL-orientierten Sprachen verfügen vor allem ADA und CHILL über sehr leistungsfähige Mittel zur Prozeßkoordinierung. CHILL ist sehr reich mit entsprechenden Strukturen und Mechanismen ausgestattet: Nachrichten und Nachrichtenpuffer als verallgemeinerte Mailboxen; Signale, die an bestimmte Empfänger oder an die Programmumgebung gesendet werden können, sowie SEND-RECEIVE-Konstrukte, über die Prozesse auf bestimmte Signale warten können. CHILL verfügt über sehr gute Möglichkeiten zur Ausnahmebehandlung. ADA geht vor allem mit seinem leistungsfähigen Package-Konzept über CHILL hinaus. Eine komfortable Programmierumgebung für ADA (APSE, Ada Programming Support Environment) befindet sich in der Entwicklung.

Die Mittel, die Modula-2, insbesondere aber Concurrent PASCAL für die Prozeßsynchronisation bereitstellen, nehmen sich im Vergleich dazu sehr bescheiden aus. Sie ermöglichen jedoch den Aufbau komplexerer Koordinierungsmittel durch den Anwender. Modula-2 besitzt gegenüber Concurrent PASCAL noch den Vorteil der separaten Übersetzbarkeit von Programmeinheiten, die auch bei ADA verwirklicht ist.

7. Literaturverzeichnis

7.1. Allgemeine Übersichten und zusammenfassende Darstellungen

Brennenstuhl, H.: Programmierung des 16-bit-Mikroprozessorsystems U8000; Verlag Technik Berlin, 1987.

Brodie, L.: Programmieren in FORTH; Carl-Hanser-Verlag und Prentice-Hall Intern., München Wien London, 1984.

Capece, R.P. (Herausg.): Microprocessors and microcomputers: one-chip controllers to high-end systems; McGraw-Hill New York, 1981.

Claßen, L., U. Oefler: Wissensspeicher Mikrorechnerprogrammierung; Verlag Technik Berlin, 1986.

Claßen, L., U. Oefler: UNIX und C, ein Anwenderhandbuch; Verlag Technik Berlin, 1987.

Färber, G.: Prozeßrechentechnik: Allgemeines, Hardware und Software, Planungshinweise; Springer-Verlag Berlin Heidelberg New York, 1979.

Färber, G.: Entwicklungstrends der Mikroelektronik und Informationstechnik; Automatisierungstechnische Praxis 28 (1986) H.9, 411-422.

Flik, T., H. Liebig: 16-bit-Mikroprozessorsysteme: Aufbau, Arbeitsweise und Programmierung; Springer-Verlag Berlin Heidelberg New York, 1982, 1985.

Grafik, W.: Aufbau und Arbeitsweise von 16-bit-Mikroprozessoren; Reihe Automatisierungstechnik Bd.226, Verlag Technik Berlin, 1987.

Grund, F.: FORTRAN-IV-Programmierung; Deutscher Verlag der Wissenschaften Berlin, 1970.

Grund, F., W. Issel: PL/1-Programmierung; Deutscher Verlag der Wissenschaften Berlin, 1980.

Herrlich, O., U. Lindner: Strukturierte Programmierung; Teubner-Verlagsg. Leipzig, 1981.

Jobst, E., M. Nier (Herausg.): Mikroelektronik und Künstliche Intelligenz; Akademie-Verlag Berlin, 1987.

Jugel, A.: Mikroprozessorsysteme; Verlag Technik Berlin, 1978, 1980.

Kabitzsch, K.: Mikrorechner in der Automatisierungspraxis. Ausgewählte Probleme der Software- und Hardwaregestaltung; Akademie-Verlag Berlin, 1987.

Kalfa, W.: Betriebssysteme; Akademie-Verlag Berlin, 1988.

Kerner, I. O., G. Zielke: Einführung in die algorithmische Sprache ALGOL; Teubner Verlagsgesellschaft Leipzig, 1967, 1969.

Kieser, H., M. Meder: Mikroprozessortechnik: Aufbau und Anwendung des Mikroprozessorsystems U 880; Verlag Technik Berlin, 1982, 1984, 1986.

Kieser, H., M. Bankel: Einchipmikrorechner; Verlag Technik Berlin, 1986.

Kießling, I., M. Lowes: Programmierung mit FORTRAN-77; Teubner Stuttgart, 1982.

Lindner, U., R. Trautloft: Grundlagen der problemorientierten Programmentwicklung; Verlag Technik Berlin, 1987.

Löber, C., G. Will: Mikrorechner in der Meßtechnik; Verlag Technik Berlin, 1983.

Meiling, W.: Mikroprozessor - Mikrorechner, Funktion und Anwendung; Beiträge zur Forschungstechnologie Bd.5, Akademie-Verlag Berlin, 1978, 1979.

Paulin, G., H. Schiemangk: Programmieren mit PASCAL; Akademie-Verlag Berlin, 1981, 1986.

Polze, C.: Betriebssysteme digitaler Rechenanlagen; Verlag Die Wirtschaft Berlin, 1981.

Price, D.: Introduction to ADA; Prentice-Hall Englewood Cliffs, 1984.

Pyle, I.C.: Die Programmiersprache ADA; Hanser-Verlag München, 1982.

Roth, M. (Herausg.): Beiträge zur Mikrocomputertechnik; Verlag Technik Berlin, 1986.

Sammer, W., H. Schwärtzel: CHILL - eine moderne Programmiersprache für die Systemtechnik; Springer-Verlag Berlin, 1982.

Schoch, H., W. Schatz: Programmierung in FORTRAN; Teubner Verlagsges. Leipzig, 1970.

Schumann, J., M. Gerisch: Software-Entwurf: Prinzipien, Methoden, Arbeitsschritte, Rechnerunterstützung; Verlag Technik Berlin, 1984.

Schwarz, W., G. Meyer, D. Eckhardt: Mikrorechner - Wirkungsweise Programmierung Applikation; Verlag Technik Berlin, 1980, 1981, 1984.

Seifart, M.: Digitale Schaltungen; Verlag Technik Berlin, 1986.

Walsh, D.: Anleitung zur Software-Dokumentation; Carl-Hanser-Verlag München, 1972.

Weck, G.: Prinzipien und Realisierung von Betriebssystemen; Teubner Stuttgart, 1985.

Werner, D.: Programmierung von Mikrorechnern. Programmsysteme, parallele Prozesse, Echtzeitbetriebssysteme; Verlag Technik Berlin, 1983, 1986.

Werner, D.: BASIC für Mikrorechner. Programmentwicklung, Sprachelemente, Anwendung; Verlag Technik Berlin, 1986.

Wettstein, H.: Architektur von Betriebssystemen; Carl-Hanser-Verlag München, 1978, 1984.

Zech, R.: Die Programmiersprache FORTH; Franzis Verlag München, 1984.

7.2. Zitierte Arbeiten

Ab 84 Abendroth, H.-P.: Bus-fähige Schnittstelle nach RS 485/422; Elektronik 33 (1984) H.12, 97-98.

Al 77 Altman, L.: Microcomputers families expand, part 1: The new chips; Electronics 50 (1977) H.25, 89-99.

Al 79 Alexy, G.: 8086 system design; Application Note AP-67, Intel Corp., 1979.

Am 80 Advanced Micro Devices: The designer's guide '80; 1980.

An 87 Anderssen, P.S.: Personal computer in accelerator control; Proceed. 7th Summer School of Computing Techniques in Physics; Bechyné (ČSSR), 1987.

Ap 87 Applikationszentrum Berlin: Datenblattsammlung Elektronische Bauelemente, Ausgabe 1/87 (10): DL 8127 D, U 8272 D; Berlin 1987.

Ay 79 El-Ayat, K.A.: The Intel 8089: An integrated I/O processor; Computer 12 (1979) H.6, 67-78.

Ay 85 El-Ayat, K.A., R.K. Agarwal: The Intel 80386 - architecture and implementation; IEEE Micro 5 (1985) H.6, 4-22.

Ba 57 Backus, J.W.: The FORTRAN automatic coding system; Proceed. Western Joint Computer Conference, Los Angeles, 1957.

Ba 78 Backus, J.: Can programming be liberated from the von Neumann style? A functional style and its algebra of programs; Comm. of ACM 21 (1978) H.8, 613-641.

Ba 78a Bass, Ch., J. Estrin, B.L. Peuto: Introducing the Z8, part 2: Rich instructions, nine addressing modes make coding easy; Electronics 51 (1978) H.18, 134-137.

Ba 79 Bader, B.: Mikrorechnersystem K 1520; radio fernsehen elektronik 28 (1979) H.10, 616-620.

Ba 82 Barel, M.: Mikroprogrammierte Bit-slice Computer; Elektronik 31 (1982) H.9, 69-75.

Ba 84 Baer, J.-L.: Computer architecture; Computer 17 (1984) H.10, 77-87.

Ba 84a Balakrishnan, R.V.: The proposed IEEE 896 Futurebus - a solution to the bus driving problem; IEEE Micro 4 (1984) H.4, 23-27.

Ba 84b Banahan, M., A. Rutter: UNIX: lernen, verstehen, anwenden; Hanser-Verlag München 1984.

Ba 85 Bankel, M.: 8-bit-Einchip-Mikrorechner U 881, U 882 und U 883; radio fernsehen elektronik 34 (1985) H.2, 81-84.

Ba 86 Baum, E.: 16-bit-Mikrocontroller programmiert sich selbst; Elektronik 35 (1986) H.4, 79-83.

Ba 86a Baggenstos, T., R. Marty et al.: UNIX als Basis für Softwareentwicklung; Springer-Verlag Berlin Heidelberg, 1986

Ba 87 Bankel, M., P. Brückner, R. Wolf: Grafik-Interface mit dem U 82720; Mikroprozessortechnik 1 (1987) H.4, 99-103.

Be 67 de Beauclair, W.: Geschichtliche Entwicklung; in: Taschenbuch der Nachrichtenverarbeitung (Herausg.: K. Steinbuch); Springer-Verlag Berlin Heidelberg, 1967, S.1-39.

Be 84 Beaston, J.: Multiprocessor bus is ready to meet 32-bit applications of future; Electronics 57 (1984) H.6, 126-131.

Be 85 Bennewitz, W., H. Podszuweit: Programmierung von Einchipmikrorechnern; Reihe Automatisierungstechnik Bd.215, Verlag Technik Berlin, 1985.

Be 87 Benedix, H.: Zur Weiterentwicklung des Personalcomputers robotron 1715; Neue Technik im Büro 31 (1987) H.2, 52-53.

Bo 83 Bode, A., W. Händler: Rechnerarchitektur II, Strukturen; Springer-Verlag Berlin Heidelberg, 1983.

Bo 84 Bond, J.: Architectural advances spur 32-bit micros; Computer Design 23 (1984) H.6, 125-136.

Bo 85 Borrill, P.L.: A comparison of 32-bit buses; IEEE Micro 5 (1985) H.6, 71-79.

Bo 86 Bobe, W.: Halbleiterspeicher in Mikroprozessorsystemen; radio fernsehen elektronik 35 (1986) H.7, 419-422, H.8, 522-526.

Bö 87 Böhl, E.: Der Floppy-Disk-Controller U 8272 D; 12. Mikroelektronik-Bauelemente-Symposium 1987 in Frankfurt/O., Referate, Bd.1, 66-81.

Br 85 Brand, K., A. Toonen: Optimierte Cross-Compiler automatisch erzeugt; Elektronik 34 (1985) H.20, 59-63.

Bu 46 Burks, A.W., H.H. Goldstine, J. von Neumann: Preliminary discussion of the logical design of an electronic computing instrument; Institute of Advanced Study, Princeton, 1946; auszugsweiser Abdruck in Ra 75, S. 371-385.

Bu 80 Bursky, D.: Support circuits - the 'power' behind powerful processors; Electronic Design 28 (1980) H.24, 123-140.

Bu 84 Burger, R.M., R.K.Cavin et al.: The impact of ICs on computer technology; Computer 17 (1984) H.10, 88-95.

Bu 85 Buschlinger, E.: Software-Entwicklung mit UNIX; Teubner Stuttgart, 1985.
Bü 86 Bündig, B., O. Fröhlich: Das Betriebssystem MUTOS 8000; edv-aspekte 5 (1986) H.1, 5-16.

Ca 72 Proposal for a CAMAC language; CAMAC Bulletin No.5, Suppl., 1972.
Ca 84 Carr, J.J.: Elements of microcomputer interfacing; Reston Publ. Reston, 1984.
Cc 80 CCITT study group XI-contribution No.389: Introduction to CHILL, the CCITT high level language; Internat. Telecommunic. Union, Geneva, 1980.
Ch 78 Check, W., E. Cheng et al.: Microcontroller includes a-d converter for lowest-cost analog interfacing; Electronics 51 (1978) H.11, 122-127.
Ch 81 Chu, Y., M. Abrams: Programming languages and direct-execution computer architecture; Computer 14 (1981) H.7, 22-32.
Ch 84 Childs, R.E., J. Crawford et al.: A processor family for personal computers; Proc. IEEE 72 (1984) H.3, 363-376.
Cl 84 Cluley, J.C.: Interfacing to microprocessors; MacMillan London, 1984.
Cl 86 Claßen, L., U. Oefler: Wissensspeicher Mikrorechnerprogrammierung; Verlag Technik Berlin, 1986.
Cl 87 Claßen, L., U. Oefler: UNIX und C - ein Anwenderhandbuch; Verlag Technik Berlin, 1987.
Co 72 Commission of European Communities CEC: CAMAC: a modular instrumentation system for data handling, description and specification; Report EUR 4100, Commission of European Communities CEC, Luxembourg, 1972.
Co 80 Coonen, J.T.: An implementation guide to a proposed standard for floating-point arithmetic; Computer 13 (1980) H.1, 68-79.
Co 81 Collins, D.L., C.M. Collins: Memory-management chip masters large data bases; Electronic Design 29 (1981) H.17, 115-121.
Co 85 Colwell R.P., C.Y. Hitchcock et al.: Computers, complexity, and controversy; Computer 18 (1985) H.9, 8-19.
Co 85a Commodore-Amiga: MS-DOS-Handbuch; Frankfurt/M., 1985.
Co 86 Cohen, B., R. McGarity: The design and implementation of the MC 68851 paged memory management unit; IEEE Micro 6 (1986) H.2, 13-28.
Co 86a Cooper, T.C., W.D. Bell et al.: A benchmark comparison of 32-bit microprocessors; IEEE Micro 6 (1986) H.4, 53-58.
Cu 74 Cushman, R.H.: The Intel 8080: first of the second-generation microprocessors; EDN 19 (1974) H.9, 30-36.

Di 68 Dijkstra, E.: The GOTO-statement considered harmful; CACM 11 (1968) 147-148.
Di 72 Dijkstra, E.: Notes on structured programming; in: Structured Programming; Academic Press London, 1975, S.1-82.
Di 75 Digital Equipment Corp.: PDP-11 software handbook, 1975.
Di 84 Digital Equipment Corp.: Micro VAX Handbook, 1984.
Do 81 Dorn, L.: Mathematik-Coprozessor: Hundertmal schneller als Software; Elektronik 30 (1981), H.24, 57-61.
Do 86 Dolkart, W.M., W.N. Stepanow, I.R. Kramfus: Odnoplatnaja mikro-EWM PMW02 na base MPK BIS K 1810; Mikroprozessornye sredstwa i sistemy 3 (1986) H.5, 10-12.
Do 87 Domschke, W.: Kleincomputer KC 85/3 (Hardwarekonzept); Mikroprozessortechnik 1 (1987) H.2, 56-59.
Do 87a Dottermusch, R.: Sprachkonzeption des A 7100; edv-aspekte 6 (1987) H.1, 39-44.
Du 83 Dunlop, D., D. Sallune et al.: Betriebssystem CP/M für 16-bit-CPU; Elektronik 32 (1983) H.24, 87-90, H.25, 71-76.
Du 86 Duzy, P., B. Schallenberger, S. Wallstab: Moderne Mikroprozessoren. 1.Teil: Ein Architekturvergleich der Typen 68020, 80386 und 32332; Elektronik 35 (1986) H.14, 42-50.

Ei 73 Eichenauer, B., V. Haase et al.: PEARL, eine prozeß- und experimentorientierte Programmiersprache; Angew. Informatik 15 (1973) H.9, 363-372.
En 86 Endriß, H., G. Lawitzky, H. Oechslein: Moderne Mikroprozessoren. 2.Teil: Konzepte und Trends; Elektronik 35 (1986) H.15, 79-84.
Er 84 Erben, W., T. Fricke, G. Naumann: Variante des Bürocomputers robotron A 5120 für die Meßtechnik; Neue Technik im Büro 28 (1984) H.4, 122-127.
Es 74 ESONE Secretariat: CAMAC: The definition of IML. A language for use in CAMAC systems; ESONE IML/01, ESONE Secretariat CBNM-CRC, 1974.

Fa 85 Fahr, K., H.-D. Sporbert: robotron 1715 - ein neues Erzeugnis der Mikrorechentechnik, Neue Technik im Büro 29 (1985) H.1, 1-5.
Fe 87 Fehse, E.: Integrierter Systemtaktgenerator DL 8127 D; Mikroprozessortechnik 1 (1987) H.7, 213-215.
Fe 87a Fengler, W., M. Roth: Einchip-Rechner-Schaltkreise. Architektur, Anwendung und

Entwicklungshilfsmittel; Mikroprozessortechnik 1 (1987) H.2, 37-41.
Fi 85 Fischer, W.: IEEE P1014 - A standard for the high-performance VME bus; IEEE Micro 5 (1985) H.1, 31-41.
Fl 72 Flynn, M.J.: Some computer organizations and their effectiveness; IEEE Trans. Comp. C-21 (1972) H.9, 948-960.

Fo 86 Fox, E.R., K.J. Kiefer et al.: Reduced instruction set architecture for a GaAs microprocessor system; Computer 19 (1986) H.10, 71-81.
Fr 84 Fraikin, J., S. Löschner: Arithmetikverarbeitungseinheit U 8032 C; radio fernsehen elektronik 33 (1984) H.8, 486-492.
Fr 85 Fraikin, J., H. Herz, P. Schulz: Frei programmierbarer Arithmetikmodul für K 1520; radio fernsehen elektronik 34 (1985) H.4, 230.

Ga 76 Garrow, B., J. Johnson, M. Maerz: The "super component": The one-board computer with programmable I/O; Electronics 49 (1976) H.3, 77-84.
Ga 78 Garrow, R., J. Johnson, L. Soltesz: 16-bit single-board computer maintains 8-bit family ties; Electronics 51 (1978) H.21, 105-110.
Ge 82 Geyer, J.: Schneller Prozessor arbeitet mit virtuellem Adreßbereich; Elektronik 31 (1982) H.5, 59-68.
Ge 83 Geyer, J.: Multibus II: 32-bit-Bus für leistungsfähige offene Systeme; Elektronik 32 (1983) H.26, 32-37, 33 (1984) H.1, 52-55.
Gi 80 Giloi, W.K.: Rechnerarchitektur; Informatik-Spektrum 3 (1980) H.1, 3-18.
Gi 81 Giloi, W.K.: Rechnerarchitektur; Heidelberger Taschenbücher Bd.208, Sammlung Informatik, Springer-Verlag Berlin Heidelberg, 1981.
Gl 86 Gluth, R.: Integrierte Signalprozessoren: Architekturen und technische Realisierung; Elektronik 35 (1986) H.18, 112-125.
Go 46 Goldstine, H.H., A. Goldstine: The electronic numerical integrator and computer (ENIAC); M.T.A.C. 2 (1946) H.15, 97-110; Abdruck in Ra 75, S.333-347.
Gö 80 Gößler, R.: 16-bit-Mikroprozessoren der dritten Generation. Vergleichende Gegenüberstellung von Z8000, 8086, TMS9900 und MC 68000; Elektronik 29 (1980) H.22, 61-73.
Go 86 Goworun, W.N., N.W. Gorbunow et al.: Mikro-EWM i uprawljajuschtschie moduli na base MPK BIS serii K 1810; Mikroprozessornye sredstwa i sistemy 3 (1986) H.5, 13-15.
Gr 81 Grappel, R.D., J.E. Hemenway: A tale of four µPs: Benchmarks quantify performance; EDN 26 (1981) H.7, 179-265.
Gr 83 Grützbach, H.: PSU - Eine die Projektierung und Programmierung stützende Umgebung; Rechentechnik Datenverarbeitung 20 (1983) H.7, 6-8.
Gu 83 Gupta, A., M.D. Toong: An architectural comparison of 32-bit-microprocessors; IEEE Micro 3 (1983) H.1, 9-22.
Gu 84 Gustavson, D.B.: Computer buses - A tutorial; IEEE Micro 4 (1984) H.4, 7-22.
Gu 85 Gulbins, J.: UNIX: Eine Einführung in Begriffe und Kommandos von UNIX, Version 7, System III und System V; Springer-Verlag Berlin Heidelberg, 1985.

Hä 75 Händler, W.: On classification schemes for computer systems in the post-von-Neumann-era; Lectures Notes in Computer Science 26 (1975) 439-452.
Ha 77 Hansen, P.B.: Betriebssysteme; Hanser-Verlag München, 1977.
Ha 79 Hartman, B.: 16-bit 68000 microprocessor camps on 32-bit frontier; Electronics 52 (1979) H.21, 118-125.
Ha 86 Hammer, D.: Was ist Informatik? GI-Mitteilungen 1 (1986) H.1, 25.
Ha 86a Hartung, D., A. Gehlmann et al.: Verarbeitungszeiten des Arithmetikprozessors U 8032 C; radio fernsehen elektronik 35 (1986) H.7, 423-426.
Ha 87 Hahn, R., H.-J. Gasse: Zu einem Interruptproblem beim U 880; Mikroprozessortechnik 1 (1987) H.4, 123.
He 82 Heinrich, P.: Hohe Systemleistung auf einem Chip: 16-bit-CPU ersetzt komplette Prozessorplatine; Elektronik 31 (1982) H.11, 71-75.
He 82a Heller, P., R. Childs, J. Slagev: Memory protection moves onto 16-bit microprocessor chip; Electronics 55 (1982) H.4, 133-137.
He 82b Heer, W.: Komfortable Speicherverwaltung im Z8000-System; Elektronik 31 (1982) H.15, 49-54.
He 84 Hennessy, J.L.: VLSI processor architecture; IEEE Trans.Comp. C-33 (1984) H.12, 1221-1246.
He 86 Heynmöller, U.: Aufbau und Funktion des UNIX-Betriebssystems; Elektronik 35 (1986) H.11, 72-74, H.13, 62-64, H.16, 67-70, H.18, 100-102.
He 87 Heckel, U., B. Kubsch et al.: robotron A 7100 (Artikelfolge zum Betriebssystem, zum Sprachkonzept und zur Standardsoftware des Arbeitsplatzcomputers A 7100); edv-aspekte 6 (1987) H.1, 18-62.
He 87a Hempel, U., H. Loley: REDABAS - relationales Datenbankbetriebssystem für 8- und

16-bit-Mikrorechner; edv-aspekte 6 (1987) H.1, 45-50.
Hi 84 Hilf, W.: MC 68020: 32-bit-Prozessor für zukunftssichere Systemkonzepte; Elektronik 33 (1984) H.14, 35-42.
Ho 79 Hoff, M.E., M. Townsend: Single-chip n-MOS microcomputer processes signals in real time; Electronics 52 (1979) H.5, 105-110.
Ho 85 Horden, I.: Using the 8096; Application Note AP-248, Intel Corp., 1985.
Ho 86 Hofer, R.: Bausteinfamilie erfüllt RS-485-Norm; Elektronik 35 (1986) H.19, 153-154.
Hu 83 Huntsman, C., D. Cawthron: The MC 68881 floating-point coprocessor; IEEE Micro 3 (1983) H.6, 44-54.

Ib 71 IBM-Informationsschriften: PL/I, language reference manual, no. GC 28-8201; PL/I, language specification, no. GC 28-6571; PL/I, programming guide, no. GC 28-6594, 1971.
Ib 86 IBM 6150 Mikrocomputer; Informationsschrift, 1986.
Ic 79 Ichbiah, J. et al.: Preliminary ADA reference manual; ACM SIGPLAN Notices 14 (1979) 6.
In 75 Intel Corp.: 8008 and 8080 PL/M programming manual, revision A, 1975.
In 77 Intel Corp.: MCS 85 user's manual, 1977.
In 79 Intel Corp.: The 8086 family user's manual, 1979.
In 79a Intel Corp.: Systems data catalog, 1979.
In 80 Intel Corp.: Component data catalog, 1980.
In 83 Intel Corp.: Microprocessor and peripheral handbook, 1983.
In 83a Intel Corp.: iAPX 186, 286 benchmark report, 1983.
In 83b Intel Corp.: Microcontroller handbook, 1983.
In 83c Intel Corp.: MULTIBUS OEM products 1983 configuration guide.
In 83d Intel Corp.: MULTIBUS II bus architecture specification handbook, 1983.
In 85 Intel Corp.: Introduction to the iAPX 286, 1985.
In 85a Intel Corp.: Product guide 85, 1985.
In 86 Intel Corp.: MULTIBUS II product data book, 1986.
Iv 86 Iwanow, S.N., A.F. Romanow, Ju.N. Tschernischew: Odnoplatnaja mikro-EWM na MPK BIS serii K 1810; Mikroprozessornye sredstwa i sistemy 3 (1986) H.6, 8-13.

Ja 79 Jackson, M.A.: Grundsätze des Programmentwurfs; Toeche-Mittler Darmstadt, 1979.
Je 78 Jensen, K., N. Wirth: PASCAL: User manual and report; Springer-Verlag Berlin Heidelberg, 1978.
Jo 78 Johnson, S.C., D.M. Ritchie: Portability of C programs and the UNIX system; Bell System Technical Journal 57 (1978) H.6, 2021-2048.
Jo 84 Johnson, J.B., S. Kassel: The Multibus design guidebook - structures, architectures, and applications; McGraw-Hill New York, 1984.
Ju 85 Junge, S., D. Keller: Das Mikrorechnermodulsystem 16 und sein Einsatz im Arbeitsplatzcomputer robotron A 7100; Neue Technik im Büro 29 (1985) H.3, 81-87.

Ka 78 Katz, B.J., S.P. Morse et al.: 8086 microprocessor bridges the gap between 8- and 16-bit designs; Electronics 51 (1978) H.4, 99-104.
Ka 78a Kahlenbach, M., K.-H. König et al.: Modulares Mikrorechnersystem; messen steuern regeln 21 (1978) H.9, 488-489.
Ka 82 Katzan, H.: Die Sprache FORTRAN-77; Verlag Mir Moskau, 1982 (russ.).
Ke 83 Kerner, H.: Funktionales Programmieren und Datenflußrechner; Elektron. Rechenanlagen 25 (1983) H.6, 143-151.
Ke 84 McKenna, C., R. Main, J. Black: Backup support gives VMEbus powerful multiprocessing architecture; Electronics 57 (1984) H.6, 132-138.
Ke 85 Kernighan, B., D.M. Ritchie: Programmieren in C; Hanser-Verlag München, 1985.
Ke 86 Kerst, S., H. Riegel: Arbeitsplatzcomputer robotron A 7100; Neue Technik im Büro 30 (1986) H.4, 102-105, 111.
Ke 87 Kerst, S., H. Riegel: Arbeitsplatzcomputer robotron A 7100; edv-aspekte 6 (1987) H.1, 2-17.
Ke 87a Keller, G., G. Kleinmichel: robotron KC 87: Der neue Kleincomputer im Überblick; Mikroprozessortechnik 1 (1987) H.1, 22-25.
Ke 87b Kerst, S., H. Riegel: Arbeitsplatzcomputer robotron A 7150; Neue Technik im Büro, 31 (1987) H.5, 130-235.
Ki 82 Kieser, H., M. Meder: Mikroprozessortechnik. Aufbau und Anwendung des Mikroprozessorsystems U 880; Verlag Technik Berlin, 1982.
Ki 85 Kirrmann, H.: Events and interrupts in tightly coupled multiprocessors; IEEE Micro 5 (1985) H.1, 53-66.
Ki 86 Kieser, H., M. Bankel: Einchipmikrorechner; Verlag Technik Berlin, 1986.
Kl 83 Klötzner, H.: Magnetfolienspeicher; radio fernsehen elektronik 32 (1983) H.11, 717-720.

Kl 87 Klühe, B.: Software für Mehrmikrorechnersysteme; Mikroprozessortechnik 1 (1987) H.5, 135-137.

Ko 80 Koehler, B.: Microcontroller doubles as Boolean processor; Electronic Design 28 (1980) H.11, 57-62.

Ko 85 Korner, E.: PROCESS CONTROLLER R5010 - ein neues Erzeugnis der EAW-electronic; messen steuern regeln 28 (1985) H.6, 242-248.

Ko 86 Kobylinski, A.W., A.I. Moskalewski, W.A. Temtschenko: Odnokristalny wysokoproiswoditelny 16-rasrjadny mikroprozessor KM 1810 WM 86; Mikroprozessornye sredstwa i sistemy 3 (1986) H.1, 28-33.

Ko 86a Kobylinski, A.W., A.W. Beresa et al.: Sistema komand mikroprozessora KM 1810 WM 86; Mikroprozessornye sredstwa i sistemy 3 (1986) H.2, 3-9.

Ku 87 Kubát, R., K. Uhlíř: Zum Personalcomputer; radio fernsehen elektronik 36 (1987) H.4, 243-245.

Ku 87a Kubsch, B.: Das Timesharing-Betriebssystem MUTOS 1700; edv-aspekte 6 (1987) H.1, 25-33.

Kü 87 Kühlborn, P.: Das echtzeitorientierte Betriebssystem BOS 1810; edv-aspekte 6 (1987) H.1, 32-38.

La 76 Lauber, R.: Prozeßautomatisierung, 1. Aufbau und Programmierung von Prozeßrechensystemen; Springer-Verlag Berlin, 1976.

Le 78 Lesea, A., R. Zaks: Microprocessor interfacing techniques; Sybex Berkeley Paris, 1978.

Lö 87 Löffler, H.: Lokale Netze; Reihe Informatik - Kybernetik - Rechentechnik, Akademie-Verlag Berlin, 1987.

Mä 81 Männer, R., B. Deluigi: 16-bit-Prozessoren im Vergleich; Elektronik 30 (1981) H.5, 77-83, H.6, 119-124, H.7, 101-107.

Ma 83 MacGregor, D., D.S. Mothersole: Virtual memory and the MC 68010; IEEE Micro 3 (1983) H.3, 24-39.

Ma 84 MacGregor, D., D. Mothersole, B. Moyer: The Motorola MC 68020; IEEE Micro 4 (1984) H.4, 101-118.

Ma 84a Matthes, W.: Multimikrorechnersysteme (Fortsetzungsreihe); radio fernsehen elektronik 33 (1984) H.4, 231 bis 34 (1985) H.12, 767-770.

Ma 85 Mathon, J.-C.: 32-bit-Mikroprozessor der 2. Generation; Elektronik 34 (1985) H.24, 71-81.

Ma 85a MacGregor, D., J. Rubinstein: A performance analysis of MC 68020-based systems; IEEE Micro 5 (1985) H.6, 50-70.

Ma 85b Maas, D., W.H. Meith: Die UNIX-Shell: eine Einführung; Springer-Verlag Berlin Heidelberg, 1985

Ma 86 Martin, G., M. Trostmahn: Programmieren mit UNIX; Vieweg Braunschweig, 1986.

Me 84 Metcalf, M.: Has FORTRAN a future? CERN Report DD-84-7, Genf, 1984.

Me 85 Meinecke, F.: 16-bit-Mikroprozessor U 8000; radio fernsehen elektronik 34 (1985) H.11, 687-691, H.12. 760-763.

Me 86 Meiling, W., R. Krause: Multimasterfähige serielle Busse zur Kopplung von Moduln und Geräten; in: Beiträge zur Mikrocomputertechnik (Herausg.: M. Roth); Verlag Technik Berlin, 1986, S. 168-180.

Me 87 Meyer, W.: C++ (A survey of the programming language): Proceed. 7th Summer School on Computing Techniques in Physics, Bechyné (ČSSR) 1987, 107-111.

Mi 87 VEB Kombinat Mikroelektronik: Aktive elektronische Bauelemente, Teil 1; Erfurt 1987.

Mo 75 Motorola Inc.: M6800 systems reference and data sheets, 1975.

Mo 78 Morse, S.P., W.B. Pohlman, B.W. Ravanel: The Intel 8086 microprocessor: A 16-bit evolution of the 8080; Computer 11 (1978) H.6, 18-27.

Mo 80 Moore, C.H.: The evolution of FORTH, an unusual language; BYTE 5 (1980) H.8, 76-92.

Mo 82 Motorola Inc.: MC 68000, 16-bit microprocessor user's manual, 1982.

Mo 86 Motorola Inc.: 1986 MC 68020 benchmark report.

Mo 86a Moorwood, A.P.: E²PROMs der 2. Generation; Elektronik 35 (1986) H.10, 72-79.

Mü 78 Müller, R.: Prinzip und Arbeitsweise von Floppy-Disk-Speichern; Elektronik 27 (1978) H.6, 57-62.

Mü 84 Münzer, B.-G., B. Richter: Interfaceschaltkreise an einem 16-bit-Mikroprozessorsystem; radio fernsehen elektronik 33 (1984) H.1, 22-24, 41-42.

Mü 84a Münzer, B.-G.: Mehrebenen-Interrupt an einem 16-bit-Mikroprozessorsystem; radio fernsehen elektronik 33 (1984) H.2, 90-93.

Mü 85 Müller, S.: Einchip-Mikrorechner U883-EMR interpretiert Tiny-MP-BASIC; radio fernsehen elektronik 34 (1985) H.3, 143-144.

Mü 85a Müller, K. D.: Comparison and status of 32 bit backplane bus architectures;

IEEE Trans. Nucl. Sci. NS-32 (1985) H.1, 262-268.
Mü 86 Müller, U.: Schnittstellen auf einen Blick; Elektronik 35 (1986) H.19, 134-135.

Na 63 Naur, P.: Revised report of the algorithmic language ALGOL-60; CACM 6 (1963) 1-12.
Na 80 Naumann, G., W. Meiling, A. Stscherbina: Standard-Interfaces der Meßtechnik; Verlag Technik Berlin, 1980.
Na 81 Nagle, H.T., V.P. Nelson: Digital filter implementation on 16 bit microcomputers; IEEE Micro 1 (1981) H.23-41.
Na 83 Naumann, G.: Standard-Interface der Meßtechnik - Stand und Entwicklungstendenzen; Feingerätetechnik 22 (1983) H.12, 539-542.
Na 85 Nausch, A.: Die M68000-Familie; Elektronik 34 (1985) H.23, 115-119.
Ne 45 von Neumann, J.: First draft of a report on the EDVAC. Moore School of Electrical Engineering Pennsylvania, 30.6.1945; auszugsweiser Abdruck in Ra 75, S.355-364.
Ni 87 Nielsen, J.H.: Embedded systems development using MODULA-2; Proceed. 7th Summer School on Computing Techniques in Physics, Bechyně (ČSSR) 1987, 118-138.
NN 86: anonym: Einchiplösung für Multibus-II-Schnittstelle; Elektronik 35 (1986), H.13, 240-242.

Oe 82 Oefler, U., L. Claßen: Mikroprozessor-Betriebssysteme: problemorientierte Programmierung U 880 (K 1520); Reihe Automatisierungstechnik Bd.201, Verlag Technik Berlin, 1982.

Pa 80 Palmer, J., R. Nave et al.: Making mainframe mathematics accessible to microcomputers; Electronics 53 (1980) H.11, 114-121.
Pa 81 Patstone, W.: 16-bit-µP benchmarks - an update with explanations; EDN 26 (1981) H.18, 169-203.
Pa 85 Patterson, D.: Reduced instruction set computers; Commun. ACM 28 (1985) H.1, 8-21.
Pa 85a de Paly, T.: U2164 - ein 64 Kbit dynamischer Speicher; 11. Mikroelektronik-Bauelemente-Symposium 1985 in Frankfurt/Oder, Referate, Bd.1, 13-23.
Pa 86 Panfilow, D.I., O.A. Romanenko et al.: Utschebnaja mikro-EWM na osnove mikroprozessora KM 1810 WM 86; Mikroprozessornye sredstwa i sistemy 3 (1986) H.5, 16-22.
Pe 78 Peuto, B.L., G.J. Brosenko: Introducing the Z8, part 1: One-chip microcomputer excels in I/O- and memory-intensive uses; Electronics 51 (1978) H.18, 128-133.
Pe 79 Peuto, B.L.: Architecture of a new processor; Computer 12 (1979) H.2, 10-21.
Pe 84 Petersen, K.: VMSbus und VMXbus: Erweiterung des VMEbus-Konzeptes; Elektronik 33 (1984) H.12, 76-81.
Ph 83 Philips: I²C bus specification; Philips Netherlands, 1983.
Ph 84 Philips/Valvo: 8-bit-Einchip-Mikrocontroller, Datenbuch; Philips Valvo Hamburg, 1984.
Ph 85 Phillips, D.: The Z80000 microprocessor; IEEE Micro 5 (1985) H.6, 23-36.
Pl 86 Plate, J., P. Wittstock: PASCAL: Einführung - Programmentwicklung - Strukturen; Franzis-Verlag München, 1986.
Po 81 Pol, B.: Betriebssysteme; Elektronik 30 (1981) H.2, 43-56.
Po 86 Pol, B.: Vom Umgang mit CP/M; IWT-Verlag Vaterstetten, 1986.
Pr 83 de Prycker, M.: A performance comparison of three contemporary 16-bit microprocessors, IEEE Micro 3 (1983) H.2, 26-37.
Pr 85 Priem, E.: Verbesserung der Software-Qualität durch den Einsatz der Programmiersprache CHILL; Nachrichtentechnik Elektronik 35 (1985) H.12, 467-470.
Py 82 Pyle, I.C.: Die Programmiersprache ADA; Hanser-Verlag München, 1982.
Py 86 Pychtin, W.Ja.: ES 1840-basowaja personalnaja EWM edinoj sistemy; Mikroprozessornye sredstwa i sistemy 3 (1986) H.4, 15-16.

Qu 85 Quarmby, D. (Herausg.): Signal processor chips; Prentice Hall Englewood, 1985.

Ra 75 Randell, B. (Herausg.): The origins of digital computers. Selected papers; Springer-Verlag Berlin Heidelberg New York, 1975.
Ra 80 Rallapalli, K., J. Kroeger: Chips make fast math a snap for microprocessors; Electronics 53 (1980) H.10, 153-157.
Ra 85 Rash, B., J. Bodenkamp: MS-DOS und UNIX auf einem Prozessor: Der 80386 verarbeitet Befehlscode der iAPX-Familie; Elektronik 34 (1985) H.23, 55-59.
Ra 85a Randell, W.: The Newcastle connection; CERN Report 85-9, Genf, 1985.
Ra 86 Rasset, T.L., R.A. Niederland et al.: A 32-bit RISC implemented in enhancement-mode JFET GaAs; Computer 19 (1986) H.10, 60-68.
Ra 86a Rap, M.D., R.S. Tetrick: P1296: The interconnect communication standard; IEEE Micro 6 (1986) H.3, 72-77.

Ri 77 Richter, L.: Betriebssysteme; Teubner Stuttgart, 1977.

Ri 78 Ritchie, D.M., K. Thompson: The UNIX time-sharing system; Bell System Technical Journal 57 (1978) H.6, 1905-1929.

Ro 78 VEB Robotron-Elektronik Zella-Mehlis: Mikrorechnersystem robotron K 1520; Neue Technik im Büro 22 (1978) H.5, 136-137.

Ro 80 Roloff, J.J.: Managing memory to unloose the full power of microprocessors; Electronics 53 (1980) H.8, 130-134.

Ro 80a Rohde & Schwarz: Elektronische Meßgeräte und Meßsysteme. Katalog 1980/81.

Ro 82 VEB Robotron Büromaschinenwerk Sömmerda: Funktionsbeschreibung für Drucker robotron 1152/Typ 251/252, 1982.

Ro 85 VEB Robotron-Projekt: Anwenderdokumentation MUTOS 1630; Dresden, 1985.

Ro 85a VEB Robotron: UDOS-1526 Systemhandbuch; Karl-Marx-Stadt, 1985.

Ro 86 VEB Robotron-Projekt: Steuerprogramm SCPX 1700. Anleitung für den Systemprogrammierer; Dresden, 1986.

Ro 87 Rothardt, G.: Praxis der Softwareentwicklung; Verlag Technik Berlin, 1987.

Sc 84 Schubert, G., A. Riedner et al.: Heimcomputer - mehr als ein Konsumgut (Artikelfolge); radio fernsehen elektronik 33 (1984) H.9, 583-593.

Sc 86 Schmidt, W.: Direkter Speicherzugriff mit U 858 D; radio fernsehen elektronik 35 (1986) H.1, 15-18.

Sc 86a Schubert, G.: Die Kleincomputer robotron KC 85/1 und KC 87; Neue Technik im Büro 30 (1986) H.6, 186-188.

Sc 86b Schkamarda, A.N.: Schestnadzatirasrjadnye mikro-EWM semejstwa SM 1800; Mikroprozessornye sredstwa i sistemy 3 (1986) H.5, 6-10.

Sc 87 Schoitsch, E.: Software-safety and software-quality assurance in real-time application; Proceed. 7th Summer School of Computing Techniques in Physics; Bechyné (ČSSR), 1987.

Sc 87a Schwarz, H.-J.: Familie der Einchip-Mikrorechner; Radio Fernsehen Elektronik 36 (1987) H.9, 555-556.

Se 83 Sequin, C.H., D.A. Patterson: Design and Implementation of RISC I; in: VLSI Architecture (Herausg.: B.Randell, P.C. Treleaven), Prentice-Hall Englewood Cliffs, 1983, S.276-298.

Se 86 Sedlacek, G.: Ein verbessertes 8-bit-Mikrorechnersystem; in: Beiträge zur Mikrocomputertechnik (Herausg.: M. Roth); Verlag Technik Berlin, 1986, S. 289-299.

Sh 74 Shima, M., F. Faggin: In switch to n-MOS microprocessor gets a 2 µs cycle time; Electronics 47 (1974) H.8, 95-100.

Sh 76 Shima, M., F. Faggin, R. Ungermann: Z-80 chip set heralds third microprocessor generation; Electronics 49 (1976) H.17, 89-93.

Sh 78 Shima, M.: Two versions of 16-bit chip span microprocessor, minicomputer needs; Electronics 51 (1978) H.26, 81-88.

Si 83 Siemens AG: Mikrocomputer-Baugruppensystem SMP, System-Handbuch 1983/84.

Si 86 Siemens AG: Integrierte Schaltungen und Mikrocomputer. Programm 1986/87.

Sn 78 Snook, T. et al.: Report on the programming language PLZ/SYS; Springer-Verlag Berlin New York, 1978.

St 79 Stevenson, D.: An introduction to the Z8010 MMU memory management unit. Tutorial information; Zilog Inc., 1979.

St 79a Stritter, E., T. Gunter: A microprocessor architecture for a changing world: the Motorola 68000; Computer 12 (1979) H.2, 43-52.

St 80 Stuhlmüller, P.: 16-bit-Generation Z8000: Aufbau und Anwendung; te-wi Verlag München, 1980.

St 81 Stevenson, D.: A proposed standard for binary floating-point arithmetic (draft 8.0 of IEEE task P754); Computer 14 (1981) H.3, 51-62.

St 81a Stuhlmüller, P.: Aufgaben eines Betriebssystems; Elektronik 30 (1981) H.2, 59-63.

St 86 Stegemann, K.: Höhere Programmiersprachen für Mikrorechner; in: Beiträge zur Mikrocomputertechnik (Herausg.: M. Roth); Verlag Technik Berlin, 1986, S. 229-236.

Ta 84 Taub, D.M.: Arbitration and control acquisition in the proposed IEEE 896 Futurebus; IEEE Micro 4 (1984) H.4, 28-41.

Tg 75 TGL 29077: Schnittstelle zwischen Datenendeinrichtung und Datenübertragungseinrichtung; 1975.

Tg 85 TGL 42886: Interface für den sternförmigen Anschluß von Geräten mit serieller asynchroner Informationsübertragung (IFSS); 1985.

Th 78 Thompson, K.: UNIX implementation; Bell System Technical Journal 57 (1978) H.6, 1931-1946.

Th 86 Thiele, G.: Digitale Halbleiterspeicher; Amateurreihe Electronica Bd.229; Militärverlag Berlin, 1986.

Ti 73 Timmesfeld, K.H. et al.: PEARL, a proposal for a process and experiment automation real-time language; Bericht Ges. f. Kernforsch. Karlsruhe, KfK-PDV1, 1973.

Uh 86 Uhlig, S.: Das Echtzeitbetriebssystem RMX86 aus der Sicht des Anwenders; Elektronik 35 (1986) H.5, 186-188.

Un 83 United States Department of Defense: Reference manual for the ADA programming language; ANSI/MIL. STD-1815A-1983, Washington, 1983.

Va 84 Valvo: Integrierte Schaltungen für den I²C-Bus. Schaltkreisinformationen; Philips Valvo Hamburg, 1984.

Va 85 Vajda, F.: Supermicroprocessors; 4.Symposium on Microcomputer and Microprocessor Applications, Budapest 1985, Proceed. Vol.1, 226-252.

Ve 84 Veronis, A.M.: Microprocessors: Hardware and applications; Reston Publ., Reston, 1984.

Vo 82 Vorndran, E.P.: Entwicklungsgeschichte des Computers; VDE-Verlag Berlin 1982.

Wa 86 Wagner, H.P.: Btx auf Ihrem PC; Hüthig Verlag Heidelberg, 1986.

We 78 Wettstein, H.: Architektur von Betriebssystemen; Carl-Hanser-Verlag München, 1978.

We 79 Western Digital Corp.: Pascal Microengine WD9000, 16-bit microprocessor chip set; Electronic Design 27 (1979) H.24, 102-103.

We 81 Wefers, N.: Werkzeuge zur Echtzeitverarbeitung mit Mikrocomputern; Elektronik 30 (1981) H.16, 53-60, H.17, 85-89.

We 84 Werner, D.: Aufbau des verteilten Echtzeitbetriebssystems KOMINET für Mikrorechnerverbundsysteme; Messen Steuern Regeln 27 (1984) H.8, 338-341.

We 86 Werner, D.: Programmierung von Mikrorechnern: Programmsysteme, parallele Prozesse, Echtzeitbetriebssysteme; Verlag Technik Berlin, 1986.

We 86a Werner, D.: BASIC für Mikrorechner: Programmentwicklung, Sprachelemente, Anwendungen; Verlag Technik Berlin, 1986.

We 87 Weber, R.: TEXT 40/M16 - Programmsystem zur Textverarbeitung auf 16-bit-Bürocomputern; edv-aspekte 6 (1987) H.1, 51-55.

We 87a Wendler, F.: DCP - ein gemeinsames Betriebssystem der 16-bit-Arbeitsplatz- und Personalcomputer des VEB Kombinat Robotron; Neue Technik im Büro 31 (1987) H.5, 136-138.

Wi 51 Willers, F.A.: Mathematische Maschinen und Instrumente; Akademie-Verlag Berlin, 1951.

Wi 71 Wirth, N.: The programming language PASCAL; Acta Informatica 1 (1971) 35-63.

Wi 76 Wirth, N.: Revidierter Bericht über die Programmiersprache PASCAL; Akademie-Verlag Berlin, 1976.

Wi 81 Wiemann, B., W. Ries et al.: Bussysteme (Fortsetzungsreihe rtp-Seminar); Regelungstechnische Praxis 24 (1981) H.10, S25 bis 26 (1984) H.9, S41.

Wi 82 Wiseman, S., S. Burton, J. Katausky: Controller chip takes on many industrial, computer uses; Electronic Design 30 (1982) H.16, 165-173.

Wi 82a Wirth, N.: Programmierung in Modula-2; Springer-Verlag Berlin, 1982.

Wi 84 Will, G.: Heimcomputer robotron Z9001; Neue Technik im Büro 28 (1984) H.5, 140-141.

Wi 85 Wiegandt, D.: Portable computers - portable operating systems; Report CERN 85-9, Genf, 1985.

Wi 85a Wirth, N.: Modula-2; edv-aspekte 4 (1985) H.3, 48-64.

Yo 74 Young, L., T. Bennett, J. Lavell: N-channel MOS technology yields new generation of microprocessors; Electronics 47 (1974) H.8, 88-95.

Za 86 Zaks, R.: CP/M-Handbuch; Sybex-Verlag Berkeley Paris Düsseldorf, 1986.

Zi 77 Zilog Inc.: Z80-CPU Technical Manual, 1977.

Zi 78 Zilog Inc.: PLZ Version 1.0, User's Guide, 1978.

Zi 83 Zilog Inc.: Components Data Book, 1983/84.

Zo 86 Zoicas, A.: Signalprozessoren der zweiten Generation; Elektronik 35 (1986) H.4, 59-68.

8. Sachregister

ADA 404, 464-471
Adresse
-, effektive 52, 104
-, logische 52
-, physikalische, physische 52
Adressierung 49-56
-, Byte- 52, 98
-, geographische 263
-, isolierte 45, 194
-, speicherbezogene 45, 194
-, Wort- 52, 98
Adressierungsart 53-56, 104, 146, 162
- 8-bit-Mikroprozessoren 76
Adressierungsmodus (80286)
-, reeller 127
-, virtueller 128
Adreßraum 78, 79, 97
Adreßübersetzungspuffer 175
Adreßtransformation 82, 177
ALGOL-60 403
AMS-Bus 256, 259
Anschlußbelegung
- eines Mikroprozessors 40
- 8080 64
- Z 80, U 880 67, 68
- M 6800 72
- 8086 93
- 8088 116
- 80286 123
- Z8001/2, U8001/2 142, 143
- MC 68000 158
Anwenderprogrammierung 383-473
Arbeitsplatzcomputer 240, 244-246, 305
Arbeitsverzeichnis 344
Arbitration 49, 200, 244, 252, 261
Arbitrationschaltkreis 199, 201
Architektur 15
-, CISC- 22, 57, 172
-, Datenfluß- 33
-, direkt ausführende 26
-, erweiterte Verarbeitungs- 89
-, Rechner- 19-36
-, RISC- 27, 172
-, Stack- 26
-, Von-Neumann- 19-22, 25, 33, 37, 49
Arithmetikprozessor 89, 226-230
Arithmetik-Verarbeitungseinheit 228
arithmetisch-logische Einheit 37
Assembler 322, 393, 444
Assemblerkode 57, 398, 454
Assemblerprogramm 170, 393, 398
Ausführungseinheit 83, 122
Ausnahmeverarbeitung 161, 467

Backus-Naur-Darstellung 400
Bankumschaltung 56, 79, 326
BASIC 405, 416-421, 450
Batchverarbeitung 336
BDOS 311, 315, 319, 328
Beautifier 364, 387, 395
Befehlsabbruch 83, 129, 150, 156, 165
Befehlsablauf 20, 41-46, 83, 112
Befehlsformat 50, 106
Befehlslisten 39, 56-62, 74
- Z 80, U 880 71
- 8086 104
- 80186 120
- 80286 136
- Z8001/2, U8001/2 148
- MC 68000 163
- MC 68020 184
Befehlszyklus 42
Benchmark-Untersuchungen an
- höheren Programmiersprachen 452
- 8-bit-Mikroprozessoren 75, 170
- 16-bit-Mikroprozessoren 169
- 32-bit-Mikroprozessoren 185

Benutzeradministration 367
Betriebsart
-, lokale 215
-, abgesetzte 217
Betriebssystem 85, 86, 280-382
-, Echtzeit- 372-380
-entwicklung 305-309
- BOS 1810 247, 377
- CP/M 2.2 243, 306, 310-329, 330, 340, 370
- in Silizium 309, 381
-kern 283-298, 342
- MOOS 309
- MS-DOS 244, 308, 330-338
- MUTOS 1810 247, 341
- PC-DOS 244, 308, 330
-, portables 340
- RIO 306, 307
- RMX-86 377
- RSX-11 309, 339
- SCP 17ØØ 243, 310, 328
- SIOS 306
-struktur 282
- UDOS 307
- UNIX 244, 308, 341-370, 438
- VMS 309, 339
Bildschirm-Steuerschaltkreis 222-226
Bildschirm-Steuerung 222, 246
Binder 301
BIOS 311, 315, 320
Bisync-Protokoll 211
bitparalleles-byteserielles Interface, siehe IMS-2
Bit-slice-Prozessor 41
Blockkonzept 386
Briefkasten-Prinzip 35, 218, 291, 454
Bus
-, integrierter 189
-, lokaler 99, 215
Busarbiter 201
Busfehler 160, 166
Businterface (8086-Familie) 83, 85, 118, 122, 179
Bus-Master 188
Busprotokoll 253
Bussteuerung 48, 100, 160, 198, 200
Bussystem 30, 188, 249-268
-, serielles 264-268
Bustreiber 100, 250
Busverbindung 29
Busverbund 23
Buszyklus
- Z 80, U 880 42, 44
- 8086 94, 98
- 80286 124
- Z8001/2, U8001/2 143
- MC 68000 159

C (Programmiersprache) 340, 363, 405, 438-442, 451
Cache-Befehlsspeicher 182
Cache-Register 125, 128, 174, 179, 181
CAMAC 241, 247, 274, 454
CAMAC-Sprache 456
CCP 311, 317, 328
Centronics-Schnittstelle 273
CHILL 461-463, 472
CISC-Architektur 22, 57, 172
COBOL 405
Compiler 24, 301, 399
Concurrent PASCAL 432, 459
CP/M 243, 306, 310-329, 330, 340, 370
Cross-Software 305
CRT-Controller, siehe Bildschirm-Steuerschaltkreis

Daisy-chain (Verkettung) 46, 252
Dateibezeichner 332
Dateikennsatz 315
Dateioperationen 347, 358, 362
Dateiprogramm 303
Dateisystem 346, 348
Dateitransferprogramm (PIP) 303, 324
Dateitypen 316
Dateiverwaltung 294-298, 313, 332, 343

Dateiverzeichnis 314, 316
Datenbusbreite 183
Datenformat 51, 106, 179, 227
Datengrundstruktur auf Massenspeichern 296-298
Datenträger 220, 294
Datentypen 179, 257, 407, 414, 422, 424, 439, 464
Debugger 302, 323, 366, 394
Deskriptor 128, 130
Deskriptortabelle 131
Dialogverarbeitung 280, 373
Dienste des Betriebssystemkerns 283-285, 361, 378
Digitalein- und -ausgänge,
-, schnelle 237
direkter Speicherzugriff (DMA) 48, 204
Disketten, softsektoriert 220, 221, 296
Dispatcher 286
DMA-Controller 48, 199, 205, 249
DMA-Kanal 118, 215
Drei-Draht-Handshake 214, 277
Drei-Zustands-Ausgang 100, 250
Dual-port-memory, siehe Zwei-Tor-Speicher

Echtzeitprogrammiersprache 453-473
Echtzeitverarbeitung 226, 281, 372, 404, 453, 460
Editor 299, 321, 362, 395, 418
Effizienz 384, 385, 399
Ein-/Ausgabe-Betriebsart 201, 217
Ein-/Ausgabe-Einheit 193
Ein-/Ausgabe-Operation 45
Ein-/Ausgabe-Prozessor (8089) 187, 201, 207, 214-219
Ein-/Ausgabe-Schaltkreise 187, 193, 205-219
-, parallele 206, 208, 210
-, programmierbare 205-219
-, serielle 206, 209
Ein-/Ausgabe-Steuerung 293
- bei CP/M 318
- bei MS-DOS 337
- bei BOS 1810 377
Ein-Chip-Mikroprozessor 37
Ein-Chip-Mikrorechner 187, 214, 232-236
- Z 8-, U 88-Familie 232-235, 267
- MCS 96-Familie 237
Ein-Leiterkarten-Mikrorechner 187, 238-241
Einschwingvorgang (Bus) 252
Elementaroperation 32
Elternverzeichnis 333
Emulation 398
Executive 283, 374, 377

Fachsprache 400
Fahrnetz 401
Fehlermeldungen 230
Filter 337, 356, 358
Firmware 284, 381, 398
Fließbandverarbeitung, siehe Pipelining
Floppy-Disk-
-Steuerschaltkreis 221
-Aufzeichnungsformat 220, 296, 313
FORTH 435-438, 451
FORTRAN 403, 450
-IV 407
-66 407-411
-77 363, 411-413
-8X 413-416

Gabelung 350
Gate 132, 134
Gate-Deskriptor 133
Gerät, logisches 293
Graphikdisplay-Steuerschaltkreis 225, 247
Graphik-Subsystem 246

Haltepunkt 323
Handshake-Signale 195, 208, 254, 273
Hardware 187-279

HDLC-Protokoll 212
Home-Computer 241, 243, 244, 306

IBM-PC 247, 248
IEEE-488-Bus, siehe IMS-2
IEC-625-Bus, siehe IMS-2
IFSS-Schnittstelle 271
IML CAMAC 454
IMS-2 214, 247, 273-279
IMS-2-Steuerschaltkreis 279
In-circuit-Emulator 305
Informatik 11, 13
Informationsverarbeitung 13
-, verteilte, dezentrale 36, 373
Initialisierung 218, 321
Instruktion, siehe Befehl
Instrumentierungsbus 189, 273-279
Integrationsgrad 14, 18
Interface 189, 269-279
Inter-IC Bus I^2C 265
Interpreter 23, 301, 405, 436
Interprozessor-Kommunikation 263
Interruptanforderung 45, 65, 101, 119, 143, 195, 201, 287, 372, 375, 449, 459, 470
Interrupt-Controller, programmierbarer 48, 102, 199, 201, 239
Interrupteingang
-, nichtmaskierbarer 46, 101
-, maskierbarer 46, 101
Interruptidentifizierung 46
Interruptkette 47
Interruptquittung 102, 144
Interrupt-Serviceroutine 45, 103, 449
Interruptsystem 45
Interruptvektor 47, 101, 127, 144, 145, 161, 201, 253
Interruptverarbeitung
- 8080 65
- Z 80, U 880 69, 70
- M 6800 73
Iteration 386
I-41-Bus 245, 252, 256, 259, 260

Kaltstart 321
Klassifizierung von Multirechner- und Multiprozessorsystemen 28
Kleincomputer 243
Kommandointerpreter
-, CCP 311, 317, 328
-, UNIX-Shell 342, 354
Komponentenbus 189
Koprozessor 87, 144, 185
Korrektheit 384

Lader 301, 322
Laufzeitfehler 394
LISP 405
Lokales Netz (LAN) 30, 189

Magnetbandspeicher 295
Magnetfolienspeicher, siehe Floppy-Disk
Magnetplattenspeicher 295
Mailbox 35, 218, 291, 454
Makrosprache 454
Maschinensprache 398
Master 200, 249
Matrixspeicherschaltkreis 191
Maximal-Betriebsart 94, 97, 99, 100, 104, 114
Message passing 263
Metasprache 400
Mikrocontroller 187, 232-238
Mikroprogrammiersprache 396
Mikroprogrammsteuerung 39, 122, 182, 398
Mikroprozessor 37-186
-, kaskadierbarer 40
Mikroprozessor-
-Familie Am2900 41
-Struktur 37-41
8-bit-Mikroprozessoren 63-76
- 8080 64-66, 91, 168, 197, 239
- 8085 66, 168, 197
- Z 80, U 880 42, 43, 53, 58, 67-71, 197, 239, 244
- M 6800 60, 72-74

16-bit-Mikroprozessoren 77-171
- 8086-Familie 90-137, 168, 180, 197
- 8086 55, 83, 85, 91-114, 213, 239, 244
- K 1810 WM 86 77, 240, 244, 247
- 8088 115, 116, 213, 244
- 80186 116-121
- 80188 121
- 80286 86, 121-137, 180, 244
- Z8000-Familie (U8000) 56, 138-156, 168, 197
- Z8001/2, U 8001/2 56, 139-149
- Z8003/4 150
- MC 68000-Familie 157-167, 168, 197
- MC 68000 55, 60, 157-165, 180
- MC 68010 157, 165, 180
32-bit-Mikroprozessoren 172-186
- 80386 173, 176-180
- Z80000 173
- MC 68020 173, 180-186
- iAPX 432 381
Mikrorechner 188-279
siehe auch Ein-Chip- und Ein-Leiterkarten-Mikrorechner
Mikrorechner-
-Baugruppensystem 241
-Entwicklungssystem 305
-Modulsystem
AMS 245
K 1520 242
MMS 16 245
MMS 880-2 242
-Komponenten 190-231
Minimal-Betriebsart 94, 96, 99, 104, 114
Modula-2 404, 432-434, 460, 473
Monitor 283, 305
Monosync-Protokoll 211
Multibus 100, 245
MULTIBUS I 252, 255, 256, 258, 260
MULTIBUS II 262
Multimasterfähigkeit 200, 245, 267
Multimikroprozessorsystem 34
Multimikrorechnersystem 34
Multiprogramming-Betrieb 82
Multiprozessorfunktion 103
Multiprozessorsystem 28-36, 379
Multirechnersystem 28-36
Multitask-Betrieb 82
Multitask-Betriebssystem 285, 291, 311, 339, 453
Multiuser-Multitask-System 308, 341, 369

Nebenbus 246, 249
Normal-Betriebsart 86, 139
Numerikprozessor
- 8087 88, 229, 230, 240
- K 1810 WM 87 229, 240, 247
Nutzerbereich 349, 353
Nutzer-Betriebsart 87, 161

Objekte 381
Objektmodul 302
Open-collector-Ausgang 250
Operationssystem 283

Paket 468
Parallelarbeit 31
Parallelität 355
paralleler Ein-/Ausgabeschaltkreis (programmierbar) PIO 206, 208
Parallelprozessor 22
PASCAL 26, 171, 363, 404, 422-432, 454
PASCAL-P-Compiler 429
Paßwort 368
PEARL 404, 457-459, 472
Peripheriebus 139
Personalcomputer 244, 247, 306
Pfad 333
Pfadname 345

Phasenkonzept 386, 388-396
Pipe 337, 351, 357
Pipelining 22, 83, 230
PL/M 404, 446-450
PLZ/ASM 444
PLZ/SYS 445
PLZ/Z80 443-446
PL-1 404, 446
Polling 46, 47, 195
Portabilität 24, 340, 370, 393
Power-down-Modus 235, 236
Priorität 103, 144, 162, 196, 201, 202, 253, 261, 288, 353
Prioritätskette 196, 203
Prioritätssteuerung 293
Privileghierarchie 132
Problemanalyse 389
Programmablauf,
- Darstellung des 390
Programmdokumentation 395
Programmfehler 394
Programmiersprache, höhere 23, 393, 397-459
Programmiersprachen
-, Eigenschaften 407-452
-, Fahrnetzdarstellung 401
-, Übersicht 403-406
-, Vergleich 450-452
Programmierung
-, datenorientierte 387
-, dialogorientierte 435
-, funktionale 33
-, strukturierte 386, 391, 393, 404, 412, 420, 445, 451
Programmkopf 402, 422
Programmstatustabelle 144
Programmsteuerung 61, 110, 165
Programmtest 394
Programmverwaltung 366
Prozeß 31, 283, 349, 434, 459, 460, 468
Prozeßdatenverarbeitung 372
Prozeßkoordinierung 453
Prozessorsteuerung 61
- Z 80, U 880 67
- 8086 111
- Z8001/2, U8001/2 149
- MC 68000 165
Prozessorverwaltung 292
Prozeßperipherie 372
Prozeßsteuerung 268
Prozeßsynchronisation 290, 352, 459, 462, 470
Pufferregister 197

Qualitätssicherung 383
Quasi-parallele Bearbeitung 31, 434

RAM-Schaltkreis
-, dynamischer 190, 191, 192
-, statischer 190, 192
Ratfor 406
Rechentechnik, Entwicklung 16, 18
Rechnerarchitektur, siehe Architektur
Rechnerverbundnetz 30
Record 314
Reflexionen 251
Registerblock 38
- 8080 64
- Z 80, U 880 68
- M 6800 73
- 8086 91
- 80286 125
- Z8001/2, U8001/2 139
- MC 68000 158
- 80386 176
- 8089 218
- Z 8, U 88 233
Rendezvous-Technik 454, 468, 470
Residentbus 201
Ressourcenverwaltung 291
RISC-Architektur 27, 172, 248
RS-232-C-Schnittstelle 269, 270

Schalenmodell 281, 342
Schichtenmodell 281
- des Betriebssystems 282, 331, 342
- bei Programmentwicklung 389

Schutzfunktionen 85, 87, 132
SDLC-Protokoll 211
Segmentdeskriptor 128, 130, 166, 177
Segmentdeskriptorregister 152
Segmentfehler 167
Segmentierung 80, 81, 150, 155, 156, 177, 329
Segmentselektorregister 92, 128
Seitenadressierung 80, 81, 150, 155, 156, 177, 339
Seitenfehler 156
Selektion 386
Semantik 400
semantische Lücke 23-28, 121
Semaphor 290, 353, 453, 458, 461
Sequenz 386
serieller Ein-/Ausgabe-Schaltkreis (programmierbar) SIO 209-214
Shell 354
Shell-Sprache 359
Signalprozessor 230
Signalverlauf 251
Single-board-Computer, siehe Ein-Leiterkarten-Mikrorechner
Single-task-Betrieb 286
Single-user-single-task-Betriebssystem. 310
Slave 249
Software-Entwicklung,
-, Methodik der 385-388
Software-Interrupt, siehe Trap
Softwarekompatibilität 179, 184
Softwarekosten 383
Softwarekrise 383
Software-Wartung 395
Software-Werkzeuge 396
Sprachmaschinen 381
Sprachniveau 397
Speicher 190
Speicheradressierung 92
Speicherorganisation 92
Speicherschaltkreis 190
Speicherschreib- und -leseoperation 42-44, 169, 191
Speicherschutz, siehe Zugriffsrechte
Speicherverwaltung 78-83, 146, 177, 291, 307, 328
Speicherverwaltungseinheit 79
- Z8010, U8010 147, 151-155
- Z8015 150, 155
- MC 68451 166
Stackoperationen 435
Standard-Interface 214
Stapelverarbeitung 280, 285, 330
Steuereinheit 38
Steuerregister 118, 153, 193, 202
Steuerschaltkreis 187, 197-205, 219-226
Stromschleife, 20-mA- 271
Struktogramm 391, 393
Swapping 353
Supervisor 283
Supervisor-Betriebsart 87, 161
Synchronisation 194, 209, 290, 294, 352, 377, 453, 461, 471
Syntax 400
Syntaxdiagramm 402
Systembereich 349, 353
System-Betriebsart 86, 139
Systembus 35, 201, 249
-, multimasterfähiger 200, 249
Systemprogrammiersprache 340, 442, 445
Systemsegmentdeskriptor 130
Systemsteuerung
- Z 80, U 880 62
- 8086 112
- Z8001/2, U8001/2 149
- MC 68000 160

Taktgenerator 100, 197
Task 31, 132, 133, 219, 283, 374, 453, 456, 470
Taskmodell 286
Tasksteuervektor 289
Taskumschaltung 134
Taskverwaltung 376
Taskzustand 286, 458

Taskzustandssegment 135
Testhilfe, siehe Debugger
Textverarbeitung 367
Timer, siehe Zähler/Zeitgeber
Top-down-Methode 386
Trap 45, 101, 144, 145
Treiberschaltkreis 197-205
Turbo-PASCAL 430

UART 206, 212, 232
Uberlagerungstechnik 80
Ubersetzer 300
Ubertragung 205-213
 -, asynchrone 159, 211, 253
 -, parallele 188, 205
 -, semi-synchrone 254
 -, serielle 188, 205
 -, synchrone 212, 253
 -, zeitmultiplexe 97
Ubertragungsformat 211
Ubertragungsprotokoll 188, 206, 212
Ubertragungssicherheit 209, 263
Ubertragungssteuerung 209
Unterprogramm 409, 417, 419, 427, 466
USART 206, 212

Verarbeitungseinheit, zentrale 187, 238, 240
Verarbeitungsprogramme 299-304
Verbindungsstruktur 29
Verdrängung 292, 326
Vektoradresse, siehe Interruptvektor
Vernetzung 29
Versionsverfolger 395
Verzeichnis 332
Verzeichnisdatei 344
virtueller Adressierungsmodus 127, 180
virtuelle Speicheradressierung 128, 155, 184
virtuelle Speichertechnik 83, 165, 339
VMS-Bus 264
Von-Neumann-Architektur, siehe Architektur
Von-Neumann-Flaschenhals 21, 121
V.24-Schnittstelle 269-271

Warmstart 321
Warteschlange 84, 112, 122, 174, 179, 288, 460, 470
Warteschleife 195
Wurzelverzeichnis 332, 344

Zähler/Zeitgeber 118, 199, 203, 207, 233
Zeichendarstellung 223
Zeitmultiplexbetrieb 97, 255
Zeitverwaltung 374, 376
Zugriffskonflikte 249, 267
Zugriffsrechte 128, 129, 166, 291, 316, 347
Zwei-Prozessor-System 34
Zwei-Tor-Speicher 35, 239, 246, 263

Bei Fragen zur Produktsicherheit wenden Sie sich bitte an:
If you have any questions regarding product safety,
please contact:

Walter de Gruyter GmbH
Genthiner Straße 13
10785 Berlin
productsafety@degruyterbrill.com